한국고전번역총서 4

팔대가문십선 및 비평 자료 역주

한유 · 유종원 · 구양수 · 소순 편

이 책은 2024년 단국대학교 교내연구소 연구 지원비의 지원에 의한
단국대학교 부설 한국고전문학텍스트연구소의 한국고전번역 결과물로 간행된 도서임.

한국고전번역총서 4

팔대가문심선 및 비평 자료 역주

한유 · 유종원 · 구양수 · 소순 편

김창협 편찬
박난아 · 유명석 · 유진희 · 최수완 옮김
권진옥 감수

학자원

간행사

한국고전문학텍스트연구소는 인문학적인 창조의 정신을 바탕으로 대중들의 관심에서 버려져 있는 우리 고전의 가치를 새롭게 밝혀, 현대를 살아가는 사람들에게 삶의 지표와 미래의 희망을 제시하기 위해 설립되었습니다.

흔히 시대를 뛰어넘어 변함없이 읽을 만한 가치를 지니는 책들을 통틀어 고전이라고 합니다. 그렇다면 고전은 과거뿐만 아니라 현재 그리고 지금 이 자리에서도 여전히 변함없는 가치를 지닐 것입니다. 하지만 현재 우리 사회에서 고전에 대한 대중들의 관심을 찾아보기 어렵습니다. 오히려 그것보다 고전을 바라보는 현대인들의 시선은 고전을 오래된 어려운 것, 시대에 뒤떨어진 고리타분한 것을 넘어 이제 더 이상 우리 사회에서 의미 없는 것이라고 생각하는 듯 보이기까지 합니다. 이와 같은 대중들의 시선을 접할 때마다 고전을 업으로 삼는 사람으로서 당혹스럽고 또 어찌해야 할지 혼란스럽기도 하지만 돌이켜보면 이와 같은 문제는 그 연원이 오래된 듯합니다.

현대 사회를 인문학의 위기라고 합니다. 인문학은 더 이상 이 사회에서 의미 없는, 가치 없는 것으로 치부되어 사회의 관심 밖으로 밀려나 설 자리를 잃고 방황하는 듯 보이기도 합니다. 그렇지만 현대 사회에 팽배한 인문학에 대한 폄하 역시 고전에 대한 오해와 같은 것이라고 생각됩니다.

인류의 역사를 되돌아보면 고전이 그 자체로 가치와 의미를 인정받았던 시기를 찾기 어렵고, 인문학이 위기가 아니었던 시대가 없었습니다. 그런 점에서 고전은 언제나 시대에 뒤떨어진 의미 없는 것으로 보이고, 인문학은 늘 위기 속을 허덕이는 학문이라고 생각되기까지 합니다. 하지만 만약 그와 같은 생각이 사실이라면 우리 사회에서 고전과 인문학은 이미 자취를 감추었어야 하지만, 사회가 첨예해지고 기술 문명이 발달할수록 고전과 인문학에 대한 대중들의 갈망이 커지는 경우를 주변에서 쉽게 찾아볼 수 있습니다. 이와 같은 모습들은 고전과 인문학이 우리 사회에서 결코 사라질 수 없는 것임을 보여주는 것입니다.

한국고전문학텍스트연구소는 고전에 대한 왜곡된 인식과 인문학에 대한 그릇된 편견을 교정하는 작은 씨앗이 되고자 설립된 연구소입니다. 이와 같은 설립 목적을 달성하기 위해 한국고전문학텍스트연구소에서는 고전을 다양한 사회의 변화에 부응할 수 있도록 새롭게 가공하여, 현대 사회의 대중들이 고전과 인문학의 가치를 새롭게 인식하고 흥미를 느낄 수 있도록 하고자 합니다. 이런 목표를 실현하기 위해 한국고전문학텍스트연구소에서 가장 먼저 주목한 것이 번역을 통한 고전의 현대화입니다. 읽기 어렵고 난해한 고전을 현대어에 맞게, 현대인들의 사고와 이해에 부합할 수 있도록 번역하여 고전에 대한 접근과 이해의 폭을 넓히고자 하는 것입니다.

이번에 간행하는 한국고전번역총서 제4권은 한국고전문학텍스트연구소의 이와 같은 목표를 달성하기 위해 발간하는 책입니다. 이 책을 간행하기 이전 한국고전문학텍스트연구소에서는 이미 세 권의 번역총서를 간행하였지만, 이 책들은 시화를 대상으로 한 것이어서 대중들의 관심에 부합하기 어려운 부분이 없지 않았습니다. 냉철한 이성과 논리적 사유로 대상을 분석하여 미감을 얻고 작품에 동화되는 현대인들의 의식에 정감을 위주로 하는 시화는 쉽게 동의하기 어려운 부분이 있을 수밖에 없습니다.

그래서 한국고전문학텍스트연구소에서는 이런 문제를 극복하고 번역총서 간행의 의미를 살리기 위해 『팔대가문십선』을 번역총서로 간행하게 되었습니다. 그 중에서도 이번에 간행하는 한국고전번역총서 제4권은 한유에서부터 소순까지 4사람의 저작 10편씩 모두 40편의 글을 번역한 것입니다. 이 번역서의 대본인 『팔대가문십선』이 한유 · 유종원 · 구양수 · 소순 · 소식 · 소철 · 왕안석 · 증공 여덟 문인의 글을 뽑아 중국의 모곤이 편찬한 『당송팔대가문초』를 바탕으로, 농암 김창협이 다시 각각 10편씩 모두 80편의 글을 추려 만든 것이니, 이 책은 『팔대가문십선』의 절반에 해당하는 것입니다. 곧 나머지 부분을 번역한 책도 간행할 수 있을 것이라 기대합니다.

『팔대가문십선』은 당송팔대가로 높은 문학적 명성을 누려온 여덟 사람의 대표 작품을 선별하여 수록했을 뿐만 아니라 각각의 작품에 대해 모곤을 비롯한 중국 명나라 문인들의 비평과 김창협을 비롯한 우리나라 문인들의 비평을 함께 수록하고 있는 책입니다. 한국고전문학텍스트연구소에서는 이 책을 현대인들의 시각에서 새롭게 번역하고 다양한 참고 자료를 첨가하여 전문 연구자들뿐만 아니라 일반 대중들까지도 고전 산문의 다양한 흥미와 재미를 느낄 수 있도록 하여 현대의 독자들이 고전과 한문에 대한 새로운 관심을 가질 수 있도록 하고자 합니다.

엄밀한 선별 과정과 치밀한 번역 및 검토 과정을 거쳐 간행되는 한국고전번역총서는 앞으로도 인문학 관련 전문 연구자뿐만 아니라 일반 대중들에게까지 우리 고전의 가치와 의미를 알려 고전에 대한 왜

곡된 인식과 인문학에 대한 그릇된 편견을 교정하는 작은 씨앗의 역할을 충실히 해나갈 수 있으리라 생각됩니다. 이후로도 이 중요한 작업이 충실하게 이루어지기를 기대하며, 한국고전번역총서의 간행을 지원해 주신 단국대학교와 학자원 출판사의 사장 김병환 출판이사님께 다시 한 번 깊은 감사의 말씀을 전합니다.

2024년 10월

단국대학교 부설 한국고전문학텍스트연구소장

서문

지금으로부터 4년 전, 단국대학교 국어국문학과로 부임하면서 한국고전문학텍스트연구소의 운영위원을 겸임하게 되었다. 운영위원을 맡기 이전에는 소속 연구원으로서 연구소의 변화를 직접 목도하였는데, 초창기 연구소의 모습은 버젓한 연구실 하나 없는 그야말로 페이퍼 연구소에 가까웠다. 그러나 소수의 정예 연구원들, 그리고 고전문학 전공 대학원생들이 매주의 학술세미나, 매달의 월례발표회, 매년의 정기학술대회 등 크고 작은 학술 행사를 수년에 걸쳐 쉬지 않고 묵묵히 진행하였고, 이러한 정기적인 연구 모임의 성과들이 차곡차곡 쌓이고 또 진척되어 이제는 기획연구총서, 학술연구총서, 고전번역총서 등이 연구소 이름으로 정기적으로 간행되고 있다. 그 결과 외부적으로는 연구소가 단국대학교 부설연구소로 승격되고 또 정기적인 연구소 평가에도 늘 고평을 받고 있는 실정이다. 그뿐이 아니다. 내부적으로도 연구소 소속 인원들의 학문적 역량의 제고는 물론이고 개개인들은 자신의 이름이 오롯이 박힌 각종 총서가 꾸준히 간행되는 학문적 성취를 이루어 내고 있다. 이 모든 연구 성과들이 차질 없이 빛을 보게 된 데에는 연구소의 탄생부터 성장까지 우직하게 진두지휘한 윤재환 소장님이 계셨기 때문이다. 연구소의 소속 연구원이 아니라 운영위원으로서 소장님의 책무를 조금이나마 덜어서 담당할 수 있는 자격이 주어진 것이 바로 4년 전의 일이다.

연구소의 고전번역총서는 외부 사업을 수주해서 간행되는 경우도 있지만, 대체로 매주의 학술세미나를 기초로 하고 있다. 연구소에서 간행한 허균의 『성수시화』, 이승규의 『동양시학원류』는 윤재환 소장님이 주관하여 수년 동안 연구원들과 대학원생들이 함께 매주 학술세미나를 진행한 결과물이다. 다만 기존에 번역 텍스트의 성격이 한시와 시화에 치중된 경향이 있어서 별도로 한문 산문이나 산문 비평과 관련된 텍스트를 번역하는 작업에 자연스레 관심을 두게 되었다. 게다가 단국대 권역별거점연구소협동번역사업에서 주관하는 고전 강독 클러스터 프로그램의 지원을 지속적으로 받게 되어 원활하게 학술세미나를 진행할 수 있는 동력도 마련되었다. 이러한 관심과 동력을 현실화하기 위해 차분하게 고민한 결과, 『팔대가문십선』을 집어 들게 되었다.

『팔대가문십선』은 김창협이 모곤의 『당송팔대가문초』를 바탕으로 여덟 명 고문 작가의 작품을 각 10편씩 총 80편의 한문 산문 작품들을 선별하여 편찬한 것이다. 이 책은 필사본 형태인데, 필사한 사람이 또 당대의 명필인 윤급이다. 당송 시대를 대표하는 문장가들의 수많은 한문 산문 작품들이 모곤의 감식안에 의해 한 차례 여과되고, 또 김창협의 감식안에 의해 다시 한 차례 여과된 결과물이 바로 『팔대가문십선』인 것이다. 게다가 윤급의 유려한 필치로 필사된 덕분에 이 책의 진가는 더욱 빛나게 되었다. 이 책이 세상에 본격적으로 알려지게 된 계기는 영인본으로 출간된 이후부터이다. 이 책은 원래 박철상 선생님이 소장하고 있었는데, 안대회 선생님이 해제를 붙여 2015년 학자원에서 영인본으로 출간되었다. 책의 사이즈가 일반 책보다 크고 또 흑백이 아닌 컬러로 영인하였기 때문에 서가의 한 켠에 꽂아 놓는 것만으로도 시선을 끌기에 충분하였다. 그러하니 한문 산문과 비평 관련

번역 텍스트를 고민할 적에 이 책이 제일 먼저 눈이 띈 것은 어쩌면 당연한 결과라 하겠다. 이렇게 늘 서가의 영롱한 빛으로 자리한 이 책이 연구소의 매주 학술세미나 텍스트로 활용된 것이 바로 4년 전의 일이다.

연구소의 연구원들 및 고전문학 전공 대학원생들과 함께 본격적으로 학술세미나를 시작할 때부터 이미 이 책의 무게와 밀도에 감탄하지 않을 수 없었다. 조선 후기 한문 산문과 비평에 있어서 일종의 프로파간다로 인식된 김창협이 선별하여 편찬했다는 점, 같은 학맥의 학자이자 명필인 윤급이 유려하게 필사했다는 점, 모곤을 비롯한 제가의 비평이 촘촘하게 수록되어 있다는 점 등이 책의 무게와 밀도를 더하는 요소로 작용하였다. 다만 이 책만을 번역 텍스트로 삼기에는 부족한 감이 없지 않았다. 『당송팔대가문초』는 이미 국역을 주관하는 국가 기관에서 차례대로 번역하는 중이고, 여덟 명 작가들의 개인 문집도 연구자들에 의해 산발적으로 번역되고 있는 실정이라 이 책만을 번역하는 작업은 기존의 번역 성과들과 차별화되지 않기 때문이었다. 그래서 고안한 방식이 투 트랙으로 번역을 진행하는 것이었다. 첫 번째 트랙은 이 책에 수록된 여덟 명 작가의 작품들, 그리고 이 책에 부기된 김창협, 모곤 등의 비평을 번역하는 것이고, 두 번째 트랙은 이 책에 수록된 작품들을 대상으로 한 역대 우리나라 문헌에 수록된 문인들의 비평을 번역하는 것이었다. 이러한 번역 방식은 기존에 연구소의 한시 및 시화 번역의 성격에도 부합하고, 이미 세상에 나와 있는 당송팔대가 작품들의 번역 성과와도 차별화된다고 판단하였다. 이렇게 호기롭게 학술세미나를 시작한 것이 바로 4년 전의 일이다.

이제 4년의 시간이 지났다. 한유, 유종원, 구양수, 소순 총 4명의 산문 작품들, 그리고 개별 작품에 대한 다양한 비평을 번역하고 주석을 추가하는 작업에 4년이 걸렸다. 『고문진보』와 『당송팔대가문초』를 비롯한 해당 작가들의 문집이 번역된 사례가 있어 이 책에 수록된 산문 작품들을 역주하는 과정에 많은 참고가 되었다. 문제는 개별 작품에 대한 우리나라 역대 문인들의 비평을 찾아내고 또 그것을 역주하는 일이었다. 당송의 고문을 대표하는 작가들과 이들의 산문 작품들은 이미 오래전부터 고문의 전범, 산문 창작의 기초로 자리하였고, 그 정수를 모아 놓은 『고문진보』나 『당송팔대가문초』와 같은 선집도 통용되었기 때문에 개별 작품에 대해서 우리나라 문인들이 비평한 사례를 구석구석에서 찾아내야 했다. 그 가운데 조선 후기 한문 산문 비평사에 뚜렷한 족적을 남긴 문인들, 요컨대 윤근수, 이덕홍, 허균, 김창협, 안석경, 김윤식, 김창희, 김택영 등의 저술에서 유의미한 비평 자료들을 대거 확인할 수 있었다. 이 비평 자료들은 다양한 성격을 지니고 있는데, 현토의 문제, 글자와 구절에 대한 해석, 단락과 전편의 구성에 대한 분석, 작품의 주제와 핵심에 대한 옹호와 비판 등 다양한 측면에서 비평의 작업을 수행하였다. 때로는 해당 작품에 대한 비평 자료들이 너무 많아서 선별할 정도였다. 다만 특정 작가의 산문 작품이 반드시 이처럼 다양하고 많은 비평 사례들을 만들어 내는 것은 아니었다. 그래서 개별 작품을 대상으로 본격적으로 비평한 것은 아니지만, 작품의 주제와 소재, 표현 등을 활용한 자료, 혹은 해당 작품의 핵심 내용을 비평의 차원에서 비교할 만한 자료 등을 아울러 찾아내었다. 심지어는 주제의 구현, 단락의 안배, 표현의 측면 등을 종합적으로 본받아 글을 창작한 경우도 물색하였다. 이와 같은 고되고 힘든 역주 작업이 지난 4년 동안의 일이다.

이제 앞으로의 여정을 시작해야 한다. 이 책이 한유부터 소순까지 4명의 작가를 대상으로 하였으니, 이제부터는 그 나머지 4명 소식, 소철, 증공, 왕안석과 씨름해야 한다. 오늘날의 문어체가 아닌 고전문학을 접하고 또 이것을 역주하는 작업은 여간 힘든 공정이 아니다. 다만 오늘날 접하고 있는 똑같은 작품에 대해서 전통 시대 내로라하는 문인들도 글자 하나부터 전편의 구성까지 세밀하게 분석하고, 주제와 의론에 대해 심층적으로 이해하고, 형식과 표현의 측면에서 심미적으로 감상한 일련의 흔적들을 보고 있자면 적잖은 위로가 된다. 그 흔적들을 샅샅이 찾아내어 역주하는 작업은 『팔대가문십선』이 본래부터 지니고 있던 무게와 밀도가 배가되는 데 일조하리라 믿어 의심치 않는다. 이 책이 출간되기까지 4년의 시간이 소요된 것을 고려하면 작가 한 명에 일 년이 걸린 셈이다. 앞으로 소식, 소철, 증공, 왕안석을 대상으로 한 두 번째 책이 무사히 출간되는 것이 4년 후의 일이 되길 희망한다.

2024년 10월

한국고전문학텍스트연구소 권진옥

일러두기

1. 이 책의 번역 대본은 2가지로, 『팔대가문십선』의 번역은 『팔대가문십선』 영인본(학자원, 2015) 소재 한유부터 소순까지의 작품들을 대본으로 삼았으며, 이들 작품들에 대한 비평 자료의 번역은 『한국문집총간』을 비롯한 각종 우리나라 고문헌을 대본으로 삼았다.
2. 이 책의 역주는 단국대학교 한국고전문학텍스트연구소 소속 연구원들의 강독을 바탕으로 하였다.
3. 번역은 최대한 현대국어로 옮기도록 하였고, 맞춤법과 띄어쓰기는 한글 맞춤법과 표준어 규정을 따르는 것을 원칙으로 하였다.
4. 번역 과정에서 현대국어로 옮겨지지 않는 부분과 한자가 반드시 필요한 경우를 제외하고는 한자를 병기하지 않았다. 부득이하게 한자를 병기한 고유명사가 여러 번 나타날 경우에 처음 나타날 때만 한자를 병기하여 한자의 사용을 최소화하였다. 간혹 등장하는 운문의 경우에 원문을 한자로 병기하였다. 또한 한자 병기의 형식에 있어서 한자의 크기를 줄여 가독성을 높이고자 하였다.
5. 내용이 간단한 주석은 간주間註로, 긴 역주는 각주脚註로 처리하였다. 각주의 표제어는 세 어절까지는 표제어를 온전히 밝히고, 네 어절 이상인 경우 앞·뒤의 한 어절만 밝히고 말줄임표(……)를 사용하였다.

6. 이 책에 사용한 부호는 다음과 같다.

, : 한 문장 안에서 구의 구분이 필요한 경우에 쓴다.

. : 한 문장의 끝에 쓴다.

· : 명사의 병렬이 중첩인 경우에 쓴다.

“ ” : 대화와 인용문, 시구에 쓴다.

‘ ’ : “ ” 안의 재인용 또는 대화 문구, 강조 부분을 묶는다.

( ) : 인물의 생몰년과 즉위년을 표시하거나 간주를 표시할 경우에 쓴다.

[ ] : 번역문과 뜻은 같으나 음이 다른 한자를 묶는 경우, 모든 인용문의 원문을 묶는 경우에 쓴다.

【 】 : 원문의 원주原註 및 소주小註를 묶는 경우, 이것의 번역문을 묶는 경우에 쓴다.

『 』 : 책명 및 주석의 전거를 묶는다.

「 」 : 편명 및 작품의 제목을 묶거나 ‘ ’ 안의 재인용을 묶는다.

〈 〉 : 운문 작품의 제목을 묶는다.

차례

팔대가문십선 권2 유종원

팔대가문십선 권3 구양수

팔대가문십선 권4 소순

『팔대가문십선』 및 비평 자료 해제

최수완

1. 『팔대가문십선』 소개

한국고전문학텍스트연구소의 한국고전번역총서 4의 번역 대상은 『팔대가문십선八大家文十選』 그리고 이 책에 수록된 개별 작품들에 대한 비평 자료들이다. 『팔대가문십선』은 농암農巖 김창협金昌協(1651~1708)이 모곤茅坤(1512~1601)의 『당송팔대가문초唐宋八大家文鈔』를 바탕으로 한유韓愈·유종원柳宗元·구양수歐陽脩·소순蘇洵·소식蘇軾·소철蘇轍·왕안석王安石·증공曾鞏 여덟 문인의 작품을 각 10편씩 총 80편의 산문 작품들을 뽑아 만든 것이다.[1]

이 책을 편찬한 김창협(1651~1708)의 자는 중화仲和, 호는 농암農巖이다. 그의 부친은 김수항金壽恒이고, 아우는 김창흡金昌翕이다. 그는 1682년 증광문과에 장원급제하여 본격적인 관직 생활을 시작하였다. 병조 좌랑, 사헌부 지평 등을 거쳐 예조 참의, 대사간 등을 지냈으나

1 『팔대가문십선』은 박철상 선생님이 소장하고 있던 자료를 안대회 선생님이 해제를 붙여 영인본으로 출간되었다.(『팔대가문십선八大家文十選』, 학자원, 2015) 아울러 본 해제의 첫 번째 부분인 '『팔대가문십선』 소개'는 『팔대가문십선』 영인본에 수록된 안대회 선생님의 「팔대가문십선八大家文十選과 당송팔대가唐宋八大家 고문古文의 수용양상」을 참고하였다.

기사환국으로 부친 김수항이 사사되자 관직을 그만두고 영평永平에 은거하며 학문에 힘썼다. 비록 관직을 그만두고 은거하였으나 도암陶菴 이재李縡, 도곡陶谷 이의현李宜顯 등을 가르치며 많은 제자를 양성하며 당시 조선 문단에 많은 영향을 주었다. 특히 그는 문장으로 명성이 난 문인이었는데, 당송고문을 긍정하고 당시의 의고주의적 문풍에 반대하였다. 그가 『팔대가문십선』을 편찬한 것은 이러한 그의 문학 경향과 당대 중국 및 조선 문단의 분위기와 무관하지 않은 것으로 생각된다. 김창협이 『팔대가문십선』을 편찬할 때 기초 자료로 활용한 책이 모곤의 『당송팔대가문초』이다. 이 책은 주우朱右의 『팔선생문집八先生文集』과 당순지唐順之가 편찬한 『문편文編』을 바탕으로 편찬한 산문선집이다. 이후 중국을 비롯한 조선과 일본 등 주변 국가에서 당송의 문장이 고문의 전범으로 확립되자, 모곤의 선집은 고문 학습의 주교재로서 그 위상을 갖게 되었다.

다만 모곤의 선집은 분량이 160권 40책으로 상당했기 때문에 보관이나 학습에 있어 불편함이 있을 수밖에 없었다. 이를 해결하기 위해 조선에서는 허균許筠의 조카사위인 이광李珖이 다시 선집하여 분량을 줄이는 작업을 시작하였다. 이광이 해당 작업을 진행할 수 있었던 것은 허균이 『당송팔대가문초』를 조선에서 처음으로 가지고 있었던 인물이었기 때문으로 생각된다. 이를 통해 이광은 『당송팔대가문초』를 262편 10권 분량으로 줄인 『팔가정수八家精髓』를 제작하였다. 그의 이 작업은 당시 당송팔대가 학습의 양상을 보여주는 시초가 되는 자료라는 점에서 의미가 있다. 이후로도 당송팔대가의 작품을 선별하여 문집으로 만드는 작업이 진행되었다. 그 후로 확인되는 선집 몇 가지를 나열해보자면 다음과 같다. 정조正祖가 1781년 편찬한 『당송팔자백선唐宋八子百選』, 정조의 외숙 홍낙인洪樂仁이 엮은 『팔가백선八家百選』,

안정복安鼎福의 『팔가백선八家百選』 등이다. 이러한 서적은 당시 문인들의 학습을 위해 제작된 것으로, 이러한 서적들을 통해 조선에서 당송고문의 위상이 높았고, 많은 문인의 문장 학습에 있어서 전범이었음을 확인할 수 있다.

『팔대가문십선』을 편찬한 김창협 또한 이러한 맥락에서 작품들을 선별하여 엮은 것으로 보인다. 특히 그가 『잡지雜識』 「외편外篇」에 남긴 글을 통해 모곤의 『당송팔대가문초』에 대한 그의 인식을 살필 수 있다. 이 글에 따르면 김창협은 『당송팔대가문초』가 문단의 지나친 표절 습성을 바로잡기 위해 제작된 선집으로 보았으며, 선집에 있는 모곤의 비평은 고문 작법의 핵심을 적확하게 드러내고 있다고 보았다. 이를 통해 『당송팔대가문초』의 가치를 높이 평가하였음을 확인할 수 있다. 또한 그는 아들 김숭겸金崇謙에게 편지를 보내어 문장을 학습할 때 읽어야 할 책으로 『한서漢書』·『사기史記』와 함께 『당송팔대가문초』를 꼽았다. 이 또한 김창협이 『당송팔대가문초』를 문장의 학습 수단으로써 중요하게 여겼음을 보여주는 것이다. 김창협은 문장에서 지나친 의고주의를 비판하고 한유와 구양수를 비롯해 당송팔대가의 문장을 중요하게 여긴 대표적 문인이자 당시 문단에서 높은 위상을 가지고 있던 인물이다. 그의 『팔대가문십선』 제작은 이러한 그의 문학적 경향이 반영된 것으로 생각된다.

이 책의 필사자인 윤급尹汲(1697~1770) 또한 주목할 만한 인물이다. 그의 자는 경유景孺, 호는 근암近庵이다. 그는 1725년 급제하여 1727년 설서, 1741년 대사성을 지냈고, 1746년 부제학이 되는 등 여러 관직을 지냈다. 특히 그는 노론 준론 계열의 문인으로서 영조의 탕평책에 강한 반대를 드러내었다. 그가 이러한 정치적 견해를 가지게 된 데에는 스승 이재의 영향도 있었을 것으로 생각된다. 윤급과 교유했던 이재 또한 노론계 문인으로 탕평책에 반대한 준론의 입장을 지녔기 때문이다.

한편 그는 글씨에도 능했던 인물로 알려져 있다. 그가 『팔대가문십선』의 필사를 맡은 것 역시 이러한 맥락에서 이루어졌을 것으로 생각된다. 다만 이와 관련해 한 가지 주목할 점은 그가 이 자료를 구할 수 있었던 계기이다. 윤급과 이재는 가까운 관계에 있었고, 앞서 언급하였듯 이재는 김창협의 제자였다. 그러므로 그가 김창협의 『팔대가문십선』을 구할 수 있었던 것은 친했던 이재를 통해서였을 것으로 보인다. 특히 『팔대가문십선』의 글자는 필사본임에도 불구하고 일정하고 매우 정교하게 쓰여있음을 볼 수 있다. 이는 윤급이 글씨를 쓰는 데 있어 매우 뛰어났으며, 이 책의 목적이 여러 사람이 보아야 할 학습서임을 고려했기 때문이다.

앞서 언급하였듯 이 책은 김창협이 당송팔대가의 문장 각 10편씩을 뽑아 만든 산문선집이다. 『팔대가문십선』의 표제는 '정기집精騎集'이고, 내제는 '팔대가문십선八大家文十選'이다. '정기집'의 '정기精騎'는 손건孫搴의 고사에서 나온 말인데, 소수의 것으로도 다수를 충분히 감당할 수 있다는 의미로 사용된 말이다. 형소邢邵가 손건에게 책을 읽고 학문에도 관심을 가지기를 권유하자, 손건이 자신의 정예 기병 3천이면 그대의 허약한 군대 수만에 대적할 수 있다고 말한 데서 온 것이다. 여기서 김창협이 '정기집'이라 한 것은 선별한 작품이 각 인물의 작품들을 대표할 수 있을 정도로 뛰어남을 보여주고자 한 것으로 생각된다.

한편 책의 속표지에는 '팔대가문십선八大家文十選'을 가운데에 큰 글자로 썼다. 그리고 주묵으로 오른쪽 아래에 '모녹문茅鹿門 비평批評', '왕준암王遵巖·당형천唐荊川 평評'이라 쓰고, 왼쪽 아래에는 '김농암金農巖 선選'이라 써 작품을 뽑은 사람과 선집의 근거, 비평한 사람이 누구인지를 밝혔다. 권별로 한 작가의 작품 10편씩을 수록하고 있으며, 작품에 들어가기 전에 작품의 목록을 실어두었다. 다만 이 목록은 본문의 목록과 온전히 일치하지는 않는다.

『정기집』은 『정기집』 건乾과 『정기집』 곤坤으로 나뉘어져 있으며, 『정기집』 건에는 권1~권4까지, 『정기집』 곤에는 권5~권8까지의 내용이 수록되어 있다. 각 권의 순서는 다음과 같다. 한유(권1)－유종원(권2)－구양수(권3)－소순(권4)－소식(권5)－소철(권6)－증공(권7)－왕안석(권8). 이는 모곤의 『당송팔대가문초』가 한유(권1~권16)－유종원(건17~권28)－구양수(권29~권60)－왕안석(권61~권80)－증공(권81~권96)－소순(권107~권116)－소식(권117~권144)－소철(권145~권164) 순으로 작품을 싣고 있는 것과는 다소 차이가 있다. 이는 인물의 생년 순으로 정리하되, 소순의 생년이 1009년이고, 왕안석의 생년이 1021년이기 때문에 소순을 앞당기면서 그의 아들들을 함께 앞에 배열하고, 왕안석과 증공은 그 뒤로 미루어 배열했기 때문으로 보인다.

한편 작가별로 수록된 10편 작품의 수록 순서의 기준은 분명하지 않으나, 본 번역 총서에서 다루고 있는 한유에서 소순까지 수록된 작품을 정리해 보자면 다음과 같다.

연번	작가	작품 목록
1	韓愈	「與孟尙書書」, 「送楊少尹序」, 「送董邵南序」, 「送浮屠文暢師序」, 「原道」, 「諱辯」, 「師說」, 「張中丞傳後敍」, 「對禹問」, 「平淮西碑」
2	柳宗元	「寄許京兆孟容書」, 「與韓愈論史官書」, 「答韋中立論師道書」, 「賀進士王參元失火書」, 「種樹郭橐駝傳」, 「始得西山宴游記」, 「封建論」, 「駁復讐議」, 「捕蛇者說」, 「段太尉逸事狀」
3	歐陽脩	「上范司諫書」, 「與高司諫書」, 「春秋論 上」, 「春秋論 中」, 「春秋論 下」, 「朋黨論」, 「縱囚論」, 「五代史宦者傳論」, 「峴山亭記」, 「豐樂亭記」, 「南陽縣君謝氏墓誌銘」, 「瀧岡阡表」
4	蘇洵	「上韓樞密書」, 「上田樞密書」, 「上歐陽內翰書」, 「諫論 下」, 「管仲論」, 「審敵論」, 「遠慮」, 「御將」, 「張益州畫像記」, 「族譜引」

이 책은 책으로서의 체제가 상당히 잘 갖추어져 있는데, 특히 책의 형태 측면에서 이를 잘 살필 수 있다. 내지를 보면, 광곽의 바깥선은 굵은 청색 선으로, 그 안의 선은 얇은 홍색 선으로, 괘선은 얇은 청색 선으로 구분하였다. 판심에는 해당 작품의 작가와 작품의 문체, 쪽수를 기록해 두었다. 다만 쪽수의 경우, 작가가 바뀔 때마다 새로운 페이지로 시작하였다. 어미는 별도의 문양 없이 청색 선으로만 이루어져 있다. 원문은 10행 19자로 필사된 것이다.

『팔대가문십선』의 구성 방식은 다음과 같다.

첫째, 작품의 제목은 본문보다 2~3칸 아래에 썼다.

둘째, 작품 제목과 본문 사이에는 모곤의 작품 총평이 수록되어 있다. 이 평가는 작품의 본문보다 3~4칸 아래에 주묵으로 작성하여 작품 본문과 구분하였다.

셋째, 작품의 끝에는 해당 작품에 대한 모곤, 왕준암, 당형천의 작품 평을 수록하였다. 다만 모곤이 아닌 다른 비평가가 단 비평의 경우, '唐荊川曰'과 같이 표기하여 비평 주체를 분명히 밝혔다.

넷째, 일부 작품의 경우, 작품 본문에 협비夾批와 미비尾批의 형태로 편찬자인 김창협이 자신의 평을 작성하였다.

한편 책에는 장서인이 찍혀있어 당시 책의 주인을 알 수 있다. 한유문 목록에 찍힌 도서인 '세장도서지인世藏圖書之印'과 본문 첫째 장의 도서인 "경유景孺", "윤급尹汲", "해평海平", 권8 끝장의 "이도서위원림以圖書爲園林", "빙호추월氷壺秋月", "진사초회장원進士初會壯元 정시중시을과庭試重試乙科 친림문신親臨文臣 정시입격庭試入格"이 모두 윤급의 장서인이기 때문이다.

이 책은 두 가지 측면에서 상당히 의의가 있다. 첫 번째는 형식의 측면이다. 필사본임에도 불구하고 글자가 매우 일정하고 광곽을 비롯한 체제가 상당히 정리되어 있음을 볼 수 있다. 또 내용의 측면에서도 김창협이 선별한 작품과 그에 대한 여러 비평가의 평을 아울러 담았다. 여기서 선별된 작품의 가치와 편찬자인 김창협이 작품 선별의 객관성을 담보하기 위해 힘썼음을 볼 수 있다. 이러한 요소들 또한 편찬자인 김창협과 필사자인 윤급이 학습 교재로서 『팔대가문십선』을 염두에 두고 있었음을 짐작할 수 있는 부분이다.

2. 비평 자료 설명

본 번역 총서에는 『팔대가문십선』 소재 한유에서 소순까지의 작품들과 함께 개별 작품에 대한 다양한 비평 자료를 수록하였다. 이 비평 자료의 소재는 크게 2가지로 구분되는데, 『팔대가문십선』에 수록된 김창협, 모곤 등의 비평이 첫 번째이고, 역대 우리나라 문헌에 수록된 문인들의 비평이 두 번째이다. 앞에서 언급한 것처럼 『팔대가문십선』은 작품 제목과 본문 사이에는 작품 전체에 대한 총평 성격의 모곤의 비평이 수록되어 있다. 또한 작품의 끝에는 작품 제목 아래 부기한 비평과는 다른 모곤의 비평, 그리고 해당 작품에 대한 당순지唐順之, 왕신중王愼中 등의 비평이 수록되어 있다. 특히 모든 작품에는 해당하진 않지만 특정한 작품의 경우에는 김창협의 협비夾批와 미비尾批가 수록되어 있다. 한편 『팔대가문십선』에 수록된 개별 작품에 대한 우리나라 문인들의 비평 자료도 제시하였다. 이러한 자료는 작품을 비평한 문인의 문집을 비롯하여 그의 다양한 저술에서 추출하였다.

『팔대가문십선』에 수록된 모곤 등 명나라 비평가들의 비평, 그리고 김창협의 비평 사례는 아래와 같다. 한유가 지은 「여맹상서서與孟尙書書」에 대한 모곤의 두 가지 비평, 「송양소윤서送楊小尹序」에 대한 당순지와 김창협의 비평, 「장중승전후서張中丞傳後敍」에 대한 김창협의 비평을 차례대로 제시하였다.

> 변화를 종잡을 수 없으니, 한유韓愈[昌黎]의 편지 중에 이것을 으뜸으로 꼽아야 한다.
>
> —茅坤, 「與孟尙書書」, 首批, 『八大家文十選』.

> 예로부터 편지는 사마천司馬遷의 「보임소경서報任少卿書」 이후로 오직 한유만이 뛰어난데, 이 편지는 한유의 편지 중에서도 더욱 아름다운 작품이다.
>
> —茅坤, 「與孟尙書書」, 尾批, 『八大家文十選』.

> 앞뒤가 조응하고 착종의 변화를 말할 수 없다. 이러한 글은 소식蘇軾, 증공曾鞏, 왕안석王安石 등의 문집에는 없는 것이다.
>
> —唐順之, 「送楊小尹序」, 尾批, 『八大家文十選』.

> 당시 분명 두 공에게 큰 군으로 도망가 지켜야 하지 수양성 같은 작은 읍을 지키면서 스스로를 곤경에 빠트려서는 안 된다고 설득한 자가 있었을 것이다.
>
> —金昌協, 「送楊小尹序」, 夾批, 『八大家文十選』.

> 그를 깊이 칭찬하였고, 다른 사람들을 감동하게 한 것이 많다.
>
> —金昌協, 「張中丞傳後敍」, 尾批, 『八大家文十選』.

한편 『팔대가문십선』이 아니라 우리나라 문인들의 저술 가운데 이 책에 수록된 여덟 명의 개별 작품에 대한 비평 자료는 그 성격이 다양하다.

첫째, 글자와 단어, 그리고 구절에 대해 설명하거나 문장과 단락, 그리고 전체 작품의 구성을 분석한 비평으로, 이른바 편장자구篇章字句 비평이라 할 수 있다.

> 월정 : "孔子沒【오】" : 토를 빼는 것이 어떻겠습니까?
> 간이 : 【오】 토는 있어야 합니다.
> 월정 : "敎之以相生養之道【하니】" 토를 【하야】로 하는 것이 어떻겠습니까?
> 간이 : 【하야】 토는 안 될 듯합니다. 말을 종합하여 아랫글을 펴는 것인데 말을 이어서는 안 됩니다.
>
> —尹根壽, 「韓文吐釋上 · 原道」, 『月汀先生別集』.

> "原道"【그 뜻을 밝히는 것을 가리킨다.】 "孑孑"【외롭다는 뜻으로 노자의 무리는 한 부분만을 가지고 의로 여겼으니 그 온전한 것을 몰라서 이렇게 말한 것이다.】 "不如諸夏"【이 구절은 『논어』의 본뜻과는 다르다.】 "得其情"【인정과 천리를 얻는 것이다.】
>
> —李德弘, 「古文後集質疑」, 『艮齋先生續集』.

한유가 「원도」를 지어 불자와 노자를 배척하며 그의 말에 "농가는 하나인데 곡식을 먹는 집안은 여섯이고, 기술자와 장사꾼 모두 그러하다[農家一而食粟之家六, 工商皆然.]."라고 하였으니 이는 지엽적인 듯하다. 세도가 쇠하고 정사가 어지러워지자 편히 앉아서 먹기만 하고 겁박하여 빼앗아 먹으며 농사를 짓는 백성들에게 자리잡고 살거나 생업에 힘을 쓰지 못하게 하고, 게다가 자신들의 힘으로 낸 소출을 마음대로 먹지 못하게 하는 것이 불자나 노자와 무슨 상관이 있는가. 안타깝지만 한유의 설은 통론이 될 수 없다.

—李瀷, 「異端」, 『星湖僿說』.

한유가 지은 「원도原道」의 현토懸吐 문제, 작품에 보이는 글자와 단어, 구절의 해석 문제 등에 대해서 풀이하고 비평한 자료들이다. 현토, 글자, 구절 등 작품의 세밀한 측면에서 비평한 자료들을 통해 작품을 정확하게 이해할 수 있다. 다음으로 글자나 구절의 단계에서 벗어나 작품 속 단락의 조합, 작품 전체의 구성에 대해 분석한 사례들은 아래와 같다.

한유의 글 가운데 「장중승전후서張中丞傳後敍」는 서사가 몹시 복잡하다. "南霽雲乞救"부터 "所以志也"까지의 이 단락은 노인의 말이고 그 아래에 삽입된 "貞元中' 한 단락은 이 또한 한공 자신이 예전에 목격한 것을 서술하여 증명한 것이고, 그 아래에 또 "城陷"으로 이은 한 단락은 또 노인의 말이다. "巡長七尺餘"부터 "年四十九"까지 이 한 단락은 모두 장적이 우숭의 말을 서술한 것인데 "嵩貞元初" 이하로는 다시 장적 스스로 말한 것이다. 그러므로 "張籍云" 세 글자로 끝맺었다. 그렇지 않다면 간혹 누구의 말인지 알 수가 없었을 것이다. 이는 단락에 따라 서술이 뒤섞여 튀어나오지만 모두 지극한 법도가 있으니 바로 사마천의 『사기』와 반고의 『한서』의 오묘한 부분으로 후대의 사람들은 참고하여 궁구해야 한다.

－金昌協, 「雜識·外篇」, 『農巖集』.

「사설師說」. 도를 전하고 학업을 가르치고 의혹을 풀어준다는 것은 한 편의 종지이니, 반복하여 변화를 주면서 한 편을 완성하였다. "古之學者必有師" 아래의 한 부분은 도를 전하고 학업을 가르치고 의혹을 풀어주는 것이고 "人非生而知之" 아래의 한 부분은 도를 전하지 않고 학업을 가르치지 않고 의혹을 풀어주지 않는 것이니, 두 부분을 합하면 한 편의 강령이 된다. 그 아래로 "生乎吾前其聞道也" 아래의 한 단락은 "古必有

師" 부분을 부연 설명한 것이고 "嗟師道之不傳" 아래의 한 단락은 "人非生知" 부분을 부연 설명한 것이며, "古之聖人, 今之衆人" 한 단락은 위의 글을 합하여 맺은 것이다. "愛其子擇師而敎之" 아래의 한 단락은 "人非生知" 부분에 조응하고, "聖人無常師以" 아래의 한 단락은 "古學有師" 부분에 조응하며, "李氏子蟠" 아래의 한 단락은 위의 글을 연결시킨 것이니, "不狗於時學於余"는 "古學有師"와 "人非生知" 부분에 양쪽으로 조응한다. 처음과 마지막 말에서 선후의 차례와 배치하고 이어붙이는 묘함을 글을 짓는 데에 익숙한 사람만이 알 것이다.

—安錫儆, 「韓文摘解」, 『雪橋藝學錄』.

「송양소윤서」. 두 단락으로 이루어져 있다. 처음부터 "二疏之去有是事否"까지가 윗 단락이 되고, "古今"부터 아래 단락이 된다. 윗 단락은 두 소씨疏氏를 양소윤과 비교하였는데 누가 더 뛰어난지는 말하지 않았다. 아래 단락은 세상 사람들을 양소윤과 비교하여 양소윤이 훨씬 뛰어남을 말한 것이다.

—安錫儆, 「韓文摘解」, 『雪橋藝學錄』.

한유가 지은 「장중승전후서張中丞傳後敍」, 「사설師說」, 「송양소윤서送楊小尹序」 각각에 대해서 단락의 안배와 전체의 구성을 구조적으로 분석한 것이다. 글의 핵심 내용이 담긴 문장이나 단락을 적시하고, 글 전체의 단락이 어떻게 긴밀하게 연결되어 조응하는지를 분석하고 있는데, 이러한 비평 자료들을 통해 작품의 구조적인 측면에서 선명하게 이해할 수 있다.

둘째, 자구와 편장의 차원이 아니라 작품의 전체적인 주제와 의론에 대해서 옹호하거나 비판하는 비평이다. 몇 가지 사례를 제시하면 다음과 같다.

「원도」는 『대학大學』을 끌어왔으나 정심성의正心誠意에만 그치고 격물치지格物致知에는 미치지 못하여 정자와 주자 두 분께서 그를 비판하셨다. 그러나 한유[退之]의 뜻을 가만히 헤아려보면 본래 불자와 노자가 자신의 마음을 다스리기만을 원하고 천하와 국가는 도외시하기 때문에 『대학』을 끌어와 예부터 마음을 다스리는 것은 천하와 국가를 다스리는 것을 밝히려고 한 것이다. 그러므로 설이 성의정심에는 미쳤고 진실로 격물치지를 갖출 여유가 없었던 것이다. 이런 부분은 주제가 있는 곳을 살펴야지 심하게 비판할 필요는 없다.

—金昌協, 「雜識 · 內篇」, 『農巖集』.

「원도」에서 성의 · 정심만을 언급하고 격물은 언급하지 않은 것은 격물은 성의 · 정심 · 수신 등의 물리物理를 궁구한 것이지 성의 · 정심 · 수신 등의 이외에 별도의 특정한 요소가 되는 것은 아니다. 이 부분은 한유가 특별히 밝힌 부분이지 잘 몰랐던 것은 아니다.

—金澤榮, 「雜言 · 雜言四」, 『韶濩堂集』.

유종원의 「봉건론」은 이로움과 해로움을 따진 것에서 벗어나지 못했기 때문에 마땅히 호씨가 가볍게 여긴 것이다. 범소의 논의 또한 그 근원을 거슬러 올라가지 못했기 때문에 오랫동안 결단할 수 없는 의견이라 하더라도 봉건제가 군현제보다 못한 것은 진실로 바꿀 수 없는 의론이다. …… 아! 봉건제에서 공公이 되는 것은 한 시대의 공이고 당시 왕의 공이지만, 주 · 군의 공이 되는 것은 만세 동안 모든 왕의 공이니, 성인이 다시 태어나더라도 바꿀 수 없을 것이다. 군현제를 제정한 것은 진시황의 정사지만 사람 때문에 법까지 폐지할 수는 없으니, 군현제를 옳다고 한 것은 유종원이지만 사람 때문에 그의 말까지 버리지는 않는 것도 성인의 공이다.

—吳光運, 「史評[下]」, 『藥山漫稿』.

봉건제가 틀리고 군현제가 옳다고 한 유종원의 의론은 좁은 소견이다. 그의 주장을 살펴보면, 주나라가 멸망하고 한나라가 혼란스러워진 것을 두고 봉건제를 탓하며 그 임금은 탓하지 않고, 진나라가 멸망한 것을 두고 그 임금을 탓하며 그 군현제는 탓하지 않는다. 당나라 군현제를 숭상한 것으로 그의 견해를 밝혔다. 나는 이렇게 말하겠다. 주나라가 멸망하고 한나라가 혼란스러워진 것은 그 잘못이 임금에게 있는 것이지 봉건제에 있었던 것이 아니며 진나라와 당나라가 멸망한 것은 그 잘못이 군현제에 있는 것이지 임금에게 있었던 것이 아니다. …… 저 유종원은 당나라 덕종과 순종의 세상에 살았다. 헌종 때에 이르러 군현제의 폐단이 비로소 크게 불거졌다. 하지만 유종원은 이것이 결국 당나라가 멸망한 이유임을 알지 못하고 오히려 숭상하려 하였으니, 좁은 소견이라고 하지 않을 수 있겠는가? 나는 후세 사람이 또 유종원과 같은 견해를 내놓아 자신의 나라를 멸망하게 할까 두려우므로 이처럼 변론한다.

—丁範祖, 「辨封建論說」, 『海左集』.

한유가 지은 「원도」의 핵심 내용을 두고 기존에 비판한 부분에 대해서 옹호하는 입장에서 비평하기도 하고, 유종원이 지은 「봉건론封建論」의 핵심 내용에 대해서 옹호하기보다는 비판하는 입장에서 비평하기도 하였다. 때로는 하나의 작품에 대해 긍정과 부정의 비평이 모두 보이기도 하는데, 이처럼 해당 작품의 주제와 핵심을 두고 다양한 입장을 표명한 비평 자료들을 통해 작품의 주제와 의론을 더욱 깊이 이해할 수 있다.

셋째, 개개의 작품이나 몇 개의 작품들을 아울러 인상적으로 비평하거나 다른 작가의 작품과 비교하여 논한 비평이다.

한유가 반드시 마음을 기르고 실천하는 공부를 한 것은 아니지만 그의 「여맹상서서與孟尙書書」, 「송문창서送文暢序」, 「원도原道」와 「체협의禘祫議」 등 여러 편은 분간한 것이 꽤 정밀하고 지킨 것이 몹시 정확하며 종종 성현의 말에 부합하는 것은 문장이 지극해서이다. 대개 문장의 지극함은 행실의 지극함만 못하지만, 문장의 지극함에 이르는 것 또한 어렵다. 때문에 형산의 구름을 헤치고 악어를 믿게 할 수 있었으니 어찌 천지를 감동시킨 하나의 징험이 아니겠는가.

—金允植, 「八家涉筆上」, 『雲養集』.

지금 한유의 문집 수백 편을 읽어 보면 한마디도 옛사람의 성구成句를 답습하여 쓴 말이 없다. 예를 들어 「평회서비平淮西碑」는 오로지 『상서尙書』를 본받았으나 『상서』 속의 말이 한마디도 없고, 「증태부동공행장贈太傅董公行狀」은 『춘추좌씨전』을 모범으로 삼았으나 『춘추좌씨전』 속의 말이 한마디도 없고, 「장중승전후서張中丞傳後敍」는 『사기』와 매우 비슷하나 『사기』 속의 말이 한마디도 없으니, 참으로 뛰어난 재능이다.

—金昌協, 「雜識」, 『農巖集』.

「여고사간서」. 내가 그것을 읽고 부끄러움을 느껴 땅속으로 들어가게 만들었는데, 당시 고사간高司諫은 어떻게 끝까지 읽었는지 모르겠다. 저자는 스스로 몸을 지키는 묘책을 얻었다 여겨 남들이 깨닫지 못하였다 기뻐하였으나 유독 천고의 혜안이 대면하여 간파할 것임을 알지 못하였다.

—金允植, 「八家涉筆上」, 『雲養集』.

「단태위일사장段太尉逸事狀」은 뒷맛이 감람나무 열매처럼 떫다가 달며, 「장중승전후서張中丞傳後敍」는 음식을 죽 늘어놓고 배불리 먹은 것과 같다.

—朴齊家, 「八子百選策」, 『貞蕤閣文集』.

한유와 유종원의 저작은 흡사한 것이 많다. 한유에게는 「평회서비명平淮西碑銘」이 있고 유종원에게는 「평회이아平淮夷雅」가 있으며, 한유에게는 「송궁문送窮文」이 있고 유종원에게는 「걸교문乞巧文」이 있으며, 한유에게는 「장중승전후서張中丞傳後敍」가 있고 유종원에게는 「단태위일사장段太尉逸事狀」이 있다. 또 한유의 「원도原道」와 「논불골표論佛骨表」, 〈남산시南山詩〉 같은 작품은 유종원이 지을 수 없고, 유종원의 「진문晉問」과 〈천대天對〉는 한유가 지을 수 없다.

—李睟光, 「文章部」, 『芝峯類說』.

구양수의 「여고사간서與高司諫書」에 대한 느낌을 인상적으로 비평하기도 하고, 한유의 「여맹상사서」를 비롯한 여러 작품들을 아울러 인상적으로 비평하기도 하였다. 한편 비슷한 주제와 소재를 다루고 있는 한유와 유종원 두 사람의 작품들을 비교하여 그 우열을 비평하기도 하였다.

넷째, 개별 작품을 대상으로 본격적으로 비평한 것은 아니지만, 작품의 주제와 소재, 표현 등을 활용한 자료, 혹은 해당 작품의 핵심 내용을 비평의 차원에서 비교할 만한 자료 등을 아울러 제시하였다.

서경은 고려의 도읍이었는데 오 백년의 오랜 시간이 지나 기강이 무너지고 영토가 나뉘어 호걸들이 난립하여 다투었는데 성인이 명을 받아 전쟁이 그침에 미쳐서는 선비들이 농사지으며 편안하게 지내고 백성들이 배와 수레를 가지고 장사를 업으로 삼으니 번화하고 아름다워 편안하게 바깥 일이 없어 지금 내가 여러 사람들과 한 잔 술을 주고 받는 것은 이는 임금의 공덕이 아님이 없다. 내가 이것을 객에게 말하니 객이 말하기를 "유수의 이 말은 저주의 「풍락정기」와 뜻이 대략 같다."라고 하였다.

—南公轍, 「小豐樂亭記」, 『金陵集』.

옛사람이 말하기를, "임금이 간언을 잘 받아들이지만 신하가 반드시 간언하도록 하지 않는다면 진정으로 간언을 잘 받아들이는 임금이 아니다. 신하가 간언을 잘하되 임금이 반드시 간언을 받아들이지 못하게 한다면 진정으로 간언을 잘하는 신하가 아니다."라 하였습니다. 임금의 잘못을 바로잡는 말은 귀에 거슬리기 쉽고, 신하의 간언을 쉽게 받아들이는 것은 허심탄회하게 받아들이기가 어렵습니다. 아, 전하께서 계신 지위는 그 중함이 어떻습니까. 이어받은 업은 그 어려움이 어떻습니까. 하지만 임금이 되신 지 7년이 된 때에 자애로운 하늘이 위에서 크게 덮어주신 데에 힘입어 손을 마주 잡고 이루어지기를 바라고 덕이 천하에 윤택하게 되었습니다. 그러니 지금 우리 조정은 발을 치우고 임금의 자리가 바르게 되었습니다. 전하께서 맡은 책임은 지난날과 비교해 이보다 만 배 더한 것이 있으니 전하의 명성明聖으로 어찌 척연惕然히 우려하고 두려워하며 근심하지 않겠습니까.

—趙寅永, 「袖箚」, 『雲石遺稿』.

구양수의 「풍락정기豐樂亭記」 작품 자체에 대한 비평은 아니지만, 남공철의 「소풍락정기」는 소순의 「풍락정기」에서 보이는 주제와 내용을 적절하게 활용한 경우이다. 마찬가지로 소순의 「간론諫論」은 간관에 대한 올바른 군주의 자세를 논한 글인데, 조인영의 글은 소순의 작품을 활용하여 간관에 대한 당시 임금의 올바른 자세를 당부한 것이다.

임금의 덕이 무너짐은 대체로 환관宦官과 궁첩宮妾에서 기인한다. 이뿐만이 아니라 환관은 양기陽氣만 있고 궁첩은 음기陰氣만 있으니, 이것만 있으면 만물의 화육이 펴지고 통하는 이치가 있겠는가? 국가의 말엽은 반드시 후사가 적어져 나라가 망하는데, 이는 대개 이 무리들이 점점 많아져서다. …… 요사이 들으니, 내시內侍와 나인[內人]이 날마다 더 많아지는데, 조정에서는 관계할 것이 아니라 하여 셀 수 없이 많은 국비가 쓰이는데도 감히 한 마디 말도 입 밖에 내지 못한다고 한다.

—李瀷, 「人事門 · 宦官宮妾」, 『星湖僿說』.

북방 오랑캐가 중국에 들어와 주인 노릇을 한 지 수십 년이다. 우리나라는 참으로 먼저 치욕을 참고 대의를 잊으며 그들의 하인 노릇을 하였으며 황조皇朝의 남은 백성들 또한 모두 머리를 풀고 왼쪽 깃을 여며 모두 오랑캐가 되었다. 저들은 근엄하게 수많은 백성 위에 군림하며 천하를 원래부터 자기 것인양 여기고 있다. 그러나 바다 안팎의 영웅호걸 중에서 아직 일어나 그들을 토벌하려는 사람이 없으니 뜻 있는 선비들의 통한은 오래되었다. 최근에 듣기로는 옛 서평왕西平王 오삼계吳三桂가 운남雲南과 귀주貴州 두 성省을 점거하고 병사를 일으켜 오랑캐를 토벌하자 오랑캐 또한 전후로 수만 명의 병사를 보내 그를 공격했지만 승패의 형세는 아직 확정되지 않아서 천하가 이미 어지럽다고 한다. 나는 일찍이 전해 듣고 그 형세를 미뤄 헤아려 보고 경솔하게 계책을 세워보고, '오삼계의 성공과 실패는 아직 알 수 없으나 오랑캐는 마땅히 멸망할 것이다.' 라고 생각했다.

—金昌協, 「審敵篇」, 『農巖集』.

구양수의 「오대사환자전론五代史宦者傳論」이 환관의 문제를 지적한 글인데, 이익의 글 또한 환관 등의 문제를 적시하고 있는 자료이다. 소순의 「심적론審敵論」은 중국을 위협하는 흉노의 정세를 파악하는 일에 대한 의론인데, 김창협의 「심적편審敵篇」도 당시 북방 오랑캐의 정세를 파악하는 일을 가지고 자신의 의견을 개진한 글이다.

한편 주제의 구현, 단락의 안배, 표현의 측면 등을 종합적으로 본받아 글을 창작한 경우도 제시하였다. 조현명의 「유인정씨지명孺人鄭氏誌銘」과 같은 글은 바로 구양수의 「남양현군사씨묘지명南陽縣君謝氏墓誌銘」에서 보이는 단락의 구성, 서사의 전개, 주요 표현 등을 그대로 본받아 창작한 사례이다.

팔대가문십선

권1 한유

상서尙書 맹간孟簡[1]께 드리는 편지

(모곤) 변화를 종잡을 수 없으니, 한유韓愈[昌黎][2]의 편지 중에 이것을 으뜸으로 꼽아야 한다.

한유가 아룁니다. 말단 관원인 제가 남방南方에서 돌아와 길주吉州를 지날 때에 우리 형님께서 24일에 보내신 편지 몇 장을 받으니 기쁜 마음과 송구스런 마음이 함께 지극하였습니다. 잘 모르겠습니다만 가을로 들어선 이래로 주무시고 먹는 것은 어떠하신지요. 삼가 만복萬福하시기를 바랍니다.

보내주신 편지에 "어떤 사람이 한유가 근래 석씨釋氏를 조금 신봉하게 되었다고 전하였다."라고 하였으니, 이는 전한 자의 망언妄言입니다. 제가 조주潮州에 있을 적에 호號가 대전大顚이라는 한 늙은 스님이 있었는데, 자못 총명하여 도리를 알았습니다. 조주는 멀리 떨어져 있는 곳이

1 상서尙書 맹간孟簡 : ?~823. 자는 기도幾道이고 덕주德州 창평昌平 사람이다. 원화元和 13년(818년)에 호부시랑감교상서戶部侍郎檢校尙書를 지냈기 때문에 상서尙書라고 하였다. 이후 영주 자사永州刺史, 산남 절도사山南節度使 등의 관직을 지냈다. 불교를 독실히 믿어 불경佛經을 번역하는 일에 참여하였다.

2 한유韓愈[昌黎] : 768~824. 자는 퇴지退之, 호는 창려昌黎, 시호는 문공文公이며, 회주懷州 수무현修武縣 출생이다. 당唐나라의 문학가 겸 사상가로 유가의 사상을 존중하고 도교와 불교를 배격했으며, 송宋나라 이후의 도학道學의 선구자가 되었다. 문학상의 공적을 세워 문장가로서 유종원柳宗元 등과 고문古文 부흥에 힘썼으며 당송팔대가唐宋八大家의 한 사람이라 일컬어진다.

라서 같이 이야기할 만한 자가 없으므로 그를 산에서 불러와 조주 외곽에 이르게 하여 수십 일을 머무르게 했는데, 실로 외물은 도외시하고 도리로써 자기를 억제하여 세상사에 얽매이지 않았습니다. 더불어 그와 이야기 할 적에 비록 모두 이해하지는 못하였으나, 요컨대 그는 마음속에 쌓이고 막힌 것이 없었으니 얻기 어려운 사람이라고 여겼습니다. 이로 인해 서로 왕래하였고 해신海神에게 제사하기 위해 바닷가에 갔을 적에 마침내 그의 집을 방문했으며 원주袁州로 올 때에 의복을 남겨주고 작별하였는데, 이는 인정으로 불법佛法을 숭상하고 믿으며 복전福田[3]의 이익을 구하려 한 것이 아니었습니다.

공자孔子께서 말씀하시기를 "내가 기도한 지가 오래되었다."[4]라고 하셨습니다. 무릇 군자의 행동과 몸가짐에는 본래 법도가 있고, 성현의 업적이 모두 방책方冊에 실려 있어, 본받을 수 있고 스승으로 삼을 수 있으니, 위로는 하늘에 부끄럽지 않고 아래로는 사람에게 부끄럽지 않으며 안으로는 마음에 부끄럽지 않을 수 있습니다. 선善을 쌓거나 악惡을 쌓으면 재앙과 경사가 절로 각각 그 종류에 따라 이르게 될 것이니, 어찌 성인의 도와 선왕의 법을 버리고서 오랑캐의 가르침을 좇아 행복과 이익을 구하겠습니까?

『시경詩經』에서 "화락한 군자, 복을 구함에 삿됨이 없으시네."[5]라고

---

3 복전福田 : 농부가 밭에 씨를 뿌려 수확하는 것처럼 복을 심고 가꾸어 수확하는 밭을 말하는 것으로 선행을 쌓으면 복을 받는 것이 마치 밭에 씨앗을 뿌리면 수확의 이익을 얻는 것과 같다는 뜻이다.

4 내가……오래되었다 : 공자가 병이 들었을 때 자로子路가 귀신에게 기도를 하자고 청하자, 공자가 그러한 이치가 있는지를 물었다. 자로가 "뇌문에 '천신과 지기에게 기도하였다.'라는 말이 있습니다."라고 하자 이에 공자가 "내가 기도한 지가 오래되었다[丘之禱久矣.]."라고 한 데서 온 말이다. 『論語』「述而」.

5 화락한……없으시네 : 『시경詩經』「대아大雅」〈한록旱麓〉에 "화락한 군자, 복을 구함에 삿됨이 없으시네[豈弟君子, 求福不回.]."라고 한 부분을 말한다.

이르지 않았습니까. 또 『춘추좌씨전春秋左氏傳』에서 "위협에 두려워하지 않는다."[6]라고 하였고, "이익에 병들지 않는다."[7]라고 하였으니, 가령 석씨가 사람에게 재앙의 빌미를 줄 수 있다 해도 도를 지키는 군자가 두려워할 바가 아닌데, 하물며 절대 이럴 수가 없습니다. 또 저 부처란 자는 과연 어떤 사람이었습니까? 그 행위가 군자와 비슷합니까? 소인과 비슷합니까? 만약 군자였다면 반드시 도를 지키는 사람에게 함부로 재앙을 주지 않을 것이고, 만약 소인이었다면 그 몸은 이미 죽었고 그 귀신도 신령스럽지 못할 것입니다. 하늘과 땅의 신이 밝게 펴져 삼엄하게 줄지어 있어 속일 수가 없는데, 또한 어찌 그 귀신으로 하여금 제 마음대로 행동하며 그 사이에 위협하거나 복을 내리게 하겠습니까? 나아가고 물러감에 의지할 곳 없는데, 그를 신봉한다면 이 역시 미혹迷惑된 것입니다.

또한 제가 석씨를 돕지 않고 배척하는 것은 이유가 있습니다. 맹자孟子께서 말씀하시기를 "지금 천하는 양주楊朱[楊][8]를 따르지 않으면 묵적墨翟[墨][9]을 따른다."[10]라고 하였습니다. 양주와 묵적이 천하를 어지

---

6 위협을 두려워하지 않는다 : 『춘추좌씨전春秋左氏傳』 애공哀公 16년에 "이익에 빠지지 않고, 위협을 두려워하지 않는다[不爲利諂, 不爲威惕.]."라고 한 부분을 말한다.

7 이익에 병들지 않는다 : 『춘추좌씨전』 소공昭公 20년에 "군자는 사악한 자의 녹을 먹지 않고 난을 받아들이지 않으며, 이익 때문에 사악함에 병들지 않고 사악함으로 남을 대하지 않으며, 불의를 덮지 않고 비례를 범하지 않는다[君子, 不食姦, 不受亂, 不爲利疚 於回, 不以回待人, 不蓋不義, 不犯非禮.]."라고 한 데서 온 말이다.

8 양주楊朱[楊] : 기원전 395~기원전 335. 자는 자거子居이다. 전국 시대의 사상가로 한 터럭으로 세상을 이롭게 할 수 있더라도 하지 않는다고 하며 위아설爲我說을 주장하였는데, 맹자가 이를 비판하였다.

9 묵적墨翟[墨] : 기원전 480?~기원전 390?. 전국 시대의 사상가로 친하거나 소원함에 관계없이 모든 것을 똑같이 사랑해야 한다는 겸애설兼愛說을 주장하였는데, 맹자가 이를 비판하였다.

럽히어 성현聖賢의 도가 밝아지지 않으면 삼강三綱이 몰락하고 구법九法[11]이 파괴되며 예악禮樂이 무너지고 오랑캐가 횡행橫行할 것이니, 금수禽獸가 되지 않을 사람이 몇이나 되겠습니까? 그러므로 맹자께서 말씀하시기를 "양주와 묵적을 배척한다 말할 수 있는 자는 모두 성인의 무리이다."[12]라고 한 것입니다.

양웅揚雄[揚子雲][13]이 말하기를 "옛날에 양주와 묵적이 바른 길을 막자, 맹자께서 말씀하여 물리쳐서 길을 환히 열었다."[14]라고 하였습니다. 저 양주와 묵적이 횡행하여 올바른 도가 그치게 된 지 또 거의 수백 년이 되었는데, 진秦나라에 이르러 마침내 선왕先王의 법을 없애고 성인의 경서經書를 불태워 버리며 학사學士들을 묻어 죽이니 천하가 끝내 크게 혼란하였습니다. 진나라가 멸망하고 한漢나라가 일어선 지 또 거의 백 년이 되도록 여전히 선왕의 도를 닦고 밝힐 줄 몰랐습니다. 그 뒤에야 비로소 책을 끼고 다니는 것을 금하던 법률을 없애고 차츰 없어진 책을 구하고 학사들을 불러들이니, 경서는 비록 조금 구

---

10 지금……따른다 : 『맹자孟子』 「등문공 하滕文公下」에 "천하의 말이 양주를 따르지 않으면 묵적을 따른다[天下之言, 不歸楊則歸墨.]."라고 한 부분을 말한다.

11 구법九法 : 하늘이 우禹 임금에게 내려주었다는 천하를 다스리는 아홉 가지 법으로, 오행五行 · 오사五事 · 팔정八政 · 오기五紀 · 황극皇極 · 삼덕三德 · 계의稽疑 · 서징庶徵 · 오복五福을 말한다.

12 양주와……무리이다 : 『맹자』 「등문공 하」에 "양주와 묵적을 배척한다 말할 수 있는 자는 모두 성인의 무리이다[能言距楊墨者, 聖人之徒也.]."라고 한 부분을 말한다.

13 양웅揚雄[揚子雲] : 기원전 53~18. 자는 자운子雲이다. 한漢나라 말의 학자로 사마상여司馬相如의 작품을 통해 문장을 배웠으며, 성제成帝 때 궁정문인이 되었다. 사부詞賦를 잘 지었으며, 만년에는 경학 연구에 뜻을 두어 『주역周易』을 모방한 『태현경太玄經』과 『논어論語』를 모방한 『법언法言』 등을 지었다.

14 옛날에……열었다 : 『법언』 「오자吾子」에 "옛날에 양주와 양주와 묵적이 바른 길을 막자, 맹자께서 말씀하여 물리쳐서 길을 환히 열었다[古者, 楊墨塞路, 孟子辭而闢之廓如也.]."라고 한 부분을 말한다.

하였으나, 오히려 모두 온전하지 못해 열에 두 셋은 없어진 셈이었습니다.

그러므로 학사들이 대부분 늙거나 죽고, 새로운 학사들은 온전한 경서를 보지 못하여 선왕의 일을 다 알지 못하게 되니 각각 자기의 소견만을 고집하여, 분리되고 멀어져 합당하지도 공정하지도 않게 되었으니, 이제二帝와 삼왕三王[15] 등 여러 성인의 도가 이로 인해 크게 무너지게 되었습니다. 후대 학자들이 찾아 따를 곳이 없어서 지금 이처럼 사라지게 된 것입니다. 이 재앙은 양주와 묵적이 횡행하는데도 금지하지 않았기 때문입니다.

맹자가 비록 성현이었으나, 직위를 얻지 못해 빈말이 되어 시행하지 못하였으니, 비록 말은 간절하였으나 무슨 도움이 되었겠습니까? 그러나 그 말씀에 힘입어 지금의 학자들이 그래도 공자를 존중하고 인의仁義를 숭상하며 왕도王道를 귀하게 여기고 패도霸道를 천하게 여길 줄을 알게 되었을 뿐, 성인의 대경大經과 대법大法은 모두 없어져서 구하지 못하게 되고, 무너져서 거두지 못하였으니, 이른바 '천분의 십, 백분의 일을 보존하였다'는 것입니다. '환히 열었다'는 것을 어디에서 찾아볼 수 있겠습니까? 그러나 맹자가 없었다면 우리는 모두 옷깃을 왼쪽으로 여미고 오랑캐의 말을 하게 되었을 것입니다.[16] 그러므로 제가 일찍이 맹자를 추존하여 그 공이 우禹 임금에 못지않다고 여기는 것은 이 때문입니다.

---

15 이제二帝와 삼왕三王 : 이제二帝는 요堯 임금과 순舜 임금을 이르고, 삼왕 三王은 하夏나라 우禹 임금, 상商나라 탕湯 임금, 주周나라 문왕文王 · 무왕武王을 이른다. 문왕과 무왕은 부자지간이므로 한 사람으로 친다.

16 옷깃을……것입니다 : 『논어』 「헌문憲問」에 공자가 "만약 관중이 없었더라면 우리는 머리를 풀어헤치고 옷깃을 왼쪽으로 여미게 되었을 것이다[微管仲, 吾其被髮左衽矣.]."라고 한 데서 온 말이다.

한나라 이래로 여러 유자儒者들이 조금씩 수정하고 보충하였으나, 백 군데에 뚫린 구멍과 천 군데의 부스럼으로 이내 유실되어, 그 위태로움이 마치 한 올의 머리카락으로 천 균鈞을 끄는 것과 같아, 근근이 이어지다 점점 미약하여 소멸될 지경에 이르렀습니다. 그런데 이런 때에 그 사이에서 불교佛教와 도교道教를 제창하여 천하 사람들을 선동해서 따르게 하니, 아! 그 또한 매우 불인不仁하다 하겠습니다.

석씨釋氏와 노씨老氏의 해악은 양주와 묵적보다 심하고, 저의 현명함은 맹자에 미치지 못합니다. 맹자는 아직 없어지기 전인데도 구하지 못하였는데, 저는 도리어 이미 무너진 뒤에 보전하려 하니, 아! 이 또한 자신의 힘을 헤아리지 못한 것입니다. 장차 몸이 위태로워져서 도를 구하지도 못하고 죽게 될 것입니다.

비록 그렇게 된다 하더라도 도가 나로 인해 조금이나마 전해진다면 비록 죽더라도 절대로 한恨은 없을 것입니다. 하늘과 땅의 귀신이 위에서 굽어보고 곁에서 질책하시니, 또 어찌 한 번의 좌절로 인해 스스로 도를 훼손하고서 이단을 따를 수 있겠습니까? 장적張籍[籍][17]과 황보식皇甫湜[湜][18] 등에게 여러 번 가르쳤으나 그들이 과연 도를 배반하지 않을지 모르겠습니다.

우리 형님께서 두터이 돌보아주시지만 말씀을 따를 수 없으니 오직 부끄럽고 두려운 마음만 더해질 따름입니다. 죽을죄를 지었습니다. 죽을죄를 지었습니다. 한유가 재배再拜하고서 이 글을 올립니다.

17 장적張籍[籍] : 772?~830?. 자는 문창文昌이다. 당唐나라의 문인으로 한유의 추천으로 국자박사國子博士가 되었다. 높은 벼슬에 오르지는 못하였으나 악부시에 뛰어났다. 문집으로 『장사업시집張司業詩集』이 있다.

18 황보식皇甫湜[湜] : 777?~830?. 자는 지정持正이다. 당나라 헌종憲宗 원화元和 원년(806년)에 진사가 되었으며, 관직은 공부낭중工部郎中까지 올랐다. 한유에게 고문古文을 배워 한문대제자韓門大弟子의 한 사람이다.

(모곤) 예로부터 편지는 사마천司馬遷의 「보임소경서報任少卿書」 이후로 오직 한유만이 뛰어난데, 이 편지는 한유의 편지 중에서도 더욱 아름다운 작품이다.

與孟尙書書

(茅坤) 翻覆變幻, 昌黎書當以此爲第一.

愈白. 行官自南廻, 過吉州, 得吾兄二十四日手書數番, 忻悚兼至. 未審入秋來, 眠食何似? 伏惟萬福.

來示云, "有人傳愈近少信奉釋氏." 此傳之者妄也. 潮州時, 有一老僧號大顚, 頗聰明識道理. 遠地無可與語者, 故自山召至州郭, 留十數日, 實能外形骸, 以理自勝, 不爲事物侵亂. 與之語, 雖不盡解, 要自胸中無滯礙, 以爲難得. 因與來往, 及祭神至海上, 遂造其廬, 及來袁州, 留衣服爲別, 乃人之情, 非崇信其法, 求福田利益也.

孔子云, "丘之禱久矣." 凡君子行己立身, 自有法度, 聖賢事業, 具在方冊, 可效可師, 仰不愧天, 俯不愧人, 內不愧心. 積善積惡, 殃慶自各以其類至, 何有去聖人之道, 舍先王之法, 而從夷狄之敎, 以求福利也?

詩不云乎, "愷悌君子, 求福不回." 傳又曰, "不爲威惕.", "不爲利疚." 假如釋氏能與人爲禍祟, 非守道君子之所懼也, 況萬萬無此理. 且彼佛者, 果何人哉? 其行事類君子邪? 小人邪? 若君子也, 必不妄加禍於守道之人, 如小人也, 其身已死, 其鬼不靈. 天地神祇, 昭布森列, 非可誣也. 又肯令其鬼行胸臆, 作威福於其間哉? 進退無所據, 而信奉之, 亦且惑矣.

且愈不助釋氏而排之者, 其亦有說. 孟子云, "今天下不之楊則之墨." 楊墨交亂, 而聖賢之道不明, 則三綱淪, 而九法斁, 禮樂崩, 而夷狄橫, 幾何其不爲禽獸也? 故曰, "能言距楊墨者, 皆聖人之徒也."

揚子雲云, "古者楊墨塞路, 孟子辭而闢之廓如也." 夫楊墨行, 正道廢, 且將數百年, 以至於秦, 卒滅先王之法, 燒除其經, 坑殺學士, 天下遂大亂. 及秦滅, 漢興且百年, 尙未知修明先王之道. 其後始除挾書之律, 稍求亡書, 招學士, 經雖少得, 尙皆殘缺, 十亡二三.

故學士多老死, 新者不見全經, 不能盡知先王之事, 各以所見爲守, 分離乖隔, 不合不公, 二帝三王群聖人之道, 於是大壞. 後之學者無所尋逐, 以至於今泯泯也. 其禍出於楊墨肆行而莫之禁故也.

孟子雖賢聖, 不得位, 空言無施, 雖切何補? 然賴其言, 而今學者尙知宗孔氏崇仁義貴王賤霸而已, 其大經大法, 皆亡滅而不救, 壞亂而不收, 所謂'存十一於千百.' 安在其能'廓如也'? 然向無孟氏, 則皆服左衽而言侏離矣. 故愈嘗推尊孟氏, 以爲功不在禹下者, 爲此也.

漢氏已來, 群儒區區修補, 百孔千瘡, 隨亂隨失, 其危如一髮引千鈞, 綿綿延延, 寖以微滅. 於是時也, 而唱釋老於其間, 鼓天下之衆而從之, 嗚呼! 其亦不仁甚矣.

釋老之害過於楊墨, 韓愈之賢不及孟子. 孟子不能救之於未亡之前, 而韓愈乃欲全之於已壞之後, 嗚呼! 其亦不量其力. 且見其身之危, 莫之救以死也.

雖然使其道由愈而粗傳, 雖滅死, 萬萬無恨. 天地鬼神, 臨之在上, 質之在傍, 又安得因一摧折, 自毁其道, 以從於邪也? 籍湜輩, 雖屢指敎, 不知果能不叛去否.

辱吾兄眷厚, 而不獲承命, 惟增慙懼, 死罪死罪. 愈再拜.

(茅坤) 古來書自司馬子長答任少卿後, 獨韓昌黎爲工, 而此書尤昌黎佳處.

【비평자료】

1 한유의 문장 중에 「원도原道」를 제외하고 「여맹상서서」와 「송부도문창사서送浮屠文暢師序」는 논의의 정대함과 필력의 광대함이 맹자의 문장에 못지않다. 「여맹상서서」는 더욱 좋으니, 맹자를 논한 부분의 억양이 반복되어 매우 보기 좋다.

韓文, 原道外, 與孟簡書及文暢序, 論議正大, 筆力宏肆, 不減孟子文章. 孟簡書尤好, 其論孟子處, 抑揚反復, 極好看.

金昌協(1651~1708), 「雜識・外篇」, 『農巖集』 卷34.

2 윤근수 : 行官【이】 自南廻過吉州【할새】 得吾兄二十四日手書數番【호니】 : 전부터 범범하게 보건대 행관은 천관遷官과 같은 말로 한유가 길을 가다가 길주를 지날 때 이 편지 몇 장을 받았다고 생각했었습니다. 지금 이우李于의 묘지문을 살펴보니 "양양 절도사襄陽節度使 맹간孟簡이 퇴출되어 길주 사마吉州司馬가 되었을 때 내가 원주袁州에서 경사京師로 돌아오는 길이었는데 양양 절도사가 나를 소주蕭洲에서 맞으면서 사람들을 물리쳤다."라고 하였습니다.

편지에서 "조주潮州에 있을 때"와 "원주로 오게 되었을 때" 등의 말이 있으니 아마도 원주로 부임한 후에 편지를 쓴 듯합니다. 그런데 원주에서 경사로 돌아오다가 마침 길주 근방을 지나던 차에 양양 절도사가 소주에서 맞이해 그를 만난 것입니다. 지금 길주를 지나다가 맹간의 편지를 받았다면 전해 준 사람은 맹간이 아닌 다른 사람입니다. 또한 여기에서 행관이라는 것은 자신을 이른 말이 아니니 다른 사람을 가리킨 것입니다. 여기에서 행관이라는 것은 그 뜻이 무엇입니까? 또 어떻게 해석해야 합니까?

최립 : 이 문자는 의심스럽게 살펴본 적이 없었습니다. 다만 행관은 공무를 수행하기 위해 온 관인으로 남쪽에서 돌아가다가 길주를 지날 때 맹

간의 편지를 한유에게 전한 것이라고 생각하는데, 과연 그런지 잘 모르겠습니다.

윤근수 : "속일 수 있는 것이 아니다." 속일 수 있는 것이 아니라는 것은 무슨 말입니까?

최립 : 아마도 그 사이에 속이는 말이 용납되지 않는다는 말인 듯합니다.

윤근수 : 어째서 "나아가고 물러감에 의지할 곳 없다."라고 말했습니까?

최립 : 아마도 이 말은 군자라 여겨 존경하고 싶은가? 소인이라 여겨 두려워하고 싶은가? 이렇든 저렇든 모두 의지할 곳 없다는 말인 듯합니다.

윤근수 : "孟子雖賢聖不得位" '성聖' 자 아래에 【나】토를 달고 싶습니다.

최립 : 이처럼 자잘하게 토를 다는 것이 고문을 배우는 데 무슨 보탬이 되겠습니까.

윤근수 : "雖滅死萬萬無恨" '사死' 자 아래에 【나】토를 달고 싶습니다.

최립 : 위와 동일합니다.

"行官【伊】 自南廻過吉州【爲乙士伊】 得吾兄二十四日手書數番【乎尼】" 自前泛然看過, 意謂行官若遷官云, 而文公行而過吉州時得此書也. 今考李于誌文, "襄陽黜爲吉州司馬, 余自袁州還京師, 襄陽邀我於蕭洲, 屛人云云."

書中有"潮州時", "及來袁州"等語, 似是抵任袁州後作此書. 而自袁還京, 方過吉州近地, 而襄陽邀見於蕭洲也. 今此過吉州得孟書, 而傳之者是他人. 抑所謂行官者, 旣非自謂則乃指他人. 其所謂行官者, 其意云何? 又當何釋?

○此文字不曾有疑有考. 直以爲行官是用公事行來之官人, 而自南廻過吉州時, 傳致孟簡手書於文公也, 未委果然否.

"非可誣也" 非可誣者, 何謂也?

○恐只謂不容誣妄於其間耳.

何以云"進退無所據"耶?

○恐此謂欲以爲君子而尊信乎? 欲以爲小人而怵畏乎? 如此如彼, 皆無所可據也.

"孟子雖賢聖不得位" '聖'字下欲懸【那】吐.

○如此破碎懸吐, 何益於學古文耶?

"雖滅死萬萬無恨" 死字欲懸【那】吐.

○同上.

尹根壽(1537~1616), 「韓文吐釋上・與孟尚書」, 『月汀先生別集』 卷2.

3 「여맹상서서」. "識道理"【한유가 태전太顚에 대해 자신도 모르게 지나치게 인정한 부분이 있으니 진실로 한유의 오점이 되었다. 그러나 한유가 말한 '도리' 두 글자는 아마도 깊이 생각하지 못한 듯하다.】 "福田"【이는 불교의 말에서 나온다. 부처에게 빌어서 복을 얻는 것이 마치 밭에 씨앗을 뿌려 곡식을 거두는 것과 같다.】

與孟簡尚書書. "識道理"【韓公於太顚, 不覺有過許處, 固爲韓公疏處. 然'道理'二字, 韓公所說, 亦恐未至深處.】 "福田"【此出禪語. 祈佛而得其福, 猶種田以收穀也.】

李德弘(1541~1596), 「古文後集質疑」, 『艮齋先生續集』 卷4.

4 한유가 맹자의 겉면과 거친 부분만 보고, 내면과 정미한 부분은 꿰뚫어 보지 못했기 때문에 양주와 묵적을 배척했다는 것은 모두 그림자와 메아리일 뿐이다. 지금 맹간에게 답한 편지를 읽어보면, 맹자를 칭송하면서 그 공로가 우 임금의 아래에 있지 않다고 한 것[19]은 맹자가 양주와

19 맹간에게……것 : 맹간에게 답한 편지는 「여맹상서서」를 가리킨다. 이 편지에서 "맹자가 없었다면 우리는 모두 옷깃을 왼쪽으로 여미고 오랑캐의 말을 하게 되었을 것입니다. 그러므로 제가 일찍이 맹자를 추존하여 그 공이 우 임금에 못지않다고 여기는 것은 이 때문입니다[向無孟氏, 則皆服左衽, 而言侏離矣. 故愈嘗推尊孟氏, 以爲功不在禹下者, 爲此也.]."라고 한 부분을 말한다.

묵적을 시원하게 배척해서인데, 「독묵자讀墨子」에서는 묵적은 공자와 도가 같다고[20] 하였다. 이는 그의 말이 모순된 것으로 그의 견해가 명쾌하지 못함을 알 수 있다.

또 양주와 묵적이 양주와 묵적이 되는 까닭은 단지 기질이 치우쳐서 의견이 다르기 때문이다. 묵적은 전체적인 인에 있어서 경계가 없다고 여겨서 이것을 귀하게 여기고 천하를 바꾸기를 생각하였으며, 양주는 각자의 의리에 있어서 빌리지도 않고 빼앗지도 못한다고 여겨서 이것을 스스로 고상하게 생각하고 세상에 간섭하려 하지 않았다. 맹자가 묵적을 배척하여 아비 없는 자라 한 것은 그가 구분을 없애려 하는 점을 미워해서이고, 양주를 배척하여 임금이 없는 자라고 한 것은 그가 인륜을 어지럽히는 것을 미워해서이다.[21]

한유가 이에 대해 이미 밝고 분명하게 보지 못하고 또 기질이 자못 묵자와 가까웠다. 그러므로 선비로서 온 세상 사람들과 교유하여 두보杜保와 같은 의기[22]가 있었고, 벼슬을 구하기 위해 재상의 집을 분주하게 찾아가 열병熱病을 얻어 죽은 장의張毅[23]와 거의 비슷했다. 그 뜻을 살펴

---

20 독묵자讀墨子에서는……같다고 : 한유의 「독묵자」에서 "공자는 반드시 묵자를 쓰고 묵자도 반드시 공자를 썼을 것이니, 만약 서로 쓰지 않는다면 공자와 묵자가 될 수 없을 것이다[孔子必用墨子, 墨子必用孔子, 不相用, 不足爲孔·墨.]."라고 한 부분을 말한다. 『唐宋八大家文鈔』 卷10.

21 맹자가……미워해서이다 : 『맹자』 「등문공 하」에 "양씨는 자신만을 위하니, 이는 임금이 없는 것이고, 묵씨는 똑같이 사랑하니, 이는 아버지가 없는 것이다. 아버지가 없고 임금이 없으면 이는 짐승이다[楊氏爲我, 是無君也, 墨氏兼愛, 是無父也. 無父無君, 是禽獸也.]."라고 한 부분을 말한다.

22 두보杜保와 같은 의기 : 두보杜保(712~770)는 한漢나라 광무제光武帝 때 사람으로 의협심이 강하기로 유명했다. 마원馬援이 그의 조카들을 경계하기를, "두보를 본받으려다가 이루지 못하면 천하의 경박한 사람이 될 것이니, 이른바 범을 그리다가 그리지 못하면 도리어 개를 닮게 된다는 것이다[效季良不得, 陷爲天下輕薄子, 所謂畫虎不成反類狗者也.]."라고 하였다. 『後漢書』 卷54 「馬援列傳」.

23 장의張毅 : 『장자莊子』 「달생達生」에서 "장의란 사람은 부잣집, 가난한 집을 두루 쫓아다니며 명리를 얻기에 급급했는데, 그는 나이 마흔에 속으로 열병이 나서 죽

보면, 마치 같은 것을 숭상하여[24] 넓게 사귀고 은혜를 널리 베풀어 세상을 구제하려는 듯했으나 자신도 모르게 한 자를 굽혀 한 길을 펴는 짓을 하여 맹자의 엄중한 경계[25]를 앞장서 범하였다.

그런데 유독 취향이 가깝지 않다는 이유로 자기의 몸만을 깨끗이 하려는 부류를 몹시 미워하였다. 「오자왕승복전圬者王承福傳」을 살펴보면, 왕승복이 스스로를 대단히 여기는 것을 폄하하여 양주에 가까운 자라고 하였으니,[26] 한유의 좋고 싫음이 치우친 것을 알 수 있다. 가령 왕승복이 외려 한유에게 "그대 역시 묵적과 같은 사람이다."라고 반박한다면 한유가 장차 뭐라고 해명할지 모르겠다. 이미 성명의 이치를 잘 모르는 채

었다. 그러고 보면 단표는 안의 정신만 기름으로써 호랑이가 그 밖의 몸뚱이를 잡아먹었고, 장의는 밖의 몸뚱이만 기름으로써 열병이 그 안을 침범한 것이니, 이 두 사람은 모두 훗날을 경계하지 못한 것이다[有張毅者, 高門縣薄無不走也, 行年四十, 而有內熱之病以死. 豹養其內, 而虎食其外, 毅養其外, 而病攻其內, 此二子者, 皆不鞭其後者也.]."라고 하였다.

24 같은 것을 숭상하여 : '상동尙同'은 '상동上同'이라고도 하는데, 묵자의 정치사상이다. 묵자는 나라를 다스릴 때 반드시 아랫사람이 윗사람과 같아야 하고 신하가 임금과 같아야 한다고 하여 "윗사람이 옳게 여기는 것은 반드시 모두 옳게 여기고, 그르게 여기는 것은 반드시 모두 그릇되게 여겨야 한다[上之所是, 必皆是之, 所非必皆非之上.]."라고 하고, "천하의 백성들이 모두 하늘과 같아야 한다[天下之百姓, 皆上同於天.]."라고 하였다. 『墨子』 卷3 「尙同上」.

25 한……경계 : 『맹자孟子』 「등문공 하滕文公 下」에 "한 자를 굽혀 한 길을 편다는 것은 이익으로써 말한 것이니, 만약 이익으로써 말한다면 한 길을 굽혀 한 자를 펴서 이익이 있더라도 또한 하겠는가[且夫枉尺而直尋者, 以利言也. 如以利, 則枉尋直尺而利, 亦可爲與.]."라고 하고, "자기를 굽힌 자가 남을 곧게 펴는 경우는 없다[枉己者, 未有能直人者也.]."라고 하여, 이러한 행위를 엄중하게 경계하였다.

26 오자왕승복전圬者王承福傳을……하였으니 : 미장을 생업으로 삼고 있는 왕승복에게 한유가 "자신을 위하는 것이 지나치게 많고 남을 위하는 것이 지나치게 적으니, 그가 혹 양주의 도를 배운 자인가. 양주의 도는 자신의 한 가닥 털을 뽑아 세상을 이롭게 하더라도 하지 않으려고 하는 것이다. 저 사람이 가정을 이루는 것을 마음을 수고롭게 하는 일이라고 여기고 한번 마음을 움직여 처자식을 봉양하려고 하지 않으니, 마음을 수고롭게 하여 남을 위하려고 하겠는가[其自爲也過多, 其爲人也過少, 其學楊朱之道者邪? 楊之道, 不肯拔我一毛而利天下, 而夫人以有家爲勞心, 不肯一動其心以畜其妻子, 其肯勞其心以爲人乎哉?]?"라고 하였다. 『唐宋八大家文鈔』 卷8.

양주와 묵적의 차이점을 세세히 따졌고, 또 기질이 치우쳐 평가가 공정하지 못해 결국 묵적을 사랑하고 양주를 미워하게 되었다. 여기에서 천명을 받은 군주라야 포악한 자를 주벌할 수 있고,[27] 말을 제대로 알고 호연지기를 기른 군자라야 사특한 이단을 배척하는 일을 맡을 수 있음을 비로소 알 수 있다.

退之於孟子, 有見於表與粗, 而未透於內與精, 故其闢楊墨, 都是影響耳. 今讀答孟簡書, 稱述孟子謂功不在禹下者, 在於快闢楊墨, 而至其讀墨之說, 則以爲與孔子同道, 卽其說之矛盾, 而可知其見處之不洒落也.

且楊墨之所以爲楊墨, 只緣氣質有偏, 意見斯差. 墨則有見乎統體之仁, 無此疆爾界, 以是爲貴而思易天下, 楊則有見乎分殊之義不假不奪, 以是自高而不欲涉世. 孟子之斥墨爲無父者, 惡其泯分也, 斥楊爲無君者, 惡其亂倫也.

退之於此, 旣未能明著眼目, 而又其氣質頗隣於墨子. 故爲士而交遊滿世, 頗有杜保之意氣, 干祿而奔走相門, 殆近張毅之熱中. 觀其意, 若將尙同以廣交, 普施以拯世, 而不自覺其枉尺直尋, 先犯孟子之嚴戒也.

獨以其臭味不近, 深惡潔身者流. 試觀王承福傳, 貶其自爲之多, 謂近於楊朱, 可知其好惡偏處. 如使承福反斥以"爾亦墨也", 則未知將何以分疏耶? 旣昧性命之理, 析毫釐於楊墨之所以差, 又因氣質之偏而進攘失平, 不免愛翟而憎朱. 始知有天吏然後可以誅暴, 有知言養氣之君子然後可任其斥邪辨異矣.

金昌翕(1653~1722), 「漫錄」, 『三淵集』 卷36.

---

27 천명을……있고 : 『맹자』 「등문공 하」에, 혹자가 맹자에게 제齊나라를 권하여 연燕나라를 치도록 하였는지를 묻자, 맹자가 그런 일이 없다고 하며 "천리가 되면 정벌할 수 있다[爲天吏, 則可以伐之.]."라고 말한 데에서 온 말이다.

5 한유의 「원도」, 「여맹상서서」, 「악어문鱷魚文」이 가장 뛰어나다. 이는 산천을 환하게 비추는 보배와 같아 연성連城[28]보다 값져서 대체로 지적할 만한 흠이 없다.

韓昌黎原道, 答孟簡書, 祭鰐魚文, 爲最雋. 此則輝山燭天之寶氣, 價踰連城, 畧無微疵之可指議者也.

安重觀(1683~1752), 「文府琬琰序」, 『悔窩集』 卷4.

6 한유는 타고난 소질이 몹시 뛰어나고 식견이 넓어서 「원도」와 「여맹상서서」, 「송부도문창사서」 등의 여러 작품들은 의론이 정대하여 사도斯道를 보익할 만하였는데 애석하게도 실천에 있어서 공부가 부족하기 때문에 득실과 영욕 사이에서 마음이 동요되지 않을 수 없었다. 집정자에게 올린 여러 편지글에 구차하게 스스로 자랑하는 뜻이 있었다. 「진학해進學解」 한 편은 답답하고 개탄하여 남에게 인정받지 못함을 언짢아한 것이니 이것은 한유의 구차한 점이다.

韓昌黎天姿甚高, 識見疏敏, 原道, 孟簡書, 文暢序諸作, 議論正大, 可以羽翼斯道, 而惜乎其於實地有欠工夫, 故不能不撓心於得喪榮辱之際. 其上執政諸書, 區區有自衒之意, 進學解一篇, 欝拂慨世, 慍人之不己知, 此韓子陋處.

金謹行(1713~1784), 「聞見錄 外篇一」, 『庸齋先生文集』 卷12.

7 평소에 다음과 같이 말씀하셨다. "한유가 이단을 배척한 것은 「논불골표論佛骨表」, 「여맹상서서」, 「원도」 등의 글을 보면 꾸준하고 단호했

28 연성連城 : 연성連城은 진秦나라 소왕이 성城 15개와 바꾸자고 제안할 정도로 진귀하게 여긴 화씨벽和氏璧, 즉 옥돌을 말한다.

음을 알 수 있다. 태전에게 편지와 옷을 준 것은 결코 그 불법에 깊이 빠진 것이 아닌데, 주돈이周敦頤[濂溪]의 시[29]는 책망이 지나친 듯하니 실정을 따져서 평가하는 뜻이 부족하다."

常曰, "韓昌黎之排斥異端, 觀於佛骨表, 孟簡書, 原道等篇, 可知其勤且嚴矣. 其有書與衣於太顚者, 决非浸淫其道, 而濂溪之詩似太訶, 欠原情定罪之義矣."

李元培(1745~1802), 「先考處士府君家狀」, 『龜巖集』 卷13.

29 주돈이周敦頤[濂溪]의 시 : 염계濂溪는 송나라의 성리학자 주돈이周敦頤의 호이다. 주돈이는 한유가 태전과 교유했다고 하여 〈제태전당벽題太顚堂壁〉을 지어 "퇴지는 스스로 태전이 공자와 같다 하니, 「원도」를 지어 불교, 도교 깊이 배척한 건 거짓이었나. 모르겠네, 태전의 어떤 면이 닮았기에, 정중한 여러 통 편지에다 옷까지 남겼던가[退之自謂如夫子, 原道深排釋老非. 不識太顚何似者, 數書珍重更留衣.]."라고 하여 한유를 비판하였다.

소윤小尹 양거원楊巨源[30]을 전송하는 서문

(모곤) 소광疏廣,[31] 소수疏受[32] 두 사람의 일로써 소윤少尹을 찬미하며 오로지 상상의 나래를 펼쳤다. 그러므로 출몰하는 변화를 종잡을 수가 없다.

옛날 소광, 소수 두 사람이 나이가 들었다고 하여 하루아침에 벼슬을 사양하고 떠났다. 그 때에 대신들이 도성문 밖에서 장막을 치고 송별연을 열었다. 수레가 수백 대였으며 거리에서 구경하는 사람들은 대부분 탄식하며 눈물을 흘렸고 모두 그들의 현명함을 말하였다. 한나라 역사에 그 일을 전하고 있으며 후세의 화공들 또한 그 자취를 그림으로 그려 오늘날에 이르러서도 사람들이 보고 들어서 어제의 일처럼 뚜렷하였다.

국자감 사업司業인 양거원楊巨源은 당시 시를 잘 지어 후학들을 가르

30 소윤小尹 양거원楊巨源 : 755~?. 자는 경산景山, 본관은 하중河中이다. 당唐나라 중기의 시인이며 덕종德宗 정원貞元 5년(789년)에 진사에 급제하여 국자사업國子司業에 올랐고 여러 벼슬을 지내다가 70세에 치사致仕하였다. 시를 잘 지어 밤낮 읊조리면서 그칠 줄 몰랐다고 한다. 백거이白居易, 원진元稹과 교우하였으며, 음률音律을 중시한 시를 많이 썼다.

31 소광疏廣 : ?~?. 자는 중옹仲翁이다. 한漢나라 선제宣帝 시대의 태자태부太子太傅로, 조카인 소수疏受와 함께 태자의 스승이었는데 태부가 된 지 5년 만에 너무 높은 관직에 오래 있으면 화가 미친다고 경계하며 소수와 함께 사직하고 고향으로 돌아갔다. 당시 황제와 태자가 황금을 주었고 백관이 전송하였다고 한다.

32 소수疏受 : ?~?. 자는 공자公子이다. 한나라 선제 때의 태자소부太子少傅로, 소광의 조카이다. 5년간 재직한 후 벼슬을 버리고 귀향하니, 많은 사대부들이 동문 밖까지 나와 환송했다고 한다.

쳤는데 하루 아침에 일흔이 다 되었다고 하여 그 또한 승상께 아뢰어 고향으로 돌아갔다. 세상 사람들이 항상 옛 사람과 지금 사람은 다르다고 하였지만 오늘의 양거원은 두 소씨와 어찌 그 뜻이 다르다고 하겠는가? 나는 황송하게도 공경의 말단으로 있으면서 병에 걸려 나가지 못하였다. 양거원이 떠날 때 성문 밖에서 전송한 이가 몇 명인지, 수레는 몇 대인지, 말은 몇 필인지, 길가에서 구경한 사람 또한 탄식하면서 그의 현명함을 알아주었는지, 그리고 사관이 또 그 일을 성대하게 묘사한 것이 두 소씨의 발자취를 계승하였는지, 쓸쓸하지 않았는지 모르겠다. 지금 세상에 솜씨 좋은 화공이 없으니 그림을 그리는 일은 굳이 논하지 않겠다.

그러나 내가 듣건대 양거원이 떠날 때에 어떤 승상이 그를 총애하고 아껴서 천자께 아뢰어 그 고을의 소윤으로 삼아 녹봉이 끊어지지 않게 하고 또 시를 지어 그를 격려하니 장안의 시를 잘 짓는 이들도 이어서 화답시를 지었다. 또 두 소씨가 떠날 때에도 이런 일이 있었는지는 모르겠으니, 옛 사람과 지금 사람이 같은지 다른지를 알 수 없다.

중세의 사대부들은 관청을 집으로 삼아서 벼슬을 그만두면 돌아갈 곳이 없었다. 양거원이 스무 살에 고향에서 천거되어 「녹명鹿鳴」[33]을 노래하며 왔고, 이제 돌아가서는 나무를 손가락으로 가리키며 "저 나무는 내 선친께서 심으신 것이요, 저 물과 저 언덕은 내가 어릴 적에 낚시하며 놀던 곳이다."라고 할 것이다. 고향사람들은 모두 존경하여 자손들에게 양거원이 고향을 떠나지 않은 것을 본받으라고 훈계할 것이니 옛날의 향선생鄕先生[34]이 세상을 떠나면 사당에서 제사를 지낸다는 것이 바로

---

33 녹명鹿鳴 : 『시경詩經』 「소아小雅」의 편명이다. 고대에 임금이 신하나 귀빈을 위하여 연회할 때 사용하는 악가이고 후대에는 군현의 장리長吏가 향시 합격자들을 초대해 향음주례를 베풀며 그들의 앞날을 축복하는 뜻의 악가로도 사용되었다.

34 향선생鄕先生 : 『의례儀禮』의 「사관례士冠禮」에 향선생을 두고 지방 출신의 대부大夫로서 벼슬에서 물러나 시골로 내려와 서당을 세워 학생들을 가르치는 선생을

이런 사람을 두고 한 말일 것이다. 그를 깊이 칭찬하였고, 다른 사람들을 감동하게 한 것이 많다.[35]

당순지唐順之[唐荊川]가 말하였다. "앞뒤가 조응하고 착종의 변화를 말할 수 없다. 이러한 글은 소식蘇軾,[36] 증공曾鞏,[37] 왕안석王安石[38] 등의 문집에는 없는 것이다."

말한다.

35 그를……많다 : 이 부분은 김창협이 비평한 내용으로, 『팔대가문십선』에서는 소주小註로 처리되어 있다.

36 소식蘇軾 : 1036~1101. 자는 자첨子瞻·화중和仲, 호는 동파東坡, 시호는 문충文忠이다. 송宋나라의 문신이고, 당송팔대가唐宋八大家의 한 사람이다. 학문이 깊었고 시와 문이 뛰어났다. 글씨와 그림에도 묘하여 세상에서 대소大蘇라고 불렀다. 문집으로 『동파전집東坡全集』 등이 전한다.

37 증공曾鞏 : 1019~1083. 자는 자고子固 호는 남풍南豊, 시호는 문정文定이다. 송나라의 문신으로, 당송팔대가唐宋八大家의 한 사람이다. 당나라의 한유韓愈를 모범으로 하는 시문을 지었다. 구양수歐陽脩의 제자로. 특히 산문에 뛰어났으며, 의론과 객관적 서술에 뛰어나다는 평을 들었다.

38 왕안석王安石 : 1021~1086. 자는 개보介甫, 호는 임천臨川이다. 송宋나라의 문신으로, 당송팔대가唐宋八大家의 한 사람이다. 구양수歐陽脩에게 배웠으며, 뛰어난 산문과 서정시를 남겼다. 저서로 『임천집臨川集』, 『당백가시선唐百家詩選』 등이 있다.

送楊少尹序

(茅坤) 以二疏美少尹, 而專於虛景簸弄. 故出沒變不可捉摸.

昔疏廣受二子, 以年老一朝, 辭位而去. 于時公卿設供張, 祖道都門外, 車數百兩, 道路觀者, 多歎息泣下, 共言其賢. 漢史旣傳其事, 而後世工畫者, 又圖其迹, 至今照人耳目, 赫赫若前日事.

國子司業楊君巨源, 方以能詩, 訓後進, 一旦, 以年滿七十, 亦白丞相, 去歸其鄕. 世常說古今人不相及, 今楊與二疏, 其意豈異也? 予忝在公卿後, 遇病不能出. 不知楊侯去時, 城門外送者幾人, 車幾兩, 馬幾疋, 道傍觀者亦有歎息知其爲賢以否, 而太史氏又能張大其事爲傳, 繼二疏蹤跡否. 不落莫否. 見今世無工畫者, 而畫與不畫, 固不論也.

然吾聞楊侯之去, 丞相有愛而惜之者, 白以爲其都少尹, 不絶其祿, 又爲歌詩以勸之, 京師之長於詩者, 亦屬而和之. 又不知當時二疏之去, 有是事否. 古今人同不同未可知也.

中世士大夫, 以官爲家, 罷則無所於歸. 楊侯始冠, 擧於其鄕, 歌鹿鳴而來也. 今之歸, 指其樹曰, "某樹吾先人之所種也, 某水某丘吾童子時所釣遊也." 鄕人莫不加敬, 誡子孫, 以楊侯不去其鄕爲法, 古之所謂鄕先生沒而可祭於社者, 其在斯人歟. 其在斯人歟. 深許之, 而有感於他人者多矣.[39]

---

39 深許之而有感於他人者多矣 : 이 부분은 김창협이 비평한 내용으로, 『팔대가문십선』

唐荊川曰, "前後照應, 而錯綜變化不可言. 此等文字, 蘇曾王集內無之."

에서는 소주小註로 처리되어 있다.

【비평자료】

1 윤근수 : "亦白丞相去歸其鄕"에서 "去歸"는 연문連文[40]으로 한 문공의 글은 이와 같이 평범한 말을 쓰지 않았을 듯합니다. 어떤 사람은 "去" 자에서 구를 끊고 "歸其鄕"이 또 하나의 구가 된다고 합니다. 만약 "去" 자에서 구를 끊는다면 현토를 어떻게 달아야 합니까?

최립 : 가령 끊더라도 현토는 달지 않아야 할 듯합니다.

윤근수 : 옛 사람과 지금 사람이 같은지 다른지 알 수 없다고 하였습니다. 두 소씨가 떠날 때에 장막을 치고 노신에게 제사지내며 송별연을 열어 수레가 수백 대였고 보는 사람들이 모두 그들의 어짊을 다 같이 말했습니다. 한나라의 역사책에 이미 그 일을 전하고 있고 후세에 또 그 행적을 그림으로 그렸습니다. 양거원이 떠날 때에도 이같은 일이 있었는지는 모르겠습니다만 양거원이 떠난 뒤에도 녹봉이 끊이지 않았고 또 시를 지어 전송하였습니다. 두 소씨가 떠날 때에는 이런 일은 없었습니다. 그런데 같은지 다른지 알 수 없다는 말에서 그 뜻이 무엇인지 자세히 알 수 없습니다. 주석을 내어 보여주시기를 바라니 어떻겠습니까?

최립 : 아마도 그런 말인 듯합니다.

윤근수 : 같은지 다른지 알 수 없다는 말은 실질적으로 두 소씨가 떠날 때와 양거원이 떠날 때와 같지 않다는 말이 함축된 뜻이 있는 것입니까?

최립 : 다시 생각해보니 반드시 한쪽을 높이는 말은 아닙니다. 그리고 같은지 다른지 알 수 없다는 말은 곧 그 두 일을 아울러 좋은 일이라는 것을 보여주는 것입니다. 견주는 것 같으면서도 견주지 않는 것이 매우 좋은 글인 듯하지만 실질적으로 서로 같은 것이 있고 같지 않은 것도 있으며 미치지 못하는 부분도 있으니 이 점은 말씀하신 것이 옳습니다.

---

40 연문連文 : 두 글자를 나란히 써서 하나의 어휘를 이루는 것을 말한다.

"亦白丞相去歸其鄕"去歸連文, 韓文恐不作如此尋常語. 或謂"去"字句, 而"歸其鄕"又自爲一句. 果"去"字句則當懸何吐耶?

○藉令句之, 似不應懸吐.

古今人同不同未可知也. 二疏之去, 供帳祖道, 車數百兩, 觀者共言其賢. 漢史旣傳其事, 後世又圖其迹. 楊之去, 未知有此事, 而楊侯之去, 不絶其祿, 又作詩以送. 二疏之去無此事. 然而同不同未可知之語, 未能詳知其文意. 幸出注而示之, 如何?

○恐只如此.

同不同未可知之語, 實含蓄二疏去時不如楊之去時之意耶?

○再恐不必抑揚言. 而同不同未可知之語, 乃所以見其竝美也. 若爭較者而不爲爭較, 極恐是文字好處, 實亦有互有不同不及處, 如來敎卽是.

尹根壽(1537~1616), 「韓文吐釋上 · 與孟尙書」, 『月汀先生別集』 卷2.

2 한유韓愈[昌黎]가 국자감 사업인 양거원을 전송하여 지은 서에서 두 소씨의 일을 인용하면서 그 수레와 말의 수와 그림과 시의 유무를 비교하였는데, 이는 두 소씨의 심사를 깊이 알지 못한 것이다. 두 소씨가 말하기를 "그칠 줄 알면 욕을 당하지 않고 만족을 알면 위태롭지 않으니 떠나지 않으면 후회가 있을까 두렵다."[41]라고 하였다. 이는 태자의 어리석음을 보고 그 기미를 살펴서 훗날 소부蕭傅[42]가 당한 화를 피한 것이

41 그칠……두렵다 : 소광疏廣이 소수疏受에게 함께 은퇴할 것을 권유하면서 말하기를 "내가 들으니 만족함을 알면 욕을 당하지 않고 그칠 줄을 알면 위태롭지 않다고 한다. 공이 이루어지면 물러나야 하는 것이 하늘의 도이다. 이제 벼슬이 이천석에 이르렀으니 벼슬과 명예를 이룬 것이다. 이와 같은데도 떠나지 않는다면 후회가 있을까 두렵다." 하였다. 『漢書』 卷71 「疏廣傳」.

42 소부蕭傅 : 한漢 나라의 태자 태부太子太傅 소망지蕭望之를 가리키는 말이다. 원제元帝를 보필하다가, 석현石顯 등의 모함을 받아 음독자살하였다.

다. 양거원은 다만 늙어 은퇴하고 만년을 스스로 즐기려고 한 것일 뿐이니 어찌 두 소씨에 비유할 수 있겠는가?

昌黎韓氏, 以序送楊司業巨源而引二疏事, 較其車馬之衆寡, 畫詩之有無, 是未足以深知二疏之心事也. 二疏之言曰, "知止不辱, 知足不殆, 不去懼有後悔." 是見太子之憒憒而先幾色擧, 以避他日蕭傅之禍. 彼巨源特年老引退, 以自樂於晩景耳, 豈二疏之匹哉?

李象靖(1711~1781), 「孫靖平公遺事序」, 『大山集』 卷44.

3 「송양소윤서送楊小尹序」. 두 단락으로 이루어져 있다. 처음부터 "二疏之去有是事否"까지가 윗 단락이 되고, "古今"부터 아래 단락이 된다. 윗 단락은 두 소씨疏氏를 양거원과 비교하였는데 누가 더 뛰어난지는 말하지 않았다. 아래 단락은 세상 사람들을 양거원과 비교하여 양거원이 훨씬 뛰어남을 말한 것이다.

楊少尹序. 二段. 自首至"二疏之去有是事否"爲上段, "古今"二下爲下段. 上段以二疏較楊尹, 而不言其誰賢. 下段以世人比楊尹, 而楊尹超異.

安錫儆(1718~1774), 「韓文摘解」, 『雪橋藝學錄』.

4 맑은 조정의 두 노인이 하루 아침에 돌아가니 아득히 높은 풍모 백세토록 드물었네. 팔순에도 돌아오지 못한 것 부끄러우니 고향에서 학 타고 속세 떠나 날아가리라.

清朝二老一朝歸, 緬邈高風百世稀. 自愧八旬歸未得, 東林馴鶴背人飛.

洪良浩(1724~1802), 「夜聽楊少尹序感二疏事」, 『耳溪集』 卷8.

5 한유가 양거원을 전송하는 서문에 "그 역시 승상에게 아뢰어 고향으로 돌아갔다"[43]라고 하였고 또 이르기를 "그 고을의 소윤으로 삼았다"라고 하였다. 그 고향이나 그 고을이 어디인가? 한유의 붓놀림이 모호하다.

退之送楊少尹序曰, "亦白丞相去歸其鄉." 又曰, "以爲其都少尹." 其鄉其都, 果是何鄉何都? 退之筆路昏墨.

李德懋(1741~1793), 「耳目口心書」, 『青莊館全書』 卷49.

6 국초에 휘가 의룡義龍, 호가 풍정楓亭[44]인 사람이 있었다. 태조를 보좌하여 공을 세워 병조판서에 올랐으나 봉호封號를 한사코 사양하고 물러나기를 청해 남쪽으로 돌아가 선조인 면성군綿城君[45]의 옛집으로 갔다. 문을 열고 강학하며 여생을 여유롭게 보내다가 세상을 떠났다. 옛날 양거원이 벼슬을 사양하고 고향으로 가자 한유가 그 일을 굳센 필력으로 그 일을 성대하게 묘사하여 두 소씨에 빗대었다. 사마천[46]은 소위 공자의 말씀에 이름이 더욱 드러났다고 하였다. 두 소씨와 양거원 중에 누

43 그……돌아갔다 : 이는 한유의 「송양소윤서」의 일부를 인용한 것이다. 해당 부분의 원문은 다음과 같다. "국자감 사업司業인 양거원楊巨源은 당시 시를 잘 지어 후학들을 가르쳤는데 하루 아침에 일흔이 다 되었다고 하여 그 또한 승상께 아뢰어 고향으로 돌아갔다.「國子司業楊君巨源, 方以能詩, 訓後進, 一旦, 以年滿七十, 亦白丞相, 去歸其鄉.」"

44 풍정楓亭 : 박의룡朴義龍(1330~1430)의 호이다. 박의룡은 조선의 문신이자 공신으로, 조선 개국에 공을 세워 원종공신原從功臣에 녹훈되었다.

45 면성군綿城君 : 박문오朴文晤(1258~1358)이다. 그의 호가 면남綿南이다. 「면성읍지綿城邑誌」에 "박문오는 고려조 문과에 급제하여 정승에 이르렀고, 적을 토벌한 공으로 면성부원군綿城府院君에 봉해졌다. 만년에 벼슬을 내놓고 무안읍에 정자를 지어 유산정遊山亭이라 하고, 못을 파서 생선지生鮮池라 하여 그곳에서 소요했다." 라고 기록되어 있다.

46 사마천 : 145~86. 자는 자장子長이다. 유람하기를 좋아하여 10여 년 동안 천하를 유람하였다고 한다. 유람 후에 『사기史記』를 지었다고 한다.

가 나은지는 모르겠지만 양거원이 한유의 글을 통해 드러났으니 어찌 두 소씨가 역사서에 전하는 것만 못하겠는가? 지금 공과 양거원 또한 옛날 사람과 지금의 사람이 같은지 다른지를 알지 못하겠으나 벼슬을 사양하고 돌아간 것은 마찬가지고 또 돌아가서 고향을 떠나지 않은 것도 마찬가지다. 공이 영중추부사의 높은 관직에 올라 그 행적을 영예롭게 한 것은 또한 양거원이 그 고을의 수령이 되어서 봉록이 끊어지지 않은 것과 같다. 다만 한유의 글과 같은 것이 빠져있고 또한 두 소씨와 같이 사서가 그 사실을 기록했는가?

國初有諱義龍號楓亭. 佐太祖致勳業, 位長兵部而固辭封號, 乞骸南歸, 就其祖綿城君舊居. 開門授徒, 優遊考終. 昔楊巨源辭位還鄕, 而韓文公以健筆張大其事. 擬於二疏. 太史公所謂得夫子而名益彰者也. 未知疏, 楊孰爲優劣, 然楊之著於韓文, 豈下於疏之傳於史筆也? 今公與楊又未知古今人同不同, 而辭位而歸同也, 歸而不去其鄕同也. 領樞崇秩以榮其行, 又如爲其都少尹, 不絶其祿. 而但少韓子之文, 抑史書其實如二疏否?

宋達洙(1808~1858), 「柄山祠誌序」, 『守宗齋集』 卷9.

동소남董邵南을 전송하는 서문[47]

(모곤) 글이 겨우 백여 자에 지나지 않으나, 고금에 대한 감개가 연燕·조趙[48]의 호걸의 선비와 질타하고 오열하며 간간이 눈물을 흘리기도 하고 웃는 것 같기도 하니, 그 의미가 끝이 없다. 한유韓愈[昌黎]의 서문 중에서 으뜸이다.

연·조 지방에는 예로부터 감개하고 슬퍼하고 원망하는 선비가 많다고 일컬어졌다. 동소남은 진사시에 응시하였으나, 연이어 시관에게 뜻을 얻지 못하였고, 재능을 가슴에만 품고서 답답한 심정으로 연·조 지방으로 가니, 나는 그대의 뜻에 반드시 부합하는 자가 있을 줄 알겠네. 동생董生이여! 힘쓰시게나.

그대가 때를 만나지 못하였기에 진실로 의를 사모하고 인에 힘쓰는 자들이 모두 그대를 애석해하는데, 하물며 그 본성에서 나오는 연·조

---

47 동소남董邵南을 전송하는 서문 : 이 글은 한유韓愈[昌黎]가 사문박사로 있던 정원貞元 19년(803년)에 진사시에 재차 낙방하고 쓸쓸히 귀향하는 벗을 위로하기 위해 지은 것이다. 동소남董邵南은 당唐나라 안풍安豐에 은거하였던 사람으로 한유와 매우 돈독했다. 일찍 진사進士가 되었지만 뜻을 이루지 못하자, 부모에게 효성을 다하면서 주경야독하였으며 이에 한유가 「동생행董生行」이란 글을 지어 보냈다고 한다.

48 연燕·조趙 : 전국 시대 제후국으로 연燕나라는 지금의 하북성河北省 북부와 요녕성遼寧省 서단에 있었고, 조趙나라는 지금의 산서성山西省 중부와 하북성 남부에 있었다.

의 선비야 더 말할 것이 있겠는가.

그러나 내 일찍이 듣건대, 풍속은 교화와 함께 옮겨 바뀌어진다고 하니, 그곳의 지금 풍속이 예전에 말하던 바와 다르지 않은지를 내가 어찌 알겠는가? 그대의 이번 걸음으로 점쳐보겠네. 동생董生이여! 힘쓰시게나.

내가 그대로 인해 느낀 바가 있으니, 그대는 나를 대신해 망저군望諸君[49]의 묘소에 조문하고, 그 저잣거리에 다시 옛날처럼 개잡는 자[50]가 있는지를 살펴보시게나. (만약 있거든) 나를 대신해 "밝으신 천자가 위에 계시니 나와서 벼슬할 만하다."고 말해주게나.

---

49 망저군望諸君 : 전국 시대 연나라 장수 악의樂毅의 봉호封號이다. 위魏나라 장수 악양樂羊의 후손으로, 연나라 소왕昭王이 현자를 초빙할 때 위나라에서 연나라로 들어가 아경亞卿이 되었다. 제나라의 칠십여 개성을 함락시키고 창국군昌國君에 봉해졌으며 혜왕惠王이 즉위한 뒤 제나라 반간계反間計에 걸려 조趙나라로 망명해 망저군에 봉해지고 이곳에서 죽었다.

50 옛날처럼 개잡는 자 : 형가荊軻와 고점리高漸離 등을 이른다. 형가는 본래 위나라 출신으로, 연나라에 가서 축筑을 잘 치던 고점리와 친하게 지내며 날마다 저잣거리에서 술을 마시고 노래를 부르며 놀곤 하였다. 그러다 연나라 태자 단丹으로부터 진秦나라 시황제를 암살하는 부탁을 받고 진나라에 들어갔으나 실패하고 오히려 죽음을 당하였다.

送董邵南序

(茅坤) 文僅百餘字, 而感慨古今, 若與燕趙豪傷之士, 相爲叱咤嗚咽, 其間一涕一笑, 其味不窮, 昌黎序文當屬第一首.

燕·趙古稱多感慨悲歌之士. 董生擧進士, 連不得志於有司, 懷抱利器, 鬱鬱適玆土 吾知其必有合也. 董生! 勉乎哉.

夫以子之不遇時, 苟慕義彊仁者皆愛惜焉, 矧燕趙之士出乎其性者哉?

然吾嘗聞, 風俗與化移易, 吾惡知其今不異於古所云耶? 聊以吾子之行卜之也. 董生! 勉乎哉.

吾因子有所感矣, 爲我弔望諸君之墓, 而觀於其市復有昔時屠狗者乎. 爲我謝曰, "明天子在上, 可以出而仕矣."

【비평자료】

1 「송동소남서送董邵南序」에서 말하길 "그대는 나를 위해 망저군의 묘소에 조문하고, 그 저잣거리를 다시 살펴보시게"[51]라고 하였으니 이 저잣거리는 연나라 저잣거리를 가리킨다. 그런데 악의樂毅[52]가 죽어서 묘가 한단에서 서쪽으로 수 리에 있으니 이른바 그 저잣거리라는 것은, 조나라의 저잣거리인가. 조나라 저잣거리에는 개잡는 자가 없으니 연나라의 저잣거리지 조나라의 저잣거리가 아니니, 어찌 한유가 틀렸겠는가? 그러나 이미 연·조의 선비라고 말했으니 비록 조나라일지라도 또한 조문할 수 있을 것이다.

送董邵南序云, "爲我吊望諸君之墓, 而觀於其市" 蓋謂燕市也. 然樂毅卒於趙, 墓在邯鄲西數里則所謂其市者, 抑趙市歟, 趙市無狗屠者, 則燕也, 非趙也, 豈韓子誤耶? 然旣曰燕趙之士, 則雖趙, 亦可吊耶?

洪良浩(1724~1802), 「羣書發悱·讀韓子」, 『耳溪外集』 卷8.

2 「송동소남서」 당시에 연·조 지방에 악행이 쌓이고 난리가 계속되었다. 동소남은 가난함을 편하게 여기고 의를 행하는 자이니 비록 뜻을 얻지는 못했지만, 무엇 때문에 이 지방에서 머물겠는가? 연나라는 안사가 난리를 일으킨 이후로 전쟁으로 어지러웠으니, 사람들이 어찌 역적을 돕

51 그대는……살펴보시게 : 이는 한유의 「송동소남서」를 인용한 것이다. 해당 부분의 원문은 다음과 같다. "내가 그대로 인해 느낀 바가 있으니, 그대는 나를 대신해 망저군望諸君의 묘소에 조문하고, 그 저잣거리에 다시 옛날처럼 개잡는 자가 있는지를 살펴보시게나[吾因子有所感矣, 爲我弔望諸君之墓, 而觀於其市復有昔時屠狗者乎.]."

52 악의樂毅 : 봉호는 망저군이다. 전국 시대 연나라 사람으로, 그의 봉호가 망저군이다. 어질고 군대 일에 밝아 소왕昭王의 아경亞卿이 되었고, 상장군上將軍에 제수되어 연·조趙·초楚·한韓·위魏 다섯 나라의 군사를 이끌고 제齊나라의 70여 성을 함락시켜, 그 공으로 창국昌國에 봉해졌다.

는 것을 달갑게 여기겠는가? 대개 그 떳떳한 인륜을 지녔지만 참으로 어쩔 수 없이 역적의 위협에 쫓겨서이다.

처음에는 비록 감개하고 불평하더라도 오래되면 그 악을 교화시켜 마침내 얽혀서 풍속을 이룬다. 주도의 반란[53]으로 군정이 크게 어지러워진 것을 보니, 군사를 거행하여 남쪽으로 정벌하기를 원치 않음을 알 수 있었다. 한유의 뜻은 대개 연·조 지방의 선비들이 그 본성을 발현하여 죄를 뉘우치고 생각을 바꾸어 조정으로 복귀하게 하고자 하는 것이다. 두보杜甫의 시에 "편지를 보내서 연나라 원로들에게 부탁한다면 오늘날 10만 병사가 어찌 필요하겠는가"라고 했으니 역과 순을 분별하여 전쟁을 치르지도 않고 절로 와서 복종하게 하려는 뜻이다. 이 서문의 뜻과 마찬가지다.

送董邵南序. 是時, 燕·趙方稔惡怙亂. 邵南安貧行義者也, 雖不得志, 何爲游于茲邦也? 夫燕自安史首亂, 干戈俶擾, 人豈甘於助逆乎? 蓋其彝倫所發, 誠不欲而迫於威耳.

始雖感慨不平, 久則化其惡, 而遂糾結成俗. 觀朱滔之方叛也, 軍情大亂, 不願擧兵而南, 可知也. 昌黎之意, 蓋欲燕·趙士之發其性, 使悔罪改圖, 復歸朝廷也. 杜工部詩繫, "書請問燕耆舊, 今日何須十萬兵" 欲其辨逆順之分, 不待兵革而徠服也. 與此文意同.

成海應(1760~1839), 「讀韓昌黎集」, 『研經齋全集續集』 冊14.

3 한유의 「송동소남서」는 겨우 백여 자에 지나지 않는데, 억양이 반복되고 파란이 거듭하여 일어나니, 몹시 빼어난 문장이다. 그러나 전편의

53 주도의 반란 : 안녹산安祿山과 사사명史思明의 난 이후 정국이 어지러운 틈을 타 덕종 때 주도朱滔·전열田悅·이희열李希烈·주자朱泚 등이 각지에서 반란을 일으켰다.

정신은 오로지 풍속이 교화와 함께 옮겨 바뀐다는 한마디 구절에 있으니 가장 눈여겨보아야 한다. 세상 사람들이 이 문장을 읽고 대부분 으레 찬탄할 수 있었으니, 이 한 구절에 대해서는 흐릿하여 강구하지 않은 채 '화化'라는 글자를 군주의 교화로 간주한다. 만약 그렇다면 당시 군주의 교화가 예전만 못함을 바로 배척한 것이니 이는 이치에 막힘이 있을 뿐만 아니라 아랫글에 있는 "밝으신 천자께서 위에 계신다"는 것과 모순이 되어 서로 어긋나지 않겠는가? 이는 대개 당시의 번진藩鎭[54]을 가리켜서 한 말이다.

당나라는 지덕至德[55] 이후부터 하북삼진이 국가의 큰 걱정거리였다. 위박魏博[56] 지역은 위나라에 의거하고 노룡 지역은 연나라에 의거하고 성덕 지역은 조나라에 의거하였으니, 위박 지역은 전승사로부터 손자 계안에게 전해졌고, 노룡 지역은 이보신으로부터 2주二朱[57]와 3유三劉[58]를

---

54 번진藩鎭 : 당唐나라 때의 절도사. 북방 민족의 침입을 막기 위하여 변경邊境의 요지에 둔 군단의 사령관이다. 안녹산安祿山의 난 후에는 나라 안의 요지에도 두어, 군정뿐만 아니라 민정·재정까지도 겸하게 되어 강력한 권한을 가졌다.

55 지덕至德 : 당나라의 제7대 황제의 연호이다. 이름은 이형李亨. 당 현종 이융기의 아들이다. 묘호는 숙종이며, 시호는 문명무덕대성대선효황제文明武德大聖大宣孝皇帝로 줄여서 선황제宣皇帝이다.

56 위박魏博 : 위주魏州와 박주博州를 말한다. 당나라 말기에 각처에서 반란을 일으키자 지방의 절도사들이 중앙의 통제를 벗어나 독자적인 세력을 형성하였는데 위주와 박주도 대표적인 번진이었다.

57 2주二朱 : 주극융朱克融(?~826)과 주차朱泚(742~784)를 말한다. 주극융은 유주幽州 창평현昌平縣 출신으로 당나라의 절도사이며 덕종德宗 시대에 반란을 일으킨 주차의 아우이고 주도朱滔의 손자이다. 주차는 당나라 덕종 시대의 반신叛臣이다. 대종代宗 시대에 절도사 주희채朱希彩를 죽이고 대신 절도사가 되었다. 덕종 시대에 경원절도사涇原節度史 요영언姚令言이 반란을 일으켰을 적에 추대되어 국호를 대진大秦이라 하였다. 얼마 후 이성李晟에게 쫓겨 가던 중 부하 장수에게 살해되었다.

58 3유三劉 : 유제劉濟·유곤劉緄·유총劉總 부자를 말한다. 유제가 아버지이고, 첫째가 유곤이며 유총은 둘째이다. 유제가 왕승종王承宗을 토벌할 때에 유곤을 부대사副大使로 삼았는데, 유총이 권력을 차지하기 위해 유제는 독살毒殺하고 유곤은 장

거쳤으며 성덕 지역은 이회선이라는 사람부터 왕무준, 왕사진王士眞, 왕승종王承宗[59]이 대대로 절월節鉞[60]을 이어서 병사들을 끼고서 국가에 복종하지 않았으며 그 사민士民도 일상으로 여겨서, 그 절도사가 있는 것만 알고 국가가 있는 것은 알지 못했다. 헌종 때에 이르러 전홍이 명을 받고 위박 지역으로 돌아와 위박 지역이 다시 국가에 복속되었지만 연·조의 두 지방이 여전히 예전처럼 뻗대었다.

한공이 동생이 그곳에 가는 일로 인해 큰 소리로 대신하여 격문을 지었으니, 그 글에서 "감개 비가가 그 본성에서 나오는 것이다."라고 한 말은 옛 풍속의 아름다움을 들어 장려한 것이고, "풍속은 교화와 함께 옮겨 바뀌어진다."[61]라고 한 말은 지금 교화가 아름답지 못함을 풍자한 것이고, "그대의 걸음으로 점쳐보겠다."[62]라고 한 말은 그 뜻이 본성을 능히 보전할 수 있어서 더러운 습관에 물들지 않기를 바란 것이다. "밝으신 천자가 위에 계시니 나와서 벼슬할 만하다."[63]고 한 것은 역순을 분별하는 의리를 명시하여 가르친 것이다. 이 글은 「송유주이단공서送幽州李

살杖殺하였다.

59 왕승종王承宗 : 당나라 때 사람이다. 그의 아버지 왕사진王士眞이 죽자, 아버지 대신 유후직留後職을 총섭하고, 조정의 명을 거역하여 반란을 꾀했다.

60 절월節鉞 : 부절符節이란 깃발과 부월斧鉞이라는 도끼를 말한 것으로, 제왕이 장수에게 병권兵權의 상징으로 주던 물건이다. 여기서는 병권의 권력을 가지고 있는 관찰사를 말하는 것이다.

61 풍속은……바뀌어진다 : 이는 한유의 「송동소남서」 일부를 인용한 것이다. 해당 부분의 원문은 다음과 같다. "그러나 내 일찍이 듣건대, 풍속은 교화와 함께 옮겨 바뀌어진다고 하니, 그곳의 지금 풍속이 예전에 말하던 바와 다르지 않은지를 내가 어찌 알겠는가?[然吾嘗聞, 風俗與化移易, 吾惡知其今不異於古所云耶?]"

62 그대의 걸음으로 점쳐보겠다 : 이는 한유의 「송동소남서」 일부를 인용한 것이다. 해당 부분의 원문의 다음과 같다. "그대의 이번 걸음으로 점쳐보겠네. 동생董生이여! 힘쓰시게나[聊以吾子之行卜之也. 董生! 勉乎哉.]."

63 밝으신……만하다 : 이는 한유의 「송동소남서」 일부를 인용한 것이다. 해당 부분의 원문은 다음과 같다. "나를 대신해 "밝으신 천자가 위에 계시니 나와서 벼슬할 만하다."고 말해주게나[爲我謝曰, "明天子在上, 可以出而仕矣."]."

端公序」[64]과 참고해서 보아야 하니 이단공의 서문은 장수를 일깨운 것이고, 이 서문은 사민을 일깨운 것이다. 옛 사람의 말에는 반드시 의도가 있으니 비록 전송하는 평범한 내용이라도 사람의 마음과 세상의 가르침에 관계함이 이와 같다. 이와 같지 않으면 문장이 아니니, 어찌 쉽게 말할 수 있겠는가?

昌黎送董邵南序, 僅百餘言, 而抑揚反覆, 波瀾層生, 文之絶佳者也. 然其全篇精神, 專在風俗與化移易一節, 最宜着眼. 世人讀此文, 類能隨例讚歎, 而此一節却儱侗不講, 以化字作君上之敎化看. 若然則直斥時君敎化之不古若, 非但於理有礙, 與下文 "明天子在上", 不矛盾相戾哉? 此盖指當時藩鎭而言也.

唐自至德以後, 河北三鎭, 爲國大患. 魏博據魏, 盧龍據燕, 成德據趙, 魏博自田承嗣, 傳孫季安, 盧龍自李寶臣, 歷二朱三劉, 成德自李懷仙, 至王武俊, 士眞, 承宗, 世襲節鉞, 擁兵不庭, 爲其士民者, 習爲故常, 知有其帥而不復知有國家. 至憲宗時, 田興歸命, 魏博復入版圖, 而燕趙二方, 尙倔强如昔.

韓公因董生適彼, 賜言以代文檄, 其曰, "感慨·悲歌, 出乎其性"者, 擧其故俗之美, 以奬厲之也, 其曰, "風俗與化移易"者, 其今化之不美, 以風刺之也. 其曰, "吾子之行卜之"者, 意其有能全本性, 不染汚習者, 以蘄望之也. 其曰, "明天子在上", 可以出而仕者, 明示逆順向背之義, 以指導之. 此與送幽州李端公序當參看, 李端公序, 所以諭其帥也, 此序所以諭其士民也, 古人言必有物, 雖尋常贈送之作, 其有關於人心世敎如此, 不如此, 非文也, 何可易言哉?

金邁淳(1776~1840), 「闕餘散筆」, 『臺山集』 卷19.

64 「송유주이단공서送幽州李端公序」: 한유가 유주幽州 이단공李端公을 전송할 때 지었던 서문을 말한다. 당시 이단공이 막료로서 유주로 돌아갈 때였으므로 장수라고 하였다.

승려[65] 문창文暢[66]을 전송하는 서문

(모곤) 뛰어난 부분이 명의命意에 있으니 여러 작가들보다 더욱 빼어나 열고 닫음과 기세의 변화가 법도를 조금도 잃지 않았다.

사람 중에는 본디 유자儒者의 이름으로 묵자의 행동을 하는 이가 있다. 그 이름을 따져보면 옳지만 그 행동을 살펴보면 그르니 함께 사귈 수 있겠는가? 만일 묵자의 이름으로 유자의 행동을 하는 자가 있다면 그 이름을 따져보면 그르지만 그 행동을 살펴보면 옳으니 함께 사귈 수 있겠는가? 양웅揚雄[揚子雲]이 "문장門墻에 있으면 그를 쫓아내고 오랑캐 땅에 있으면 그를 받아들이겠다."[67]라고 하였으니, 나는 이것을 취하여 법으로 삼을 것이다.

승려 문창이 문장을 좋아하여 천하를 주유할 때에 다닐 때마다 반드시 사대부에게 청하여 그들이 뜻한 바를 시가詩歌로 읊어주기를 구하였다. 정원 19년(803년) 봄에 동남쪽으로 가려고 할 때 유종원柳宗元[柳君宗

---

65 승려 : 원문의 부도浮屠는 보통 승려의 사리나 유골을 안치한 묘탑을 의미하지만, 여기에서는 승려를 말한다.

66 문창文暢 : ?~?. 당唐나라 때 유종원柳宗元을 비롯한 유가 사대부들과 교유한 승려이다.

67 문장門墻에……받아들이겠다 : 문장門墻은 공자孔子의 담장을 가리킨다. 양웅揚雄이 "어떤 자가 공자의 담장에 기대어 이단異端의 글을 읽고 있더라도 그를 안으로 끌어들이겠는가?"라는 혹자의 물음에 대하여 "이단을 하는 자가 공자의 문장 안에 있으면 그를 내쫓고, 오랑캐 땅에 있으면 그를 받아들여야 한다[在門牆則麾之, 在夷狄則進之.]."고 대답했던 데서 온 말이다. 『法言』 「修身」.

元][68]이 그를 위해 부탁하였다. 그의 행장을 풀자 그가 얻은 서문과 시 수백 편이 있었으니 문장을 지극히 좋아하는 것이 아니라면 그가 어찌 이처럼 많이 모으는 데에 이를 수 있었겠는가? 그러나 성인의 도로 말해 주는 이가 없고 한갓 불가의 말을 거론하여 준 것이 애석하였다. 문창은 승려이니 만일 불가의 말을 듣고자 한다면 스스로 그 스승에게 나아가 물어야 할 것인데, 무슨 이유로 우리를 찾아와 부탁하였겠는가.

저 사람이 우리의 군신君臣과 부자父子 사이의 아름다움과 문물文物과 행실의 성대함을 보고 그 마음에 사모함이 있었으나 불법에 구애되어 들어올 수 없었다. 따라서 그 설을 듣기를 즐겨서 청한 것이니, 우리 같은 이들은 이제삼왕二帝三王의 도, 일월성신日月星辰의 운행, 천지가 분명한 이유, 귀신이 그윽한 이유, 인물이 번성하는 이유, 강하가 흐르는 이유를 말해 주어야 하고, 또 불가의 말을 하여 번거롭게 말해 주어서는 안 된다.

사람이 처음 생겼을 때에 본디 짐승·오랑캐와 같았으나 성인이 즉위한 뒤에 집에서 살고 곡식을 먹으며 부모님을 친히 여기고 어른을 높이고 산 사람을 기르고 죽은 사람을 묻을 것을 알았다. 이 때문에 도가 인의仁義보다 큰 것이 없고, 가르침이 예악형정禮樂刑政보다 바른 것이 없으니 천하에 시행하면 만물이 마땅함을 얻고, 자신에게 베푼다면 몸이 편안하고 기가 평온하다.

요堯 임금이 이것을 순舜 임금에게 전하셨고, 순 임금이 이것을 우禹 임금에게 전하셨고, 우 임금이 이것을 탕湯 임금에게 전하셨고, 탕 임금이 이것을 문왕文王과 무왕武王에게 전하셨고, 문왕과 무왕이 이것을 주

68 유종원柳宗元[柳君宗元] : 773~819. 자는 자후子厚이며 유하동柳河東·유유주柳柳州라고도 부른다. 당나라의 정치가이자 문장가로 당송팔대가唐宋八大家의 한 사람으로 한유韓愈와 함께 고문古文의 부흥에 힘을 쏟았다. 우언寓言의 형식을 취한 풍자문諷刺文과 산수山水를 묘사한 글에도 능했다. 저서로 『유하동집柳河東集』이 있다.

공周公과 공자孔子에게 전하셨다. 이것을 책에 기록하여 중국 사람들이 대대로 지켰는데, 지금 불가의 설은 누가 만들고 누가 전한 것인가? 새가 몸을 굽혀 부리로 쪼다가 일으켜서 사방을 돌아보며, 짐승이 깊이 살다가 드물게 나오는 것은 다른 동물이 자기를 해칠까 두려워해서인데 오히려 화를 면하지 못하고 약한 놈의 고기는 강한 놈의 먹이가 된다. 지금 나와 문창이 편안히 살고 한가하게 먹으며 생사에 여유로워 금수와 다른 것이 어디에서 온 것인지 몰라서야 되겠는가?

모르는 것은 그 사람의 죄가 아니다. 알면서도 하지 않는 것은 미혹된 것이고, 옛것을 좋아해 새것에 나아갈 수 없는 것은 나약한 것이고, 알면서도 남에게 알려주지 않는 것은 불인不仁한 것이고, 알려주면서 진실로 해주지 않는 것은 불신不信한 것이다. 내가 유종원의 부탁을 중히 여기고 또 승려가 문사를 좋아함을 가상히 여겨 이에 말하노라. 결국 이것은 다만 문사를 얻음을 좋아한 것이고, 진실로 도를 사모할 수 있었던 것은 아니다.[69]

당순지唐順之[唐荊川]가 말하였다. "열고 닫음과 원만함과 전환이 진실로 쟁반을 구르는 구슬과 같으니 이는 천지 사이의 몇 안 되는 문장이다. 전편을 통하여 곧바로 설명해 내려갔으나 전후가 조응함이 그 가운데에 있다."

---

69 결국……아니다 : 이 부분은 김창협이 비평한 내용으로, 『팔대가문십선』에서는 소주小註로 처리되어 있다.

送浮屠文暢師序

(茅坤) 高在命意, 故迥出諸家, 而闔闢頓挫, 不失尺寸.

人固有儒名而墨行者. 問其名則是, 校其行則非, 可以與之遊乎? 如有墨名而儒行者, 問其名則非, 校其行則是, 可以與之遊乎? 揚子雲稱, "在門墻則麾之, 在夷狄則進之." 吾取以爲法焉.

浮屠師文暢喜文章, 其周遊天下, 凡有行, 必請於搢紳先生, 以求咏歌其所志. 貞元十九年春, 將行東南, 柳君宗元爲之請. 解其裝, 得所得敍詩累百餘篇, 非至篤好, 其何能致多如是邪? 惜其無以聖人之道告之者, 而徒擧浮屠之說贈焉. 夫文暢, 浮屠也, 如欲聞浮屠之說, 當自就其師而問之. 何故謁吾徒而來請也.

彼見吾君臣父子之懿, 文物事爲之盛, 其心有慕焉, 拘其法而未能入. 故樂聞其說而請之, 如吾徒者, 宜當告之以二帝三王之道, 日月星辰之行, 天地之所以著, 鬼神之所以幽, 人物之所以蕃, 江河之所以流而語之, 不當又爲浮屠之說而瀆告之也.

民之初生, 固若禽獸·夷狄然, 聖人者立然後, 知宮居而粒食, 親親而尊尊, 生者養而死者藏. 是故道莫大乎仁義, 教莫正乎禮樂刑政, 施之於天下, 萬物得其宜, 措之於其躬, 體安而氣平.

堯以是傳之舜, 舜以是傳之禹, 禹以是傳之湯, 湯以是傳之文·武, 文·武以是傳之周公·孔子. 書之於冊, 中國之人世守之. 今浮屠者, 孰爲而孰傳之邪? 夫鳥俛而啄, 仰而四顧, 夫獸深居而簡出, 懼物之爲己害也, 猶且不脫焉, 弱之肉, 彊之食. 今吾與文暢安居而暇食, 優遊以生死, 與禽獸異者, 寧可不知其所自邪?

夫不知者, 非其人之罪也. 知而不爲者, 惑也, 悅乎故, 不能卽乎新者, 弱也, 知而不以告人者, 不仁也, 告而不以實者, 不信也. 余旣重柳請, 又嘉浮屠能喜文辭, 於是乎言. 到底是只喜得文辭, 非眞能慕道[70]

唐荊川曰, "開闔圓轉, 眞如走盤之珠, 此天地間有數文字. 通篇一直說下, 而前後照應在其中."

70 到底是只喜得文辭非眞能慕道 : 이 부분은 김창협이 비평한 내용으로, 『팔대가문십선』에서는 소주小註로 처리되어 있다.

【비평자료】

1 윤근수 : "문왕과 무왕이 이것을 주공과 공자에게 전하셨고, 이것을 책에 기록하였다." 이 문장은 문왕과 무왕이 주공과 공자에게 전하셔서 주공과 공자가 책에 기록하였다는 말입니까, 아니면 공자가 책에 기록하였다는 말입니까?
최립 : 주공과 공자에게 전해져서 저절로 경전에 기록된 것일 테니, 누가 책을 지었다고 분명하게 말할 수 없습니다.

"文·武以是傳之周公·孔子, 書之於冊." 此謂文·武傳之周公·孔子而周公·孔子書之於冊耶? 抑謂孔子書之於冊耶?
○恐傳至周公·孔子, 自當爲經傳中所書, 不得分明說作某書之也.

尹根壽(1537~1616), 「韓文吐釋上·送文暢師」, 『月汀先生別集』 卷2.

2 「송부도문창사서」. 처음부터 "取以爲法"까지의 한 단락은 한 편의 핵심이 되고, "浮屠文暢" 아래로 "何能致多如是"까지의 한 단락은 문창의 일을 서술한 입제이다. "惜其無以聖人之道"에서 "又爲浮屠之說瀆告之也"까지의 한 단락은 유자의 도에 대한 대강을 말해 준 것이다. "民之初生"에서 "孰傳之耶"까지의 한 단락은 위의 단락에 나아가서 인물이 번성하는 까닭 한 조목만 거론해서 상세하게 설명한 것이니 곧 이른바 "군신과 부자 사이의 아름다움과 문물과 행실의 성대함"이다. "夫鳥俛而啄"에서 "不知其所自耶"까지의 한 단락은 또 위의 단락에 나아가서 군신의 정치만을 거론하여 승려를 절실하게 꾸짖은 것이다. "夫不知者" 이하의 한 단락은 위의 글을 총괄한 것이니 유자의 도에 나아가서 일월성신의 운행, 천지가 분명한 이유, 귀신이 그윽한 이유, 강하가 흐르는 것을 말해서 불가의 도를 경계하기를 자세하게 한 것이다. 불씨佛氏는 산하와 대지를 공화空花[71]로 여겨 도는 본래 공空일 뿐이기 때문에 모든 일이

공空에서 말미암아 생겨나니 마음이 한번 공空한 뒤에 바라는 바가 있더라도 반드시 하나라도 일삼는 바가 없어서 모든 사물들이 절로 제자리를 얻으며, 일삼는 바가 있더라도 반드시 그대로 지키는 바가 없어서 모든 일들이 절로 마땅함을 얻는다고 하였다. 이것이 불씨의 도가 끝내 뒤집히고 어그러지는 데 이르러 인륜을 저버리게 된 이유이다. 우리 유자의 도는 만물과 만사가 실리實理에서 말미암아 생겨났다. 이 때문에 "고요하고 막막하여 아무 조짐이 없으나 만 가지 형상이 삼연하다."[72]라고 하였고, 또 "마음속에 모든 이치가 다 갖추어져 있다."[73]라고 하였다. 이른바 격물치지格物致知는 요컨대 실리를 알아서 가려지지 않는 것이요, 정심은 요컨대 실리를 지켜서 치우치지 않는 것이요, 성의는 요컨대 실리가 어긋나지 않는 데에 이르는 것이요, 수신은 이 실리로 하고 치인은 이 실리로 한다. 이 글은 또한 천지와 귀신, 강하와 인물이 모두 실리가 있어서 털 한 가닥만큼도 어그러져서는 안 됨을 말한 것이다.

文暢序. 自首至"取以爲法"一節, 爲一篇頭腦, 而"浮屠文暢"以下至"何能致多如是"一節, 叙文暢事入題, "惜其無以聖人之道"至"又爲浮屠之說瀆告之也"一節, 告以儒道之大體也. "民之初生"至"孰傳之耶"一節, 就上節中單提人物之所以蕃一條而詳說之, 卽所謂"君臣父子之懿, 文物事爲之盛"也. "夫鳥俛而啄"至"不知其所自耶"一節, 又就上節中單提君臣之政而切勵於浮屠者也. "夫不知者"以下一節, 摠結上文也. 就儒道, 而言日月星辰之行, 天地之所以著, 鬼神之所以

71 공화空花 : 공중에 본디 꽃이 없으나 눈병이 있는 사람이 항상 공중에 꽃이 있다고 착각하는 것처럼, 세계가 본디 실체가 없는데 망견妄見에 이끌려 실체가 있다고 착각하게 됨을 비유하는 불가의 말이다.

72 고요하고……삼연하다 : 『이정유서二程遺書』 권15에 나오는 정이程頤의 말이다.

73 마음속에……있다 : 『사서혹문四書或問』의 「대학大學」 경일장經一章에 "방촌의 사이가 허령하고 통철하여 모든 이치가 모두 갖추어져 있다[方寸之間, 虛靈洞徹, 萬理咸備.]."라고 한 말을 인용한 것이다.

幽, 江河之所以流者, 砭藥佛道, 極其精深. 蓋佛氏以山河大地爲空花, 而謂道本空空而已. 故萬物萬事皆由空而生, 心旣一空而後, 則凡有所願, 不必一有所爲, 而物物自得其所, 凡有所爲, 不必有所循守, 而事事自得其宜. 此所以佛氏之道, 終至顚倒悖亂, 而得罪於天常者也. 若吾儒之道, 則萬物萬事皆由實理而生, 故"冲漠無眹萬象森." 又曰"方寸之中, 萬理咸備." 所謂格物致知者, 要識實理而不蔽也, 正心, 要持實理而不偏也, 誠意者, 要達實理之不失也. 修身以此實理, 治人以此實理. 此文蓋亦謂天地鬼神, 江河人物, 皆有實理而不可一毫差錯也.

安錫儆(1718~1774), 「韓文摘解」, 『雪橋藝學錄』 卷3.

3 「송부도문창사서」에 "나와 문창이 편안히 살고 한가하게 먹으며 생사에 여유로워 금수와 다른 것이 어디에서 온 것인지 몰라서야 되겠는가."라고 한 이 말은 미혹됨에서 일깨워주는 도를 발명함이 깊은 것이니, 만약 이단이 행해졌다면 백성들의 도탄이 극에 달했을 것이요, 불법佛法은 그 중에 심한 것이다. 내가 생각건대, 불가의 도는 그다지 뛰어난 것이 없고, 그 가운데 한 부분은 사치스러운 것을 물리치고 번다한 것을 사절하면서 편의를 취하는 것은 기뻐하고 고무되어 한 말이다. 그러나 그 무리에 종종 충성과 의리로 분발하여 국난에 목숨을 바치는 자도 있으며 효성과 우애가 돈독하여 부모에게 본분을 다하는 자도 있으니, 떳떳한 본성이 나타나 불법으로 구속할 수 없었던 것이다. 만약 그들을 유가의 인륜으로 인도하였다면 어찌 문득 깨닫는 마음이 없었겠는가. 이것이 창려가 서문을 지은 뜻이다. 그러나 불자들은 진실로 또한 이로움이 있었다. 그래서 그 도가 끝내 성행하였고 역대의 임금들이 그 복전의 말을 믿고 떠받든 이들이 많지만 정론을 주장하는 이들은 지나치다고 배척하여 하나의 적국처럼 여기니 이 때문에 박멸하고자 하지만 그 세

력을 돕는 것이다. 학사와 대부가 진실로 그들을 천하게 여겨 반열을 함께하지 않고, 임금이 진실로 그들을 비루하게 여겨 이익을 함께하지 않는다면 왜 저들을 걱정하여 번거롭게 말하면서 힘써 간쟁하겠는가.

送浮屠文暢有曰, "吾與文暢, 安居而暇食, 優游以生死, 與禽獸異者, 寧可不知其所自?" 此言深有發於導迷牖惑之道, 夫使異端行, 則生民之塗炭極矣, 佛法其尤者也. 余竊謂佛道無甚奇者, 其中一段, 屛絶芬華, 謝絶煩累, 乃爲占便宜者, 所喜鼓而爲之說也. 然其徒往往忠義奮發, 有殉國難者, 孝悌篤厚, 有盡分於父母者, 彝性所發, 不可以其法拘之也. 若能驅之以吾道之倫常, 則豈無有幡然感者? 此昌黎作序之意也. 然爲佛者, 誠亦有利, 故其道遂盛, 歷代人主信其福田之說, 多崇奉者, 而爲正論者, 詆斥過當, 若一敵國然, 是故欲撲滅而乃助其勢也. 學士大夫, 誠賤之而不與之齒, 人主誠卑之而不與之利, 則夫何患乎彼, 而乃苦口力爭乎?

成海應(1760~1839), 「讀韓昌黎集」, 『研經齋全集續集』 冊14.

4 한유가 반드시 마음을 기르고 실천하는 공부를 한 것은 아니지만 그의 「여맹상서서與孟尙書書」, 「송부도문창사서」, 「원도原道」와 「체협의禘祫議」 등 여러 편은 분간한 것이 꽤 정밀하고 지킨 것이 몹시 정확하며 종종 성현의 말에 부합하는 것은 문장이 지극해서이다. 대개 문장의 지극함은 행실의 지극함만 못하지만, 문장의 지극함에 이르는 것 또한 어렵다. 때문에 형산의 구름을 헤치고[74] 악어를 믿게 할 수 있었으니[75] 어찌 천지를 감동시킨 하나의 징험이 아니겠는가.

74 형산의 구름을 헤치고 : 한유의 「알형악묘수숙악사제문루謁衡嶽廟遂宿嶽寺題門樓」를 말한다. 『韓昌黎集』 卷3 「謁衡嶽廟遂宿嶽寺題門樓」.

75 악어를……있었으니 : 한유의 「악어문鰐魚文」을 말한다. 『韓昌黎文集』 卷8 「鰐魚文」.

韓文公未必有存養踐履之工, 而其與孟尙書書, 送文暢序及原道, 禘祫議諸篇, 擇之頗精, 守之甚確, 往往合於聖賢之言者, 以其文之至也. 夫文之至, 未若行之至, 然及其至之則亦難矣哉. 故能開衡雲而孚鱷魚, 豈非動天地之一驗耶?

金允植(1835~1922), 「八家涉筆上」, 『雲養集』 卷14.

도道란 무엇인가

(모곤) 불자와 노자를 배척한 것이 한유가 일생 동안의 근본으로 삼은 일이었다. 그러므로 이 글은 한유의 글 가운데 근본이 된다. 그 글의 근원은 깊고 흐름은 거대하여 이해하기가 가장 어려운데 게다가 그 글의 변화가 기궤하니 사람을 아찔하게 만든다. 만약 한 번 깨우치게 되면 시론時論 가운데 일창一昌·일승一承·육복六服·일미一尾[76]처럼 분명해질 것이다.

널리 사랑하는 것을 인仁이라 하고 행함에 마땅하게 하는 것을 의義라 하고 인의에서 비롯하여 가는 것을 도道라 하고 자신에게 충분하여 외물에 기대하지 않는 것을 덕德이라 하니, 인과 의는 정해진 명칭이고 도와 덕은 정해지지 않은 명칭이다. 그러므로 도에는 군자와 소인이 있고 덕에는 길흉이 있다.

노자老子[77]가 인의를 하찮게 여긴 것은 비방이 아니라 그의 견해가 작은 것이니, 우물 속에 앉아 하늘을 보고서 하늘이 작다고 하지만 하늘이 작지 않은 것과 같다. 저 노자는 조그마한 은혜를 인으로 여겼고

76 일창一昌……일미一尾 : 명확하게 알 수는 없으나 문장의 기起·승承·전轉·결結을 의미하는 말로 보인다.

77 노자老子 : ?~?. 주周나라의 사상가로 성은 이李, 이름은 이耳, 자는 백양伯陽, 시호는 담聃이다. 도가道家의 시조로서 인의仁義에 구애되지 말고 만물의 근원인 도道를 좇아 사는 것과 무위자연無爲自然을 강조하였다.

홀로 우뚝한 것을 의로 여겼으니 그가 인의를 하찮게 여긴 것은 당연한 것이다. 그가 도라고 한 것은 자신이 도라고 여긴 것을 도로 여긴 것이지 우리가 말하는 도가 아니며, 그가 덕이라고 한 것은 자신이 덕으로 여긴 것을 덕으로 안 것이지 우리가 말하는 덕이 아니다. 대체로 우리가 말하는 도덕은 인과 의를 합하여 말한 것이니 천하 사람들이 공통적으로 말하는 것이고 노자가 말하는 도덕은 인과 의를 제거한 채로 말하였으니 한 사람의 사적인 말일 뿐이다.

주周나라의 도가 쇠하고 공자께서 세상을 떠난 뒤로 진秦나라는 유가의 서적을 불태웠고 한漢나라에서는 황노黃老[78]가 횡행하였으며 진晉·위魏·양梁·수隋나라 때에는 불가가 설쳤다. 그리하여 도덕과 인의를 말하는 자들은 양주楊朱[79]의 무리에 들어가지 않으면 묵적墨翟[80]의 무리에 들어갔고, 노자의 무리에 들어가지 않으면 불자의 무리에 들어갔다. 저기로 들어간 자들은 반드시 여기에서 나왔으니 들어간 곳을 주인으로 여기고 나온 곳을 노비로 여겼으며 들어간 곳을 추증하고 나온 곳을 더럽게 여겼으니, 아, 후대에 인의와 도덕의 설을 듣고자 하는 자가 있더라도 누구를 따라서 들을 수 있겠는가? 노자의 무리는 "공자는 우리 스승의 제자이다."라고 하고, 불자의 무리는 "공자

78 황노黃老 : 황제黃帝와 노자老子를 추앙하는 도교 계열의 종교이다.

79 양주楊朱 : 맹자가 이단으로 규정했던 사람이다. 전국 시대 위衛나라 출신으로 자는 자거子居이다. 노자老子에게 배웠다고도 하고 묵자墨子의 뒤를 이었다고도 한다. 그는 오로지 자신만을 위하는 위아설爲我說을 주장했는데, 맹자는 이를 두고 "한 올의 털을 뽑아서 천하를 이롭게 하더라도 하지 않으려고 한다[拔一毛而利天下, 不爲也.]."라고 말했다. 『孟子』「盡心 上」.

80 묵적墨翟 : 양주楊朱와 함께 맹자가 이단으로 규정했던 사람이다. 춘추 시대 노魯나라 출신으로 겸애설兼愛說을 주장했는데, 맹자는 그의 겸애설을 두고 "정수리를 갈아서 발끝에 이른다 하더라도 천하를 이롭게 하는 일이라면 한다[摩頂放踵, 利天下爲之.]."라고 말했다. 『孟子』「盡心 上」.

는 우리 스승의 제자이다."라고 하니 공자를 따르는 자들이 자주 그들의 설을 듣고 근거 없는 말을 즐기면서 스스로를 하찮게 여겨, 또 "우리 스승께서도 예전에 그들을 스승으로 삼으셨다."라고 하면서 자신의 입으로 거론할 뿐만 아니라 게다가 자신의 책에 썼다. 아, 후대에 비록 인의와 도덕을 듣고자 하는 자가 있더라도 누구를 따라서 구할 수 있겠는가. 사람들이 괴이함을 좋아하는 것이 심하구나. 유가의 근원을 찾지 않으며 유가의 효과를 따지지 않고 오직 괴이한 것만을 듣고자 하는구나.

옛날에 백성은 네 부류[士·農·工·商]였는데 지금의 백성은 여섯 부류[士·農·工·商·僧·道]가 되고, 옛날에 가르치는 곳은 그 하나[儒]였는데 지금은 가르치는 곳이 셋[儒·佛·道]이 된다. 농가는 하나인데 곡식을 먹는 집은 여섯이고, 공방은 하나인데 도구를 사용하는 집은 여섯이며, 장사를 하는 집은 하나인데 이용하는 집은 여섯이니 어찌 백성들이 곤궁하여 도둑질하지 않을 수 있겠는가.

옛날에 사람들에게 해가 되는 것이 많았는데 성인께서 자리하신 뒤에 함께 살고 보살펴주는 도를 가르치셨다. 그리하여 임금이 되고 스승이 되어 벌레와 뱀과 짐승들을 몰아내고서 중원에 살게 하셨으며, 추위가 이른 뒤에 옷을 짓게 했고, 배고픔이 이른 뒤에 음식을 먹게 하셨으며, 나무에 살며 떨어지고 땅에 살며 병이 든 뒤에 집을 짓게 하셨고, 기술자를 만들어 도구를 넉넉히 하고, 장사꾼을 만들어 없는 것을 유통시키셨으며, 의약을 만들어 요절하는 것을 막게 하셨으며, 장례와 제사를 만들어 은혜와 애정을 펴게 하셨으며, 예를 만들어 선후의 차등을 두게 하셨으며, 음악을 만들어 답답함을 해소하게 하셨으며, 법령을 만들어 게으른 자들을 다스리게 하셨으며, 형벌을 만들어 난폭한 자들을 제거하게 하셨으며, 서로 속였기 때문에 부절, 도장,

말과 휘, 저울을 만들어 서로 믿게 하셨으며, 서로 빼앗았기 때문에 성곽과 병기를 만들어 지키게 하셨으며, 해로움이 이르면 대비하고 환란이 생겨나면 방비하게 하셨다.

그런데 지금은 "성인이 죽지 않으면 큰 도둑이 그치지 않을 것이니 구기와 저울을 깨부숴야 백성들이 다투지 않을 것이다."[81]라고 말하니, 아아, 또한 생각이 없구나. 만약 옛날에 성인께서 계시지 않았다면 인류는 이미 멸망했을 것이다. 어째서인가. 깃털과 털, 비늘과 껍질이 없어 차거나 더운 곳에 살 수가 없고 날카로운 발톱과 이빨이 없어 먹을 것을 다툴 수 없기 때문이다. 그러므로 임금은 명령을 내리는 자이고, 신하는 임금의 명령을 수행하여 백성들에게 시행하고, 백성은 곡식과 직물을 내고 그릇과 도구를 만들고 재화를 유통시켜 자신의 윗사람을 섬기는 자이다. 임금이 명령을 내리지 않으면 임금이 명분을 잃고, 신하가 임금의 명령을 수행하여 백성들에게 시행하지 않으면 신하가 되는 명분을 잃고, 백성들이 곡식과 직물을 내고 그릇을 만들고 재화를 유통하여 그 윗사람을 섬기지 않으면 처벌하였다. 그런데 지금 불법에는 "반드시 군신의 의리를 버리고 부자의 연을 끊어서 너희들의 함께 살고 보살펴주는 상생의 도를 금하여 이른바 청정적멸淸淨寂滅을 구해야 한다."라고 한다. 아, 요행히 삼대 이후에 나와서 우禹·탕湯·문文·무武·주공周公·공자孔子께 배척당하지 않았고, 또한 불행히 삼대 이전에 나오지 않아 우·탕·문·무·주공·공자께 바로잡히지 못하였구나.

3황 5제가 그 호칭은 다르나 성聖이 되는 것은 똑같고, 여름에는 갈옷을 입고 겨울에는 갖옷을 입으며 목이 마르면 물을 마시고 배가 고

---

81 성인이……것이다 : 『장자莊子』 「거협胠篋」에 나오는 말이다.

프면 음식을 먹는 것이 그 일은 다르나 지智가 되는 것은 똑같다. 그런데 지금 그들은 "어찌 태고의 무위無爲를 하지 않는가?"라고 말한다. 이는 또한 겨울에 갖옷을 입는 사람에게 "어찌 입기 쉬운 갈옷을 입지 않는가?"라고 꾸짖으며, 굶주려 밥을 먹는 사람에게 "어찌 먹기 쉬운 물을 마시지 않는가?"라고 꾸짖는 것과 같다.

『대학大學』에 "옛날에 천하에 밝은 덕을 밝히고자 한 자는 먼저 자신의 나라를 잘 다스리고, 자신의 나라를 잘 다스리고자 하는 자는 먼저 자신의 집을 가지런히 하고, 자신의 집을 가지런히 하고자 하는 자는 먼저 자신의 몸을 닦고, 자신의 몸을 닦고자 하는 자는 먼저 자신의 마음을 바르게 하고, 자신의 마음을 바르게 하고자 하는 자는 먼저 자신의 뜻을 성실히 한다."[82]라고 하였다. 그렇다면 옛날에 이른바 마음을 바르게 하여 뜻을 성실히 하는 것은 장차 목적이 있는 것인데, 지금은 자신의 마음을 잘 다스리고자 하면서 천하와 국가를 도외시하고 천상을 멸하여 자식이 되어서 자신의 아버지를 아버지로 여기지 않고 신하가 되어서 자신의 임금을 임금으로 여기지 않으며 백성이 되어서 자신의 일을 일삼지 않는구나.

공자께서 『춘추春秋』를 지으심에 제후 가운데 오랑캐의 예를 쓰면 오랑캐로 여기고 중국에 나아오면 중국으로 여기셨다.[83] 『논어論語』에 이르기를 "오랑캐 중에 임금이 있는 것이 중국에 제후가 없는 것만 못하다."[84]라고 하였고, 『시경詩經』에 이르기를 "융戎과 적狄을 이에

82 옛날에……한다 : 『대학大學』 「경일장經一章」에 나오는 말이다.

83 공자께서……여기셨다 : 『대학大學』 「격물치지지요格物致知之要」의 구절이다.

84 오랑캐……못하다 : 『논어論語』 「팔일八佾」의 구절이다. 본래 "오랑캐 중에 임금이 있는 것이 중국에 제후가 없는 것보다 낫다."로 번역하나 한유는 위와 같은 의미로 본 듯하다.

응징하여 형荊나라와 서舒나라를 징계하였다."[85]라고 하였는데, 오늘날에는 오랑캐의 법을 들어서 선왕의 교화 윗자리에 두니 거의 모두 오랑캐가 될 날이 얼마 남지 않았구나.

이른바 선왕의 교화라는 것은 무엇인가. 널리 사랑하는 것을 인이라 하고 행함에 마땅하게 하는 것을 의라 하고, 인의를 통해 나아가는 것을 도라 하며, 자신에게 충분하여 외물에 기대하지 않는 것을 덕이라 한다. 그 문헌은 『시경』·『서경』·『주역』·『춘추』이고, 그 법은 예절·음악·형벌·정사이고, 그 백성은 선비·농부·기술자·장사꾼이고, 그 지위는 군신君臣·부자父子·사우師友·빈주賓主·곤제昆弟·부부夫婦이고, 그 의복은 삼과 실이고, 그 거처는 궁실宮室이고, 그에 대한 음식은 조·쌀·나물·과일·물고기·육고기였다. 그러므로 도가 쉽게 밝아지고 교화가 쉽게 행해졌다. 이 때문에 이것으로 자신을 다스리면 순하고도 상서롭고 이것으로 백성을 다스리면 사랑하면서도 공정하며 이것으로 마음을 다스리면 조화로우면서도 평안하고 이것으로 천하와 국가를 다스리면 가는 곳마다 알맞지 않은 곳이 없게 된다. 그러므로 살아서는 인정과 사리에 부합하고 죽어서는 천수를 누리며 교郊제사를 지내면 천신天神이 이르고 묘廟제사를 지내면 조종祖宗의 영령이 흠향하게 된다.

"이 도는 무슨 도인가?"라고 한다면 "이는 우리가 도라고 하는 것이지 앞에서 노자와 불자가 도라고 하는 것은 아니다."라고 할 것이다. 요堯께서 이것을 순舜께 전하시고, 순은 이것을 우禹께 전하시고, 우는 이것을 탕湯께 전하시고, 탕은 이것을 문왕文王·무왕武王·주공周公께 전하셨고, 문왕·무왕·주공께서는 공자께 전하셨고, 공자는 맹자孟子

85 융戎과……징계하였다 : 『시경詩經』 「노송魯頌」 〈비궁閟宮〉의 구절이다.

께 전하셨는데, 맹자는 이를 전하지 못하고 세상을 떠나셨다. 순자荀子[86]와 양웅揚雄은 유가를 선택하였으나 정밀하지 못했고 논하였으나 자세하지 못하였다.

주공부터 그 이상은 위에서 임금이 되었기 때문에 정사가 시행되었고, 주공부터 그 이하는 아래에서 신하가 되었기 때문에 오랫동안 학설이 전해졌다. 그렇다면 어떻게 해야 하겠는가. 난 다음과 같이 말하겠다. 그들의 도를 막지 않으면 우리의 도가 유행하지 못하고 그들의 도를 저지하지 않으면 우리의 도가 행해지지 못할 것이니 그들을 일반 사람으로 만들고 그들의 책을 불태우며 그들의 사찰寺刹과 도관道館을 집으로 만들고 선왕의 도를 밝혀서 그들을 인도하고 홀아비·과부·고아·자식 잃은 아비·불구자가 보살핌을 받을 수 있다면 아마도 우리의 도가 이루어질 수 있을 것이다. 한유가 일생 동안 불자와 노자를 배척한 것이 이 글에 담겨 있다. 그러나 이 설에서는 끝내 노자만을 언급했을 뿐 한 글자도 불씨의 영역에 들지 못했으니 한유는 원래 불씨의 학설을 몰랐던 것이다. 그러므로 「논불골표論佛骨表」[87]에서도 복전만을 가지고 논리를 세웠던 것이다.[88]

86 순자荀子 : 기원전 313~기원전 238. 전국 시대 조趙나라 유학자인 순황荀況이다. 당시 사람들이 그를 높여 '순경荀卿'이라 부르기도 하였다. 성악설性惡說을 주장하여 맹자의 성선설性善說과 대립하였다. 저서에 『순자荀子』가 있다.

87 논불골표 : 한유가 부처를 배척하고자 지은 글로, 헌종憲宗에게 올렸던 글이다. 이 글로 인해 헌종이 대노하여 사형당할 뻔하였다.

88 한유가……것이다 : 이 부분은 김창협이 비평한 내용으로, 『팔대가문십선』에서는 소주小註로 처리되어 있다.

原道

(茅坤) 闢佛老是退之一生命脈, 故此文是退之集中命根. 其文源遠流洪, 最難鑑定, 兼之其筆下變化詭譎, 足以眩人. 其文源遠流洪, 最難鑑定, 兼之其筆下變化詭譎, 足以眩人. 若一下打破, 分明如時論中一冒·一承·六腹·一尾.

博愛之謂仁, 行而宜之之謂義, 由是而之焉之謂道, 足乎己無待於外之謂德, 仁與義爲定名, 道與德爲虛位, 故道有君子小人, 而德有凶有吉.

老子之小仁義, 非毁之也, 其見者小也, 坐井而觀天曰天小者, 非天小也. 彼以煦煦爲仁, 孑孑爲義, 其小之也則宜. 其所謂道, 道其所道, 非吾所謂道也, 其所謂德, 德其所德, 非吾所謂德也. 凡吾所謂道德云者, 合仁與義言之也, 天下之公言也, 老子之所謂道德云者, 去仁與義言之也, 一人之私言也.

周道衰, 孔子沒, 火于秦, 黃老于漢, 佛于晉魏梁隋之間. 其言道德仁義者, 不入于楊, 則入于墨, 不入于老, 則入于佛, 入于彼, 必出乎此. 入者主之, 出者奴之, 入者附之, 出者汙之, 噫, 後之人其欲聞仁義道德之說, 孰從而聽之?

老者曰, "孔子, 吾師之弟子也." 佛者曰, "孔子, 吾師之弟子也. 爲孔子者習聞其說, 樂其誕而自小也." 亦曰, "吾師亦嘗云爾." 不惟擧之於其口, 而又筆之於其書, 噫, 後之人雖欲聞仁義道德之說, 其孰從而求之? 甚矣, 人之好怪也. 不求其端, 不訊其末, 惟怪之欲聞.

古之爲民者四, 今之爲民者六, 古之教者處其一, 今之教者處其三. 農之家一, 而食粟之家六, 工之家一, 而用器之家六, 賈之家一, 而資焉之家六, 奈之何民不窮且盜也?

古之時, 人之害多矣, 有聖人者立然後, 教之以相生相養之道. 爲之君, 爲之師, 驅其蟲蛇禽獸, 而處之中土, 寒然後爲之衣, 饑然後爲之食, 木處而顚, 土處而病也然後, 爲之宮室, 爲之工, 以贍其器用, 爲之賈, 以通其有無, 爲之醫藥, 以濟其夭死, 爲之葬埋祭祀, 以長其恩愛, 爲之禮, 以次其先後, 爲之樂, 以宣其湮鬱, 爲之政, 以率其怠勸, 爲之刑, 以鋤其強梗, 相欺也, 爲之符璽斗斛權衡以信之, 相奪也, 爲之城郭甲兵以守之, 害至而爲之備, 患生而爲之防.

今其言曰, "聖人不死, 大盜不止, 剖斗折衡, 而民不爭." 嗚呼, 其亦不思而已矣. 如古之無聖人, 人之類滅久矣. 何也. 無羽毛鱗介以居寒熱也, 無爪牙以爭食也. 是故君者, 出令者也, 臣者, 行君之令而致之民者也, 民者, 出粟米痲絲, 作器皿通貨財, 以事其上者也. 君不出令, 則失其所以爲君, 臣不行君之令而致之民, 則失其所以爲臣, 民不出粟米痲絲, 作器皿通貨財, 以事其上, 則誅. 今其法曰, "必棄而君臣, 去而父子, 禁而相生養之道, 以求其所謂淸淨寂滅者." 嗚呼! 其亦幸而出于三代之後, 不見黜于禹·湯·文·武·周公·孔子也, 其亦不幸而不出于三代之前, 不見正於禹, 湯, 文, 武, 周公, 孔子也.

帝之與王, 其號名殊, 其所以爲聖一也, 夏葛而冬裘, 渴飮而饑食, 其事殊, 其所以爲智一也, 今其言曰, "曷不爲太古之無事?" 是亦責冬之裘者曰, "曷不爲葛之之易也." 責饑之食者曰, "曷不爲飮之之易也."

傳曰, "古之欲明明德於天下者, 先治其國, 欲治其國者, 先齊其家, 欲齊其家者, 先修其身, 欲修其身者, 先正其心, 欲正其心者, 先誠其意.” 然則古之所謂正心而誠意者, 將以有爲也, 今也欲治其心而外天下國家, 滅其天常, 子焉而不父其父, 臣焉而不君其君, 民焉而不事其事.

孔子之作春秋也, 諸侯用夷禮則夷之, 進於中國則中國之. 經曰, “夷狄之有君, 不如諸夏之亡.” 詩曰, “戎狄是膺, 荊舒是懲.” 今也擧夷狄之法, 而加之先王之敎之上, 幾何其不胥而爲夷也.

夫所謂先王之敎者, 何也? 博愛之謂仁, 行而宜之之謂義, 由是而之焉之謂道, 足乎己無待於外之謂德. 其文, 詩·書·易·春秋, 其法, 禮·樂·刑·政, 其民, 士·農·工·賈, 其位, 君臣·父子·師友·賓主·昆弟·夫婦, 其服, 痲·絲, 其居, 宮室, 其食, 粟·米·蔬·果·魚·肉, 其爲道易明, 而其爲敎易行也. 是故以之爲己, 則順而祥, 以之爲人, 則愛而公, 以之爲心, 則和而平, 以之爲天下國家, 無所處而不當. 是故生則得其情, 死則盡其常, 郊焉而天神假, 廟焉而人鬼饗.

曰, “斯道也何道也?” 曰, “斯吾所謂道也.” 非向所謂老與佛之道也. 堯以是傳之舜, 舜以是傳之禹, 禹以是傳之湯, 湯以是傳之文·武·周公, 文·武·周公傳之孔子, 孔子傳之孟軻, 軻之死不得其傳焉. 荀與楊也, 擇焉而不精, 語焉而不詳.

由周公而上, 上而爲君, 故其事行, 由周公而下, 下而爲臣, 故其說長. 然則如之何而可也? 曰不塞不流, 不止不行, 人其人, 火其書, 廬其居, 明先王之道以道之, 鰥·寡·孤·獨·廢疾者有養也, 其亦庶乎其可也. 退之一生闢佛老在此篇, 然到底是說得老子而已, 一字不入佛氏域, 盖退之元不知佛氏之學, 故佛骨表亦只以福田上立說.[89]

---

89 退之一生闢佛老在此篇……故佛骨表亦只以福田上立說 : 이 부분은 김창협이 비평한 내용으로, 『팔대가문십선』에서는 소주小註로 처리되어 있다.

【비평자료】

1 「원도」는 『대학大學』을 끌어왔으나 정심성의正心誠意에만 그치고 격물치지格物致知에는 미치지 못하여 정자와 주자 두 분께서 그를 비판하셨다. 그러나 한유[退之]의 뜻을 가만히 헤아려보면 본래 불자와 노자가 자신의 마음을 다스리기만을 원하고 천하와 국가는 도외시하기 때문에 『대학』을 끌어와 예부터 마음을 다스리는 것은 천하와 국가를 다스리는 것을 밝히려고 한 것이다. 그러므로 설이 성의정심에는 미쳤고 진실로 격물치지를 갖출 여유가 없었던 것이다. 이런 부분은 주제가 있는 곳을 살펴야지 심하게 비판할 필요는 없다. 예를 들어 주자의 『대학혹문大學或問』에서도 "천하의 사람들로 하여금 각자 자신의 뜻을 정성스럽게 하고 각자 자신의 마음을 바로잡게 한다."[90]라고는 하였으나 격물치지는 말하지 않았는데, 어떤 사람이 그 이유를 묻자 주자朱子께서는 "진실로 성의정심誠意正心은 반드시 격치格致에 근본하니, 오직 각각 그 사물의 이치를 궁구하는 것만으로는 말이 되지 않는다. 그러므로 이같은 설에 그쳤던 것이다."라고 하셨으니 「원도」의 뜻은 아마도 이와 비슷하다. 예전에 이와 같은 것을 본 적이 있는데 최근에 본 『창려집주昌黎集註』와 『황씨일초黃氏日鈔』[91]에도 이러한 논의가 있었다. 그러나 나도 한유가 격물치지의 문의를 깨달았는지에 대해서는 과연 어떠한지 잘 모르겠다.

---

90 천하의……한다 : 『대학혹문大學或問』에 "천하의 사람들로 하여금 모두 그 덕을 밝히게 하고, 사람들이 모두 그 덕을 밝히게 되면 각각 자신의 뜻을 정성스럽게 하고, 자신의 마음을 바르게 하며, 각자 자신의 몸을 닦게 하고, 각자 자신의 친한 이를 친하게 하며, 각자 자신의 어른을 어른으로 섬기게 하고서 천하가 평안하지 않음이 없을 것이다[使天下之人皆有以明其明德也. 人皆有以明其明德, 則各誠其意, 各正其心, 各修其身, 各親其親, 各長其長, 而天下無不平矣.]."라고 한 부분에서 따온 말이다.

91 황씨일초黃氏日鈔 : 송나라의 학자인 황진黃震(1212~1280)이 편찬한 책으로 모두 97권으로 구성되어 있다. 경전 · 역사서 · 제자백가에 대한 황진의 학문적 견해가 담긴 책이다.

아마도 학문의 요점이 되어서 빠트려서는 안 되는 것임은 알지 못했던 것 같다.

原道, 引大學止於正心誠意, 而不及格物致知, 程子朱子皆譏之, 然竊詳退之之意, 本以佛老欲治其心而外天下國家, 故引大學以明古之治心者, 將以治天下國家, 蓋爲彼此相形. 故說到誠意正心, 固未暇備及於格物致知也. 此等處, 當看主意所存, 恐不必深譏, 如朱子大學或問亦云, 使天下之人, 各誠其意, 各正其心, 而不言格物致知, 或有問之者, 朱子曰, "固未有誠意正心不本於格致者, 但以各格其物, 不成語, 故止如此說耳." 原道之意, 恐亦類此, 舊嘗看得如此, 近讀昌黎集註黃氏日鈔, 亦有此論矣. 然余又疑退之認得格致文義, 果如何. 恐亦未必識其爲學問頭腦而不可闕耳.

金昌協(1651~1708), 「雜識 · 內篇」, 『農巖集』 卷32.

2 "原道"【그 뜻을 밝히는 것을 가리킨다.】 "孑孑"【외롭다는 뜻으로 노자의 무리는 한 부분만을 가지고 의로 여겼으니 그 온전한 것을 몰라서 이렇게 말한 것이다.】 "不如諸夏"【이 구절은 『논어』의 본뜻[92]과는 다르다.】 "得其情"【인정과 천리를 얻는 것이다.】

"原道"【指原其意也.】 "孑孑"【孤單之意, 只以一端爲義, 而不知其全故云.】 "不如諸夏"【此與論語本義不同.】 "得其情"【得於人情天理.】

李德弘(1541~1596), 「古文後集質疑」, 『艮齋先生續集』 卷4.

3 **윤근수** : "孔子沒【오】" 토를 빼는 것이 어떻겠습니까?

---

92 논어의 본뜻 : 『논어』 「팔일八佾」에 "오랑캐에게도 군주가 있으니, 중국에 없는 것과는 같지 않다[夷狄之有君, 不如諸夏之亡也.]."라고 한 부분을 가리킨다.

최립 : 【오】 토는 있어야 합니다.【권점 아래는 간이簡易의 대답이다. 아래도 같다.】

윤근수 : "敎之以相生養之道【하니】" 토를 【하야】로 하는 것이 어떻겠습니까?

최립 : 【하야】 토는 안 될 듯합니다. 말을 종합하여 아랫글을 펴는 것인데 말을 이어서는 안 됩니다.

윤근수 : "爲之城郭甲兵以守之" 다음에 【하며】 토를 【하야】로 바꾸는 것이 어떻겠습니까?

최립 : 【하야】는 안 됩니다. 해로움이 이르면 대비하고 환란이 생겨나면 방비하게 한 것도 한 단락을 범범하게 설정한 것입니다. "함께 살고 보살펴 주는 도를 가르치셨다."는 말로 먼저 제목을 세우고, "임금이 되고 스승이 되어" 이하는 조목을 나열하여 말한 것입니다. "옷을 짓게 하고, 음식을 먹게 하고, 궁실을 짓게 하고"의 경우는 각각 명목을 드러내어 한 단락을 이루었고, "해로움이 이르면 대비하고 환란이 생겨나면 방비하게 했다."는 부분에서는 명목을 드러내지 않았지만 역시 각각 절로 하나의 단락이 되니 문장을 생략하고자 한 것이지 갖추지 않은 것은 없습니다. 그러므로 "守之" 다음의 토로 【하야】는 붙일 수 없고 "爲之備", "爲之防"과 같이 뒤에 【하며】 토를 붙이는 것과 같이 하는 것은 괜찮습니다.

윤근수 : "帝之與王, 其號名殊, 其所以爲聖一也" 다음의 【니】 토를 【오】로 하는 것이 어떻겠습니까?

최립 : 열거하는 말이 아니니 【오】로 하면 안 됩니다. "3왕 5제가 그 호칭은 다르나 성聖이 되는 것은 똑같다."는 것이 한 부분이 되고, "갈옷을 입고 갖옷을 입으며 물을 마시고 음식을 먹는 것이 그 일은 다르나 지智가 되는 것은 똑같다."는 것이 한 부분이 됩니다. 뒤에 비유를 설정하여 앞의 말을 분명하게 하였으니 "爲聖一也" 다음의 토는 【니】를 붙여야 하고, 위 단락에서 "事其上者也"의 토가 【니】인 것과도 예가 비슷합니다.

윤근수 : "明先王之道以道之" 다음의 【고】와 "鰥寡孤獨廢疾者有養也" 다음의 【면】은 예전에 글을 읽을 때 "以道之" 다음에 【면】, "有養也" 다음에 【하니】였으니 이렇게 토를 달면 어떻겠습니까?
최립 : '敎'와 '養'은 섞어서 말할 수 없는 것입니다. "廬其居" 이상은 그들을 교화시켜 일반인으로 만든 뒤에야 일반인을 대하는 도로 그들을 대할 수 있는 것이니 한 번 가르치고 한 번 길러줌은 일반인을 대하는 도입니다. "明先王之道以道之"는 '敎'에 해당하고, "鰥寡孤獨廢疾者有養也"는 '養'에 해당하기 때문에 '敎'와 '養' 다음의 토는 섞어서 붙여서는 안 됩니다.

"孔子沒【五】", 吐欲去之, 如何?
○【五】吐宜有.【按圈下簡易答. 下同.】
"敎之以相生養之道【爲尼】", 吐欲作【爲也】, 如何?
○【爲也】 恐未安. 蓋總言以發下文, 而非連言之也.
"爲之城郭甲兵以守之【爲弥】", 吐欲作【爲也】, 如何?
○【爲也】 未安. 蓋備害防患, 亦自汎設一段, "敎之以相生養之道", 是先立題目, "爲之君爲之師"以下, 方是條列言之, 如"爲之衣爲之食爲之宮室", 各著名目作一段, "至害至而爲之備, 患生而爲之防", 不著名目而亦各自爲一段, 蓋欲省文而亦無所不該之事也, 故以"守之"吐不得著【爲】也, 而與爲之備爲之防一樣著【爲弥】 吐爲得.
"帝之與王, 其號名殊, 其所以爲聖一也【尼】", 吐欲作 五如何?
○自非列言, 作【五】 恐未安. "帝之與王, 其號名殊, 其所以爲聖一也", 此一脚也. "葛裘飮食, 其事殊, 所以爲智一也", 此一脚也. 只是設譬喩於後, 以明前語而已, 爲聖一也吐當着【尼】, 與上段以事其上者也之【尼】, 亦可比例.
"明先王之道以道之【古】, 鰥寡孤獨廢疾者有養也【面】", 曾讀作以"道之【面】, 有養也【爲尼】" 吐恐如此如何?

○恐'敎''養'不得混說. "廬其居"以上, 是化其人爲平人也. 然後可以待平人之道待之, 一敎一養, 乃待平人之道也. "明先王之道以道之", 屬'敎', "鰥寡孤獨廢疾者有養也", 屬'養', 故'敎''養'吐不得混着.

尹根壽(1537~1616), 「韓文吐釋上 · 原道」, 『月汀先生別集』 卷2.

4 선생(김창협)께서 『오자수언五子粹言』[93]을 초하셨는데, 이때에 어유봉魚有鳳[94]이 여쭙기를 "한유의 「원도」에서 첫 번째 구는 정자程子와 주자께서 병폐로 여긴 것인데 지금 수록하신 이유가 무엇입니까?"라고 하니 선생께서 "정자께서 그는 정精을 가리켜 성性이라고 한 잘못이 있다고 논하셨으나 사랑으로 인仁을 논하더라도 대체는 얻었으니 어떻게 버릴 수 있겠는가."라고 하셨다.

先生抄五子粹言, 時有鳳請曰, "韓子原道首句, 先儒以爲病, 而今錄之何如?" 先生曰, "程子固論其指情爲性之失, 而以愛論仁, 大體則得矣, 何可去也?"

魚有鳳(1651~1708), 「農巖先生語錄」, 『杞園集』 卷32.

5 한유[韓退之]가 「원도」를 지어 불자와 노자를 배척하며 그의 말에 "농가는 하나인데 곡식을 먹는 집안은 여섯이고, 기술자와 장사꾼 모두 그러

93 오자수언五子粹言 : 1737년 김창협이 5명의 중국학자들에 관하여 정리 편집한 책으로, 수록된 5인은 순경荀卿 · 동중서董仲舒 · 양웅楊雄 · 왕통王通 · 한유韓愈이다. 각 권마다 해당 인물의 전기를 요약한 「본전本傳」과 평소 언행 가운데 정수를 발췌하여 실었다.

94 어유봉魚有鳳 : 1672~1744. 자는 순서舜瑞, 호는 기원杞園, 본관은 함종咸從이다. 경종의 비인 선의왕후宣懿王后의 숙부이며 농암 김창협의 문인이다. 천거로 벼슬에 나아가 관직이 세자시강원 찬선世子侍講院贊善에 이르렀다. 성리학과 예학에 뛰어나 당대의 학자로 명망이 높았으며 낙론계洛論系의 일원이었다. 문집으로 『기원집杞園集』이 있다.

하다."라고 하였으니 이는 지엽적인 듯하다. 세도가 쇠하고 정사가 어지러워지자 편히 앉아서 먹기만 하고 겁박하여 빼앗아 먹으며 농사를 짓는 백성들에게 자리잡고 살거나 생업에 힘을 쓰지 못하게 하고, 게다가 자신들의 힘으로 낸 소출을 마음대로 먹지 못하게 하는 것이 불자나 노자와 무슨 상관이 있는가. 안타깝지만 한유의 설은 통론이 될 수 없다.

韓退之作原道, 以斥佛老, 其言曰, "農家一而食粟之家六, 工商皆然." 此似枝葉. 世衰政亂, 安坐而食, 威刼而奪, 使南畝之民, 不得奠居, 不得用力, 又不得自食其力之所出, 與佛老何干. 惜乎, 退之之說, 不得爲通論.

李瀷(1681~1763), 「異端」, 『星湖僿說』 卷14.

6 『대학』의 '격물치지'에서 물物은 다름 아닌 명덕明德과 신민新民이다. 인의도덕仁義道德은 모두 명덕의 일이고 예악형정禮樂刑政은 모두 신민의 일이다. 한유의 이 글은 모든 사람과 함께 근원을 찾고 말단을 열어 그 실체를 다하였다. 한나라 이후로 당나라에 이르기까지 초학자들은 대체로 널리 익히는 것에는 힘을 썼으나 그 근본을 궁구하지는 않았기 때문에 인의도덕의 실제를 자주 잃어버렸다. 그러나 인의는 가리킬 수 있고 도덕은 이름하기가 어렵기 때문에 도와 덕은 정해지지 않은 명칭이 되는 것이고, 정해지지 않은 명칭이기 때문에 도는 유추하지 않으면 명확해지지 못한다. 한유가 널리 사랑하는 것을 인仁이라고 한 것은 오로지 인의 용用을 가지고서 말한 것이고 상하와 표리를 관통하여 말한 것은 아니다. 한나라와 진나라 이래로 학자들이 가르침을 받은 스승이 하나가 아니었고 공용을 밝히지도 못했기 때문에 "말이 가리키는 것이 어찌 한 가지뿐이겠는가. 말이란 진실로 각각 마땅한 점이 있다."[95]라고

95 말이……있다 : 『예기禮記』 「제의祭義」에 "공자께서 말씀하시기를, '무릇 말이란

했던 것이다. 그러므로 경서를 전술한 글에서 '격물치지'를 언급하지 않은 것은, 전편의 실제가 모두 '격물치지' 따름인 것이다. 인의도덕의 뜻과 예약형정의 의義로부터 궁실·의복·곡식·직물까지는 모두 격물치지의 용이라고 할 수 있다. 격물치지라는 것은 몸으로 체득하고 일로 증험하는 것이다. 이것을 안다면 한유의 이 글은 격물치지의 공에 있어 대체를 알았던 것이다. 게다가 글을 짓는 법도로 보자면 허실이 서로 이어져 다시 격물치지를 끌어와서 정위正位를 차지하도록 하지 않은 것이니 어떻게 이런 이유로 이 글을 의심할 수 있겠는가.

大學格物致知, 物非他, 卽明德新民也. 仁義道德, 皆明德之事也, 禮樂刑政, 皆新民之事也. 韓子斯文, 與人溯原暢委, 以旣其實也. 自漢以後至於唐, 初學者多騖廣而不究其本, 是以仁義道德之寔, 往往失之. 然而仁義可指也, 道德難名也, 故曰道與德爲虛位, 惟其爲虛位, 故道非原不明也. 其曰博愛謂仁, 專以仁之用言之, 而未徹上下表裏言之者, 由漢晉以來, 學者承師之不一, 而功用之不覈也, 故曰, "言豈一端而已, 言固各有當也." 是以述聖經之文, 不及於格致, 蓋全篇之實際, 無非格致耳. 自仁義道德之旨禮樂刑政之義, 至於宮室·衣服·粟米·麻絲, 可謂盡格致之用矣. 格致者, 體於身驗於事而已矣. 知此則韓子斯文於格致之功, 思過半矣. 且卽以爲文之法, 虛實相乘, 亦不得復引格致, 以占正位也, 而豈得以是爲斯文疑哉?

金正喜(1786~1856), 「書韓文公原道後」, 『阮堂先生全集』 卷7.

7 「원도」에서 성의·정심만을 언급하고 격물은 언급하지 않은 것은 격물은 성의·정심·수신 등의 물리物理를 궁구한 것이지 성의·정심·수

것이 가리키는 뜻이 어찌 한 가지뿐이겠는가. 무릇 상황에 따라 각각 들어맞는 것이 있다[子曰, 夫言豈一端而已. 夫各有所當.]."라고 한 데에서 가져온 말로 보인다.

신 등의 이외에 별도의 특정한 요소가 되는 것은 아니다. 이 부분은 한유가 특별히 밝힌 부분이지 잘 몰랐던 것은 아니다.

原道只言及誠意 · 正心, 而不及於格物者, 以格物卽格誠意 · 正心 · 修身等之物理, 而非於誠意 · 正心 · 修身等之外, 別爲專門一位也. 此韓子特明處, 非疎也.

金澤榮(1850~1927), 「雜言」, 『韶濩堂集』 卷8.

피휘에 대해 변론하다

(모곤) 고금 이래로 이런 문장은 흔히 얻을 수 없다.

내가 진사 이하李賀[96]에게 편지를 보내 이하에게 진사시험에 응시하도록 권하였는데, 이하가 진사시에 응시하여 유명해졌다. 그러자 이하와 명예를 다투는 자가 이하를 헐뜯어 "이하의 부친 이름이 진숙晉肅이니 이하는 진사시에 응시하지 않는 것이 옳은데 그에게 응시하도록 권한 자의 잘못이다."라고 하였다. 이 말을 들은 사람들은 따지지도 않고 맞장구치며 다같이 같은 말을 하였다. 이에 황보식皇甫湜[97]이 "만약 이 일을 해명하지 않는다면 선생과 이하가 장차 죄를 얻게 될 것입니다."라고 하기에 내가 "그러하겠다."라고 하였다.

율법에 "두 글자 이름 중 한 글자를 쓰는 것은 피휘하지 않는다."라고 하였는데, 이를 해석하는 사람들이 "'징徵'을 말할 때 '재在'를 말하지 않고, '재在'를 말할 때 '징徵'을 말하지 않는 것이 이것이다."[98]라고

96 이하李賀 : 790~816. 당나라 때 시인으로 자는 장길長吉이다. 어려서부터 시에 뛰어나 이름이 났다. 저서에 『이하가시편李賀歌詩篇』 4권과 『외집外集』 1권이 전한다.

97 황보식皇甫湜 : 777~835. 당나라 사람으로 자는 지정持正이다. 일찍이 한유韓愈에게 고문古文을 배웠다. 이고李翺, 장적張籍과 이름을 나란히 했다. 한문대제자韓門大弟子 중의 한 사람이다.

98 징徵을……이것이다 : 공자의 어머니 이름이 징재徵在인데, 공자는 『논어論語』「팔일八佾」편에 "송부족징宋不足徵"이라 하였고, 「위령공衛靈公」 편에 "모재사某在斯"

하였다. 율법에 "이름자와 음이 같은 글자는 피휘하지 않는다."라고 하였는데, 이를 해석하는 사람들이 "'우禹'와 '우雨', '구丘'와 '구蓲' 같은 것이 이것이다."라고 하였다. 지금 이하의 부친 이름이 진숙晉肅인데, 이하가 진사시에 응시한 것이 이명율二名律을 어긴 것인가? 혐명률嫌名律을 어긴 것인가? 부친의 이름이 진숙晉肅이라 하여 아들이 진사시험에 응시할 수 없다면, 부친의 이름이 인仁인 사람의 아들은 사람[人]이 될 수 없다는 말인가?

대체 피휘는 언제 시작된 것인가? 법과 제도를 만들어 천하를 교화한 사람은 주공周公과 공자孔子가 아니셨던가? 주공은 시를 지으면서 피휘하지 않았고,[99] 공자도 두 글자 이름 중 한 글자를 쓰는 것을 피휘하지 않으셨으며, 『춘추』에서 혐명嫌名을 피휘하지 않은 것을 개의치 않으셨다. 주나라 강왕 소釗의 손자가 실제로 소왕昭王이 되었고, 증삼의 부친 이름이 석晳이었는데 증자는 '석昔'자를 피휘하지 않았다. 주나라 때에 기기騏期라는 사람이 있었고, 한나라 때에 두도杜度라는 사람이 있었으니, 그 아들들은 어떻게 피휘하는 것이 마땅한 것인가?[100] 장차 혐명을 피휘하려고 마침내 그 성姓까지 피휘해야 한단 말인가? 아니면 그 혐명을 피휘하지 않았을 것이다.

라고 하였으니, 공자도 두 글자 이름에 한 글자씩은 피휘하지 않았음을 말한다.

99 주공은……않았고 : 『시경詩經』「주송周頌」의 〈희희噫嘻〉·〈옹雍〉 두 편은 주공周公이 지은 것이라 하는데, 그 시詩에 "駿發爾私", "克昌厥後"란 두 구句가 있으니, 주공이 시를 지으면서 그 형인 무왕武王의 이름자인 '발發'과 그 아버지 이름자인 '창昌'을 피휘하지 않은 것이다

100 주나라……것인가 : 기기騏期는 성이 기騏이고 이름이 기期인데, 춘추시대 초楚나라 사람이다. 성과 이름이 동음이니, 그 아들이 혐명嫌名을 피휘하려면 성姓을 기騏라고 할 수 없으므로, "아들들이 어떻게 피휘하는 것이 마땅하였겠는가?"라고 한 것이다. 두도杜度는 성이 두杜이고 이름이 도度인데, 동한東漢 때 제국齊國의 승상이다. 두杜와 도度는 중국 음으로 소리가 같다.

한나라 때 무제武帝의 이름인 '철徹'자를 피휘하여 '통通'자로 썼으나, 거철車轍의 '철轍'자를 피휘한다고 다른 글자로 바꾸었다는 말은 듣지 못했고, 여후呂后의 이름인 '치雉'를 피휘하여 꿩을 '야계野雞'로 썼으나,[101] 치천하治天下의 '치治'자를 다른 글자로 바꾸었다는 말은 듣지 못하였다. 지금 위에 올리는 장章에서 아래로 내리는 소詔까지 모두 '호滸'·'세勢'·'병秉'·'기機' 등의 글자를 피휘한다는 말은 듣지 못하였다.[102]

그런데 오직 환관과 궁첩들만은 '유諭'와 '기機'를 감히 말하지 않고 있으며,[103] 그렇게 하면 휘법에 저촉된다고 여기고 있다. 선비와 군자가 말하고 일을 행함에 있어 무엇을 법으로 삼아 지켜야 마땅하겠는가? 지금 경전을 살펴 생각해보고 율법에 물어 따져보고 국가의 전적을 헤아려 보건대 이하가 진사시험에 응시한 것이 옳은 일인가? 옳지 못한 일인가?

부모를 섬기는 것이 증삼과 같다면 나무랄 만한 것이 없다고 할 것이고, 사람됨이 주공이나 공자 같다면 또한 더할 나위 없다고 할 수 있다. 오늘날의 선비들은 증삼·주공·공자의 행실을 행하고자 힘쓰지 않으면서, 부모의 이름을 피휘하는 것에는 증삼·주공·공자보다 뛰어나고자 힘쓰니, 역시 저들이 미혹되어 있음을 볼 수 있다.

---

101 여후呂后의……썼으나 : 여후呂后는 한 고조漢高祖 유방劉邦의 황후로 이름이 치雉이다. 그 이름을 피휘하기 위해 '치雉'를 '야계野雞'로 고쳤다.

102 호滸……못하였다 : '호滸'는 당 태조 이호李虎, '세勢'는 태종 이세민李世民, '병秉'은 세조 이병李昞, '기機'는 현종 이융기李隆基의 이름자와 발음이 같다. 이 때문에 피휘했다는 말은 듣지 못했다는 의미이다.

103 오직……있으며 : '유踰'와 '기機'는 당 대종唐代宗의 휘자인 예豫와 현종의 휘자인 융기隆基와 같은 음으로 이를 피휘하는 것을 말한다.

주공·공자·증삼도 끝내 뛰어넘지 못하는데, 피휘하는 일은 주공·공자·증삼을 뛰어넘어 환관과 궁첩과 같이 하려고 하니, 그렇다면 이는 환관·궁첩들이 어버이에게 효도하는 것이 주공·공자·증삼보다 낫다는 것인가?

(모곤) 이 문장은 반복됨이 특이하고 기이하여 지금 사람들을 어지럽게 할 만하지만 실제는 자신의 생각을 시원하게 드러낸 것이다. 전반부를 율·경·전 세 단락으로 구분하였고, 뒷부분은 앞에서 휘변한 것들을 포괄하였다. 단지 세 단락 가운데는 때때로 유격대가 나타난 것처럼 점철되었으니 사람을 어지럽게 하기에 충분하다.

諱辯

(茅坤) 古今以來, 如此文不可多得.

愈與進士李賀書, 勸賀擧進士, 賀擧進士有名. 與賀爭名者毁之曰, "賀父名晉肅, 賀不擧進士爲是, 勸之擧者爲非." 聽者不察也, 和而唱之, 同然一辭. 皇甫湜曰, "若不明白, 子與賀且得罪." 愈曰, "然."

律曰, "二名不偏諱", 釋之者曰, "謂若言徵不稱在, 言在不稱徵, 是也."律曰, "不諱嫌名", 釋之者曰, "謂若禹與雨, 丘與蓲之類, 是也." 今賀父名晉肅, 賀擧進士, 爲犯二名律乎, 爲犯嫌名律乎. 父名晉肅, 子不得擧進士, 若父名仁, 子不得爲人乎?

夫諱始於何時? 作法制以敎天下者, 非周公·孔子歟. 周公作詩不諱, 孔子不偏諱二名, 春秋不譏不諱嫌名. 康王釗之孫, 實爲昭王, 曾參之父名晳, 曾子不諱昔. 周之時有騏期, 漢之時有杜度, 此其子宜如何諱, 將諱其嫌, 遂諱其姓乎? 將不諱其嫌者乎.

漢諱武帝名徹爲通, 不聞又諱車轍之轍爲某字也, 諱呂后名雉爲野雞, 不聞又諱治天下之治爲某字也. 今上章及詔, 不聞諱滸勢秉機也.

惟宦官·宮妾乃不敢言諭及機, 以爲觸犯. 士君子言語行事宜何所法守也? 今考之於經, 質之於律, 稽之以國家之典, 賀擧進士爲可邪? 爲不可邪?

凡事父母得如曾參, 可以無譏矣, 作人得如周公·孔子亦可以止矣. 今世之士, 不務行曾參·周公·孔子之行, 而諱親之名, 則務勝於曾參·周公·孔子, 亦見其惑也.

夫周公·孔子·曾參, 卒不可勝, 勝周公·孔子·曾參, 乃比於宦官·宮妾, 則是宦官·宮妾之孝於其親, 賢於周公·孔子·曾參者耶?

(茅坤) 此文反復奇險, 今人眩掉, 實自顯快. 前分律, 經, 典三段, 後尾抱前辯難. 只因三段中, 時有遊兵點綴, 便足迷人.

【비평자료】

1 윤근수 : "將不諱其嫌者乎【저】" 혹은 "嫌者乎【阿】"로 읽기도 하는데, 어떤 토가 좋은지 모르겠습니다.
최립 : '고인이 이와 같은 경우에는 그렇게 하지 않을 수 없었을 것이다.' 라는 말이니, 【저底】 토가 옳은 듯합니다.
윤근수 : "勝周公孔子曾參, 乃比於宦者宮妾" : '曾參' 아래에는 마땅히 '하야' 토를 달아야 합니까?
○최립 : 아마도 그래야 할 것 같습니다. 그러나 토를 달지 않으면 안 되겠습니까? 저는 이와 같은 문세에는 점으로 끊고서 토를 달지 않는데, 어떤지 모르겠습니다.

"將不諱其嫌者乎【底】", 或讀作嫌者乎【阿】, 未知何吐爲長?
○將古人以如此而不得不然者乎,【底】 吐, 似是.
勝周公孔子曾參, 乃比於宦者宮妾, 曾參下當懸【爲也】吐耶?
○意似然, 然懸吐不可已耶.【豈】 於似此文勢處, 點絶而不懸吐, 未知如何.

尹根壽(1537~1616), 「韓文吐釋 上 · 諱辯」, 『月汀先生別集』 卷2.

2 오늘날 경전의 주해를 읽다 보면 번번히 본래 글자를 잘못 쓴 경우가 있으니, 잘못 베껴 쓴 것이 아니라 피휘하기 위해 대신 사용한 글자 때문에 잘못이 생긴 것이다. 피휘로 다른 글자를 대신 사용하는 것은 한나라·당나라 때부터 그러했는데 송나라 때에 이르러 더욱 얽매였으며 경서 풀이의 주석이 모두 송나라 때 이루어졌다. 때문에 그 본래 글자에 잘못이 생긴 경우가 더욱 심해졌으니 살피지 않을 수 없었다.

혹자가 그 까닭을 묻자 내가 다음과 같이 대답했다. "당나라 사람들은 두 글자 이름 중 한 글자를 쓰는 것을 피휘하지 않았습니다. 그러므로 조정의 문자가 아니라면 '세世' 자를 사용하고, '민民' 자를 사용함에 오히려 아무렇지 않았는데 한유의 글에서 '치治 자를 사용함에 이르러서는 피휘함에 일찍이 크게 얽매이지 않았다.'라고 하였는데 송나라 사람들은 태조 광윤匡胤의 이름 두 글자를 모두 피휘함에 그 잘못됨이 매우 심하였습니다. 인종仁宗이 '정禎' 자로 이름을 짓자 감히 '정貞' 자를 쓰지 못하였고, 신종神宗이 '욱頊' 자로 이름을 짓자 감히 '욱勖' 자도 쓰지 못하였으니, 그 잘못이 더욱 심해졌습니다.

호문정胡文定[104]은 일찍이 "피휘로 이름이 번거롭고 실제로 혼란스럽다."라고 『춘추전春秋傳』에서 개탄하며 말하였다. 혹자가 "그렇다면 주자는 성인인데, 어째서 인습을 따르고 고치지 않았는가?"라고 하였고, "당시 왕의 제도는 비록 성인이라도 어기지 못하였다. 그렇다면 끝내 고쳐서 바르게 하지 못하는 것인가?"라고 하였다. 내가 대답하기를 "주자가 진실로 이미 말씀하였다. 그는 『초사楚辭』에 대해 변증하기를 '이선李善[105]의 주註에서 '세世' 자를 '대代' 자로, '민民' 자를 '인人' 자로 고친 것은 당 태종의 이름을 피휘한 것이니 지금은 모두 고쳤다.' 라고 했고, 『한문고이韓文考異』[106] 에서 마찬가지로 '연淵' 자를 '천泉' 자로 피휘한 것이라고 해서 전례에 따라 원래대로 바로 잡았다. 이 두 가르침을 살펴보면, 주해 가운데 피휘하여 대신 사용한 글자는 별도

---

104 호문정胡文定 : 송나라의 문인 호안국胡安國(1074~1138)을 말한다. 자는 강후康侯, 호는 무이선생武夷先生, 시호는 문정文定이다. 정이천程伊川에게 사숙하고, 사양좌謝良佐 · 양시楊時 · 유작游酢과 교유하였다. 20여 년간 『춘추』를 정밀히 연구하고 『춘추호씨전春秋胡氏傳』을 저술하였다.

105 이선李善 : ?~?. 당나라 때 사람으로, 글상자[書簏]라는 별명이 붙을 정도로 박식하였다고 한다.

106 『한문고이韓文考異』 : 『한문韓文』은 한유의 시문으로, 주희가 여기에 제가諸家의 음석音釋을 붙여 고증한 책이다.

의 이유가 있어서이니, 마땅히 속히 본래의 글자로 고치는 것에 의심할 바가 없습니다. 명나라 영락永樂 중에 유신儒臣들이 『사서오경대전四書五經大全』을 편차할 때 앎이 여기까지 미치지 못해서 그대로 부득이한 흔적을 남겨두었는데, 지금의 학자들은 그 잘못을 인습해서 본래 글자를 알지 못하니 너무나 한탄스럽습니다."라고 하였다.

"송나라 유신들이 피휘로 대신 사용했던 글자들을 자세히 들어볼 수 있습니까?"라고 묻기에 나는 다음과 같이 대답하였다. "'홍弘'은 '홍洪'으로, '상商'은 '은殷'으로, '정正'은 '광匡'으로, '사嗣'는 '윤胤'으로, '면勉'은 '욱勖'으로, '항恒'은 '상常'으로, '정禎'은 '상祥'으로, '징徵'은 '증證'으로, '양讓'은 '손遜'으로, '현玄'은 '원元'으로 하였으며, '신愼'은 '근謹'으로, '순淳'은 '후厚'로, '확擴'은 '광廣'으로, '완完'은 '전全'으로 하는 것이 모두 이런 것들입니다. 지금 만일 고정考亭의 가르침에 의지해 잘못된 글자를 버리고 본래의 글자로 고친다면 글의 뜻을 터득하고 경서의 뜻도 분명해질 것입니다. 위에 있는 사람이 한번 깨우친다면, 바르게 돌아오는 것이 손바닥을 뒤집는 것과 같을 뿐이니 무슨 어려움이 있겠습니까."라고 하였다. 내가 사서를 읽다가 느낀 것이 있어 소견을 기록하여 한유의 「휘변」에 이어서 쓰노라.

今之讀經解, 往往失眞, 非字有誤寫也, 因避諱代用之字而失之也. 避諱代用, 自漢唐已然, 至宋尤拘, 而經訓箋註, 皆成於宋. 故其失眞爲尤甚, 不可不察. 或問其故, 余曰, "唐人, 二名不偏諱, 故非公家文字, 則用世用民, 猶得自若, 而韓文至用治字則避諱, 未嘗太拘也. 宋人偏諱太祖匡胤之二名, 其謬已甚. 至於諱仁宗之禎, 而不敢用貞, 諱神宗之頊, 而不敢用勖, 則其失愈遠.

胡文定嘗以"忌諱繁名實亂", 慨歎於春秋傳矣. 曰, "然則朱子聖人, 何以因循而不革乎?" 曰, "時王之制, 雖聖人, 亦不得而違也. 然則終不得改正乎?" 曰, "朱子固已言之矣. 於楚辭辨證曰, '李善註, 以世爲代, 以民爲人, 避唐諱也, 今皆改之.' 於韓文考異同以淵爲泉, 避諱也, 依例正之. 觀是二訓, 則凡註解中避諱代用之字在他, 當速還本無疑也. 大明永樂中, 儒臣編次四書五經大全, 而識不足以及此, 仍存其不得已之跡, 至今學者因襲其假, 不識其眞, 可勝歎哉."

曰, "宋儒避諱代用之字, 其詳可得聞歟?" 曰, "以弘代洪, 以商代殷, 以正代匡, 以嗣代胤, 以勉代勖, 恒以爲常, 禎以爲祥, 徵以爲證, 讓以爲遜, 以玄爲元, 以至愼之謹, 淳之厚, 擴之廣, 完之全, 皆是也. 今若依考亭之訓, 棄假還眞, 則文義得而經義明矣. 上之人一覺悟, 則反正猶反手耳, 何難之有?" 余讀四書而有感, 因著所見, 以續韓子諱辨云.

劉希慶(1545~1636), 「續諱辯」, 『眉巖先生集』 卷3.

3 「휘변」은 율법과 『시경詩經』, 주공·공자·증자와 당시에 피휘하지 않는 바와 환관·궁첩 등이 피휘하는 바를 가지고 근거로 삼은 것이고, "士君子" 이하 한 단락은 결론으로 삼은 것이다. "考之於經"은 『시경』에서 피휘하지 않는 바에 조응하고, "質之律"은 율법에 피휘하지 않는 바에 조응하고, "稽之於國家之典"은 지금 위에 올리는 장과 아래로 내리는 소에 피휘하지 않는 바에 조응해야 하니 주공·공자·증삼의 말과 환관·궁첩들의 말도 또한 위에서 말한 것을 반복한 것이다.

내가 일찍이 이덕집李德集을 만나 묻기를 "근래 무슨 책을 읽고 있습니까?"라고 하자 대답하기를 "이전에 문하에서 한유의 글을 배웠는데 많이 읽지 못해서 이제서야 읽고 있습니다."라고 하였다. "배운 것 외에 또 새로운 뜻이 발명할 만한 것이 있습니까?"라고 하자 "없습니다."라고 하였고, 잠시 뒤 "또한 어찌 발명할 만한 새로운 뜻이 있겠습니까?"라고 하였다. 잠시 뒤에 "「휘변」의 주공·공자 조에서 그러한 이유를 깨달은 것 같습니다."라고 하였다. 이미 이렇게 「휘변」에서 "부모의 이름을 피휘하는 것에 주공·공자보다 뛰어나길 힘쓰니 역시 저들이 미혹되어 있음을 볼 수 있다."라고 하였는데 그 아래 몇 가지 전어가 없다면 사람들이 장차 "한 자에도 짧은 것이 있을 수 있고, 한 마디에도 긴 것이 있을 수 있다"라고 하면서 부모의 이름을 피휘하는 것에 주공과 공자보다 뛰어나고자 힘쓰더라도 또한 불가한 것이 없다. 그러므로 마침내 「휘변」에 "(피휘하는 것에 있어) 주공을 뛰어넘어 환관·궁첩과 같이 하려고 하니 그렇다면 이는 환관·궁첩들의 효도가 주공과 공자보다 낫다는 것인가?"라고 한 것입니다. 제가 감히 어찌 다시 말할 것이 있겠습니까마는 깨달은 바가 이와 같을 뿐입니다. 「원도原道」[107]·「진학해進學解」[108]·「불골표佛骨表」[109] 등 같은 편을 오로지 수백 권 두루 정밀하게 읽어야 겨우 배운 것을 이해할 수 있을 것입니다.

諱辯以律與詩, 與周公·公子·曾子, 與今時之所不諱, 與宦官·宮妾等所諱爲據案, 自"士君子"以下一段爲決案. "考之於經", 應詩之所不諱, "質之律", 應律之所不諱, "稽之於國家之典", 應今上章及詔所不諱, 周公·孔子·曾參之說, 宦官·宮妾之說, 亦覆說上所云耳.

錫儆嘗見李德集, 以問之曰, "近讀何書?", 答曰, "前受韓文於門下, 而未及多讀, 今始讀之耳." 曰, "所受之外, 亦能發新義乎?", 曰, "未也." 已而曰, "亦豈有新義之可發者乎?" 已而曰, "於諱辯周公·孔子條悟其所以然者耳, 是旣." 曰, "諱親之名, 則務勝於周公·孔子, 亦見其惑也." 而無以下數轉語則人將曰, "尺有所短, 寸有所長" 諱親之名,

107 「원도原道」: 한유가 지은 것으로 유도儒道의 근본을 논구論究하고, 노불老佛 등 이단異端을 배척한 내용을 담고 있다.

108 「진학해進學解」: 한유가 지은 문장 이름으로 학문에 나아가는 태도를 비난함에 대해 해명한 글이다.

109 「불골표佛骨表」: 한유가 지은 것으로 819년 당 헌종憲宗이 불골佛骨을 궐내에 들이려고 하자 한유는 이에 반대하는 글을 지어 올렸다. 헌종은 이를 보고 노하여 한유를 조양潮陽의 자사刺史로 강등시켜 귀양을 보냈다.

務勝於周公·孔子, 亦烏乎不可." 故遂曰, "勝周公, 乃比宦妾, 則是宦妾之孝, 爲賢於周·孔者耶?" 盖俠人不敢更有言耳, 所悟犻此而已. 如原道·進學解·佛骨表等篇, 專精讀數百周, 僅能不迷所受耳.

安錫儆(1718~1774), 「諱辯」, 『雪橋藝學錄』 卷3.

4 한유의 「휘변」은 비방을 변론하기 위한 것이다. 그 문장이 크고 넓으며 기묘하고 뛰어나니, 비방하는 자들이 마땅히 분개하면서 절로 승복했을 것이다. 그러나 「휘변」에 "한나라 때 여후의 이름을 피휘하여 '치雉'를 '야계野鷄'로 바꾸었으나 또 치천하의 '치治'자를 어떤 글자로 바꾸었다는 것은 듣지 못했다."라고 한 것은 그럴싸한 변론이지만 유독 '치治'자는 당 고종의 이름임을 생각하지 않았는가? 이미 비방에 변론하는 글을 지었지만 도리어 선왕의 휘를 써 버렸으니 문인들이 살피고 점검하는 것에 소홀한 것이 이와 같다.

韓愈諱辯, 爲辯謗也. 其文宏肆奇傑, 謗者當懣然自服. 然其曰, "漢諱呂后名, 雉爲野鷄, 不聞又諱治天下之治爲某字."云者, 辯則辯矣, 獨不念治是唐高宗之名乎? 旣爲文辯謗而反犯先王之諱, 文人之疎於照檢, 如此.

趙瓛(1727~1787), 「漫錄」, 『荷棲集』 卷11.

5 우禹와 우雨, 구丘와 구區, 그리고 징徵을 말하고 재在를 말하는 것은 모두 출전이 『예기禮記』의 주注에 근본한 것이다. 그러나 한유는 실제로 경전에 서툴러 휘법에 대한 논박으로 인용한 것이 섭씨葉氏[110]의 말처럼

---

110 섭씨葉氏 : 송나라의 석림거사石林居士 섭몽득葉夢得(1077~1148)을 말한다. 송나라 오현吳縣 사람으로 자는 소온少蘊, 호는 석림石林이다. 휘종徽宗 때에 한림학사翰林學士·호부 상서戶部尙書 등을 역임하고, 뒤에 숭신군 절도사崇信軍節度使로

아주 심오한 데까지 미치지 못하였다. 섭몽득은 주례周禮의 「염인醢人」의 '창본昌本', 「소행인小行人」의 '발금發禁', 「대사악大司樂」[111]의 '풍송諷誦', 「지관地官」의 '송훈誦訓' 을 인용하였고, 또 시경의 "昌厥後駿", "克發爾私"라는 시를 인용하여 주공周公이 문무文武·성왕成王의 이름을 피휘하지 않은 것을 증명하였다. 또 『춘추』에 "동맹우유진후오졸同盟于幽陳侯午卒"이라고 한 것으로 공자가 장공莊公·양공襄公의 이름을[112] 피휘하지 않았음을 증명하였으니, 모두 한공이 수렴하지 못한 것이다.【섭씨의 말은 『서씨예고徐氏禮考』에 보인다.】

호·세·병·기를 말함에 자못 신경썼는데[113] 치천하治天下의 '치治'자는 어찌 유독 피휘하지 않았겠는가? 당나라 고종高宗은 본래 진왕晉王 치治였으니 혐명률도 안 되고 또 이명률도 안 되니 어떻게 피휘하지 않을 수 있겠는가? 경솔함이 너무도 심하다.

한 문공韓文公이 「모영전毛穎傳」[114]을 지어 "시초점[筮]을 쳐서 하늘과 인문人文의 조짐[兆]을 얻었다."라고 하였는데, 거북점[卜]을 치면 조짐[兆]을 얻고 시초점을 치면 괘卦를 얻는데, 시초점을 쳐서 조짐을 얻었다고 하였으니 이런 이치가 있겠는가? 문장에 뜻을 둔 자가 아름답게 꾸미기에 힘을 썼기 때문에 경전에 서투른 것이 번번이 이와 같았다.

치사하였다. 저서에는 『석림춘추전石林春秋傳』·『역전易傳』을 비롯하여 『석림사石林詞』·『석림연어石林燕語』 등 다수가 있다. 『宋史』 卷445 「葉夢得列傳」.

111 대사악大司樂 : 중국 주周나라 때 악관樂官의 장이다. 『주례周禮』에 따르면 주나라의 통치조직은 육관六官으로 이루어졌는데, 그 가운데 춘관春官은 그 장관이 대종백大宗伯으로 제사와 조빙 및 회합 등의 예의를 관장했고, 대사악은 이 춘관에 소속되어 있었다.

112 장공·양공의 이름을 : 장공莊公의 이름은 동同이고, 양공襄公의 이름은 오午이다.

113 호·세·병·기를……신경썼는데 : 호滸는 당 태조太祖의 휘 호虎자와 음이 같고, 세勢는 당 태종太宗의 휘 세민世民의 세世자와 음이 같다. 병秉은 당 대종代宗의 휘 병昞과 음이 같고, 기饑는 당 현종玄宗의 휘 융기隆基의 기基자와 음이 같다.

114 「모영전毛穎傳」 : 한유가 지은 전傳으로 모毛는 붓의 털이고, 영穎은 붓의 자루를 의미한다. 붓을 의인화하여 지은 작품이다. 가전체 문학의 기원으로 알려져 있다.

禹與雨丘與區, 言徵言在, 皆出典禮注, 有所本矣. 然韓公實疏於經典, 所引諱法之駁, 不及葉氏之說遠甚. 葉氏引醢人昌本·小行人發禁·大司樂諷誦·地官誦訓, 又引詩"克昌厥後", "駿發爾私"諸詩, 以證周公不諱文·武·成王之名. 又春秋曰, "同盟于幽, 陳侯午卒", 以證孔子不諱莊公·襄公之名, 皆韓公所未收也.【葉氏說見徐氏禮考.】

滸·勢·秉·饑, 說之頗謹, 而治天下之治, 胡獨不諱. 唐高宗本晉王治, 旣非嫌名, 又非二名, 何爲而不諱也? 疏率大矣.

韓文公作毛穎傳曰, "筮之得天與人文之兆." 卜則遇兆, 筮則遇卦, 筮而得兆, 有是理乎. 志在文章者, 漁獵爲務, 故其疎於經典, 往往如此.

丁若鏞(1762~1836), 「韓文公諱辨評」, 『茶山詩文集』 卷22.

스승에 대한 논설

(모곤) 한유韓愈[昌黎]가 당시 스승을 삼는 도를 펴서 후배들을 불러 모았기 때문에 이 글을 지어 스승의 모범을 주창하였다.

옛날 학자들에게는 반드시 스승이 있었으니, 스승은 도를 전하고 학업을 가르치고 의혹을 풀어주는 사람이다. 사람이 태어나면서 아는 자가 아니라면 누가 의혹이 없을 수 있겠는가. 의혹이 있으면서 스승을 따르지 않으면 그의 의혹이 끝내 풀리지 않는다. 나보다 먼저 태어나 그가 도를 들은 것이 본디 나보다 먼저라면 내가 따라가 그를 스승으로 삼고, 나보다 늦게 태어났더라도 그가 도를 들은 것이 또한 나보다 먼저라면 내가 따라가 그를 스승으로 삼을 것이다. 나는 도를 스승으로 삼으니 그가 태어난 해가 나보다 먼저인지 나중인지 어찌 따지겠는가? 이 때문에 귀함과 천함, 나이가 많고 적고에 상관없이 도가 있는 곳이면 스승이 있는 것이다.

아, 스승을 삼는 도가 전해지지 않음이 오래되었으니 사람들에게 의혹이 없기를 바라기가 어렵다. 옛날의 성인은 남들보다 훨씬 뛰어났는데도 스승을 따라가 물었는데, 오늘날의 보통 사람들은 성인보다 훨씬 모자라는데 스승에게 배우기를 부끄러워한다. 이 때문에 성인들은 더욱 훌륭해지고 어리석은 이들은 더욱 어리석어지니 성인이 성인이 되고 어리석은 이들이 어리석게 되는 까닭이 모두 여기에서 나오는 것이다.

자기 자식을 사랑하여 스승을 택해 그를 가르치게 하면서 자기 자신에 대해서는 스승을 삼기를 부끄러워하니 미혹된 것이다. 저 아이들의 스승은 책을 주고 구두나 익히게 하는 자이니, 내가 말한 바의 도를 전하고 의혹을 풀어주는 사람이 아니다. 구두를 알지 못하는 사람과 의혹을 풀지 못하는 사람에게 스승을 만들어 주기도 하고 만들어주지 않기도 해서 작은 것은 배우고 큰 것은 버려두니, 나는 그것이 현명한지 모르겠다.

무당과 의사, 악사와 온갖 공인들은 서로 스승 삼기를 부끄러워하지 않는데 사대부의 무리들은 스승이라 하고 제자라고 하는 자들을 모여서 비웃는다. 물어보면 "저 사람과 저 사람은 나이도 같고, 도 또한 서로 비슷하니 스승의 지위가 낮으면 부끄러워할 만하고 스승의 관직이 높으면 아첨에 가까운 것이다."라고 한다. 아, 스승을 삼는 도를 다시 알지 못하는구나. 무당과 의사, 악사와 온갖 공인들은 군자가 동류로 여기지 않는데 지금 그 지혜는 이들에게 도리어 미치지 못하니 이상하다.

성인은 일정한 스승이 없다. 공자께서는 담자郯子[115] · 장홍萇弘[116] · 사양師襄[117] · 이이李耳[老聃][118]을 스승으로 삼으셨는데 담자 등은 그

115 담자郯子 : ?~?. 춘추 시대 담郯나라의 임금으로 노나라에 조회하러 가서 고대의 벼슬 이름을 설명하자 공자가 그에게서 배웠다고 한다.

116 장홍萇弘 : 기원전 565?~기원전 492. 주周나라 경왕敬王 혹은 영왕靈王 때의 대부로, 공자가 그에게 음악에 대해 물었다고 한다.

117 사양師襄 : ?~?. 춘추 시대의 악사로 공자에게 거문고를 가르쳤다고 한다.

118 이이李耳[老聃] : 기원전 571?~기원전 470?. 이이李耳는 춘추 시대의 사상가 노자老子를 말하며, 노담老聃이라고도 한다. 공자가 주나라에 갔을 때 그에게 예에 대해 물었다고 한다.

훌륭함이 공자께 미치지 못하였다. 공자께서 말씀하시기를 "세 사람이 길을 가면 반드시 나의 스승이 있다."[119]라고 하셨으니, 때문에 제자들이 반드시 스승만 못해야 하는 것은 아니고, 스승이 반드시 제자보다 나아야 하는 것은 아니다. 도를 들음에는 선후가 있고 학술에는 전문 분야가 있으니 이와 같을 뿐이다.

이씨의 아들 반蟠은 17세에 고문을 좋아하고 육예의 경전을 모두 통달하고 익혔다. 시속에 구애받지 않고 나에게 배우니 나는 그가 옛 도를 행함을 훌륭하게 여겨 이 「사설師說」을 지어서 준다.

119 세……있다 : 『논어論語』 「술이述而」에 나오는 말로 "세 사람이 길을 갈 적에 반드시 나의 스승이 있으니, 그 사람의 좋은 점을 택하여 그 점을 따르고, 좋지 않은 점을 택하여 그 점을 고친다[三人行, 必有我師焉, 擇其善者而從之, 其不善者而改之.]."라고 하였다.

師說

(茅坤)昌黎當時抗師道以號召後輩, 故爲此以倡赤幟云.

古之學者必有師, 師者, 所以傳道授業解惑也. 人非生而知之者, 孰能無惑? 惑而不從師, 其爲惑也終不解矣. 生乎吾前, 其聞道也固先乎吾, 吾從而師之, 生乎吾後, 其聞道也亦先乎吾, 吾從而師之. 吾師道也, 夫庸知其年之先後生於吾乎? 是故無貴無賤, 無長無少, 道之所存, 師之所存也.

嗟乎! 師道之不傳也久矣, 欲人之無惑也難矣. 古之聖人, 其出人也遠矣, 猶且從師而問焉, 今之衆人, 其下聖人也亦遠矣, 而恥學於師. 是故聖益聖, 愚益愚, 聖人之所以爲聖, 愚人之所以爲愚, 其皆出於此乎.

愛其子, 擇師而敎之, 於其身也, 則恥師焉, 惑矣. 彼童子之師, 授之書而習其句讀者, 非吾所謂傳其道, 解其惑者也. 句讀之不知, 惑之不解, 或師焉, 或不焉, 小學而大遺, 吾未見其明也.

巫醫樂師百工之人, 不恥相師, 士大夫之族, 曰師曰弟子云者, 則群聚而笑之. 問之, 則曰, "彼與彼年相若也, 道相似也. 位卑則足羞, 官盛則近諛." 嗚呼! 師道之不復可知矣. 巫醫樂師百工之人, 君子不齒, 今其智乃反不能及, 其可怪也歟.

聖人無常師. 孔子師郯子·萇弘·師襄·老聃, 郯子之徒, 其賢不及孔子. 孔子曰, "三人行, 則必有我師." 是故弟子不必不如師, 師不必賢於弟子. 聞道有先後, 術業有專攻, 如是而已.

李氏子蟠, 年十七, 好古文, 六藝經傳, 皆通習之, 不拘於時, 學於余, 余嘉其能行古道, 作師說以貽之.

【비평자료】

1 **윤근수** : "則羣聚而笑之【하야】" 밑에 "問之"의 문장과 이어지니 【어든】이라고 해야 할 듯한데 어떻습니까?
최립 : "問之"에 토를 달지 않는 것은 또한 너무 자잘해지는 것을 피한 것입니다. "則羣聚而笑之"는 또한 서사가 아니니 【하야】토를 붙여야 합니다.

"則羣聚而笑之【爲也】" 下連"問之"之文, 似當作【於等】, 如何?
○"問之"不吐, 亦避太碎而已. "則羣聚而笑之"亦非敍事, 故當着【爲也】 吐.

尹根壽(1537~1616), 「韓文吐釋 上·師說」, 『月汀先生別集』 卷2.

2 한유가 「사설」을 지어 "기예를 가진 온갖 공인들은 서로 스승 삼기를 부끄러워하지 않는데 사대부의 무리들은 서로 스승을 삼지 않으면서 '스승의 지위가 낮으면 부끄러워할 만하고 스승의 관직이 높으면 아첨에 가까운 것이다.'라고 한다."라고 하였으니, 이는 시속을 안타까워한 말이다. 당나라 때에 있어서도 이미 이러했는데 하물며 지금은 어떻겠는가. 지금 어리석은 아이들은 '어魚' 자와 '노魯' 자를 구분하지 못하면서 선생과 어른을 업신여기며 스승을 따라 학문을 배우기를 부끄러워한다. 과거 공부나 조금 알면 스스로 충분하다고 여기니 멍청하고 어두워 지향하는 것을 전혀 알지 못하고 다시 자신을 위한 학문이 있음을 모르는 것이다. 세상의 도가 이와 같으니 사소한 일이 아니다.

韓退之作師說曰, "技藝百工之人, 不恥相師, 士大夫之族, 乃不相師, 以謂'位卑則足羞, 官盛則近諛.'" 此傷時之辭也. 在唐世已然, 況今日乎? 今癡騃之童, 不辨魚魯, 而視先生長者蔑如, 以從師受學爲恥. 粗解擧子業, 則自以爲足, 貿貿憒憒, 全昧向方, 不復知有爲己之學. 世道若此, 非細故也.

李睟光(1563~1628), 「師友」, 『芝峯類說』 卷15.

3 「사설」. 도를 전하고 학업을 가르치고 의혹을 풀어준다는 것은 한 편의 종지이니, 반복하여 변화를 주면서 한 편을 완성하였다. "古之學者必有師" 아래의 한 부분은 도를 전하고 학업을 가르치고 의혹을 풀어주는 것이고 "人非生而知之" 아래의 한 부분은 도를 전하지 않고 학업을 가르치지 않고 의혹을 풀어주지 않는 것이니, 두 부분을 합하면 한 편의 강령이 된다. 그 아래로 "生乎吾前其聞道也" 아래의 한 단락은 "古必有師" 부분을 부연 설명한 것이고 "嗟師道之不傳" 아래의 한 단락은 "人非生知" 부분을 부연 설명한 것이며, "古之聖人, 今之衆人" 한 단락은 위의 글을 합하여 맺은 것이다. "愛其子擇師而教之" 아래의 한 단락은 "人非生知" 부분에 조응하고, "聖人無常師以" 아래의 한 단락은 "古學有師" 부분에 조응하며, "李氏子蟠" 아래의 한 단락은 위의 글을 연결시킨 것이니, "不狗於時學於余"는 "古學有師"와 "人非生知" 부분에 양쪽으로 조응한다. 처음과 마지막 말에서 선후의 차례와 배치하고 이어붙이는 묘함을 글을 짓는 데에 익숙한 사람만이 알 것이다.

師說. 傳道授業解惑爲一篇宗旨. 反覆轉摺以成篇. "古之學者必有師"以下一條, 傳道授業解惑也, "人非生而知之"以下一條, 不傳不授不解也, 合兩條爲一篇綱領. 其下"生乎吾前其聞道也"以下一節, 申說"古必有師"條, "嗟師道之不傳"以下一節, 申說"人非生知"條, "古之聖人今之衆人"一節, 合結上文. "愛其子擇師而教之"以下一節, 應"人非生知"條, "聖人無常師"以下一節, 應"古學有師"條, "李氏子蟠"以下一節, 所以綴於上文者. 而"不狗於時學於余"者, 兩照"古學有師", "人非生知"條, 而蓋於兩端說先後之次, 排布裁接之妙, 惟熟於製文者, 當知之耳.

安錫儆(1718~1774), 「韓文摘解」, 『雪橋藝學錄』 卷3.

4 기묘년(1819년) 6월 1일 파평坡平의 윤종섭尹鍾燮은 목욕재계하고 편지를 써서 종암鍾巖 어른[120]의 문하에 재배의 예를 드립니다. 스승은 임금과 아버지를 모시는 도리에 해당하여 똑같이 섬겨야 하니 가볍지 않고 중함이 분명합니다. 삼대의 융성한 때에는 스승이 있어서 도가 행해지고 학문이 전해졌는데 한漢나라와 진晉나라 이후로는 스승이 없어져 도가 행해지지 않고 학문이 전해지지 않았습니다. 한유가 「사설」을 지어 유속流俗의 폐단을 징계하여 도를 전하고 의혹을 풀어주고자 하였습니다. 그러나 분란을 초래하고 모욕을 받는 것을 면치 못했으니 예로써 사제지간을 맺기가 어려운 듯합니다.

송宋나라가 융성함에 진유眞儒들이 배출되어 삼대의 학문을 계승하여 이에 사제의 예가 확립되어 천년의 도통이 전해져 세상에 다시 밝아졌습니다. 우리나라의 경우는 선생께서 율곡栗谷과 우암尤菴의 학문으로 낙건洛建[121]의 도통을 이어 사림들이 강산처럼 우러르고 조정에서는 징사徵士[122]로 대접하니 선비들은 그 문하에 들어가 모두 그 도를 전해 듣고 의혹을 풀 수 있었습니다.

저는 화주에서 나고 자라 일삼는 것이 공거문자公車文字[123]라 항상 스스로 안타깝게 여기며 "선비의 도는 여기에서 그치는 것이 아니니, 하늘이 사람을 내는 것이 어찌 우연이겠는가?"라고 하였습니다. 경전을 읽은 것이 수십 년인데 요령을 얻지 못하였습니다. 또 일어나 뉘우치며 "도가 있는 데 나아가 바르게 된 뒤에 사람다운 사람이 될 수 있다."라고 말하고 마침내 부친의 명으로 책상자를 짊어지고 이르렀습니다. 감히 삼대

---

120 종암鍾巖 어른 : 오희상吳熙常(1763~1833)을 말한다. 종암鍾巖에 별업이 있었기 때문에 종암 어른이라고 하였다.

121 낙건洛建 : 정주학程朱學을 말한다. 정자程子는 낙양洛陽에서 살고 주자朱子는 복건福建에서 살며 강학하였으므로 이렇게 말한 것이다.

122 징사徵士 : 조정에서 부름을 받은 학덕이 높은 선비를 말한다.

123 공거문자公車文字 : 응시應試나 응제應製, 소장疏章에 쓰이는 시문詩文들을 말한다.

의 스승과 제자의 예에 참여하지 못하더라도 만약 선생께 의지하여 저의 기질을 변화시킬 수 있다면 하늘이 사람을 내는 뜻을 저버리지 않을 것이니 선생께서 어떻게 생각하실지 모르겠습니다. 만약 문하에 있는 것을 물리치지 않으시고 저를 문하 제자의 반열에 두어주시면 몹시 다행이겠습니다. 떨리는 마음을 가누지 못하고 선생의 대답을 삼가 기다립니다.

己卯六月一日, 坡平尹鍾燮, 齋沐裁書, 請納再拜之禮于鍾巖函丈門下. 師居君父之倫而事之如一, 則不輕而重較然. 三代之隆, 師之所存而道行學傳, 漢晉以降, 師之所廢而道不行學不傳焉, 韓文公作師說, 懲流俗之弊, 而欲其傳道解惑也. 然未免召鬧取罵, 則師生之以禮盖難矣.

皇宋隆盛, 眞儒輩出, 接三代之學, 於是焉師生之禮立, 千歲道統之傳, 復明於世, 逮夫吾東, 先生以栗尤之學, 承洛建之統, 士林仰之以河嶽, 朝廷待之以徵士, 士有得其門而入, 皆可傳其道解其惑.

鍾燮生長和州, 所業者公車文字, 常自恨曰“士之道非止於是, 而天之生斯民也, 豈偶然而已哉?” 讀經傳數十年, 不得其要領. 又起而悔曰“就有道而正然後可以爲人, 遂以大人命.” 負笈而至, 玆不敢與乎三代師生之禮, 而若賴其賜變其質, 則不負天之所以生之意. 未知先生以爲如何. 若不以在門墻而揮之, 置我於門人弟子之列則幸甚. 無任戰越, 恭俟崇命.

尹鍾燮(1791~1870), 「上老洲吳先生書」, 『溫裕齋集』 卷3.

5 위魏·진晉·수隋·당唐 이래로 스승을 삼는 도가 더욱 낮아져 감히 존귀한 제왕에게 권하지 못할 뿐만 아니라 또한 감히 보통 사람들에게도 권하지 못하였다. 오직 한유가 분연히 후학들을 불러 모아 「사설」을 지었는데 세상은 마침내 미쳤다고 여겼다. 유종원柳宗元[柳子]은 스승의

이름을 더욱 피하여 촉 땅의 해와 월 땅의 눈[124]에 비유하는 데에 이르렀으니, 아! 그 또한 어렵구나. 내가 일찍이 그 일을 자세하게 생각해보았는데 세상에 참된 유자가 없음에서 말미암은 듯하다.

自魏·晉·隋·唐以來, 師道愈賤, 非徒不敢施之於帝王之尊, 亦不敢施於衆人, 獨韓文公奮然收召後學, 作師說, 世遂以爲狂, 柳子尤避師名, 至比蜀之日越之雪. 嗚呼! 其亦難矣. 余嘗審思其故, 蓋亦由於世之無眞儒也.

金允植(1835~1922), 「八家涉筆下」, 『雲養集』 卷15.

6 스승을 높이는 뜻은 한유의 「사설」에 갖추어져 있어 덧붙일 필요가 없다. 요즘 세상에도 남의 스승이 된 자들이 많은데 의사와 무당, 온갖 공인들은 굳이 논할 필요도 없고 경전과 문자를 가르치는 스승도 온 나라에 퍼져 있지만 어찌 모두가 도를 전하고 의혹을 풀어주는 자이겠는가? 구두를 가르치는 스승에 지나지 않는다. 내가 함산 고을을 보니 마을에 학당이 없는 곳이 없고, 학당에 스승이 없는 곳이 없는데, 스승이 된 자는 그 수를 헤아릴 수 없으나 구두를 잘 아는 자를 구하자면 또한 드문데 하물며 도를 전하고 의혹을 풀어주어 일제히 후생들의 존경을 받는 스승을 바라겠는가?

그 동안 한 사람을 얻었으니 전 주사主事 이기헌李基憲이다. 이군은 영리하고 순수하여 책을 읽음에 반드시 깊은 뜻을 궁구하고 입신立身함에 굳게 지키는 것이 있어서, 기문지학記問之學[125]이 아니니 담장에서 도를

124 촉……눈 : 유종원柳宗元의 「답위중립논사도서答韋中立論師道書」에 나온 말로, 한유가 「사설」을 지은 것이 당시의 사람들에게 촉 땅에 해가 나고 월 땅에 눈이 내리는 것만큼 괴이한 일로 여겨졌음을 말한 것이다.

125 기문지학記問之學 : 남의 질문에 답하기 위해 기억만 하고, 깊이 구하지 않는 학문이다. 『예기禮記』 「학기學記」에 "외워서 기억만 하는 학문으로는 남의 스승이

엿보는 데에 가까운 자일 것이다. 이 때문에 옷자락을 걷고 수업을 받는 자들이 책에 대한 대의를 듣고 학문에 대한 향방을 대략 알게 되었으니 저 우활하고 진부하여 구두나 가르치는 선생을 따르는 자들에 비하면 공이 만 배나 된다. 이에 그의 문도 한장숙韓章淑 등 십여 명이 동문의 계를 만들어 스승을 높이는 정성을 표하여 절목을 정하고 책자를 엮어 나에게 서문을 청하였다.

내가 말했다. "좋구나. 제자들이 스승을 높이는 것이 그 사람을 높이는 것이 아니라 그 도를 높이는구나. 따라서 스승이 있는 곳에 도가 있다고 하는 것이니 어찌 그 계의 이름을 '도를 높인다[隆道]'라고 하지 않겠는가? 또 무릎을 꿇고 안부를 묻는 예와 봉양하고 종사하는 일은 스승을 높인 문식이다. 오직 그 들은 바를 높이고 전수받은 것을 익혀 스승이 자신을 가르친 것을 저버리지 않은 뒤에야 이것이 곧 스승을 높이는 실제가 될 것이니 제자들은 힘쓰라. 옛 것을 익혀 새 것을 알며 스스로 터득해서 가까이에서 근원을 만나[126] 묻고 대답함에 다함이 없어야 한다. 우뚝하게 진실로 도를 전하고 의혹을 풀어주는 스승이 되는 것이 또 이군이 마땅히 더욱 힘써야 하는 것이다. 이로써 권면한다."

尊師之義, 備於韓文公師說, 不容贅也, 今之世亦多爲人師者矣, 醫巫百工之師, 固不必論, 經傳文字之師遍一國, 然豈皆傳道而解惑者乎? 不過曰句讀之師而已. 余觀咸山之鄕, 無村無塾, 無塾無師, 爲師者指

되기에 부족하고, 반드시 학생이 묻는 말을 잘 들어야 한다[記問之學不足以爲人師, 必也其聽語乎.]."라고 한 데서 온 말이다.

126 가까이에서 근원을 만나 : 자신과 가까운 곳에서도 이치의 근원을 찾을 수 있다는 의미이다. 『맹자孟子』「이루 하離婁下」에 "군자가 도리에 깊이 나아가는 것은 스스로 체득하려는 것이다. 스스로 체득하면 거기에 편안하고, 거기에 편안하면 응용할 것이 많고, 응용할 것이 많으면 몸의 좌우에서 취해 그 근원을 만날 수 있게 된다[君子深造之以道, 欲其自得之也, 自得之則居之安, 居之安則資之深, 資之深則取之左右, 逢其原.]."라고 한 데서 온 말이다.

不勝屈, 而求其能不錯句讀者亦鮮矣, 况望其能傳道解惑翕然爲後生之所尊信乎?

間得一人焉曰前主事李基纁. 李君穎悟純篤, 讀書必究奧旨, 立身確有操執, 其殆非記問之學, 而庶幾乎窺道之門墻者也. 以故摳衣而受業者, 於書得聞大義, 於學畧知嚮方, 與彼追隨於冬烘句讀之師者, 功相萬也. 於是其門徒韓章淑等十餘人, 設同門之契, 以表隆師之誠, 定節目修冊子, 請序於余.

余曰. "善哉! 諸生之隆師, 非隆其人也, 隆其道也. 故曰師之所存, 道之所存也, 盍名其契曰'隆道', 且拜跪候問之禮, 就養服勤之節, 乃隆師之文也? 惟尊其所聞, 習其所傳, 不負師之所以敎我者, 然後是乃爲隆師之實也, 諸生勉之, 至於溫故知新, 深造自得, 左右逢原, 叩應不竭. 卓然眞爲傳道解惑之師, 又李君之所當加勉也, 願以是諗之."

申箕善(1851~1909), 「隆道契序」, 『陽園遺集』 卷8.

중승中丞 장순張巡[127]의 전에 대한 후서

(모곤) 이 글 전체의 구와 글자, 기세가 모두 사마천[太史公]의 정수이고 한유의 본색이 아니다. 오늘날의 서화가들도 남의 서화를 본뜨다가 그 서화의 해법을 터득한 자가 있으니, 여기에서 바로 한유가 이르지 못하는 곳이 없음을 알 수 있다.

원화元和 2년(807년) 4월 13일 밤에 나는 오군吳郡 사람 장적張籍[128]과 집안의 오래된 글들을 읽다가 이한李翰[129]이 쓴 「장순전張巡傳」을 발견하였다. 이한은 문장으로 절로 이름이 났는데 이 전은 내용이 꽤나 상세하였다. 그러나 여전히 빠진 부분이 있는 것을 아쉬워하였는데 이한이 허원許遠[130]을 위해 전을 써주지 않은 것과 뇌만춘雷萬春[131]

127 장순張巡[張中丞] : 당나라 현종 때의 충신으로 숙종肅宗 지덕至德 2년(757) 어사중승御史中丞에 임명되었기 때문에 장중승이라고 한 것이다. 안녹산安祿山이 반란을 일으키자 이를 토벌하기 위해 허원許遠과 함께 각지에서 반란군을 격파했다. 그러나 수양성睢陽城을 사수하며 싸우다가 결국 패하여 태수인 허원과 함께 자결하였다.

128 장적張籍 : 766~830. 당나라의 시인으로 자는 문창文昌이며 강소성 소주蘇州 사람이다. 한유가 추천하여 장안 진사長安進士에 급제하였다. 국자 사업國子司業 등을 지냈고, 시에 능하여 악부시로 이름이 났다. 저서로 『장사업집張司業集』이 전한다.

129 이한李翰 : ?~?. 당나라의 시인으로 이화李華의 아들이다. 진사 출신으로 천보 연간에 양적陽翟에 우거할 때에 한림학사에 누차 천거되었다. 만년에 양적에 거처하며 늘 황보증皇甫曾에게 악기를 빌려 혼자 즐겼다.

130 허원許遠 : 709~757. 장순과 함께 안녹산의 난 당시 반란군을 격파하였다. 수양성

일의 전말을 싣지 못했기 때문이었다. 허원은 비록 재능이 장순만 못한 듯했지만 성문을 열어 장순을 받아들였고, 지위는 본래 장순보다 윗자리였으나 권한을 그에게 주어 아랫자리에 처하면서도 의심하거나 시기하지 않았고 끝내 장순과 함께 성을 지키다가 죽어 공명을 이루었다. 성이 함락되고 포로로 잡혀 허원의 죽음과 장순의 죽음은 선후의 차이뿐이었는데 두 집안의 자제들의 재능과 지혜가 떨어져 두 아버지의 뜻을 잘 알지 못하고 장순은 죽었으나 허원은 포로가 되었다고 여겨 허원이 죽음을 두려워하여 적에게 투항하였다고 의심하였다. 허원이 진정으로 죽음을 두려워했다면 지척의 좁은 땅을 고생스럽게 지키며 아끼는 사람의 살을 병사들에게 먹이며 적과 맞서고 어찌 투항하지 않았는가?

당시 수양성睢陽城[132]이 적에게 포위되었을 때 외부에서 손톱만큼의 원조도 없었지만 충성을 다하고자 한 것은 나라와 황제뿐이었다. 그런데 적이 너희 나라는 망했고 너희 황제는 죽었다고 말하니 허원은 원군이 오지 않고 외려 적군은 더욱 많아진 것을 보고는 필시 그 말을 믿게 되었고, 외부로 원군을 기대하지 않으면서 오히려 죽음을 각오하고 지키며 사람들이 서로를 잡아먹어 그마저도 다 떨어졌으니 비록 어리석은 사람이라도 며칠 내에 죽게 될 것을 알았을 것이다. 그렇다

의 태수로 있으며 싸웠으나 결국 패하자 장순과 함께 자결하였다.

131 뇌만춘雷萬春 : ?~757. 장순의 낭장郎將이다. 안녹산의 장수인 영호조令狐潮가 옹구雍丘를 포위했을 때 뇌만춘이 성 위에서 영호조와 이야기를 나누고 있었는데, 적이 쇠뇌를 쏘아 얼굴에 화살 여섯 발을 맞았으나 꼼짝하지 않았다. 영호조는 처음에 나무 인형인 줄 알았으나, 염탐하여 뇌만춘임을 알고는 크게 놀랐다고 한다. 『資治通鑑綱目』 卷44.

132 수양성睢陽城 : 현재現在의 하남성河南省 상구시商丘市의 남쪽에 있다. 안녹산의 난에 수양성 태수 허원이 여기서 적장 윤자기尹子奇를 막았으나, 성이 함락되어 잡혀 죽었다.

면 허원이 죽음을 두려워하지 않은 것이 분명하다. 어찌 성이 함락되어 그의 병사들이 모두 죽었는데 홀로 치욕을 무릅쓰고 살기를 바랐겠는가. 이는 몹시 어리석은 자라도 차마 하지 않는 짓이다. 아, 뛰어난 사람이었던 허원이 그런 짓을 했겠는가.

이 일에 대해 이야기하는 자들이 또 "허원이 장순과 성을 나누어 지켰는데 성이 함락된 것은 허원이 지킨 곳에서 비롯하였다."라고 하여 이를 가지고 허원을 비방하였으니 이 또한 어린아이들의 견해와 다를 것이 없다. 사람이 죽음을 앞두었을 때는 그 오장육부 중에 반드시 먼저 병이 드는 부분이 있고, 새끼줄을 가져다가 끊을 때에도 반드시 끊어지는 곳이 있는데 보는 사람이 그러한 모습을 보고 이를 따라 비방하니 그 또한 이치를 이해하지 못한 것이다. 소인들이 비방하기를 좋아하면서 남의 훌륭함을 이뤄주는 것을 즐기지 않는 것이 이와 같구나.

장순와 허원의 성취가 이처럼 훌륭한데도 오히려 비방을 면치 못하니 다른 사람들에 있어서는 또 무슨 말을 하겠는가. 두 공이 처음 성을 지킬 때에 어찌 남들이 끝내 구원해주지 않을 것을 알고서 성을 버린 채 미리 도망칠 수 있었겠는가. 만약 그곳을 지키지 못한다면 다른 곳으로 도망친다고 한들 무슨 보탬이 됐겠는가. 그들이 구원받을 수 없게 되고 더구나 군량이 다 떨어지는 상황에 이르러 상처를 입고 굶주린 병사들을 데리고 도망치고자 했더라도 분명 할 수 없었을 것이다. 당시 분명 두 공에게 큰 군으로 도망가 지켜야 하지 수양성 같은 작은 읍을 지키면서 스스로를 곤경에 빠트려서는 안 된다고 설득한 자가 있었을 것이다.[133]

133 당시……것이다 : 이 부분은 김창협이 비평한 내용으로, 『팔대가문십선』에서는 소주小註로 처리되어 있다.

뛰어난 두 공의 계책이 정밀하여 성 하나를 지켜서 천하를 지키고 천 명, 백 명의 다 죽어가는 병사를 데리고 날로 불어나는 백만 명의 군대와 전투를 벌여 강회江淮를 가로막고 그들의 기세를 저지하였으니 천하가 망하지 않은 것은 그 누구의 공로인가. 당시에 성을 버리고 살기를 도모한 자가 한둘이 아니었고 강한 군대를 지휘하면서도 좌시했던 자들도 주변에 있었는데 이들은 추궁하지도 않고 죽음으로 지킨 두 공만을 따지고 드니, 또한 그들 스스로 역적에 가까워져 근거 없는 말을 만들어서 역적을 도와 공격한 꼴임을 알겠다.

내가 예전에 변주汴州와 서주徐州 두 부에서 막료로 있을 때에 두 부를 자주 오가며 '쌍묘'라고 하는 곳에서 직접 제사를 지냈다. 그곳의 노인들이 자주 장순과 허원의 일을 말해주었다. "남제운南霽雲[134]이 하란진명賀蘭進明[賀蘭][135]에게 구원을 요청하였는데 하란이 장순과 허원의 명성과 공적이 자신보다 뛰어난 것을 시기하여 병사를 내어 구원하지 않았지만 남제운의 용맹과 굳셈은 아껴서 그의 말을 들어 주지 않고 억지로 머물게 하여 음식과 음악을 갖추고 남제운을 불러다 앉혔다. 남제운이 버럭하며 '제가 여기 왔을 때에 수양성의 사람들이 한 달 남짓 먹지를 못 했으니 저 홀로 먹고자 하더라도 의리상 차마 할 수 없는 일이고, 먹더라도 또한 목구멍으로 내려가지 않을 것입니다.' 라고 말하며 차고 있던 칼을 뽑아 손가락 하나를 잘라내자 피가 낭자하였는데 이를 하란에게 보여주니 자리의 모든 사람들이 몹시 놀라

134 남제운南霽雲 : 712~757. 당나라 장수이다. 말타기와 활쏘기에 능하여 안녹산의 반란을 평정하는 데에 공을 세웠으나 757년 수양성에서 장순, 허원과 함께 반란군에게 피살되었다. 별명이 남팔南八이다.

135 하란진명賀蘭進明[賀蘭] : ?~?. 당나라의 장수로 선비족 출신이다. 안녹산의 난 때 임회 절도사臨淮節度使로 있으면서 수양성에서 고군분투하여 싸우던 장순의 명성을 시기하여 구하러 가지 않았는데, 장순은 결국 싸우다 순절하였다.

감격하여 남제운을 위해 눈물을 흘렸다. 남제운은 하란이 끝내 자신을 위해 병사를 내어줄 뜻이 없음을 알고 즉시 말을 타고 떠나 성을 나서려 할 때에 화살을 뽑아 불사의 부도를 향해 쏘자 화살이 위쪽 벽돌에 반쯤 박혔는데 '내 돌아가 적들을 격파하고 반드시 하란을 멸하리라. 이 화살이 나의 의지이다.'라고 하였다."

내가 정원貞元[136] 연간에 사주泗州를 지날 적에 배에 탄 사람들 모두가 가리키며 그 이야기를 하였다. 성이 함락되고 적들이 칼로 장순에게 항복하라고 협박했으나 장순이 굴복하지 않자 즉시 끌고 가서 참수하려 하였고, 남제운을 투항케 하였는데 남제운이 대꾸하지 않았다. 장순이 남제운에게 소리치며 "남팔아, 남아가 죽더라도 의롭지 않은 일로 굴복해서는 안 된다!"라고 말하니 남제운이 웃으며 "앞으로 큰 일을 하고자 하였는데 공께서 그렇게 말씀하시니 제가 감히 죽지 않을 수 있겠습니까."라고 하고는 굴복하지 않았다.

장적이 다음과 같이 말했다. "우숭于嵩이라는 자가 있어서 장순에게 어릴 적부터 의지하였고 장순이 병사를 일으켰을 때에 우숭이 늘 장순 곁에 있었다. 내가 대력大曆[137] 연간에 화주和州 오강현烏江縣에서 우숭을 보았는데 우숭이 이때 나이가 60여 세였다. 장순의 일로 처음에 임환 현위臨渙縣尉가 되었을 때 학문을 좋아하여 읽지 않은 책이 없었다. 내가 이때 아직 어려서 장순과 허원의 일을 대강 물어보았을 뿐이고 세세하게 묻지는 못했다.

우숭이 다음과 같이 말하였다. '장순은 키가 7여 척이었고 수염은 신선과 같았다. 한 번은 내가 『한서漢書』를 읽는 것을 보고는 우숭에게 「어째서 오래도록 이 책을 읽는가?」라고 묻자 내가 「아직 익숙히

136 정원貞元 : 당나라 덕종德宗의 연호로, 785년~805년에 해당한다.
137 대력大曆 : 당나라 대종代宗의 연호로, 766년~779년에 해당한다.

알지 못합니다.」라고 하였다. 장순이 「나는 책을 읽을 때 세 번을 넘기지 않았지만 죽을 때까지 까먹지 않았다.」라고 하고 인하여 내가 읽고 있는 책을 암송하니 책 끝까지 한 글자도 틀린 게 없었다. 내가 놀라 장순은 이 책에만 우연히 익숙한 것이라고 여겨 아무렇게나 다른 권을 가져와 시험해보니 모두 끝까지 틀리지 않았다. 내가 또다시 서가에 있는 다른 책을 가져다가 장순에게 한번 물으니 장순이 응하여 의심할 나위 없이 송독하였다. 내가 장순을 오래도록 따랐어도 장순이 늘 독서하는 것은 보지 못하였는데 문장을 지음에 지필을 가지고 곧장 글을 썼고 초고를 쓴 적이 없었다.

처음 수양성을 지킬 때 사졸들이 만 명 정도 되었고 성에 사는 사람도 수만 명이었는데 장순이 한 번 보고 성명을 물으면 그 뒤로는 기억하지 못하는 사람이 없었다. 장순이 노할 때마다 수염이 뻗쳤다. 성이 함락됨에 적이 장순 등 수십 명을 포박하여 앉히고 곧 죽이려 할 때에, 장순이 일어나서 오줌을 누니 그의 부하들은 장순이 일어난 것을 보고 일어나거나 눈물을 흘렸는데 장순이 「너희들은 두려워하지 말라. 죽음은 천명이다.」라고 하니 부하들이 울며 올려다보지 못하였다. 장순이 죽음을 앞두었을 때 안색은 흐트러짐이 없었고 평상시처럼 평온하였다. 허원은 관후하고 점잖은 자라서 모습이 그의 마음과 같았다. 장순과 같은 해에 태어났으나 월일이 장순보다 늦었기 때문에 장순을 형이라고 불렀다. 죽을 때에 나이가 49세였다.'

우승은 정원 초년에 박주亳州와 송주宋州 사이에서 죽었다. 우승이 박주와 송주 사이에 있는 전지를 소유하였는데 무인武人이 빼앗아 소유하자 우승이 주에 가서 송사를 벌이려다가 죽임을 당했다고도 전한다. 우승은 자식이 없었다." 장적이 위와 같이 말해주었다.

張中丞傳後敍

(茅坤) 通篇句字氣皆太史公髓, 非昌黎本色. 今書畫家亦有效人而得其解者, 此正見其無不可處.

元和二年四月十三日夜, 愈與吳郡張籍閱家中舊書, 得李翰所爲張巡傳. 翰以文章自名, 爲此傳頗詳密, 然尚恨有闕者, 不爲許遠立傳, 又不載雷萬春事首尾. 遠雖材若不及巡者, 開門納巡, 位本在巡上, 授之柄而處其下, 無所疑忌, 竟與巡俱守死, 成功名. 城陷而虜, 與巡死先後異耳, 兩家子弟材智下, 不能通知二父志, 以爲巡死而遠就虜, 疑畏死而辭服於賊. 遠誠畏死, 何苦守尺寸之地, 食其所愛之肉, 以與賊抗而不降乎?

當其圍守時, 外無蚍蜉蟻子之援, 所欲忠者, 國與主耳, 而賊語以國亡主滅. 遠見救援不至, 而賊來益衆, 必以其言爲信, 外無待而猶死守, 人相食且盡, 雖愚人亦能數日而知死處矣. 遠之不畏死亦明矣. 烏有城壞其徒俱死, 獨蒙媿恥求活? 雖至愚者, 不忍爲. 嗚呼! 而謂遠之賢而爲之邪.

說者又謂, "遠與巡分城而守, 城之陷, 自遠所分始." 以此詬遠, 此又與兒童之見無異. 人之將死, 其臟腑必有先受其病者, 引繩而絶之, 其絶必有處, 觀者見其然, 從而尤之, 其亦不達於理矣. 小人之好議論, 不樂成人之美, 如是哉.

如巡遠之所成就, 如此卓卓, 猶不得免, 其他則又何說? 當二公之初守也, 寧能知人之卒不救, 棄城而逆遁? 苟此不能守, 雖避之他處何益? 及其無救而且窮也, 將其創殘餓羸之餘, 雖欲去, 必不達. 當時必有謂, 二公當去之大郡而守之, 不當守睢陽小邑以自困者.[138]

二公之賢, 其講之精矣, 守一城, 捍天下, 以千百就盡之卒, 戰百萬日滋之師, 蔽遮江淮, 沮遏其勢, 天下之不亡, 其誰之功也? 當是時, 棄城而圖存者, 不可一二數, 擅強兵, 坐而觀者, 相環也, 不追議此, 而責二公以死守, 亦見其自比於逆亂, 設淫辭而助之攻也.

愈嘗從事於汴徐二府, 屢道於兩府間, 親祭於其所謂雙廟者. 其老人往往說巡遠時事云, "南霽雲之乞救於賀蘭也, 賀蘭嫉巡遠之聲威功績出己上, 不肯出師救, 愛霽雲之勇且壯, 不聽其語, 強留之, 具食與樂, 延霽雲坐. 霽雲慷慨語曰, '雲來時, 睢陽之人, 不食月餘日矣, 雲雖欲獨食, 義不忍, 雖食, 且不下咽.' 因拔所佩刀, 斷一指, 血淋漓, 以示賀蘭, 一座大驚, 皆感激爲雲泣下. 雲知賀蘭終無爲雲出師意, 卽馳去, 將出城, 抽矢射佛寺浮圖, 矢著其上甎半箭, 曰, '吾歸破賊, 必滅賀蘭. 此矢所以志也.'"

愈貞元中過泗州, 船上人猶指以相語. 城陷, 賊以刃脅降巡, 巡不屈, 卽牽去, 將斬之, 又降霽雲, 雲未應. 巡呼雲曰, "南八, 男兒死耳, 不可爲不義屈." 雲笑曰, "欲將以有爲也, 公有言, 雲敢不死?" 卽不屈.

張籍曰, "有于嵩者, 少依於巡, 及巡起事, 嵩常在圍中. 籍大曆中, 於和州烏江縣見嵩, 嵩時年六十餘矣. 以巡初嘗得臨渙縣尉, 好學無所不讀. 籍時尙小, 粗問巡遠事, 不能細也.

云, '巡長七尺餘, 鬚髥若神. 嘗見嵩讀漢書, 謂嵩曰, 「何爲久讀此?」 嵩曰, 「未熟也.」 巡曰, 「吾於書, 讀不過三徧, 終身不忘也.」 因

---

138 當時必有謂……不當守睢陽小邑以自困者 : 이 부분은 김창협이 비평한 내용으로, 『팔대가문십선』에서는 소주小註로 처리되어 있다.

誦嵩所讀書, 盡卷不錯一字. 嵩驚, 以爲巡偶熟此卷, 因亂抽他帙以試, 無不盡然. 嵩又取架上諸書, 試以問巡, 巡應口誦無疑. 嵩從巡久, 亦不見巡常讀書也, 爲文章, 操紙筆立書, 未嘗起草.

初守睢陽時, 士卒僅萬人, 城中居人戶亦且數萬, 巡因一見問姓名, 其後無不識者. 巡怒, 鬚髯輒張. 及城陷, 賊縛巡等數十人坐, 且將戮, 巡起旋, 其衆見巡起, 或起或泣, 巡曰, 「汝勿怖. 死, 命也.」衆泣不能仰視. 巡就戮時, 顔色不亂, 陽陽如平常. 遠, 寬厚長者, 貌如其心. 與巡同年生, 月日後於巡, 呼巡爲兄. 死時年四十九.'

嵩貞元初死於亳宋間. 或傳嵩有田在亳宋間, 武人奪而有之, 嵩將詣州訟理, 爲所殺. 嵩無子." 張籍云.

【비평자료】

1 한유의 글 가운데 「장중승전후서」는 서사가 몹시 복잡하다. "南霽雲乞救"부터 "所以志也"까지의 이 단락은 노인의 말이고 그 아래에 삽입된 "貞元中" 한 단락은 이 또한 한유 자신이 예전에 목격한 것을 서술하여 증명한 것이고, 그 아래에 또 "城陷"으로 이은 한 단락은 또 노인의 말이다. "巡長七尺餘"부터 "年四十九"까지 이 한 단락은 모두 장적이 우숭의 말을 서술한 것인데 "嵩貞元初" 이하로는 다시 장적 스스로 말한 것이다. 그러므로 '張籍云' 세 글자로 끝맺었다. 그렇지 않다면 간혹 누구의 말인지 알 수가 없었을 것이다. 이는 단락에 따라 서술이 뒤섞여 튀어나오지만 모두 지극한 법도가 있으니 바로 사마천의 『사기』와 반고의 『한서』의 오묘한 부분으로 후대의 사람들은 참고하여 궁구해야 한다. 글 가운데 "城陷" 한 단락은 독자들이 가장 쉽게 헷갈리는 부분인데 예전에 우암尤菴 어르신[尤翁]을 뵈었을 때 이 부분은 노인의 말이 되어야 한다고 하셨는데 과연 그러하였다.

韓文張中丞傳後敍, 敍事極錯落, 自"南霽雲乞救"至"所以志也"此一段, 乃老人所說, 而其下插入"貞元中"一段, 此又韓公自述其所嘗目見以證之, 其下又接以城陷一段, 則亦老人語也. 自"巡長七尺餘"至"年四十九"此一段, 皆張籍所述于嵩語, 而"嵩貞元初"以下, 又張籍自言. 故結之以'張籍云'三字. 不然則或不知爲何人語矣. 凡此逐段敍述, 錯出互見, 而皆有至法, 正是史漢妙處, 後人所當參究. 其中"城陷"一段, 讀者最易蹉過, 曾見尤翁云此當爲老人說, 誠然.

金昌協, 「雜識·外篇」, 『農巖集』 卷34.

2 윤근수 : "其徒俱死【어늘】" 예전에 읽으며 【어든】으로 하였는데 어떻습니까?

최립 : 바꿔서는 안 될 듯합니다.

윤근수 : "抽矢射佛寺浮圖 矢著其上 甎半箭【고】" : 예전에 읽으며 '抽矢射佛寺浮圖【하니】 矢著其上甎【이】 半箭【이러라】'로 하였는데 이 토는 어떻습니까? "矢著其上甎半箭"에서 '上' 자는 구를 떼어야 합니까? '上甎'으로 볼 수 없다면 그 문의는 과연 어떤 의미입니까?

최립 : 화살이 부도 위에 박히고 그 벽돌에 화살이 박힌 것이 화살의 절반이라는 것을 말합니다. 따라서 '上甎'으로 볼 수 없을 듯하기에 고쳐서는 안 되겠습니다.

윤근수 : "汝勿怖死【하라】 命也【라하니】" "汝勿怖【하라】 死【이】 命也【라하니】"

최립 : 모두 뜻이 통합니다. 그러나 앞의 설이 낫습니다.

"其徒俱死【於乙】", 曾讀作【於等】, 如何?

○似不得改.

"抽矢射佛寺浮圖, 矢著其上, 甎半箭【古】", 曾讀作抽矢射佛寺浮圖【爲尼】, 矢著其上甎【伊】, 半箭【是戾羅】, 此吐如何? "矢著其上甎半箭", '上'字當句耶? 不得看作'上甎', 則其文義果何謂耶?

○謂矢著浮圖之上, 而其甎爲矢入者半箭也, 恐不得看作'上甎', 似不可改.

"汝勿怖死【爲羅】 命也【羅爲尼】", "汝勿怖【爲羅】 死【伊】 命也【羅爲尼】"

○皆通, 上說長.

尹根壽(1537~1616), 「韓文吐釋上 · 張中丞傳後敍」, 『月汀先生別集』 卷2.

3 한유의 글은 백 대의 스승이 된다. 「장중승전후서」는 더욱 뛰어나고 비장하여 전부 사마천에 비견되니 매번 이 글을 읽을 때마다 나도 모르게 손과 발이 들썩인다. 다만 결구에 우승의 일에 관한 몇 줄은 없어도

괜찮지 않나 싶다. 장순과 허원의 충절은 진실로 천고에 드무니 우승은 장순의 객으로 장순의 평소 행실과 그가 죽음에 이르러 의기양양하고도 흐트러지지 않은 모습에 대해 말할 수 있었다. 이는 모두 우승이 주변에서 목격한 것이다. 장적은 우승에게 들었고 이를 또 한유에게 말하였으니 한유가 반복하여 차례대로 서술하여 빠진 내용이 있을까 염려한 것은 본전에서 누락된 내용을 보충하고자 해서이다. 비록 대서특필하여 한 번만 서술할 일은 아니지만 한유는 좋아할 만한 것만 보았고 싫증 낼 것은 보지 못하였다. 예를 들어 우승이 소유한 전지로 인해 소송을 하려다가 무인에게 죽임을 당한 이 내용은 장순과 허원의 무슨 일과 관련이 있는가? 그의 의도는 장적이 알고 있는 우승의 전말을 상세히 말해서 그가 우승에게 들은 내용이 믿을 만하고 확인할 수 있음을 증명하고자 하는 데에 불과하였으니 자세한 점은 있지만 지나친 자세함은 되레 고문古文에 누가 되지 않은가.

태사공의 「항우본기項羽本紀」에는 우혜虞兮[139]의 생사와 관련한 내용을 빼버렸고 「형경전荊卿傳」에는 진무양秦舞陽[140]이 실패한 일과 관련한 내용이 없다. 항우가 군막에서 구슬피 노래한 일과 형가가 진나라 궁궐에서 돌아보고 웃은 일은 실로 천고에 있어 몹시 한탄스럽고 엄중한 일로 사마천이 그림처럼 묘사한 의도는 항우와 형가에게만 있었을 뿐이었다. 어찌 우혜와 진무양을 위하여 묘사한 것이겠는가. 그러므로 일개 여자의 생사와 일개 사내의 실패한 일을 가지고 핍진하게 대서특필하고자 하지 않았던 것이다. 그렇지 않다면 사마천이 어찌 진실로 서툴러서 그러했겠는가. 이는 문장가들의 허식이고 한유의 사족이니 사마천과 비교

139 우혜虞兮 : 항우項羽의 애첩 우 미인虞美人이다.

140 진무양秦舞陽 : 연燕나라의 용사勇士로 진시황을 암살하려는 형가를 보조하였다. 형가가 번오기의 목이 든 상자를 들고 진무양이 지도를 들고 올라가는데 진무양이 겁에 질려 낯빛이 변하며 벌벌 떨었고 이를 본 진나라 신하들에 의해 의심을 받았고 결국 형가의 진시황 암살 모의는 실패하고 말았다. 『史記』 卷86 「荊軻列傳」

해 보면 물러남이 90리[三舍] 정도에 그칠 뿐만이 아니다. 한유에게 이를 들려준다면 과연 그가 수긍할지 아니면 해명할지 모르겠다.

昌黎文百世師也. 張中丞傳後敍, 尤奇壯悲惋, 儘是太史公亞匹, 每讀之, 不覺手舞足蹈. 但尾結于嵩事數行, 竊以爲無亦可也. 夫巡遠忠節, 固千古罕有, 而嵩以巡之客, 能言巡平日事行, 及臨死時陽陽不亂之狀, 此皆嵩圍中所目擊者, 張籍聞於嵩言於愈, 則愈之反覆敍次, 惟恐或遺者, 盖欲備本傳之有闕者, 雖大書特書不一書, 愈見其可喜, 未見其可厭也. 至若嵩之有田將訟爲武人所殺, 此于巡遠何事, 其意不過欲詳說籍知嵩本末, 以證其所聞於嵩之爲信而有徵也, 詳則有之, 太詳反不累古文耶?

太史公於項羽紀, 沒虞兮死生, 於荊卿傳, 無秦舞陽下落, 夫羽之悲歌帳中, 軻之顧笑秦庭, 實千古至惋至危之事, 其所以摹寫如畫, 旨在於羽與軻而已. 何嘗爲虞兮舞陽而發也. 以故一婦女一小兒之死生下落, 不欲費波瀾大筆. 不然, 史遷豈眞疎濶而然哉. 此文章家鴛鴦繡針, 昌黎畫蛇之足, 視史遷不啻三舍之退而已. 使昌黎聞之, 果首肯否, 抑有說乎否.

蔡濟恭(1720~1799), 「雜著 · 書張中丞傳後敍後」, 『樊巖集』 卷59.

4 「장중승전후서」 장순과 허원의 충절이 후세에 밝게 드러나게 된 것은 이 글의 힘이다. 이한이 허원을 위하여 전을 짓지 못했으니 생각건대 허원의 일에 대해서 자세히 알지 못했고, 또 이한의 문사는 허원의 위대한 공적을 크게 펴고 용맹한 모습을 서술함에 분명 이 글보다는 못해서일 것이다. 사적이 비록 기이하고 장엄하더라도 글로 밝히지 못하면 오래도록 전할 수가 없다. 이때에 장순과 허원 두 집안의 나이 어린 자들이 서로 헐뜯으며 허원이 죽음을 앞두고 적군에게 항복했다고 여겼으니 비단 당시 조정의 의론이 의심하고 있을 뿐만이 아니었다. 장차 천년 뒤

라도 누가 변론할 수 있겠는가! 그렇다면 이 글이 분명하게 밝혀서 두 공의 충의가 세상에 널리 펼쳐지게 하였으니 이 어찌 윤리강상倫理綱常에 보탬이 적겠는가.

張中丞傳後叙. 巡遠之忠, 明著于後世者, 此文之力也. 李翰不爲許遠立傳, 則想於遠事, 有所闕略, 且翰文辭, 其鋪張偉烈, 叙述震耀, 必遜於此文. 事雖奇壯, 文不能發之, 亦不能久傳. 方是時, 張許二家少年, 互相爭詰以爲遠就死, 而辭服于賊, 不徒當時廷議, 有所持疑. 且千載之下, 誰得以辨之! 然則此文之明於開發, 使二公忠義益張于世, 此豈少補于倫常哉?

成海應(1760~1839), 「讀韓昌黎集」, 『研經齋全集續集』 冊14.

5 한유의 「장중승전후서」는 이한이 허원의 전을 짓지 못한 것을 몹시 안타깝게 여겨서 당시 죽음과 사람에 대한 일을 기록한 것이 매우 자세하다. 하지만 내가 살펴보니 장변張抃[141]은 장순, 허원 등과 함께 수양성을 지켰고, 남제운이 손가락을 끊었을 때에는 장변도 손가락 하나를 끊고 스스로 맹세하고는 마침내 장순, 허원 등과 함께 죽어 후대의 사람들이 사당을 세우고 제사를 지내주는 데에 이르렀다. 그의 높은 충정과 절개는 장적 · 허원 · 뇌만춘 · 남제운과 똑같이 이룩하였으나 글에서는 대략도 살펴볼 수 없는 것은 어째서인가? 그 사람이 미미한 지위였기 때문에 기록될 만하지 못했던 것인가? 아니면 현달의 운수에 대한 차이가 있어서인가?

141 장변張抃: ?~757. 안녹산의 난 때 장순 예하의 비장으로 해성該城을 지키다가 포위를 뚫고 팽성彭城으로 가서 허숙기許叔冀에게 구원병을 요청했으나 얻지 못하고 남제운과 함께 하란진명에게 구원병을 요청했으나 얻지 못하자 장변 역시 손가락을 끊고는 수양성으로 돌아가 반란군과 싸우다가 장순, 남제운과 함께 죽었다.

韓文公張中丞傳後叙, 深惜李翰不爲許遠立傳, 而載當時死事人事甚詳. 然余按張抃與巡遠等同守睢陽, 南霽雲斷指時, 抃亦截一指以自誓, 遂與巡遠等同死, 後人至立廟祀之. 其貞忠卓節, 實與張·許·雷·南同一樹立, 而序中不少槩見何也? 豈以其人微, 不足錄耶? 抑顯晦之數異耶?

南皐(1807~1879), 「困勉錄」, 『時庵集』 卷9.

6 「장중승전후서」. 첫 번째 단락에 "爲此傳頗詳密然尙恨有闕者"와 "不爲許遠立傳"과 "又不載南霽雲事首尾"[142] 세 구가 강령이 된다. "遠雖材若不及巡"부터 "設淫辭而助之攻也"까지의 한 단락은 허원의 일을 말한 것이지만 끝나가는 부분에서 장순의 일과 합쳤으니 아울러 "如巡遠之所成就"라고 말한 부분 이하가 이것이다. "愈嘗從事汴徐"부터 "雲敢不死卽不屈"까지의 한 단락은 남제운의 일을 설명하였으나 끝나가는 부분에서 또다시 장순의 일과 합하였으니 아울러 '城陷', '脅巡', '脅雲'이라고 말한 부분 이하가 이것이다. "張籍曰有於嵩者"부터 "時年四十九"까지의 한 단락은 「장순전」에 빠진 것을 말한 것이지만 마지막에 허원의 일과 합하였으니 아울러 "遠寬厚長者", "遠與巡同年"라고 한 부분이 이것이다. 장적의 말 끝부분에 마지막에 "嵩貞元初" 한 구절은 우숭의 일로 끝을 맺어서 장적이 말한 것과 장순의 유사를 충실히 하였다. 이 편에서 중심이 되는 것은 장순에게 있기 때문에 강령에서는 장순을 시작으로 삼았고, 서술에서는 장순을 끝으로 삼았으며, 허원과 남제운의 일에 있어서는 그 끝부분에서 장순을 반드시 함께 언급하였다. 다음으로 허원이 중심에 있었기 때문에 강령에서는 허원을 다음가는 것으로 삼았고, 서술에 있어서는 시작으로 삼았으며 장순의 일에 있어서는

142 又不載南霽雲事首尾 : 이 부분은 「장중승전후서」의 원문에 '又不載雷萬春事首尾'로 되어 있는데, 안석경은 글의 내용에 따라 뇌만춘이 아닌 남제운의 일로 보았다.

그 끝부분에서 또다시 허원을 반드시 함께 언급하였다. 남제운은 또 그 다음이 되므로 허원의 일에 비해서 소략하였으니 이것이 문체의 당연함이다. 또 장순은 진실로 이미 전이 있으나 빠진 부분이 있는 것을 안타깝게 여긴 것이고 허원은 전이 쓰여졌어야 하고 남제운은 덧붙여 드러냈어야 했는데 더욱 그러지 못하였으니, 응당 함께 전을 지었어야 했지만 그렇게 하지 못한 자를 먼저 서술하고, 응당 덧붙여 드러냈어야 했지만 끝내 그렇게 하지 못한 자를 다음으로 서술하였고 전은 있지만 빠져서 안타까운 자를 마지막에 서술하였으니 이 역시 문세의 당연함이다. 허원과 남제운의 일을 반드시 장순의 일 속에 포함시켜 함께 끝맺은 것은 그 방법이 『사기史記』에서 비롯한 것이다. 예를 들어 「맹순전」에 제자가 실려있는 것, 「계포전」에 조구曺丘[143]·계심季心[144]·정공丁公[145]이 실려있는 것, 「이광전李廣傳」에 이채李蔡[146]·정불식程不識[147]이 실려있는 것이 모두 관련 인물이 겪은 일의 말미에 반드시 주인공을 아울러서 끝을 맺은 것이다.

張中丞傳後敍. 首段"爲此傳頗詳密然尙恨有闕者", 及"不爲許遠立傳"及"又不載南霽雲事首尾"三句爲綱. 自"遠雖材若不及巡", 至"設淫辭而助之攻也" 一段, 卽說許遠事者, 而就其將末合巡事, 而並言

---

143 조구曺丘 : 한漢나라의 조구생曺丘生으로 가는 곳마다 계포季布의 의협심과 용맹을 찬양하여 이로 인해 계포의 명성이 크게 알려졌다.

144 계심季心 : 한나라 사람으로 계포의 동생이다. 기개가 높고 용맹하였으며 호협하고 사람 대접하기를 공근하게 하였으므로 사방의 선비들이 죽음으로 따랐다.

145 정공丁公 : 정공은 항우項羽의 무장으로서, 유방劉邦이 항우와 싸우던 중에 팽성彭城의 서쪽에서 정공에게 포위되었는데, 유방이 인정을 베풀어 달라고 애걸하자 놓아 주었다. 이후 천하를 평정한 유방이 정공을 만나서는 그가 신하로서 불충한 죄를 지었다고 하여 참수하였다. 『史記』 卷100 「季布欒布列傳」.

146 이채李蔡 : 기원전 186~기원전 118. 한나라 무제 때 대장군으로 후에 벼슬이 승상에 이른 인물이다.

147 정불식程不識 : ?~?. 한나라 경제景帝와 무제 때의 명장이다.

之曰, "如巡遠之所成就"以下是也. 自"愈嘗從事汴徐", 至"雲敢不死卽不屈"一段 卽說南霽雲事者, 而就其將末又合巡事, 而並言之曰, "城陷", "脅巡", 又"脅雲"以下是也. 自"張籍曰有於嵩者", 至"時年四十九"一段, 卽說巡傳之所闕者, 而就其末合許遠事, 而並言之曰, "遠寬厚長者", "遠與巡同年者", 是也. 曰取末"嵩貞元初"一節, 終于嵩事以實張籍之所云, 張巡之遺事者也. 此篇所主在張巡, 故在綱以爲始, 在敍以爲終, 在許遠霽雲事, 於其末必以並言之. 次者, 在許遠, 故在綱以爲亞, 在敍以爲始, 在張巡事, 於其末亦必以並言之. 南霽雲又其次者也, 故視遠事又略, 此其文體之當然者也. 且巡則固已有傳, 而所恨者有闕而已, 遠當立傳, 霽雲當附見, 而尤其不然, 則先敍當並傳而不擧者, 次敍當附見而終不擧者, 終敍有傳而恨闕者, 亦其文勢之當然者也. 遠與雲事, 必入巡事而同結者, 其法出於史遷, 如孟荀傳之載諸子, 季布傳之載曹丘·季心·丁公, 李廣傳之載李蔡·程不識 皆於客事之末, 必並主人而結之.

安錫儆(1718~1774), 「韓文摘解」, 『雪橋藝學錄』 卷3.

우禹 임금의 행위에 대한 물음에 대답하다

(모곤) 전편의 구조가 객客으로 주인主人을 드러내어 서로 밝히는 형식이다.

어떤 사람이 말하였다. "요堯 임금과 순舜 임금은 왕위를 어진 이에게 전하고, 우禹 임금은 아들에게 전했는데 사실입니까?" 내가 대답하였다. "그렇습니다." 어떤 사람이 말하였다. "그렇다면 우 임금의 훌륭함이 요 임금과 순 임금에 미치지 못한 것입니까?" 내가 말하였다. "그렇지 않습니다. 요 임금과 순 임금이 어진 이에게 왕위를 전한 것은 천하 사람들에게 알맞은 거처를 얻게 해 주려고 한 것이고, 우 임금이 아들에게 왕위를 전한 것은 후세에 왕위를 다투는 화란禍亂이 일어날 것을 걱정했기 때문입니다. 요 임금과 순 임금은 백성을 이롭게 하는 것이 크고, 우 임금은 백성을 걱정하는 것이 깊습니다."

어떤 사람이 말하였다. "그렇다면 요 임금과 순 임금은 어째서 후세를 걱정하지 않았습니까?" 내가 말하였다. "순 임금의 사람됨이 요 임금과 같았으므로 요 임금이 왕위를 전하였고, 우 임금의 사람됨이 순 임금과 같았으므로 순 임금이 왕위를 전한 것입니다. 마땅한 사람을 얻어서 왕위를 전한 사람은 요 임금과 순 임금이고, 마땅한 사람이 없어 화란이 일어날 것을 걱정해 다른 사람에게 왕위를 전하지 않은 사람은 우 임금입니다. 순 임금이 우 임금에게 왕위를 전하지 않았다면 요 임금이 사람을 알아보지 못한 것이 되고, 우 임금이 아들에게 왕위를 전하지 않았다면 순 임금이 사람을 알아보지 못한 것이 됩니다. 요 임금이 순 임금에게 왕위를 전한 것은 후세를 걱정해서이고, 우 임금이 아들에게 왕위를 전한 것도 후세를 걱정해서입니다."

어떤 사람이 말하였다. "우 임금의 걱정이 깊었을 것입니다. 그러나 아들에게 왕위를 전하였다가 그 아들이 훌륭하지 못하면 어찌합니까?" 내가 말하였다. "이때 백익伯益[益][148]이 다스리기 어렵다고 하여 다른 사람에게 왕위를 전하였다면 쟁탈爭奪이 일어났을 것이니, 이는 아직 정하지 않았기 때문이고, 아들에게 왕위를 전하였다면 쟁탈이 일어나지 않았을 것이니, 이는 미리 정했기 때문입니다. 미리 정했다면 비록 어진 이를 만나지 못했더라도 오히려 조종祖宗의 법을 지킬 수 있지만 미리 정하지 못하고 어진 이를 만나지 못했다면 쟁탈이 일어나 화란이 생길 것입니다. 하늘이 큰 성인聖人을 내는 것은 자주 있는 일이 아니고, 큰 악인惡人을 내는 것 또한 자주 있는 일이 아닙니다. 남에게 왕위를 전할 경우, 큰 성인을 얻은 뒤라면 사람들이 감히 쟁탈을 벌이지 않을 것이고, 아들에게 전할 경우, 큰 악인을 얻은 뒤라면 사람들이 화란을 당할 것입니다. 우 임금이 돌아가시고 400년 뒤에 걸왕이 나왔고, 우 임금이 돌아가시고 또 400년 뒤에 탕湯 임금과 이윤伊尹이 나왔으니, 탕 임금과 이윤이 나오기를 기다려 왕위를 물려줄 수는 없지 않겠습니까? 성인에게 왕위를 전하지 못하여 쟁탈과 화란이 생기게 하기보다 차라리 아들에게 전하는 것이 낫지 않겠습니

148 백익伯益[益] : 옛날 순 임금과 우 임금 때의 신하로 백예柏翳라고도 한다. 순 임금을 도와 새와 짐승들을 길들인 공로가 있어 영씨嬴氏 성을 받았으며, 우 임금이 자신에게 양위讓位하려고 하자 우 임금의 아들이 즉위할 수 있도록 산골짜기로 도망쳤다. 『史記』 卷5 「秦本紀」.

까? 비록 현인을 얻지 못하더라도 오히려 조종의 법을 준수할 수 있을 것입니다."

어떤 사람이 말하였다. "맹자가 하늘이 어진 이에게 주라고 하면 어진 이에게 주고, 하늘이 아들에게 주라고 하면 아들에게 준다[149]고 말한 것은 무슨 뜻입니까?" 내가 말하였다. "맹자의 마음은 성인이 자기 아들을 구차하게 편애하여 천하 사람을 해롭게 하지 않겠다는 것입니다. 사람들이 맹자의 이 설을 탐구하였으나 잘 이해하지 못해서 내가 좇아서 이렇게 말한 것입니다."

149 맹자가……준다 : 『맹자孟子』 「만장 상萬章上」에 다음과 같은 말이 나온다. "하늘이 어진 이에게 주라고 하면 어진 이에게 주고, 하늘이 아들에게 주라고 하면 아들에게 준다[天與賢則與賢, 天與子則與子.]."

對禹問

(茅坤) 通篇以客形主, 相爲發明.

或問曰, “堯舜傳諸賢, 禹傳諸子, 信乎.” 曰, “然”. “然則禹之賢, 不及於堯與舜也歟.” 曰, “不然. 堯舜之傳賢也, 欲天下之得其所也, 禹之傳子也, 憂後世爭之之亂也, 堯舜之利民也大, 禹之慮民也深.”

曰, “然則堯舜何以不憂後世.” 曰, “舜如堯, 堯傳之, 禹如舜, 舜傳之, 得其人而傳之, 堯舜也, 無其人, 慮其患而不傳者, 禹也. 舜不能以傳禹, 堯爲不知人, 禹不能以傳子, 舜爲不知人. 堯以傳舜, 爲憂後世, 禹以傳子, 爲慮後世.”

曰, “禹之慮也則深矣, 傳之子而當不淑, 則奈何.”曰, “時益以難理, 傳之人則爭, 未前定也, 傳之子則不爭, 前定也. 前定, 雖不當賢, 猶可以守法, 不前定而不遇賢, 則爭且亂. 天之生大聖也不數, 其生大惡也亦不數. 傳諸人, 得大聖然後人莫敢爭, 傳諸子, 得大惡然後人受其亂. 禹之後四百年然後得桀, 亦四百年然後得湯與伊尹, 湯與伊尹不可待而傳也? 與其傳不得聖人而爭且亂, 孰若傳諸子? 雖不得賢, 猶可守法.”

曰, “孟子之所謂天與賢則與賢, 天與子則與子者, 何也?” 曰, “孟子之心以爲聖人不苟私於其子以害天下. 求其說而不得, 從而爲之辭.”

【비평자료】

1 윤근수 : "堯以傳舜爲憂後世【시고】, 禹以傳子爲慮後世【시니라】"는 제 생각에 이 글의 뜻은 요 임금이 순 임금에게 왕위를 전한 것은 후세를 걱정하였기 때문이고, 우 임금이 아들에게 왕위를 전한 것은 후세를 생각했기 때문이라는 의미입니다. 이 문장의 토는 마땅히 "堯以傳舜【은】 爲憂後世【오】", "禹以傳子【는】 爲慮後世【니라】"가 되어야 할 듯한데, 어떻습니까?

최립 : 만일 이 말처럼 "요 임금이 순 임금에게 왕위를 전한 것은 후세를 걱정하셨기 때문이다[堯以之傳舜, 爲憂後世.]."라고 한다면 '堯以'의 '以' 자가 윗글의 "舜不能以傳禹"의 '以' 자와 같게 되니, 과연 크게 문제가 되지 않습니다. 다만 "요 임금은 순 임금에게 왕위를 전하는 것으로 후세를 걱정함을 삼고[堯則以傳舜爲憂後世]……"라고 한 제 의견과는 크게 다릅니다. "堯以傳舜爲憂後世, 禹以傳子爲慮後世"에서 후세를 염려한 뜻은 같지만 아들에게 전한 것과 어진 이에게 왕위를 전한 일은 다릅니다. "後世【를】 憂【호믈】 삼으【시고】."

윤근수 : "時益以難理"는 당나라 사람이 고종高宗의 이름을 휘하여 '治'를 '理'로 쓴 것입니다. 이것은 시대가 날이 갈수록 점점 다스려지기 어려워짐을 말한 것입니다.

"傳之人則爭"【은】과 "傳之子則不爭"【은】 이 말은 항상 분명하지 않았습니다. 그러나 지금 이 토로 보면 대개 다른 사람에게 왕위를 전하면 곧 다툰다는 말이니 이것은 누구에게 마땅히 왕위를 전하는 것이 예정되지 않았기 때문이고, 아들에게 전하면 감히 다투지 않는다고 했으니 이것은 마땅히 왕위를 전할 아들이 있어서 다른 사람이 예정될 수 있는 것이 아니기 때문이라는 것인데 이 뜻을 잘 모르겠습니다. 바로 잡아서 자세히 가르쳐 주시기 바랍니다.

최립 : 잘 모르겠습니다만 아무개와 아들은 들에서 달리는 토끼와 시장

에 쌓여 있는 토끼로 분수가 아직 정해져 있지 않은 것과 정해져 있는 것을 비유로 삼은 것이니 이렇게 보면 매우 분명할 듯합니다.

"時益以難理" 唐人諱高宗諱, '治'爲'理', 此謂時世日益難治也.

"傳之人則爭【隱】", "傳之子則不爭【隱】", 此語常未瑩. 然今以此吐見之, 蓋謂傳之人則輒爭, 此是未預定其當傳之誰某故也, 傳之子則不敢爭, 此是有其子當傳而非他人所得預故也, 未知此意耶, 幸隳括而詳敎之.

○不記某子有以走兎在野, 積兎在市, 爲分未定與分定之喩. 似此看, 甚分明.

尹根壽, 「韓文吐釋 上·對禹問」, 『月汀先生別集』 卷2.

2 선생이 일찍이 한유의 「대우문」을 읽고 나 유봉有鳳[150]에게 "이것과 맹자의 말을 비교하면 어떠한가?"라고 물으시기에 내가 "한유의 글은 지나치게 따지니, 성인의 마음 씀씀이가 아닌 듯합니다. 맹자孟子는 오로지 천명을 따르고 사심이 없었으니, 성인의 마음을 진심으로 터득한 것입니다."라고 대답하니, 선생께서 매우 옳다고 여기셨다.

先生嘗讀韓文對禹問, 問有鳳曰, "此與孟子之論, 何如?" 對曰, "韓子之言, 太涉計較, 恐非聖人用心. 若孟子則一循天命而無容心焉, 眞得聖人之心也." 先生深以爲然.

魚有鳳(1651~1708), 「農巖先生語錄」, 『杞園集』 卷32.

---

150 유봉有鳳 : 어유봉魚有鳳(1672~1744). 본관은 함종咸從. 자는 순서舜瑞, 호는 기원杞園이다. 경종의 장인 어유귀魚有龜(1675~1740)의 형으로 김창협金昌協(1651~1708)의 문인이다.

3 「대우문」에 "요 임금과 순 임금은 왕위를 어진 이에게 전한 것은 천하 사람들에게 알맞은 거처를 얻게 해 주려고 한 것이고, 우 임금이 아들에게 왕위를 전한 것은 후세에 왕위를 다투는 화란이 일어날 것을 걱정했기 때문이다."라고 하였는데 이 설을 가지고 맹자의 설과 함께 변론하였다. 그러나 우 임금은 일찍이 아들에게 왕위를 전하지 않고, 백익을 하늘에 천거한 것을 요 임금이 순 임금에게 한 것과 순 임금이 우 임금에게 한 것처럼 해서 장차 천하를 물려주려고 하였는데 우 임금이 돌아가시자 천하가 백익에게 귀의하지 않고 계에게 귀의하였으니 이것은 하늘이 계에게 준 것이지 우 임금이 아들에게 전해준 것은 아니다. 맹자가 말한 "하늘이 아들에게 주라면 아들에게 주는 것이다"라는 것은 그렇게 하려 하지 않는데도 그렇게 되는 것이지 사람이 할 수 있는 바가 아니라는 것을 말한 것이다. 어찌 "사람들이 맹자의 이 설을 탐구하였으나 잘 이해하지 못했다."라고 말할 수 있는가?

對禹問曰, "堯舜之傳賢, 欲天下之得其所也, 禹之傳子, 憂後世爭之之亂也." 以是說與孟子辨. 然禹未嘗傳子也, 其薦益於天, 如堯之於舜, 舜之於禹, 將以致天下也, 及禹之歿, 天下不歸益而歸啓, 是天之與啓也, 非禹之傳子也. 孟子所稱"天與子則與子者", 謂其莫之爲而爲, 非人之所能爲也. 庸可謂"求其說而不得"耶?

洪良浩(1724~1802), 「讀韓子」, 『耳溪外集』 卷8.

4 내가 한유의 「대우문」을 읽고 그 말에 변론할 만한 것이 있어 「변한辨韓」을 지었다. 천하는 공기公器이고, 성인은 그 그릇을 주관하는 사람이다. 그러므로 성인이 천하를 전할 때는 반드시 전할 만한 자를 선택해서 전해야 한다. 다른 사람에게 전할 만하면 다른 사람에게 전하고, 아들에게 전할 만하면 아들에게 전하니 아들에게 전하는 것은 탐욕 때문이 아니요, 다른 사람에게 전하는 것은 염치 때문이 아니라 공평함일 뿐

이다. 공公이라는 것은 하늘의 도이고, 성인의 마음은 하늘에 합치되기 때문에 역시 사사로움이 없이 공평하다. 만약 털끝만큼의 사사로움이 있다면 하늘의 도와 심히 어긋나는 것이니 어찌 성인이 되겠는가?

맹자는 "하늘이 어진 이에게 주라고 하면 어진 이에게 주고, 하늘이 아들에게 주라고 하면 아들에게 주는 것이다."라고 하였다. 하늘은 이미 우 임금의 천하를 계에게 주었는데도 우 임금이 백익을 천거한 것은 유독 어째서인가? 계가 어진 것은 구가[151]하는 자들도 알고 있었고, 송옥하는 자들도 알고 있었으니 우 임금이 성인이고 또 아버지가 되었는데 어찌 알지 못했겠는가? 이미 천명이 계에게 있음을 알고서도 오히려 백익을 천거했다면 이는 아들에게 물려주는 것을 혐의해서 천하 사람들이 자신을 비판할 것을 두려워한 것이니 어찌 사사로운 것이 아닌가? 우 임금이 이렇게 한 것이라면 우 임금이 어찌 성인이 될 수 있겠는가? 대개 일찍이 논하길, 이것은 우 임금이 반드시 깊이 생각하고 멀리까지 염려한 것인데 사람들이 아직 알지 못한 것이니 어찌 그러한 것을 알겠는가?

옛날에 문왕은 태어날 때부터 성덕이 있어서 고공단보古公亶父[152]이 계력季歷[153]에게 왕위를 전했고 황손휼皇孫遹은 현명해서 진나라 무제[晉武][154]가 혜제惠帝[155]를 폐하지 않았으니, 임금이 되어 종사를 물려주는

---

151 구가謳歌 : 임금의 어진 덕을 칭송하는 것을 말한다. 『맹자』 「만장 상」에 "우 임금이 어진 신하 익을 하늘에 천거한 지 7년 만에 우 임금이 붕하시자, 삼년상을 마치고 나서 익이 우 임금의 아들 계를 피하여 기산의 북쪽으로 가 있었더니, 조근하고 송옥하는 자들이 익에게로 가지 않고 계에게로 가서 '우리 임금의 아들이다.'라고 하고, 노래하는 자도 익을 노래하지 않고 계를 노래하면서 '우리 임금의 아들이다.'라 하였다[禹薦益於天七年, 禹崩. 三年之喪畢, 益避禹之子於箕山之陰. 朝覲訟獄者不之益而之啓, 曰吾君之子也; 謳歌者不謳歌益而謳歌啓, 曰吾君之子也.]."는 구절이 있다.

152 고공단보古公亶父 : 주나라 태왕으로 그는 주나라의 기틀을 마련하였으며, 셋째 아들인 계력季歷에게 왕위를 물려주었다.

153 계력季歷 : 고공단보의 셋째 아들로 문왕의 아버지이다.

154 진晉나라 무제武帝[晉武] : 진나라를 세운 초대 황제로 본명은 사마염司馬炎이다.

계획을 걱정하는 사람은 그 아들의 어짊을 살폈을 뿐만 아니라 그 손자를 살피는 것 또한 이와 같았다. 태강太康은 우 임금의 손자인데 그 불초함이 단주丹朱와 상균商均과[156] 다름없었다. 우 임금이 만약 아들에게 왕위를 전하여 그 아들에서 아들에게 이른다면 계의 어짊은 우 임금을 계승하기에 충분했지만 태강의 악함은 천하를 다스릴 수 없었으니 이것이 우 임금이 염려했던 바이다. 요 임금이 순 임금을 천거하고, 순 임금이 우 임금을 천거한 것은 그들의 아들을 염려해서이고 우 임금이 백익을 천거한 것은 그 손자를 염려해서이니 천하를 공평하게 대하는 마음은 하나이다.

또한 가천하家天下[157]는 삼왕에서 시작된 것이 아니다. 복희씨는 풍성으로 왕위를 계승했고, 신농씨는 강성으로 왕위를 계승했으며 황제의 자손들은 계속 이어서 왕이 되었으니 상고시대의 임금도 일찍이 가천하를 하지 않은 적이 없었다. 만약 단주와 성균에게 순 임금과 요 임금의 덕이 있고 태강이 선조를 욕되게 함이 없었다면 요 임금과 순 임금이 반드시 다른 사람에게 왕위를 전하지 않았을 것이고, 우 임금이 반드시 아들에게 왕위를 전했을 것이다. 비록 그렇지만 우 임금의 시대에 태강의 악함이 오히려 다 드러나지 않았으니 우 임금은 비록 알았겠지만 천하의 사람들은 무슨 수로 알 수 있었겠는가? 이 때문에 단지 계의 어짊만을 보고 서로 이끌고 귀의하였다가 계의 시대에 이르러서 부자가 왕위를 계승하는

삼국을 통일한 뒤 성군이 되고자 했으나 말년에는 부패한 정치를 하며 몰락의 길을 걷게 되었다.

155 혜제惠帝 : 진나라의 제2대 황제로 본명은 사마충司馬衷이다. 무능한 국정 운영과 왕비인 가남풍賈南風의 집안이 전횡을 일삼아 서진이 몰락하게 된 원인을 제공하였다.

156 단주丹朱와 상균商均과 : 요 임금의 아들 단주丹朱와 순 임금의 아들 상균商均을 가리키는 것으로 불초한 자식을 비유하는 말이다.

157 가천하家天下 : 임금이 국가를 후손에게 대대로 물려주는 것을 말한다.

도가 이미 굳어졌고 계 또한 하늘에 천거할 만한 바른 사람이 없었으니 사람들이 태강에게 귀의하지 않고 장차 누구에게 귀의하겠는가? 태강이 이어받은 후에 하나라의 국운이 중간에 끊어졌으니 우 임금이 계를 버리고 백익을 천거한 것은 어찌 진실로 성스럽고 신령스럽지 않은가.

어떤 사람이 "우 임금의 염려가 여기까지 이르렀으니 성인이라고 말할 만하다. 그러나 백익을 계승하여 천하를 소유한 자가 반드시 현명한 것이라고 반드시 현명할 것이라고 우 임금이 또 어찌 장담할 수 있겠는가?"라고 묻기에 내가 답하길, "아들에게 왕위를 전하였다면 아들의 아들이 마땅히 계승함이 미리 정해진 것이나 다른 사람에게 왕위를 전하였다면 그 계승함이 미리 정해지지 않은 것이다. 미리 정해지지 않았다면 질그릇을 굽고 고기잡이하는 사내와 농사짓는 백성도 모두 이어받을 수 있으니 천하가 넓은데 어찌 어진 사람이 한 명도 없겠는가?"라 하였다.

옛말에 "성현만이 성현을 알아본다."라고 했으니 백익의 어짊이 비록 요 임금과 순 임금에 미치지 못하더라도 어찌 어진 사람을 알지 못했는가. 그렇다면 백익을 계승하여 임금이 된 사람은 반드시 어진 사람이고, 또한 장차 어진 사람끼리 서로 계승하여 대대로 모두 그렇게 되었다면 걸왕과 주왕이 왕위를 소유하는 일은 없었을 것이고 탕왕과 무왕이 전쟁으로 천하를 얻지 않았을 것이니 어찌 아름답지 않은가. 그런데 한유의 글에서 "우 임금이 아들에게 왕위를 전한 것은 후세를 걱정해서이다."라고 말했는데 아, 우 임금이 언제 아들에게 전한 적이 있는가? 우 임금이 백익을 천거한 것을 보면 그 뜻을 볼 수 있다. 또 "마땅한 사람이 없어 화란이 일어날 것을 걱정해 다른 사람에게 왕위를 전하지 않은 사람은 우 임금이다."라고 하였는데 우 임금은 이미 익을 얻어서 하늘에 천거하였으니 어째서 마땅한 사람이 없다고 말하는가? 이 설에는 오류가 많다.

余讀韓子對禹問, 其言有可辨者, 於是作辨韓. 天下, 公器也, 聖人, 主其器者也. 故聖人之傳天下也, 必擇夫可傳者而傳之. 人而可傳, 傳之人, 子而可傳, 傳之子, 傳之子, 非爲貪也, 傳之人, 非爲廉也, 惟其公已矣. 夫公者, 天道也, 聖人之心, 合于天, 故亦無私而公. 若有毫髮之私, 則其違天也遠矣, 何足以爲聖人哉?

孟子曰, "天與賢則與賢, 天與子則與子." 天旣以禹之天下而與啓, 則禹之薦益, 抑獨何哉? 啓之賢, 謳歌者知之, 訟獄者知之, 以禹之聖且以爲父, 而豈不知也歟? 旣知夫天命之在啓, 猶且薦益, 則是嫌于子而畏天下之議己也, 豈非私歟? 禹而爲是, 禹何足爲聖人哉? 盖嘗論之, 是必有深心遠慮而人未之知也, 何以知其然也?

昔者, 文王生有聖德而古公傳位季歷, 皇孫適賢明而晉武不廢惠帝, 凡爲人君而憂宗社付托之計者, 不特審其子之賢否而已, 而爲其孫審又如此. 彼太康者禹之孫也, 其不肖與朱均無異. 禹若傳之子而至于子之子, 則啓之賢, 足以纘禹, 而太康之惡, 不可以君天下矣, 此禹之所慮也. 堯之薦舜, 舜之薦禹, 其慮在子, 禹之薦益, 其慮在孫, 其公天下之心, 一也.

且夫家天下, 非創于三王也. 伏羲氏風姓相承, 神農氏姜姓相承, 而黃帝子孫繼繼而王, 上古之君, 未嘗不家天下也, 向使朱均有舜禹之德, 而太康無忝厥祖, 則堯舜不必傳諸人, 禹不必不傳子也. 雖然當禹之時, 太康之惡, 猶未盡彰, 禹雖知之, 而天下之人, 何從知哉? 是故只見夫啓之賢而相率以歸, 及啓之世, 則其父子相承之道已固, 而啓又無薦天者, 天下不歸太康而將安歸哉? 太康旣嗣而夏祚中絶, 則禹之所以捨啓而薦益者, 豈不誠聖神乎哉?

或曰, "禹之慮及此, 可謂聖矣. 然繼益而有天下者, 禹又安保其必賢乎?" 曰, "傳于子, 則子之子當嗣前定也, 傳于人, 則其嗣未前定也. 未前定, 則陶漁之夫耕稼之民, 皆可以爲嗣. 夫以天下之廣, 而豈無一賢人哉?"

語曰, "惟聖賢能知聖賢." 益之賢, 雖不及堯舜, 寧不能知賢乎. 然則繼益而爲君者, 其必賢也, 而又將賢賢相授, 世世皆然, 桀紂無以有其位而湯武不以干戈取天下矣, 豈不美哉? 若夫韓子之言曰, "禹之傳子, 爲憂後世." 嗚呼, 禹何嘗傳子乎? 觀于薦益, 其志可見矣. 又曰, 無其人, 慮其患而不傳者, 禹也. 禹旣得益而薦天, 豈可曰無其人哉. 多見其爲說之謬也.

趙璥(1727~1787), 「辨韓」, 『荷棲集』 卷10.

5 한유는 "순 임금의 사람됨이 요 임금과 같았으므로 요 임금이 왕위를 전하였고, 우 임금의 사람됨이 순 임금과 같았으므로 순 임금이 왕위를 전한 것입니다. 마땅한 사람을 얻어서 왕위를 전한 사람은 요 임금과 순 임금이고, 마땅한 사람이 없어 화란이 일어날 것을 걱정해 다른 사람에게 왕위를 전하지 않은 사람은 우 임금입니다."라고 말하였고, 또 "맹자의 마음은 '성인이 자기 아들을 구차하게 편애하여 천하 사람을 해롭게 하지 않겠다.'는 것입니다. 사람들이 맹자의 이 설을 탐구하였으나 잘 이해하지 못해서 제가 좇아서 이렇게 말한 것입니다."라고 말하였다. 만약 이렇다면 우 임금과 맹자는 성현이 되지 못하니 어째서인가? 성인과 천지는 하나이니 공평하여서 사사로움이 없어야 한다.

우 임금이 후세를 걱정하여 아들에게 왕위를 전하려고 하면서 우선 백익을 하늘에 천거했다면 이것은 거짓이니 마음과 일이 다른 것이다. 또 백익이 왕위를 물려받기에 부족한 것을 알면서도 천거한 것을 어떻게 진실된 마음이라 하겠는가? 진실한 마음이 아니면 성인이 아닌 것이다. 백익을 천거한 일을 뺀 다음에야 한유의 설이 설득력이 있을 것이다. 맹자의 설을 잘 이해하지 못해 내가 좇아서 이렇게 말한 것이라고 했는데 맹자 역시 억지로 설을 만드는 과오를 면하지 못한 것이니 일찍이 큰 성현이 되어서 그럴 수 있겠는가?

내가 생각하기에 우 임금의 마음은 곧 요 임금과 순 임금의 마음인데 다른 것은 하늘이다. 맹자는 아들의 어짊과 어리석음, 임금을 도운 기간의 길고 짧음을 하늘에 맡겼으니[158] 바꿀 수 없는 정론이다. 한유의 말은 일을 가지고 논한 것인데, 우 임금의 마음은 결코 그렇지 않았으며, 또 우 임금이 아들에게 왕위를 전한 자취가 어디에 있는가. 이 때문에 남헌南軒 선생[159]은 "공자께서 말씀하시길 '요 임금과 순 임금은 선위하였고, 하나라 임금과 은나라, 주나라는 아들에게 계승하였지만 그 뜻은 하나이다.'라고 하였는데 하나라고 한 것은 무엇인가? 또한 천명을 받든 것일 뿐이다."라고 하였다.

韓子曰, "舜如堯, 堯傳之, 禹如舜, 舜傳之, 得其人而傳之, 堯舜也, 無其人慮其患而不傳者, 禹也." 且曰, "孟子之心以爲聖人不苟私於其子以害天下. 求其說而不得, 從而爲之辭." 苟如是, 禹與孟子, 不得爲聖賢也, 何者? 聖人與天地爲一, 公而無私也.

禹若慮後世欲傳諸子, 而姑爲薦益於天則是僞也, 心與事異也. 且知益之不足傳而薦之, 豈誠心哉? 非誠心則非聖人也. 刊薦益一節, 然後韓子說可行矣. 以孟子爲說不得, 從爲辭, 則孟子亦不免强爲說之過矣, 曾爲大賢而然乎?

愚謂禹之心卽堯舜之心, 而所以異者, 天也. 孟子以子之賢不肖, 攝之久近, 歸之於天, 不易之正論. 韓子之言則以事情而論也, 禹之心則斷不然也. 且禹傳子之迹安在? 是故, 南軒云, "孔子曰, '唐虞禪, 夏后殷周繼, 其義一也.' 一者何也? 亦曰奉天命而已矣."

李漢膺(1778~1864), 「讀韓子對禹問」, 『敬菴集』 卷8.

---

158 맹자는……맡겼으니 : 『맹자孟子』 「만장 상」에 "순 임금과 우 임금과 백익이 서로의 거리가 오래되었고 멀며, 그 자식의 뛰어남과 부족함은 모두 하늘의 이치이다[舜禹益相去, 久遠, 其子之賢不肖, 皆天也.]."라는 구절이 보인다.

159 남헌南軒 선생 : 남송의 유학자 장식張栻(1133~1180)을 가리킨다. 자는 경보敬甫, 호는 남헌南軒이다. 송나라 도학의 대가로 스승인 호굉胡宏의 학문을 이어받아 송나라 호상학파湖湘學派를 이끌었다. 문집으로 『남헌문집南軒文集』이 있다.

회서淮西 평정을 기념하는 비문[160]

(모곤) 전편에 전쟁에서의 공로를 차례로 서술한 것이 『사기史記』와 『한서漢書』를 모방하였지만 그 말과 뜻은 특별히 자신의 구상에서 나온 것이다. 그 가운데서 가장 좋은 것은 신하가 천자를 칭송하는 문체文體를 얻은 곳에 있다.

하늘은 당唐나라가 하늘의 덕을 잘 본받아 성자신손聖子神孫이 대대로 계승해서 천만 년토록 공경하고 경계하기를 태만하지 않는다고 여겨서 하늘이 덮고 있는 대지를 전부 맡기셨으니 사해와 구주가 내외를 막론하고 모두 군주로 섬기고 모두 신하 노릇을 하였다. 고조와 태종께서 이미 역적을 제거하고 천하를 다스리셨으며, 고종·중종·예종께서 백성들을 쉬게 하고 길러 잘 살게 하셨으며, 현종玄宗 때에 이르러 그 보답을 받고 공을 거두어 국가가 지극히 번성하고 풍부하여, 물산이 풍성하고 영토가 커졌지만, 그 사이에 재앙의 싹이 자랐다.

숙종肅宗과 대종代宗, 덕조德祖[德宗]와 순고順考[順宗]께서 근면하시고 너그러우셔서, 반란의 우두머리는 간신히 제거하셨으나 잔당들은 제거하지 못하셨다. 이에 상신相臣인 문관들은 안일하고 장신將臣인

160 회서……비문 : 당唐나라 헌종憲宗 연간에 회서절도사淮西節度使 오원제吳元濟가 반란을 일으켰는데, 재상 배도裴度가 회서선위처치사淮西宣慰處置使가 되어 한유韓愈[昌黎]를 행군사마行軍司馬로 삼고 출정하여 회서를 평정하고 돌아왔다. 이에 헌종이 한유에게 명한 비문이다.

무관들은 놀기만 했으니 변방의 반란이 눈과 귀에 익숙해져서 당연한 것으로 여겼다.

예성문무황제睿聖文武皇帝[憲宗]께서 이미 신하들의 조회를 받으신 뒤에 지도地圖를 살펴보시고 공부貢賦를 세보시고서 말씀하시기를 "아! 하늘이 이미 천하를 모두 우리 왕가王家에 주시어 지금 왕위를 전하는 차례가 나에게 있으니, 내가 잘 다스리지 못한다면 교제郊祭나 묘제廟祭 때에 하늘과 선왕들을 어찌 뵐 수 있겠는가?"라고 하시니, 신하들이 두려워 떨면서 분주히 직무를 수행하였다.

이듬해에 하주夏州를 평정하고, 또 그 이듬해에 촉蜀을 평정하고, 또 그 이듬해에 강동江東을 평정하고, 또 그 이듬해에 택로澤潞를 평정하였다. 마침내 역주易州와 정주定州를 평정하고, 위주魏州·박주博州·패주貝州·위주衛州·전주澶州·상주相州를 바치게 하니, 뜻을 따르지 않는 곳이 없었다. 이에 황제皇帝께서 말씀하시길, "계속해서 전쟁을 할 수 없으니 나는 장차 잠시 쉬겠다."라고 하셨다.

원화元和 9년(814년)에 채주자사겸팽의군절도사 오소양吳少陽이 죽자 채주 사람들이 그의 아들 오원제吳元濟를 후임後任으로 세워줄 것을 청하였는데, 허락하지 않았다. 마침내 무양현舞陽縣을 불태우고 엽현葉縣과 양성襄城을 침범하여 동도東都를 혼란스럽게 만들고, 군대를 사방으로 풀어놓아 약탈하였다. 황제皇帝께서 조정에서 두루 물으시니, 한두 신하[161]를 제외하고는 모두 "채주자사가 조정의 임명을 받지 않은 지가 지금 50년이 되었습니다. 세 성씨姓氏의 네 장수將帥[이포열

161 한두 신하 : 무원형武元衡과 배도를 가리킨다. 무원형은 당나라 헌종 시대의 어진 재상인데, 평장사平章事로서 병마兵馬의 권한을 맡고 있었다. 배도는 헌종·목종穆宗·문종文宗 삼조三朝를 섬겼는데, 회채淮蔡의 반란 등을 평정하는 데 큰 공을 세웠다.

李希烈・진선기陳仙奇・오소성吳少誠・오소양吳少陽]가 전해 받았으니 그 나무뿌리가 단단하며, 병기는 예리하고 군졸은 완강頑强하여 다른 곳과는 같지 않으니, 저들을 어루만지고 소유하게 해주어야 저들이 순종하고 또 변고가 없을 것입니다."라고 하였다.

대신이 억측해 결단하여 선창하는데, 모든 이들이 부화뇌동하여 똑같이 말하니 그들의 주장이 견고하여 깨뜨릴 수가 없었다. 황제께서 말씀하시길, "하늘과 선왕들께서 나에게 임무를 부여한 이유가 여기에 있는 듯하니, 내 어찌 감히 힘쓰지 않겠는가? 하물며 한두 신하가 동조하니 돕는 신하가 없는 것도 아니다."라고 하셨다.

황제께서 말씀하셨다. "광안光顔[162]아! 너는 진주陳州・허주許州의 절도사節度使이니, 행영行營에 있는 하동河東・위박魏博・합양郃陽의 3군을 네가 모두 통솔하라."

황제께서 말씀하셨다. "중윤重胤아! 너는 옛날부터 하양河陽과 회주懷州를 다스렸다. 이제 너에게 여주汝州를 보태주노니, 행영行營에 있는 삭방朔方・의성義成・섬주陝州・익주益州・봉상鳳翔・연주延州・경주慶州의 7군을 네가 모두 통솔하라."

황제께서 말씀하셨다. "홍弘아! 너는 군졸 1만2천 명을 너의 아들 공무公武에게 맡겨 가서 토벌하게 하라."

162 광안光顔 : 이광안李光顔(761~826)이다. 당나라 하곡부락河曲部落 계아부족稽阿趺族 사람이다. 자는 광원光遠이고, 이광진李光進의 동생이다. 자질이 굳세고 강건해서 전투에서 공을 세워 어사대부御史大夫에 올랐다. 대주代州와 명주洺州의 자사刺史를 지냈다. 헌종이 채蔡나라를 충무군절도사忠武軍節度使로 발탁되었다. 이어 검교상서좌복야檢校尙書左僕射가 되었다. 이사도李師道를 토벌해 의성절도사義成節度使로 옮겼다. 목종이 즉위하자 동중서문하평장사同中書門下平章事가 더해졌다. 경종敬宗 초에 사도司徒와 하동절도사河東節度使를 지냈다. 죽은 뒤 태위太尉로 추증되었다.

황제께서 말씀하셨다. "문통文通아! 너는 수주壽州를 지키고 있으니, 수주에 행영하고 있는 선무宣武·회남淮南·선흡宣歙·절서浙西의 4군을 네가 모두 통솔하라."

황제께서 말씀하셨다. "도고道古[163]야! 너는 가서 악악관찰사鄂岳觀察使를 맡으라."

황제께서 말씀하셨다. "소愬[164]야! 너는 당주唐州·등주鄧州·수주隨州의 절도사節度使이니, 각각 그 군대를 거느리고 진격하라."

황제께서 말씀하셨다. "도度야! 너는 장어사長御史이니 가서 군대를 시찰하라."

황제께서 말씀하셨다. "도야! 오직 너만이 나와 뜻이 같으니, 너는 나를 따르고 도와서 명령을 따르는 자에게는 상을 주고 명령을 따르지 않는 자에게는 벌을 주라."

황제께서 말씀하셨다. "홍아! 너는 그 곳의 절도사節度使로 제군을 모두 통솔하라."

황제께서 말씀하셨다. "수겸守謙아! 너는 내 곁에서 보좌하니 너만이 오직 측근이다. 가서 군사를 위무하거라."

황제께서 말씀하셨다. "도야! 너는 가서 군사들에게 의복과 음식을 주어 춥지 않게 하고 배고프지 않게 하여 그 일을 완수해 채주 사람들을 살리도록 하라. 너에게 절부節斧와 통천어대通天御帶와 호위병 300명을 내리노라. 조정의 신하 중에 네가 데리고 갈 사람을 선발하되,

163 도고道古 : 이도고李道古를 가리키는데, 그는 당나라 종실 후예로 이고李皐의 아들이다. 도박을 잘하였으나 일부러 져주어 사람들의 환심을 사서 이利·수隨·당唐·목睦 네 고을의 자사刺史를 지냈다. 『舊唐書』 卷131 「李道古列傳」.

164 이소李愬 : 당나라의 장수이다. 오원제가 회서 지방에서 반란을 일으켰을 때 토벌에 나서서 반란군의 근거지인 채주蔡州 120리를 밤에 눈이 오는 틈을 타 급히 달려 다음날 오전까지 성중에 돌입하여 오원제를 사로잡았다.

오직 그 사람이 현능賢能하다면 높은 관직에 있는 관리라도 가리지 마라. 경신일庚申日에 내가 통화문通化門으로 가서 너를 전송하겠다."

황제께서 말씀하셨다. "어사御史야! 나는 사대부들이 전쟁으로 매우 고생하는 것을 가여워하니, 오늘 이후로는 교제와 묘제가 아니거든 음악을 연주하지 말라."

이광안李光顔·오중윤烏重胤·한공무韓公武는 병력을 합쳐 채주의 북부를 공격하였는데, 16차례 크게 전투하여 책柵·성·현縣 20개를 얻고, 백성과 군졸 4만 명에게 항복 받았다. 이도고는 채주 동남부를 공격하였는데 8차례 전투하여 하여 군졸 1만 3천 명에게 항복 받고, 다시 신주申州로 가서 그 외성外城을 격파하였다. 이문통李文通은 채주 동부에서 전투하였는데, 10여 차례 맞서서 군졸 1만 2천 명에게 항복 받았다. 이소는 채주 서부로 들어가서 적장賊將을 사로잡을 때마다 번번이 풀어주고서 죽이지 않고 그들 계책을 이용하여 출전할 때마다 공을 세웠다.

원화元和 12년(817년) 8월에 승상 배도가 군중軍中에 이르니, 도통都統 한홍은 더욱 급히 출전을 독려하고, 이광안·오중윤·한공무는 병력을 합쳐 더욱 목숨 바쳐 싸웠다. 이에 오원제는 그 군대를 모두 회곡洄曲에 모아 방비하였다. 10월 임신일壬申日에 이소가 사로잡은 적장賊將을 이용하여 문성文城에서부터 폭설을 무릅쓰고 120리를 급히 달려 한밤중에 채주까지 이르러 성문을 격파하여 오원제를 잡아 바치고, 그에 예속된 백성과 군졸을 모두 사로잡았다. 신사일辛巳日에 승상 배도가 채주로 들어가서 황제의 명령으로 사로잡은 사람들을 풀어주었다.

회서가 평정되자 크게 잔치를 열어 공이 있는 자에게 상을 내렸다. 군대가 돌아오던 날에 군량軍糧을 채주 사람들에게 주었다. 채주의 군사 3만 5천 명 중에 병사가 되기를 좋아하지 않고 돌아가서 농부가 오기를 원하는 자가 열에 아홉이었는데, 이들을 모두 석방해 돌려보냈다. 오원제를 경사京師에서 참수斬首하였다. 책공冊功하여, 한홍을 시중侍中으로 올려주고, 이소를 좌복사左僕射로 삼아 산남동도절도사山南東道節度使를 겸임하게 하고, 이광안과 오중윤을 모두 사공司空으로 올려주고, 한공무韓公武를 산기상시散騎常侍로 부주鄜州・방주坊州・단주丹州・연주절도사延州節度使를 겸임하게 하고, 이도고를 대부大夫로 올려주고, 이문통을 산기상시散騎常侍로 올려주었다.

경사로 올라오고 있는 승상 배도를 진국공晉國公에 봉하고 품계品階를 금자광록대부金紫光祿大夫로 올리며, 원래의 관직으로 승상을 맡게 하고, 그 부관인 마총을 공부상서工部尙書로 삼아 채주의 직임을 맡게 하였다. 배도가 이미 돌아와 아뢰자, 여러 신하들이 성상의 공功을 기록하여 금석金石에 새길 것을 청하였다. 황제께서 신 한유에게 명하시기에 신 한유는 두 번 절하고 머리를 조아려 비문을 올리니 아래와 같다.

당나라가 천명을 받아	唐承天命
모든 나라를 신하로 삼았으니	遂臣萬邦
누가 가까운 땅을 점거하고	孰居近土
도적질하여 미친 짓을 했는가	襲盜以狂
지난 현종 시대에	往在玄宗
융성함이 극에 달했다 무너지니	崇極而圮
하북河北이 사납고 교만하고	河北悍驕
하남河南도 더불어 일어났네	河南附起
사성四聖이 용서치 않으시고	四聖不宥

여러번 군사 일으켜 정벌하시고	屢興師征
이기지 못하면	有不能克
군사들을 계속 싸우게 하셨네	益戍以兵
사내는 농사지어도 먹지 못하고	夫耕不食
아낙은 길쌈해도 옷 만들지 못하고서	婦織不裳
수레에 실어 보내	輸之以車
병졸들의 군수 물자로 주었네	爲卒賜糧
변방에서 조회 오지 않는 사람 많고	外多失朝
순수巡狩하지 못하신 지 오래되었고	曠不嶽狩
여러 관리들 직무에 태만하여	百隷怠官
나랏일 그 옛날 같지 않게 되었네	事亡其舊
헌종憲宗께서 이때 제위 계승하시어	帝時繼位
옛날 돌이켜보시며 탄식하시길	顧瞻咨嗟
너희 문무백관들아	惟汝文武
누가 우리 왕가王家 구제할 것인가	孰恤予家
오吳와 촉蜀의 역적의 목을 벤 뒤	旣斬吳蜀
다시 산동山東을 취하셨네	旋取山東
위장魏將이 앞장서 의거하여	魏將首義
여섯 주 항복시켜 따르게 했으나	六州降從
회서의 채주가 순종하지 않고	淮蔡不順
스스로 강하다 여겨서	自以爲强
군대 이끌고 시끄럽게 부르짖으며	提兵叫讙
이전처럼 자리를 차지하려 하였네	欲事故常
황제께서 토벌 명하셨는데	始命討之
마침내 간악한 이웃과 연대하여	遂連姦隣

은밀하게 자객을 보내서	陰遣刺客
상신相臣[武元衡]을 죽였네	來賊相臣
이때 전세가 불리해지니	方戰未利
안으로 온 장안을 놀라게 하였고	內驚京師
공들이 말씀드리기를	群公上言
달래는게 제일이라 하였는데	莫若惠來
황제께서는 듣지 않으시고	帝爲不聞
신명神明과 모의하시어	與神爲謀
뜻이 같은 사람 승상으로 삼으셔서	乃相同德
하늘의 천벌 내리게 하셨네	以訖天誅
이에 이광안·오중윤	乃勅顔胤
이소·한공무·이도고·이문통에게 조서 내리시길	愬武古通
모두 한홍에게 통솔되어	咸統於弘
각각 공을 세우게 하셨네	各奏汝功
세 방향으로 나누어 공격하니	三方分攻
그 군사가 5만이었네	五萬其師
대군이 북쪽에서 승세를 타고오니	大軍北乘
병력은 두 배가 되었고	厥數倍之
일찍이 시곡時曲을 공격할 적에	常兵時曲
적군들 완강하게 저항했으나	軍士蠢蠢
능운陵雲에서 무찌르고 나니	旣剪陵雲
채주의 군대가 크게 곤란해졌네	蔡卒大窘
소릉邵陵에서 승리하고	勝之邵陵
언성郾城에서 항복시켰네	郾城來降
여름부터 가을까지	自夏入秋

주둔하고 있는 병영 늘어서 있고 復屯相望
병기는 무디고 군사는 분발하지 못해 兵頓不勵
제때에 공을 아뢰지 못하였네 告功不時
황제께서 출정한 병사들 가엾게 여겨 帝哀征夫
승상에게 명하여 가서 다스리게 하시니 命相往釐
병사들은 배가 불러 노래 부르고 士飽而歌
말들은 힘이 넘쳐 마구에서 뛰었네 馬騰於槽
신성新城에서 이 말과 군대 시험해보니 試之新城
적군들은 만나자마자 패하여 도주했네 賊遇敗逃
그곳에 있는 적들을 전부 무찌르고 盡抽其有
군사 모아 우리 편을 대항하고 聚以防我
서쪽의 군사가 뛰어 들어가니 西師躍入
대열에서 이탈한 자 없었네 道無留者
높고 견고한 채주성은 頟頟蔡城
그 영역이 천 리인데 其疆千里
우리 군대가 들어가 점령하고 나니 旣入而有
순종하며 처분을 기다리지 않은 자 없었네 莫不順俟
황제께서 은혜로운 말씀 있으셔서 帝有恩言
승상 배도가 와서 선포하였는데 相度來宣
그 괴수만 베고 誅止其魁
아랫사람들은 풀어주라 하셨네 釋其下人
채주의 병졸들은 蔡之卒夫
갑옷 던지고 환호하며 춤췄고 投甲呼舞
채주의 부녀자들은 蔡之婦女
문에서 맞이하며 웃고 말하였네 迎門笑語

채주 사람들 굶주림을 호소하니	蔡人告饑
배로 곡식 싣고 가서 먹여주었고	船粟往哺
채주 백성들 추위를 호소하니	蔡人告寒
옷감을 내려주셨네	賜以繒布
예전엔 채주 백성들을	始時蔡人
왕래하지 못하게 금하였는데	禁不往來
지금은 서로 어울려 놀고	今相從戲
밤에도 이문里門을 활짝 열어놓았네	里門夜開
예전엔 채주 사람들	始時蔡人
나가면 전쟁을 하고 후퇴하면 죽임당했는데	進戰退戮
지금은 늦게 일어나서	今旰而起
좌우에 놓인 밥과 죽을 먹는다네	左餐右粥
채주 백성들 위해 사람을 골라	爲之擇人
남은 피곤을 해소해 주시고	以收餘憊
관리를 뽑으시고 소를 하사하셨으며	選吏賜牛
사람들을 가르치고 조세租稅를 면제하셨네	選吏賜牛
채주 사람들 말하길	蔡人有言
예전엔 미혹되어 알지 못했는데	始迷不知
이제야 크게 깨닫고서	今乃大覺
이전의 행위가 부끄럽다 하였네	羞前之爲
채주 사람들 말하길	蔡人有言
천자께서 밝고 성스러우셔서	天子明聖
순종하지 않으면 온 집안을 멸하고	不順族誅
순종하면 생명을 보전해주시니	順保性命
너희들 우리 말 못 믿겠거든	汝不吾信

이 채주 지방을 보라	視此蔡方
누가 순종하지 않는가	孰爲不順
가서 그의 도끼로 목을 베리라	往斧其吭
배반한 자들 여럿 있어	凡叛有數
서로 호응하여 의지하고 있었지만	聲勢相倚
강한 우리도 버티지 못했는데	吾强不支
약한 너희야 어디에 기대겠느냐	汝弱奚恃
너희 어른과	其告而長
아비와 형에게 고하여	而父而兄
분주히 함께 와서	奔走偕來
우리와 같이 태평을 누리자	同我太平
회서의 채주에서 반란을 일으키자	淮蔡爲亂
천자께서 채주를 정벌하셨고	天子伐之
정벌한 뒤에 백성들 굶주리자	旣伐而饑
천자께서 이들을 소생시키셨네	天子活之
처음 채주 정벌을 의논할 때에	始議伐蔡
황제의 의견 따르는 경사卿士 없었고	卿士莫隨
정벌한 지 이미 4년이 되어도	旣伐四年
위아래 신하 모두 의심했었는데	小大並疑
용서하지도 의심하지도 않으신 것은	不赦不疑
천자의 밝음으로 인한 것이라네	由天子明
무릇 채주에서 세운 공은	凡此蔡功
오직 결단력으로 이룬 것이네	惟斷乃成
이미 회서의 채주 평정하자	旣定淮蔡
사방의 이민족 모두 오니	四夷畢來

마침내 밝은 조정을 열어놓고 遂開明堂
앉아서 나라를 다스리네 坐以治之
마무리하는 말에 다하지 않은 뜻이 있으니 묘하다.[165]

165 마무리하는……묘하다 : 이 부분은 김창협이 비평한 내용으로, 『팔대가문십선』에서는 소주小註로 처리되어 있다.

平淮西碑

(茅坤) 通篇, 次第戰功, 摹倣史漢, 而其辭旨, 特自出機軸. 其最好處, 在得臣下頌美天子之體.

天以唐克肖其德, 聖子神孫, 繼繼承承, 於千萬年, 敬戒不怠, 全付所覆, 四海九州, 罔有內外, 悉主悉臣. 高祖太宗, 旣除旣治, 高·宗·中睿, 休養生息, 至于玄宗, 受報收功, 極熾而豐, 物衆地大, 孼牙其間.

肅宗代宗, 德祖順考, 以勤以容, 大慝適去, 稂莠不薅. 相臣將臣, 文恬武嬉, 習熟見聞, 以爲當然.

睿聖文武皇帝旣受群臣朝, 乃考圖數貢曰, "嗚呼! 天旣全付予有家, 今傳次在予, 予不能事事, 其何以見于郊廟?" 群臣震懾, 奔走率職.

明年平夏, 又明年平蜀, 又明年平江東, 又明年平澤潞. 遂定易定, 致魏·博·貝·衛·澶·相, 無不從志. 皇帝曰, "不可究武, 予其少息."

九年, 蔡將死, 蔡人立其子元濟以請, 不許. 遂燒舞陽, 犯葉襄城, 以動東都, 放兵四劫. 皇帝歷問于朝, 一二臣外, 皆曰, "蔡帥之不廷授, 于今五十年. 傳三姓四將, 其樹本堅, 兵利卒頑, 不與他等, 因撫而有, 順且無事."

大官臆決唱聲, 萬口和附, 幷爲一談, 牢不可破. 皇帝曰, "惟天惟祖宗所以付任予者, 庶其在此, 予何敢不力? 況一二臣同, 不爲無助."

曰, "光顏! 汝爲陳·許帥, 維是河東·魏博·郃陽三軍之在行者, 汝皆將之."

曰, "重胤! 汝故有河陽懷, 今益以汝, 維是朔方·義成·陝·益·鳳·翔·延·慶七軍之在行者, 汝皆將之."

曰, "弘! 汝以卒萬二千, 屬而子公武, 往討之."

曰, "文通! 汝守壽, 維是宣武·淮南·宣歙·浙西四軍之行于壽者, 汝皆將之."

曰, "道古! 汝其觀察鄂岳."

曰, "愬! 汝帥唐·鄧·隨, 各以其兵進戰."

曰, "度! 汝長御史, 其往視師."

曰, "度! 惟汝予同, 汝遂相予, 以賞罰用命不用命."

曰, "弘! 汝其以節都統諸軍."

曰, "守謙! 汝出入左右, 汝惟近臣. 其往撫師."

曰, "度! 汝其往, 衣服飮食予士, 無寒無飢, 以旣厥事, 遂生蔡人. 賜汝節斧, 通天御帶. 衛卒三百. 凡玆廷臣, 汝擇自從, 惟其賢能, 無憚大吏. 庚申, 予其臨門送汝."

曰, "御史! 予閔士大夫戰甚苦, 自今以往, 非郊廟祠祀, 其無用樂."

顔·胤·武合攻其北, 大戰十六, 得柵·城·縣二十, 降人卒四萬. 道古攻其東南, 八戰, 降萬三千, 再入申, 破其外城. 文通戰其東, 十餘遇, 降萬二千. 愬入其西, 得賊將, 輒釋不殺, 用其策, 戰比有功.

十二年八月, 丞相度至師, 都統弘責戰益急, 顔·胤·武合戰益用命. 元濟盡幷其衆洄曲以備. 十月壬申, 愬用所得賊將, 自文城, 因天大雪, 疾馳百二十里, 用夜半到蔡, 破其門, 取元濟以獻, 盡得其屬人卒. 辛巳, 丞相度入蔡, 以皇帝命赦其人.

淮西平, 大饗賚功. 師還之日, 因以其食賜蔡人. 凡蔡卒三萬五千,其不樂爲兵, 願歸爲農者十九, 悉縱之. 斬元濟京師. 冊功, 弘加侍中, 愬爲左僕射, 帥山南東道, 顏·胤皆加司空, 公武以散騎常侍, 帥鄜坊丹延, 道古進大夫, 文通加散騎常侍.

丞相度朝京師, 道封晉國公, 進階金紫光祿大夫, 以舊官相, 而以其副總爲工部尚書, 領蔡任. 旣還奏, 群臣請紀聖功, 被之金石. 皇帝以命臣愈, 臣愈再拜稽首而獻文曰.

唐承天命, 遂臣萬邦, 孰居近土, 襲盜以狂.
往在玄宗, 崇極而圮, 河北悍驕, 河南附起.
四聖不宥, 屢興師征, 有不能克, 益戍以兵.
夫耕不食, 婦織不裳, 輸之以車, 爲卒賜糧.
外多失朝, 曠不嶽狩, 百隷怠官, 事亡其舊.
帝時繼位, 顧瞻咨嗟, 惟汝文武, 孰恤予家.
旣斬吳蜀, 旋取山東. 魏將首義, 六州降從.
淮蔡不順, 自以爲強, 提兵叫讙, 欲事故常.
始命討之, 遂連姦隣, 陰遣刺客, 來賊相臣.
方戰未利, 內驚京師, 群公上言, 莫若惠來.
帝爲不聞, 與神爲謀, 乃相同德, 以訖天誅.
乃勅顏胤, 愬武古通, 咸統於弘, 各奏汝功.
三方分攻, 五萬其師. 大軍北乘, 厥數倍之.
常兵時曲, 軍士蠢蠢, 旣翦陵雲, 蔡卒大窘.
勝之邵陵, 郾城來降. 自夏入秋, 復屯相望,
兵頓不勵, 告功不時, 帝哀征夫, 命相往釐,
士飽而歌, 馬騰於槽. 試之新城, 賊遇敗逃.
盡抽其有, 聚以防我, 西師躍入, 道無留者.
頟頟蔡城, 其疆千里, 旣入而有, 莫不順俟.

帝有恩言, 相度來宣, 誅止其魁, 釋其下人.
蔡之卒夫, 投甲呼舞, 蔡之婦女, 迎門笑語.
蔡人告飢, 船粟往哺, 蔡人告寒, 賜以繒布.
始時蔡人, 禁不往來, 今相從戲, 里門夜開.
始時蔡人, 進戰退戮, 今旰而起, 左飱右粥.
爲之擇人, 以收餘憊, 選吏賜牛, 敎而不稅,
蔡人有言, 始迷不知, 今乃大覺, 羞前之爲.
蔡人有言, 天子明聖, 不順族誅, 順保性命,
汝不吾信, 視此蔡方. 孰爲不順, 往斧其吭.
凡叛有數, 聲勢相倚, 吾強不支, 汝弱奚恃.
其告而長, 而父而兄, 奔走偕來, 同我太平.
淮蔡爲亂, 天子伐之, 旣伐而飢, 天子活之.
始議伐蔡, 卿士莫隨, 旣伐四年, 小大並疑,
不赦不疑, 由天子明, 凡此蔡功, 惟斷乃成.
旣定淮蔡, 四夷畢來, 遂開明堂, 坐以治之.
收語有不盡之意妙.[166]

166 收語有不盡之意妙 : 이 부분은 김창협이 비평한 내용으로, 『팔대가문십선』에서는 소주小註로 처리되어 있다.

【비평자료】

1 한유韓愈[退之]는 문장을 지을 때 진부한 말을 없애고자 힘썼다. 진부한 말이란 오로지 세속에서 쓰는 평범한 말만을 가리키는 것이 아니라, 대체로 옛사람이 이미 한 적이 있는 말이면 모두 이에 해당한다. 『춘추좌씨전春秋左氏傳』, 『국어國語』,[167] 『한서』[168]와 『사기』[169]같이 비록 아름답고 기이하여도, 혹시 한 번이라도 답습하여 쓴다면 모두 진부한 말일 뿐이다. 지금 한유의 문집 수백 편을 읽어 보면 한마디도 옛사람의 성구成句를 답습하여 쓴 말이 없다. 예를 들어 「평회서비平淮西碑」는 오로지 『상서尙書』를 본받았으나 『상서』 속의 말이 한마디도 없고, 「증태부동공행장贈太傅董公行狀」은 『춘추좌씨전』을 모범으로 삼았으나 『춘추좌씨전』 속의 말이 한마디도 없고, 「장중승전후서張中丞傳後敍」는 『사기』와 매우 비슷하나 『사기』 속의 말이 한마디도 없으니, 참으로 뛰어난 재능이다. 명나라의 문장, 예를 들면 이우린李于鱗[170]은 오로지 옛사람의 자구를 취해 이어서 문장을 지었으니 참으로 비루하다. 원미元美[171] 또

---

167 국어國語 : 춘추 시대 노魯나라의 좌구명左丘明이 8개국의 역사를 모은 책이다. 서주의 목왕 때(기원전 1000년)부터 노나라의 도왕悼王 때 조양자趙襄子가 지백智伯을 멸망시킨 일(기원전 453년)까지 약 500년간의 역사를 기록하였다.

168 한서漢書 : 한漢나라 반고班固가 저술하고 반소班昭가 이어서 편찬한 한나라의 역사서이다. 사마천의 『사기』와 같은 기전체 형식으로 쓰여졌고 제기帝紀 13권, 표表 9권, 지志 18권, 열전列傳 79권 등 모두 120권이다. 『사기』와 함께 정사正史의 모범이 되었다고 평가받는다.

169 사기 : 한나라 사마천司馬遷이 처음으로 기전체紀傳體를 사용하여 중국의 상고上古로부터 그의 당대인 무제武帝 시대에 이르기까지의 역사를 적은 책이다. 본기 12편, 표 10편, 서 8편, 세가 30편, 열전 70편, 총 130권으로 기전체 서술 방식의 효시가 되었다.

170 이우린李于鱗 : 명대의 시인으로 이름은 반룡攀龍이고 호는 창명滄溟이며 이몽양李夢陽, 하경명何景明을 중심으로 하는 홍치칠자弘治七子의 복고설을 계승, 왕세정 등과 고문사설古文辭說을 제창하여 진한秦漢의 고문을 모범으로 삼고 한漢·위魏·성당盛唐 시의 격조를 중시하였다. 저서로 『고금시산古今詩刪』, 『이창명집李滄溟集』이 있다.

한 일찍이 이 병폐를 논했지만 자신이 지은 글을 보면 역시 이러한 병통을 면치 못했다. 그리하여 비문碑文에 일을 서술한 것이 다 『한서』와 『사기』의 어구를 답습한 것으로, 편마다 거듭해 나와 눈에 들어오는 것마다 진부하다. 대체로 한유가 제거하려고 했던 것을 또한 힘써 하면서 스스로 당송의 문장보다 뛰어나다고 말하는 것은 어째서인가?

退之爲文, 務去陳言. 陳言, 非專指俗下庸常語也, 凡經古人所已道者皆是. 如左國班馬之文, 雖則瑰奇, 一或襲用, 皆陳言耳, 今讀韓集累百篇, 無一語襲用古人成句, 如平淮西碑, 專法尙書, 而無一尙書中語, 董晉行狀, 規模左傳, 而無一左傳中語, 張中丞傳後敍, 酷類馬史, 而無一馬史中語, 眞卓識也. 明文如李于鱗, 專取古人句字, 屬綴成文, 其陋甚矣, 元美亦嘗議此病, 而觀其自爲, 亦不免此. 碑誌敍事, 類皆襲用馬班句語, 篇篇複出, 入眼皆陳. 凡退之之所務去, 方且極力爲之, 而自謂高出唐宋, 何也?

金昌協(1651~1708), 「雜識」, 『農巖集』 卷34.

2 윤근수 : "戰其東十餘遇"【하야】 "降萬二千"에서 "十餘" 아래에 "하야" 토를 달아야 할 듯합니다. "遇降"이라는 말은 바로 오원제의 군대를 만나서 그들의 항복을 받은 것을 이릅니다. "十餘遇"라는 말은 온당하지 않은 것 같은데, 어떻습니까?

최립 : "遇降"이라는 글은 따를 수 없을 듯합니다. "十餘遇"라는 말은 결국 온당하지 않은 듯합니다. 아래 문장과 연결하여 "遇降"이라고 보는 것이 옳을 듯합니다.

---

171 원미元美 : 왕세정王世貞(1526~1590). 가정칠재자嘉靖七才子의 한 사람으로 손꼽히고, 학식이 높았던 명明나라의 문학자이다. 명대 후기 고문사古文辭파의 지도자가 되었다. 격조를 중요히 여기는 의고주의擬古主義를 주장했다. 주요 저서에는 『엄주산인사부고弇州山人四部考』등이 있다.

윤근수 : "孰居近土襲盜以狂"【가】: 본주[172]에서 "가까운 곳의 여러 진鎭 중 반역한 자이다."라고 하였습니다. "이광以狂"【가】 토를 "【고】"로 바꿨으면 하는데, 어떻습니까?

최립 : "당시에 누가 침범하고 도적질로 미친 짓을 하고자 했겠는가. 오직 지극히 융성했다가 무너지고 난 연후에야 그렇게 할 수 있을 뿐이다." 제 생각에는 이런 말인 듯합니다.

윤근수 : "魏將首義"【오】 "六州降從"【이어늘】에서 위장魏將[173]이 앞장서 의거한 6주州가 항복해 따르는 것은 두 가지 일이 아닙니다. 위장이 앞장서 기병하자 6주가 투항해 복종한 것입니다. "首義【오】" 토를 "하니"로 바꿔 쓰고 싶은데, 어떻습니까?

최립 : "首"와 "從" 사이에 "【오】" 토를 놓는 것이 무슨 장애가 되겠습니까.

戰其東十餘遇【爲也】 降萬二千, 似當於十餘下懸爲也【吐】, 遇降之云, 卽謂遇元濟之卒而受其降也, 十餘遇云者, 似未妥如何?

○恐不得從遇降之文.

"十餘遇" 云者, 終恐未穩. 連下文作遇降恐是.

孰居近土, 襲盜以狂【可】, 本注, 近土諸鎭之叛命者. 以狂【可】吐, 欲改作【古】, 如何?

○方其時, 孰欲襲盜以狂【可】, 惟崇極而圮乃後然耳, 愚恐如此.

---

172 본주 : 주자가 한유의 문집을 교정하여 명나라 때 『주문공교창려선생집朱文公校昌黎先生集』이라는 제목으로 간행하였는데, 이 책에서의 주석을 말한다.

173 위장魏將 : 위박절도사魏博節度使 전홍정田弘正(746~821)이다. 당나라 평주平州 노룡盧龍 사람. 자는 안도安道고, 본명은 흥興이다. 헌종憲宗 7년(812) 위박절도사魏博節度使 전계안田季安이 죽자 사람들에 의해 옹립되어 조정의 명령을 기다렸다가 절도사를 이어받았다. 오원제가 반란을 일으키자 출병하여 토벌했다. 나중에 성덕절도사成德節度使 왕승종王承宗을 위협해 당나라에 귀순시키고, 평로치청절도사平盧淄靑節度使 이사도李師道를 토벌해 동중서문하평장사同中書門下平章事가 더해졌다.

"魏將首義【五】", "六州降從【於乙】", 魏將首義與六州降從, 非有二事. 蓋魏將首義而六州降從也. 首義【五】吐, 欲改作【爲尼】如何?
○恐首從間着【五】吐何妨?

尹根壽(1537~1616), 「平淮西碑」, 『月汀先生別集』 卷8.

3 「평회서비」. "受報收功"【'보報'는 백성들이 선제先帝의 은혜에 보답해서 현종이 그것을 받았다는 것을 말하고, '공功'은 선제의 치평治平의 공효를 현종이 거두었다는 것을 말한다.】 "不庭授"【'정庭'은 조정이다. 채주蔡州의 장수를 조정에서 제수하지 않았다는 말이다.】 "汝遂相予, 以舊官相"【배도裵度 본전本傳[174]을 살피건대, 이전에 중서시랑 동중서문하 평장사에 배수되고 후에 또 문하시랑 평장사에 배수되었다. 두 번 중서에 배수되었는데 전에는 섭행攝行이었기 때문에 '동同' 자가 있고, 뒤에는 실직實職이기 때문에 '동同' 자가 없다. 배도가 돌아오자 공훈을 기록하여 진국공에 봉해지고 다시 정사를 맡았으므로 소위 "옛날 관직인 재상을 맡게 하였다."라고 한 것이다.】 "通天御帶"【무소뿔의 아름다운 것에는 구멍이 있으므로, '통천서通天犀'라 부른다.】 "臨門送汝"【배도가 떠나자 황제가 통화문通化門에 나아가 전송하였다.】 "崇極而圮"【'비圮'는 음이 '비鄙'이고 '무너지다'라는 뜻이다. 매우 성하였다가 무너지는 것을 이른다. '숭극崇極'은 윗글의 '극치極熾'에 호응하고, '비圮'는 윗글의 '얼아孼芽'에 대응된다.】 "旣剪陵雲"【책의 명칭이다. 원화 11년(816년) 9월에 이광안李光顔이 능운책陵雲柵을 빼앗았다.】 "兵頓不勵"【'돈頓'은 '머물러 쉬는 것[頓止]'을 말하고, '여勵'는 '힘쓰는 것[勉勵]'을 이른다.】 "擇人"【'인人'은 곧 마총馬摠[175]이다.】

174 배도裵度 본전本傳 : 배도는 당나라 문희聞喜 사람으로 자는 중립中立이다. 중서시랑中書侍郎을 지낸 뒤 회채淮蔡의 난을 평정하여 진국공에 봉해졌고, 여러 번 국정을 좌우하여 그 위세를 떨쳤다. 여기에서 말하는 '본전'은 『신당서新唐書』 卷173에 수록된 그의 열전인 「배도열전裵度列傳」을 말하는 것으로 보인다.

175 마총馬摠 : 당나라 부풍 사람으로 자는 회원會元이다. 안남 도호安南都護·회서절도사·호부 상서戶部尙書 등을 지냈다. 안남에서 벼슬할 때, 안남의 풍속을 유술儒術로 교화시킨 공적이 있는 인물로도 알려져 있다. 『舊唐書』 卷157 「馬摠列傳」.

平淮西碑. "受報收功"【報謂生靈報先帝之恩, 玄宗受之, 功謂先帝治平之效, 玄宗收之.】 "不庭授"【庭卽朝廷. 言蔡帥朝廷不得除授也.】 "汝遂相予, 以舊官相"【按度本傳, 前拜中書侍郎同中書門下平章事, 後又拜門下侍郎平章事. 兩拜中書而前攝, 故有同字, 後眞, 故無同字. 及度還, 策勳封晉國公, 復知政事, 卽所謂以舊官相也.】 "通天御帶"【犀角之美者有孔, 號通天犀.】 "臨門送汝"【度行, 上御通化門送之.】 "崇極而圮"【圮音鄙, 毁也, 謂極盛而衰也, 崇極, 應上文極熾. 圮, 應上文孼芽.】 "旣剪凌雲"【柵名, 元和十一年九月, 光顔拔凌雲柵.】 "兵頓不勵"【頓謂頓止, 勵謂勉勵.】 "擇人"【人卽馬摠也.】

李德弘(1541~1596), 「古文後集質疑」, 『艮齋先生續集』 卷4.

4 옛날 비석에 새긴 글씨로 논한다면, 진창陳倉의 석고石鼓[176]와 역산嶧山의 진비秦碑[177]는 논할 것이 없다. 「평회서비」은 세상 사람들이 다만 태산북두[178]의 문장이라 하여 암송하였을 뿐이고, 두타사頭陀寺에 지은 비문[179]은 후세 사람들이 적선謫仙의 청아한 말이라고 칭송하였을 뿐이지만, 그 글씨는 모두 알려지지 않았습니다. 오직 마애비磨崖碑[180] 한 면

176 진창陳倉의 석고石鼓 : 진창은 지금의 섬서성陝西省 보계시寶雞市이다. 석고는 북 모양으로 된 10개의 석조 유품으로, 돌 표면에 진대秦代의 전자篆字에 가까운 문자가 새겨져 있다. 주나라 선왕의 업적을 칭송하여 돌에 새긴 것으로, 중국의 각석刻石 중에서 가장 오랜 것이다. 원래 섬서성 부풍현扶風縣 서북쪽에 있던 것을 당나라 때 봉상부鳳翔府 공자묘孔子廟로 옮겨 왔다가 다시 북경北京의 국자감國子監으로 이전했다고 한다.

177 역산嶧山의 진비秦碑 : 역산은 산동성山東省 추현鄒縣 동남쪽에 있는 산 이름이다. 진비는 진시황秦始皇 28년에 순행巡行 도중 역산에 올라가 진나라의 공덕을 찬송하며 새긴 비이다.

178 태산북두泰山北斗 : 학문과 예술 분야의 대가大家를 말한다.

179 두타사頭陀寺에 지은 비문 : 「두타사비문頭陀寺碑文」을 말한다. 북제北濟의 왕건王巾이 지었는데, 문장이 정교하고 아름답기로 유명하다. 『文選』 卷59.

180 마애비磨崖碑 : 중국 호남성에 오계라는 냇물이 있는데 당나라 시인 원결元結이 은거해 살던 곳이다. 당나라가 안녹산의 반란을 평정하고 장안長安과 낙양洛陽을 수복한 뒤에 원결이 「대당중흥송大唐中興頌」을 지어 숙종肅宗의 공덕을 칭송하고

에 있는 원수부元水部의 별처럼 빛나는 문장과 안태사顔太師의 용사龍蛇 같은 글씨[181]만이 다른 말이 없습니다.

以古之勒石者論之, 則陳倉石鼓, 嶧山秦碑, 不可與議. 淮西斷碑, 世人只誦山斗之文章, 頭陀撰文, 後世唯稱謫仙之清辭, 書者幷無傳焉. 唯磨崖一面, 元水部星斗之文, 顔太師龍蛇之字, 無異辭.

成汝信(1546~1632), 「與曹主簿書」, 『浮査先生文集』 卷3.

5 나는 어릴 때에 「평회서비平淮西碑」를 읽는 자가 "故有河陽懷"라는 부분을 오중윤烏重胤이 하양에서 떠날 생각이 있으므로 그것을 더해주었다고 여기는 것을 보았다. 내가 "이것은 단지 지명이니, 「범수전范雎傳」의 이른바 "위나라를 정벌하여 회읍을 함락시켰다[伐魏拔懷.]."의 '회懷'자이다. 회주는 대개 하내河內의 땅이므로 중윤에게 하양과 회주를 더 준 것이다. 만약 떠난다는 생각의 '회懷' 자로 본다면 문세文勢에 그렇지 않은 것이 있을 듯하다."고 하니, 그 사람은 기꺼이 따르려고 하지 않았다. 그 후에 『당서唐書』 「영호초열전令狐楚列傳」을 보았는데 "영호초를 뽑아 하양과 회주懷州의 절도사로 삼았다.[擢楚爲河陽懷節度使]"라고 말한 것이 있었으니, 회懷 자가 지명이라는 사실은 의심할 것이 없다.

余幼時見人讀平淮西碑者, 以故有河陽懷者, 謂烏重胤於河陽有去思, 故益與之. 余以爲"此只是地名, 范雎傳所謂"伐魏拔懷"之懷也. 懷蓋

오계의 석벽石壁에 새겼는데, 그 글씨를 안진경이 썼다. 이것을 마애비라 한다.

181 원수부元水部의……글씨 : 송나라 장뢰張耒의 〈마애비후磨崖碑後〉라는 시에, "수부 원결의 흉중엔 별처럼 찬란한 문장이 있고, 태사 안진경顔眞卿의 붓 밑엔 용사 같은 글자를 이루었네[水部胸中星斗文, 太師筆下龍蛇字.]."라고 한 데서 온 말이다. 별처럼 빛난다는 것은 문장이 뛰어남을 뜻하고, 용사 같은 글자란 마치 용이나 뱀이 꿈틀거리는 듯한 힘찬 글씨를 뜻한다.

河內地, 故益重胤以河陽懷也. 若看作去思之懷則恐於文勢有不然者." 其人不肯從. 後見唐書令狐楚傳, 有曰"擢楚爲河陽懷節度使", 則懷之爲地名盖無疑.

閔遇洙(1694~1756), 「雜識」, 『貞菴集』 卷15.

6 한유의 「평회서비」는 옛사람들이 단정지어 말하길 "서序는 서경같고 명銘은 시경 같다."고 하였으며 고금에 문장을 논하는 자들은 모두 말하길, "한유의 가장 득의한 문장"이라고 하니 후대 사람들이 감히 따져서는 안 된다. 다만 대략적으로 논하자면, 명은 서만 못하고 문장의 기세가 지나쳐 한 시대의 이목을 빛나게 하고 사람들을 설복說服시키지만 뜻은 특히 부족하다. 전아하고 엄정함은 위로는 반연의 서사[182]에 양보해야 하고, 전과 찬은 가까이로는 원수부의 「대당중흥송大唐中興頌」[183]에 부끄럽다. 대체로 한유의 4언시는 이러한 문제가 매우 많으니, 〈원화성덕시元和聖德詩〉[184] 같은 것은 가장 수준이 낮다. 내가 말한 것은 기준이 될 수 없지만 후에 진실로 동의하는 사람이 있을 것이다.

韓公平淮碑, 古人斷謂"序如書銘如詩", 古今談文章者, 擧謂"韓公第一得意文", 後人宜不敢議. 第厚論之, 銘亦不如序, 過爲文氣, 使有耀一世耳目, 令每人說服, 意殊不足. 典嚴上遜班掾叙, 傳贊近媿元水部磨崖頌. 大抵韓公四言詩多是病, 至元和聖德詩, 冣下矣. 匡師言之, 不可以輕重, 後固有契焉者.

李匡師(1705~1777), 「讀平淮西碑」, 『圓嶠集選』 卷8.

---

182 반연의 서사 : 후한의 반고가 지은 『한서』를 가리킨다.

183 원수부의 「대당중흥송大唐中興頌」 : 당나라 원결이 지은 「대당중흥송」을 가리킨다.

184 원화성덕시元和聖德詩 : 한유가 당나라 헌종이 이룩한 중흥의 업적을 기리기 위하여 4언의 고체古體로 지은 시다. 무려 1024자로 된 장편인데, 『한창려집韓昌黎集』 권1 맨 처음에 수록되어 있다.

7 「평회서비」. 서문 첫머리에 하늘은 당나라 황제가 인의仁義가 있어 하늘의 덕을 잘 본받아 천하를 준 것과 나라를 열고 계승한 것을 가지고 두 가지로 말하되 하늘이 부여한 것을 주로하고 조종祖宗을 다음으로 하였다. 비록 두 가지가 모두 강령强領이긴 하지만 하늘에 총괄시켜서 명맥을 하나로 만든 것이니, '기제旣除'는 의義이고 '기치旣治'는 인仁이며 '휴양불식休養生息'은 인인데 잔당들을 제거하지 못하신 것은 의가 지극하지 못한 것이다.

다음으로 예성문무황제睿聖文武皇帝(憲宗)께서 하늘의 명을 받으시고 받고 조종의 전통을 계승하여 능히 하늘과 조정이 자신에게 맡긴 것을 가지고 말하자면, 하늘이 이미 천하를 모두 왕가王家에 주셨다고 하신 것은 하늘은 당나라가 하늘의 덕을 잘 본받아 하늘이 덮고 있는 대지를 전부 맡겼다는 것과 조응하고 지금 차례대로 전하는 것이 나에게 있다고 말한 것은 고조高祖 · 태종太宗 · 고종高宗 · 중종中宗 · 예종睿宗 · 현종玄宗 · 숙종肅宗 · 대종代宗 · 덕종德宗 · 순종順宗을 말한 것에 조응한 것이다. 원문의 '교郊'라는 것은 하늘이고, '묘廟'라는 것은 조종祖宗이다. 대체로 그 반란을 징벌한 것은 의이고, 계속해서 전쟁하지 않은 것은 인이다. 위에서는 조종의 잘못을 장상將相의 허물로 돌린 것을 말한 것이고, 아래에서는 임금으로서의 아름다움을 지금 황제에게 돌린 것을 말하였다. 신하들이 벌벌 떨었다고 말한 것은 군신들이 안일하거나 놀지 않았다는 것이니 체모든 사실이든 모두 합당하다. "원화元和 9년(814년) 채주자사 겸팽의군절도사 오소양이 죽자[蔡將死]"부터 아래로 회서의 일에 들어가서 "하늘과 선왕들께서 나에게 임무를 부여한 이유가 여기에 있다."라고 한 것은 또 요체에 대해 아울러 말한 것이다.

"光顔" 이하는 장군과 재상에게 명령하는 일을 서술한 것이니 채주를 토벌하는 것은 의이고, 병사들을 구휼하는 것은 인이다. "顔胤武合攻" 이하는 전투의 공을 서술한 것이니 회서 사람들을 사면하는 일은 인이고 원제를 참수한 일은 의이다. "冊功弘" 아래로는 공에 따라 상을 준 것을 서술한 것이니, 공에 따라 상을 준 것은 인이고, 반드시 그 공에 합당하게 한 것은 의며, "旣還奏" 이하는 공을 기린 것을 서술한 것이니 성스러운 임금의 공은 곧 인의의 공이요, 천심天心에 합치되고 조종에 욕되지 않은 것이다.

글 전체에 인의仁義의 실제를 말했으나 '인의仁義'라는 글자를 쓰지 않았고 명에 있어서도 역시 그러하였다. 각 단락에서 분명히 드러내지 않았을 뿐만 아니라 뒤에 보충하여 기록할 수도 없었다. 대체로 명은 『시경詩經』의 「대아大雅」를 본받고 서문은 『시경』의 〈순전舜典〉을 본받았는데 장수에게 명한 부분은 분명하게 모의한 흔적이 있지만, 명시銘詩가 모의한 적이 없는 수준에는 미치지 못했다. 명 중에 "帝有恩言相度來宣" 이하는 나라에서 인자하게 덮어 주는 은혜가 넘치고 끝없는 것을 서술하였고, 앞에서는 죄를 처벌하는 의가 엄중하고 합당한 것을 서술한 것이니 대체로 각각 그 체제를 얻은 것이다. 총괄한 끝부분에 이르러서는 결말이 끝나게 된다는 것을 서술하였다. "회서와 채주에서 반란을 일으키자, 천자께서 채주를 정벌하셨다."고 말한 것은 의이고, "정벌한 뒤에 백성들이 굶주리자 천자께서 이들을 소생시키셨다."고 말한 것은 인이다.

전투의 공을 서술할 때, 이소의 일은 비록 간략하지만 다 갖추어 부족함이 없는데, 포장한 말이 없다는 문제에 있어서는 이 글의 문체가 본래 사전史傳과 가승家乘의 차이가 있으므로 어쩔 수 없는 형세이다. 어린아이나 부녀자의 말과 같은 단문창의 글을 입언의 체[185]와 어찌 비교할 수 있겠는가.

185 입언의 체 : 입언立言은 곧 후세에 언론言論이나 가르침을 남기는 것을 이른다. "가장 높은 것은 덕을 세우는 것이요, 그다음은 공을 세우는 것이요, 그다음은 말을 세우는 것이다[太上有立德. 其次有立功, 其次有立言.]." 한 데서 유래한 말이다. 『春秋左傳』, 襄公 24년.

平淮西碑. 序文首以天之以唐天子有仁義, 能肖天德, 而付天下及祖宗之所以開埘繼述者, 兩言之而主以天付而次以祖宗. 雖竝爲鋼領, 而顧統之于天, 一其命脉耳, 既除義也, 既治仁也, 休養生息仁也, 稂莠不薅, 義之未至也.

次以睿聖文武皇帝之當天之授而承祖宗之傳, 克念天與祖宗之所責于躬者, 言之天旣全付有家者, 應天以唐克肖其德, 全付所覆, 今傳次在予者, 應高·太·高·中·睿·玄·肅·代·德·順之云者. 其曰郊則天也, 曰廟則祖宗也, 凡其伐叛義也, 不究武事仁也, 上言祖宗失歸咎於將相, 下言今皇帝歸美於君上, 而曰羣臣震慴, 無有恬嬉, 以體貌以實事皆得之. 自九年蔡將死, 以下方入淮西事而惟天惟祖宗所以付任予者, 又於要會竝言之矣.

曰, "光顔"以下, 叙其命將相之事也, 討蔡義也, 恤兵仁也. "顔胤武合攻"以下, 叙戰功也, 赦淮人仁也, 斬元濟義也. "冊功弘"以下, 叙賞功也, 賞功仁也, 必稱其功義也, "既還奏"以下, 叙銘功也. 聖功卽仁義之功, 而允當天心無忝祖宗者也.

通篇說仁義之實, 而不用仁義字, 在銘亦然. 若其段落則 不翅分曉無容追記. 蓋銘法太雅序法舜典, 而命將一節, 顯有模擬之迹, 顧不及銘詩之無迹也. 詩中帝有恩言, 相度来宣以下, 叙邦家仁覆之恩洋溢無涯涘, 而始叙討罪之義嚴重簡當, 蓋爲各得其體, 而及其摠結之於末也. 曰, "淮蔡爲亂, 天子伐之"者, 義也. "旣伐而飢, 天子活之"者, 仁也.

叙戰功時, 李愬事, 雖簡而該暢無闕, 及其無鋪張之言, 則此文之體, 固與史傳及家乘異, 故不得不然也, 如段文昌之文皃言婦語, 豈足以與立言之體耶?

安錫儆(1718~1774), 「韓文摘解」, 『雪橋藝學錄』 卷3.

8 큰 비석을 세워서 자신의 덕을 송축하고 자신의 공을 기리는 것은 옛 사람도 벗어나지 못한 것이다. 두예杜預[186]가 현산峴山에 세우고 한수漢

水에 빠뜨리는 두 비석은 진실로 비루한 것이고, 한나라 무제와 당나라 태종은 평소 한나라와 당나라의 훌륭한 임금이라고 일컬어졌으나 태산泰山의 비와 주필산駐蹕山의 비석이 우뚝하게 아직도 남아 있다.[187] 석고石鼓와 이정彝鼎도 비석의 아류이자 말류로 『주서周書』에 보이고 『춘추春秋』에도 보이니, 자신의 덕을 송축하고 자신의 공을 기리는 데서 깨끗이 벗어날 수 있는 자는 고금에 드물었다. 그런데 헌종憲宗이 이강李絳의 말을 한번 듣고는 백 마리의 소를 써서 안국사安國寺 비루碑樓를 끌어 엎어 버렸으니,[188] 어찌 그렇게 현명한가. 이 마음을 미루어 그대로 해 나갔더라면 온화하고 공손하고 겸양한 덕이 거의 삼황오제三皇五帝에까지도 미칠 수 있었을 터인데, 한번 회서淮西를 평정한 뒤로는 다시 스스로 대단하게 여기어 자신의 덕을 송축하고 공을 기록하는 비가 한유와 단문창段文昌의 손에서 번갈아 나오자 기쁘게 자처하고 그것을 보기를 태연하게 하였으니, 처음과 나중이 전혀 달라 판연히 다른 사람처럼 된 것은 어째서인가? 혹자는 안국사의 비루는 본래 헌종이 싫어하는 바가 아니었으나 다만 이강의 간언 때문에 억지로 철거한 것이라고 하니, 송덕비頌德碑를 세우고 싶어 하는 마음이 얼마간 남아 있어 떨칠 수가 없었기 때문인가? 헌종이 성난 목소리로 비루를 빨리 엎어 버리라고 토돌승

---

186 두예杜預 : 222~284. 진晉나라 경조京兆 두릉杜陵 사람으로 자는 원개元凱이다. 오吳나라 정벌을 도와 양호羊祜의 뒤를 이어 도독형주제군사都督荊州諸軍事, 진남대장군鎭南大將軍 등을 지냈고, 오나라를 멸망시키고 그 공로로 당양현후當陽縣侯에 봉해졌다. 『둔재한람遯齋閑覽』에 두예가 비석 두 개를 제작해 수백 년 후 물이 언덕으로 변하면 비석이 나타날 것이라 생각해 두 비석 중 하나를 물에 빠뜨렸다는 이야기가 전한다.

187 한나라……있다 : 한나라 무제 원봉元封 원년(기원전 110년)에 태산泰山에 봉선封禪을 하고 꼭대기에 돌을 세웠다. 당나라 태종은 정관貞觀 20년(646년)에 회흘回紇 등을 평정하고 손수 시를 지어 영주靈州에 비를 세웠다.

188 헌종憲宗이……버렸으니 : 당나라 시대에 헌종이 안국사安國寺의 누대를 짓고 이강李絳을 시켜 비명을 짓게 하였다. 그런데 강이 비명을 짓는 것이 옳지 않음을 진언하자 헌종이 이에 동의하여 비명 짓기를 그만두었다는 이야기가 있다.

최吐突承璀[189]를 꾸짖은 것을 보면 진정에서 나온 것이라고 할 수도 있겠으나, 그 노여움이 또 이강에게서 격발되어 그런 것이 아니라고 어떻게 장담하겠는가.

유학 한용의韓用儀가 대답하였다. "헌종이 안국사 비루를 허물어 버린 것은 단지 억지로 힘써 한 것일 뿐이고, 이 마음이 은미한 즈음에는 오히려 하나의 비루가 제거되지 않은 것이 있었습니다. 그러므로 회서를 평정한 뒤에 공을 송축하는 글을 돌에 새긴 것이니, 처음과 나중이 달라 판연히 같지 않았습니다. 그렇다면 성난 목소리로 토돌승최를 꾸짖은 것은 이강에게서 격발되어 진심이 드러난 것이라고 말하더라도 될 것입니다."

立豐碑頌德紀功, 古人之所不免. 杜預之山水二碑誠陋矣, 武帝太宗素稱漢唐英主, 而泰山之碑, 駐蹕之石, 屹然不磨, 石鼓也彝鼎也, 亦碑之支流餘裔, 而見於周載於魯, 則其能脫灑於頌德紀功之際者, 今古蓋鮮矣, 而憲宗一聽李絳之言, 用百牛曳倒安國碑樓者, 何其賢也? 推是心做將去, 則溫恭謙挹之德, 庶幾乎跂及三五, 而一平淮西, 便自侈然, 頌德紀功之碑, 迭出於韓退之段文昌, 而喜而自居, 視之恬然, 初晩之別, 判作兩人何哉. 或者安國之碑, 本非憲宗之所厭聞, 而特因李絳之諫, 而勉強撤去, 些兒在心未能驅除歟, 觀其厲聲叱承璀則可謂出於眞情, 而其怒也又安知非激於李絳而然歟?

幼學韓用儀對. "憲宗之毁安國寺碑樓, 特勉強而已, 此心隱微之際, 猶有一碑樓未去者, 故平淮之後, 勒石頌功, 初晩之別, 判然不同, 然則厲聲叱璀, 雖謂之激於李絳而露出眞情, 亦可矣."

正祖(1752~1800), 「經史講義·綱目·唐憲宗」, 『弘齋全書』 卷118.

---

189 토돌승최吐突承璀 : ?~820. 당나라 헌종의 총애를 받은 환관이다. 809년 토돌승최는 좌·우신책神策, 하중河中·하양河陽·절서浙西·선흡宣歙 등 도道의 행영병마사行營兵馬使, 초토처치사招討處置使 등에 임명되었다.

팔대가문십선

권2 유종원

경조윤京兆尹 허맹용許孟容[1]께 드리는 편지

(모곤) 유종원柳宗元[柳子厚][2]이 가장 실의에 빠졌을 때의 가장 득의한 편지글로 사마천의 「보임안서報任安書」에 비견되어 분위기는 구슬프고 쓸쓸하다. 내가 소식蘇軾[蘇子瞻][3]이 해내에 안치되었을 때[4]의 시문과 친구들에게 보낸 편지를 보건대 유달리 절로 넓고 활달하니 소식은 만년에 선종禪宗을 깊이 깨달았기 때문에 유독 초탈한 것이 유종원과 비교하자면 서로 간에 몇 배의 격차가 있다.

제가 오장五丈[5]께 재배합니다. 삼가 보내주신 편지를 받아 보니 타일러 일깨워 주심이 세밀하고 중후하여 기쁘고 황홀하여 꿈을 꾸는

---

1 허맹용許孟容 : 743~818. 당唐나라 장안長安 사람으로 자는 공범公範, 시호는 헌憲이다. 덕종德宗 때 급사중給事中으로 발탁되어 경조윤京兆尹·상서 좌승尙書左丞·동도 유수東都留守를 역임했다.

2 유종원柳宗元[柳子厚] : 773~819. 당나라 정치가이자 문장가로 당송팔대가唐宋八大家의 한 사람이다.

3 소식蘇軾[蘇子瞻] : 1036~1101. 송宋나라의 문장가로 자첨子瞻은 소식蘇軾의 자이다. 호는 동파東坡이며 아버지 소순蘇洵, 동생 소철蘇轍과 함께 삼소三蘇라 불렸는데, 모두 당송팔대가에 속한다. 한유·구양수歐陽脩를 이어받아 고문을 발전시켰으며, 또 사詞·서書·화畫에도 뛰어났다. 저서로 『동파전집東坡全集』이 있다.

4 소식이……때 : 소식이 왕안석王安石의 신법파와의 정쟁으로 인해 중앙관직에서 해임되어, 약 8년 동안 항주杭州, 밀주密州, 서주徐州, 호주湖州 등의 지방관을 전전하던 때를 의미한다.

5 오장五丈 : 오五는 허맹용이 항렬의 나이 순서에서 다섯 번째라는 뜻이고, 장丈은 어른에 대한 존칭이다.

것 같았으니 편지를 받고 머리를 조아리며 두근거리는 마음을 스스로 진정할 수가 없었습니다. 삼가 생각건대 죄를 얻은 지 5년 동안 친구나 대신들 중에 기꺼이 편지를 보내오는 사람이 없었으니 어째서이겠습니까? 죄와 비방이 쌓여 여러 사람들의 의심이 도처에 있으니 참으로 이상하게 여기고 두려워서였을 것입니다. 그래서 저는 머리가 멍해져 어쩔 줄을 모르고 더욱더 근심스러워 아직 남아있는 육신에 온갖 병이 모여들었고 체증이 묵어 음식을 먹지 않아도 절로 더부룩합니다. 계절이 추워지거나 더워질 때면 냉기와 열기가 번갈아 이르러서 안으로는 살갗과 뼈를 녹이니 장기瘴氣 때문에 건강이 좋지 않은 것만이 아닙니다.

뜻밖에 가르침을 받게 되었으니 다행히 대군자께서 너그럽게 대해주시어 질병으로 죽어가는 저를 다시 일으켜 사람이 되게 해주심을 알겠으니, 제가 평소 무슨 명망이 있었기에 감히 이런 은혜를 입는단 말입니까. 제가 젊었을 때부터 죄를 지은 자들과 친하고 사이가 좋았었기 때문에 처음에는 그들의 능력을 기이하게 여겨 함께 인의를 세워서 교화를 도울 수 있을 것이라고 여겼었습니다. 제가 스스로 역량을 헤아리지 못하는 잘못을 저지르면서까지 정성껏 권면하되 오직 정직과 신의로 뜻을 삼고 요堯·순舜·공자孔子의 도를 흥기시켜 백성을 이롭게 하고 편안히 하는 것에 힘쓰라고 했을 뿐 우매하고 비루한 자들이 억지로 힘써 행할 수 있는 일이 아니라는 것은 몰랐습니다.

그 평소의 뜻이 이러했지만 끝내 군색하고 불안하여 일은 이미 막혀버리고 지위가 높고 귀한 근신들의 심기를 거스르며 미치광이처럼 행동하고 어그러져서 헤아릴 수 없는 죄를 지은 탓에 떠들썩하게 여러 말들이 생겨나고 귀신마저 모두 노하였습니다. 게다가 평소 비천한 사람이 갑자기 국사를 맡는 벼슬에 올라 사람들에게 신임을 잃었고 이익과 지위를 구하러 온 자들이 문을 가득 메웠다가 백에 하나도 얻지 못하였는데 하루아침에 자신들이 원하는 뜻을 얻자 다시 원망과 비방을 만들어 냈습니다. 이 때문에 큰 죄 외에도 비방들이 갖가지로 무성하게 일어나 원수가 되어서는 합심하여 협공하고 밖으로 강포하거나 벼슬을 잃은 자들과 연합하여 그 일을 꾸며낸 것입니다. 이 모두 어른께서 아시는 것으로 남들에게 말하지 못했으나 생각을 그칠 수 없어 다시금 편지에 적습니다. 그들은 만 번 주륙을 당하더라도 책임을 면하기에 부족할 것이니 어찌 상이 있을 수 있겠습니까?

지금 무리가 요행히 관용을 입어 각자 좋은 자리를 얻어 공무가 없이 앉아서 봉록을 받아먹기만 하는 것은 황제의 은덕이 지나치게 두터운 것입니다. 하지만 어떻게 감히 폐고廢錮에서 벗어나 기대 이상의 은택을 바랄 수 있겠습니까? 나이가 젊어 기운은 왕성했지만 기미를 알지 못하고 옳고 그름도 모르면서 단지 일편단심으로 일을 추진하고자 했지만 끝내 형벌을 받았습니다. 이 모두 저 스스로가 초래한 것이니 또 어떻게 괴이하게 여기겠습니까.

제가 그 무리 가운데서 죄상이 가장 나빠 신이 다스려 벌을 내렸는데 또 곧장 죽지 못하여 오히려 사람들은 만나 이야기를 나누고 음식을 먹으며 목숨을 부지하여 미혹되게도 치욕을 모른 채 하루하루를 살아가고 있습니다. 그러나 여기에는 그럴만한 이유가 있으니 유씨柳氏 성을 얻게 된 이천오백 년 이래 대대로 가문을 이어왔는데 지금 특별한 죄를 얻어 남쪽 변방 고을[6]에 거처하고 있으니 땅은 낮고 습하며 짙은 안개가 껴 어느 날 갑자기 죽어 골짜기에 묻혀 선조의 사업을

6 남쪽 변방 고을 : 원문의 '이료夷獠'는 고대에 중국 동남방에 거주하던 민족인 동이東夷와 힐료犵獠의 합칭인데 여기에서는 유종원이 좌천되어 온 영주永州 지방을 말한다. 영주는 지금의 호남湖南이다.

실추시킬까 두렵습니다. 그래서 구슬프게 통한스러워 심신이 끓어오르는 듯합니다.

저는 쓸쓸히 홀로 살며 자식을 둔 적이 없고 이곳 벽지에는 선비의 자녀도 없어서 혼인도 못하는데 세상 사람들은 죄인과 가까이하려 하지도 않습니다. 그러니 대를 잇는 중함은 끊어지지는 않았으나 실낱처럼 위태로워 늘 봄가을로 시제時祭를 지낼 때면 홀로 제사를 받들고 둘러봐도 후사가 없어 슬퍼하고 걱정하며 이 제사가 끊겨버릴까 두려운 마음에 마치 칼날에 베이는 듯 심신이 괴롭습니다. 이는 진실로 어르신께서도 애석하고 안타깝게 여기실 것입니다.

선영先塋이 성의 남쪽에 있는데 관리할 다른 자제가 없어서 이웃에게 겨우 부탁했는데, 좌천된 뒤로 제 소식이 고향에 하나도 전해지지 못했기 때문에 묘를 관리하는 자가 참으로 더욱 나태해졌습니다. 그래서 저는 밤낮으로 슬프고 괴로워하며 묘소가 훼손되고, 꼴 베고 방목하는 것을 막지 못하여 큰 문제가 생길까 두렵습니다. 근래에는 성묘하는 예를 중시하는데 지금 성묘를 지내지 못한 지 4년이 넘었습니다. 늘 한식寒食이 되면 북쪽을 향해 길게 부르짖으며 머리를 조아렸습니다. 생각해 보면 논밭과 도로에 남녀가 가득하고 하인이나 거지들도 모두 자신의 부모님 묘지를 찾아가고 마의馬醫나 농사꾼의 넋들도 모두 자손들에게 제사를 받습니다. 그런데 이는 이미 바랄 수도 없으니 또 무슨 말을 하겠습니까.

성 서쪽에 몇 이랑의 밭과 수백 그루의 과일나무가 있는데 대부분 돌아가신 아버님께서 손수 심으신 것들입니다. 지금은 이미 황폐해지고 누가 베어버릴까 걱정스럽지만 다시 신경을 쓸 수가 없습니다. 집안에 있는 받은 책 3,000여 권이 아직 선화리善和里의 옛집에 보관 중인데 집은 지금 벌써 세 차례나 주인이 바뀌어 책이 남아 있는지 모르겠습니다. 이 모든 책들은 주고받은 사람들에게 소중한 것이어서 늘 마음에 있는데 손쓸 방법이 없습니다.

벼슬을 한 뒤 한 번 잘못되자 온갖 일이 어긋나고 몸과 집안은 망해서 세상에서 심하게 욕을 당했으니 어떻게 감히 대군자의 보살핌과 도움을 받아 여전히 사람 축에 끼어있기를 다시 바랄 수 있겠습니까. 이 때문에 밥을 먹어도 간이 적절한지 모르고 세수와 목욕, 양치도 철을 넘겨 한 번이라도 몸을 긁으면 때가 손톱에 잔뜩 끼니 참으로 근심스럽고 슬프지만 하소연할 데 없이 이 지경에 이르렀습니다.

예로부터 현인賢人과 재사才士들은 뜻을 갖고 분수를 따랐으나 비방을 당하면서 직접 해명하지 못했던 자들이 거의 수백 명이나 됩니다. 그리하여 형이 없는데 형수와 간통했다[7]고 하거나 고아에게 장가들었는데 장인을 때렸다[8]는 비방이 있었습니다. 하지만 당시의 호걸들의 도움으로 분명하게 분별하여 마침내 사적에 빛나게 되었습니다. 관중管仲은 도적을 만났으나 천거하여 그 도적이 공신이 되었고[9] 광장匡章

7 형이……간통했다 : 직불의는 한漢나라 경제景帝 때 어사대부御史大夫를 지내다가 무제武帝가 즉위한 뒤에 과실로 면직되었다. 직불의가 형수와 사통했다고 어떤 사람이 무함했다는 말을 듣고도 "나는 형이 없다."라고만 말하였을 뿐 직접 나서서 해명하지 않았다. 『史記』 卷103 「萬石張叔列傳」.

8 고아에게……때렸다 : 제오륜(?~?)은 한나라 때의 인물로, 성이 제오第五이고 이름이 륜倫이며, 자는 백어伯魚이다. 그는 청렴하고 법을 엄격히 적용한 인물이었는데, 사람들이 그가 법을 범한 장인을 때렸다고 비방하였다. 광무제光武帝가 이 그것이 사실이냐고 묻자, 그는 대답하기를, "신이 세 번 장가들었으나 모두 아비를 여읜 여자였습니다." 하였다. 『後漢書』 卷41 「第五倫列傳」.

9 관중管仲은……되었고 : 춘추 시대 제齊나라 재상 관중이 도적 떼를 만나 그중에서 두 사람을 선발하여 환공桓公에게 천거하여 환공의 신하가 되게 하며 말하기를 "함께 지내는 자들이 못된 자들이어서 도적질을 하게 된 것이지, 쓸 만한 사람들입니다."라고 하였다[管仲遇盜, 取二人焉, 上以爲公臣, 曰其所與遊辟也, 可人也.]."라고 하였다. 『禮記大全』 卷20 「雜記 下」.

은 불효자라고 불렸지만 맹자께서 예우하셨습니다.[10] 하지만 지금 제게 도적이나 광장처럼 평가받을 만한 내실이 없고 비방만 있으니 세상 사람들이 저의 결백을 밝혀주기를 바라더라도 그럴 수가 없습니다.

직불의直不疑는 금을 사서 동료에게 대신 갚아주었고[11] 유관劉寬은 수레에서 내려 소를 고향 사람에게 되돌려주었으니[12] 이는 진실로 그럴듯하여 변론할 수 없고 말로 승복시킬 수 있는 것이 아님을 알았기 때문입니다. 숙첨叔詹[鄭詹]은 진晉나라에 붙잡혀 있었지만 끝내 죽임을 당하지 않았고,[13] 종의鍾儀는 초楚나라 음악으로 마침내 본국으로

---

10 광장匡章은……예우하셨습니다 : 광장匡章은 제나라 사람으로, 아버지에게 선善을 권장하다가 서로 뜻이 맞지 않아 아버지에게 쫓겨나자 온 나라 사람들이 광장을 불효자라고 했는데 맹자만은 불효가 아니라고 그 뜻을 가엾게 여겨 절교하지 않고 예우하였다. 『孟子』「離婁下」.

11 직불의直不疑는……갚아주었고 : 한나라 문제文帝 때 직불의가 낭관郎官으로 있을 적에, 고향으로 가는 어떤 낭관이 잘못해서 다른 낭관의 금을 가지고 떠났는데, 그 금을 잃어버린 사람이 직불의를 의심하였다. 직불의는 두말없이 사과하고 금을 사서 보상해 주었는데 뒤에 고향에 갔던 사람이 돌아와서는 금을 돌려주자, 잃어버린 사람이 대단히 부끄럽게 여겼다. 『漢書』 卷46 「直不疑傳」.

12 유관劉寬은……되돌려주었으니 : 유관劉寬은 한나라 환제桓帝 때 사람으로 온화하고 인자하여 사람들의 과실을 많이 용서하였다. 유관이 일찍이 길을 가는데 소를 잃어버린 자가 유관의 수레에 멍에를 한 소를 보고는 자기가 잃어버린 소가 맞다고 하였다. 이에 유관이 아무 말 하지 않고 멍에를 풀어 소를 주고는 걸어서 돌아왔는데, 얼마 후 소를 가져갔던 자가 부끄러워하며 소를 돌려주었다. 『後漢書』 卷25 「劉寬列傳」.

13 숙첨叔詹[鄭詹]은……않았고 : 숙첨叔詹은 춘추 시대 정鄭나라의 집정대부執政大夫로 정첨鄭詹이라고도 한다. 진晉나라 문공文公이 공자公子의 신분으로 19년 동안 제후국을 돌아다니며 망명생활을 하다가 진나라로 돌아와 왕이 되어 그동안 자기를 푸대접했던 제후들을 차례로 정벌하며 정鄭나라 문공文公을 공격하려 하면서 숙첨叔詹을 넘겨주면 강화를 맺고 군대를 철수하겠다는 조건을 제시하였다. 그러자 숙첨이 자신을 희생하여 국가를 살리겠다고 하며 자청하여 적군 속으로 들어가 문공이 팽형烹刑을 행하려 하자, 물이 펄펄 끓는 큰 솥의 귀를 부여잡고 고함치기를 "앞으로 지혜와 충성을 다해 임금을 섬기는 신하는 결국 나처럼 될 것이다."라고 하였다. 그러자 문공이 그를 죽이지 말라 하고 후한 예물을 준 뒤에 정나라

돌아갈 수 있었으며,[14] 양설힐羊舌肸[叔向]은 감옥에 갇혔다가 풀려나게 될 것을 스스로 예견하였고,[15] 범좌范座는 용마루에 걸터앉아 생으로 죽음과 맞바꿨으며,[16] 괴통蒯通은 팽형을 당하려다가 솥 귀를 붙잡아 제나라의 상객이 되었고,[17] 장창張蒼과 한신韓信은 참수될 지경에 이르렀다가 결국 장상將相이 되었으며,[18] 추양鄒陽은 옥에 갇혔으나

로 돌아가게 하였다. 『國語』 卷10 「鄭叔詹據鼎耳而疾號」.

14 종의鍾儀는……있었으며 : 춘추 시대 초楚나라 악관樂官인 종의鍾儀가 진晉나라에 잡혀가서도 고국을 잊지 못해서 초나라 모자인 남관을 쓰고 초나라 음악을 연주하였는데, 끝내는 그곳에서 군자라는 호평을 받고 석방되어 돌아왔다. 『春秋左氏傳』 成公 9年.

15 양설힐羊舌肸[叔向]은……예견하였고 : 양설힐은 춘추 시대 진晉나라의 대부로 숙향叔向은 그의 자字이다. 양설힐의 아우 양설호羊舌虎가 난을 모의했다가 실패하자 범선자范宣子가 양설힐도 구속하였는데, 집안 식구들이 걱정하자 양설힐은 "우리를 구원해 줄 사람은 반드시 기 대부祁大夫일 것이다. 그는 밖으로 천거할 적엔 원수도 버리지 않았고 안으로 천거할 적엔 친자식을 버리지 않았으니 나만을 버리겠는가."라고 하였다. 기해祁奚는 벼슬을 내려놓고 물러나 있다가 양설힐의 소식을 듣고는 급히 달려가 정권을 갖고 있던 범선자를 만나 양설힐을 사면시켜 주었다. 『春秋左氏傳』 襄公 21年.

16 범좌范座는……맞바꿨으며 : 범좌范座는 전국 시대 위魏나라 사람으로 안리왕상安釐王相을 지냈다. 조趙나라에서 위왕魏王에게 범좌를 죽이면 땅 70리를 바치겠다고 하자 왕이 범좌를 죽이려 하였다. 그러자 범좌가 기회를 틈타 지붕 위로 올라가서는 용마루 끝에 걸터앉아 그를 죽이러 온 관리에게 자신을 죽이고도 땅을 못 받을 수 있으니 조왕에게서 먼저 땅을 받은 뒤 자신을 죽이는 것만 못하다고 회유하자, 위왕이 범좌의 말을 들었다. 그 뒤에 범좌는 신릉군信陵君에게 편지를 보내 진나라가 조나라처럼 위왕을 회유해 신릉군을 죽이려 하면 어떻게 할 것이냐고 하자 신릉군이 왕에게 진언하여 범좌가 석방되었다. 『史記』 卷44 「魏世家」.

17 괴통蒯通은……되었고 : 괴통의 본명은 괴철蒯徹이었으나 한漢나라 무제武帝의 이름이 유철劉徹이었으므로 후대에 괴통으로 불렸다. 괴통이 제왕齊王 한신韓信에게 한나라를 배반하고 독립할 것을 권유하였으나 한신이 받아들이지 않다가 나중에 여 태후呂太后에게 죽임을 당하면서 그의 말을 듣지 않은 것을 후회하였다. 한나라 고조가 괴통을 잡아들여 그 죄를 묻자 "그 당시에 신은 제왕 한신만 알았지 폐하는 알지 못했습니다."라고 하여 풀려났다. 『漢書』 卷45 「蒯通傳」.

18 장창張蒼과……되었으며 : 장창張蒼은 한나라 양무陽武 사람인데 유방劉邦이 진秦나라와 싸울 때 문객門客으로 남양 전투에 참가하였으나 군법을 어겨 참형에 처해

편지를 써서 스스로 살아났고,[19] 가의賈誼는 좌천되었으나 다시 선실宣室에서 문제文帝와 독대하였으며,[20] 예관倪寬은 거의 죽을 뻔했으나 후에 관직이 어사대부御史大夫에 이르렀고,[21] 동중서董仲舒와 유향劉向은 하옥되어 참형을 당할 뻔하였으나 한나라 유학의 종사宗師가 되었습니다.[22] 이들은 모두 훌륭하고 변론을 잘하는 뛰어난 인물들이었기

지게 되었다. 옷을 벗겨 사형대에 엎어놓았는데, 그 몸집이 크고 살이 쪘으며 피부가 하얀 박속 같았다. 이때 왕릉王陵이 보고 그를 기이하게 여기고 유방에게 용서해달라고 주청하여 사면되었다. 후에 문제文帝 때 10여 년 동안 승상丞相을 지냈다. 『史記』 卷96 「張丞相列傳」. 한신韓信은 처음에 초楚나라 휘하에 있으면서 여러 차례 항우에게 계책을 올렸으나 항우는 받아들이지 않았다. 한왕漢王이 촉蜀에 들어오자 한신은 초에서 도망쳐서 한漢으로 귀순했을 때 법을 어겨 참수를 당하게 되었는데, 한신이 하후영夏侯嬰을 발견하고 말하기를 "왕께서는 천하를 취하지 않으실 것입니까? 어찌 장사를 죽이려고 하십니까!"라고 했다. 하후영이 그 말을 기특하게 여기고 한신의 모습을 훌륭하게 여겨 살려주었다. 후에 소하蕭何의 추천으로 대장大將이 되었다. 『史記』 卷92 「淮陰侯列傳」.

19 추양鄒陽은……살아났고 : 한漢나라의 추양鄒陽이 양효왕梁孝王의 빈객賓客으로 있던 중 양승羊勝과 공손궤公孫詭 등의 참소를 받아 감옥에 갇혔을 때 스스로 변호하면서, 누구든 자기 주인을 위할 수밖에 없다는 뜻으로 "걸왕의 개를 시켜 성군인 요 임금을 향해 짖게 할 수도 있고, 도척의 식객을 시켜 허유許由를 칼로 찌르게 할 수도 있다[桀之犬可使吠堯, 跖之客可使刺由.]."라고 하여 풀려났다. 『漢書』 卷51 「鄒陽傳」.

20 가의賈誼는……독대하였으며 : 가의는 20세 때 박사博士에 제수되고, 문제文帝의 신임을 받아 태중대부太中大夫에 올랐으나, 주발周勃과 관영灌嬰 등의 참소를 입고 장사왕長沙王의 태부太傅로 쫓겨났다. 선실宣室은 한나라 때 미앙궁未央宮 안에 있던 선실전宣室殿을 일컫는다. 가의가 좌천된 지 얼마 뒤에 문제는 그가 생각나서 불렀다. 문제가 선실전에서 가의를 만났을 때 귀신의 근본에 대해 물어보았는데, 가의가 자세히 대답하니 문제가 밤이 늦도록 가의의 말을 경청하였다고 한다. 『漢書』 卷48 「賈誼傳」.

21 예관倪寬은……이르렀고 : 한나라 때의 사람 예관倪寬이 처음 문학졸사文學卒史에 올랐을 때 사무에 익숙하지 못하다는 이유로 북쪽의 가축을 기르는 곳으로 쫓겨나 수년 동안을 고생하며 지냈다. 후에 능력을 인정받아 다시 조정에 들어온 이후 계속 승진하여 어사대부에 이르렀다. 『漢書』 卷58 「倪寬傳」.

22 동중서董仲舒와……되었습니다. : 동중서董仲舒는 광천廣川 사람으로 한나라 때의 경학가이다. 『춘추공양전春秋公羊傳』을 전공한 금문경학今文經學의 선구자로 신

에 스스로 빠져나올 수 있었던 것입니다. 저는 지금 겁이 많고 재주가 하찮으며 또 두려움에 심장이 떨리는 고질병까지 갖고 있으니 비록 강개하게 떨치고 일어나 스스로 옛사람들과 같아지고자 하지만 더욱 어설퍼질 뿐입니다. 현자는 당세에 뜻을 펼치지 못하면 반드시 후세에 귀해지니 옛날에 책을 저술한 자들도 모두 이와 같았습니다.

제가 요즘 이 일에 힘을 쏟고자 했지만 기력이 부족하고 재주는 하찮아 잘 이해할 수가 없었습니다. 그래서 비록 붓을 잡고 상세히 서술하려 했으나 정신이 쇠약하여 앞뒤의 내용들을 잊어버려 끝내 글을 완성할 수 없었습니다. 예전에는 책을 읽으면 스스로 막히지는 않는다고 생각했었는데 지금은 온통 무뎌져서 다시 기억하지 못합니다. 매번 고인의 글을 읽을 때마다 몇 장을 넘기고 나면 두세 차례 앞 권으로 돌아가 다시 작자의 성씨를 보았다가 이내 또다시 잊어버리니, 만약 형부刑部의 죄수 명부에서 제외되어 다시 선비들의 반열에 끼더

유학新儒學의 초석을 놓은 인물이다. 한나라 고조의 제사를 지내는 요동군遼東郡의 고묘高廟와 황제의 선조에게 제사를 지내는 장릉長陵의 고원전高園殿에서 잇달아 화재가 일어났을 때, 동중서가 집에 있으며 하늘이 화재를 내린 것과 인간 세상과의 관계를 따져 황제에게 올리기 위해 글을 지었다. 그런데 그를 질투하던 주보언主父偃이 몰래 훔쳐가 한나라 무제에게 올리자, 무제가 여러 유생儒生을 소집하여 글을 평가하게 하였는데, 동중서의 제자인 여보서呂步舒가 바보 같은 소리라고 평가하였다. 이에 동중서를 하옥한 뒤에 사형시키려다가 사면시킨 뒤 후에 대중대부大中大夫로 삼았다. 『漢書』 卷56 「董仲舒列傳」. 유향劉向은 한나라 때의 사람으로 경학經學과 목록학目錄學, 문학文學에 뛰어났다. 20세에 단정한 행실로 간대부諫大夫로 발탁되었다. 선제宣帝의 측근으로 있으면서 총애를 받다가, 『침중홍보원비서枕中鴻寶苑秘書』라는 도가서道家書를 올리고 이 책의 기록을 따르면 황금을 만들 수 있다고 말하였다. 그리하여 그에게 상방尙房에서 황금 만드는 일을 주관하게 하였으나 비용만 많이 들어가고 처방이 효과가 없었다. 그리하여 가짜 황금을 주조하였다는 탄핵을 받아 하옥되었다. 이때 그의 형 양성후陽城侯 유안민劉安民이 글을 올려 돈으로 그의 죄를 보상하겠다 하자 선제도 그의 재주를 아껴 용서하였다. 『漢書』 卷36 「楚元王列傳」.

라도 세상에 쓰이게 될 수 없을 것입니다.

삼가 바라건대 쓸모없는 저를 안타깝게 여겨주시고 보답하지 못하는 저에게 덕업을 드리워 주셨으니 세교가 있는 집안의 제사를 염려하셔서 믿을 만한 자가 있으면 붙잡고서 놓치지 마십시오. 저는 선영으로 돌아가 청소하고 돌아가신 아버지께서 살던 집에 머물며 여생을 마치기를 감히 바라지는 못합니다마는 우선 조금만 북쪽으로 옮겨가서 장기를 약간 호전시키고 장가를 들어 후사를 바라다가 집안을 부탁할 만한 자식만 생긴다면 편안히 잠드는 듯 세상을 떠나 여한이 없을 것입니다. 편지의 내용이 두서가 없어서 제대로 말하지 못했지만 글로 제 마음을 헤아려 주신다면 군자께서 참으로 제 진심을 아실 수 있을 것입니다. 지극히 그리워하는 저의 심정을 가눌 수 없습니다. 이만 줄입니다.

寄許京兆孟容書

(茅坤) 子厚最失意時, 最得意書, 可與太史公與任安書相參, 而氣似嗚咽蕭颯矣. 予覽蘇子瞻安置海內時詩文及復故人書, 殊自曠達, 蓋由子瞻晩年深悟禪宗, 故獨超脫較子厚相隔數倍.

宗元再拜五丈座前. 伏蒙賜書, 誨諭微悉重厚, 欣踊恍惚, 疑若夢寐, 捧書叩頭, 悸不自定. 伏念得罪來五年, 未嘗有故舊大臣肯以書見及者, 何則? 罪謗交積, 群疑當道, 誠可怪而畏也. 是以兀兀忘行, 尤負重憂, 殘骸餘魂, 百病所集, 痞結伏積, 不食自飽. 或時寒熱, 水火互至, 內消肌骨, 非獨瘴癘爲也.

忽奉教命, 乃知幸爲大君子所宥, 欲使膏肓沈沒, 復起爲人, 夫何素望, 敢以及此? 宗元早歲, 與負罪者親善, 始奇其能, 謂可以共立仁義裨敎化. 過不自料, 懃懃勉勵, 唯以中正信義爲志, 以興堯舜孔子之道, 利安元元爲務, 不知愚陋不可力彊.

其素意如此也, 末路厄塞臲兀, 事旣壅隔, 狠忤貴近, 狂疎繆戾, 蹈不測之辜, 群言沸騰, 鬼神交怒. 加以素卑賤暴起領事, 人所不信, 射利求進者, 塡門排戶, 百不一得, 一旦快意, 更造怨讟. 以此大罪之外, 詆訶萬端, 旁午構扇, 便爲敵讐, 協心同攻, 外連彊暴失職者, 以致其事. 此皆丈人所聞見, 不敢爲他人道說, 懷不能已, 復載簡牘. 此人雖萬被誅戮, 不足塞責, 而豈有賞哉?

今其黨與, 幸獲寬貸, 各得善地, 無公事坐食俸祿, 明德至渥也. 尙何敢更俟除棄廢錮, 以希望外之澤哉? 年少氣銳, 不識幾微, 不知當否, 但欲一心直遂, 果陷刑法. 皆自所求取得之, 又何怪也?

宗元於衆黨人中, 罪狀最甚, 神理降罰, 又不能卽死, 猶對人言語, 求食自活, 迷不知恥, 日復一日. 然亦有大故, 自以得姓來二千五百年, 代爲冢嗣, 今抱非常之罪, 居夷獠之鄉, 卑濕昏霧, 恐一日塡委溝壑, 曠墜先緖. 以是怛然痛恨, 心骨沸熱.

煢煢孤立, 未有子息, 荒陬中少士人女子, 無與爲婚, 世亦不肯與罪人親昵. 以是嗣續之重, 不絶如縷, 每當春秋時饗, 孑立捧奠, 顧眄無後繼者, 懍懍然欷歔惴惕, 恐此事便已, 摧心傷骨, 若受鋒刃. 此誠丈人所共憫惜也.

先墓在城南, 無異子弟爲主, 獨託村隣, 自譴逐來, 消息存亡, 不一至鄕閭, 主守者固以益怠. 晝夜哀憤, 懼便毁傷松柏, 芻牧不禁, 以成大戾. 近世禮重拜掃, 今已闕者四年矣. 每遇寒食, 則北向長號, 以首頓地, 想田野道路, 士女遍滿, 皂隷庸丐, 皆得上父母丘墓, 馬醫夏畦之鬼, 無不受子孫追養者. 然此已息望, 又何以云哉?

城西有數頃田, 樹果數百株, 多先人手自封植. 今已荒穢, 恐便斬伐, 無復愛惜. 家有賜書三千卷, 尙在善和里舊宅, 宅今已三易主, 書存亡不可知. 皆付受所重, 常繫心腑, 然無可爲者.

立身一敗, 萬事瓦裂, 身殘家破, 爲世大僇, 復何敢更望大君子撫慰收卹, 尙置人數中耶? 是以當食不知辛醎節適, 洗沐盥漱動逾歲時, 一搔皮膚, 塵垢滿爪, 誠憂恐悲傷, 無所告愬以至此也.

自古賢人才士, 秉志遵分, 被謗議不能自明者, 僅以百數. 故有無兄盜嫂, 娶孤女云撾婦翁者. 然賴當世豪傑, 分明辨別, 卒光史籍. 管仲遇盜, 升爲功臣, 匡章被不孝之名, 孟子禮之. 今已無古人之實爲而有其詬, 欲望世人之明己, 不可得也.

直不疑買金以償同舍, 劉寬下車, 歸牛鄕人, 此誠知疑似之不可辯, 非口舌所能勝也. 鄭詹束縛於晉, 終以無死, 鍾儀南音, 卒獲返國, 叔向囚虜, 自期必免, 范座騎危, 以生易死, 蒯通據鼎耳, 爲齊上客, 張蒼韓信伏斧鑕, 終取將相, 鄒陽獄中, 以書自活, 賈生斥逐, 復召宣室, 倪寬擯死, 後至御史大夫, 董仲舒劉向下獄當誅, 爲漢儒宗. 此皆瓌偉博辯奇壯之士能自解脫. 今以恇怯淟涊, 下才末伎, 又嬰恐懼痼病, 雖欲慷慨攘臂, 自同昔人, 愈疎闊矣. 賢者不得志於今, 必取貴於後, 古之著書者皆是也.

宗元近欲務此, 然力薄才劣, 無異能解. 雖欲秉筆覼縷, 神志荒耗, 前後遺忘, 終不能成章. 往時讀書, 自以不至觝滯, 今皆頑然, 無復省錄. 每讀古人一傳, 數紙已後, 則再三伸卷, 復觀姓氏, 旋又廢失, 假令萬一除刑部囚籍, 復爲士列, 亦不堪當世用矣.

伏惟興哀於無用之地, 垂德於不報之所, 但以通家宗祀爲念, 有可動心者, 操之勿失. 不敢望歸掃塋域, 退託先人之廬, 以盡餘齒, 姑遂少北, 益輕瘴癘, 就婚娶, 求胤嗣, 有可付託, 卽冥然長辭, 如得甘寢, 無復恨矣. 書辭繁委, 無以自道, 然卽文以求其志, 君子固得其肺肝焉. 無任懇戀之至. 不宣.

【비평자료】

1 유종원[柳子厚]의 「기허경조맹용서」는 사마천司馬遷의 「보임안서報任安書」를 본받았고 유종원의 「평회이송平淮夷頌」[23]은 『시경詩經』의 「대아小雅」와 「소아小雅」를 본받았으며 장뢰張耒[張文潛][24]의 「죽부인전竹夫人傳」[25]은 한유의 「모영전毛穎傳」[26]을 본받았으니 모두 본뜨기만 하여 본보기의 모습에는 미치지 못한다.

柳子厚上許京兆書, 法司馬遷報任安書, 子厚平淮夷頌, 法大小雅, 張文潛竹夫人傳, 法退之毛穎傳, 皆效之而未及眞蘫者也.

魚叔權(?~?), 『稗官雜記』.

2 옛사람의 일을 평론하는 자들이 "유종원이 유주에서 끝내 돌아오지 못했던 것은 한유의 잘못이다."라고 했으니 이는 참으로 옳다. 그러나 당시 한유가 축출되었을 때 유종원이 유독 힘을 써서 그를 벗어나게 할 수 없었을까? 글에 '원수'라는 말로 헤아려 보면 한유가 유종원에게 노한 것이 오래되었던 것이다. 죽은 뒤에 유종원을 위해 「나지묘기羅池廟記」[27]를 지었는데 풍자와 비웃음을 띠고서 본심을 드러냈으니 이는 한

23 평회이송平淮夷頌 : 유종원이 『시경詩經』 「소아小雅」를 모방하여 지은 글인 「평회이아平淮夷雅」를 가리킨다. 조정에 있지 못하고 멀리 유주柳州에 좌천된 자신의 억울하고 불평에 찬 회포를 토로한 내용이다.

24 장뢰張耒[張文潛] : 1054~1114. 송宋나라의 문장가로 문잠文潛은 그의 자이고, 호는 가산柯山이다. 소식의 문하에 있으면서 글을 잘 지어 황정견黃庭堅·조보지晁補之·진관秦觀과 함께 '소문사학사蘇門四學士'로 불렸다. 저서로 『시설詩說』과 『완구집宛邱集』 등이 있다.

25 죽부인전竹夫人傳 : 장뢰가 10세에 조부의 명으로 지은 전으로 대나무 악기를 의인화한 글이다.

26 모영전毛穎傳 : 토끼털로 만든 붓을 의인화하여 지은 글이다.

27 나지묘기羅池廟記 : 유종원이 세상을 떠난 뒤 그의 벗인 한유가 그를 위하여 지은 「유주나지묘비柳州羅池廟碑」를 가리킨다. 나지묘羅池廟는 유종원의 사당이다.

유의 박한 행동인 것이다. 〈사자연시謝自然詩〉[28]를 가지고 비교해보면 한유가 어찌 진심으로 나지의 일을 가지고 자랑할 만한 일이라 여겨 그렇게 지은 것이었겠는가. 내가 유종원의 글을 읽어보니 구마다 모두 도리에서 나왔으니 한유처럼 잡박하거나 불순하지 않으니 그 체제의 높낮이는 비록 알지 못하겠지만 이것을 가지고 유종원을 판단하자면 오히려 낫다.

안수晏殊[晏元獻][29]가 "한유가 성인의 가르침을 도와서 이단을 제거한 것은 그가 잘한 일이지만 경전, 헌장, 소아를 본받아서 위로는 삼고三古[30]를 전하고 아래로는 백가를 보관하여 저술의 장에서 마음대로 행동하고 널리 드러내 보인 사람은 유종원 한 사람뿐이다."라고 하였는데 이 말은 고칠 게 없는 평이다. 그가 허경조 등에게 보낸 편지는 분명하게 잘못을 뉘우치는 데에 겨를이 없고 한 마디라도 원망하거나 불만스러워하는 마음을 드러낸 적이 없으니 그 역시 군자의 무리인 것이다. 하늘이 특별한 재능을 낳고는 변방 땅에서 죽어 묻히게 하였으니 어찌 애석해할 일이 아니겠는가.

하물며 순종順宗 초에 아름답고 성대하여 볼 만했던 정사가 몇 달 사이에 이루어져 사람들이 몹시 기뻐하였는데 사람들이 유종원의 무리가 한 것이라고 여겼다. 왕비王丕와 왕숙문王叔文도 재능이 있어 당시 벼슬에 나간 선비들이 농락을 당하였으니 이상할 것이 없다. 그들은 나이가

---

28 사자연시謝自然詩 : 사자연謝自然(767~794)은 당나라의 여도사女道士인데 한유는 그를 두고 〈사자연시謝自然詩〉를 써서 신선과 이단을 비판하였다.

29 안수晏殊[晏元獻] : 991~1055. 송나라의 문인으로 원헌元獻은 그의 시호이다. 자는 동숙同叔, 출신은 임천臨川이다. 진종眞宗 때 출사하여 벼슬이 재상 겸 추밀사에 이르렀다. 학교를 일으키고 생도를 가르치는 등 학문 부흥에 힘써 구양수歐陽脩, 범중엄范仲淹 등이 모두 그 문하에서 나왔다.

30 삼고三古 : 고대를 셋으로 나눈 상고上古, 중고中古, 하고下古를 말하는데, 복희伏羲와 문왕文王과 공자孔子가 각각의 시대를 대표한다.

젊고 기운은 날카로워 말이 간절한 정성에서 나와 글을 읽어보면 사람을 눈물 흘리게 만든다. 군자는 미워하면서도 그것의 좋은 점을 알기 때문에[31] 끝내 그들을 버리지는 않을 것이다. 함통咸通 4년(844년)에 소방蕭倣[32]이 과거를 주관하며 〈겸광부謙光賦〉와 〈징심여수시澄心如水詩〉를 시험하였는데 그중 급제한 자가 25인이었고 유종원의 아들 고告가 3등, 한유의 손자 관綰이 8등을 하였으니 이상하다. 고의 자는 용익用益이니 주육周六과 주칠周七[33] 가운데 한 사람일 것이다.

尙論者以柳子厚之終不得歸, 爲退之之過, 斯固然矣. 然當時退之之竄, 子厚獨不得輸力得脫耶? 以傳之怨讐之句推之, 退之之怒子厚久矣. 旣死而爲作羅池廟記, 含諷帶譏, 露出本心, 於是乎退之爲薄行矣. 以謝自然詩較觀, 則退之豈眞以羅池事爲姱好而爲之者耶? 余讀子厚文, 句句皆從道理出來, 不似韓之駁雜不純, 其體裁之高下, 雖不可知而以此爲斷柳反優矣.

晏元獻云, "退之扶導聖教, 剗除異端是其所長, 若其祖述墳典憲章騷雅, 上傳三古下蔵百家, 横行濶視於綴述之場者, 子厚一人而已." 斯言不可改評矣. 其與許京兆等書, 又竊竊然悔過之不暇, 未嘗有一口怨懟之意, 其亦君子之徒矣. 天生異才, 卒埋没於窮荒, 豈非可惜?

況順宗初, 政彬彬可觀, 不數月間, 人情大悅, 人謂子厚輩爲之. 夫

31 미워하면서도……때문에 : 『대학장구大學章句』 전 8장에 "좋아하면서도 그의 나쁜 점을 알고, 미워하면서도 그의 좋은 점을 아는 자는 이 세상에 드물다[好而知其惡, 惡而知其美者, 天下鮮矣.]."라는 말이 나온다.

32 소방蕭倣 : 796~875. 자는 사도思道이다. 난릉 군후蘭陵郡侯에 봉해졌다. 당나라 때의 관리로 희종 때 재상이 되었다. 844년에 우상시右常侍로 지공거知貢擧가 되어 〈겸광부謙光賦〉와 〈징심여수시澄心如水詩〉를 출제하여 유종원의 아들 고告와 한유의 손자 관綰을 급제시켰다.

33 주육周六과 주칠周七 : 809년경에 유종원이 영주 사마永州司馬로 있던 당시 만난 셋째 아내 사이에 두 딸과 주육周六, 주칠周七 두 아들 등 4남매를 낳았다. 유종원이 사망할 당시 주육은 3세였고 주칠은 아직 태어나지 않았다.

伾文亦有才能, 一時進取之士, 爲其籠絡, 無足恠者. 其年少氣銳等, 說出於肝血, 讀之令人流涕. 君子惡而知其美, 恐不可終棄也. 至咸通四年, 蕭倣知擧試謙光賦澄心如水詩, 中第者二十五人, 子厚子告第三, 退之孫綰第八亦異矣. 告字用益, 其周六周七中一人乎!

李瀷(1681~1763), 「經史門 · 柳子厚」, 『星湖先生僿說』 卷27.

2 유종원[柳柳州]이 영주로 폄적된 이후에 조정의 관리로 있는 오랜 친구에게 보낸 편지는 쓸쓸하고 두려워하며 처량하고 가슴이 아파 읽으며 자주 한숨을 내쉬었다. 그의 한탄과 뉘우침은 골수에 들어갔고 옮겨지기를 바란 것도 지극하다. 당시 황제와 재상이 어찌 이를 미워하여 유독 그의 지극한 소원에 조금도 부응해주지 않았는가? 또 고신孤臣과 얼자孽子로서의 걱정과 근심이 이미 깊었으니 다시 등용되었다면 이전의 잘못을 만회할 수 있었을 것이다. 하지만 들어주는 자가 마치 텅 빈 숲속에서 두견새가 지저귀는 소리가 들려와도 귀에 스치는 것처럼 하였으니 비탄만 하였을 뿐 어찌할 수 있었겠는가. 그의 재주를 시기하여 함정에 빠트리고서 더욱 위해를 가하는 것은 사람이었고 깊은 근심과 우울로 문장을 잘하는 자를 울게 하는 것은 하늘이었다. 아, 유종원이 또 어찌 원망했겠는가.

柳州貶謫以後, 與知舊朝士諸書, 寥慄凄酸, 讀之累欷. 其感悔入骨, 而望遷亦至矣. 當時君相, 何惡於是, 獨不少副其至願耶? 且孤臣 · 孽子慮患旣深, 若得復用, 庶幾補前日之過. 其如聽之者, 如聞空林杜宇過耳, 悲歎而已, 何哉? 夫忌其才而擠陷下石者人也, 幽愁感鬱, 使鳴其文章者天也. 嗟! 夫柳子又何怨乎?

金允植(1835~1922), 「八家涉筆上」, 『雲養集』 卷14.

3 「기허경조맹용서」. 첫 부분부터 "敢以及此"까지 첫 번째 단락이 된다. "宗元早歲"부터 "又何怪也"까지의 한 절은 잘못을 저지른 일에 대해 스스로 변론한 것이고, "宗元於衆黨人中"부터 "以至此也"까지의 한 절은 어려움을 겪은 일에 대해 스스로 안타깝게 여긴 것이고, "自古賢人才士"부터 "愈疎闊矣"까지의 한 절은 당시 군자들의 식견을 몹시 기대한 것이고, "賢者不得志於今"부터 "不堪當世用"까지의 한 절은 옛날의 일에 스스로 분발한 점이 있었음을 드러낸 것이고, "伏惟興哀" 이하 한 절은 용서받는 은택을 바란 것이다. 대개 "自古賢人" 이하 두 절은 스스로 범한 바를 변론한 한 절과 호응하고, "興哀" 한 절은 스스로 겪은 일을 안타깝게 여긴 한 절과 호응한다.

許京兆書. 自首至"敢以及此"爲首段. "宗元早歲"至"又何恠也"一節, 自辨所犯也. "宗元於衆黨人中"至"以至此也"一節, 自傷所遭也, "自古賢人才士"至"愈疎闊矣"一節, 尙冀當世君子之見也, "賢者不得志於今"至"不堪當世用"一節, 見其有以自振於來古也, "伏惟興哀"以下一節, 冀蒙解宥之澤也. 蓋"自古賢人"以下二節, 應自辨所犯一節, "興哀"一節, 應自傷所遭一節.

安錫儆(1718~1774), 「柳文摘解」, 『雪橋藝學錄』 卷3.

사관史官에 관해 논하여 한유韓愈께 드리는 편지

(모곤) 유종원柳宗元[子厚]의 문장은 웅변이 많은데, 이 편은 그중에서도 탁월하고 강직하다. 다만 기개를 너무 드러내었으니 한유韓愈의 혼함함만 못하다.[34]

정월 21일에 저는 십팔장 한유 어른[35] 앞에 머리를 조아립니다. 받은 편지에 사관史官에 관한 일을 말씀하시면서 "유수재劉秀才에게 보낸 편지에 모든 의견을 담았다."라고 하셔서 이제서야 편지를 구해 읽어보았는데, 제 마음이 매우 언짢았습니다. 한유 어른께서 예전에 사관의 일에 대해 말씀하신 것과 매우 큰 차이가 있었기 때문입니다. 만약 편지에서 말씀하신 대로라면 한유 어른께서는 하루라도 국사관國史館에 계셔서는 안 될 것이니, 어찌 재상의 뜻을 살피면서 구차하게 사관이 되어 한유 어른 한 분만을 영화롭게 하려고 하십니까?

만약에 그렇다고 한다면 한유 어른께서는 어찌하여 응당 재상이 자신을 영화롭게 해주는 것을 헛되이 받아서, 국사관에 눌러앉아 요직을 가까이해서 녹봉을 받고 하급 관리들을 부리고 관아의 종이와 붓

---

34 본래 모곤이 남긴 글에는 '문장이 구슬을 꿴 것만 못하다[文如貫珠]'라는 구절이 문장 끝에 있다.

35 한유 어른 : 원문의 '십팔十八'은 한유가 자신의 집안에서 형제자매의 나이 순서로 보았을 때 18번째이므로 쓴 것이다. 원문의 '장丈'은 자기보다 나이가 많은 상대에 대한 존칭으로, 한유는 유종원과 5살 차이다.

을 이용하여 개인적인 글을 써서 자제들에게 줄 비용을 취한다는 것입니까? 예로부터 도道에 뜻을 둔 사람은 응당 이와 같지 않았습니다. 게다가 한유 어른께서 역사를 기록하는 사람에게는 형벌과 재앙이 있다 하여 임무를 회피하고 나아가지 않으려 하는 것은 더욱 잘못된 것입니다.

사관은 명분으로 포폄하는 것인데, 오히려 이것조차 두려워해서 감히 하지 못하니, 가령 한유 어른께서 어사중승이나 어사대부가 되면 사람들의 포폄과 성패가 더욱 뚜렷하게 드러날 것이기에 당연히 두려움이 더욱 클 것인데, 또 장차 의기양양하게 어사대에 들어가 좋은 음식을 먹고 편히 앉아 지내며 조정에서 출근 확인[36]만 할 것입니까? 어사御史로 있을 때도 그러할 것이니 가령 한유 어른께서 재상이 되면 천하의 선비들을 살리거나 죽이기도 하고, 등용하거나 내치기도 하고, 승진시키거나 좌천시키기도 하여 적이 더욱 많아질 것인데, 그래도 또 장차 의기양양하게 정사당政事堂에 들어가 좋은 음식을 먹고 편히 앉아 지내며 조정 안팎에서 출근 확인만 할 것입니까? 이것이 사관史官의 임무는 하지 않으면서 그 호칭의 영예와 봉록의 이로움만을 누리는 것과 무엇이 다르겠습니까?

또 "인화人禍가 있지 않으면 천형天刑이 있다."[37]라고 하여 마치 이

---

36 출근 확인 : 원문의 '호창呼唱'은 점묘點卯와 같은 말로, 관청에서 출근하는 관리를 점호하는 것을 말한다. 묘시卯時, 곧 오전 5시부터 오전 7시 사이에 점호가 행해졌다.

37 인화人禍가……있다 : 한유는 「답유수재논사서答劉秀才論史書」에서 공자孔子·사마천司馬遷·좌구명左丘明·반고班固 등 역사서를 저술한 인물들이 화를 당한 사례를 열거하고, "역사서를 지은 자들은 사람이 주는 재앙이 없었으면 하늘이 내리는 형벌이 있었으니, 어찌 두려워하지 않고 경솔히 지을 수 있겠는가?[夫爲史者, 不有人禍, 則有天刑, 豈可不畏懼而輕爲之哉?]"라고 한 바 있다.

전에 역사를 기록하는 행위를 죄라고 말씀하셨는데 이 또한 매우 잘못된 것입니다. 대체로 어떤 지위에 있으면 도를 펼칠 것을 생각해야 하니 도를 펼칠 수 있다면 비록 죽는다해도 뜻을 굽혀서는 안 됩니다. 만약 뜻을 굽힌다면 차라리 속히 그 지위를 떠나는 것이 낫습니다.

공자께서 노魯·위衛·진陳·송宋·채蔡·제齊·초楚 등에서 곤경에 처했던 것은 그 시대가 암울했고 제후들이 공자를 등용하지 않았기 때문입니다. 공자께서 불우하게 돌아가신 것은 『춘추春秋』를 저술했기 때문이 아닙니다. 그 시대에는 비록 『춘추』를 저술하지 않았더라도 공자께서는 역시 불우하게 돌아가셨을 것입니다. 주공周公이나 사일史佚[38] 같은 사람들은 비록 말을 기록하고 사건을 서술하였으나 오히려 좋은 기회를 만나고 현달했으니 또한 『춘추』를 저술한 것이 공자께 누가 되었다고 할 수 없습니다.

범엽范曄[39]은 반란을 꾀했으니 비록 역사를 저술하지 않았다고 해도 그의 집안은 역시 주살되었을 것입니다. 사마천司馬遷은 천자의 비위를 건드려 노여움을 샀고,[40] 반고班固는 아랫사람을 단속하지 않았고,[41] 최호崔浩는 정직함을 과시하여 포악한 오랑캐와 다투었으니,[42]

---

38 사일史佚 : 주나라 성왕成王 때의 사관으로 책일冊逸·윤일尹佚·윤일尹逸이라고도 한다.

39 범엽范曄 : 398~445. 중국 남북조시대南北朝時代 남조南朝 송宋나라의 역사가로서 자는 위종蔚宗이다. 선성태수宣城太守로 있으면서 『후한서後漢書』를 편찬하였다. 반역을 일으켜 죽임을 당하였다.

40 사마천司馬遷은……샀고 : 사마천司馬遷(기원전 145~기원전 96?)은 천한天漢 3년(기원전 98년)에 흉노에게 패하여 항복한 이릉李陵을 변호하다가 무제武帝의 노여움을 사서 궁형宮刑을 받았다.

41 반고班固는……않았고 : 반고班固(32~92)는 부풍扶風 안능安陵 사람이며, 자는 맹견孟堅이고 부풍扶風 안능安陵 사람이다. 『한서漢書』와 『백호통의白虎通義』를 편찬하였다. 영원永元 4년(92년) 두헌이 권력을 농단한 죄로 체포되어 죽을 때 부하를 잘 단속하지 못했다는 구실로 투옥되어 옥중에서 죽었다.

이는 모두 중도中道가 아닙니다. 좌구명左丘明은 병으로 눈이 멀었으니[43] 이는 불행함에서 나온 것이고, 복상卜相[子夏]은 역사를 저술하지 않았어도 눈이 멀었으니,[44] 이것으로 경계를 삼을 수는 없습니다. 그 나머지도 모두 여기에서 벗어나지 않습니다.

그러니 한유 어른께서도 마땅히 중도를 지켜 그것을 펼칠 것을 잊어서는 안 되고, 다른 일로 스스로 두려워해서는 안 됩니다. 한유 어른께서 두려워해야 할 것은 오직 도를 펼치지 못하고, 중도를 얻지 못하는 것이지 형벌과 화는 두려워할 바가 아닙니다. 대체로 "2200년 동안 문관文官과 무관武將 가운데 공명功名을 세운 자들이 무수히 많다."고 말씀하였는데, 진실로 이와 같은 점이 있습니다. 그러나 지금 한유 어른께서 "나 한 사람이 무슨 수로 그 많은 사실들을 밝힐 수 있겠는가."라고 말씀하신다면, 같은 관직에 있는 사람들 역시 그렇게 말할 것이고, 나중에 지금의 직책을 이을 사람들 역시 그렇게 말하여 사람마다 모두 "나 한 사람"이라고 말할 것이니, 이렇게 되면 결국 누가 역사를 기록하여 전할 수 있겠습니까?

만약 한유 어른께서 그저 듣고 아는 것들을 감히 게을리하지 않고 부지런히 기록한다면, 같은 관직에 있는 사람들과 나중에 지금의 직책을 이을 사람들 역시 저마다 듣고 아는 것들을 감히 게을리하지 않

42 최호崔浩는……다투었으니 : 최호崔浩(381~450)는 자는 백연伯淵이고, 북위北魏 청하淸河 동무성東武城 사람이다. 그가 편찬한 『국서國書』 30권 속에 북위北魏 왕족의 추잡한 일을 기재하고 또 돌에다 새겨 자신의 직필直筆을 드러내었다. 이 일로 귀족들의 질시를 받아 친족과 함께 피살되었다.

43 좌구명左丘明은……멀었으니 : 좌左는 성이고, 구명丘明은 이름이다. 좌구左丘가 성이고, 명明이 이름이라는 설도 있다. 춘추 말기 노나라 사람으로 『춘추좌씨전春秋左氏傳』과 『국어國語』를 편찬하였는데, 나중에 두 눈이 멀었다고 한다.

44 복상卜相[子夏]은……멀었으니 : 기원전 507~기원전 400. 아들을 잃고 슬퍼하다가 눈이 멀었다 한다.

고 부지런히 기록할 것이니, 그렇게 되면 지난날의 역사를 거의 잃어 버리지 않아서 마침내 세상에 밝혀질 것입니다. 그렇게 하지 않고 단지 사람들이 하는 말만 믿는다면 매번 말이 다를 것이고, 세월이 오래 지나면 한유 어른께서 말한 "천지 사이에 우뚝 섰던 걸출한 인물들이 반드시 묻혀서 없어질 것이고 또 난잡해져 살펴볼 수 없게 될 것이니, 이는 역사 기록에 뜻이 있는 사람이 차마 용인할 일이 아닙니다. 참으로 역사 기록에 뜻이 있다면 어찌하여 사람들이 몹시 재촉하고 절박한 뒤에야 사관의 직무를 수행한단 말입니까?

또한 대개 귀신에 관한 일은 막연하고 황당하여 근거할 만한 것이 없으므로 식견이 있는 사람은 말하지 않는데 한유 어른처럼 지혜로운 사람이 오히려 이것을 두려워한단 말입니까? 지금 한유 어른처럼 학문이 있고, 한유 어른처럼 문사가 있고, 한유 어른처럼 언변을 좋아하고, 한유 어른처럼 비분강개하여 스스로 강직하게 정직을 행하는 사람이 말하는 것이 이와 같다면, 당나라의 역사를 저술하는 일을 끝내 맡길 만한 데가 없단 말입니까? 밝으신 천자와 어진 재상이 이와 같은 사관의 재능을 얻었는데도 성과가 없다니, 매우 가슴 아픈 일입니다.

한유 어른께서는 마땅히 다시 생각하셔서 직무를 할 수 있으면 빨리 하시고, 끝내 두려워 감히 하지 못하겠다면 하루라도 빨리 떠나시는 것이 옳습니다. 또한 어떻게 "장차 떠나는 것을 생각해보겠다."라는 말을 할 수 있습니까? 지금 마땅히 직무를 해야 하는데도 하지 않고, 또 국사관의 다른 사람과 후배들에게 그 직무를 떠넘기겠다는 것이니 크게 잘못 생각한 것입니다. 자기를 면려하지 않으면서 남을 면려하고자 하는 것은 곤란한 일입니다.

당순지唐順之[唐荊川]가 말하였다. "원서原書[45]를 끌어와 논변한 부분은 드러냈다 숨겼다 하면서 착종錯綜하는 문장으로 이루어졌다."

45 원서原書 : 원래의 편지. 즉 한유의 「답유수재논사서」를 가리킨다.

與韓愈論史官書

(茅坤) 子厚之文多雄辨, 而此篇尤其卓犖峭直處. 但太露氣岸, 不如昌黎渾涵.

正月二十一日, 某頓首十八丈退之侍者前. 獲書言史事, 云具與劉秀才書, 及今乃見書藁, 私心甚不喜. 與退之往年言史事甚大謬. 若書中言, 退之不宜一日在館下, 安有探宰相意, 以爲苟以史榮一韓退之耶?

若果爾, 退之豈宜虛受宰相榮己, 而冒居館下, 近密地, 食奉養, 役使掌故, 利紙筆爲私書, 取以供子弟費? 古之志於道者, 不宜若是. 且退之以爲紀錄者有刑禍, 避不肯就, 尤非也.

史以名爲褒貶, 猶且恐懼不敢爲, 設使退之爲御史中丞大夫, 其褒貶成敗人愈益顯. 其宜恐懼尤大也, 則又將揚揚入臺府, 美食安坐, 行呼唱於朝廷而已耶? 在御史猶爾, 設使退之爲宰相, 生殺出入升黜天下士, 其敵益衆, 則又將揚揚入政事堂, 美食安坐, 行呼唱於內庭外衢而已耶? 何以異不爲史而榮其號利其祿者也?

又言不有人禍則有天刑, 若以罪夫前古之爲史者然, 亦甚惑. 凡居其位, 思直其道, 道苟直, 雖死不可回也. 如回之, 莫若亟去其位.

孔子之困于魯衛陳宋蔡齊楚者, 其時暗, 諸侯不能以也. 其不遇而死, 不以作春秋故也, 當其時, 雖不作春秋, 孔子猶不遇而死也. 若周公史佚, 雖紀言書事, 猶遇且顯也, 又不得以春秋爲孔子累.

范曄悖亂, 雖不爲史, 其族亦赤. 司馬遷觸天子喜怒, 班固不檢下,崔浩沽其直, 以鬪暴虜, 皆非中道. 左丘明以疾盲, 出於不幸, 子夏不爲史亦盲, 不可以是爲戒. 其餘皆不出此.

是退之宜守中道, 不忘其直, 無以他事自恐. 退之之恐, 唯在不直, 不得中道, 刑禍非所恐也. 凡言二百年文武事多有, 誠如此者, 今退之曰, 我一人也, 何能明. 則同職者又所云若是, 後來繼今者又所云若是, 人人皆曰我一人, 則卒誰能紀傳之耶?

如退之但以所聞知孜孜不敢怠, 同職者, 後來繼今者, 亦各以所聞知孜孜不敢怠, 則庶幾不墜, 使卒有明也. 不然, 徒信人口語, 每每異辭, 日以滋久, 則所云磊磊軒天地者 決必不沈沒, 且亂雜無可考, 非有志者所忍恣也. 果有志, 豈當待人督責迫蹙然後爲官守耶?

又凡鬼神事, 渺茫荒惑無可準, 明者所不道, 退之之智而猶懼於此? 今學如退之, 辭如退之, 好言論如退之, 慷慨自爲正直行行焉如退之, 猶所云若是, 則唐之史述, 其卒無可託乎? 明天子賢宰相, 得史才如此而又不果, 甚可痛哉.

退之宜更思, 可爲速爲, 果卒以爲恐懼不敢, 則一日可引去. 又何以云行且謀也? 今當爲而不爲, 又誘館中他人及後生者, 此大惑已. 不勉己而欲勉人, 難矣哉.

唐荊川曰, "提其原書辨處, 有顯有晦, 錯綜成文."

【비평자료】

1 당나라의 한유 같은 이는 일대一代의 종유宗儒가 되어 문장을 자임하고, 이에 "사관이 된 자는 인화人禍가 없으면 반드시 천형天刑이 있다."라고 했으니, 유종원이 편지를 전해 책망한 것이 이것입니다. 그러나 한유가 강직한 의논으로 자못 당시에 추앙을 받았으니 어찌 형벌과 화를 두려워하여 이런 말을 했겠습니까? 다만 당시 시비가 그 공정함을 얻지 못해 지방에서 보고하는 바와 기거起居가 기록하는 바가 대부분 기대에 어긋났으니 비록 힘껏 직도直道를 펴려고 해도 할 수 없었습니다. 한유가 단단히 사양하고 굳이 거절하면서 감히 이 말을 한 것도 혹 여기에 있을 듯합니다. 그렇지 않다면 도를 알고 이치에 통달한 한유로서 그 재능과 학식이 도리어 편당을 지어 아부하는 간사한 사람만 못하단 말입니까?

若唐之韓愈, 爲一代宗儒, 以文章自任, 而乃曰"爲史者, 不有人禍, 必有天刑", 柳宗元貽書責之是矣. 然退之以鯁論, 頗爲當世所推, 豈畏刑禍者而有是言哉? 特以當時是非未得其公, 郡國所上、起居所注, 多失於顧望, 則雖欲力伸直道, 有不可得者矣. 愈之牢辭固拒, 而敢爲此言, 亦或在此. 不然, 以知道達理之愈, 而其才學反不如黨附奸邪之人耶?

黃俊良(1517~1563), 「問史才得失純駁」, 『錦溪集』 外集 卷8.

2 「여한유논사관서」. "役使掌故"【장고掌故라는 일을 관장하는 자로 사관史官 가운데 '장고掌故'라는 관직이 있으니 지금 일을 기록하는 서리書吏의 무리와 같다. 한유는 다만 이런 무리를 부렸을 뿐 사서를 쓰지 않았다는 말이다.】 "喜怒"【천자가 노여워할 때는 기쁨을 말하는 것은 맞지 않는데 적당히 겸해서 기쁨까지 말한 것이다.】 "鬪"【각角을 세움이다.】

與韓愈論史書. "役使掌故"【掌故, 掌知事者, 史官中有掌故, 如今錄事書吏之屬, 言退之但役使此屬而不作史.】"喜怒"【怒處不合言喜, 而適兼言之.】"鬪"【角也.】

李德弘(1541~1596), 「古文後集質疑」, 『艮齋先生續集』 卷4.

3 세상에서 모두 한유가 당나라 역사서를 짓지 않은 것을 한스럽게 여기는데, 당시 사람들도 그러하였다. 그러므로 유종원·유수재劉秀才가 역사서 짓기를 권한 적이 있고 장적張籍도 책을 저술하기를 권하였으나 한유는 그때마다 말을 장황하게 늘어놓으며 거절하였으니 이것은 진실로 무슨 까닭인가? 어떤 사람은 "사람이 타고난 재주는 각자 치우친 바가 있는데 한유는 도를 논하여 책을 저술하는 데 장점이 있었고, 역사서 짓는 것은 좋아하는 바가 아니었다."라고 한다. 지금 어떤 사람이 장기는 잘 두는데 바둑은 잘 못 두자 "나는 천성적으로 바둑을 좋아하지 않는다."라고 말하면 이는 역시 솜씨가 지극하지 못한 것뿐이다.

옛사람 가운데 현달하고서 저술한 이가 있으니 주공周公이 그런 사람인데 한유는 "곤궁한 뒤에야 저술한다."라고 하였다. 옛사람 가운데 역사서를 지었으나 화를 만나지 않은 이가 있으니 공자가 그런 사람인데, 한유는 "역사서를 지으면 화가 미칠까 두려워한다."라고 하였다. 이 말은 어찌 군색한 것이 아니겠는가?

「답후계서答侯繼書」[46]에 "내가 젊어서 학문을 좋아해 보지 않은 책이 없다. 그러나 뜻을 둔 곳은 오직 의의意義의 귀결처였고, 예악禮樂·명수名數·음양陰陽·토지土地·성신星辰·방약方藥 등의 책에 이르면 한 번도

46 「답후계서答侯繼書」: 이 글은 한유韓愈가 정원貞元 11년(795년)에 재상宰相에게 편지를 보냈으나 회답이 없자, 동쪽으로 돌아가려고 경사京師를 떠날 때에 쓴 것이다. 후계侯繼는 정원 8년 한유와 함께 진사시進士試에 급제及第한 사람이다. 『別本韓文考異』

그 요체를 얻은 적이 없다. 옛사람 가운데 여기에 통달하지 않고서 대현군자大賢君子가 될 수 있었던 사람이 없었다. 그러므로 매번 책을 읽으면 이 때문에 스스로 부끄럽다."라고 하였는데 이것이 한유가 책을 저술하거나 역사서를 지으려 하지 않았던 뜻이다.

일가의 말을 이루어 한 시대의 역사를 저술하는 것은 예악·명수·음양·토지·성신·방약의 책에 통달하지 않으면 할 수 없는데, 이것은 한유가 서툰 것이었다. 만약 다시 임박해서 널리 읽고 그 조목대로 늘어놓았으나 의의意義를 잃는 것이라면 한유가 하지 않은 것이기 때문에 이에 대해서는 쓰고 싶어하지 않았다. 그러나 마음속으로 사모하지 않은 적이 없었을 것이다. 그러므로 "지금 다행히 일이 없으니 앞으로 예악 등의 책을 한 번 배워볼까 한다."라고 하였고 또 「답최립지서答崔立之書」에 "앞으로 널찍한 들에서 밭을 갈며 국가의 유사를 구하고 현인과 명철한 선비의 끝과 처음을 상고하여 한 질의 당나라 역사서를 지어 길이 남기겠다."라고 하였다. 어찌 그의 생각에 하루라도 역사서 짓기를 잊은 적이 있겠는가? 다만 가슴속에 스스로 보기에 만족스럽지 못한 것이 있었던 것이다. 그러므로 진실하지 않은 말로 지난날을 변호하여 남에게 못남을 보이고 싶어하지 않았던 것이다.

장적·유종원 무리가 한유의 이 뜻을 알지 못하고 매번 답답해하고 안타깝게 여기며 다투어 권하였으니 어찌 그리 고루한가? 공자께서 "알지 못하면서 함부로 행동하는 것을 나는 한 적이 없노라."[47]라고 하였다. 나는 한유가 공자의 이 뜻을 잘 알아서 후세에 역사서를 짓고 저서를 쓰는 자의 망녕됨을 드러낸 것을 훌륭하게 여긴다.

金允植(1835~1922), 「八家涉筆上」, 『雲養集』 卷14.

47 공자께서……없노라 : 『논어論語』 「술이述而」에 "알지 못하면서 함부로 행동하는 것이 있는가? 나는 이러한 일이 없노라[蓋有不知而作之者 我無是也.]."라는 말이 있다.

世皆以昌黎之不作唐史爲恨, 雖當時之人亦然. 故柳宗元·劉秀才嘗勸之作史, 張籍勸之著書, 昌黎輒張皇其辭以拒之, 此誠何故也? 或曰, "人之稟才, 各有所偏, 昌黎長於論道著書, 作史非其所好." 今有人善博而不能奕, 曰, "我性不喜奕." 是亦工之未至耳.

古之人有達而著書者, 周公是也, 昌黎曰, "窮然後著書." 古之人有作史而不遇禍者, 孔子是也, 昌黎曰, "作史懼禍." 此豈非窘辭耶?

其答侯繼書云, "僕少好學問, 無所不觀. 然其所志惟在意義所歸, 至於禮樂·名數·陰陽·土地·星辰·方藥之書, 未嘗一得其門戶. 古之人未有不通此而能爲大賢君子者, 故每讀書輒用自愧." 此昌黎所以不欲著書作史之意也.

夫成一家之言而述一代之史者, 不通乎禮樂·名數·陰陽·土地·星辰·方藥之書則不可爲也, 而此昌黎之所短也. 若復臨急蒐獵, 陳其數而失其義者, 昌黎之所不爲也, 故不欲下手. 然蓋其心則未嘗不慕焉. 故曰, "今幸無事, 將試學禮樂等書." 又與崔立之書曰, "將耕於寬閒之野, 求國家遺事, 攷賢人哲士之終始, 作唐之一經, 垂之無窮." 是其意豈嘗一日忘作史哉? 顧胷次有自視欿然者, 故遊辭護前, 不欲示人以樸也.

張·柳輩不知此意, 每鬱悒歎惜而競勸之, 何其固哉? 孔子曰, "蓋有不知而作之者, 我無是也." 余美昌黎之能知此意, 以著後世作史著書者之妄.

金允植(1835~1922), 「八家涉筆上」『雲養集』 권14.

사도師道에 관해 논하여 위중립韋中立[48]에게 답하는 편지

(모곤) 유종원의 여러 편지 중 아름다운 글이고, 또한 그가 평생 문장을 지었던 대체의 취지가 담겨있다.

21일에 종원宗元은 말한다.

보내준 편지에 나를 스승으로 삼고 싶다고 하였는데, 나는 도덕이 독실하지 못하고 학업이 매우 얕아서 마음을 돌아봐도 스승 삼을 만한 점이 보이지 않네.

내가 비록 일찍이 논변하기를 좋아하고 문장을 짓긴 했지만 그다지 자신감은 없었는데, 뜻하지 않게 그대가 도성에서부터 만이蠻夷지역까지 와서 다행스럽게 그대에게 인정받았네. 그런데 나는 스스로 헤아려볼 때 굳이 취할 것이 없고, 설령 취할 것이 있다 해도 감히 남의 스승이 될 수 없다네. 남들의 스승이 되는 것도 감히 할 수 없는데, 하물며 감히 그대의 스승이 될 수 있겠는가?

---

48 위중립韋中立 : 영주자사永州刺史와 당주자사唐州刺史를 지낸 위표韋彪의 손자로, 원화元和 14년(819년)에 진사進士에 급제하였다. 원화元和 7년(812년)에 위중립의 할아버지 위표가 최간崔簡의 후임으로 영주자사에 부임했는데 이때 장안長安에서 조부를 찾아뵙기 위해 영주에 온 위중립이 유종원을 찾아와 가르침을 구하고, 다시 장안으로 돌아가 편지를 보내 자기의 스승이 되어 글 짓는 법을 가르쳐달라고 청하였다.

맹자가 말하기를 "사람의 결점은 남의 스승이 되기를 좋아하는 데 있다."[49] 하셨고, 위魏·진晉 이후로는 사람들이 더욱 스승을 섬기지 아니하여, 오늘날 세상에 스승이 있다는 말을 듣지 못하였으며, 스승이 있으면 언제나 떠들고 비웃어서 미친 사람 취급한다네.

그런데 유독 한유韓愈[昌黎]가 분발하여 세속世俗을 거스르고 비웃음과 업신여김을 무릅쓴 채 후학들을 거두어 불러 「사설師說」을 짓고 얼굴을 들고 스승이 되자, 세상에서는 과연 많은 사람이 괴이하게 여기고 욕하면서 손가락질하고 없는 허물을 끌어당겨 말을 보탰네. 한유는 이 때문에 미쳤다는 악명을 얻어 장안에 거주할 때 밥 짓고 익을 때까지의 여유도 없이 또 황급하게 동쪽 낙양으로 떠났는데, 이렇게 한 적이 수차례였네.

굴원屈原[屈子]의 부賦에 "고을의 개가 무리 지어 짖는 것은 괴이한 것이라 짖는 것이다."[50] 하였네. 나는 옛날에 "용庸·촉蜀[51]의 남쪽은 항상 비가 오고 햇빛 나는 날이 적어서 해가 나오면 개가 짖는다."고 들었는데, 나는 이 말을 과장된 말로 여겼었네. 그런데 6, 7년 전, 내가 남쪽으로 온 지 두 해째 되던 겨울에 뜻밖의 큰 눈이 령嶺[52]을 넘어

49 사람의……있다 : 『맹자孟子』 「이루 상離婁 上」 23장에 나오는 말로, 원문은 "孟子曰, 人之患, 在好爲人師"이다.

50 고을의……것이다 : "촉견蜀犬은 촉나라의 개란 뜻으로, 촉나라 지방은 안개가 많이 끼어 태양을 자주 볼 수 없으므로, 매양 태양이 나올 때면 개들이 모두 놀라 의심하여 짖어 댄다."는 데서 온 말로, 식견이 좁은 사람이 성현聖賢의 언행을 이상하게 여겨 비난하는 데에 비유한다. 『楚辭』 「懷沙」.

51 용촉庸蜀 : 용庸은 주周나라 후국侯國으로, 춘추春秋 시대에 초楚나라에 의해 멸망하였다. 지금의 호북성湖北省 죽산현竹山縣 동남쪽에 있었다. 촉은 지금의 사천성四川省 성도成都 일대이다.

52 령嶺 : 대유大庾·기전騎田·도방都龐·맹저萌渚·월성越城 등 오령五嶺을 가리킨다, 귀주貴州·광서廣西·광동廣東·호남湖南·강서江西·복건福建 등 성省에 뻗어 있고 장강長江과 주강珠江 유역의 분수령이 되는 곳이다.

남월南越의 여러 고을까지 덮은 일이 있었네. 당시 여러 고을의 개들이 놀라 급하게 짖어대고 물어뜯고 미친 듯이 날뛰기를 며칠 동안 하다가 눈이 녹아 없어진 뒤에야 잠잠해졌으니 나는 전에 들은 것을 믿게 되었네.

지금 한유가 이미 스스로 촉의 해가 되었는데, 그대가 또 나에게 월의 눈이 되게 하고자 하니, 내가 곤혹을 치르게 하는 것이 아닌가? 나만 곤혹을 치르는 것이 아니라, 그대 또한 이 때문에 곤혹을 치르게 될 것이네. 하지만 눈과 해가 어찌 잘못이 있겠는가. 도리어 짖는 것은 개일 뿐이라네. 헤아려보면 이제 천하에 짖지 않을 자가 몇이나 되겠는가. 누가 감히 자신을 사람들 눈에 괴이함을 내보여 소란을 초래하고 노여움을 취하겠는가.

나는 잘못을 저질러 귀양 왔을 때부터 의지가 더욱 줄어든 데다, 9년 동안 남쪽에 살면서 각기병까지 심해져 점점 시끄러운 일이 기쁘지 않았으니, 어찌 시끄럽게 떠드는 자들이 하루 종일 내 귀에 거슬리고 내 마음을 소란하게 할 수 있겠는가. 이렇게 되면 나는 반드시 쓰러지고 심란하여 더욱 지낼 수가 없을 것이네. 내 평소에 뜻하지 않게 구설수를 만났던 것이 적지 않았으나, 남의 스승이 되었다는 말만은 빠져있을 뿐이네. 또 들으니, 예전에 관례冠禮를 소중히 여긴 것은 성인의 도리를 책임지우려 해서였네. 이는 성인이 특히 마음을 쓰신 것인데, 수백 년 이래로 아무도 다시 관례를 행하지 않았네. 그런데 최근에 손창윤孫昌胤[53]이라는 자가 홀로 분발하며 이를 행하고선 이미 관례를 치룬 다음날 조정에 나아가 외정外庭[54]에 이르러 홀版[55]을 잡

53 손창윤孫昌胤 : 당나라 현종 천보天寶(742~755) 무렵에 진사進士에 급제하고, 덕종德宗 정원貞元(785~ 804) 무렵에 조정에서 관리로 있었다.

54 외정外庭 : 경대부卿大夫가 조회하는 곳이다.

아 올리고 경사卿士들에게 "내 아들이 관례를 마쳤다."라고 말하자, 응대하던 자들이 모두 멍하게 있었고, 경조윤京兆尹 정숙칙鄭叔則[56]은 분발하며 홀笏을 끌어내고 물러서서 "이 일이 우리와 무슨 상관인가?"라고 말하니, 조정에 있던 사람들이 모두 크게 웃었다네. 천하 사람들이 경조윤 정숙칙을 틀렸다 하지 않고 손창윤을 괴이하게 여겼으니, 어째서인가? 남들이 하지 않는 일을 홀로 하였기 때문이네. 지금 세상에 스승이라 칭하는 것도 대체로 이와 비슷하네.

그대는 행실이 후하고 글에 조예가 깊어서 지은 문장이 모두 여유롭고 옛사람의 풍모를 가지고 있으니, 아무리 내가 애써 스승이 된다 해도 무슨 도움이 되겠는가. 만약 내가 그대보다 나이가 많아서 도를 듣고 글을 쓴 날이 뒤처지지 않다 하여 진실로 나와 왕래하며 견문을 말해주길 원한다면, 나는 진실로 가슴속에 얻은 것들을 모두 늘어놓고 싶네.

그대가 만일 스스로 택하여 취할 것은 취하고 버릴 것은 버린다면야 괜찮겠지만, 만약 시비를 판정해서 그대를 가르치는 것이라면 내 재주가 부족한데다 앞서 늘어놓은 것 때문에 두려우니, 결코 함부로 할 수 없네.

그대가 전에 보고자 했던 내 문장을 이미 다 보여주었는데, 이는 그대에게 뽐내기 위해서가 아니라 과연 좋아하는지 싫어하는지 그대의 기색을 살피길 원해서였네. 그런데 이제 온 편지의 내용이 모두 너무 과분하니, 이는 그대가 정말 아첨하며 칭찬하거나 거짓으로 아부하는

---

55 홀笏 : 조회 때에 신하가 가지는 수판手板으로 무슨 일이 있으면 그 내용을 거기에 기록하여 잊어버릴 것을 대비하는 용도로 쓰인다.

56 경조윤京兆尹 정숙칙鄭叔則 : 경조윤은 한漢나라 때 처음 설치한 관직으로, 도성을 관리하는 장관이다. 정숙칙(715~785)은 형양滎陽 사람으로, 명경과明經科에 급제하여 어사御史·둔전원외랑屯田員外郎·이부원외랑吏部員外郎·천평절도부사天平節度副使·동도유수東都留守·겸하남윤兼河南尹 등을 역임한 뒤에 상서좌승尙書左丞과 태상경太常卿이 되고, 정원貞元 3년(787년)에 경조윤으로 전보되었다.

무리라서가 아니라, 단지 몹시 나를 좋아하여 그러한 것일 뿐이네.

옛날에 내가 어리고 또 젊었을 적 문장을 지을 때는 문사文辭를 잘 꾸미는 것을 훌륭하게 여겼었는데, 장성해서는 문장이란 도를 밝히고자 하는 것임을 알게 되었네. 이에 구차히 화려하게 수식에 힘쓰고 운율韻律을 과시하는 것을 참으로 능사로 여기지 않네.

내가 보여준 모든 글들은 전부 스스로는 도에 가깝다고 생각했지만, 과연 도에 가까운지 먼지는 모르겠네. 하지만 그대가 도를 좋아하면서 내 글을 옳다 하니, 어쩌면 도에서 멀지 않을 법도 하네. 그러므로 나는 문장을 지을 때마다 감히 가벼운 마음으로 쓴 적이 없으니 이는 너무 재빨라 진중하지 못할까 걱정해서이고, 감히 태만한 마음으로 쉽게 쓴 적이 없으니 이는 너무 느슨하여 엄밀하지 못할까 걱정해서이고, 감히 혼미한 기운으로 써 내려간 적이 없으니 이는 애매모호해서 뒤섞일까 걱정해서이고, 감히 자만하는 기색으로도 지은 적이 없으니 이는 거만해져서 교만할까 걱정해서였네. 억누른 것은 깊게 하고자 함이고, 드러낸 것은 명백하게 하고자 함이고, 트이게 한 것은 통하게 하고자 함이고, 간결하게 한 것은 절제하고자 함이며, 격렬하게 더러움을 제거한 것은 맑게 하고자 함이고, 간결하게 보존한 것은 귀중하게 하고자 함이니, 이것이 내가 도를 도우려는 방법이네.

『서경書經』을 기반으로 질박함을 추구하고, 『시경詩經』을 기반으로 정리情理를 추구하고, 예서를 기반으로 적합함을 추구하고, 『춘추春秋』를 기반으로 결단함을 추구하고, 『주역周易』을 기반으로 변화를 추구하였으니, 이것이 내가 도의 근원을 취하는 방법이네.

『춘추곡량전春秋穀梁傳』을 참고하여 그 기세氣勢를 가다듬고, 『맹자孟子』와 『순자荀子』를 참고하여 맥락脈絡을 통하게 하고, 『노자老子』와 『장자莊子』를 참고하여 단서端緖를 늘어놓고, 『국어國語』를 참고하여 취지趣旨를 넓히고, 「이소離騷」를 참고하여 그윽함에 이르게 하고, 『사기史記』를 참고하여 간결함을 드러냈으니, 이는 내가 널리 추구하고 다양하게 통하게 해서 문장을 짓는 방법이네.

대체로 이렇게 하는 것들이 과연 옳은가, 그른가? 취할 점이 있는가, 아니면 취할 점이 없는가? 그대가 잘 살피고 택하여 여유가 있거든 내게 알려주길 바라네. 만약 그대가 문장을 쓰는 방법을 넓히려 자주 나를 찾아왔는데 자네가 얻는 것이 없다면 내가 얻는 것이 있을 것이니, 또 어찌 스승이 되어달라고 하는가. 스승의 내실은 취하되 스승이란 이름은 버려서 남월南越과 촉蜀 지방의 개들이 괴이함을 보고 짖어대는 일을 초래하거나 손창윤처럼 외정外庭의 벼슬아치들의 비웃음을 사는 바가 없으면 다행일 것이네.

종원이 답장을 쓰다.

(모곤) 유종원이 편지 속에서 문장의 취지를 논한 것은 그가 말한 내용이 반드시 다 옳다고 감히 말할 수는 없지만, 요컨대 또한 전심전력全心全力으로 몰두한 것에 근간을 두고 있다. 그런데 후세에 문장을 짓는 자가 길을 가다 부자의 돈을 훔쳐서 천하에 과시하며 말하기를, "나 또한 의돈猗頓[57]이다."라고 하니, 어쩌면 그렇게도 스스로를 헤아리지 못하는가. 나는 이 때문에 소매를 떨치며 "문장에 뜻이 있다면 반드시 육예六藝에 근간을 두어 성인聖人의 도를 추구해야지 거의 이를 수 있다."라고 말한다.

57 의돈猗頓 : 춘추 시대에 노魯나라의 부상富商이다. 도주공陶朱公 범려范蠡로부터 "그대가 빨리 부자가 되고 싶으면 소·말·돼지·양·당나귀 등 다섯 가지 암컷을 길러라."라는 말을 듣고 그대로 한 결과 왕후에 부럽지 않은 재산을 모았다고 한다.

答韋中立論師道書

(茅坤) 子厚諸書中佳處, 亦其生平所爲文大指處.

二十一日, 宗元白.

辱書云欲相師, 僕道不篤, 業甚淺近, 環顧其中, 未見可師者.

雖嘗好言論爲文章, 甚不自是也, 不意吾子自京師來蠻夷間, 乃幸見取. 僕自卜固無取, 假令有取, 亦不敢爲人師. 爲衆人師且不敢, 況敢爲吾子師乎?

孟子稱人之患在好爲人師, 由魏晉氏以下, 人益不事師, 今之世, 不聞有師, 有輒譁笑之, 以爲狂人.

獨韓愈奮不顧流俗, 犯笑侮, 收召後學, 作師說, 因抗顏而爲師, 世果群怪聚罵, 指目牽引, 而增與爲言詞. 愈以是得狂名, 居長安, 炊不暇熟, 又挈挈而東, 如是者數矣.

屈子賦曰, "邑犬群吠, 吠所怪也." 僕往聞, "庸蜀之南, 恒雨少日, 日出則犬吠." 予以爲過言. 前六七年, 僕來南二年冬, 幸大雪, 踰嶺被南越中數州. 數州之犬, 皆蒼黃吠噬狂走者累日, 至無雪乃已, 然後始信前所聞者.

今韓愈旣自以爲蜀之日, 而吾子又欲使吾爲越之雪, 不以病乎. 非獨見病, 亦以病吾子. 然雪與日, 豈有過哉. 顧吠者犬耳. 度今天下不吠者幾人. 而誰敢衒怪於群目, 以召鬧取怒乎.

僕自謫過以來, 益少志慮, 居南中九年, 增脚氣病, 漸不喜鬧, 豈可使呶呶者, 早暮咈吾耳騷吾心. 則固僵仆煩憒, 愈不可過矣. 平居,望外遭齒舌不少, 獨欠爲人師耳. 抑又聞之, 古者, 重冠禮, 將以責成人之道. 是聖人所尤用心者也, 數百年來, 人不復行. 近有孫昌胤者, 獨發憤行之, 旣成禮, 明日造朝, 至外廷, 薦笏言於卿士曰, "某子冠畢." 應之者咸憮然, 京兆尹鄭叔則, 怫然曳笏却立曰, "何預我耶?" 廷中皆大笑. 天下不以非鄭尹而怪孫子, 何哉. 獨爲所不爲也. 今之命師者大類此.

吾子行厚而辭深, 凡所作皆恢恢然有古人形貌, 雖僕敢爲師, 亦何所增加也. 假而以僕年先吾子, 聞道著書之日不後, 誠欲往來言所聞, 則僕固願悉陳中所得者.

吾子苟自擇之, 取某事去某事, 則可矣, 若定是非, 以敎吾子, 僕材不足, 而又畏前所陳者, 其爲不敢也決矣.

吾子前所欲見吾文, 旣悉以陳之, 非以耀明於子, 聊欲以觀子氣色誠好惡何如也. 今書來, 言者皆大過, 吾子誠非佞譽誣諛之徒, 直見愛甚故然耳.

始吾幼且少, 爲文章, 以辭爲工, 及長, 乃知文者以明道. 是固不苟爲炳炳烺烺, 務采色夸聲音, 而以爲能也.

凡吾所陳, 皆自謂近道, 而不知道之果近乎遠乎. 吾子好道而可吾文, 或者其於道不遠矣. 故吾每爲文章, 未嘗敢以輕心掉之, 懼其剽而不留也, 未嘗敢以怠心易之, 懼其弛

而不嚴也, 未嘗敢以昏氣出之, 懼其昧沒而雜也, 未嘗敢以矜氣作之, 懼其偃蹇而驕也. 抑之, 欲其奧, 揚之, 欲其明, 疏之, 欲其通, 廉之, 欲其節, 激而發之, 欲其淸, 固而存之, 欲其重, 此吾所以羽翼夫道也.

本之書, 以求其質, 本之詩, 以求其恒, 本之禮, 以求其宜, 本之春秋, 以求其斷, 本

之易, 以求其動, 此吾所以取道之原也.

參之穀梁氏, 以厲其氣, 參之孟荀, 以暢其支, 參之莊老, 以肆其端, 參之國語, 以博其趣, 參之離騷, 以致其幽, 參之太史, 以著其潔, 此吾所以旁推交通, 而以爲之文也.

凡若此者, 果是耶, 非耶. 有取乎, 抑其無取乎. 吾子幸觀焉擇焉, 有餘, 以告焉. 苟亟來以廣是道, 子不有得焉, 則我得矣, 又何以師云爾哉. 取其實而去其名, 無招越蜀吠怪而爲外庭所笑, 則幸矣.

宗元復白.

(茅坤) 子厚中所論文章之旨, 未敢必其盡能如所云, 要之亦本於鑱心研神者. 而後之爲文者, 特路剽富者之金, 而以誇於天下曰, "吾且猗頓矣", 何其不自量之甚也? 予故奮袂曰, "有志於文, 須本之六藝, 以求聖人之道, 其庶焉耳."

【비평자료】

1 「답위중립논사도서答韋中立論師道書」 "相師"【서로 스승과 제자가 된다는 말이 아니다. 피차 상대해서 말한 것이니, 비록 서로의 뜻이 없어도 어떤 경우에는 '相'이라고 일컫기도 한다.】 "增與爲"【함께 말한 이가 모두 말을 더한다는 뜻이다.】 "挈挈而東"【'설挈'은 몸을 이끄는 것이다. 뜻을 얻지 못하고 떠남에 가는 것이 황급하고 괴롭다는 것을 말한다.】 "踰嶺"【령嶺 밖은 항상 눈이 내리지 않았었는데, 이때 마침 령嶺 밖에 많은 눈이 내렸기 때문에 '踰嶺'라고 하였다.】 "薦笏"【'천薦'은 '받들다'와 같다.】 "某子冠畢"【『의례儀禮』에서 "관례를 마치고 이어서 폐백을 준비하여 경대부와 향선생鄕先生[58]을 뵙는다."라고 하였는데, 손창윤孫昌胤이 이 예에 의거하되, 예를 바꾸어 경대부에게 고하는 예만을 행했다.】 "剽而不留"【'류留'는 여유롭고 다급하지 않다는 뜻이다. 예컨대 소순蘇洵이 구양수의 글을 칭찬하기를, "여유롭고 두루 갖추었다."라고 말한 것을 이른 것이다.】 "廉"【거두어들이는 것이다.】 "質"【실질이다.】 "動"【『주역周易』은 변화를 중요시하기 때문에 '동動'이라 한다.】

答韋中立書. "相師"【非謂互相師弟也. 凡彼此對待而言. 則雖無互相之意, 或以相稱之.】 "增與爲"【與爲言辭者皆增之.】 "挈挈而東"【挈, 提挈也. 言不得志而去, 其行草草苦辛也. 挈, 提挈也. 言不得志而去, 其行草草苦辛也.】 "踰嶺"【嶺外常不雨雪, 是時適大雪於嶺外, 故曰踰嶺也.】 "薦笏"【薦猶奉也.】 "某子冠畢"【儀禮, 冠畢, 遂以摯見於卿士鄕先生云云. 孫昌胤據此禮而變作告卿士之禮耳.】 "剽而不留"【留者, 優遊不迫之意. 如老泉稱歐陽之文曰"紆餘委備"之謂.】 "廉"【斂也.】 "質"【實也.】 "動"【易主於變易, 故曰動.】

李德弘(1541-1596), 「古文後集質疑」, 『艮齋先生續集』 卷4.

---

58 향선생鄕先生 : 한 고을에서 존경받는 원로이다. 옛날에 치사致仕한 뒤 시골에 내려온 중대부中大夫를 태사太師로 삼고 치사한 사士를 소사少師로 삼아 향학鄕學에서 자제들을 가르치게 하였는데, 이 노인들을 향선생이라고 하였다.

2 당나라 유종원 초년의 글은 대개 위나라와 진나라에 물든 것을 면치 못했으나 영주 이후에 지은 글은 결구와 포치가 모두 법도가 있었습니다. 지금 그의 「답위중립논사도서答韋中立論師道書」를 읽어보니, 양공의 마음[59]으로 홀로 애쓴 점을 알 수 있습니다. 한유의 비碑, 지誌, 서序, 해解 등의 글이 한 가지 재능을 전일하게 하지 않아 기기괴괴하다고 하여[60] 깊은 광채를 다가가 볼 수 없었지만 그 문장과 글자가 매끄럽고 적절하여 각기 마땅함은 또한 늘 한결같았습니다. 노형이 그 전집을 보셨을 때, 한 구라도 합당하지 않은 것이 있었습니까?

唐柳子厚初年之文, 蓋不免染指於魏晉, 而及其永州以後所作. 則結構布置, 儘有法度. 今讀其與韋中立書, 可見良工之心獨苦耳. 昌黎碑誌序解等篇, 不專一能, 怪怪奇奇, 淵然之光, 不可迫視. 而其文從字順各職職, 則又未嘗不一也. 老兄試觀其全集, 何嘗有一句不妥帖者乎?

李象辰(1710~1772), 「答李孟裕」, 『下枝遺集』 卷3.

3 일찍이 유종원의 「답위중립논사도서答韋中立論師道書」를 읽어보았는데, 속으로 그가 "『전국책戰國策』을 참고하여 그 기세를 가다듬고"라 하지 않고 굳이 곡량전을 말한 것은 어째서인지 의심하였다. 기세를 논하지

---

59 양공의 마음 : 두보杜甫의 〈제이존사송수장자가題李尊師松樹障子歌〉에 "선객의 마음이 서로 친함을 이미 아니, 솜씨 좋은 양공의 마음이 홀로 수고로웠음을 다시 깨닫네[已知仙客意相親, 更覺良工心獨苦.]."라고 하였다.

60 한……하여 : 한유가 일찍이 항상 자기를 괴롭히는 다섯 궁귀窮鬼, 즉 지궁智窮, 학궁學窮, 문궁文窮, 명궁命窮, 교궁交窮을 물리친다는 뜻으로 「송궁문送窮文」을 지었는데, 여기에 "버드나무를 엮어 수레를 만들고 풀을 묶어 배를 만들어…중략…또 그다음은 문궁이다. 한 가지 재능을 전일하게 하지 않아 기기괴괴하니, 세상에 베풀 수가 없고 다만 스스로 기쁘게 할 뿐이다[結柳作車, 縛草爲船,…중략…又其次曰文窮, 不專一能, 怪怪奇奇, 不可時施, 秖以自嬉.]."에서 가져온 말이다.

않으면 그만이지만, 만일 그가 기세를 논한다면 육경 외에 『전국책』보다 높일 것이 없다. 그 우뚝하게 맹렬한 기세는 비록 장주와 좌구명이 보더라도 응당 한참 물러날 것인데 공양전이나 곡량전에 있어서는 어떠하겠는가. 문장의 기세는 근원이 있으니 한유의 기는 물이고 문장은 사물이라는 것이요, 소문충의 거대한 샘물이 모두 사물이라는 것이다. 이는 진실로 책 하나만 읽고 한 분야에만 이름난 자들이 훔쳐서 취할 수 있는 것이 아니다.

嘗讀柳子厚與韋中立書, 竊疑其不曰參之國策以厲其氣, 而必曰穀梁云爾者何也, 不論氣則已. 苟其論氣也則六經以外, 莫尚乎國策. 其挺然凌厲之氣, 雖使莊周左丘明遇之, 亦當避三舍, 而況乎公穀邪? 蓋文章之氣, 自有源本, 韓昌黎之氣水言物. 蘇文忠之萬斛源泉, 皆其物也. 是固非讀一書名一家者, 所可襲而取之.

徐有榘(1764~1845), 「與宋莊伯書」, 『金華知非集』 卷2.

4 유종원이 애써 스승이라는 이름을 피한 것과 한유가 애써 역사서 짓기를 거절한 것은 모두 같은 문제다. 사도師道에서 귀하게 여기는 것은 덕행과 도예道藝로 후학에게 모범을 보여 이끌 수 있고 위의와 동작으로 보고 느끼게 하여 선하게 만들 수 있는 것이다. 이른바 부자夫子의 문장을 볼 만한 이유가 이것이다. 구두를 가르치고 문사를 짓는 것은 글방 스승의 소임이다. 나는 유종원이 피한 이유를 아직 모르겠다. 스승의 소임을 높은 곳에 둔 것인가? 자신만 도를 가지고 있고 남을 미혹하는 것은 어질지 못하고 지혜롭지 못한 것이니 군자가 하지 않는 바이다. 스승의 소임을 낮은 곳에 둔 것인가? 온갖 기술자의 기예 또한 서로 스승으로 삼는 도가 있으니, 또 어찌 피할 수 있겠는가?

子厚之苦避師名, 與退之之苦拒作史, 均爲一病. 夫所貴乎師道者, 以其德行道藝足以表率後學, 以威儀動作足以觀感而化善. 所謂夫子之文章, 可得而見者此也. 至若授句讀, 屬文辭, 塾師之任也. 吾未知子厚所避. 其在上耶? 懷道迷人, 不仁不智, 君子之所不爲也. 其在下耶? 百工技藝亦有相師之道, 而又何避之足云?

金允植(1835~1922), 「八家涉筆上」, 『雲養集』 卷14.

화재火災를 당한 진사進士 왕참원王參元[61]을 축하하는 편지

(모곤) 식견이 깊은 말이고, 옛것에 가까운 말이다.

양귀후楊歸厚[陽八][62]에게 편지를 받고 그대가 화재를 당하여 집안에 남은 재산이 없어졌다는 것을 알았습니다. 제가 처음에는 듣고 놀랐고, 중간에는 의심하였지만 끝내는 몹시 기뻐 위로를 하려 하였다가 도리어 축하를 하게 되었습니다. 길은 멀고 소식은 소략하여 아직 그 상황을 자세히 알지 못하지만 만약 정말로 싹 다 타버려서 모두 없어졌다면 곧 내가 더욱 축하할 일입니다. 그대가 부지런히 봉양하고 아침저녁으로 즐거워하며 편안하고 일이 없기만을 바랐는데 지금 큰 화재를 당하는 화가 생겨 그대가 놀랐을 것이고 기름지고 맛있는 음식도 어쩌면 부족할 것이니 제가 이 때문에 처음에 놀랐던 것입니다.

보통 사람들이 하는 말은 모두 "화禍에는 복福이 기대있고 복에는

61 왕참원王參元 : ?~?. 당唐나라 복양濮陽 사람으로, 부방절도사鄜坊節度使 왕서적王棲曜의 아들이자 왕무원王茂元의 아우이다. 원화元和 2년(807년)에 진사가 되었고, 문필에 뛰어나 당대에 명성이 있었으며, 이하李賀와 교분이 있었다.

62 양귀후楊歸厚[陽八] : 776~831. 양팔陽八이 양귀후楊歸厚를 지칭함은 유우석劉禹錫의 『유빈객문집劉賓客文集』에 수록된 「기당주양팔귀후寄唐州楊八歸厚」에서 확인할 수 있다. 양귀후의 자는 정일貞一이며, 당唐나라 부풍扶風 사람이다. 황보열皇甫閱에게 수학하였으며, 유우석劉禹錫, 유종원柳宗元, 백거이白居易 등의 문사들과 교유하였다.

화가 숨어있어서[63] 오고 가는 것이 일정하지 않다. 어떤 사람이 큰일을 하려고 할 때 처음에는 곤액이나 놀라는 일을 겪기도 한다. 이에 수재水災나 화재火災를 당하거나 소인들의 분을 사기도 하면서 노고와 변고를 겪은 뒤에 광명이 있으니 옛날 사람들은 모두 이러했다." 라고 하였습니다. 그렇지만 이 도는 아득하고 허망하여 성인이라 해도 이것을 반드시 믿을 수 없을 것이니, 이 때문에 중간에 의심했던 것입니다.

그대는 옛사람의 책을 읽고 문장을 잘 지으며 소학을 잘 알아서 이처럼 재능이 많은데도 나아가 선비들의 위에서 앞서며 현달하고 귀한 자리를 얻지 못하는 것은 다른 이유가 없습니다. 서울 사람들이 대부분 그대의 집안에 쌓아둔 재산이 많다고 말하여 청렴하다는 명성을 좋아하는 선비들은 모두 두려워하고 꺼려 감히 그대의 좋은 점을 말하지 않고 혼자만 알고 마음에 쌓아두며 입을 닫고 참아서 입 밖으로 내지 않으니, 공정한 도는 밝히기 어렵고 세상에는 의심이 많기 때문입니다. 한 번 입 밖으로 칭찬을 하면 어리석은 이들이 많은 뇌물을 받았다고 생각할 것입니다. 내가 정원貞元 15년(799년)부터 그대의 문장을 보았는데 그것을 쌓아두고 6, 7년 동안 말한 적이 없었으니, 이는 내가 스스로를 사사로이 하여 공정한 도를 저버린 것이 오래된 것이지 유독 그대를 저버린 것은 아닙니다.

어사御史, 상서랑尙書郞이 되어서는 혼자 '다행히 천자의 근신近臣이 되었으니 혀를 놀려 그대의 답답함을 밝힐 것을 생각할 수 있겠다'고 여겼습니다. 하지만 때로 동료들 사이에서 칭찬을 하면 오히려 돌아보

63 화禍에는……숨어있어서 : 원문의 영허盈虛는 화복禍福을 말하는데, 『도덕경道德經』의 "화는 복이 기대어있는 것이고, 복은 화가 엎드려 있는 것이다[禍兮福之所倚, 福兮禍之所伏.]."에서 온 말로 화복이 일정하지 않음을 말한 것이다.

고 속으로 비웃는 이들이 있었습니다. 나는 스스로를 수양함이 밝지 못하고 평소 명예를 세우지 못하여 세상의 의심을 사는 것이 정말 한스러워 맹간孟簡[孟幾道]과 말할 때마다 안타까워했는데, 지금 다행히 화재로 싹 타버렸으니 사람들의 의심도 모두 잿더미가 되었습니다.

그 집은 검게 타고 그 담장은 붉게 타서 가진 것이 없음을 보여주었습니다. 그대의 재능이 이에 밝게 드러나 더러워지지 않아 그 실상이 드러나게 되었으니 이것이 축융과 회록[64]이 그대를 도운 것입니다. 그렇다면 나와 맹간이 십 년을 인정했던 것이 저 불이 하룻저녁에 그대의 명예를 세운 것만 못합니다. 화재가 그대를 도와 밝혀 저 마음에 쌓아둔 것이 있는 자들이 모두 그 입을 열게 하고, 과거를 주관하는 이들이 그대에게 자리를 주고 떨지 않게 되었으니, 예전처럼 위축되고 모욕을 받고자 하더라도 할 수 있겠습니까? 이에 나는 그대에게 기대가 있으니, 이 때문에 끝내는 몹시 기뻐한 것입니다. 옛날 여러 제후국에 화재가 있어서 동등한 지위의 나라는 모두 위문하였는데 허나라는 화재에 위문하지 않아 군자들이 싫어하였습니다.[65] 하지만 지금 내가 이와 같이 말한 것은 옛날과 다른 점이 있기 때문에 위로를 하려 하였다가 축하를 하는 것입니다. 안회顔回와 증삼曾參이 봉양한 것이 그 즐거움이 컸을 것인데 또 무엇이 부족했겠습니까?[66]

---

64 축융과 회록 : 축융과 회록 모두 전설 속에 전하는 화신火神의 이름이다.

65 옛날……싫어하였습니다 : 『춘추좌씨전春秋左氏傳』 소공昭公 18년 조의 "여름 5월 임오일에 18년에 송宋나라, 위衛나라, 진陳나라, 정鄭나라에 화재가 났다."라는 경문의 전에 "진陳나라는 불을 끄는 조치를 하지 않았고, 허許나라는 네 나라의 화재를 위문하지 않았으니, 군자는 이로 인해 진나라와 허나라가 먼저 망할 것을 알았다."라는 말이 있다.

66 안회顔回와……부족했겠습니까 : 안회顔回가 그의 아버지 안로顔路를 섬기고, 증삼曾參이 그의 아버지 증점曾點을 봉양할 때 매우 가난하였지만 효성을 다하고 천륜을 즐기는 데에 전혀 부족한 것이 없었다고 한다. 왕참원王參元이 이제 가난한

그대가 이전에 나의 문장과 고서를 찾았었는데 잊어버린 것은 아니고 수십 편이 쌓이기를 기다렸다가 아울러 보내려고 하였습니다. 오무릉吳武陵[吳二十一武陵][67]이 와서 그대가 지은 「취부醉賦」와 「대문對問」이 몹시 좋다고 하였으니 한 부 보내주면 좋겠습니다. 내가 최근에 또 문장을 짓기를 좋아하여 서울에 있을 때와는 사뭇 다릅니다. 그대 무리와 이야기 나누고 싶지만 구속이 너무 심해서 할 수 없기에 남쪽으로 온 사람 편에 편지를 보내 안부를 묻습니다. 이만 줄입니다. 종원은 고합니다.

처지에서 부모를 봉양하게 되었지만 봉양하는 것은 마음을 봉양하는 정성이 중요하기 때문에, 안회顔回와 증삼曾參처럼 아무런 부족함이 없을 것이라는 말이다.

67 오무릉吳武陵[吳二十一武陵] : ?~835. 당唐나라 신주信州 사람이다. 원화元和 2년(807년)에 급제하였으며 태학박사太學博士 · 소주 자사韶州刺史 · 반주사호참군潘州司戶參軍 등을 역임하였다. 808년에 영주永州에 유배되어 영주 사마永州司馬로 있던 유종원을 만났다.

賀進士王參元失火書

(茅坤) 深識之言, 逼古之文.

得楊八書, 知足下遇火災, 家無餘儲. 僕始聞而駭, 中而疑, 終乃大喜, 蓋將弔而更以賀也. 道遠言略, 猶未能究知其狀, 若果蕩焉泯焉而悉無有, 乃吾所以尤賀者也. 足下勤奉養, 樂朝夕, 惟恬安無事是望也, 今乃有焚煬赫烈之虞, 以震駭左右, 而脂膏滫瀡之具, 或以不給, 吾是以始而駭也.

凡人之言, 皆曰, "盈虛倚伏, 去來之不可常. 或將大有爲也, 乃始厄困震悸. 於是有水火之孽, 有群小之慍, 勞苦變動而後能光明. 古之人皆然." 斯道遼闊誕漫, 雖聖人不能以是必信, 是故中而疑也.

以足下讀古人書, 爲文章, 善小學. 其爲多能若是, 而進不能出群士之上, 以取顯貴者, 蓋無他焉. 京城人多言足下家有積貨, 士之好廉名者皆畏忌, 不敢道足下之善, 獨自得之, 心蓄之, 銜忍而不出諸口, 以公道之難明, 而世之多嫌也. 一出口, 則嗤嗤者以爲得重賂. 僕自貞元十五年見足下之文章, 蓄之者蓋六七年未嘗言, 是僕私一身而負公道久矣, 非特負足下也.

及爲御史尚書郎, 自以'幸爲天子近臣, 得奮其舌, 思以發明足下之鬱塞.' 然時稱道於行列, 猶有顧視而竊笑者. 僕良恨修己之不亮, 素譽之不立, 而爲世嫌之所加, 常與孟幾道言而痛之, 乃今幸爲天火之所盪滌, 凡衆之疑慮, 擧爲灰埃.

黔其廬, 赭其垣, 以示其無有. 而足下之才能, 乃可以顯白而不汚,其實出矣, 是祝融回祿之相吾子也. 則僕與幾道十年之相知, 不若兹火一夕之爲足下譽也. 宥而彰之, 使夫蓄於心者, 咸得開其喙, 發策決科者, 授子而不慄. 雖欲如嚮之蓄縮受侮, 其可得乎? 於兹吾有望於子, 是以終乃大喜也. 古者列國有災, 同位者皆相弔, 許不弔災, 君子惡之. 今吾之所陳若是, 有以異乎古, 故將弔而更以賀也. 顔曾之養, 其爲樂也大矣, 又何闕焉?

足下前要僕文章古書, 極不忘, 候得數十幅乃併往耳. 吳二十一武陵來, 言足下爲醉賦及對問, 大善, 可寄一本. 僕近亦好作文, 與在京城時頗異. 思與足下輩言之, 桎梏甚固, 未可得也, 因人南來, 致書訪死生. 不悉. 宗元白.

【비평자료】

1 「하진사왕참원실화서」. 체제와 의맥意脉이 분명하여 볼 만하다. "안회와 증삼이 봉양한 것이 그 즐거움이 컸을 것인데 또 무엇이 부족했겠습니까?"라고 한 것은 곧 어두운 곳에서 정신이 살아있다는 것이다. "始而駭" 한 단락에서 이미 "그대가 놀랐을 것이고 기름지고 맛있는 음식도 어쩌면 부족할 것이니"라고 하였으니, "終乃大喜" 한 절과 "위로를 하려 하였다가 축하를 하는 것입니다."라고 한 것과 어긋나지 않겠는가? 따라서 안회와 증삼 한 단락의 말이 있어야 한다.

賀王參元失火書. 體裁意脉, 分明可見. 而"顏曾之養, 其爲樂也大矣, 又何闕焉"者, 卽所謂暗地精神. 蓋"始而駭"一節, 旣曰"震駭左右, 滫瀡不給", 則與"終乃大喜"一節, 及"將弔而更以賀"者, 無乃牴牾乎? 故須有顏曾一段之說也.

安錫儆(1718~1774), 「柳文摘解」, 『雪橋藝學錄』 卷3.

2 화재를 당했다니 놀라고 탄식하였습니다. 옛날에 왕참원이 화재를 당하였을 때 유종원이 위로를 하지 않고 축하를 했던 것은 왕참원의 집안에 쌓여있던 재산이 그 이름에 누가 될 정도였는데 하루아침에 다 타서 잿더미가 되어 가진 것이 없음을 보여주어 그의 재능이 이에 밝게 드러나게 되었기 때문입니다. 그렇다면 축하를 하더라도 괜찮지만 지금 경일의 집안은 원래 가난하여 그 이름에 누가 되기에 부족합니다. 그리고 또 세상일을 좋아하지 않아 식구들을 이끌고 산속 깊은 곳에 들어갔으니 벼슬길에 나아가려는 바람이 없음이 확고합니다.

훌륭한 시문과 고운 글씨가 모조리 날리는 화염과 가득한 연기 속으로 들어가 버렸으니 위로할 만한 것이지 축하할 것이 아닙니다. 그렇지만 옛 사람이 큰 일을 하려고 할 때에 반드시 먼저 곤액이나 놀라는 일을 겪습니다. 이에 수재나 화재, 곤궁해지는 근심이 생기는 것이, 하늘의 뜻이 경일을 아껴 수고롭게 심성을 단련시켜 그가 잘하지 못했던 것을 잘하게 하려는[68] 하늘의 뜻이 아니라고 어찌 장담하겠습니까? 이것이 경일을 축하하기에 충분한 것입니다.

遭火之戹, 不勝驚歎. 昔王參元失火, 柳柳州不弔而賀, 以王家之積貨, 足以累其名, 一朝蕩爲灰燼. 以示其無有, 而其才能, 乃可以顯白也. 則雖賀之可也, 今景逸家素窮空, 不足以累其名. 旣又不樂於世, 挈家入萬山深處, 其無進取之望也決矣.

而寶唾瓊墨, 盡入於飛焰漲烟之中, 則可弔而不可賀也. 雖然古之人將大有爲也, 必先之以困戹震盪. 於是乎有水火之孽窮窶之患, 安知非天意愛惜吾景逸, 將以勞苦動忍而增益其所不能耶? 是足以爲景逸賀也.

南皐(1807~1879), 「答趙景逸【乙未】」, 『時庵集』 卷4.

3 「하진사왕참원실화서」에 "그 집은 검게 타고 그 담장은 붉게 타서 가진 것이 없음을 보여주었습니다. 그대의 재능이 밝게 드러나 더러워지지 않아 그 실상이 드러나게 되었으니 이것이 축융과 회록이 그대를 도운 것입니다."라고 하였다. 이 말을 가만히 생각해보면 스스로 문장을 다듬어 실제로 기록한 것이니 참원을 축하한 것인데 스스로 축하한 이유는 어째서인가?

유종원이 초년에 많은 서적에 박식하고 여러 재예에 이름을 떨쳐 그 마음에 쌓은 것이 진실로 많았던 것은 참원의 집안과 비슷하다. 유배를

68 심성을……하려는 : 원문의 동인動忍은 동심인성動心忍性의 준말로 마음을 분발시키고 참을성을 기른다는 뜻이다. 『맹자孟子』 「고자 하告子下」에 "마음을 분발시키고 참을성을 길러 그가 잘 하지 못했던 일을 더욱 잘할 수 있게 해주기 위함이다[所以動心忍性, 曾益其所不能.]."라고 한 데서 온 말이다.

가게 되어서 곤궁함이 지극하고 무료해서 정신이 소모되니 기량은 닳아서 거의 없어지고 기억하고 외운 것도 잊어서 남지 않아 그 마음속을 싹 다 태워 모두 없어지게 한 것이다. 참원의 집안이 회록의 폐허가 된 후와 같으니 안목이 크게 트여서 고문을 잘 짓는 도가 비로소 올바르고 결백한 데로 크게 나아갈 것이니, 이것이 어찌 스스로를 위안하고 스스로를 축하하기에 부족하겠는가? 이를 바탕으로 말하자면 학문의 묘함은 가진 것을 비우는 데에 달렸고 없는 것을 채우는 데에 달린 것이 아니다. 그런데 근세의 선비들은 다들 부지런히 읽고 힘써 외워 책을 뱃속에 가득 채우는 것을 능사로 여기니 어떻게 이렇게 지혜롭지 못함이 심한가? 아아!

賀進士王參元失火書云, "黔其廬, 赭其垣, 以示其無有. 而足下之才能, 乃可以顯白而不汚, 其實出矣, 是祝融回祿之相吾子也." 竊謂此言, 卽自家治文實錄, 而賀參元者, 卽所以自賀也, 何者?

柳州初年博極羣籍, 名擅衆藝, 其方寸所積固已富, 埒參元之家矣. 及遭責逐, 窮極無聊, 神志耗竭, 伎倆則消磨殆盡, 記誦則遺忘不留, 使其胷中蕩焉泯焉, 悉無所有. 如參元家回祿之墟而後, 隻眼豁開, 而古文之道, 始乃大進於雅潔矣, 是豈不足以自慰自賀哉? 由此言之, 學問之妙, 在於空其所有, 而不在於實其所無也. 然而近世之士, 皆以勤讀强記滿腹陳篇爲能事, 抑何不智之甚也? 噫!

金昌熙(1844~1890), 「讀柳州文[其三]」, 『石菱集』 卷5.

나무 심는 곽탁타郭槖駝에 관한 전傳

(모곤) 관직에 있는 자는 마땅히 이 글을 깊이 체득하여야 할 것이다.

곽탁타郭槖駝는 이름이 어디에서 비롯되었는지 알지 못한다. 곱사병을 앓아 등을 구부린 채로 다녀 그 모습이 낙타와 비슷하였으므로 마을 사람들이 '탁타槖駝'라고 불렀다. 곽탁타가 이를 듣고 말하길, "매우 좋다. 나의 이름은 이렇게 짓는 것이 정말로 적당하니 나의 본명을 버리겠다." 하고, 또 스스로를 탁타라 이르렀다. 그의 고향은 풍락향豐樂鄕으로, 장안長安의 서쪽에 있다.

탁타의 일은 나무를 심는 것이었는데, 무릇 장안의 부호 중에 관상을 위해 정원을 만들거나 과일을 파는 자들이 모두 그를 앞다투어 맞이해 대접하였다. 탁타가 심은 나무를 보면, 옮긴 나무들은 죽은 나무가 없었고, 또 크고 무성하며 빨리 많은 열매가 달렸다. 나무를 심는 다른 사람들이 비록 엿보고 따라 했으나, 그와 같이 할 수는 없었다.

묻는 자가 있어 대답하기를, "나는 나무가 오래 살고 우거지게 할 수 없다. 나무의 천성에 따라 그 본성을 이루어 줄 뿐이다. 대체로 나무의 본성대로 심는다는 것은 그 뿌리를 자유롭게 뻗치도록 해주고, 그 북돋음을 적당히 해주고, 그 흙은 이전의 것을 사용하고, 그 다지는 것을 조밀하게 해주는 것이다. 그렇게 했다면 건드려서도 안 되며, 걱정해서도 안 되고, 가서는 다시 돌아봐서도 안 된다. 나무를 심을 때에는 마치 자식같이 하고, 내버려 둘 때는 마치 버린 것처럼 하여야 하니, 그렇게 하면 천성이 온전하고 본성을 이룰 수 있다. 그러므로 나는 자라는 것을 해치지 않을 뿐, 크고 무성하게 할 수 있는 것이 아니며, 그 열매가 자람을 억제하거나 제거하려 하지 않을 뿐, 빨리 많이 열리게 하는 방법이 있는 것이 아니다. 다른 나무 심는 자들은 그렇게 하지 않으니, 뿌리는 뭉치게 하고 흙은 바꾸며 북돋는 것은 지나치지 않으면 모자라게 한다.

이와 반대로 하는 사람은 곧 또한 지나치게 사랑하고 심히 걱정하여, 아침에 보고 저녁에 어루만지며 이미 갔다가도 다시 돌아본다. 심한 사람은 그 껍질을 손톱으로 긁어 나무가 살았는지 죽었는지 검사하고, 그 뿌리를 흔들어 그것이 성기고 빽빽한지를 보니, 나무의 본성과 멀어진다. 비록 나무를 사랑한다고 말하나, 실제로는 그것을 해치는 것이요, 비록 나무를 걱정한다고 말하나, 실제로는 못살게 하는 것이다. 그러므로 나는 이렇게 하지 않으니, 내가 어찌 특별한 능력이 있겠는가?"

묻는 자가 말하였다. "그대의 방법을 관리가 다스리는 데에 이용해도 되겠습니까?"

탁타가 대답하였다. "나는 나무 심는 것만을 알 뿐이니, 다스리는 것은 나의 직업이 아니다. 그러나 내가 지방에 살 때에, 관리로 있는 자들이 명을 번거롭게 내리기를 좋아하여 마치 심히 백성들을 불쌍히 여기는 듯 하였으나, 끝내는 화를 끼쳤다. 아침저녁으로 아전이 와서 소리치기를, '관청의 명이니 너희들의 밭갈이를 재촉하고, 너희들이 심는 것을 독려하며 너희들이 벼를 수확하는 것을 감독하여 빨리 실을 만들고 옷감을 짜며, 너희들의 어린아이들을 잘 키우고, 너희들의 닭과 돼지를 잘 기르라.'하고, 북을 올려 백성들을 모으고, 목탁을 쳐서 그들을 부른다. 우리 백성들은 밥도 먹지 못하고 아전들을 대접하기에도 쉴 틈이 없으니, 또 어떻게 우리의 삶을 번성하게 하고 우리의 본성을 편안하게 하겠는가? 그러므로 병들고 태만해진다. 이와 같다면 나의 직업과 그것이 비슷한 점이 있는 듯하다."

묻는 자가 감탄하여 말하기를, "이렇게 하는 것이 좋지 않겠는가. 나는 나무를 잘 기르는 방법을 물었다가 백성을 잘 기르는 방법을 얻었다." 하고 이 일을 전하여 관리의 경계로 삼았다.

種樹郭槖駝傳

(茅坤) 守官者, 當深體此文.

郭槖駝不知始何名. 病僂隆然伏行, 有類槖駝者, 故鄕人號之駝. 駝聞之曰, "甚善! 名我固當, 因捨其名." 亦自謂槖駝云. 其鄕曰豐樂鄕, 在長安西.

駝業種樹, 凡長安豪富人, 爲觀游及賣果者, 皆爭迎取養. 視駝所種樹, 或移徙無不活, 且碩茂蚤實以蕃. 他植者雖窺伺傚慕, 莫能如也.

有問之, 對曰, "槖駝非能使木壽且孳也. 能順木之天, 以致其性焉爾. 凡植木之性, 其本欲舒, 其培欲平, 其土欲故, 其築欲密. 旣然已, 勿動勿慮, 去不復顧. 其蒔也若子, 其置也若棄, 則其天者全而其性得矣. 故吾不害其長而已, 非有能碩茂之也, 不抑耗其實而已, 非有能蚤而蕃之也. 他植者則不然, 根拳而土易, 其培之也, 若不過焉, 則不及.

苟有能反是者, 則又愛之太恩, 憂之太勤, 旦視而暮撫, 已去而復顧. 甚者爪其膚, 以驗其生枯, 搖其本, 以觀其疎密, 而木之性日以離矣. 雖曰愛之, 其實害之, 雖曰憂之, 其實讐之. 故不我若也, 吾又何能爲哉?"

問者曰, "以子之道, 移之官理可乎?"

駝曰, "我知種樹而已, 理非吾業也. 然吾居鄕, 見長人者好煩其令, 若甚憐焉, 而卒以禍. 旦暮, 吏來而呼曰, '官命促爾耕, 勗爾植,督爾穫, 蚤繰而緖, 蚤織而縷, 字而幼孩, 遂而鷄豚', 鳴鼓而聚之, 擊木而召之. 吾小人, 輟飧饔以勞吏者, 且不得暇, 又何以蕃吾生而安吾性耶? 故病且怠. 若是則與吾業者, 其亦有類乎."

問者嘻曰, "不亦善夫! 吾問養樹, 得養人術." 傳其事, 以爲官戒也.

【비평자료】

1 「종수곽탁타전」. "木之天"【천天은 본성이다.】 "欲故"【옛 흙을 붙여 옮기는 것이다.】 "繰而緖"【'조繰'와 '소繅'는 같다. 고치를 켠 것을 실로 만들어 가다듬음을 이른다. '서緖'는 실이다.】

郭橐駝傳. "木之天"【天, 性也.】 "欲故"【帶其故土而移也.】 "繰而緖"【繰與繅同. 謂繅繭爲絲而治也. 緖, 絲也.】

李德弘(1541~1596), 「古文後集質疑」, 『艮齋先生續集』 卷4.

처음 서산西山을 발견하여 잔치를 열어 즐긴 일에 대한 기문[69]

(모곤) 공이 기이함을 찾음에 가는 곳마다 신이 도운 듯 훌륭한 경관을 찾아갔다.

내가 죄인이 되어 이 영주에 살면서부터 늘 두려워하였다. 하지만 틈이 나면 느긋하게 돌아다니고 얽매임 없이 유람하였으니 늘 어울리는 무리들과 높은 산을 오르거나 울창한 숲에 들거나 휘돌아 흐르는 시내를 찾아다녀서 멀리 있는 깊은 샘과 기이한 바위라도 찾아가지 않은 적이 없었다. 그곳에 이르게 되면 풀을 헤치고 앉아 술병을 기울여 취하고, 취하면 곧 서로를 베고 누웠으니 마음이 가는 곳이 있으면 꿈에서도 함께 갔다. 그렇게 잠이 들었다가 깨고, 일어나 돌아왔다. 그리하여 이 주의 기이한 모습을 한 산들은 모두 내 소유라고 여겼는데, 서산西山의 기이하고 특이한 모습은 미처 알지 못하였다. 올해 9월 28일 법화사法華寺의 서쪽 정자에 앉아 서산을 바라보고 그제야 가리키며 기이하다고 여겼다. 그리하여 마침내 종에게 명하여 상강을 지나고 염계染溪[70]를 거슬러 올라가 우거진 덤불을 자르고 무성한 풀을

---

69 처음……기문 : 이 글은 유종원의 「영주팔기永州八記」 가운데 첫 번째 작품이다. 이 글에서 작자는 서산을 발견하고 그곳에서 잔치를 벌이고 즐기게 된 경과를 기술하였고, 서산의 기이한 모습을 묘사하였으며, 뛰어난 재능을 지녔으나 시대를 잘못 타고난 불만과 그러한 현실을 어찌할 수 없는 마음을 토로하였다.

태워가며 산의 정상에 다다른 뒤에야 멈췄다. 손으로 부여잡으며 정상에 올라 두 다리를 뻗고 앉아 즐기자니 여러 주의 땅덩이가 모두 자리 아래에 있었다. 그 높고 낮은 기세들이 깊고 푹 꺼져 개미굴이나 구멍 같아 천 리의 풍경이 한 자 한 마디 속에 빽빽하게 들어있어 숨길 수가 없었다. 감아 도는 푸른 산과 굽이치는 맑은 물이 저 멀리 하늘과 맞닿아 있으니 온 사방의 경치가 하나같았다. 이를 본 뒤에야 이 산이 특출나 언덕배기들과는 다름을 알게 되었으니, 유유히 대자연의 기운과 함께하여 그 끝을 볼 수 없었고 성대하게 조물주와 노닐어 그 극치를 알 수 없었다. 술잔에 술을 가득 채워 거나하게 취하여 해가 지는 것도 몰랐다. 어둑한 저녁 풍경이 멀리서부터 이르러 아무것도 볼 수 없었지만 그래도 돌아가고 싶지 않았다. 마음은 엉기고 형체는 사라져[71] 만물과 은연중 합치되었으니, 그런 뒤에야 나의 유람이 아직 시작된 적이 없었고, 여기서부터 유람이 시작됨을 알게 되었다. 그리하여 글을 지어 기록한다. 때는 원화元和 4년(809년)이다.

---

70 염계染溪 : 호남성湖南省 영릉현零陵縣 서남쪽에 있는 염계冉溪의 별칭으로 유종원이 '우계愚溪'로 이름을 바꾸었다.

71 마음은……사라져 : 정신이 집중되어 형체를 잊은 경지에 도달하는 것을 의미하는 말로 『열자列子』「중니편仲尼篇」에 "마음은 엉기고 형체는 사라져 버렸으며 뼈와 살은 전부 자연과 하나가 되어 몸이 의지하는 것, 발이 밟고 있는 것, 마음이 생각하는 것, 말이 담고 있는 것을 느낄 수 없었다. 이와 같을 뿐이었지만 어떤 이치도 숨겨진 것이 없었다[心凝形釋, 骨肉都融, 不覺形之所倚, 足之所履, 心之所念, 言之所藏. 如斯而已, 則理無所隱矣.]."라고 하였다.

始得西山宴游記

(茅坤) 公之探奇, 所嚮若神助.

自余爲僇人, 居是州, 恒惴慄, 其隙也, 則施施而行, 漫漫而遊, 日與其徒上高山, 入深林, 窮迴溪, 幽泉怪石, 無遠不到. 到則披草而坐, 傾壺而醉, 醉則更相枕以臥, 臥而夢, 意有所極, 夢亦同趣. 覺而起, 起而歸. 以爲凡是州之山水有異態者, 皆我有也, 而未始知西山之怪特. 今年九月二十八日, 因坐法華西亭, 望西山, 始指異之. 遂命僕, 過湘江, 緣染溪, 斫榛莽, 焚茅茷, 窮山之高而止. 攀援而登, 箕踞而遨, 則凡數州之土壤, 皆在衽席之下. 其高下之勢, 岈然洼然, 若垤若穴, 尺寸千里攢蹙累積, 莫得遯隱. 縈青繚白, 外與天際, 四望如一. 然後知是山之特出, 不與培塿爲類, 悠悠乎與灝氣俱, 而莫得其涯, 洋洋乎與造物者游, 而不知其所窮. 引觴滿酌, 頹然就醉, 不知日之入. 蒼然暮色, 自遠而至, 至無所見, 而猶不欲歸. 心凝形釋, 與萬化冥合, 然後知吾嚮之未始游, 游於是乎始. 故爲之文以志. 歲元和四年也.

【비평자료】

1 사마천[司馬子長]은 명산을 두루 유람하고 나서 문장이 기이하고 장대해졌고, 삼려대부三閭大夫 굴원屈原은 상담湘潭으로 쫓겨나고 나서 사어辭語가 비통하고 울적해졌으며, 장열張說[72]이 영외로 쫓겨나 지은 시는 유독 자연의 도움을 받았고, 두보杜甫는 기주夔州로 옮겨간 뒤에 더욱 시율의 세밀함이 드러났으며, 유종원[柳子厚]의 산수 기문과 한유의 조주자사潮州刺史 시기 작품은 모두 그윽한 절경을 두루 유람하고서 문장이 신묘한 경지에 든 뒤에 지어진 작품들이니, 어찌 단 한 번의 유람으로 신의 도움을 받을 수 있겠는가.

司馬子長, 遍游名山而文章奇壯, 三閭大夫, 放逐湘潭而辭語悲楚, 張說嶺外之詩, 別有江山之助, 杜甫夔州之後, 尤見詩律之細, 子厚山水之記, 昌黎潮州之作, 皆出於歷覽幽絶之處而文章入妙云, 則是何一番游賞, 便得神助?

趙緯韓(1567~1649), 「山水與人物」, 『玄谷集』 卷12.

2 옛사람들은 행불행을 가지고서 유종원이 영주로 갔던 것을 이야기하는데 나는 유종원에게 불행이 아니었다고 생각한다. 내가 유종원이 영주에서 지은 여러 기문을 읽어보니 고무담鈷鉧潭 · 소석성小石城 · 서산西山 등이라 불리는 곳은 모두 강남의 승경으로 중국인들도 구경하기 어려운 곳이다. 유종원이 쫓겨나지 않았다면 어떻게 절역 지역에 가 숨겨진 곳을 발견하기를 이처럼 극한까지 할 수 있었겠는가. 이 고을은 영주와

72 장열張說 : 667~730. 당唐나라 중종中宗과 현종玄宗 때의 이름난 재상으로 벼슬은 중서령中書令에 이르고 연국공燕國公에 봉해졌다. 재상이었던 요숭姚崇과 사이가 좋지 않아 상주 자사相州刺史가 되었다가 악주 자사岳州刺史로 좌천되었는데 이때 시가 더욱 처연해져서 사람들이 "강산의 도움을 받은 것이다."라고 했다. 『新唐書』 卷125 「張說傳」.

같은 승경이 꽤나 있는데 영주처럼 멀지는 않으니 나에게 유종원과 같은 근심은 있지만 견책은 유종원보다 적었다. 그렇다면 이는 나의 행운이 도리어 유종원보다 더욱 좋은 것이다.

昔人以幸不幸, 言子厚之永州, 而余謂子厚非不幸也. 今以子厚永州諸記觀之, 所謂鈷鉧潭·小石城·西山等處, 儘江南之形勝, 而中國人所難得見者也. 使子厚而非逐, 何得到絶域之地, 搜慳剔秘, 若是其窮且極也. 是縣頗有永州之勝, 而其遠不及永州, 余有子厚之患, 而其譴薄於子厚, 是則余之幸, 反有愈於子厚矣.

張錫龍(1823~1908), 「黃溪錄」, 『遊軒集』 卷9.

3 「산수기」 유종원은 감상에 정밀하여 스스로 고서를 보면 그 연대를 알 수 있다고 하였다. 이뿐만이 아니라 산수에 있어서도 그러했다. 남들은 평이하고 범범한 것을 보았으나 유종원은 유독 그윽하고 날카로우며 가파르고 이지러진 모습을 발견하여 산수의 그윽하고 날카로운 모습을 통해 그와 같은 정서가 생겨났고, 산수의 가파르고 이지러진 모습을 통해 기이함이 생겨났던 것이다. 일반 사람들은 붉은 꽃과 푸른 풀잎[73]에 눈길을 주지만 유종원은 유독 가려진 꽃술을 발견해 내고 외딴 풀을 어루만졌다. 때로 그 은미함을 들어서 늘어놓고 모사하면 풍격과 신운이 초연해졌으니 이는 화법에 있어 뺨을 그린 뒤에 털을 덧붙이는[74] 방법인

73 붉은……풀잎 : 유종원의 「원가갈기袁家渴記」에서 인용한 말로, 붉은 꽃과 푸른 잎의 아름다운 모습을 형용한 것이다.

74 뺨을……덧붙이는 : 진晉나라의 화가 고개지顧愷之가 일찍이 배해裴楷의 초상을 그리면서 뺨 위에 수염 세 가닥을 더 그렸는데 누군가가 그 이유를 묻자, 고개지가 대답하기를, "배해는 외모가 준수하고 성격이 밝은 데다 식견까지 있으니, 바로 이 털이 그 식견을 나타낸 것이다."라고 하였다. 그리하여 그림을 보는 사람들이 자세히 살펴보니, 세 가닥 수염을 더한 것이 마치 신명神明이 있는 듯하여 털을 덧붙이지 않은 때보다 훨씬 나음을 깨닫게 되었다고 한다. 여기서는 유종원의

것이다.

「산수기」 옛날에 양운楊惲[75]이 쫓겨났을 때 스스로 농사를 짓는 여가에 술을 마시고 항아리를 두드리며 지나치게 방탕하였는데 나는 유종원이 영주의 산수에 있어서도 지나치게 방탕하였다고 생각한다. 영주를 둘러싼 승경 수십 곳의 거친 숲과 외진 땅, 끊어진 강물과 작은 바위를 모두 거두어들였으니 어찌 이리도 욕심이 많은가. 그렇지만 내가 승경을 기록한 여러 작품들을 보니 모두 아름다운 운치가 있었지만 그러면서도 문득 일종의 서글픈 심사가 담겨있어 나를 슬프게 만든다. 그가 술을 실컷 마시고, 음악을 즐기며, 크게 노래 부르고, 만족스러워하는 때에 초췌함과 무료함이 더욱 드러나니 몹시 이상하다. 어찌 호탕한 모습이 더욱 슬프다는 것이 아니겠는가.[76] 음악이라는 것은 우울함을 해소하는 것인데 중산정왕中山靖王 유승劉勝이 음악을 듣고는 눈물을 떨구었는데[77] 유종원이 영주의 산수를 대하고서도 오히려 그러했던 것이다.

관찰력과 창의력, 그리고 남들이 쓰지 않는 소재와 작법을 비유한 말이다. 『世說新語』「巧藝」.

75 양운楊惲 : ?~기원전 54. 사마천의 외손으로 대장락戴長樂의 참소 때문에 서인으로 강등되었는데, 물러나 살면서도 산업으로 재산을 일구고 음주가무를 즐겼다. 벗 손회종孫會宗이 편지를 보내 충고하자 「보손회종서報孫會宗書」에서 자신을 변명하였는데, "몹시 황음무도하여 불가한 것을 모르겠다[誠淫荒無度, 不知其不可也.]." 라고 하였다. 후에 이 글이 문자옥文字獄을 일으켜 죽임을 당하였다. 『漢書』 卷66 「楊惲傳」.

76 어찌……아니겠는가 : 유종원의 「대하자對賀者」에서 "웃으면서 화내는 것이 흘겨보며 화내는 것보다 심하고, 긴 노래의 슬픔이 통곡보다 지나치니 나의 호탕한 모습이 더욱 슬픈 것임을 어떻게 알겠는가.[嘻笑之怒, 甚乎裂眥, 長歌之哀, 過乎慟哭. 庸詎知吾之浩浩非戚戚之尤者乎?]"라고 한 부분을 인용한 것이다.

77 중산정왕中山靖王……떨구었는데 : 중산정왕中山靖王 유승劉勝(?~기원전 113)은 한漢나라 경제景帝의 아홉 번째 아들이다. 친왕들이 조회를 와 무제武帝와 함께 술을 마시며 음악을 듣는데 성대한 잔치 자리인데도 중산정왕이 눈물을 흘렸다. 무제가 까닭을 물으니, 황제의 근신들의 선동에 따라 친왕들을 견제하는 것에 대한 근심을 털어놓았다. 이에 무제가 제후에 대한 예를 후하게 하고 친왕에 대한 은혜를 더했다고 한다. 『漢書』 卷53 「景十三王傳」.

「산수기」 유종원의 산수기는 고금에 있어서 가장 훌륭하다. 「유황계기遊黃谿記」와 「유주산수기柳州山水記」는 전부 『산해경山海經』을 모방하였지만 격조가 절로 기이하고 예스럽다. 나머지 여러 작품은 모두 정신이 풍경과 합치되어 모두 작문의 법식을 벗어난 것들이다. 평범한 사람들이 각고의 노력을 기울인 부분은 금방 다듬은 흔적이 있기 마련인데 유종원은 다듬을수록 더욱 자연스러우니 그의 정신이 절로 사라지지 않고 보존되어서일 것이다.

「산수기」 유종원이 지은 「소석성산기小石城山記」와 「산석정기萬石亭記」는 하늘에서 떨어지고 땅에서 솟아난 조물주의 자취로 자신만이 신물을 만난 것을 자랑한 것이니 내 소견으로는 거의 어양漁陽의 돌격 기병처럼 가장 빼어나다.[78] 우리나라에 가장 이름난 것은 금강산의 일만 이천 봉우리인데 나는 아직 가서 구경해 보지 못하였고, 내가 가본 곳은 동남쪽의 몇 군데뿐인데 그 기이함은 이루 다 말할 수가 없다. 단양 삼선암 · 사인암 · 구담봉 · 옥순봉의 경우는 걸출하고 수려하며 기이하고 가파르며 밝고 깨끗하고, 청주 파곶산 · 선유동 계곡 · 옥양동 계곡들의 경우는 깊숙하고 맑으며 고요하고 그윽하며, 광주 무등산의 삼황봉과 광석대, 입석대의 경우는 깨끗하고 탁 트여있으며 솟아있어 만 개의 기둥을 묶어둔 듯하고, 양주 만장봉의 경우는 뾰족하고 솟구쳤으며 그 아래의 작은 바위들은 천만의 병마가 창칼을 들고 있는 형상과 같다. 이들 모두 바위의 빼어난 경관이니 귀신이 만든 듯 거의 인간 세상의 풍경이 아니다. 내 마음에는 흡족했지만 기록하지는 못하였으니 바위들이 나를 만난 것은 큰 불행일 것이다.

---

78 어양漁陽의……빼어나다 : 어양漁陽은 하북성河北省에 소속된 고을로 당나라 때 이 지방의 군대가 용맹함으로 이름이 나서 두보杜甫는 〈어양漁陽〉 시에서 "어양의 돌격기병 대단한 정예인데 혁혁한 옹왕께서 절제사 되셨다네[漁陽突騎猶精銳, 赫赫雍王都節制.]."라고 하기도 했다. 여기서는 여양의 돌격 기병들처럼 유종원의 작품이 아주 뛰어나다는 것을 의미한다.

【山水記】子厚精於鑒賞，自謂於古書，望之而知其年代. 非惟此也，於山水亦然. 他人所見，平易圓全，子厚獨見其幽峭欹缺，因其幽峭而思生焉，因其欹缺而奇生焉. 衆人方注目於紛紅駭綠，子厚獨披拂幽蕊，摩挲孤卉. 時擧其微者，點綴摸寫，風神迥然，此畵頰添毛法也.

【山水記】昔楊惲見廢，自以農作之餘，飮酒擊缶，爲荒淫無度，余謂子厚之於永州山水，亦可謂荒淫無度也. 環州數十勝，荒林僻壤，斷流小石，無不牢籠，何其貪也? 雖然余觀其紀勝諸作，總有佳致，然輒有一種哀思，使人不怡. 其所酣飮暢樂呼號得意之時，益見其顚頷無聊，異哉. 豈非所謂浩浩之容，戚戚之尤者乎? 夫樂者所以宣鬱也，中山王聞之則泣下，子厚之於永州山水，亦猶是耳.

【山水記】子厚山水記，冠絶古今. 遊黃谿記及柳州山水記，全摹山海經而格自奇古. 其他諸作，皆神與境會，都在筆墨蹊徑之外. 凡人刻苦處，便有斧鑿之痕，子厚愈刻愈天然，蓋其一段精爽，自有不昧者存.

【山水記】子厚作小石城山記及萬石亭記，以爲天墜地出造化之迹，自多其獨覯神物，以余所見方之，殆漁陽之突騎耳. 吾東最著者金剛之萬二千峯，吾未及見之，吾所見者惟東南數區，而其奇已不可勝言. 如丹陽之三仙 · 舍人 · 龜潭 · 玉筍峯之傑特秀麗奇峭明淨，如淸州之巴串 · 仙遊 · 玉樑諸洞之邃潔窈窕，如光州無等之三皇峯及廣石立石之淸曠超拔，束立萬柱，如楊州萬丈峯之矗出雲霄，其下小石如千兵萬馬刀楯劒戟之狀. 是皆石之詭觀也，神設鬼營，殆非人境. 余心悅之而未能有述，石之遇我，豈非不幸耶?

金允植(1835~1922)，「八家涉筆上」，『雲養集』卷14.

봉건제에 대한 논설

(모곤) 한 편이 강한 어조와 거센 기운으로 이루어졌다. 중간의 단락도 정치하고 의논 또한 명확하다. 천고의 걸작이다.

천지자연은 과연 근원이 없었는가? 나는 알 수가 없다. 인간은 과연 근원이 있었는가? 이 또한 나는 알 수가 없다. 그렇다면 어느 것이 더 실제에 근접할까? 나는 근원이 있었다는 것이 실제에 근접할 것이라 말하겠다. 무엇으로 그것을 밝힐 수 있는가? 나는 봉건제封建制를 통해 밝힐 수 있다고 말하겠다.

이 봉건이라는 것은 고대의 성군인 요堯·순舜·우禹·탕湯·문文·무武를 겪으면서도 없앨 수 없었다. 아마 없애고자 하지 않은 것은 아니고 형세가 불가능해서였을 것이다. 그러한 형세가 도래한 것은 아마도 인간이 근원이 있어서일 것이다. 근원이 없었다면 봉건제도 없었을 것이니 봉건제는 성인聖人의 본래 뜻이 아니었다.

인간이 처음에 만물과 모두 더불어 살 때는 초목은 우거지고 사슴과 멧돼지들은 떼 지어 달리며 지냈다. 그런데 인간은 가져다가 뜯어먹거나 털이나 깃도 없어서 스스로 기르거나 스스로 보호할 수 없었으니 순경荀卿이 "반드시 외물을 빌려 그것을 이용하였다."라고 말한 것이다.[79] 외물을 빌리는 자는 반드시 다투게 되고, 다툼이 그치지 않으면 반드시 옳고 그름을 판단할 수 있는 자를 찾아가 그의 명령을 따라야 했다. 지혜롭고 총명한 자에게는 승복하는 사람들이 많았는데, 그들에게 올바로 일러줬는데도 잘못을 고치지 않으면 반드시 고통스럽게 한 뒤 두렵게 만들었다. 그로 인해 군장君長과 형벌刑罰과 정책政策이 생겨났으므로 근방의 사람들이 모여 집단을 이루었다.

집단이 분화되면 분쟁은 반드시 커지며, 분쟁이 커진 후에는 군사와 위덕威德이 생긴다. 또한 군사와 위덕을 많이 소유한 자가 있으면 여러 집단의 우두머리들이 다시 그에게 나아가서 명령을 따라 자기의 무리들을 안정시켰다. 그리하여 제후의 반열[80]이 생겨났으니, 그 분쟁이 더욱 커졌다. 위덕이 또한 큰 자들에게 제후의 반열이 나아가 명령을 따라 자기의 영역을 안정시켰다. 그리하여 방백方伯과 연수連帥[81] 등이 생겨났으니, 그 분쟁은 더욱 커졌다. 위덕이 또한 큰 자들에게 방백과 연수 등이 나아가 명령을 따라 자기의 백성을 안정시켰다. 그런 후에 천하의 권력이 한곳에 모였으므로 이서里胥[82]가 생기자 현대부縣大夫[83]가 생겼고, 현대부가 생긴 후에 제후가 생겼고 제후가 생긴 후에 방백과 연수가 생겼고, 방백과 연수가 생긴 후에 천자가 생기게 되었다. 천자에서부터 이서에 이르기까지 백성들에게 덕을 베푼 자는

79 순경荀卿이……것이다 : 『순자荀子』 「권학편勸學篇」에 "수레를 빌린 자는 자기 발이 잘 달리는 것도 아닌데 천 리를 가고, 배를 빌린 자는 수영을 잘하는 것도 아닌데 강물을 가로질러 건넌다. 군자는 태어날 적에 보통 사람과 달랐던 것이 아니라 외부의 도움을 잘 빌린 것이다[假輿馬者, 非利足也, 而致千里, 假舟楫者, 非能水也, 而絶江河. 君子生非異也, 善假於物也.]."라고 하였다.

80 제후의 반열 : 주周나라 때 나눈 공公·후侯·백伯·자子·남男 다섯 등급의 반열을 말한다.

81 방백方伯과 연수連帥 : 방백은 천하 각국의 제후를 동서남북으로 구분하여 각 방위마다 배치한 제후들의 수령이고, 연수는 10개국 제후들의 수령이다.

82 이서里胥 : 지방의 하급 관리이다. 고대에 25가家를 1리里라 하였고, 각 리마다 중사中士인 서리胥吏 1인이 있었다.

83 현대부縣大夫 : 한 현縣의 수령을 가리킨다.

그 자가 죽은 뒤에 반드시 그 후손을 찾아 받들었다. 그러므로 봉건제는 성인의 의지가 아니고 당시의 형세에 따른 것이다.

대체로 요·순·우·탕의 사적은 먼 옛날의 일이므로 주나라 때에 이르러서야 그 제도를 매우 상세히 알 수 있다. 주나라는 천하를 소유하자마자 오이 가르듯 논밭을 쪼개고 다섯 등급의 작위를 설치하여[84] 나라의 군후群后들을 봉하였다. 제후들이 널려있는 별처럼 천하에 온통 깔려 수레바퀴 살이 살통에 모이듯 천자에 복종하였다. 모일 때는 천자에게 알현하고 회동하며[85] 흩어져서는 수신守臣과 한성扞城[86]이 되었다. 그러나 이왕夷王[87]에 내려와서는 예절이 훼손되고 존엄이 손상되어 천자가 대청 밑으로 내려와서 제후를 맞이하기도 하였다.

선왕宣王[88] 때에 이르러 중흥中興과 복고復古의 덕에 의지하여 남북으로 정벌하는 위세를 떨쳤으나[89] 끝내 노魯나라 제후의 후사를 정할

---

84 다섯……설치하여 : 제후의 작위를 공·후·백·자·남 다섯 등급으로 나누고 그에 따라 봉지封地의 크기를 정하였다. 공公·후侯는 100리이고, 백伯은 70리이고, 자子·남男은 50리였다.

85 모일……회동하며 : 『주례周禮』「춘관春官 태종백大宗伯」에 "제후가 봄철에 천자를 알현하는 것을 '조朝'라 하고, 여름철에 천자를 알현하는 것을 '종宗'이라 하고, 가을철에 천자를 알현하는 것을 '근覲'이라 하고, 겨울철에 천자를 알현하는 것을 '우遇'라 한다. 그리고 천자가 만일 죄가 있는 제후를 정벌할 일이 있어 한 지역의 제후를 불러 만나보는 등 필요에 따라 수시로 불러 만나보는 것을 '회會'라 하고, 12년마다 천자가 제후국을 순행하는 일이 여의치 않아 천하 각지의 제후들이 모두 왕성王城으로 와서 천자를 알현하는 것을 '동同'이라 한다." 하였다.

86 수신守臣과 한성扞城 : 수신은 한 지방을 지킨다는 뜻으로 천자를 향한 제후의 자칭이고, 한성은 천자를 보호한다는 뜻이다.

87 이왕夷王 : 주나라 제9대 군주이다. 그의 숙부 효왕孝王이 죽자 제후들이 그를 천자로 옹립하였는데, 제후들이 와서 알현할 적에 감히 의자에 앉아 있지 못하고 대청에서 내려가 제후를 영접하여 천자의 존엄을 손상시켰다고 한다.

88 선왕宣王 : 주나라 제11대 군주이다. 재위기간에 주周나라 왕실을 부흥시키고 사방의 반란을 평정하였다 하여 역사에서 중흥 군주라고 부른다.

89 남북으로……떨쳤으나 : 선왕이 즉위한 뒤에 서북방의 부족인 서융西戎과 북방의

수 없었다.[90] 쇠퇴함이 유왕幽王·여왕厲王[91] 때까지 이르렀고 왕실은 도읍을 동쪽으로 옮겨서 스스로 제후의 반열 속으로 들어갔다.[92] 그 뒤에 구정九鼎의 경중을 묻는 자도 있었고[93] 왕의 어깨를 쏘아 맞힌 자도 있었으며,[94] 범백凡伯을 사로잡은 자와 장홍萇弘을 죽인 자도 있었다.[95] 이렇게 천하가 어지러워지니 천자를 천자로 대하는 마음이 사

부족인 험윤玁狁을 대대적으로 토벌하였고, 2년 뒤에 또 남방과 동남방으로 진군하여 장기간의 전쟁을 수행하여 형만荊蠻·회이淮夷·서이徐夷 등의 부족을 정복하였다.

90 끝내……없었다 : 주나라 선왕 11년(기원전 817년)에 노나라 무공武公이 두 아들인 괄括과 희戲를 데리고 주나라 선왕을 알현했을 때 선왕이 나이가 어린 희를 무공의 후계자로 세울 것을 결정하였다. 무공이 죽은 뒤에 노나라 대부들이 희는 아우이므로 후계자로 설 수 없다고 하면서 희를 죽이고 괄의 아들인 백어伯御를 세우자, 선왕이 군대를 일으켜 노나라를 정벌하여 백어를 죽이고 따로 희의 아우인 칭을 세웠는데, 제후들이 이 일이 있은 뒤로 천자에게 복종하지 않았다.

91 유왕幽王·여왕厲王 : 유왕은 주나라의 제12대 군주이고 여왕은 제10대 군주인데, 모두 포학무도하였다.

92 왕실은……들어갔다 : 유왕이 견융犬戎에게 살해된 뒤에 제후들이 그의 아들 희의구姬宜臼를 옹립하였는데 그가 곧 주나라 평왕平王이다. 견융 등의 위협을 피해 기원전 770년에 주나라 평왕이 도성을 호경鎬京에서 동쪽 낙읍雒邑으로 옮겼는데, 역사에서는 이것을 동주東周라 부른다. 도성을 옮긴 뒤에 국토의 태반을 버려 종주권을 잃고 제후와 다름없는 지위로 몰락하였다.

93 구정九鼎의……있었고 : 초楚나라 장왕莊王이 지금의 섬서陝西 진영秦嶺 북쪽에 근거지를 둔 융족戎族의 지파인 육혼陸渾의 융戎을 정벌하고 낙양洛陽을 경유하면서 무력을 과시할 적에 주나라 정왕定王이 왕손王孫인 만滿을 파견하여 군대를 위문하였다. 이때 초 장왕이 그에게 주 왕조가 종묘에 진열하고 있는 구정九鼎의 크기와 무게가 어느 정도냐고 물었는데, 이것은 그가 주나라를 멸망시킬 의도가 있음을 암시한 것이다. 구정은 전설에 의하면 하우夏禹가 주조했다는 솥으로, 하夏·상商·주周 3대 때 나라를 전수하는 보물이었다.

94 왕의……있었으며 : 기원전 707년에 주나라 환왕桓王이 채蔡·위衛·진陳 3국의 제후와 함께 정鄭나라를 공격하자, 정鄭나라 장공莊公이 군대를 출동해 반격하여 주나라 군대가 크게 패배하였고 환왕은 어깻죽지에 화살을 맞아 부상당하였다.

95 범백凡伯을……있었다 : 주나라 환왕周桓王 4년(기원전 716년)에 주 왕실의 대부 범백凡伯이 노나라에 사신으로 나갔다가 돌아오던 길에 지금의 산동현山東縣 동남쪽의 초구楚丘에서 융족戎族의 습격을 받아 포박되어 끌려간 일을 가리킨다. 주

라졌다.

내 생각건대, 주나라 왕실은 권위를 잃은 지 오래고 한갓 제후 위에 헛된 이름만 세워져 있었을 뿐이었다. 이는 제후가 강성한 나머지 꼬리가 너무 비대하여 흔들지 못하는 허물이 아니겠는가? 마침내 열두 개의 나라로 나뉘었다가 일곱 나라로 합병되었으며,[96] 권력은 배신陪臣들의 나라에 분산되었다가[97] 주나라 왕실은 후대에 봉해진 진나라에 의해 멸망되었다.[98] 주나라가 패망한 원인은 이 봉건제에 있었다.

진나라가 천하를 통일한 뒤에 각국의 도성을 분할하고 또 모아 군현郡縣을 설치하였으며, 천자를 호위하는 제후를 폐하고 군현의 수령을 두었고 천하의 험난한 지역을 점거하고 전국에서 높은 곳에 도읍을 정해 전국을 통제하여 손바닥 안에서 가지고 놀 듯하였다.[99] 이는

장홍誅萇弘은 주나라 경왕周敬王 28년(기원전 492년)에 진晉나라 대신 조앙趙鞅이 주나라 왕실의 대부 장홍이 과거에 진나라의 또 다른 대부 범길사范吉射를 도와 자기와 권력을 다툰 일에 불만을 품고 주나라 왕실을 책망하자, 주나라 경왕이 이를 두려워하여 장홍을 죽인 일을 말한다.

96 마침내……합병되었으며 : 십이十二는 춘추春秋 시대에 노·제·진晉·진秦·초·송宋·위·진陳·채나·조·정·연燕 등 12개 제후국이고, 칠국七國은 전국戰國 때 진·초·연·제·한韓·위·조趙 등 7개의 나라이다.

97 권력은……분산되었다가 : 배신陪臣은 제후의 대부가 주나라 천자에 대해 자칭한 것으로, 여기서는 제·한·위·조를 가리킨다. 제나라는 본디 강태공姜太公의 봉국封國이었는데 기원전 386년에 제나라 대신 전화田和가 군주 자리를 빼앗아 스스로 제후가 되었다. 한·위·조의 조상은 본디 진나라의 대신이었는데 기원전 403년에 한건韓虔·위사魏斯·조적趙籍이 진나라를 3등분하여 스스로 제후가 되었다.

98 진나라에 의해 멸망하였다 : 주나라 마지막 천자인 유왕이 여산驪山 아래에서 살해당한 뒤 주나라는 동쪽 낙양으로 천도遷都하여 동주라 불리며 존속하다가 진나라에 의해 멸망되었으니 이것을 일컫는다.

99 전국을……듯하였다 : 육합六合은 천지와 동서남북으로, 여기서는 전국을 가리킨다. 상유上游는 진나라가 함양咸陽에 도읍을 정했는데, 그 지세가 중원中原에서 높이 올라와 위에서 아래를 굽어보는 것이 마치 하수河水의 상류에 자리 잡은 것과 같으므로 한 말이다.

진나라가 한 바가 맞는 것이었다. 다만 몇 년이 지나지 않아서 천하는 크게 무너졌으니 거기에는 원인이 있었다. 자주 만 명이 넘는 사람들을 노역에 부렸으며 포악한 형벌을 가하고 백성의 재물을 남김없이 수탈하였다. 호미자루와 곤봉을 메고 변경으로 추방되어 국경을 수비하던 무리가 서로 돌아보며 연합하고 크게 외치며 집단을 이루었다. 당시에는 반역하는 백성은 있어도 반역하는 관리는 없었으니, 백성은 하부에서 진나라를 원망하였으나 관리들은 위에서 진나라를 두려워하였다.

천하 곳곳에서 백성들은 서로 연합하여 군수郡守를 죽이고 현령縣令을 겁탈하며 한꺼번에 들고 일어났다. 진나라가 저지른 잘못은 백성들의 원망에 있었고 군현제郡縣制의 잘못은 아니었다. 한나라가 천하를 소유한 뒤에 진나라의 잘못을 바로잡고 주나라의 봉건제를 따라 국토를 분할하여 왕실은 자손을 세우고 공신功臣을 왕에 봉하였다.[100] 하지만 몇 년 동안 왕명을 받들어 뛰어다니고 부상을 돌보느라 경황이 없었으며, 평성에서 곤경을 당하고[101] 화살에 맞아 병사하였다.[102] 그 뒤로 국가가 쇠퇴해져 구제할 수 없는 상태가 3대 황제[103] 때까지

---

100 국토를……봉하였다 : 한나라 고조高祖가 전국을 통일한 뒤에 자기의 아들과 형제 · 조카 등 친족들에게 봉지를 나누어줘 왕으로 삼고, 또 이성異姓의 공신인 한신韓信 · 영포英布 · 팽월彭越 등을 왕으로 삼았다. 종자宗子는 본디 적장자를 가리키지만 여기서는 황족 자제를 범칭한 말이다.

101 평성平城에서 곤경을 당하고 : 한나라 고조 7년(기원전 200년)에 한왕韓王 신信이 흉노匈奴와 결탁하여 한나라를 공격했을 때 유방劉邦이 군대를 거느리고 토벌하던 중 지금의 산서山西 대동시大東市 동쪽인 평성에서 흉노의 군대에 포위되어 7일 동안 곤경을 치른 일을 말한다.

102 화살에 맞아 병사하였다 : 한나라 고조 12년(기원전 195년)에 회남왕淮南王 영포英布가 배반하여 유방이 정벌에 나섰다가 갑자기 날아온 화살에 부상을 당해 장안長安으로 돌아오던 도중에 병사한 일을 말한다.

103 3대 황제 : 한나라 고조 이후 혜제惠帝 · 문제文帝 · 경제景帝를 말한다.

이어졌다. 그런 후에 이제 지략이 있는 신하들이 계책을 내놓아 제후들의 세력을 분산하고 토지를 삭감하여 제후들이 겨우 스스로만 지킬 수 있게 하였다.[104] 그러나 한나라가 봉건제를 처음 실행할 때 군현제와 절반으로 병행하였는데, 당시에 반역하는 제후국은 있었어도 반역하는 관리는 없었다. 진나라의 제도가 적합했다는 것이 또한 이로써 분명해진다.

한나라를 이어서 황제가 될 사람은 비록 백대가 지나더라도 (군현제를 실시할 것이라는 것을) 알 수 있다. 당나라가 일어난 뒤에 주현제州縣制[105]를 실시하고 수령을 배치하였는데 이는 당나라가 실행한 바가 합당한 것이었다. 그러나 여전히 교활한 번진藩鎭이 일어나 반란을 일으켜 모질게 지방을 해쳤는데, 이러한 문제를 야기한 근원은 주현州縣을 설립한 데에 있는 것이 아니고 병사를 운용한 데에 있었다. 당시에 반역하는 장수將帥는 있어도 반역하는 주현은 없었다. 그렇다면 주현을 설립하는 것은 반드시 고쳐서는 안 된다.

어떤 사람은 말하기를, "봉건제를 시행해서 제후들로 봉해진 자는 반드시 봉지封地를 사유지로 간주하여 자신들의 백성을 자식같이 하고 그 풍속에 순응하며 그 정사를 잘 다스릴 것이므로 교화를 시행하

---

104 지략이……하였다 : 모신謀臣은 가의賈誼·조조晁錯·주부언主父偃 등을 가리킨다. 한나라 문제 때 가의(기원전 201~기원전 169)가 제후의 숫자를 많이 늘려 그 힘을 약화시킬 것을 건의하였고, 경제景帝 때 조조가 오·초의 봉지를 삭감할 것을 건의하여 받아들였으며, 무제武帝 때는 주부언主父偃(?~기원전 126)의 계책에 따라 제후와 제왕諸王들에게 그들의 토지를 자제들에게 나누어 봉해주도록 허용함으로써 집중된 권력을 분산시켰다.

105 주현제州縣制 : 주현제는 지방의 행정 구역을 주와 그 아래의 현으로 나누어 통치하는 지방 행정 제도이다. 583년 수隋나라 문제가 주·군·현의 3급으로 나뉘어 어지럽던 지방 행정 체제를 군을 없애고 주와 현으로 2급 체제로 개편하면서 나타났다. 이후 당나라로 계승되어 중국 지방 통치 체제의 근간이 되었다.

기가 쉽다. 그러나 군현제郡縣制에 따라 수령이 된 자는 다만 마음을 경솔히 해서 자신의 관직을 옮기는 생각에만 있을 뿐이다. 그러니 어떻게 잘 다스릴 수 있겠는가?"라고 한다.

그러나 나는 그 말은 틀렸다고 본다. 주나라의 사적은 단연코 알 수 있다. 제후들이 매우 교만했고 재물을 탐했으며 전쟁을 일삼았으니, 대체로 어지러운 제후국은 많고 잘 다스리는 제후국은 드물었다. 후백侯伯[106]은 그 정치를 변화시킬 수 없었으며, 천자는 그 제후국이 군주를 교체할 수 없었다. 그 땅을 자기 땅처럼 여겨 아끼고 백성을 자식처럼 여겨 사랑하는 자는 백에 하나도 없었다. 잘못은 제도에 있었고 정사에 있지 않았으니, 주나라 사적이 그랬다. 진나라의 사적도 또한 단연코 알 수 있다. 백성을 다스리는 제도가 있었지만 그 권한을 군현에 위임하지 않은 것이 하나요, 백성을 다스리는 신하가 있었지만 그를 수령首領으로 세우지 않은 것이 또 그것이다. 군현에서는 그 제도가 바르게 적용될 수 없었고 수령도 그 정사를 시행할 수 없어서, 혹독한 형벌과 고된 노역으로 인해 만백성이 원망하고 있었다. 잘못은 정사에 있었고 제도에 있지 않았으니, 진나라 사적이 그랬었다.

한나라가 일어나자 천자의 정사는 군에서만 시행되고 제후국에서는 시행되지 못했으며, 군현의 수령만 통제하였고 제후들은 통제하지 못했다. 제후들이 비록 분란을 일으켜도 바꿀 수 없었고 제후국의 백성이 비록 고통스러워도 구제해 줄 수 없었다. 제후가 대역부도한 일이 있고 난 후에야 엄습해서 붙잡아 쫓아내거나 혹은 군사를 훈련하여 평정할 뿐이었다. 그들의 대역부도한 일이 아직 드러나지 않았을 때는 제후가 각종 간계로 이득을 취하고 재물을 수탈하며 권세를 믿고

106 후백侯伯 : 방백과 연수를 가리킨다. 춘추 시대의 패주霸主이다.

위엄을 부려서 백성을 몹시 괴롭혀도 조정에서는 어찌할 방법이 없었다. 그러나 군현에서는 잘 통치되고 또한 사회가 안정되었다고 말할 수 있는데, 무슨 근거로 그렇게 말하는가? 한나라 문제는 전숙田叔을 통해 맹서孟舒의 훌륭함을 알았고[107] 풍당馮唐을 통해 위상魏尙의 공로를 알았으며,[108] 사리에 밝고 신중하다는 황패黃霸의 평판을 들었으며[109] 간결하고 조용한 급암汲黯의 통치능력을 보았다.[110] 그래서 그의 관직을 올려주었고 그의 직위를 복구하였으며, 심지어 누워서 정무를 처리하게도 해주는 것으로 한 지역을 안정시킬 수 있게 했던 것이다.[111] 죄를 지으면 쫓아낼 수 있고 능력이 있으면 상을 내릴 수 있

107 한나라 문제는……알았고 : 맹서孟舒가 운중군태수雲中郡太守로 있을 적에 흉노의 군대가 항상 침범해 오면 그때마다 물리쳤는데, 한 번은 맹서가 흉노와 전투를 벌이다가 수백 명의 군사가 전사하여 이로 인해 면직되었다. 한나라 문제가 즉위하여 한중군수漢中郡守 전숙田叔에게 묻기를 "공은 천하에 덕이 높은 장자長者를 아는가?" 하자, 전숙이 대답하기를 "고故 운중태수雲中太守 맹서가 장자입니다." 하고 그가 전공을 세운 사실을 함께 말하였다. 그러자 문제가 또 맹서를 운중태수雲中太守로 기용하였다.

108 풍당馮唐을……알았으며 : 한나라 문제 때 위상魏尙이 운중군수雲中郡守로 있으면서 흉노의 침범을 막아 공이 있었으나, 적을 죽인 숫자를 보고할 때 여섯 명을 허위로 추가했다는 죄목으로 면직되었다. 나중에 풍당이 문제에게 그의 공은 크고 허물은 적다는 것을 설명하자 문제가 또 위상의 관직을 회복시켰다.

109 사리에……들었으며 : 한나라 선제宣帝 때 황패黃霸가 영천군태수穎川郡太守로 재직할 때 치적이 있어 경조윤京兆尹으로 발탁되었고 나중에는 승상丞相에 이르렀다.

110 간결하고……보았다 : 급암汲黯은 황노黃老의 학설을 숭상하여 청정무위淸靜無爲를 주장하였다. 한나라 무제 때 동해군태수東海郡太守로 재임할 적에 치적이 좋았다 하여 무제가 그를 주작도위主爵都尉로 승진시킴으로써 지위가 구경 가운데 하나가 되었다.

111 심지어……것이다 : 한 무제 때 회양淮陽의 관리와 백성들 상호 간에 화합하지 못하는 일이 있어 무제가 급암汲黯에게 그곳의 태수太守로 갈 것을 요구하였다. 급암이 신병이 있다는 이유로 사양하자, 무제가 말하기를 "나는 그저 경의 명망을 빌리고 싶을 뿐이다. 병이 있더라도 괜찮으니 경은 침상에 누워서 다스리더라도 좋다."라고 한 것을 말한다.

었다. 아침에 임명했더라도 무도하면 저녁에 쫓아내고, 저녁에 임명했더라도 불법을 행하면 아침에 쫓아낼 수 있었다.

가령 한나라가 모든 성과 군현을 제후에게 취하게 해줬더라면 비록 그들이 백성을 함부로 했다 하더라도 조정에서는 걱정만 할 뿐이다. 맹서와 위상의 통치방법을 펼치지 못하고, 황패와 급암의 교화방법도 시행하지 못했을 것이다.

불법을 행한 제후를 공개적으로 견책하고 인도했을 때 그들은 앞에서는 엎드려 받아들였지만 물러나면 곧바로 위반했다. 조정이 명을 내려 그들의 봉지를 삭감했더니 그들은 각지의 제후들과 연합하여 조정에 대항하는 합종의 계책을 맺고 서로 눈초리가 찢어지게 발끈하며 반란을 일으켰다.[112] 다행히 반란을 일으키지 않았더라도 그저 봉지의 절반만 삭감할 수 있었으니, 봉지의 절반만 삭감하면 남은 봉지의 백성들이 여전히 힘들어했다. 그러니 제후의 봉지 전체를 군현으로 바꿔 모든 백성을 보전하는 경우에 비할 수 있겠는가. 한나라의 사적이 그랬다. 지금은 국가가 군현제를 전국에 시행하여 연속적으로 수령을 배치하고 있는데, 이 제도는 분명히 바꿔서는 안 된다. 병권을 잘 통제하고 수령을 신중히 고른다면 천하가 평탄해질 것이다.

어떤 사람은 또 말하기를 "하·상·주·한은 봉건제를 시행하여 그로 인해 왕조의 수명이 오래갔지만 진나라는 군현제를 시행하여 그 때문에 왕조의 수명이 짧았다."라고 한다. 이는 더욱 소위 정사를 잘 아는 자가 아니다. 위나라가 한나라의 뒤를 이었을 때 봉건제를 유지하였고, 진나라가 위나라를 이었을 때도 그대로 답습하고 바꾸지 않

112 조정이……일으켰다 : 한나라 경제가 조조晁錯의 의견을 채택하여 오·초 제후의 봉지를 삭감하였다. 그 결과 오·초 등 7개국의 제후가 연합해 일어나 조정에 반기를 들었다.

았다. 하지만 이들 두 왕조[113]는 쇠락하였으니 오래 유지되었다는 말은 듣지 못했다. 지금 우리 당나라는 이를 바로잡아 군현제로 바꾸었고 그렇게 한 지 200년이 다 되어가는데 국가의 대업은 더욱 견고해지고 있으니, 이것이 봉건제와 무슨 관계가 있겠는가?

어떤 사람은 또 말하기를 "은殷·주 시대의 군주는 성군이었지만 그 제도를 바꾸지 않았으니, 애초에 다시 논의하는 것은 부당하다."라고 한다. 하지만 이는 절대 그렇지 않다. 대체로 은·주 때 그 제도를 바꾸지 않았던 것은 부득이해서였다. 은나라에 귀순한 제후가 3천 명이었는데 은나라는 이들에 의지하여 하나라 왕조를 멸망시켰으니, 이 때문에 탕왕은 그들을 몰아낼 수 없었다. 그리고 주나라에 귀순한 제후가 800명이었는데 주나라는 이들에 의지하여 은나라와 싸워 이겼으니, 무왕도 그 제도를 바꿀 수가 없었다. 옛 제도를 이어받아 국가의 안정을 구하였고 옛 방법을 답습하여 습속을 따라야만 했으니, 이것은 탕왕과 무왕이 부득이해서였다. 이렇게 부득이한 것은 공평하고 위대한 것이 아니고 사사로이 자신에게 제후들이 힘을 쓰게 한 것이고 사사로이 자손들을 제후들이 지키게 한 것이다.

진나라가 제도를 바꾼 것은 그 제도 자체는 공평하고 위대한 것이었지만, 그 의도가 사심에서 나온 것이기 때문이었다. 사사로이 자기 한 몸만의 권세를 두기 위한 것이고 또 사사로이 모든 신하들이 자기에게 복종하도록 하는 것이었다. 그러나 천하를 공정하게 하는 단서는 진나라에서 시작되었다.

대체로 천하의 도는 다스림이 안정되어야 민심을 얻을 수 있다. 현명한 사람은 윗자리에 있게 하고 능력이 부족한 사람은 아랫자리에

113 두 왕조 : 위나라 왕조의 조씨曹氏와 진나라 왕조의 사마씨司馬氏를 가리킨다.

있게 한 뒤에야 나라를 잘 다스릴 수 있다.

지금 저 봉건제는 대대로 세습하면서 다스리는 방식이다. 대대로 세습하여 다스릴 때, 윗사람이 과연 현명할 것이며 아랫사람이 과연 능력이 부족할 것인가? 그러하니 백성들이 잘 다스려질지 혼란스러울지 알 수가 없다. 장차 제후가 자기의 사직社稷을 이롭게 하려고 자신들의 백성들이 보고 듣는 것을 하나로 만들고자 한다면 또 대대로 대부들이 녹읍祿邑을 세습해서 제후의 봉지封地를 모두 가지게 된다. 그래서 성현이 그 시대에 출현한다고 해도 또한 천하에 설 수조차 없으니, 봉건제가 이렇게 만든 것이다. 어찌 성인의 제도가 여기까지 이르게 할 수 있겠는가? 그러므로 나는 "봉건제는 성인의 의지가 아니고 당시의 형세에 따른 것이다."라고 말하는 것이다. 이 두 구는 전편의 핵심을 파악한 곳으로 앞부분과 곧장 연결된다.[114]

114 이……연결된다 : 이 부분은 김창협이 비평한 내용으로, 『팔대가문십선』에서는 소주小註로 처리되어 있다.

封建論

(茅坤) 一篇强詞悍氣, 中間段絡却精爽, 議論却明確, 千古絶作.

天地果無初乎? 吾不得而知之也. 生人果有初乎? 吾不得而知之也. 然則孰爲近, 曰, 有初爲近. 孰明之? 由封建而明之也.

彼封建者, 更古聖王堯·舜·禹·湯·文·武而莫能去之, 蓋非不欲去之也, 勢不可也. 勢之來, 其生人之初乎. 不初, 無以有封建, 封建非聖人意也.

彼其初與萬物皆生, 草木榛榛, 鹿豕狉狉, 人不能搏噬, 而且無毛羽, 莫克自奉自衛, 荀卿有言, "必將假物以爲用者也." 夫假物者必爭, 爭而不已, 必就其能斷曲直者而聽命焉. 其智而明者, 所伏必衆, 告之以直而不改, 必痛之而後畏, 由是君長刑政生焉, 故近者聚而爲群.

群之分, 其爭必大, 大而後, 有兵有德. 又有大者, 衆群之長, 又就而聽命焉, 以安其屬. 於是有諸侯之列, 則其爭又有大者焉. 德又大者, 諸侯之列, 又就而聽命焉, 以安其封. 於是有方伯·連帥之類, 則其爭又有大者焉. 德又大者, 方伯·連帥之類, 又就而聽命, 以安其人. 然後天下會於一. 是故有里胥而後, 有縣大夫, 有縣大夫而後, 有諸侯, 有諸侯而後, 有方伯·連帥, 有方伯·連帥而後, 有天子. 自天子至於里胥, 其德在人者, 死必求其嗣而奉之. 故封建, 非聖人意也, 勢也.

夫堯·舜·禹·湯之事遠矣, 及有周而甚詳. 周有天下, 裂土田而瓜分之, 設五等, 邦群后. 布履星羅, 四周於天下, 輪運而輻集. 合爲朝覲會同, 離爲守臣扞城. 然而降於夷王, 害禮傷尊, 下堂而迎覲者.

歷于宣王, 挾中興復古之德, 雄南征北伐之威, 卒不能定魯侯之嗣. 陵夷迄於幽·厲, 王室東徙而自列爲諸侯. 厥後, 問鼎之輕重者有之, 射王中肩者有之, 伐凡伯誅萇弘者有之. 天下乖盭, 無君君之心.

余以爲周之喪久矣, 徒建空名於公侯之上耳. 得非諸侯之盛强, 末大不掉之咎歟?

遂判爲十二, 合爲七國, 威分于陪臣之邦, 國殄於後封之秦, 則周之敗端, 其在乎此矣.

秦有天下, 裂都會而爲之郡邑, 廢侯衛而爲之守宰, 據天下之雄圖, 都六合之上游, 攝制四海, 運於掌握之內. 此其所以爲得也. 不數載而天下大壞, 其有由矣. 亟役萬人, 暴其威刑, 竭其貨賄, 負鋤梃謫戍之徒 圜視而合從, 大呼而成群. 時則有叛人而無叛吏, 人怨于下而吏畏于上.

天下相合, 殺守劫令而竝起, 咎在人怨, 非郡邑之制失也. 漢有天下, 矯秦之枉, 徇周之制, 剖海內而立宗子, 封功臣. 數年之間, 奔命扶傷而不暇, 困平城, 病流矢, 陵遲不救者三代, 後乃謀臣獻畫, 而離削自守矣. 然而封建之始, 郡國居半, 時則有叛國而無叛郡, 秦制之得, 亦以明矣.

繼漢而帝者 雖百代可知也. 唐興, 制州邑, 立守宰, 此其所以爲宜也. 然猶桀猾時起, 虐害方域者, 失不在於州而在於兵. 時則有叛將而無叛州, 州縣之設, 固不可革也.

或者曰, "封建者, 必私其土, 子其人, 適其俗, 修其理, 施化易也, 守宰者, 苟其心, 思遷其秩而已, 何能理乎?"

余又非之. 周之事跡, 斷可見矣. 列侯驕盈, 黷貨事戎, 大凡亂國多, 理國寡. 侯伯不得變其政, 天子不得變其君, 私土子人者, 百不有一. 失在於制, 不在於政, 周事然也. 秦之事跡, 亦斷可見矣. 有理人之制, 而不委郡邑, 是矣, 有理人之臣, 而不使守宰, 是矣. 郡邑不得正其制, 守宰不得行其理, 酷刑苦役, 而萬人側目. 失在於政, 不在於制, 秦事然也.

漢興, 天子之政行於郡, 不行於國, 制其守宰, 不制其侯王, 侯王雖亂, 不可變也, 國人雖病, 不可除也. 及夫大逆不道 然後掩捕而遷之, 勒兵而夷之. 其大逆未彰, 姦利浚財, 怙勢作威, 大刻於民者, 無如之何. 及夫郡邑, 可謂理且安矣. 何以言之? 且漢知孟舒於田叔, 得魏尚於馮唐, 聞黃霸之明審, 覩汲黯之簡靖. 拜之可也, 復其位可也, 臥而委之以輯一方可也. 有罪得以黜, 有能得以賞, 朝拜而不道, 夕斥之矣, 夕受而不法, 朝斥之矣.

設使漢室盡城邑而侯王之, 縱令其亂人, 戚之而已, 孟舒魏尚之術, 莫得而施, 黃霸汲黯之化, 莫得而行.

明讝而導之, 拜受而退已違矣. 下令而削之, 締交合從之謀周於同列, 則相顧裂眦, 勃然而起. 幸而不起, 則削其半, 削其半, 民猶瘁矣. 曷若擧而移之, 以全其人乎?

漢事然也. 今國家盡制郡邑, 連置守宰, 其不可變也固矣. 善制兵, 謹擇守, 則理平矣.

或者又曰, "夏 · 商 · 周 · 漢封建而延, 秦郡邑而促, 尤非所謂知理者也." 魏之承漢也, 封爵猶建, 晉之承魏也, 因循不革. 而二姓陵替, 不聞延祚. 今矯而變之, 垂二百祀, 大業彌固, 何繫於諸侯哉?

或者又以爲, "殷 · 周, 聖王也, 而不革其制, 固不當復議也."是大不然. 夫殷周之不革者, 是不得已也. 蓋以諸侯歸殷者三千焉, 資以黜夏, 湯不得而廢, 歸周者八百焉, 資以勝殷, 武王不得而易, 徇之以

爲安 仍之以爲俗, 湯武之所不得已也. 夫不得而, 非公之大者也, 私其力於己也, 私其衛於子孫也.

秦之所以革之者, 其爲制公之大者也, 其情, 私也. 私其一己之威也, 私其盡臣畜於我也. 然而公天下之端自秦始.

夫天下之道, 理安, 斯得人者也. 使賢者居上, 不肖者居下, 而後可以理安.

今夫封建者, 繼世而理. 繼世而理者, 上果賢乎, 下果不肖乎? 則生人之理亂, 未可知也. 將欲利其社稷, 以一其人之視聽, 則又有世大夫世食祿邑, 以盡其封略. 聖賢生于其時, 亦無以立於天下, 封建者爲之也. 豈聖人之制使至於是乎? 吾固曰, "非聖人之意也, 勢也." 二句, 一篇命脉把握處, 直繳前.[115]

---

115 二句……直繳前 : 이 부분은 김창협이 비평한 내용으로, 『팔대가문십선』에서는 소주小註로 처리되어 있다.

【비평자료】

1 봉건제도와 군현제도는 이로움과 해로움이 각각 반씩 있으므로 본래 치우쳐 주장해서는 안 되지만, 만약 공사公私를 가지고 득실을 판별하고자 한다면 또 논할 만한 점이 있다. 호인胡寅[116]은 봉건제도를 천하의 공정한 제도라 여기고 군현제도를 한 개인의 사사로운 제도라고 여겼는데, 이에 대해서는 우선 삼대와 진나라를 두고 비교하여 논할 수 있다.

이에 본원을 철저하게 규명해서 말하자면, 봉건제도는 원래 매우 공정하다고 할 수 없고 군현제도도 반드시 불공정하다고 할 수만은 없다. 상고 시대에 군장君長이 있었던 것은 본래 그 재주와 덕행이 출중해서 백성들이 그를 따르다 보니 결국 서로 높여 임금으로 삼은 것뿐이다. 이 어찌 한 사람, 한 집안에서 사사로이 세습할 수 있는 것이겠는가? 세습하는 법이 언제부터인지는 알 수 없으나, 내 생각에, 중고中古시대에 인심이 점차 처음만 하지 못해서 임금 자리를 다투어 빼앗을 우려가 없을 수 없었으므로 이 같은 일정한 제도를 만들었다.【한유의 「대우문對禹問」의 설이 이와 같다.】 혹은 백성들이 이전 사람의 공덕을 사모해서 차마 그 후손을 폐하지 못한 나머지 이전 사람을 섬겼던 마음으로 그를 섬기다 보니 결국 차례로 서로 세습하게 되었다.【유종원柳宗元의 「봉건론封建論」의 설이 이와 같다.】 이 두 가지 중의 하나는 인정에서 나왔고 하나는 세태의 변화에서 나왔으나 요컨대 봉건제나 군현제 모두 애초에 임금을 세웠던 본뜻이 아니어서 매우 공정한 도라고 할 수 없다.

封建與郡縣, 利害各相半, 本不當偏主, 若欲以公私判其得失, 則又有可論者. 胡氏以封建爲天下之公, 而郡縣爲一人之私, 此且以三代與秦, 比並論之可耳.

---

116 호씨胡氏 : 1098~1156. 송나라 건영建寧 숭안崇安사람이다. 자는 명중明仲이고, 치당선생致堂先生이라고도 불렸다.

若極本窮源而言, 則封建固不得爲大公, 而郡縣却未必不爲公. 蓋上古之有君長, 本以其才德出衆, 爲民人所歸, 而遂相與尊而主之耳, 此豈一人一家之私而可以世傳者哉? 世傳之法, 不知其何自, 意者中古人心漸不如初, 不能無爭奪之慮, 故爲是一定之制,【韓子對禹問之說, 如此】, 或以其民思前人功德, 不忍廢其後, 而以所事前人者事之, 遂以次相傳耳,【柳子封建論之說, 如此】. 二者一出於人情, 一出於世變, 要皆非元初立君之本意, 而不得爲大公之道矣.

金昌協(1651~1708), 「雜識 · 內篇」, 『農巖集』 卷32.

2 유종원의 봉건론은 이로움과 해로움을 따진 것에서 벗어나지 못했기 때문에 마땅히 호인胡寅이 가볍게 여긴 것이다. 범소의 논의 또한 그 근원을 거슬러 올라가지 못했기 때문에 오랫동안 결단할 수 없는 의견이라 하더라도 봉건제가 군현제보다 못한 것은 진실로 바꿀 수 없는 의론이다. 호인胡寅이 봉건제를 옹호하며 말하기를, "천도의 공정함이다."라고 했다. 그렇다면 군현제와 봉건제의 득실은 오직 공으로 판단해야 한다. 전하기를, "대도大道가 행해진 시대에는 천하를 공공의 것으로 한다."[117]라고 했으니 이 말은 무슨 말인가? 큰 천하를 가지고 그 자손에게 사사로이 물려주지 않고 천하의 성현들과 함께함을 말한다. 가령, 요 임금이 순 임금에게 물려주고 순 임금이 우 임금에게 물려준 것은 진실로 천도의 지극한 공정함이고 성인의 본심이다.

"천자와 제후들이 대대로 세습한다."[118]는 것은 다만 마지못한 데서

117 대도大道가……한다 : 『예기禮記』 「예운禮運」에 "대도大道가 행해진 시대에는 천하를 공공의 것으로 보아서 덕이 있는 사람과 재능이 있는 사람을 뽑았으며, 신의를 논하고 화목을 강구하였다. 그러므로 사람들은 자신의 어버이만을 어버이로 여기지 않았고, 자신의 자식만을 자식으로 여기지 않았다[大道之行也, 天下爲公, 選賢與能, 講信脩睦, 故人不獨親其親, 不獨子其子.]."라는 말이 있다.

118 천자와……세습한다 : 『예기禮記』 「예운禮運」에 "대인은 세급을 예로 삼는다[大

나온 것이다. 천하는 큰 그릇으로 위대한 성인이 아니면 전할 수 없으니 위대한 성인에게 전하지 못하면 다투게 된다. 위대한 성인이 세상에 태어나지 않고도 전수된 일이 있으니 그렇다면 쟁탈로 인한 화는 대대로 끝이 없는 것이다. 이에 대대로 세습하는 것은 예법으로 삼아서 천하의 제도가 정해지고 쟁탈하는 화가 사라졌으니 이것이 이른바 성인이 어쩔 수 없었던 경우이다. 천하를 공으로 삼는 도가 천자에게 행해지지 않고 제후에게 행해지며 "대인은 세급을 예로 삼는다."는 예가 천자에게는 어쩔 수 없는 것이고 제후에게는 당연한 것이니 어째서인가. 천자는 사사로이 천자의 지위를 남에게 주지 못하고 반드시 하늘로부터 명을 받아야 한다. 하늘은 말을 하지 않는데 오직 요 임금만 하늘의 명을 들을 수 있고 오직 순 임금만이 하늘의 명을 들을 수 있었다. 천자는 대대로 요순 같을 수 없었고 간악하고 교활한 무리들이 꼭 "내가 훌륭하다."라고 말하며 천명을 꾸며대니 재앙과 혼란이 이로부터 생기는 것이다.

제후 같은 자는 천자에게서 명을 받는 자이니 출척黜陟과 여탈與奪을 한결같이 위에서 받으면 공공의 도가 행해져서 쟁탈하는 화가 없을 것이다. 지혜가 한 지방에 알맞고 재주가 한 고을에 적합한 자들은 곳곳에 배치할 수 있어서 현인을 간택하는 도가 시행되니 천백년에 한 번 있을 법한 성인의 자질이 필요한 것은 아니다. 어째서 꺼려서 하지 않고 천도의 지극한 공정함을 위배하고 성인의 본심을 버려서 반드시 마지못해 대대로 세습한단 말인가?

춘추에서 경대부가 세습되는 것을 기롱하였으니 대부의 자손이 반드시 모두 어질지 않아서 현능한 자들의 벼슬길을 막고 백성들에게 근심을 끼치기 때문이다. 저 천하에 제후들의 자손으로서 주·균[119]과 같은

人世及以爲禮.]."라는 말이 있다.

119 주·균 : 요 임금의 아들인 단주丹朱와 순 임금의 아들인 상균商均을 합쳐 부르는 말로, 모두 품행이 완악하고 변변치 못하였던 까닭에 제왕의 자리를 물려받지 못

사람이 몇이나 되었고 걸과 주와 같은 사람이 몇이나 되었으니, 그 폐단이 어찌 다만 경대부가 세습되는 일에만 해당하겠는가? 그렇다면 상고시대에 성인께서 무엇 때문에 봉건제를 제거하지 않은 것인가? 예법을 달리하여 선양하고 충과 질대로 숭상한 것은 성인의 또 어떤 마음이었는가? 하늘의 때에 순응하시고 세상의 변화에 융통한 것에 불과하다.

때와 변화는 춥고 더운 것과 낮과 밤과 같아서 차근차근 쌓여서 이뤄지는 것이지 한창 춥다가 갑자기 더워지고 낮이 되었다가 갑자기 밤이 되는 일은 없는 법이다. 제후들과 천자는 모두 옛사람들에게서 나온 것이니, 뭇 사람들이 서로 추앙하여 제후와 천자로 삼았으며 삼대가 상고시대와 멀지 않아서 그 뿌리가 매우 단단하며 습속도 매우 오래되었으니 천자 된 자가 하루 만에 모두 없애 군현을 설치하는 것이 어떠했겠는가? 성인의 제도는 이같이 급진적이지는 않은 것이다. 그렇다면 진나라가 6국을 멸하고 군현제를 제정한 것 또한 하늘의 때에 순응하고 세상의 변화에 융통한 것인가? 아, 이것이 무슨 말인가.

나라는 천지와 더불어 서 있는 것이니, 인심이 이에 관계한 지 오래되었다는 것이다. 갈 땅과 숭 땅의 하소연이 아니었다면 멸할 수 없을 것이고, 삼호요三戶謠[120]와 송백가는 다섯 세대 동안 한나라의 재상을 했던 신하를 슬프고 분하게 하여 원한이 쌓여서 맹렬하게 일어나 범할 수가 없었으니, 인정의 위대함을 알 수 있다.

가령 왕 된 자가 일어나면 민심에 순응해서 어루만져주거나 포악한 백성은 억제해서 위축시키며 이미 심하면 그 자리를 떠날 뿐이니, 어찌 포로로 삼거나 멸망시켜서 천하의 인정을 거스를 수 있겠는가? 한나라

하였으며, 요 임금은 순 임금에게 선위하고 순 임금은 우 임금에게 선위하였다.

120 삼호요三戶謠 : 『사기史記』 「항우본기項羽本紀」에 초나라 음양가 남공南公이 "초나라에 세 집안만 남아도 진나라를 망하게 할 나라는 분명 초나라일 것이다."라는 노래를 지었다.

이후부터 인정이 군현제를 편히 여겼던 것은 삼대의 민심이 제후를 편히 여겼던 것과 같으니, 이는 대개 풍속과 시운時運이 하루 만에 쌓인 것이 아니라 그렇게 하지 않았는데도 자연히 된 것이다. 그런데 천도의 지극한 공평함과 성인의 본심은 그 사이에서 묵묵히 실행되고 있었다. 성인은 하늘의 때보다 앞에 있을 수 없고 또한 하늘의 때보다 뒤에 있을 수도 없어서 그저 하늘의 때에 순응하고 세상의 변화에 융통했기 때문에 군현제가 비록 성인의 손을 거치지 않더라도 성인의 도에 부합하는 것이다. 그러나 주·군의 제도 또한 봉건제의 영향을 받았으니 반드시 방백과 연수를 배치해서 다스리게 한 다음에야 오랑캐를 물리칠 수 있다.

아! 봉건제에서 공公이 되는 것은 한 시대의 공이고 당시 왕의 공이지만, 주·군의 공이 되는 것은 만세 동안 모든 왕의 공이니, 성인이 다시 태어나더라도 바꿀 수 없을 것이다. 군현제를 제정한 것은 진시황의 정사지만 사람 때문에 법까지 폐지할 수는 없으니, 군현제를 옳다고 한 것은 유종원이지만 사람 때문에 그의 말까지 버리지는 않는[121] 것도 성인의 공이다.

柳宗元封建論, 不出利害, 爲胡氏所輕宜也. 范蘇之論, 亦不能泝其源, 故爲千古不決之案, 然侯王之不如郡縣, 誠不易之論也. 胡氏之攡封建曰, "天道之公也". 然則封建郡縣之得失, 惟當以公決之. 傳曰, "大道之行也, 天下爲公", 此言何謂也? 不以天下之大私其子孫, 而與天下之賢聖公共之. 如堯授舜, 舜授禹者, 誠天道之至公, 而聖人之本心也.

"大人世及", 特出於不獲已也. 夫天下大器也, 非大聖不可傳, 傳不

---

121 사람이……않는 : "군자는 말만 잘한다고 해서 그 사람을 높이 평가하지 않고, 그 사람이 형편없다고 해서 그의 좋은 말까지 버리지는 않는다."[君子不以言擧人 不以人廢言]라는 공자의 말을 인용한 것이다. 『論語』「衛靈公」.

得大聖則爭. 大聖不世生, 而傳授之事世有之, 然則爭奪之禍, 世世無窮極也. 於是乎世及以爲禮, 而天下之分定, 爭奪之禍息, 此所謂聖人之不獲已也. 天下爲公之道, 不得行於天子, 而可行於侯服, 大人世及之禮, 不得已於天子, 而可已於侯服, 何者, 天子不能私與之天子之位, 必聽命於天, 天不言, 惟堯能聽天, 惟舜能聽天. 天子不能世世堯舜, 而奸雄猾賊, 必曰, "余賢", 矯誣天命, 禍亂之所由生也.

若侯服者, 受命於天子者也, 黜陟與奪, 一聽於上, 公共之道行, 而非有爭奪之禍也. 智比一方, 才合一州者, 可布而列, 簡賢之道行, 而非如上聖之資歷千百歲而一遇也. 何憚不爲, 而違天道之至公, 捨聖人之本心, 必行不獲已之世及也哉?

春秋譏世卿, 以大夫子孫未必皆賢, 而妨賢能之路, 貽生民之戚也. 彼天下侯王之子孫, 幾人朱, 均, 幾人桀, 紂, 而其流害, 豈特世卿也哉? 然則上世聖人何爲而不去封建耶, 禪繼異禮, 忠質代尙, 聖人抑何心哉? 不過順天時而通世變也.

時與變也, 如寒暑晝夜, 積漸而成, 未有方寒而忽暑, 當午而忽夜者也. 侯伯與天子, 皆出於邃古人, 羣相推而爲之, 三代去邃古不遠, 根植已固, 習俗已久, 爲天子者, 一日悉刬去之, 以爲郡縣, 何如哉? 聖人之制, 不如是之無漸也. 然則秦滅六國而郡縣之, 亦所謂順與通耶? 曰惡, 是何言也.

國於天地, 有與立焉, 人心之係久矣. 非有葛崇之暴, 不可滅也, 三戶之謠, 松栢之歌, 五世相韓之臣, 悲憤怨讟, 猛起而不可犯, 人情大可見矣.

如有王者作, 順而撫之, 抑而損之, 已甚者去之爾, 烏可俘虜夷滅, 以拂天下之人情耶? 自漢以下, 人情之安於郡縣, 如三代之安於侯伯, 此盖風氣時運, 非一日之積, 莫之然而然者. 而天道之至公, 聖人之本心, 默行於其間. 聖人不能先天時, 亦不能後天時, 順之而世變通, 故郡縣之制, 雖不經聖人之手, 而合於聖人之道矣. 然州郡之制, 亦依封建遺意, 必置方伯連帥以統之, 然後可以攘夷狄矣.

噫! 封建之爲公者, 一世之公也, 時王之公也, 州郡之爲公者, 萬世百王之公也, 聖人復起, 不可易. 制郡縣者秦政, 而不以人廢法, 是郡縣者宗元, 而不以人廢言, 亦聖人之公也.

吳光運(1689~1745), 「史評[下]」, 『藥山漫稿』 卷14.

3 「봉건론」. 처음부터 "故封建, 非聖人意也, 勢也"까지는 두 절로 이루어진 한 단락이다. 봉건제가 생겨난 것이 성왕의 뜻이 아니니 고칠 만한 것을 고치는 것은 잘못이 아님을 말한 것이다.

"夫堯舜禹湯之事遠矣"부터 "州縣之設, 固不可革也"까지가 한 단락이다. 봉건제에는 폐단이 있어서 8군현제를 도입한 이유를 말하고 군현제가 마땅함을 아울러 말한 것이다.

"或者曰, 封建者, 必私其土" 이하부터 끝까지 한 단락이 된다. 네 개의 절은 모두 봉건제가 잘못되었고 군현제가 옳음을 반복해서 논한 것이니 어세語勢가 결국 봉건제로 귀결되어 끝을 맺었다.

"或者又以爲, 殷周, 聖王也"가 한 절이 된다. 모씨茅氏가 평하길, "요·순·우가 제후를 세웠으니 이에 대 어떤 말로 논박할지 묻는다면 요·순·우가 고치지 않은 것은 대개 처음부터 있었던 것이라 유지했기 때문이니 상나라와 주나라가 고치지 않은 것과는 자연히 같지 않다고 답하겠다."

封建論. 自首至"故封建, 非聖人意也, 勢也."爲一段而二節. 言封建之所由起者, 非聖王之意則可革而革之者不爲過也.

自"夫堯舜禹湯之事遠矣", 至"州縣之設固不可革也", 爲一段. 言封建之有弊而入郡縣之所由起并言其得宜也.

"或者曰, 封建者必私其土"以下至末, 爲一段. 而四節, 皆反覆申論, 封之失郡縣之得, 而語勢終傾於封建而結之也.

就"或者又以爲, 殷周, 聖王也"一節. 茅氏評曰, "堯舜禹之建諸侯,請問何說駁之, 曰堯舜禹之不革, 盖以自有初而有之故也, 與商周之不革自不同也."

安錫儆(1718~1774), 「柳文摘解」, 『雪橋藝學錄』 卷3.

4 봉건제가 틀리고 군현제가 옳다고 한 유종원의 의론은 좁은 소견이다. 그의 주장을 살펴보면, 주나라가 멸망하고 한나라가 혼란스러워진 것을 두고 봉건제를 탓하며 그 임금은 탓하지 않고, 진나라가 멸망한 것을 두고 그 임금을 탓하며 그 군현제는 탓하지 않는다. 당나라 군현제를 숭상한 것으로 그의 견해를 밝혔다.

나는 이렇게 말하겠다. 주나라가 멸망하고 한나라가 혼란스러워진 것은 그 잘못이 임금에게 있는 것이지 봉건제에 있었던 것이 아니며 진나라와 당나라가 멸망한 것은 그 잘못이 군현제에 있는 것이지 임금에게 있었던 것이 아니다.

또 봉건제를 처음 시행한 사람은 누구인가? 유종원은 본디 요 임금 · 순 임금이라고 말하니, 요 임금과 순 임금은 성왕이다. 군현제를 처음 시행한 사람은 누구인가? 유종원은 본디 진나라 시황제라고 말하니, 시황제는 폭군이다. 성왕이 세운 국가 제도를 폭군의 것에 비하면 무엇이 옳은가?

무릇 한 사람이 천하 만인의 위에 군림하게 되면, 반드시 기강을 세우고 난 후에야 다스릴 수 있으니, 다스리는 방법은 봉건제와 군현제가 있다. 성왕은 그 중 합당한 것을 고르셨으니 봉건제였고, 폭군은 그 중 부당한 것을 고르셨으니 군현제였다.

요 임금, 순 임금, 주나라의 봉건제는 어떠했던가? 비록 자신을 단속하는 것이 백세 동안 어긋남 없이 시행되게 하는 것은 어찌할 수 있더라도 자신의 자손이 천자의 자리를 잘 지켜낼지는 어찌할 수가 없다. 단속은 나에게 달린 것이고 자손은 남이기 때문에. 성왕께선 자신에게 달린 것을 다하셨을 뿐이다. 이에 한나라가 봉건제를 따랐다. 진나라 시황제의 군현제는 자신을 단속함이 2세 동안에 행해지기에도 부족함을 어찌할 수 없었는데 자신의 자손들이 영원히 천자의 자리를 지키기를 어떻게든 해보려 했다. 이에 당나라가 그것을 따랐다.

어째서 그러함을 아는 것인가? 주나라 무왕이 세상을 떠날 때, 성왕은 아직 어려서 관숙管叔과 채숙蔡叔이 난을 일으켰고 무경武庚은 그것을 부추겼기에 주공이 달아나 동쪽에 거처하니 주나라 천하는 매우 혼란스러웠다.[122] 하지만 같은 성씨의 제후 노·위·진晉·정·조·연·오 같은 나라들이 있어서 그 내부를 진압하고 다른 성씨의 제후 제·송·진陳·초·진秦 같은 나라들이 있어서 그 외부를 보위하였으니. 관숙과 채숙, 무경이 어찌 그 사이에서 감히 저항할 수 있었겠는가?

이왕夷王[123]과 여왕厲王[124]에 이르자 제후들은 분수 넘치게 난을 일으켰고 난왕赧王[125]에 이르러선 끝내 주나라를 멸망시켰다. 당시 제후의 강력함이 이전보다는 컸으나 만약 이왕이 나약하지 않고 여왕이 포학하지 않아서 천자의 권위를 스스로 잡았다면 제후가 비록 강력하여도 어

---

122 주나라……혼란스러웠다 : 주나라 무왕이 죽고 성왕이 어렸으므로, 주공이 대리청정代理聽政을 하였다. 그러자 주공의 형 관숙管叔과 아우 채숙蔡叔이 '주공이 장차 어린 왕에게 불리할 것이다'고 유언비어를 퍼뜨렸으므로, 주공이 두려워서 동도東都로 피해 살았다. 그 뒤에 성왕이 주공을 맞이하여 돌아왔을 때 관숙과 채숙이 주왕紂王의 아들 무경武庚을 추대하고 반란을 일으켰다.

123 이왕夷王 : 성은 희姬, 이름은 섭燮이다. 서주의 제7대 의왕懿王의 아들이며, 생모는 확인되지 않는다. 왕비에 관한 기록은 전해지지 않으며, 아들인 호胡는 제10대 여왕厲王이 되었다.

124 여왕厲王 : 성은 희姬, 이름은 호胡, 중국 주나라의 제10대 왕으로 신하들의 간언諫言에도 불구하고 이익을 탐하고 간신奸臣인 영이공榮夷公을 경사卿士로 임용하여 국사國事를 주관하게 했다. 포악하고 사치스럽고 교만하여 백성들이 그를 비방하였다. 그러자 왕은 위衛나라의 무당을 불러서 비방하는 자들을 감시하고, 무당이 보고하면 그들을 죽였다. 국인폭동國人暴動으로 왕위에서 쫓겨나 주周의 쇠락衰落을 가져왔다.

125 난왕赧王 : 주나라의 마지막 왕으로 주나라는 진나라에 의해 멸망하였다.

찌 감히 일어나 주나라를 멸망시켰겠는가?

한나라 혜제惠帝[126]가 요절하자 여후呂后[127]가 나라를 멋대로 하여 유씨 정권이 거의 여씨 정권이 될 지경이었다. 그러나 제·초·대代·오吳·회남淮南·낭야琅琊의 여섯 나라가 고조高祖와 골육지간으로써 천하를 에워싸고, 주발周勃[絳侯][128] 유장劉章[朱虛侯][129] 제준祭遵[穎陽侯][130]들이 힘을 합쳐 역적을 토벌해서 여록呂祿[131]과 여산呂産[132]이 죽임을 당한 것은 형세 때문이다. 경제景帝[133]때에 이르러 칠국이 반란을 일으켜서 천하가 크게 혼란스러웠는데, 만약 경제가 덕으로 보듬고 위엄으로 을러서 마음을 편안히 하여 그들의 권력을 빌려주지 않았다면 저 칠국은 곧

---

126 혜제惠帝 : 이름은 유영劉盈이다. 한나라 제2대 황제이며 한나라 고조 유방의 차남으로 어머니 고황후高皇后 여씨呂氏의 그늘에 가려져 불운한 황제로 지냈다.

127 여후呂后 : 한나라의 시조 유방의 황후이다. 이름은 치稚고 자는 아후娥姁이며 고후高后로도 불린다. 유방이 죽은 뒤 실권을 잡고 여씨 일족을 고위고관에 등용시켜 여씨정권을 수립하였으며 동생을 후황으로 책봉하여 유씨를 옹호하는 파의 반발을 불렀다.

128 주발周勃[絳侯] : 강소성 패현沛縣 사람으로 무장武將이었다. 한나라 고조인 유방과 함께 병란을 일으켜 군공을 세웠다.

129 유장劉章[朱虛侯] : 봉호는 주허후朱虛侯이다. 한나라 초기에 여후가 죽자 주발, 진평陳平 등과 함께 여씨呂氏들을 주벌하였다.

130 제준祭遵[穎陽侯] : 자는 제손弟孫이고 영양穎陽 출신이다. 한나라의 장군으로 광무제光武帝와 함께 하북河北을 평정하여 그 공으로 정로장군征虜將軍이 되고, 영양후穎陽侯에 봉해졌다.

131 여록呂祿 : 한나라의 인물로, 한나라 고제의 외척이다. 혜제가 죽고 고황후가 태황태후로 수렴청정하면서 여태와 여산과 함께 남북군을 통제해 여씨 일족의 전제에 일조했다.

132 여산呂産 : 전한 단보單父 사람. 여택呂澤의 둘째 아들이고, 여후의 조카다. 여후 7년 양왕梁王에 봉해졌다. 여후가 병들어 위급해지자 상국相國이 되어 남군南軍을 장악했다. 여후가 죽은 뒤 반란을 획책하다가 주허후 유장에게 살해당했다.

133 경제景帝 : 한나라 제6대 황제다. 이름은 유휘劉啓이다. 문제의 아들로 어머니는 두황후竇皇后이다. 황제 일족의 영지 삭감을 시도해 일곱 개 국가가 반란을 일으켰으나 진압하였다. 무제 이후의 중앙집권적 군현제도 확립의 기초를 닦았다.

허벅지와 손바닥 사이에 있는 물건일 뿐이니, 어떻게 감히 반란을 도모하였겠는가? 이것이 이른바 주나라가 멸망하고 한나라가 혼란스러워진 것이 임금에게 잘못이 있었던 것이지 봉건제에 있었던 것이 아니라는 것이다.

진나라의 호해胡亥[134]는 실로 어리석은 임금이니, 만약 부소扶蘇[135]가 임금이 되고 몽염蒙恬[136]이 보좌하였다면, 항우와 고조가 말을 몰아 동쪽에 이르면 동쪽에서 고을 관리를 죽임으로써 맞이하고, 말을 몰아 서쪽에 이르면 서쪽에서 고을 관리를 죽임으로써 맞이한 것과 같이 말을 몰아 함곡관을 들이치더라도 문제될 것이 없으니 어째서인가? 설령 호해가 임금이 되고 조고가 보좌하더라도 시황제의 아들 20여 명이 안에서 나라를 보위하고, 장한章邯,[137] 왕리, 사마흔, 동예가 밖에서 나라를 보위하였다면, 항우와 고조가 비록 강하더라도 동쪽을 향하면 동쪽에서 격파하고 서쪽을 향하면 서쪽에서 격파하였을 것이니, 어째서인가?

당나라가 무너진 것은 더욱 명백하다. 현종玄宗[138]은 본래 명석한 군

134 호해胡亥 : 본명은 영호해嬴胡亥이다. 시황제始皇帝의 막내아들로 태어났으나, 기원전 210년 승상인 이사李斯와 환관宦官 조고에게 옹립擁立되어 진나라의 제2대 황제皇帝가 되었다. 대규모 토목사업을 벌이고 환관 조고의 전횡을 방임하여 민심民心을 잃었다.

135 부소扶蘇 : 시황제始皇帝의 장자長子이다. 장성長城에서 흉노 방어를 하던 몽염蒙恬의 군대를 감독하기 위해 파견되었다가, 시황제가 죽은 뒤 호해와 이사, 조고 등이 거짓으로 보낸 시황제의 조서詔書를 받고 자살하였다.

136 몽염蒙恬 : 진나라의 장군. 무武의 아들이다. 기원전 221년 제나라를 멸망시킬 때 큰 공을 세웠다. 기원전 215년 흉노 정벌 때 활약이 컸으며, 이듬해 만리장성을 완성하였다. 북쪽 변경을 경비하는 총사령관으로서 상군上郡에 주둔하였다. 시황제가 죽자, 환관 조고와 승상 이사의 흉계로 투옥되어 자살하였다.

137 장한章邯 : 중국 진나라 말기의 장수로 진승陳勝과 오광吳廣이 일으킨 농민 반란을 진압하는 데 큰 공을 세웠지만, 환관 조고의 박해를 받아 항우項羽에게 투항하였다. 기원전 205년 유방의 한군漢軍과의 전투에서 패하고 자살하였다.

138 현종玄宗 : 당나라의 제6대 황제(재위 712~756). 안으로는 민생안정을 꾀하고 경제를 충실히 하였으며, 신병제를 정비하였다. 밖으로는 국경지대 방비를 튼튼히

주였지만 안록산安祿山[139]이 배반하였고, 숙종肅宗, 대종代宗, 덕종德宗, 순종順宗은 번장이 호시탐탐 엿보았기에 하루도 편히 잠들지 못하였다. 헌종憲宗[140]도 명석한 군주였으나 날이 갈수록 번장은 배반하였다. 헌종이 겨우 그들을 평정하여 천하가 마침내 조용해졌으나 황소가 봉기하자 희종僖宗[141]은 달아났고, 주온朱溫[142]이 봉기하여 소종과 선종을 죽이자 당나라는 결국 멸망하고 말았다.

번장이 반드시 배반하는 것은 왜인가? 능력이 있으면 종신토록 역임하고 능력이 없으면 종신토록 역임하지 못하니 교체되는 것이 절도사의 규례였다. 그러므로 자신의 자손까지 이어지지 못하고 다른 사람이 대신할까 염려하여 배반하는 것이다. 만약 나라를 세우고 토지를 분배하여 자손의 영원한 업으로 삼게 하고, 현종과 헌종의 현명함으로 덕망과 위엄으로 다스렸다면 저들이 반드시 스스로 애지중지하여 임금을 삼가 받들기에 겨를이 없어 감히 현명한 군주의 세상에서 함부로 혼란을 일으키지는 않았을 것이다. 이것이 이른바 진나라가 멸망하고 당나라가

하여, 수십 년의 태평천하를 구가하였다. 그러나 노후에 도교에 빠졌으며 양귀비로 인해 정사를 포기하다시피 하였다.

139 안록산安祿山 : 당나라 때 반란을 일으킨 무장武將. 현종의 신임을 얻어 당나라의 국경방비군 전체의 3분의 1 정도의 병력을 장악했다. 황태자와 양국충이 현종과의 이간을 꾀하자 양국충을 제거한다는 명목으로 반기를 들었으나 실패했다.

140 헌종憲宗 : 당나라의 제11대 황제(재위 805~820). 안사安史의 난 이후 세력이 거세진 번진 때문에 약해진 중앙 세력을 강화하고, 배도裵度 등 재정가를 재상으로 삼아 양세법兩稅法에 바탕을 둔 봉건제 지향적 경제정책을 추진하였다.

141 희종僖宗 : 당나라의 제21대 황제. 873년 부친이 죽자 환관들에 의해 옹립되어 즉위하였다. 그러나 희종은 어려서 정사를 돌볼 수가 없었고, 이후 황제로서의 아무런 실권도 없이 유흥에 빠져 환관들이 정사를 전횡하였으며, 지방의 절도사들이 세력을 확대하는 계기가 되었다. 875년에는 대규모 농민반란인 황소黃巢의 난이 일어났고, 희종은 장안을 버리고 촉으로 도피하였다.

142 주온朱溫 : 852~912 송주宋州 탕산碭山 사람으로 오대五代 후량後梁의 태조太祖이다. 당나라 말기 '황소의 난'의 잔당을 평정하여 그 공으로 각지의 절도사를 겸하는 등 화북 제일의 실력자가 되었다.

멸망한 것이 군현제에 잘못이 있었던 것이지 임금에게 있었던 것이 아니라고 하는 것이다.

그러므로 말한다. 비록 자신을 단속하는 것이 백세 동안 어긋남 없이 시행되게 하는 것은 어찌할 수 있더라도 자신의 자손이 천자의 자리를 지켜낼지는 어찌할 수 없었기에, 요, 순, 주는 봉건 제도를 시행하였고, 한나라가 그것을 따랐다. 자신을 단속하는 것이 2세 동안에 시행되기에도 부족하여 어찌할 수 없었는데 자신의 자손이 영원히 지킬 수 있도록 어떻겠든 바랐기 때문에 진나라는 군현제를 시행하였고, 당나라는 그것을 따랐다.

따라서 설령 주나라와 한나라가 봉건제를 시행하지 않고 군현제를 시행했다면 망하거나 혼란스러워지는 것은 난왕과 경제를 기다릴 필요 없이 반드시 이전의 성왕과 여후에게 있었을 것이다. 또 설령 진나라와 당나라가 군현제를 시행하지 않고 봉건제를 시행했다면 그 멸망은 호해와 소종, 선종에게 있지 않고 반드시 주나라 난왕과 당나라 한나라 헌제 같은 임금에게 있었을 것이다.

또 말한다. 주나라와 한나라가 봉건제를 시행하는 동안에 난왕이 어질고 헌제가 어질었다면 난왕과 헌제에 이르러 멸망하지 않고 틀림없이 만세 동안 이어졌을 것이다. 진나라와 당나라가 군현제를 시행하는 동안에 시황제가 웅위를 떨치지 않았고 태종이 영명하지 않았다면, 호해와 소종, 선종까지 이르지 않고 틀림없이 그 자신에서 멸망하였을 것이다.

유종원은 그 본원을 탐하지 않고 고작 발자취만 좇아 그 일을 이렇게 논했다. "이러해서 주나라가 멸망하였고 이러해서 한나라가 혼란스러워졌는데, 그것은 임금의 잘못이 아니라 봉건제의 잘못이다. 이러해서 진나라가 멸망하였는데, 그것은 군현제의 잘못이 아니라 임금의 잘못이다." 포악한 군주가 만든 제도를 성왕이 만든 제도 위에 더한 것이다.

또 공자께서는 "은나라는 하나라의 예에 따랐기에 그 손익을 헤아릴 수 있었고, 주나라는 은나라의 예에 따랐기에 그 손익을 헤아릴 수 있었으니 비록 백 세가 지나더라도 알 수 있다."[143]라고 하였다.

저 유종원은 당나라 덕종과 순종의 세상에 살았다. 헌종 때에 이르러 군현제의 폐단이 비로소 크게 불거졌다. 하지만 유종원은 이것이 결국 당나라가 멸망한 이유임을 알지 못하고 오히려 숭상하려 하였으니, 좁은 소견이라고 하지 않을 수 있겠는가? 나는 후세 사람이 또 유종원과 같은 견해를 내놓아 자신의 나라를 멸망하게 할까 두려우므로 이처럼 변론한다.

小見哉, 柳宗元之著論, 而非封建而是郡邑也. 考其說, 乃以周之亡漢之亂, 罪封建而弗之罪其君, 秦之亡, 罪其君而弗之罪其邑, 以崇夫唐之郡邑之制而明其見矣.

我則曰. 周之亡漢之亂, 罪在君而罪不在封建, 秦之亡唐之亡, 罪在郡邑而罪弗在君.

且始封建者誰也? 宗元固曰堯舜, 堯舜聖王也. 始郡邑者誰也, 宗元固曰秦始皇, 始皇暴王也. 聖王之於暴王之立國制也誰得?

夫一人焉而居天下億萬人之上, 則必爲之綱紀然後齊, 所以齊之者, 封建郡邑, 而聖王擇其當焉者, 而封建焉, 暴王擇其弗當焉者, 而郡邑焉.

夫堯舜周之封建之也? 唯奈何乎吾之制足以行百世無悖, 而無奈何乎吾子孫之能守與否也. 制, 我也, 子孫, 人也, 聖王盡在我者而已也. 於是漢因之. 秦始皇之郡邑之也, 弗奈何乎吾之制不足以行二世, 而

143 공자께서는……있다 : 『논어論語』 「위정爲政」에 "자장子張이 '열 왕조 뒤의 일을 미리 알 수 있습니까?' 하고 묻자, 공자가 말하길, '은나라는 하나라의 예를 따랐으니 덜거나 보탠 것을 알 수 있으며, 주나라는 은나라의 예를 인습했으니, 덜거나 보탠 것을 알 수 있다. 혹시라도 주나라를 잇는 자가 있다면 비록 백세 뒤라도 알 수 있을 것이다[子張問, 十世可知也? 子曰, 殷因於夏禮, 所損益, 可知也, 周因於殷禮, 所損益, 可知也. 其或繼周者, 雖百世. 可知也.].'라고 하였다."는 말이 있다.

欲奈何乎吾子孫之能萬世守也, 於是唐因之.

何以知其然也? 周武王崩, 成王稚, 管蔡作亂, 武庚煽之, 周公走而居東, 周天下固難矣, 而同姓之侯, 有若魯·衛·晉·鄭·曹·燕·吳者而鎭其內, 異姓之侯有若齊·宋·陳·楚·秦者而衛其外, 管蔡武庚, 惡敢抗當其間哉?

及至夷厲而諸侯僭亂, 逮赧王, 遂以亡周. 當是時, 諸侯强大, 固過於前, 然若使夷王弗懦弱, 厲王弗暴虐, 自執天子之權, 諸侯雖强大, 惡敢起而亡周哉?

漢惠帝夭, 呂后擅國, 劉氏之爲呂氏幾矣, 而齊楚代吳淮南琅邪六國, 以高祖親骨肉, 環天下, 絳侯朱虛侯潁陽侯併力討賊, 祿產之就戮, 勢也. 及至景帝時, 七國乃叛, 天下大亂, 若使景帝德而拊之, 威而懾之, 安其心, 不假其權, 彼七國, 卽股掌間物耳, 何亂之敢圖也? 此所謂周之亡漢之亂, 罪在君而罪不在封建也.

秦之胡亥, 誠昏君, 設使扶蘇爲君, 蒙恬佐之, 其如項羽高祖之驅而至東, 東殺郡吏以迎, 驅而至西, 西殺郡吏以迎, 驅而入函谷關, 而無所蔽何哉? 雖使胡亥爲君, 趙高佐之, 始皇之子二十餘人國于內, 章邯主離司馬欣董翳國于外, 則項羽高祖雖雄彊, 其如向東而東擊之, 向西而西擊之, 何哉?

唐之失, 尤較然也. 玄宗固明主也, 而祿山叛之, 肅代德順, 無一日奠枕於藩將之睥睨. 至于憲宗, 亦明主也, 而藩將日益叛. 憲宗䧘削平之, 而天下遂空虛, 黃巢一呼而僖宗走, 朱溫一呼而昭宣弑, 唐遂亡. 夫藩將之必叛何, 能則終其身, 不能則不終身而易之, 節度使之例. 故慮吾守之弗吾子孫而人代之而叛也, 若使建國錫土, 爲子孫無窮之業, 而以玄宗憲宗之明, 德之威之, 則彼必自愛重, 恪謹奉上之不暇, 其不敢徼亂於明主之世也決矣. 此所謂秦之亡唐之亡, 罪在郡邑而罪不在君也.

故曰, 惟奈何乎吾之制足以行百世無悖, 而無奈何乎吾子孫之能守與否者, 堯舜周之封建也而漢因之也, 弗奈何乎吾之制不足以行二世, 而欲奈何乎吾子孫之能萬世守者, 秦之郡邑也而唐因之也.

是故, 使周漢, 而弗封建而郡邑之也, 亡與亂, 未必待赧王景帝而必在乎成王呂后也. 使秦, 唐而弗郡邑而封建之也, 亡未必在胡亥, 昭, 宣, 而必待乎周之赧王, 唐之獻帝也.

又曰, 周漢旣封建矣, 則使赧王賢獻帝賢, 未必止赧王獻帝亡而必至萬世也. 秦唐旣郡邑矣, 則使始皇不雄威, 太宗不英明, 未必及胡亥昭宣而必當其身亡也.

彼宗元不原其本, 而徒循跡而論之曰, 如是而周亡, 如是而漢亂, 非其君罪而封建之罪也, 如是而秦亡, 非郡邑罪而君之罪也. 以暴王之制, 而加聖王之制之上焉.

且孔子曰, "殷因於夏禮, 所損益可知也, 周因於殷禮, 所損益可知也, 雖百世可知也."

彼宗元生於唐德順時, 以及憲宗, 郡邑之禍, 方大作矣, 而不知終以此亡唐而猶欲崇之, 可不謂小見哉? 吾懼後之人又有如宗元者出而成其說, 以亡其國家也, 故爲是辨焉.

丁範祖(1723~1801), 「辨封建論說」, 『海左集』 卷37.

「복수의復讐議」[144]에 논박하는 주의

(모곤) 이 논의는 곧 한유韓愈가 오늘날 행할 수 없다고 말한 것의 반만 다루었으나,[145] 과감하며 빈틈이 없어 유종원의 글 중 훌륭한 것이다.

신이 삼가 살펴보건대, 측천무후則天武后의 시대에 동주同州 하규下邽 사람 서원경徐元慶이라는 자가 있었는데, 아버지인 상爽이 현위縣尉 조사온趙師韞에게 살해되자 마침내 서원경이 직접 아버지의 원수를 죽이고는 자신을 묶어 자수하였습니다. 당시 간신諫臣 진자앙陳子昂이 그를 주살하고 문을 그의 마을 앞에 세우기를 건의하고, 또 이 일을 법령으로 만들어 영구히 국법으로 삼기를 청하였습니다.[146] 신이 삼

144 복수의復讐議 : 서원경徐元慶이 아버지의 원수를 죽이고 자백한 일에 대해 당시 우습유右拾遺로 있던 진자앙陳子昂이 자신의 의견을 서술하여 측천무후則天武后에게 올린 글이다.

145 한유韓愈가……다루었으나 : 한유韓愈가 쓴 「복수장復讐狀」의 내용을 말한다. 「복수장」은 811년에 양열梁悅이 아버지의 원수인 진고秦杲를 죽이고 자수하였는데, 후에 당나라 헌종이 이 일을 반영해 법령으로 정하게 하자 한유가 이에 대해 자신의 의견을 서술한 글이다. 그는 만일 아버지의 원수를 갚은 자식이 이 일을 상서성尙書省에 신고하면, 관리가 군주와 그 사정을 고려해 처분하는 방식을 제안하였다. 이때 『주례周禮』와 『춘추공양전春秋公羊傳』의 말을 인용하고, 그 중 『춘추공양전』과 관련해서는 아비가 죄를 짓고 주살된 경우가 아니면 그 자식으로 하여금 복수하게 한다고 말한 것은 오늘날 행할 수 없다고 하였는데, 유종원의 글은 이 부분만을 다루고 있기 때문에 모곤이 반만 다룬다고 서술한 것으로 보인다.

146 측천무후則天武后의……청하였습니다 : 측천무후 때에 서원경이 자신의 아버지가 조사온趙師韞에게 살해되자, 역참驛站을 관리하는 집의 일꾼으로 들어가 조사

가 생각하기에 이는 매우 잘못된 일입니다. 신이 듣기로 예의 큰 근본은 혼란을 막는 것입니다. 만일 해치지 말라고 말한다면 자식된 자가 사람을 죽인 것을 용서하지 말아야 합니다. 형벌의 큰 근본 또한 혼란을 막는 데에 있습니다. 만일 해치지 말라고 말한다면 다스리는 자가 사람을 죽인 것을 용서하지 말아야 합니다. 그 근본은 합치되나 운용은 다르니, 정문과 주살은 함께할 수 없습니다. 정문을 세울 만한 자를 주살한다면, 이는 지나친 것이니 형벌을 업신여김이 심하며, 주살할 만한 자를 위해 정문을 세운다면 이는 참람된 것이니, 예가 무너짐이 심합니다. 과연 이것을 천하에 보여 후대에 전하게 하신다면, 의를 따르는 자들이 향할 바를 알지 못하고, 법을 지키는 자들이 처신할 바를 알 수 없으니 이를 법으로 삼을 수 있겠습니까?

대개 성인의 제도는 이치를 궁구해 상벌을 결정하며 사정에 근본을 두어 포폄을 바로잡는 것이니, 한결같이 행해야 할 뿐입니다. 만약 그 진실과 거짓을 조사하고 그 시비를 살펴 바로잡으며, 처음부터 따져서 그 단서를 구하였다면 형벌과 예의 운용이 분명히 나누어졌을 것입니다. 어째서입니까? 만일 서원경의 아비가 죄를 짓지 않았는데 조사온이 그를 주살함이 오직 자신의 사적인 원한으로 관리의 기세를 떨치고, 허물이 없는데도 해쳤는데 주목州牧이 죄를 따지지 않고 형관이 심문하지 않아 위아래로 덮어주어 아무리 부르짖더라도 들어주지 않았다고 한다면 서원경이 원수와 하늘 아래서 함께 사는 것을 큰 수치로 여겨서 원수를 갚는 것을[147] 예에 맞다고 여겨 심사숙고하여 원

온이 그 역참에 묵을 때 그를 칼로 찔러 죽이고 스스로 관아로 가서 자수하였다. 측천무후가 그의 죄를 사면해 주려 하자, 진자앙이 서원경이 조사온을 죽인 것은 법률을 위반한 것이니 그에 대한 처벌을 내린 뒤에 그의 절의를 표창해야 한다고 주장하고, 이를 국가의 법으로 삼을 것을 함께 말하였다.

수의 가슴을 찌르고는 꿋꿋하게 스스로 묶어 죽음에 한스러움이 없었을 것이니, 이는 예를 지키고 의를 행한 것입니다. 담당자는 마땅히 부끄러운 낯빛을 가지고 그에게 사과하기에도 겨를이 없는데, 또 어찌 주살한단 말입니까?

혹 서원경의 아비가 죄를 면하지 못하여 조사온이 그를 죽인 것이 법률을 어김이 아니라면, 이는 관리에게 죽임을 당한 것이 아니라 법률에 의해 죽은 것이니 법이 원수가 될 수 있겠습니까? 천자의 법을 원수로 삼아 법을 받드는 관리를 죽인다면, 이는 오만하고 교만하여 윗사람을 업신여기는 것입니다. 법에 따라 죽임이 국법을 바르게 하는 것인데, 또 어찌 정문을 세우겠습니까?

또한 진자앙의 논의에서 이르길, "사람은 반드시 자식이 있고, 자식은 반드시 부모가 있어 각자의 부모를 위해 원수가 되니 그 혼란을 어떻게 구제하겠습니까?"라고 하였으니 이는 예를 미혹케 함이 심한 것입니다. 『예기禮記』에서 복수할 수 있다고 말한 것은[148] 억울하고 심히 비통한데도 고할 곳이 없음을 이르는 것이지, 죄를 짓고 법을 어겨 처형됨을 말하는 것이 아닙니다. 그런데 말하길, "저 사람이 부모를 죽였으니 나도 그의 부모를 죽일 수 있다."라고 하며 시비를 논의하지 않고 소수에게 횡포를 부리며 약한 자를 위협하기만 한다면, 경

147 원수를 갚는 것을 : 원문의 '枕戈'은 원수를 갚는다는 말이다. 조적의 친구 유곤劉琨이 조적과 함께 중원中原을 되찾을 뜻을 품고 있었다. 한번은 그가 다른 친구에게 보낸 편지에서 "나는 창을 베고 아침이 오기를 기다리면서 역적의 머리를 효시하려는 생각뿐인데, 항상 조생이 나보다 말채찍을 먼저 쥘까 염려라네[吾枕戈待旦, 志梟逆虜, 常恐祖生先吾著鞭.]."라고 했던 데서 나온 말이다.

148 예기禮記에서……것은 : 『예기禮記』 「곡례 상曲禮上」에 "부친의 원수와는 하늘을 함께 이고서 살지 못하고, 형제의 원수에 대해서는 복수를 위해 항상 무기를 가지고 다니며, 친구의 원수와는 같은 나라에서 살지 않는다[父之讎, 弗與共戴天, 兄弟之讎, 不反兵, 交遊之讎, 不同國.]."라는 말이 나온다.

전을 어기고 성인을 위배함이 또한 심하지 않습니까.

『주례周禮』에 "형관이 백성의 원수를 관장함에 사람을 죽인 것이 의리에 맞는 자는 원수를 갚지 말라고 하였고 원수를 갚았다면 죽인다. 반복하여 죽이는 자는 나라에서 모두 그를 원수로 여긴다."[149]라 하였으니 또 어찌 각자 부모를 위해 원수가 될 수 있겠습니까? 『춘추공양전春秋公羊傳』에서 말하길, "아버지가 죄를 지어 주살된 것이 아니라면 자식이 원수에게 복수할 수 있고, 아버지가 죄를 지어 주살되었는데 자식이 복수한다면 이는 서로 죽이는 길을 열어두는 것이니, 이러한 복수는 국가의 해를 제거할 수 없다."[150] 하였습니다. 지금 만일 이것을 취하여 쌍방이 서로를 죽이는 것을 판단한다면 예에 합하는 것입니다.

또 원수를 잊지 않는 것은 효이고, 죽음을 아끼지 않음은 의입니다. 서원경은 예를 어기지 않았고, 효를 실천하고 의를 위해 죽었으니, 이는 반드시 이치에 통달하고 도를 아는 자입니다. 이치에 통달하고 도를 아는 사람이 어찌 왕법을 원수로 여기겠습니까? 그러나 논의한 자가 도리어 처형할 수 있다 여겨서 형벌을 어지럽히고 예를 무너뜨렸으니, 그것을 국법으로 삼을 수 없음이 분명합니다. 바라건대 제 논의

149 주례周禮에……여긴다 : 『주례周禮』 「지관地官 조인調人」에 "정당한 사유로 사람을 죽인 자에게는 죽은 자의 자식이 원수를 갚지 못하게 하고, 만약 원수를 갚으면 죽인다[凡殺人而義者, 勿令讐, 讐之則死.]."란 말이 보이고, 『주례周禮』 「춘관秋官 조사朝士」에 "원수를 갚은 자가 사전에 그 사유를 적어 조사朝士에게 고한 후에 원수를 죽였으면 무죄이다[凡報仇讐者, 書于士, 殺之, 無罪.]."란 말이 있다.

150 춘추공양전春秋公羊傳에서……없다 : 『춘추공양전春秋公羊傳』 정공定公 4년에 "아비가 죄를 지어 법에 의해 주살된 경우가 아니면 그 자식이 복수해야 하나, 아비가 주살되었는데도 그 자식이 복수하면 이는 복수가 복수를 불러 복수가 반복되는 길을 여는 것이다[父不受誅, 子復仇可也, 父受誅, 子復仇, 推刃之道也.]."라 하였다.

를 법령에 덧붙이시어 이러한 일로 옥에 갇힌 사람을 판단할 일이 있다면, 이전의 논의를 따라서는 안 됩니다. 삼가 주의를 올립니다.

당순지唐順之[唐荊川]가 말하기를, "이 같은 문장은 지극히 엄숙하여 한 글자도 흐트러짐이 없다." 하였고, 또 말하길 "이치가 정밀하고 문장이 뛰어나니 『춘추좌씨전春秋左氏傳』과 『국어國語』에 버금간다."라 하였다.

駁復讐議

(茅坤) 此議卽韓公不可行於今半邊, 而精悍嚴緊, 柳文之佳者.

臣伏見天后時, 有同州下邽人徐元慶者, 父爽爲縣尉趙師韞所殺, 卒能手刃父讐, 束身歸罪. 當時諫臣陳子昂建議誅之而旌其閭, 且請編之於令, 永爲國典. 臣竊獨過之. 臣聞禮之大本, 以防亂也. 若曰無爲賊虐, 凡爲子者殺無赦. 刑之大本, 亦以防亂也. 若曰無爲賊虐, 凡爲治者殺無赦. 其本則合, 其用則異, 旌與誅莫得而竝焉. 誅其可旌, 玆謂濫, 黷刑甚矣, 旌其可誅, 玆謂僭, 壞禮甚矣. 果以是示于天下, 傳于後代, 趨義者不知所向, 違害者不知所立, 以是爲典可乎?

蓋聖人之制, 窮理以定賞罰, 本情以正褒貶, 統於一而已矣. 嚮使刺讞其誠僞, 考正其曲直, 原始而求其端, 則刑禮之用, 判然離矣. 何者? 若元慶之父, 不陷於公罪, 師韞之誅, 獨以其私怨, 奮其吏氣, 虐于非辜, 州牧不知罪, 刑官不知問, 上下蒙冒, 籲號不聞, 而元慶能以戴天爲大恥, 枕戈爲得禮, 處心積慮, 以衝讐人之胸, 介然自克, 卽死無憾, 是守禮而行義也. 執事者宜有慚色, 將謝之不暇, 而又何誅焉?

其或元慶之父, 不免於罪, 師韞之誅, 不愆於法, 是非死於吏也, 是死於法也, 法其可讐乎? 讐天子之法, 而戕奉法之吏, 是悖驁而凌上也. 執而誅之, 所以正邦典, 而又何旌焉?

且其議曰, "人必有子, 子必有親, 親親相讐, 其亂誰救?" 是惑於禮也甚矣. 禮之所謂讐者, 蓋其寃抑沈痛, 而號無告也, 非謂抵罪觸法, 陷于大戮. 而曰, "彼殺之, 我乃殺之." 不議曲直, 暴寡脅弱而已, 其非經背聖, 不亦甚哉?

周禮“調人掌司萬人之讐, 凡殺人而義者, 令勿讐, 讐之則死. 有反殺者, 邦國交讐之.” 又安得親親相讐也? 春秋公羊傳曰, “父不受誅, 子復讐可也, 父受誅, 子復讐, 此推刃之道, 復讐不除害.” 今若取此以斷兩下相殺, 則合於禮矣.

且夫不忘讐, 孝也, 不愛死, 義也. 元慶能不越於禮, 服孝死義, 是必達理而聞道者也. 夫達理聞道之人, 豈其以王法爲敵讐者哉? 議者反以爲戮, 黷刑壞禮, 其不可以爲典明矣. 請下臣議, 附于令, 有斷斯獄者, 不宜以前議從事. 謹議.

唐荊川曰, “此等文字極謹嚴, 無一字懶散.” 又曰, “理精而文工, 左氏國語之亞也.”

【비평자료】

1 내가 생각하건대, 한유韓愈의 논의는 유종원의 논의에 한참 미치지 못하였다. 비록 백성들이 서로를 죽이더라도, 아버지가 의롭지 않게 죽는다면 『주례周禮』에 그를 원수로 삼아서는 안 된다 하였다.【혹 도적에게 죽임을 당하거나 잘못을 하여 죽게 된다면 그 자식이 원수로 삼을 수 없다는 것이다.】 비록 법관이 그를 죽이더라도, 아버지의 죽음이 지극히 억울하다면 『춘추공양전春秋公羊傳』에서는 복수하는 것을 허락하였다.【『춘추공양전』은 본래 오원伍員[151]의 일을 논한 것이다.】 복수한 옥사를 논함은 근본을 추구하고 복수의 단서를 결단하기 위한 것이니 복수가 옳으면 복수를 의로운 것으로 여기고, 복수가 옳지 않다면 복수를 죄로 여긴다. 이와 같이 한다면 그만이니, 유종원의 논의가 명확하다.

按韓議不及柳議遠甚. 雖百姓相殺, 父死不義, 則周禮令勿讎之矣.【或死於盜, 或死於淫, 則其子不得而讐之.】雖法官殺之, 父死至冤, 則春秋傳許復讎矣.【公羊傳, 本論伍員事.】凡論復讎之獄者, 但追究本, 所以結讎之端, 可讎則以復爲義, 不可讎則以復爲罪. 如斯而已, 柳議明矣.

丁若鏞(1762~1836), 「復讎殺官【柳議・韓議】」, 『欽欽新書』 卷1.

2 이것을 법률에서 이르길, "조부모나 부모가 살해당해 그 자손이 함부로 흉악한 짓을 저지른 사람을 죽인다면 장형 60대를 받는다."[152]라 하

151 오원伍員 : ?~?. 춘추 시대 초楚나라 사람. 자는 자서子胥이다. 아버지 오사伍奢와 형 오상伍尙이 초나라 평왕平王에게 죽임을 당하자 오吳나라로 가서 벼슬을 하며 오吳나라 왕 합려闔閭를 도와 초나라를 공격해 복수하였다. 『史記』 卷66 「伍子胥列傳」

152 조부모나……받는다 : 『대명율大明律』 권20 〈부조피구父祖被毆〉에 다음과 같은 내용이 있다. "만일 조부모와 부모가 살해되어 자손이 함부로 그 사람을 죽인 경우 장 60대를 내리고, 그 즉시 죽인 경우는 논하지 않는다[若祖父母父母爲人所殺, 而子孫擅殺行凶人者, 杖六十, 其卽時殺死者, 勿論.]."

였으니 『대명률』의 법조문을 가지고 보건대, 부모관계에 있는 사람이 살해되어 자식이 복수한 것은 그 사정을 모두가 허여한 듯 하지만 옥사를 이미 끝까지 조사하고 죄수를 이미 심리하였다면 애초에 부모가 살해당해 복수로 다룰 필요가 없습니다. 또한 살펴보건대 『대전통편大典通編』의 살옥殺獄 조목에 다음과 같은 말이 있습니다. "그 부모가 살해당한 경우 옥사를 이루어 죄를 조사하기를 기다리지 않고, 함부로 원수를 죽인 자는 감사정배減死定配한다."[153] 하였으니, 법전을 법률과 비교해 보면, 진실로 이미 중요하게 여겼던 것이나 오히려 감사라 논한 것은 다만 옥사가 이루어짐이 응당 사형에 해당되지만, 법을 적용하는 데에는 미치지 않은 것입니다. 그러므로 오직 그가 함부로 죽였다고 말할 뿐이요, 그가 사람을 살해하였다고 말하지 않은 것입니다.

오늘날 대구부大邱府의 죄인인 양정표楊廷豹가 조경중曺慶重을 찔러 죽인 사건[154]은 법률과 법전에 모두 의거할 만한 전례가 없었으니, 옥사의 처리로 보면 삼검三檢[155]의 결과가 서로 어긋나 끝내 의심되고 혼란스러워졌는데, 법률의 처리로 보면 감사의 보고문과 관청의 판결이 이미 모두 제대로 살펴 마침내 사형을 면해서 목숨을 살려주는 데 이르렀으니, 비록 자식이 부모 상중[156]에 원수를 갚고자 하는 마음을 고려했다 하더

---

153 감사정배減死定配 : 사형 대신 감형하여 유배에 처하는 것이다.

154 대구부大邱府의……사건 : 1843년에 양정표楊廷豹가 복수한 일을 말한다. 『승정원일기承政院日記』 헌종憲宗 9년 1월 18일 기사에 관련된 내용이 있으나 기록이 소략하여 자세히는 알 수 없다.

155 삼검三檢 : 초검初檢과 복검覆檢의 결과가 다를 때 실시하는 검시이다. 살인 사건이 발생하였을 때 시체屍體를 검안檢案하는데, 초검과 복검이 차이가 없으면 이것으로 판결하고, 차이가 있으면 삼검三檢하여 초검·복검·삼검의 결과를 종합해 처리하였다.

156 부모 상중 : 원문의 '침괴枕塊'는 부모의 상喪을 의미한다. 『의례儀禮』 「상복喪服」에 "여막에 거처하며 거적자리에서 자고 흙덩이를 벤다[居倚廬, 寢苫枕塊.]."라고 하였다.

라도 불공대천不共戴天의 원수로 여겨 법을 어기고 함부로 사람을 죽임을 용납하지 않음이 분명합니다. 만일 살인자를 심리하여 살려주는 것이 모두 그 자식으로서 복수할 수 있도록 하는 것이라면 효자의 마음에는 비록 위로가 될 수 있지만 심리하는 정사는 아마도 영원히 폐지될 것입니다.

자식이 부모가 살해되어 고발한 자라면 누군들 상심하고 뼛속까지 아파하여 곧바로 원수를 찔러 죽이고 싶지 않겠습니까마는 감히 그렇게 하지 않은 자가 있는 것은 그 옥사의 사정에 허실과 경중의 구분이 있어 오직 공법公法의 처분을 기다려야 할 뿐이기 때문입니다. 만일 공법에서 이미 처분된 뒤에 복수를 핑계로 멋대로 살해하기를 허락한다면 후의 폐단을 이루 말할 수 있겠습니까. 이 때문에 당唐나라 신하 한유, 유종원 무리의 「복수장」과 「복수의」는 모두 한쪽을 정해 논한 것이 없으니, 사정과 법률 사이에서 적절하게 비교하여 합당한 것을 취하였기 때문입니다. 또한 살펴보건대 『신당서新唐書』 「효의전孝義傳」에 이르길, "자식된 자 누군들 효를 바라지 않겠는가. 돌아가며 원수를 죽이는 일이 끝내 그만둘 때가 없을 것이다."[157] 하였는데 그 후 유종원이 말하길, "『주례』에 이르길 '사람을 죽인 것이 의리에 맞는 자는 원수를 갚지 말라고 하였고, 원수를 갚았다면 죽인다. 반복하여 죽이는 자는 나라에서 모두 그를 원수로 여긴다.' 하였으니, 또 어찌 각자 부모를 위해 서로 원수가 될 수 있겠습니까?"라고 하였으니 이는 실로 경전에 실려있는 것입니다. 그러니 만일 공법으로 처분된 이후에 함부로 죽이고서는 이르길 "사람을 죽였지만 의리에 맞다."라 할 수는 없는 것입니다. 신은 법률에 대해서는 무지하여 사정으로 참고하고, 법률을 참고하며, 경사經史를 참조하였으니 끝내 법률과 법전으로는 하지 않고 글의 의리를 따져서 이 옥사에

157 『新唐書』 卷195 「孝友」.

대해 결론을 내렸습니다.

此於律曰, "祖父母父母爲人所殺, 而子孫擅殺行凶人者, 杖六十."以律文言之. 凡係父被殺而子復讎者, 疑若盡許其情, 而至於獄已究覈, 囚已審理, 則原不可以被殺復讎論也. 又按大典通編殺獄條, 有曰"其父被殺, 成獄不待究覈, 擅殺其讎人者, 減死定配." 以典較律, 固已爲重. 而尚以減死論者, 特以成獄當抵死, 而未及用法. 故只言其擅殺, 不言其殺人也.

今此大邱府罪人楊廷豹之刺殺曺慶重一案, 於律於典, 俱無可援之例, 盖其以獄則三檢之實因相左, 終涉疑眩, 以法則道啓曹讞, 旣盡審克, 遂至於減死傅生. 則雖以爲人子枕塊枕戈之心, 有不容看作不共戴之讐, 越法擅殺也明矣. 苟於殺囚之審理傅生者, 皆可使其子復讐, 則孝子之心, 雖或可慰, 審理之政, 恐當永廢.

夫人子之以其父被殺發告者, 孰不爲之腐心痛骨, 直欲剚刃於讐人. 而有所不敢者, 以其獄情之有虛實輕重之分, 而惟俟公法之决處耳. 若於公法已决之後, 諉之以復讐, 許之以擅殺, 則來後之弊, 可勝言哉? 是以唐臣韓愈柳宗元輩之復讐狀議, 俱無一定之論者, 由其情法之間在於參互得中耳. 又按唐書孝義傳, 有曰, "凡爲子孰不願孝, 轉相讎殺, 遂無已時." 其後柳宗元曰, "周禮, 凡殺人而義者, 令勿讎, 讎之則死. 有反殺者, 邦國交讎之, 又安得親親相讎也?" 是固經訓所載. 而若於公法已决之後, 敢行擅殺, 而謂之曰, "殺人而義則未也." 臣於法例, 素所矇昧, 而參之以情, 參之以法, 參之以經史, 終不敢以律典, 原文議到於此獄矣.

趙寅永(1782~1850), 「擬殺獄復讎議」, 『雲石遺稿』 卷8.

3 장봉익張鳳翼[158]이 말하였다. "양공襄公이 9대의 원수에게 복수하였으니 『춘추春秋』에서 이것을 훌륭하게 여겼다.[159] 어떤 사람이 하후돈夏侯

惇의 스승을 죽였다. 하후돈은 죽여서 원수를 갚고, 끝내 죄를 면하였다.[160] 스승의 원수 갚기를 이와 같이 하는데, 하물며 부모의 원수를 갚는 것은 어떻겠는가. 그러므로 서원경이 아버지의 원수에게 복수하고 스스로 묶고서는 관아로 향한 것에 대해 식견이 있는 자들은 진자앙의 논의를 잘못된 것으로 여기고, 유종원의 논박을 옳다고 여기니 참으로 그 이유가 있다. 효자는 아버지의 괴로움을 몸으로 품고, 날마다 아버지의 원수를 만나면서도 6년 동안 마음속으로 참아 자신의 규각을 드러내지 않았다. 이는 형가荊軻[161]가 역수易水에서 참지 못했던 것이고, 유후留侯[162]가 박랑博浪에서 참지 못했던 것인데 효자는 이것을 능히 참아냈으니, 그 지혜로움이 족히 뛰어나다. 아버지의 원수를 참아내고, 자신의 죽음을 마치 자신의 집에 돌아가는 것처럼 여기는[163] 지경에 이르렀으니,

---

158 장봉익張鳳翼 : 1527~1613. 자는 백기伯起, 호는 영허靈虛. 소주부蘇州府 장주長洲 사람이다. 명나라 때 이름난 희곡가로 동생인 연익燕翼, 헌익獻翼과 함께 '삼장三張'으로 불렸다. 저서로 『홍불기紅拂記』, 『축발기祝發記』 등이 있다.

159 양공襄公이……여겼다 : 제齊나라 양공襄公이 9대 선조인 애공哀公의 원수를 갚기 위해 기紀나라를 멸망시켰는데, 『춘추春秋』에서 기후가 영원히 그 나라를 떠났다[紀侯大去其國.]."라고만 하였다. 양공의 이름을 기록하지 않은 것에 대해 『춘추공양전』에서는 어진 이를 위해서 피휘를 해 준다[春秋爲賢者諱.]."라고 하였고, 또 "양공의 어떤 점을 어질게 여겼는가? 원수를 갚은 것을 말한다[何賢乎襄公? 復讎也.]."라고 하였다. 『春秋公羊傳』「莊公 4年」.

160 어떤……면하였다 : 해당 내용은 『삼국지三國志』「위서魏書」에 나온다.

161 형가荊軻 : ?~? 연燕나라의 검객이다. 연나라 태자 단丹의 복수를 위해 그가 준 비수를 가지고 진秦나라로 들어가 진시황秦始皇을 죽이고자 하였다. 이때 역수易水를 건너면서 "차가운 역수 가에 바람결 쓸쓸한데, 장사 한 번 떠나면 다시 돌아오지 않으리[風蕭蕭兮易水寒, 壯士一去兮不復還]."라는 노래를 불렀다 한다. 이후 진나라에 들어갔으나 뜻을 이루지 못하고 죽었다. 『戰國策』「燕策 3」.

162 유후留侯 : 한漢나라 유방劉邦을 도와 유후留侯에 봉해진 장량張良(?~184)을 말한다. 그의 집안은 대대로 한韓나라의 재상을 지냈는데, 한나라가 진시황에게 멸망당하자 그 원수를 갚으려 진시황이 박랑사博浪沙를 지날 때 그가 탄 수레를 부수고자 하였으나 실패하였다. 『史記』 卷55 「留侯世家」.

163 죽음을……여기는 : 정의를 위해서는 죽음도 두려워하지 않는다는 말이다. 『사

아무리 섭정聶政[164]이 한韓나라의 재상을 죽이고 정영程嬰[165]이 조삭趙朔을 위해 죽였던 일이라도 어찌 더하겠으며 용맹하지 않다 이를 수 있겠는가. 또, 자신의 목숨 하나로 법률[166]을 바꾸고자 하지 않았고 다만 법을 지키는 자로 하여금 법을 지킬 수 있도록 했으니 비록 나라를 걱정하고 힘써 봉직한 제준祭遵[167]이라도 또한 이보다 지나치지 않다. 효성스럽고 충성스러운 자이니 '군자로구나, 이 사람이여. 덕을 숭상하는 자로구나, 이 사람이여'[168]라 할 수 있다."

張鳳翼曰, "襄公復九世之仇, 春秋大之. 人有殺夏惇師者. 惇殺以報

기史記』 권79 「채택열전蔡澤列傳」에 "이 때문에 군자는 난리에 의義로써 죽는 것을 마치 자기 집에 돌아가는 것처럼 여긴다[是以君子以義死難, 視死如歸.]."라고 하였다.

164 섭정聶政 : ?~?. 전국 시대 자객이다. 자기를 알아준 엄중자嚴重子를 위해 한韓나라 재상 협루俠累를 죽인 뒤, 자신이 누구인지 알아보지 못하도록 얼굴을 칼로 그어 가죽을 벗기고 눈을 도려낸 뒤 배를 갈라 창자를 내놓고 죽었다. 『史記』 卷86 「刺客列傳」.

165 정영程嬰 : 진晉나라 조삭趙朔의 벗이다. 진나라 신하 도안가屠岸賈가 조삭의 가문을 모함하여 가족들을 모두 살해하였다. 이때 조삭의 아내가 아들 조무趙武를 낳아 숨겼는데, 아이를 살리기 위해 정영은 조삭의 문객이었던 공손저구公孫杵臼와 모의하여 자신이 조무의 양육을 맡고, 공손저구는 다른 아이를 조무인 것처럼 꾸며 도망치게 하였다. 이후 정영은 숨어있던 공손저구와 가짜 아이를 고발하여 죽게 만들고, 조무를 무사히 길렀다. 『史記』 卷43 「趙世家」.

166 법률 : 원문의 '삼척법三尺法'은 법률을 말한다. 옛날에는 석 자 되는 죽간竹簡에 법률을 썼기 때문에 삼척법이라 부르게 되었다.

167 제준祭遵 : ?~33. 한나라 광무제光武帝 때의 신하이다. 그는 사람됨이 청렴하였으며 상사償賜도 모두 군졸에게 주었고 집에는 사사로운 재물이 없었다. 공을 세워 정로장군征虜將軍이 되었으며, 나라를 걱정하고 봉공奉公하였는데, 그가 죽자 광무제는 "어찌하면 제정로祭征虜와 같이 나라를 걱정하고 봉공하는 자를 얻을 수 있겠는가[安得憂國奉公之臣如祭征虜者乎?]?"라 하였다.

168 군자로구나……사람이여 : 『논어論語』 「헌문憲問」에 공자孔子가 남궁괄南宮适에 대해 말하길, "군자로구나, 이 사람이여. 덕을 숭상하는구나, 이 사람이여[君子哉, 若人. 尙德哉, 若人.]."라고 하였다.

仇, 而卒免于罪. 報師仇且爾, 況報父仇乎? 故徐元慶之復父仇, 而自囚詣官也, 識者以陳子昂之議爲非, 而以柳宗元之駁爲是, 良有以也. 孝子以身抱父痛, 日接父仇, 含忍六年, 而圭角不露. 是荊軻之不能忍于易水, 留侯之不能忍于博浪, 孝子能忍之, 其智足多矣. 至于忍父仇, 視死如歸, 雖聶政死韓, 程嬰死趙, 何以加焉, 可不爲勇乎? 又不欲一死易三尺法, 第令當官守法, 雖憂國奉公之祭遵, 亦不過此. 蓋孝而能忠者也, 可稱 '君子哉, 若人. 尙德者, 若人.'"

李圭景(1788~?), 「復讎報恩辨證說」, 『五洲衍文長箋散稿』 經史篇 · 論史類.

뱀을 잡는 사람에 대한 논설

(모곤) 공자孔子가 "가혹한 정치는 호랑이보다 무섭다."[169]라고 한 말을 근간으로 하여 이 글을 지은 것이다.

영주永州의 들에는 특이한 뱀이 나오는데 검은 바탕에 흰 무늬로, 초목에 닿으면 초목이 모두 죽고 사람이 물이면 치료할 방법이 없다. 하지만 잡아다 그것을 말려서 약으로 먹으면 문둥병과 구루병, 종기를 낫게 할 수 있고, 썩은 피부를 벗겨내고 기생충[三蟲][170]을 죽일 수 있다. 처음에는 태의太醫가 황명으로 이런 뱀을 모아 해마다 두 차례 거두어 들였는데, 뱀을 잘 잡는 사람을 모아다가 조세로 바치게 하자 영주의 사람들이 다투어 달려왔다.

장씨蔣氏 성을 가진 사람이 삼대에 걸쳐 그 이익을 독점하였는데, 물어보니 "우리 할아버지는 이 일을 하다가 죽었고, 우리 아버지도 이

169 가혹한……무섭다 : 공자孔子가 제자들과 태산泰山 부근을 지나가다가 어떤 아낙네가 묘墓 옆에서 통곡하고 있는 것을 보고는 어찌 된 영문인지 물었더니, 예전에 시아버지와 남편을 호랑이가 잡아먹었는데 이제는 아들까지 잡아먹었다고 하였다. 공자가 그렇다면 왜 이곳을 떠나지 않느냐고 묻자, 여기는 가혹한 정사가 없어서 그렇다고 대답하니, 공자가 제자들에게 "너희들은 기억해 두어라. 가혹한 정사는 호랑이보다도 사나운 것이다[小子聽之, 苛政猛於虎.]."라고 하였다. 『禮記』「檀弓 下」

170 기생충[三蟲] : 삼충三蟲은 사람의 뱃속에서 병을 일으킨다는 세 가지 벌레로, 장충長蟲, 적충赤蟲, 요충蟯蟲을 말한다.

일을 하다가 죽었습니다. 지금 내가 이 일을 이어받은 지 12년이 되었는데 죽을 뻔한 것이 몇 번이나 됩니다."라고 대답하였다. 말을 하는데 그 모습이 몹시 슬픈 듯하였다. 내가 안타까워 하면서 또 말하기를 "당신은 그 일이 가혹하다고 여기는가? 내가 담당관에게 말하여 당신의 부역을 바꿔서 당신이 세금을 내는 것으로 회복시켜 준다면 어떻겠는가?"라고 하자, 장씨가 몹시 슬퍼하면서 글썽글썽하다가 눈물을 흘리며 말했다. "당신은 내가 안타까워서 살려주려고 합니까? 그렇다면 내가 이 부역으로 불행한 것은 나의 부세를 회복해서 불행함이 더 심해지는 것만 못합니다. 이전에 내가 이 부역을 하지 않았다면 고통이 더 오래되었을 것입니다.

우리 집안은 3대를 이 지역에서 산 이후로 지금까지 살아온 세월이 60년이 됩니다. 그런데 이웃들의 삶은 날로 곤궁해져서 자신의 땅에서 나는 것을 다 바치고 자신의 집안에서 거두어들인 것도 다 바쳐서 울부짖으면서 이주를 했습니다. 배고프고 목말라 쓰러지고 비바람을 맞닥뜨리고 추위와 더위에 시달리고 여독을 들이마셔 종종 죽는 사람들이 쌓여있을 정도였습니다. 이전에 우리 할아버지와 살던 사람들 가운데 지금 그 가구가 열 가구 가운데 한 가구도 남아있지 않고, 우리 아버지와 살던 사람들 가운데 지금 그 가구가 열 가구 가운데 두세 가구도 남아있지 않으며 나와 12년간 살던 사람들 가운데 지금 그 가구가 열 가구 가운데 네다섯 가구도 남아있지 않으니 죽은 것이 아니면 이주한 것인데, 나는 뱀을 잡아서 홀로 남아있습니다.

가혹한 관리가 우리 지역에 와서 동서로 소리를 지르고 남북으로 소란을 피워 떠들썩하게 놀라게 하니 닭이나 개도 편안할 수 없었습니다. 나는 조심스럽게 일어나 질장군을 보고 내 뱀이 아직 있으면 느긋하게 누워서 조심스럽게 뱀을 먹이다가 때가 되면 뱀을 바치며, 물러나서는 내 땅에서 난 것들을 달게 먹으면서 내 여생을 보냅니다. 1년에 2차례 죽음을 무릅쓰면 그 나머지는 기쁘게 즐기니 어찌 내 이웃들이 매일 그렇게 사는 것과 같겠습니까. 지금 이런 일을 하다 죽더라도 내 이웃들이 죽는 것에 비하면 이미 늦게 죽는 것이니 또 어찌 감히 힘들다고 하겠습니까?" 내가 듣고는 더욱 안쓰러워졌다. 공자께서 "가혹한 정치는 호랑이보다 무섭다."라고 하셨으니, 나는 이 말을 의심했었는데 지금 장씨를 보니 오히려 믿어진다. 아, 누가 세금을 걷는 독이 이 독사보다 심하다는 것을 알겠는가. 따라서 이 설을 지어 인풍을 살피는 관리가 얻는 바가 있기를 기다리노라.

捕蛇者說

(茅坤) 本孔子苛政猛於虎者之言而建此文.

永州之野, 産異蛇, 黑質而白章, 觸草木, 盡死, 以齧人, 無禦之者. 然得而腊之, 以爲餌, 可以已大風攣踠瘻癘, 去死肌, 殺三蟲. 其始, 太醫以王命聚之, 歲賦其二, 募有能捕之者, 當其租入, 永之人, 爭奔走焉.

有蔣氏者專其利三世矣, 問之則曰, "吾祖死於是, 吾父死於是. 今吾嗣爲之, 十二年, 幾死者數矣." 言之, 貌若甚慼者. 余悲之, 且曰, "若毒之乎. 余將告於莅事者, 更若役, 復若賦, 則何如?" 蔣氏大戚, 汪然出涕曰, "君將哀而生之乎? 則吾斯役之不幸, 未若復吾賦不幸之甚也, 嚮吾不爲斯役, 則久已病矣.

自吾氏三世居是鄕, 積於今六十歲矣.而鄕鄰之生日蹙, 殫其地之出, 竭其廬之入, 號呼而轉徙. 饑渴而頓踣, 觸風雨, 犯寒暑, 呼噓毒癘, 往往而死者相藉也, 曩與吾祖居者, 今其室, 十無一焉, 與吾父居者, 今其室, 十無二三焉, 與吾居十二年者, 今其室, 十無四五焉, 非死則徙爾, 而吾以捕蛇獨存.

悍吏之來吾鄕, 叫囂乎東西, 隳突乎南北, 譁然而駭者, 雖雞狗不得寧焉. 吾恂恂而起, 視其缶而吾蛇尙存, 則弛然而臥, 謹食之, 時而獻焉. 退而甘食其土之有, 以盡吾齒. 蓋一歲之犯死者二焉, 其餘則熙熙而樂, 豈若吾鄕鄰之旦旦有是哉? 今雖死乎此, 比吾鄕鄰之死, 則已後矣, 又安敢毒耶?" 余聞而愈悲. 孔子曰, "苛政, 猛於虎也." 吾嘗疑乎是, 今以蔣氏觀之, 猶信. 嗚呼! 孰知賦斂之毒, 有甚是蛇者乎? 故爲之說, 以俟夫觀人風者得焉.

【비평자료】

1 맹자가 왕도를 논한 것은 "백성을 보호한다."[171]라는 한 구절에 지나지 않는데, 백성을 보호한다는 것은 좋아하는 것을 주어 모이게 하고 싫어하는 것을 하지 않을 뿐이니 집집마다 찾아가서 날마다 더해주는 것은 아니다. 사람들이 각각 지혜와 힘이 있어 밭을 갈아 먹고 우물을 파서 마시니 삶을 도모하기에 여유가 있는 것이다. 비록 2, 3년간 수재와 가뭄이 있더라도 그 스스로 깊이 생각하고 많이 저축한 것이 있어 반드시 스스로 힘입을 것이 있으니 어찌 헤어져 떠돌다 구덩이를 메우는 데 이르겠는가.

맹자가 또 말하기를 "왕께서 흉년에 죄를 돌리지 않으신다면, 천하의 백성이 이를 것입니다."[172]라고 하였다. 내가 마을에 의식이 풍족한 자를 보면 농사에 때를 잃지 않고 계획이 이익을 얻는 데에 잘 맞아 흉년이 그를 죽일 수 없으니 "백성의 삶은 부지런함에 달려 있으니, 부지런하면 모자람이 없다."[173]라는 것이다. 죽거나 도망가는 것을 면하지 못하는 자는 모두 가혹한 정치에 시달려 형세 상 살아남을 수 없는 것이다. 수재와 가뭄이 든 나라가 있다면 또 창고를 열고 곡식을 옮겨 구제할 수 있는데, 그들이 떠돌아다니는 것은 끝내 흉년의 죄가 아니니 백성의 삶이 어찌 고되지 않겠는가.

내가 하루는 문을 나서서 어리고 장성한 4, 5명의 거지들이 모여있는 것을 보고 내가 "이제 봄으로 밭을 갈 때인데, 그대들은 어찌 고향으로

171 백성을 보호한다 : 맹자가 말한 훌륭한 왕이 되기 위한 방법으로, 『맹자孟子』 「양혜왕 상梁惠王 上」에서 "백성을 보호하여 왕 노릇한다면, 막을 수 있는 사람이 없다[保民而王, 莫之能禦也.]."라고 한 데서 온 말이다.

172 왕께서……것입니다 : 맹자가 말한 왕 노릇 하기 위한 방법으로, 『맹자』 「양혜왕 상」에 보인다.

173 백성의……없다 : 『춘추좌씨전春秋左氏傳』에서 난무자欒武子가 상나라의 주왕이 잠언을 지어 경계한 내용을 인용한 것이다.

돌아가 농사를 짓지 않고 아직도 타향을 다니며 구걸하는가?"라고 하니 그 사람들이 나를 의아해서 보고는 "농사를 어떻게 짓겠는가. 종자도 없고 양식도 없는데 돌아간다 하더라도 무슨 보탬이 있겠나."라고 하였는데, 그들의 뜻은 내가 미혹되어 사리를 판단하지 못한다고 생각하는 듯했는데, 생각해보니 과연 그러했다. 일을 직접 겪어보지 않고 어떻게 깊이 깨닫겠는가.

전년에 전염병을 앓는 자가 있었는데 길가에 있으면서 감히 마을에 가까이 오지 않았다. 열은 가셨으나 먹을 것이 없어 죽게 되어서는 짚으로 스스로 그 몸을 싸고 새끼로 그 허리 아래를 묶고 죽었으니, 개한테 물릴 것을 걱정한 것이다. 내가 듣고 "이 사람은 분명 군자일 것이다. 스스로 묶었으니 지각이 어둡지 않은 것이고 마을에 들어가지 않았으니 사람들이 꺼리는 것을 피한 것이니, 죽을 것을 분명히 알고서도 오히려 스스로 다스릴 수 있었던 것이다. 어진 이가 아니라면 어찌 이렇게 했겠는가. 만난 때가 불행하여 길에서 굶어 죽게 되었으니 누가 다시 알아주겠는가?"라고 하며, 내가 그 때문에 밥을 먹을 수 없었다.

최근에 듣자니 "동쪽 골짜기에 떠도는 거지들이 무리를 지으니 임금께서 옷과 곡식을 하사하고, 근신近臣들을 시켜 고향으로 돌려 보내게 하였는데, 성문을 나서서 한 명이 외치자 많은 사람들이 화답하여 일제히 호응하여 뿔뿔이 흩어져 막을 수 없었다."라고 하였으니, 고향에 돌아가는 것이 돌아다니면서 구걸하는 것만 못하다고 여긴 것이다. 또 듣자니 온 고을이 텅 빈 곳이 있는데 가장 심한 곳을 골라 근신近臣에게 명하여 은정銀錠을 가지고 가서 안정시켜 모이게 하였는데 아무런 성과도 없이 복명하였다고 한다. 그러나 도시의 곡식 값이 몹시 싸니 그 곡식이 아직도 쌓여있음을 알 수 있고 더욱이 흉년에 죄를 돌리는 것이 그 실상이 아님을 깨달았다. 가난한 이들이 말하기를 "곡식값이 싼 것이 도리어 원망스럽다. 곡식값이 싸면 돈은 더욱 얻기가 어려워 굶주림이 더욱 심하다. 재화는 위로만 흐르고 백성들의 생계는 진작 다해버렸으니, 풍년이 든다해도 그 걱정은 전과 똑같을 뿐이다."라고 한 데서 온 말이다. 나라에서 가엾게 여기고 걱정하는 것이 지극하다 할 수 있지만 형세가 이와 같으니 또 앞으로 어떻게 하겠는가.

저들이 사방으로 흩어져 주리고 추워서 쓰러져 살아있는 사람이 얼마 되지 않았다. 그들이 품팔이로 임시로 편안하니 고향 생각을 이미 잊었고 가족은 남아 있지 않고 이웃도 모두 떠났으니 또 무슨 마음으로 구차하게 돌아가겠는가? 내가 생각건대 그들이 떠돌다가 흩어진 것이 하루아침이나 하룻저녁의 일이 아니니 그들이 모이는 것 또한 마땅히 10년을 기약해야 할 것이고, 그들이 흩어질 때 반드시 슬퍼서 울며 떠났으니 모일 때에도 반드시 즐거운 뜻으로 돌아오기를 기다려야 할 것인데 즐겁지 않다면 백성들을 회유하기에 부족할 것이다.

옛날에 태산의 호랑이[174]와 영주의 뱀 때문에 삼대가 죽었어도 피하지 않았으니 싫어하는 것이 가혹한 정치보다 심한 것은 없다. 만약 그러한 걱정이 없다면 몇 년간의 재해가 어찌 마을을 텅 비게 하는데 이르겠는가? 그러니 마땅히 학정虐政을 금하는 것을 급선무로 하여야 하고 학정을 금하는 것은 마땅히 먼저 장법贓法을 엄격하게 하여야 한다. 장법을 엄격하게 하는 방법은 또 다른 데 달려 있는 것이 아니고 감사監司와 도사都事, 어사御史를 살펴 등용하고, 보고 알면서 일부러 놓아준 법을 장법과 같은 법으로 다스리고, 장법을 어긴 것을 적발한 상을 전공과 같은 법으로 다스리는 것이다. 그러한 후에 10년간 조세를 면제해 주고 따

---

174 태산의 호랑이 : 공자가 제자들과 태산泰山 부근을 지나가다가 어떤 아낙네가 묘墓 옆에서 통곡하고 있는 것을 보고는 어찌 된 영문인지 물었더니, 예전에 시아버지와 남편을 호랑이가 잡아먹었는데 이제는 아들까지 잡아먹었다고 하였다. 공자가 그렇다면 왜 이곳을 떠나지 않느냐고 묻자, 여기는 가혹한 정사가 없어서 그렇다고 대답하니, 공자가 제자들에게 "너희들은 기억해 두어라. 가혹한 정사는 호랑이보다도 사나운 것이다[小子聽之. 苛政猛於虎.]."라고 하였다. 『禮記』「檀弓下」.

로 근신에게 명하여 수령으로 삼아 일이 있으면 역마를 통해 아뢰게 하고 청하는 것을 많이 따라주면 군이 대단한 노력이 없어도 떠도는 백성들이 스스로 돌아와 모일 것이다.

孟子之論王道, 不過"保民"一句, 所謂保民者, 即所好與之聚之, 所惡勿施而已, 非家至而日增之也. 人各有智力, 耕而食, 鑿而飮, 謀生有餘矣. 雖有三二年, 水旱之災, 渠自有長慮厚蓄, 必將有以自賴, 何至於流離塡壑?

孟子又曰, "王無罪歲, 斯天下之民至焉." 余見鄕里衣食足者, 農不失時, 計周于制, 凶年不能殺, 所謂"民生在勤, 勤則不匱也." 其不免於死亡者, 皆困於虐政, 勢不能存也. 設有水旱國家, 亦發倉移粟以救贍之, 其流亡, 畢竟非歲之罪也, 民生豈不衰哉?

余一日出門見丐人, 若少若長四五人聚止者. 謂云, "方春耕稼之時, 爾何不歸于故里, 播作營農, 而尙行乞異方." 其人熟視我, 乃曰, "農事當如何作, 無種無粮, 雖還何益." 其意謂我爲迷罔, 不解事也, 思之果然矣. 事不親歷, 何以深曉?

前年有病癘者, 在道邊, 不敢近村閭. 熱退而無食, 將死, 以藁薦自裹其身, 用索纏束腰以下而絶, 盖患拘齕也. 余聞之曰, "此必君子人也, 自纏束則知覺不昧也, 不入村閭則避人之惡忌也, 明知將絶而猶能自治. 非賢而何. 値時不幸, 至於道殍, 誰復知之?" 余爲之不能食也.

近聞 "東峽流丐羣聚, 上命賜衣賜米, 使近侍領歸鄕土, 既出城門, 一倡而衆和齊號而奔散, 不可禁." 盖以歸爲不如行乞也. 又聞有全邑空者, 選其最, 命近侍帶銀錠, 往而安集, 無所事而復命云. 然都市米價極賤, 知其穀之尙有所積也, 益覺罪歲之非其實. 貧者之言曰, "米賤反讐. 米賤錢益難得, 阻飢尤甚. 財貨上流, 民産既竭, 使有豐登, 其患依舊在耳." 國家軫恤憂勤可謂至矣, 勢到此, 亦將奈何?

彼散之四方, 飢凍頓仆, 其生命者無幾. 其傭寄偸安, 鄕念已斷, 骨肉不存, 隣比皆空, 亦何心而苟歸乎? 余謂其流散, 非朝夕之故, 則合之, 亦宜以十年爲期, 其散也, 必悲啼而去, 合也, 亦必待樂意而歸, 不樂, 不足以諭民也.

昔泰山之虎, 永州之蛇, 三世死而不避, 則所惡莫甚於苛政. 若無此患, 其數歲, 灾害豈至於空郡乎? 宜以禁暴爲急, 禁暴宜先嚴贓法. 嚴贓之術, 亦不在他, 考得監司若都事若御史, 繩以見知故縱之律, 與贓同科, 立發贓之賞, 與戰功同科. 然後除十年之租, 別命近臣爲守宰, 有事, 使之馳驛入奏, 所言多従, 則不必大段磨勘, 流民自當還集.

李瀷(1579~1624), 「人事門 · 流民還集」, 『星湖僿說』 卷14.

1 성상이 지방관[175]을 중히 여겨 聖上分憂重
어진 수령이 북쪽 변방을 지키게 하니 賢良守北邊
백성들은 편안하여 뱀을 잡지 않고 民安蛇不捕
동물도 감응해 범도 다투어 옮겨갈 것이라[176] 物感虎爭遷
효성은 삼생[177]으로 봉양을 하고 誠孝三牲養
영광은 오마[178]가 나란히 달리니 榮光五馬聯

---

175 지방관 : 원문의 분우分憂는 임금의 근심을 나눠 갖는다는 의미로, 지방관을 가리킨다.

176 동물도……것이라 : 한漢나라 광무제光武帝 때 송균宋均이 구강 태수九江太守로 있을 때 구강 지방에 범이 많은 것을 보고 "범이 산에 있는 것과 자라가 물에 있는 것은 각각 의탁하는 바가 있는 것이다.……지금 백성을 해치는 것은 잘못이 가혹한 관리에게 있는 것이다[夫虎豹在山, 黿鼉在水, 各有所托.……今爲民害, 咎在殘吏.]." 하고는 가혹한 관리를 물리치기에 힘썼더니, 범이 모두 동쪽으로 강을 건너가 버렸다 한다. 『後漢書』 卷41 「宋均傳」.

177 삼생 : 소, 양, 돼지의 세 희생인데, 좋은 음식으로 부모를 봉양한다는 의미로 사용된다.

178 오마 : 한나라 때 태수太守가 다섯 필의 말이 끄는 수레를 타고 부임하였던 데에서 유래하여 지방 수령을 뜻한다.

남쪽에서 오는 기러기 있다면 南來倘有鴈
편지[179] 아낌없이 전해 주기를 金玉莫慳傳

聖上分憂重, 賢良守北邊. 民安蛇不捕, 物感虎爭遷. 誠孝三牲養, 榮光五馬聯. 南來倘有鴈, 金玉莫慳傳.

李應禧(1579~1651), 〈送沈述之姻侍之任端川〉, 『玉潭私集』.

179 편지 : 원문의 금옥金玉은 편지를 말하는데, 『시경詩經』 「소아(小雅)」 〈백구白駒〉에 "너의 음성을 금옥처럼 아껴서, 나를 멀리하는 마음을 두지 말라[毋金玉爾音, 而有遐心.]."라고 한 데서 나온 것이다.

태위太尉 단수실段秀實의 알려지지 않은 사건에 대한 행장[180]

(모곤) 사실을 상세하게 기록하였다.

태위 단수실이 처음 경주 자사涇州刺史가 되었을 때 분양왕汾陽王 곽자의郭子儀[181]가 부원수가 되어 포주蒲州에 머무르고 있었다. 분양왕의 아들 곽희郭晞[182]는 상서尙書로 행영 절도사行營節度使를 겸하여 빈주邠州에 군대를 주둔시켰는데 병사들의 막돼먹은 행동을 방치하였다. 그리하여 빈땅의 사람 중 탐욕스럽고 포악한 자는 끝내 재물을 써서 군적에 이름을 올리고서 제멋대로 행동하였으나 관리들이 단속하지 못하였다. 날마다 무리 지어 다니며 시장에서 마음대로 재물을 취

180 태위太尉……행장 : 단수실(719~783)은 당나라 덕종德宗 때 사람으로 태위에 추증된 인물로, 그는 요영언姚令言의 반란 후 주자朱泚에게 덕종을 다시 맞이할 것을 권하였으나 주자가 스스로 황제가 되려 하자 단수실은 홀笏로 주자의 얼굴을 때리며 꾸짖었는데, 이 일로 죽임을 당하였다. 『舊唐書』 卷128 「段秀實列傳」. 이 글은 사람들에게 잘 알려지지 않은 단수실의 행적을 알리려는 의도에서 지어진 행장이다.

181 분양왕汾陽王 곽자의郭子儀 : 697~781. 당나라 현종玄宗 때의 명장이다. 20여 년 동안 중서령中書令을 지냈으며, 안녹산安祿山의 반란을 평정한 공으로 분양군왕汾陽君王에 봉해졌다. 대종代宗 광덕廣德 2년(764)에 곽자의는 관내 부원수關內副元帥 겸 하동 부원수兼河東副元帥와 하중 절도사河中節度使가 되어 하중에 주둔하였는데, 여기서는 이때를 말한다. 『新唐書』 卷137 「郭子儀列傳」.

182 곽희郭晞 : 733~794. 곽자의의 셋째 아들이다. 부친과 함께 안사의 난을 진압하는 전공을 세웠고 장안과 낙양을 수복하는 과정에서 전공을 세워 홍려경鴻臚卿으로 승진했다. 뒤에 어사중승御史中丞을 지냈으며 조국공趙國公에 봉해졌다.

하다가 만족스럽지 않으면 번번이 사람들의 수족을 때리거나 꺾고, 가마나 옹기, 그릇들을 때려 부숴 길에 가득했다. 그리하여 팔짱을 끼고서 거들먹거리며 다니고 임신부를 때려죽이는 데에 이르렀으나 빈녕 절도사邠寧節度使 백효덕白孝德[183]은 분양왕 때문에 속만 태우며 감히 말하지 못하였다.

태위가 경주에서 문서를 써서 절도사에게 알리고 만나서 상의하길 요청하고는 백효덕을 찾아가서 말하였다. "천자께서 공에게 백성들을 다스리는 일을 맡기셨는데 공께서는 백성들이 해코지를 당하는 것을 보면서도 가만히 계시니 앞으로 크게 혼란스러워지면 어쩌시겠습니까?" 백효덕이 "가르침을 받고자 합니다."라고 하자 태위가 말하였다. "제가 경주 자사가 되어 매우 한가하여 일이 적은데, 지금 백성들은 병란이 없는데도 죽임을 당하여 천자의 변방 일에 혼란이 되는 것을 차마 볼 수 없습니다. 공께서 만약 도우후都虞候[184]를 제게 맡기시면 공을 위해 혼란을 없애서 공의 백성들이 해를 입지 않도록 하겠습니다." 그러자 백효덕이 "매우 다행이겠습니다."라 하고 태위의 요청대로 하였다.

태위가 도우후의 직무를 대행한 지 한 달 만에 곽희의 군사 17명이 시장에서 술을 빼앗고 또 칼로 술 빚는 노인을 찌르고 술동이를 부수어 술이 도랑에 고여 있는 일이 있었다. 그리하여 태위가 병사를 배치하여 17명을 잡아 모두 머리를 베어 창끝에 꽂아 시장문 밖에 두자

183 백효덕白孝德 : 715~780. 당나라 숙종肅宗 때의 장수로 안서安西의 오랑캐 출신인데 용감하고 담력이 있었다. 사사명史思明이 반란을 일으켰을 때 사사명의 부장 유용선劉龍仙을 죽이고 여러 번 전공을 세웠다. 영태永泰 초 토번吐藩과 회흘回紇이 경양涇陽을 포위했을 때 곽자의의 명에 따라 토번과 적사봉赤沙烽에서 크게 싸워 승리한 뒤에 창화군왕昌化郡王에 봉해졌다.

184 도우후都虞候 : 군대에서 법을 집행하는 관리이다.

곽희의 온 군영이 떠들썩하게 모두 무장을 하였다. 백효덕이 벌벌 떨며 두려워하여 태위를 불러 말하였다. "앞으로 어떻게 해야 하는가?" 그러자 태위가 말하였다. "문제 될 것 없습니다. 제가 군영에 가서 해명하겠습니다." 백효덕이 병사 수십 명을 시켜 태위를 따르게 하였으나 태위가 모두 사양하고 돌려보냈다.

태위는 차고 있던 검을 풀고 늙은 절름발이 한 사람을 뽑아 말을 몰게 하여 곽희의 군문에 이르렀다. 병사가 나오자 태위가 웃으며 들어가 "늙은 병사 하나 죽이는 데에 어찌 무장을 하였는가? 내가 내 머리를 가지고 왔다."라고 하자 병사가 놀랐다. 인하여 타이르며 "상서께서 진실로 너희를 원망하며 부원수께서 진실로 너희를 원망하는가? 어째서 곽씨 집안을 패망시키려고 하는가? 상서께 말씀드릴 테니 나와서 내 말을 들어보시라고 하라."라고 하였다. 곽희가 나와서 태위를 만나자 태위가 말하였다. "부원수께서는 공이 천지에 가득하니 시종에 힘쓰셔야 할 것입니다. 그런데 지금 상서께서 병졸들의 난폭한 짓을 내버려 두니 난폭하고 혼란을 일으켜서 천자의 변방을 어지럽게 한다면 누구에게 죄를 묻겠습니까? 그 죄는 부원수에게 미칠 것입니다. 지금 빈땅의 사람들 중 못된 자제들이 제물을 써서 군적에 몰래 이름을 올려 사람들을 죽이고 해치니 이를 그치게 하지 않는다면 얼마 지나지 않아 큰 혼란이 일어나지 않겠습니까? 큰 혼란이 상서로 인해 생겨나면 사람들이 모두 '상서가 부원수를 믿고서 병사를 단속하지 않았다.'라고 말할 것이니 그렇게 되면 곽씨 집안의 공과 명예가 보존될 수 있는 것이 얼마나 되겠습니까?" 말이 끝나기도 전에 곽희가 재배하며 "공께서 다행히 정도正道로 저를 가르쳐주셨으니 은혜가 매우 큽니다. 군대를 거느리고 따르겠습니다."라고 하였다. 그리고 주변의 병사들을 돌아보며 꾸짖기를 "모두 갑옷을 벗고 대오[185]로 흩어져 돌아가라. 감히 소란을 피우는 자는 죽일 것이다."라고 하자 태위는 "제가 아직 저녁 식사를 하지 않았으니 보잘것없는 음식이나마 차려주시겠습니까?"라고 하였다. 식사를 마친 뒤 태위가 말하였다. "제가 병이 나서 병영에 머무르겠습니다." 말몰이꾼에게는 돌아가서 내일 아침에 오라 명하고 병영에서 잤다. 곽희는 갑옷을 벗지 않고 경비병에게 순찰을 돌며 태위를 지키라고 하였다. 이튿날 아침, 백효덕이 있는 곳에 함께 가서 무능함을 사죄하고 잘못을 고치기를 청하니 이 일로 인해 빈주에 문제가 없어졌다.

예전에 태위가 경주에 있으면서 영전관營田官[186]이었을 때에 경주 대장 초영심이 남의 땅을 빼앗아 수십 이랑을 자신이 차지하고서 농부에게 나누어 주며 "벼가 다 익으면 나에게 절반을 넘겨라."라고 하였다. 그해에 몹시 가물어 전야田野에 풀도 없을 정도였다. 농부가 초영심에게 이를 고하자 초영심은 "나는 내가 받아야 할 양만 알 뿐 가뭄은 알 바가 아니다."라 하고는 심하게 독촉하였다. 농부는 굶어 죽게 되자 상환할 수가 없어서 태위에게 가서 고하였다. 태위가 판장의 내용을 매우 공손하게 써서 사람을 시켜 초영심에게 가서 달래게 하였는데, 초영심이 매우 노하여 농부를 불러 "내가 단 아무개를 두려워할 줄 아느냐? 어찌 감히 내게 이런 말을 하느냐?"라 하고는 판장을 농부의 등에 펴놓고 큰 몽둥이로 20대를 때려 초주검에 이르게 하였다. 수레가 관청에 돌아오자 태위가 심하게 울며 "내가 널 곤경에 빠트렸구나."라고 하였다. 그리곤 직접 물을 가져와 피를 닦아내고서 옷을 찢어 상처에 둘러주었으며 손수 좋은 약을 발라주고 아침저녁으로

185 대오[火伍] : 원문의 화오火伍는 대오隊伍와 같은 말이다. 당나라 제도에 병사 5인을 '오伍', 10인을 '화火'라고 하였다.

186 영전관營田官 : 군대의 둔전屯田을 관장하는 관리이다.

농부를 직접 먹인 뒤에 자신이 밥을 먹었다. 그리고 자신이 타고 다니던 말을 팔아 마련한 곡식으로 대신 상환하고서도 농부가 모르게 하였다.

회서淮西에 머물던 장수 윤소영尹少榮은 강직한 사람이었다. 가서 초영심을 만나보고 몹시 꾸짖으며 "네놈이 진정 사람이냐? 경주의 전야가 황무지 같아져서 백성들도 굶어 죽고 있는데 군이 곡식을 받아내고 게다가 큰 몽둥이로 죄 없는 사람을 때리다니. 단공은 어질고 신임받는 대인인데 네놈은 공경할 줄도 모르는구나. 이번에 단공은 한 필뿐인 말을 싸게 팔아서 산 곡식을 너에게 주었는데 네놈은 그것을 받고서 부끄러워하지도 않는구나. 사람이 되어서 천재지변을 무시하고 대인에게 무례를 범하였으며 죄 없는 자를 때리고, 거기다 어진 사람의 곡식을 받아서 주인이 말도 없이 외출하게 만들었으니 네놈은 앞으로 어떻게 천지를 볼 수 있겠는가? 하인들에게 부끄럽지도 않느냐?"라고 하였다. 초영심은 강폭한 자였지만 그 말을 듣고는 몹시 부끄러워하며 땀을 줄줄 흘려 밥도 먹지 못하고 "나는 끝내 단공을 볼 수가 없다."라고 하고는 어느 날 밤 스스로 부끄러워하여 죽었다.

태위가 경주에서 사농경司農卿이 되어 부름을 받았을 때 자신의 일가에게 기주岐州를 지나다가 주자朱泚[187]가 만약 재물과 폐백을 주거든 조심하고서 받지 말라고 경계하였다. 기주를 지날 적에 주자가 굳이 고급 비단 300필을 주자 태위의 사위 위오韋晤가 완고히 거절했으나 결국 받고 말았다. 도성에 이르자 태위가 노하여 "과연 내 말을 듣지 않았구나."라고 하자, 위오가 사죄하며 "지위가 낮아 거절할 수가

---

187 주자朱泚 : 742~784. 당나라 덕종德宗 때의 반신叛臣이다. 건중建中 4년(783년) 태위太尉가 되어 장안에 머물러 있을 때 요영언姚令言이 반란을 일으켜 덕종이 봉천奉天으로 달아나자 반란군에 의해 황제로 옹립되었다.

없었습니다."라고 하였다. 태위가 "하지만 끝내 내 집에 들일 수는 없다."라 하고 비단을 가지고서 사농경의 동헌에 가서 대들보 위에 두었다. 주자가 반란을 일으키고 태위가 죽은 뒤[188] 관리가 주자에게 비단에 대해 보고하였는데 주자가 와서 보니 옛날의 봉인이 모두 그대로 남아 있었다.

여기까지가 짤막한 행장[189]이다.

오늘날 태위의 높은 절의를 칭찬하는 사람들은 무인으로서 일시에 분발하여 죽음을 신경 쓰지 않아 천하의 명예를 얻었다는 것에서 벗어나지 않으니 태위가 수립한 것이 이와 같았는지 모르는 것입니다. 제가 예전에 기주岐周와 빈邠·태斄를 오갈 적에 진정眞定을 지나 북쪽으로 마령馬嶺에 올랐습니다. 정장亭鄣과 보술堡戍을 두루 지나며 늙은 장교나 퇴역한 병사들에게 묻기를 좋아하였는데 모두 그 일을 말하였습니다. 태위는 사람됨이 온화하여 늘 고개를 숙이고 손을 모은 채 걸었고 말의 기운은 연약하여 오만한 기색으로 남을 대한 적이 없었으니 사람들이 그를 유자儒子로 여겼습니다. 하지만 옳지 못한 일을 겪으면 반드시 뜻을 관철시켰으니 결코 우연이 아니었습니다. 마침 영주 자사永州刺史[會州刺史] 최능崔能 공[190]이 왔는데 말이 진실하고 행동

188 주자가……뒤 : 덕종 건중 4년(783년)에 요영언이 반란을 일으킨 뒤 주자를 황제로 옹립하였다. 이때 주자가 사농경으로 있던 단수실을 불러 황제를 칭하는 문제를 상의하였다. 이야기 도중 단수실이 갑자기 일어나 홀을 빼앗아 욕을 하며 주자의 이마를 내리쳤는데 주자는 도망치고 그의 부하들에 의해 단수실은 죽임을 당했다. 『舊唐書』 卷128 「段秀實傳」.

189 짤막한 행장 : 행장은 인물의 평생 행적을 기술한 글을 말하는데, 이 글은 유종원이 영주 사마永州司馬로 있던 때인 원화元和 9년(814년) 1월에 한유韓愈에게 편지와 함께 보낸 단수실의 행적에 관한 참고자료이다. 이 뒤의 한 단락은 당시에 사관史官으로 있던 한유에게 쓴 글이다.

이 곧았으며 태위의 알려지지 않은 사건을 잘 알고 있었습니다. 반복해서 조사해보니 의심할 것이 없었습니다. 혹여 여전히 빠진 내용이 있어서 사관에게 모이지 못할까 염려스러웠기에 감히 행장을 써서 집사께 사사로이 드립니다.

---

190 최능崔能 공 : ?~?. 당나라 때의 인물로 자는 수재子才이다. 원문의 '회會'는 편적의 의미인데, 811년 최능이 검중 관찰사黔中觀察使로 있을 때 남만의 공격으로 검주의 주현을 빼앗긴 죄로 원화元和 9년(814년)에 영주 자사永州刺史에 좌천되었다.

段太尉逸事狀

(茅坤) 鑱刻情事.

太尉始爲涇州刺史時, 汾陽王以副元帥居蒲. 王子晞爲尚書, 領行營節度使, 寓軍邠州, 縱士卒無賴. 邠人偸嗜暴惡者, 卒以貨竄名軍伍中, 則肆志, 吏不得問. 日群行丐取於市, 不嗛, 輒奮擊折人手足, 椎釜鬲甕盎盈道上. 把臂徐去, 至撞殺孕婦人, 邠寧節度使白孝德以王故, 戚不敢言.

太尉自州以狀白府, 願計事, 至則曰, "天子以生人付公理, 公見人被暴害, 因恬然, 且大亂, 若何?" 孝德曰, "願奉敎." 太尉曰, "某爲涇州甚適, 少事, 今不忍人無寇暴死, 以亂天子邊事. 公誠以都虞候命某者, 能爲公已亂, 使公之人不得害." 孝德曰, "幸甚." 如太尉請.

旣署一月, 晞軍士十七人入市取酒, 又以刃刺酒翁, 壞釀器, 酒留溝中. 太尉列卒取十七人, 皆斷頭注槊上, 植市門外, 晞一營大譟, 盡甲. 孝德震恐, 召太尉曰, "將奈何." 太尉曰, "無傷也. 請辭於軍." 孝德使數十人從太尉, 太尉盡辭去.

解佩刀, 選老躄者一人持馬, 至晞門下. 甲者出, 太尉笑且入曰, "殺一老卒, 何甲也? 吾戴吾頭來矣." 甲者愕. 因諭曰, "尚書固負若屬耶, 副元帥固負若屬耶? 奈何欲以亂敗郭氏? 爲白尚書, 出聽我言." 晞出, 見太尉, 太尉曰, "副元帥勳塞天地, 當務爲始終. 今尚書恣卒爲暴, 暴且亂, 亂天子邊, 欲誰歸罪? 罪且及副元帥. 今邠人惡子弟以貨竄名軍籍中, 殺害人, 如是不止, 幾日不大亂? 大亂由尚書出, 人皆曰, '尚書倚副元帥不戰士.', 然則郭氏功名其與存者幾何?" 言未畢, 晞再拜曰, "公幸教晞以道, 恩甚大. 願奉軍以從." 顧叱左右曰, "皆解甲, 散還火伍中. 敢譁者死." 太尉曰, "吾未晡食, 請假設草具." 旣食, 曰, "吾疾作, 願留宿門下." 命持馬者去, 旦日來, 遂臥軍中. 晞不解衣, 戒候卒擊柝衛太尉. 旦俱至孝德所, 謝不能, 請改過, 邠州由是無禍.

先是太尉在涇州, 爲營田官, 涇大將焦令諶取人田, 自占數十頃, 給與農, 曰, "且熟, 歸我半." 是歲大旱, 野無草. 農以告諶, 諶曰, "我知入數而已, 不知旱也." 督責益急. 且饑死, 無以償, 卽告太尉. 太尉判狀, 辭甚巽, 使人來諭諶, 諶盛怒, 召農者曰, "吾畏段某耶? 何敢言我?" 取判鋪背上, 以大杖擊二十, 垂死. 輿來庭中, 太尉大泣曰, "乃我困汝." 卽自取水洗去血, 裂裳衣瘡, 手注善藥, 旦夕自哺農者, 然後食. 取騎馬賣, 市穀代償, 使勿知.

淮西寓軍帥尹少榮, 剛直士也. 入見諶, 大罵曰, "汝誠人耶? 涇州野如赭, 人且飢死, 而必得穀, 又用大杖擊無罪者. 段公, 仁信大人也, 而汝不知敬. 今段公唯一馬, 賤賣, 市穀入汝, 汝又取, 不恥. 凡爲人, 傲天災, 犯大人擊無罪者, 又取仁者穀, 使主人出無馬, 汝將何以視天地? 尚不愧奴隸耶?" 諶雖暴抗, 然聞言則大愧流汗, 不能食, 曰, "吾終不可以見段公." 一夕自恨死.

及太尉自涇州以司農徵, 戒其族, 過岐, 朱泚幸致貨幣, 愼勿納. 及過, 泚固致大綾三百疋, 太尉壻韋晤堅拒, 不得命. 至都, 太尉怒曰, "果不用吾言." 晤謝曰, "處賤, 無以拒也." 太尉曰, "然終不以在吾第." 以如司農治事堂, 棲之梁木上. 泚反, 太尉終, 吏以告泚, 泚取視, 其故封識具存.

小狀.

今之稱太尉大節者，出入以爲武人一時奮不慮死，以取名天下，不知太尉之所立如是. 宗元嘗出入岐周邠斄間，過眞定，北上馬嶺. 歷亭鄣堡戍，竊好問老校退卒，能言其事. 太尉爲人姁姁，常低首拱手行步，言氣卑弱，未嘗以色待物，人視之儒者也. 遇不可，必達其志，決非偶然者. 會州刺史崔公來，言信行直，備得太尉遺事. 覆校無疑. 或恐尙逸墜，未集太史氏，敢以狀私於執事.

【비평자료】

1 한유[韓退之]와 유종원[柳子厚]의 저작은 흡사한 것이 많다. 한유에게는 「평회서비명平淮西碑銘」이 있고 유종원에게는 「평회이아平淮夷雅」가 있으며, 한유에게는 「송궁문送窮文」이 있고 유종원에게는 「걸교문乞巧文」[191]이 있으며, 한유에게는 「장중승전후서張中丞傳後敍」가 있고 유종원에게는 「단태위일사장段太尉逸事狀」이 있다. 또 한유의 「원도原道」와 「논불골표論佛骨表」, 〈남산시南山詩〉[192] 같은 작품은 유종원이 지을 수 없고, 유종원의 「진문晉問」[193]과 〈천대天對〉[194]는 한유가 지을 수 없다.

韓退之·柳子厚所著多相似. 韓有平淮西碑銘, 而柳有平淮夷雅, 韓有送窮文, 而柳有乞巧文, 韓有張中丞傳, 而柳有段太尉逸事狀. 且韓之原道·佛骨表·南山詩, 柳不能作矣. 柳之晉問·天對, 韓亦無矣.

李睟光(1563~1628), 「文章部」, 『芝峯類說』 卷8.

2 패옥 차고 관복 입고 똑같이 북면하다가도　　佩玉長纓北面同
시절 위태로우면 앞다퉈 제 몸만 지키니　　時危爭欲保其躬

---

191 걸교문乞巧文 : 유종원이 칠석에 마을 사람들이 천녀天女에게 뛰어난 바느질 솜씨를 구하는 걸교제乞巧祭를 지내는 것을 보고, 자기 문장의 졸렬함을 없애고 뛰어난 솜씨를 구하고자 하는 마음을 담아 지은 글이다.

192 남산시南山詩 : 한유가 종남산終南山에 올라 그 승경을 묘사한 시이다. 오언 고시 204구로 되어 있는데, 기세가 매우 웅건雄健하여 예로부터 두보杜甫의 〈북정시北征詩〉와 쌍벽을 이루면서 걸작으로 회자되었다.

193 진문晉問 : 진문은 유종원이 오자吳子와의 대화를 상정하여 지은 글로, 그 글이 처음 자연의 험준함을 논한 것으로 시작하여 마지막에 이르러 진晉은 곧 옛 당唐으로서 요堯 임금의 유풍이 있다는 것으로 끝마친다.

194 천대天對 : 초楚나라 굴원屈原이 〈천문天問〉을 지어 조정에서 쫓겨나 방황하면서 천지 고금의 일에 대해 하늘을 향해서 힐문을 하였는데 그에 대한 대답은 싣지 않았다. 유종원이 영주永州에 좌천되었을 때 굴원의 물음에 대해서 일일이 답변하는 글을 짓고 〈천대天對〉라고 하였다.

상산[195]이 죽은 후로 장부 전혀 없었는데　　常山死後無男子
곧은 기운 유래가 단공에게 있었으니　　正氣由來有段公
만고강상은 손에 쥔 홀을 따랐고　　萬古綱常隨手笏
처형될 때 한마디 말은 가을 하늘처럼 늠름했지[196]　　一言鈇鉞凜秋空
그대 보라, 황제가 서울로 돌아온 날　　君看帝輅還京日
기린각[197]에 그 누가 일등공신이었는지　　麟閣何人第一功

佩玉長纓北面同, 時危爭欲保其躬. 常山死後無男子, 正氣由來有段公. 萬古綱常隨手笏, 一言鈇鉞凜秋空. 君看帝輅還京日, 麟閣何人第一功.

趙絅(1586~1669), 「題段太尉狀」, 『龍洲遺稿』 卷2.

3 세상에는 세 가지 시원스러운 일이 있으니, 『자치통감강목資治通鑑綱目』에서 "소열황제昭烈皇帝 장무章武 원년元年"이라고 대서특필한 일[198]

195 상산常山 : 당나라 때에 안녹산이 반란을 일으키자 상산군常山郡을 지키다가 순절한 안고경顔杲卿(692~756)을 가리킨다. 그가 지키고 있던 성이 반란군에 의해 함락되자 안녹산의 포로가 되어 동도東都로 끌려가서는 안녹산을 크게 꾸짖다가 끝내 처형당하였다. 『舊唐書』 卷128 「顔杲卿列傳」.

196 만고강상은……늠름했지 : 당나라 덕종德宗 때에 주자朱泚가 반란을 일으켜 수도를 점거하고는 사농경司農卿인 단수실을 불러 모의하려 하였는데, 단수실이 주자를 역적이라며 홀笏로 주자의 이마를 때려 그에게 죽임을 당하였다. 『舊唐書』 卷128 「段秀實傳」.

197 기린각[麟閣] : 한漢나라 무제武帝가 건립한 건물로, 선제宣帝 때에 이르러 곽광霍光, 소무蘇武 등 공신功臣 11인의 초상화를 이 누각에 걸어 놓고 기렸다.

198 소열황제昭烈皇帝……일 : 소열황제는 촉한蜀漢의 시조인 유비劉備(161~223)의 시호로, 사마광은 『자치통감資治通鑑』을 위나라 중심으로 기록하였으나, 주자가 『자치통감강목資治通鑑綱目』을 엮으며 유비를 헌제獻帝의 뒤에 배치하여 정통성을 촉한에 부여하였다.

과 단수실이 발분하여 홀笏로 주자를 때린 일과 종동終童[199]이 거센 바람을 타고 만 리 풍랑을 헤쳐나가겠다고 한 일이다.

世間有三快, 綱目大書"昭烈皇帝章武元年", 段太尉奮笏擊朱泚, 終童乘長風破萬里巨浪.

李德懋(1741~1793), 「耳目口心書」 2, 『青莊館全書』 卷49.

4 「단태위일사장」은 뒷맛이 감람나무 열매처럼 떫다가 달며, 「장중승전후서」는 음식을 죽 늘어놓고 배불리 먹은 것과 같다.

段太尉狀, 回味之橄欖也, 張中丞叙, 旣飽之飣餖也.

朴齊家(1750~1805), 「八子百選策」, 『貞蕤閣文集』 卷2.

199 종동終童 : 기원전 133~기원전 112. 한나라 사람으로 기개 있는 인물인데, 남조南朝 송宋나라의 종각宗慤과 헷갈려 잘못 쓴 것으로 보인다. 종각이 어렸을 때 숙부 종병宗炳이 그에게 장래의 포부를 묻자, "장풍을 타고 만 리의 물결을 헤쳐나가고 싶습니다[願乘長風破萬里浪.]."라는 대답했다는 고사가 있다. 『宋書』 卷76 「宗慤列傳」.

팔대가문십선

권3 구양수

사간司諫 범중엄范仲淹[1]께 드리는 편지

(모곤) 한유韓愈[昌黎]의 「쟁신론爭臣論」[2]보다 낫다.

지난달에 진주원進奏院[3]의 이보吏報[4]를 얻어 보니, "진주陳州로부터 부름 받아 대궐에 이르러 사간司諫에 임명되었다."라고 하였습니다. 곧바로 편지 한 통을 써서 축하하고 싶었으나 일이 많아 바빠서 그렇게 하지 못하였습니다. 사간은 7품의 관원이니, 집사執事에 있어 얻어도 기쁠 게 못 됩니다. 그런데 유독 제가 한 번 축하하고자 했던 것은, 진실로 간관이란 것은 천하의 득실과 한 시대의 공론公論이 달린 자리

1 범중엄范仲淹 : 989~1052. 자는 희문希文, 시호는 문정文正이다. 이 글은 명도明道 2년(1033년)에 쓰였는데, 장헌태후章獻太后가 죽고 인종仁宗이 비로소 친정親政하면서 범중엄을 불러 우사간右司諫에 임명하였다.

2 쟁신론爭臣論 : 당唐나라 덕종德宗 시대에 양사간陽司諫 양성陽城이라는 문신이 있었다. 그는 일찍이 은덕이 있다는 평판이 있었는데, 이에 덕종의 부름을 받고 간의대부諫議大夫가 되었지만 5년이 되도록 직간直諫을 한 번도 올리지 않고, 두 아우 및 빈객賓客들과 하루종일 술만 마시며 업무에 태만했다. 이때, 한유가 「쟁신론爭臣論」을 지어 그를 비판하였다. 쟁신爭臣이라는 것은 직언을 하는 간관諫官을 뜻한다.

3 진주원進奏院 : 서울에 설치하여 중앙과 번진 사이의 문서文書 연락을 맡았던 기관이다. 도류후원都留后院이라 부르다가, 송宋나라 때에 진주원進奏院이라 불렀다. 각 주진州鎭의 관원들이 경사京師에 들어올 때 묵었던 곳이다.

4 이보吏報 : 경저京邸에서 지방의 각 고을로 보내던 연락 보고 문서를 말한다. 경사에 저택을 두고서 조정의 정치와 행정에 관련된 일을 처리하였다는 뜻에서 저보邸報라고도 불린다.

이기 때문입니다.

지금 세상의 관직은 구경九卿[5]・백집사百執事[6]부터 밖으로 일개 군・현의 관리에 이르기까지 도를 행할 수 있는 귀한 벼슬과 큰 직책이 없는 것은 아닙니다. 그러나 현이 그 고을의 강역疆域을 넘고 군이 경계를 넘으면 비록 훌륭한 수령일지라도 제 뜻대로 시행할 수 없는 것은 지키는 지역이 있기 때문입니다. 이부吏部의 관원이 병부兵部를 다스릴 수 없고 홍려시鴻臚寺[7]의 관원이 광록시光祿寺[8]를 다스리지 못하는 것은 맡은 일이 따로 있기 때문입니다.

천하의 득실, 백성들의 이해, 사직社稷의 대계大計를 오직 보고 듣는 대로 판단하여 직분에 얽매이지 않는 것은 오직 재상宰相이 할 수 있고 간관諫官이 말할 수 있을 뿐입니다. 그러므로 선비로서 옛것을 배우고 도道를 가진 이가 당시에 벼슬할 때, 재상이 될 수 없으면 반드시 간관이 되니, 간관은 비록 지위는 낮지만 재상과 동등합니다. 천자가 안 된다고 하면 재상은 된다고 하고, 천자가 그렇다고 하면 재상은 그렇지 않다고 하여 묘당廟堂 위에 앉아서 천자와 가부可否를 말하는 자

5 구경九卿 : 옛날 조정의 대표적인 아홉 개의 고위 관직을 뜻하는 말이다. 『주례周禮』「고공기考工記」에서는 "밖에 아홉 실室이 있으니, 구경九卿은 여기에 거처한다[外有九室, 九卿居焉.]."라고 하였고 정현鄭玄의 주注에 "육경六卿과 삼고三孤가 구경이다. 삼고는 삼공三公을 보좌하여 도를 논하고, 육경은 육관六官의 관속官屬을 다스린다."라는 말에서 유래하였다. 왕조에 따라 그 명칭이 다른데, 조선 시대에는 삼정승의 아래 의정부議政府 좌우참찬左右參贊과 육조六曹의 판서判書, 한성부판윤漢城府判尹을 구경九卿이라 하였다.

6 백집사百執事 : 조정의 모든 관리를 가리킨다.

7 홍려시鴻臚寺 : 대외 관계, 가령 조공朝貢・내빙來聘 등의 일을 관장하는 부서이다.

8 광록시光祿寺 : 한漢나라 때 생긴 부서다. 시대별로 명칭이 조금씩 달랐다. 주로 궁정에서 사용되는 식물食物을 관장하는데 사실상 황제에게 제공되었다. 이와 관련해 『역대직관표歷代職官表』에서 광록시는 제사祭祀나 조회朝會를 할 때, 왕실에서 잔치를 벌이거나 임금의 수라상을 올릴 때 식재료를 담당한다고 한다.

는 재상입니다. 천자가 옳다고 하면 간관은 그르다 하고, 천자가 반드시 하겠다고 하면 간관은 반드시 해서는 안 된다고 하여 천자 앞에서 시비是非를 다투는 자는 간관입니다. 재상은 지위가 높아서 그 도를 행하고, 간관은 지위가 낮아서 그 말을 행하니, 말이 행해져야 도 또한 행해지는 것입니다.

구경·백사와 군현의 관리로서 한 직책을 지키는 자는 한 직책의 책무만 맡을 뿐이고 재상과 간관은 천하의 일이 그들에게 달렸으니 역시 천하의 책무를 맡습니다. 그러나 재상과 구경 이하로서 직책을 잘못 수행한 자는 유사有司에게 문책을 받고, 간관은 직책을 잘못 수행했을 경우 군자에게 비판을 받습니다. 그런데 유사의 법은 한 때에만 행해지는데 군자의 비판은 서책에 환히 드러나 백세에 길이 전해져 사라지지 않으니, 매우 두려운 일입니다. 7품의 관원으로서 천하의 책무를 맡고 백세의 비판을 두려워해야 하니, 어찌 무거운 자리가 아니겠습니까? 재주가 있고 어진 인재가 아니면 할 수 없을 것입니다.

최근에 집사께서 진주에서 처음 부름을 받았을 때 낙양洛陽의 사대부들이 서로 말하기를 "나는 범군范君을 평소에 아니, 그가 재능이 있음을 안다. 그가 조정에 올 때는 어사御史가 되지 않으면 반드시 간관諫官이 될 것이다."라고 했는데, 명이 내려오자 과연 그러하였습니다. 그러자 또 서로 말하기를 "나는 범군을 아니, 그의 어짊을 안다. 훗날 천자의 전폐殿陛 아래 서서 말을 곧게 하고 안색을 바르게 해서 조정에서 직접 쟁론하는 자가 있다는 말을 들으면 다른 사람이 아니라 반드시 범군일 것이다."라고 하였습니다. 그런데 임명된 이래로 머리를 들고 발돋움하고서 그 소식이 들리기를 기다렸으나 끝내 그렇지 못하였습니다. 그래서 저는 의혹스러웠으니, 어쩌면 낙양의 사대부들이 앞일에 대해서만 헤아릴 수 있고 뒷일에 대해서는 헤아릴 수 없었던 것입니까? 아니면 집사께서 때를 기다려서 하려는 것입니까?

옛날에 한유가 「쟁신론爭臣論」을 지어서 양성陽城이 힘을 다해 간하지 못하였음을 비판하였는데 양성이 마침내 직간으로 이름이 알려지니, 사람들이 모두 양성이 간언을 하지 않은 것은 때를 기다림이 있어 그러했는데 한유가 그 뜻을 알지 못하고 함부로 비판했다고 했습니다. 그러나 저는 홀로 그렇지 않다고 생각합니다. 한유가 「쟁신론」을 지을 때 양성은 간의대부諫議大夫로 있은 지 이미 5년이었고, 그 후 또 2년이 지나서야 비로소 조정에서 육지陸贄를 변론하고 배연령裵延齡이 재상이 되는 것을 저지하면서 그 임명하는 조서詔書를 찢으려 했으니,[9] 겨우 이 두 가지 일뿐입니다.

덕종德宗 당시에는 일이 많았다고 할 만합니다. 관작官爵을 주는 것이 타당하지 못하여 배반한 장수와 강포强暴한 신하들이 천하에 즐비했고 또 덕종이 시기심이 많아서 소인들을 등용하였으니, 이러한 때에 어찌 말할 만한 한 가지 일도 없어서 7년을 기다렸단 말입니까? 그 당시의 일이 어찌 배연령을 저지하고 육지를 변론하는 2가지 일보다 급한 것이 없었겠습니까? 마땅히 아침에 간의대부에 임명되면 저녁엔 간언하는 상소를 올렸어야 한다고 생각합니다. 다행히 양성이 간관이 된 지 7년째에 마침 배연령과 육지의 일을 만나 한 번 간언하고 파면됨으로써 그 책임을 다했습니다. 가령 간의대부를 맡은 것이 5, 6년에 그치고 사업司業으로 자리를 옮겼다면 끝내 한마디도 하지

9 조정에서……했으니 : 당나라 덕종 시대에 양성이 간의대부가 되고 7년 동안이나 간쟁을 하지 않다가, 덕종이 육지陸贄를 내쫓고 배연령裵延齡을 재상으로 삼자 그제야 "배연령을 재상으로 삼으면 신이 의당 조서를 취하여 찢어 버리겠습니다."라고까지 하는 등 직언하여 배연령의 임명을 막았다. 『신당서新唐書』, 「양성열전陽城列傳」에서 나온 말이다.

않고 떠났을 터이니, 무슨 취할 점이 있었겠습니까?

지금 관직에 있는 자는 대개 3년 만에 한 번 자리를 옮기고, 혹 1, 2년 만에 옮기기도 하고, 심한 경우에는 반년 만에 자리를 옮기기도 하니, 이는 또 하나같이 7년을 기다릴 수 있는 것이 아닙니다. 지금 천자께서 직접 여러 정사를 처결하셔서 교화敎化와 정치政治가 청명하니, 비록 한가하여 일없는 때지만 천 리 밖에서 집사를 불러 이 관직에 임명한 것은 어찌 바른 의론을 듣고 곧은 말을 즐겨 듣고자 해서가 아니겠습니까? 그러나 지금 간언한 바가 있어서, 천하 사람들이 조정에 올바른 선비가 있어서 우리 임금이 간언을 받아들이는 총명이 있음을 알게했다는 소문은 듣지 못했습니다. 베옷을 입고 가죽 띠를 띤 빈한貧寒한 선비가 초가집에서 곤궁하게 살면서 앉아 서사書史를 읽으면서 늘 등용되지 못함을 한탄하다가, 막상 등용되어서는 또 이르기를 "저것은 나의 직무가 아니니 감히 말하지 못한다."라고 하고, 혹은 "나는 지위가 아직 낮으니, 말할 수 없다."라고 하고 말할 수 있는 자리에 앉아서는 또 이르기를 "나는 때를 기다린다."라고 하면, 이는 끝내 한 사람도 말하지 않는 것이니, 애석한 일이 아니겠습니까? 삼가 생각건대 집사께서는 천자께서 등용하신 뜻을 생각하고, 백세에 미칠 군자의 비판을 두려워하여 한결같이 바른말을 아뢰어 중망重望에 부응하셔서 장차 낙양 사대부들의 의혹을 풀어주신다면 매우 다행이겠습니다.

上范司諫書

(茅坤) 勝韓公爭臣論.

前月中, 得進奏吏報, 云, "自陳州召至闕, 拜司諫." 卽欲爲一書以賀, 多事卒卒未能也. 司諫, 七品官爾, 於執事, 得之不爲喜. 而獨區區欲一賀者, 誠以諫官者, 天下之得失 一時之公議繫焉.

今世之官, 自九卿百執事, 外至一郡縣吏, 非無貴官大職可以行其道也. 然縣越其封, 郡逾其境, 雖賢守長不得行, 以其有守也. 吏部之官不得理兵部, 鴻臚之卿不得理光祿, 以其有司也.

若天下之失得, 生民之利害, 社稷之大計, 惟所見聞而不繫職司者, 獨宰相可行之, 諫官可言之爾. 故士學古懷道者, 仕於時, 不得爲宰相, 必爲諫官, 諫官雖卑, 與宰相等. 天子曰不可, 宰相曰可, 天子曰然, 宰相曰不然, 坐乎廟堂之上, 與天子相可否者, 宰相也. 天子曰是, 諫官曰非, 天子曰必行, 諫官曰必不可行, 立殿階之前, 與天子爭是非者, 諫官也. 宰相尊, 行其道, 諫官卑, 行其言, 言行, 道亦行也.

九卿百司郡縣之吏守一職者, 任一職之責, 宰相諫官, 繫天下之事, 亦任天下之責. 然宰相九卿而下失職者, 受責於有司, 諫官之失職也, 取譏於君子. 有司之法, 行乎一時, 君子之譏, 著之簡冊而昭明, 垂之百世而不泯, 甚可懼也. 夫七品之官, 任天下之責, 懼百世之譏, 豈不重邪? 非材且賢者, 不能爲也.

近執事, 始被召於陳州, 洛之士大夫, 相與語曰, "我識范君, 知其材也. 其來, 不爲御史, 必爲諫官." 及命下, 果然. 則又相與語曰, "我識范君, 知其賢也. 他日, 聞有立天子陛下, 直辭正色, 面爭庭論者, 非他人, 必范君也." 拜命以來, 翹首企足, 竚乎有聞而卒未也. 竊惑之, 豈洛之士大夫, 能料於前而不能料於後也? 將執事有待而爲也?

昔韓退之作爭臣論, 以譏陽城不能極諫, 卒以諫顯, 人皆謂城之不諫, 蓋有待而然, 退之不識其意而妄譏. 脩獨以謂不然. 當退之作論時, 城爲諫議大夫, 已五年, 後又二年, 始庭論陸贄, 及沮裴延齡作相, 欲裂其麻, 纔兩事爾.

當德宗時, 可謂多事矣. 授受失宜, 叛將强臣, 羅列天下, 又多猜忌, 進任小人, 於此之時, 豈無一事可言而須七年耶? 當時之事, 豈無急於沮延齡論陸贄兩事也? 謂宜朝拜官而夕奏疏也. 幸而城爲諫官七年, 適遇延齡陸贄事, 一諫而罷, 以塞其責. 向使止五年六年而遂遷司業, 是終無一言而去也, 何所取哉?

今之居官者率三歲而一遷, 或一二歲, 甚者半歲而遷也, 此又非一可以待乎七年也. 今天子躬親庶政, 化理淸明, 雖爲無事, 然自千里詔執事而拜是官者, 豈不欲聞正議而樂讜言乎?

然今未聞有所言說, 使天下知朝廷有正士, 而彰吾君有納諫之明也. 夫布衣韋帶之士, 窮居草茅, 坐誦書史, 常恨不見用, 及用也, 又曰, "彼非我職, 不敢言." 或曰, "我位猶卑, 不得言矣." 得言矣, 又曰, "我有待." 是終無一人言也, 可不惜哉? 伏惟執事思天子所以見用之意, 懼君子百世之譏, 一陳昌言, 以塞重望, 且解洛士大夫之惑. 則幸甚幸甚.

【비평자료】

1 서리 내리는 추운 계절에 오원吳瑗[10] 족하께서는 지내는 것이 평안하신지요. 삼가 생각건대 근래에 대각에 우리 무리가 있지만, 한 세대의 기대를 받는 자로 그대와 같은 사람이 어디 있겠습니까. 하지만 기대가 크면 충족시키기 어렵고, 책임이 크면 달성하기 어려운데 족하께서 장차 어떻게 처신할지 모르겠습니다.

저는 일찍이 구양수가 범중엄에게 보낸 편지를 읽고 개연히 한숨을 쉬며 "군자가 책선하는 도가 심하구나!"라 하였습니다. 범중엄이 간관이 되었을 적에 인종仁宗이 바야흐로 겸양의 덕으로 정치를 잘해서 천하는 큰일이 없었습니다. 비록 한두 가지 간언할 일은 있었지만, 범중엄은 아직 그것들을 언급하지 않았는데 구양수는 편지를 보내 독려하였습니다. 범중엄의 시대에서 간언할 만한 것이 국가의 큰 계책과 관련된 것이 있었다면, 마땅히 아침에 관리로 임명되자마자 밤에 상소를 올렸을 것이니 어찌 구양수의 말을 기다렸겠습니까? 그렇다면 구양수가 독려한 것이 범중엄을 깊이 알지 못하여 그런 것입니까? 구양수가 어찌 범공을 깊이 알지 못했겠습니까? 군자가 책선하는 도로 하지 않을 수 없었기 때문입니다.

지금 그대의 직위는 곧 범중엄의 직위입니다. 지금 국가의 형세를 보건대 그대는 이미 불행하게도 이 시대에 태어났습니다. 만약 범중엄이 지금의 상황을 목격한다면 비록 간관이 아니었더라도 반드시 통곡하며 눈물 흘리면서 어떻게 구제할 것인지에 대해 골몰할 것입니다. 하물며 자신이 간관이었다면 어땠겠습니까? 삼가보건대, 최근에 한 무리의 사

10 오원吳瑗 : 1700~1740. 본관은 해주海州. 자는 백옥伯玉, 호는 월곡月谷이다. 오상吳翔의 증손으로, 할아버지는 오두인吳斗寅이고, 아버지는 오진주吳晋周이다. 어머니는 김창협金昌協의 딸이다. 오태주吳泰周에게 입양되었다. 이재의 문하에서 수학하였다. 저서로는 『월곡집月谷集』이 있다.

류 가운데 실로 우리 임금께 진언하지 않는 자가 없지만, 안색을 엄정히 하고 직언하여 생사화복에도 흔들리지 않는 것은 제가 그대에게 깊이 바라는 바입니다.

卽惟霜寒, 伯玉足下起居萬勝. 竊念近日, 吾黨之處於臺閣, 而爲一世所期望者, 有如足下者乎? 望厚則難塞, 責大則難副, 未知足下將何以處之.

天輔嘗讀歐陽公與范司諫書, 慨然太息曰, "甚矣! 君子責善之道也." 范公之爲諫官也, 仁宗方端拱致治, 天下無大事. 雖有一二可言者, 范公姑未及言之, 而歐公移書責勉. 使范公之時, 其所可言者, 苟有關於國家之大計, 則固當朝拜官而夕奏疏矣. 何待歐公之言哉? 然則歐公之責勉者, 不能深知范公而然歟? 歐公豈不能深知范公哉? 君子責善之道, 不得不爾也.

今日足下之職, 卽范公之職. 而顧今國勢, 足下旣不幸而生於此時矣. 使范公目見今之時事, 則雖不爲諫官, 而必將痛哭流涕, 汲汲焉思所以捄之矣. 況身爲諫官者乎? 竊見近來一隊士類, 固不無進說於吾君者, 而其能正色直言, 不爲死生禍福所撓奪者, 天輔獨於足下, 深有望焉.

李天輔(1698~1761), 「與伯玉」, 『晉菴集』 卷6.

2 「상범사간서」. 처음부터 "不能爲也"까지 한 단락이고, "誠以諫官者"부터 "亦任天下之責" 까지의 한 절은 간관의 막중한 임무를 말했고 이른바 천하의 득실과 한 시대의 공론이 달려있다는 것이 핵심이다. "然宰相九卿"부터 "甚可懼也"한 절은 간관이 기롱을 받음이 큼을 말한 것이고 이른바 간관이 그 직분을 잘못하여 군자에게 기롱을 받음이 핵심이 된다. 7품의 관원이 책임을 맡고 두려워한다는 몇 마디 말은 두 절의 핵심을 총결한 것이다.

"近執事始被召"부터 "可不惜哉"까지 한 단락이 되고 "洛之士大夫"의 한 절은 당시의 논의가 기대함이 막중함을 말한 것이고 의혹의 문제가 있는 「쟁신론」의 한 절은 고사를 끌어와서 말한 것으로, 빨리 간언해야지 기다려서 천천히 해서는 안됨을 말한 것이다. "今天子"의 한 절은 천자의 음악과 올바른 의론 듣기를 좋아하고 충언을 바쳐야 한다고 우리가 기다려야 함이 있음을 말하기도 하니, 이것은 각각 윗글에 조응해 장차 아랫글을 연 것이다. "伏惟執事思天子所以見用"이하 한 절은 총결이다.

范司諫書. 自首至"不能爲也"爲一段, 而自"誠以諫官者"至"亦任天下之責"一節, 言諫官之任重, 而所謂天下之得失一時之公議繫焉者, 其宗旨也. "然宰相九卿"至"甚可懼也"一節, 言諫官取譏之大, 而所謂諫官之失職也, 取譏於君子者, 其宗旨也. 夫七品之官任靑, 懼譏數語, 總結兩節之旨也.

"近執事, 始被召"至"可不惜哉"爲一段, 而"洛之士大夫"一節, 言時議期待之重, 疑惑之端而爭臣論一節, 引故事而言, 論諫之宜亟而不可以有待而徐也. "今天子"一節, 言天子之樂聞正議而志士之宜效忠言也. 而其曰彼非我職, 曰我位猶卑, 曰我有待者, 分照上文而且以開下文也. "伏惟執事思天子所以見用"以下一節, 摠結也.

安錫儆(1718~1774), 「歐陽文摘解」, 『雪橋藝學錄』 卷3.

사간司諫 고약눌高若訥[11]에게 보내는 편지

(모곤) 구양수歐陽脩가 악을 미워함이 지나치게 큰 글이니 만일 오늘날에 있었다면 아마도 국무자國武子의 화[12]를 입었을 것이다.

저는 머리를 조아려 재배하고 사간司諫 족하께 아룁니다. 제가 17살 때에 수주隨州에 살면서 천성天聖 2년(1024년)에 진사의 급제방及第牓을 보고 처음 족하의 성명을 알았습니다. 당시에 저는 나이가 어려 사람들과 만나지 못하고, 또 먼 지역에 살아서 다만 지금 송사인宋舍人 형제[13]와 섭도경葉道卿, 정천휴鄭天休 등 여러 명이 문학으로 크게 이름이 나 훌륭한 사람을 얻었다고 칭해진다 들었는데, 족하께서는 그들 사이에 있는데도 뛰어나다고 말하는 사람이 유독 없었습니다. 저

---

11 사간司諫……편지 : 고약눌高若訥(997~1055)은 자가 민지敏之이고 병주幷州 유차楡次 사람이다. 저작좌랑著作佐郞, 지간원知諫院 등을 역임하였다. 범중엄范仲淹이 재상 여이간呂夷簡의 미움을 받아 좌천되자 다른 사람들은 그를 구해주려 하였는데, 고약눌은 그를 위해 간언해 주지 않았다. 이에 구양수가 크게 고약눌을 꾸짖으며 이 편지를 보냈다.

12 국무자國武子의 화 : 국무자國武子는 국좌國佐를 말한다. 춘추 시대 제齊나라 인물이다. 시호가 '무武'였으므로 '국무자國武子'라 하였다. 그는 다른 사람의 허물 들추어내기를 좋아하다 죽임을 당했다.

13 송사인宋舍人 형제 : 송상宋庠과 송기宋祁 형제를 가리킨다. 송기宋祁가 과거시험에서 1등을 하였는데, 장헌후章憲后가 동생이 형보다 앞설 수 없다고 하여 송상을 제일第一로, 송기를 제십第十으로 급제시켰다고 하는 이야기가 전한다.

는 진실로 족하를 의심하여 어떤 사람인지 알지 못하였습니다.

그 후 11년이 지나 제가 다시 경사京師에 가니 족하께서는 이미 어사이행御史裏行[14]이 되어있었습니다. 그러나 아직 한 번이라도 족하를 뵐 틈이 없었고, 다만 때때로 저의 벗인 윤수尹洙[尹師魯][15]에게 족하께서 뛰어난지 아닌지를 물었습니다. 그러자 윤사로가 말하길 족하께서는 정직하고 학문이 있는 군자라 하였는데, 저는 여전히 족하를 의심하고 있었습니다.

정직한 자는 굽히지 않고 학문이 있는 자는 반드시 시비를 분변할 수 있으니 굽히지 않는 절개로서 시비를 분변할 수 있는 밝음이 있으며 또 국사를 말하는 신하가 되었는데, 남들을 따라하기만 하며 고개를 숙이곤 묵묵히 말하지 않아 일반 사람들과 다를 것이 없으니 이 사람이 과연 뛰어난 사람입니까? 이것이 저로 하여금 의심하지 않을 수 없게 합니다.

족하께서 간관이 되신 이래로 비로소 서로 알 수 있었으니 강직하게 바른 낯빛을 하여 이전의 세상일을 논함에 역력하여 들을 만하고 포폄하고 시비함에 하나라도 그릇된 말이 없었습니다. 아! 이 논변을 다른 사람들에게 보여준다면 누군들 그를 사랑하지 않겠습니까. 비록 저라도 족하께서 진정한 군자라 의심하였을 것입니다.

제가 족하의 이름을 들었을 때부터 서로 알게 될 때까지 14년 동안 세 번 의심하였으니, 오늘날에 그 실제로 한 것을 미루어 견준 뒤에야

14 어사이행御史裏行 : 어사대御史臺의 관직이다. 이행裏行은 임시 관직을 가리키는 말이다.

15 윤수尹洙[尹師魯] : 1001~1047. 자는 사로師魯, 하남河南 사람으로, 학식이 풍부하였으며 구양수와 교유하였다. 특히 구양수가 그에 대해 쓴 묘지명이 유명하다. 고문古文을 제창하였다. 관직으로는 지하남현知河南縣, 기거사인起居舍人, 직용도각直龍圖閣 등을 역임하였다. 저서에 『하남집河南集』이 있다.

족하께서 군자가 아님을 분명히 알았습니다. 지난날에 범중엄范仲淹[范希文]이 좌천된[16] 뒤에 족하와 서로 안도安道[17]의 집에서 만났는데, 족하께서 범중엄의 사람됨을 흉보셨습니다. 저는 처음에 이것을 듣고 이는 장난삼아 하는 말이라 생각하였습니다. 그런데 윤사로를 만났을 때 또한 족하께서 희문이 한 것을 심히 비난하였다고 윤사로가 말하였으니 그런 뒤에야 그 의심이 마침내 끝이 났습니다.

범중엄은 평소에 굳세고 바르며 학문을 좋아하여 고금에 통달하였습니다. 조정에 있을 때 정사를 잘 처리한 것은 천하가 모두 아는 것이었고, 오늘날 또 말하는 일로서 재상이 죄를 얻은 데에 이르렀는데 족하께서는 그가 무고함을 논변하지 않으셨습니다. 또 나를 아는 사람들이 나를 꾸짖을까 두려워하시어 마침내 그들을 따라 그를 흉보시고 당연히 쫓아내야 한다고 여기셨으니 이는 괴이할 만합니다.

사람의 본성에 강단있는 것과 나약한 것은 하늘에서 주는 것이라 억지로 할 수 있는 것이 아니니 비록 성인이라도 또한 남들에게 할 수 없는 것을 가지고 반드시 하도록 요구할 수 없습니다. 지금 족하께서는 집에 노모가 계셔 자신이 관직에 있는 것을 소중히 여기시고, 굶주리고 추위에 떨까 두려워하시며 이익과 녹봉만을 생각하시어 감히 하나라도 재상을 거슬러 형벌을 가까이 하지 않으시니 이는 보통 사람들의 상정이요, 일개 재주 없는 간관이 되는 것에 불과할 뿐입니다.

비록 조정에 있는 군자라도 또한 족하께서 그렇게 하지 못하는 것

---

16 범중엄范仲淹이 좌천된 : 범중엄范仲淹(989~1052)은 자는 희문希文이다. 희문希文은 그의 자이다. 좌천은 1033년 그가 곽 황후郭皇后의 폐립 문제를 놓고 재상 여이간呂夷簡 등과 대립하여 지방으로 쫓겨난 것을 말한다.

17 안도安道 : 송나라 대 인물인 여정余靖(1000~1064)으로 안도安道는 그의 자이고, 호는 무계武溪, 시호는 양襄이다. 우정언右正言, 공부 상서工部尚書 등을 역임하였다. 범중엄이 좌천되자 구양수와 함께 범중엄을 지지하다가 쫓겨났다.

을 안타깝게 여겨 반드시 하도록 요구하지 않습니다. 지금 그렇게 하지 않는데도 도리어 의기양양하여 끝내 부끄러워하고 두려워함이 없이 곧장 그의 뛰어남을 훼손하고 당연히 쫓아내야 할 사람으로 여기시니 자신이 간언하지 않은 잘못을 꾸미는 것에 가깝습니다. 능력상 감히 하지 못하는 것은 어리석은 자들이 부족한 것이고, 꾀로 자신의 잘못을 꾸미는 것은 군자의 적입니다.

또, 범중엄이 과연 현명하지 않았습니까? 삼사 년 이래로 대리시승大理寺丞부터 전행원외랑前行員外郎에 이르렀고, 대제待制가 된 날에는 매일 천자의 고문顧問에 잘 응대했으니 지금 관직에 있는 자들 중에 비교할 자가 없습니다. 그렇다면 이것이 천자께서 급히 현명하지 않은 사람을 급히 등용한 꼴입니다. 만일 천자가 현명하지 않은 사람을 현명한 사람처럼 대우한다면 이는 천자의 총명함에 다하지 못함이 있는 것입니다.

족하께서는 간관이 되셨으니 곧 천자의 귀와 눈이 되는 관직입니다. 당시 그를 급하게 등용하셨을 때 어째서 한번이라도 천자를 위해 그가 현명하지 않음을 논변하지 않으시고 도리어 묵묵히 한 마디도 하지 않으시다가 그가 스스로 낭패를 보기를 기다린 뒤에야 따라서 그를 비난하십니까? 만일 과연 현명했다면 오늘날 천자와 재상이 자신의 뜻을 거슬렀다고 현명한 사람을 쫓아낸 것이니 족하께서 말하지 않아서는 안됩니다. 이것은 족하께서 희문이 현명하다 여기셨더라도 또한 책임을 면할 수 없는 것이요, 현명하지 않다고 여겼더라도 또한 책임을 면할 수 없는 것이니 대저 죄가 묵묵히 아무 말도 하지 않은 데에 있는 것입니다.

옛날에 한漢나라가 소망지蕭望之[18]와 왕장王章[19]을 살해하였는데, 헤아려보면 당시의 논의가 반드시 현명한 자를 죽이자고 분명하게 말하려 하지는 않았을 것이고, 틀림없이 석현石顯[20]과 왕봉王鳳[21]을 충신으로 여기고, 소망지와 왕장을 현명하지 못하다 여겨 죄를 씌운 것입니다. 지금 족하께서 석현과 왕봉을 보신다면, 과연 충신이겠습니까? 소망지와 왕장이 과연 현명하지 못한 것이겠습니까?

당시에도 간신諫臣이 있었으니, 틀림없이 스스로 화가 닥치는 것이 두려워 간하지 않았다고 말하지 않았을 것이고, 또 반드시 말하길 "응당 주벌해야 하므로 간할 필요가 없다." 하니 지금 족하께서 이들을 보신다면 응당 주벌해야 할 대상입니까? 이는 곧 당시 사람들을 속일 수는 있더라도, 후대의 사람들을 속일 수는 없는 것입니다. 지금 족하께서도 오늘날 사람들을 속이려 하시고 후대의 사람들이 속지 않을 것은 두려워하지 않으시니, 하물며 오늘날의 사람들이 속지 않는 것에 있어서겠습니까.

삼가 생각건대 지금 황제께서 즉위하신 이래로 간신을 등용하여 간언을 용납하시니 조수고曹脩古[22]와 유월劉越[23]같은 자들은 죽었더라도

---

18 소망지蕭望之 : 기원전 106~기원전 47. 전한前漢 때의 문신. 선제宣帝 때 조정에 있다가 삼보三輔의 지방관으로 나갔으며, 뒤에 태자태부太子太傅로 어린 임금 원제를 보필하다가 원제가 즉위한 후 홍공弘恭과 석현石顯 등의 모함을 받아 음독자살했다. 『漢書』 卷78 「蕭望之傳」.

19 왕장王章 : ?~?. 한漢나라 성제成帝 때 사람으로, 당시의 권신이었던 왕봉王鳳의 전횡을 강력히 탄핵하였다가 그의 모함을 받아 죽임을 당하였다.

20 석현石顯 : ?~?. 한漢나라 원제元帝 때 환관으로 권세를 휘둘렀던 인물이다. 죄를 지어 내관內官이 되었는데, 다시 권력을 찾고 당시 이름 난 재상이었던 소망지를 모함하여 죽게 하였다.

21 왕봉王鳳 : ?~기원전 22년. 한漢나라 원제元帝의 황후 왕정군王政君의 오빠로, 성제成帝가 즉위한 뒤 황제의 외삼촌으로서 10여 년간 권력을 독점하였다. 왕장이 간언하여 그를 탄핵하였는데, 다시 권력을 잡고 왕장을 탄핵하여 그를 죽게 하였다. 『漢書』 卷76 「王章傳」

22 조수고曹脩古 : ?~?. 자는 술지述之. 건주建州 복건福建 사람이다. 유태후劉太后의 조카인 유종덕劉從德을 논핵하여 좌천되었다가 인종仁宗 대에 우간의대부右諫議

오히려 칭양을 받고, 지금 범중엄과 공도보孔道輔는 모두 간쟁으로 발탁되었습니다. 족하께서는 다행히 이 시기에 태어나 간언을 받아들이는 군주를 만난 것이 이와 같은데도 오히려 감히 한 마디도 하지 않으시는 것은 어째서입니까.

지난날 또 듣기를 어사대御史臺가 조당에 방을 붙여 여러 신하들에게 직분을 넘어 국사를 말하지 말라 경계했다 하였으니, 이는 말할 수 있는 자가 오직 간신뿐이라는 것입니다. 만일 족하께서 또한 끝내 말하지 않으신다면 천하에 말할 수 있는 자가 없습니다. 족하께서 그 지위에 있으면서도 말하지 않으신다면 곧 관직을 떠나 그 관직을 맡을 만한 다른 사람들을 막아서는 안 됩니다. 지난 날 여정이 좌천되고, 윤사로가 죄를 얻었는데 족하께서는 오히려 얼굴을 들고 사대부들을 만나고, 조정을 출입하며 간관이라 칭하시니 이는 족하께서 사람들 사이에 수치스러운 일이 있음을 더 이상 알지 못하는 것입니다. 애석해 할 만한 것은 조정에 일이 있는데, 간관이 말하지 않아 다른 사람이 그것을 말하게 하는 것이 역사책에 기록되어 훗날 조정의 수치가 되게 하는 사람이 족하라는 점입니다.

『춘추春秋』의 법은 현자가 모두 갖추기를 요구하였으니[24] 오늘날 구구한 제가 족하께서 한 마디 말을 하길 바라는 것은 차마 족하와

大夫에 제수되었고 20만 전을 하사받았다.

23 유월劉越 : 자는 중예仲豫. 개봉부開封府 고성考城 사람이다. 태후에게 간언하여 그의 뜻을 거슬러 좌천되었다. 그러나 유월이 사망한 후 황제가 그의 집에 60만 전을 하사하였다. 『宋史』 卷297.

24 『춘추春秋』의……요구하였으니 : 현자에게는 작은 결점 없이 모든 것을 갖추기를 요구한다는 말이다. 『당서唐書』 卷2 「태종 본기太宗本紀」에서 "『춘추』의 법도는 항상 현자에게 모든 것을 갖추도록 요구한다[春秋之法, 常責備於賢者.]."라고 하였다.

관계를 끊어낼 수 없고 현명한 자로서 요구하지 않을 수도 없어서입니다.

만일 아직도 범중엄이 어질지 않아 당연히 쫓아내야 한다고 여기신다면, 제가 한 말이 이와 같으니 붕당을 만들어 삿된 짓을 하는 사람일 뿐입니다. 바라건대, 족하께서 곧바로 이 편지를 조정으로 가지고 가 저의 죄를 바로잡고 벌을 받게끔 하며 천하가 모두 의심을 풀고 희문을 당연히 쫓아내야 한다는 것을 알게 하신다면 또한 간신의 한 가지 공이 될 것입니다.

지난날 족하께서 여정의 집에서 저를 부르시어 오게 하시고 희문의 일을 논하였는데, 이때에 다른 객들이 앉아 있어 생각한 것을 다 말하지 못하였습니다. 그러므로 문득 구구한 생각을 풀어놓았으니, 살가 살펴주십시오. 이만 줄입니다.

與高司諫書

(茅坤) 歐公惡惡太過處, 使在今日, 恐不免國武子之禍也.

脩頓首再拜, 白司諫足下. 某年十七時, 家隨州, 見天聖二年進士及第牓, 始識足下姓名. 是時予年少, 未與人接, 又居遠方, 但聞今宋舍人兄弟與葉道卿鄭天休數人者, 以文學大有名, 號稱得人, 而足下厠其間, 獨無卓卓可道說者. 予固疑足下, 不知何如人也.

其後更十一年, 予再至京師, 足下已爲御史裏行. 然猶未暇一識足下之面, 但時時於予友尹師魯, 問足下之賢否, 而師魯說足下正直有學問君子人也, 予猶疑之.

夫正直者, 不可屈曲, 有學問者, 必能辨是非, 以不可屈之節, 有能辨是非之明, 又爲言事之官, 而俯仰默默無異衆人, 是果賢者耶? 此不得使予之不疑也.

自足下爲諫官來, 始得相識, 侃然正色, 論前世事, 歷歷可聽, 褒貶是非, 無一謬說. 噫! 持此辯以示人, 孰不愛之? 雖予, 亦疑足下眞君子也.

是予自聞足下之名, 及相識, 凡十有四年而三疑之, 今者, 推其實迹而較之, 然後決知足下非君子也. 前日, 范希文貶官後, 與足下相見於安道家, 足下詆誚希文爲人, 予始聞之, 疑是戲言. 及見師魯, 亦說足下深非希文所爲, 然後其疑遂決.

希文平生剛正, 好學通古今, 其立朝有本末, 天下所共知, 今又以言事觸宰相得罪, 足下旣不能爲辨其非辜. 又畏有識者之責己, 遂隨而詆之, 以爲當黜, 是可怪也.

夫人之性, 剛果懦軟, 稟之於天, 不可勉强, 雖聖人, 亦不以不能責人之必能. 今足下家有老母, 身惜官位, 懼饑寒而顧利祿, 不敢一忤宰相, 以近刑禍, 此庸人之常情, 不過作一不才諫官爾.

雖朝廷君子, 亦將閔足下之不能而不責以必能也. 今乃不然, 反昂然自得, 了無媿畏, 便毁其賢, 以爲當黜, 庶乎飾己不言之過. 夫力所不敢爲, 乃愚者之不逮, 以智文其過, 此君子之賊也.

且希文, 果不賢邪? 自三四年來, 從大理寺丞, 至前行員外郎, 作待制日, 日備顧問, 今班行中, 無與比者. 是天子驟用不賢之人. 夫使天子待不賢以爲賢, 是聰明有所未盡.

足下身爲司諫, 乃耳目之官. 當其驟用時, 何不一爲天子辨其不賢, 反默默無一語, 待其自敗然後, 隨而非之? 若果賢邪, 則今日天子與宰相, 以忤意逐賢人, 足下不得不言, 是則足下以希文爲賢, 亦不免責, 以爲不賢, 亦不免責, 大抵罪在默默爾.

昔漢殺蕭望之與王章, 計其當時之議, 必不肯明言殺賢者也, 必以石顯王鳳爲忠臣, 望之與章爲不賢而被罪也. 今足下視石顯王鳳, 果忠邪? 望之與章, 果不賢邪?

當時亦有諫臣, 必不肯自言畏禍而不諫, 亦必曰當誅而不足諫也, 今足下視之, 果當誅邪? 是直可欺當時之人, 而不可欺後世也. 今足下又欲欺今人, 而不懼後世之不可欺邪, 況今之人未可欺也?

伏以今皇帝卽位已來, 進用諫臣, 容納言論, 如曹脩古劉越, 雖歿猶被褒稱, 今希文與孔道輔, 皆自諫諍擢用. 足下幸生此時, 遇納諫之聖主如此, 猶不敢一言, 何也?

前日又聞御史臺牓朝堂, 戒百官不得越職言事, 是可言者, 惟諫臣爾. 若足下又遂不言, 是天下無得言者也. 足下在其位而不言, 便當去之, 無妨他人之堪其任者也. 昨日安道貶官, 師魯待罪, 足下猶能以面目見士大夫, 出入朝中稱諫官, 是足下不復知人間有羞恥事爾. 所可惜者, 聖朝有事, 諫官不言, 而使他人言之, 書在史冊, 他日爲朝廷羞者, 足下也.

春秋之法, 責賢者備, 今某區區猶望足下之能一言者, 不忍便絶足下而不以賢者責也.

若猶以謂希文不賢而當逐, 則予今所言如此, 乃是朋邪之人爾. 願足下直攜此書于朝, 使正予罪而誅之, 使天下皆釋然知希文之當逐, 亦諫臣之一效也.

前日足下在安道家召予, 往論希文之事, 時坐有他客, 不能盡所懷. 故輒布區區, 伏惟幸察. 不宣.

【비평자료】

1 관각교감館閣校勘 구양수가 편지를 부쳐 사간 고약눌이 범중엄을 구제하지 않은 것을 꾸짖으며 이르길, "사람들 사이에 수치스러운 일이 있다는 것을 더 이상 알지 못하는 것입니다."라 하였는데 고약눌이 노하여 그 서찰을 올리자 구양수는 이로 인해 이릉령夷陵令으로 폄출되었다. 관각교감 채양蔡襄[25]은 〈사현일불초四賢一不肖〉[26]라는 시를 지어 범중엄, 여정, 윤수, 구양수를 기리고 고약눌을 나무랐는데, 사람들이 옮겨 베꼈으며 쓴 글씨를 파는 자들이 거래하여 많은 이익을 얻었다. 거란契丹의 사신이 마침 왔다가 이것을 사서 돌아가 유주幽州의 객관에 펼쳐놓았다. 이를 알게 된 전중시어사殿中侍御史 한독韓瀆은 여이간呂夷簡[27]의 뜻에 영합하여 범중엄이 붕당을 만들었다는 글을 조당에 걸어 여러 신하들이 직분을 넘어 국사를 말하지 말라고 경계하기를 청하자, 여이간이 그대로 따랐다.

館閣校勘歐陽脩, 貽書責司諫高若訥不能救, 謂"其不復知人間有羞恥事." 若訥怒上其書, 脩坐貶夷陵令, 館閣校勘蔡襄作四賢一不肖詩, 以譽仲淹靖洙脩而譏若訥, 人士傳寫, 粥書者市之得厚利. 契丹使適

25 채양蔡襄 : 1012~1067. 자는 군모君謨. 시호는 충혜忠惠. 송나라 대의 문인이자 서예가. 시문詩文에 뛰어났으며 특히 글씨를 잘 썼다. 관각교감館閣校勘, 지간원知諫院, 단명전학사端明殿學士 등을 역임하였다. 문집으로는 『채충혜집蔡忠惠集』이 전한다.

26 사현일불초四賢一不肖 : 범중엄이 간언으로 폄출되자 채양이 지은 시의 제목이다. 범중엄을 비롯해 그를 옹호했던 구양수歐陽脩, 여정余靖, 윤수尹洙는 어질다는 뜻에서 '사현四賢'이라 하고 범중엄을 폄출하게 만든 고약눌은 불초하다는 의미에서 '일불초一不肖'라 하였다. 『宋史』「蔡襄列傳」

27 여이간呂夷簡 : 979~1044. 자는 탄부. 송나라 수주壽州 사람이다. 1000년에 진사에 급제해 형부낭중刑部郎中, 참지정사參知政事 등을 역임하며 재상의 지위에 올랐다. 범중엄의 탄핵으로 파면되었으나 이후 다시 재상이 되어 국정에 참여하였다. 곽황후郭皇后의 폐립에 찬성하여 범중엄과 대립하였다.

至, 買以歸張於幽州館, 殿中侍御史韓瀆希夷簡旨, 請書仲淹朋黨, 揭之朝堂, 以戒百官越職言事者, 從之.

「宋·仁宗」, 『治平要覽』 卷107.

2 「여고사간서與高司諫書」 내가 그것을 읽고 부끄러움을 느껴 땅속으로 들어가게 만들었는데, 당시 고사간高司諫은 어떻게 끝까지 읽었는지 모르겠다. 저 자는 스스로 몸을 지키는 묘책을 얻었다 여겨 남들이 깨닫지 못하였다 기뻐하였으나 유독 천고의 혜안이 대면하여 간파할 것임을 알지 못하였다. 속담에 이르길 "깊은 물속의 물고기를 자세히 살피는 자는 상서롭지 못하다."[28] 하였으니 구양수[永叔]는 어질지 못하다 할 수 있겠는가! 그의 무리들이 세상에 적지 않으나 구양수가 늘 있는 것은 아니니 고사간이 불행한 것이로다.

與高司諫書. 令我讀之已覺羞愧入地, 不知當日高司諫何以卒讀. 彼方自以爲得護身之妙法, 喜人不覺, 殊不知千古隻眼, 對面看破. 語云"察淵魚不祥." 永叔其不仁哉! 此輩人世不乏少, 而永叔不常有, 高司諫其不幸也哉.

金允植(1835~1922), 「八家涉筆上」, 『雲養集』 卷14.

28 속담에……못하다 : 『열자列子』 「설부說符」에 "깊은 못 속의 고기를 살펴보는 자는 상서롭지 못하고 숨겨진 것을 지혜로 헤아리는 자는 재앙을 당한다[察見淵魚者不祥, 智料隱匿者有殃.]."라 하였다. 『한비자韓非子』 「설림說林」에도 유사한 내용이 있다.

『춘추春秋』에 대한 논설 상上[29]

(모곤) 조리가 있다.

사건이 불행하게도 오래되어 두 가지 설이 전해진다면 무엇을 따라야 하는가? 믿을 만한 한 가지 설을 따라야 한다. 그렇다면 어떻게 믿을 만한 것인지 알고 따르겠는가? 그 사람을 따라서 믿는 것이 옳다. 많은 사람들의 설이 저와 같고 군자의 설이 이와 같다면 많은 사람들의 설을 버리고 군자의 설을 따라야 한다. 군자는 널리 배우고 들은 것이 많지만 그래도 그 전傳에 잘못이 없을 수 없다. 군자의 설이 저와 같고 성인의 설이 이와 같다면 군자의 설을 버리고 성인의 설을 따라야 한다. 이는 온 세상 사람들이 모두 그러한 것을 알지만 『춘추春秋』를 배우는 이들은 유독 이와 다르다.

공자孔子는 성인이니 만세의 믿음을 받은 한 사람이고, 공양고公羊高[30]·곡량적穀梁赤[31]·좌구명左丘明[32]과 같은 세 사람은 널리 배우고

---

29 『춘추春秋』에……상上 : 「춘추론春秋論」 상上·중中·하下 3편은 구양수의 사론史論인데, 3편으로 구분되어 있지만 실제로는 1편의 글로 같은 시기에 지어진 것이다. 『춘추春秋』는 공자孔子가 편수編修한 사서史書라고 전해지는데, 문장은 간결하고 문맥에는 포폄褒貶의 의미가 들어있다. 『춘추春秋』를 해석한 책으로 『좌씨전左氏傳』, 『공양전公羊傳』, 『곡량전穀梁傳』이 있다.

30 공양고公羊高 : ?~?. 전국 시대 제齊나라 사람으로, 한漢나라 금문경학今文經學의 선구자다. 공자의 문인 자하子夏의 제자로 『춘추』를 연구하여 춘추대의春秋大義를 밝혔다. 공양고가 전한 『춘추』는 구두로 전해지다가 한나라 경제景帝 때 현손 공

들은 것이 많지만, 그 전에 잘못이 없을 수 없는 사람이다. 공자의 경經과 세 사람의 전에 다른 것이 있으면 배우는 이들은 차라리 경을 버리고 전을 따르며 공자를 믿지 않고 세 사람을 따르니 미혹됨이 심하다.

경에 노魯나라 은공隱公의 일에 대해 "은공이 주邾나라 의보儀父와 멸蔑에서 회맹하였다."[33]라고 기록하였고, 그가 죽었을 때 "공이 훙서하였다."[34]라고 기록하여 공자는 처음부터 끝까지 공이라고 하였으며, 세 사람은 "공이 아니니 이는 섭정한 것이다."라고 하였는데, 배우는 이들은 공자가 공이라고 한 것을 따르지 않고 세 사람이 섭정했다고 한 것을 따른다. 진晉나라 영공靈公의 일에 대해 공자는 "조돈趙盾이 자기 임금 이고夷皐를 시해하였다."[35]라고 하였고, 세 사람은 "조돈趙盾

양수公羊壽와 그의 제자 호무생胡毋生에 이르러 비로소 『공양전』으로 완성되었다.

31 곡량적穀梁赤 : ?~?. 주周나라 말기에서 노魯나라 사람이라고도 하고, 진秦나라 효공孝公 대 사람이라고도 한다. 공자의 제자인 자하子夏의 제자이자 경학자로 『춘추』를 전수받았는데, 당시에 『춘추』가 많이 훼손되고 유실될 위기에 처하자 이를 체계적으로 정리할 필요를 느껴 『곡량전』을 편찬했다고 한다. 처음에는 그 내용이 구전되었으나 한나라 때에 후인들이 죽백에 필기하여 전해졌다.

32 좌구명左丘明 : 기원전 502?~기원전 422?. 춘추 시대 노나라 사람이다. 좌구명은 사관으로 지내면서 사서史書 편찬에 기여했다. 『좌씨전』, 『국어國語』가 그의 저서로 알려져 있다.

33 공이……회맹하였다 : 『춘추』 은공隱公 원년 경문經文에 "3월에 노나라 은공이 주나라 의보儀父와 멸蔑에서 만나 회맹하였다[三月, 公及邾儀父盟于蔑.]."라고 하였다.

34 공이 훙서하였다 : 『춘추』 은공隱公 11년 경문에 "겨울 11월 임진壬辰에 공이 회맹하였다[冬十一月壬辰, 公薨.]."라고 하였다.

35 조돈趙盾이……시해하였다 : 『춘추』 선공宣公 2년 경문에 "가을 9월 을축乙丑에 조돈이 자기 임금 이고夷皐를 시해하였다[秋九月乙丑, 晉趙盾弑其君夷皐.]."라고 하였다. 조돈趙盾은 조쇠趙衰의 아들인 조선자趙宣子로, 춘추 시대 진晉나라의 정사를 맡아보았다. 영공靈公의 폭정에 간언을 올렸다가 임금의 미움을 받고 망명하는 도중에 그의 족제族弟 조천趙穿이 임금을 시해하였다는 소문을 듣고 돌아왔다. 조돈이 자기 임금을 시해했다는 것은 조돈이 돌아와서 임금을 죽인 조천의 죄를 다스리지 않았으므로, 조돈이 임금을 죽인 것과 마찬가지라는 의미이다.

이 아니라 조천趙穿이다."라고 하였는데, 배우는 이들이 공자를 따라 조돈이라고 한 것을 믿지 않고 세 사람을 따라 조천이라고 한 것을 믿는다. 허許나라 도공悼公의 일에 대해 공자는 "허나라 세자 지止가 자기 임금 매買를 시해하였다."[36]라고 하였고, 세 사람은 "시해가 아니니, 매는 병들어 죽었고 지는 약을 맛보지 않았던 것이다."라고 하였는데, 배우는 이들은 공자를 따라 임금을 시해했다고 한 것을 믿지 않고 세 사람을 따라 약을 맛보지 않았다고 한 것을 믿는다. 경을 버리고 전을 따른 것은 어째서인가?

경은 간단하고 직설적이며 전은 새롭고 신기하다. 간단하고 직설적인 것은 듣기 좋은 말이 없고 새롭고 신기한 것은 즐거워할 만한 논의가 많으니 이 때문에 배우는 이들이 새롭고 신기한 것을 즐겁게 들어서 쉽게 미혹된다. 내가 감히 미혹되지 않았다고 말하는 것은 아니지만 공자를 독실하게 믿는 자이니, 경에 기록된 내용은 내가 믿는 것이고, 경에 말하지 않은 내용은 내가 알지 못한다. 비난하는 자가 말하기를 "그대의 말은 자극을 받은 바가 있어 그렇게 말하는 것일 뿐이다. 세 사람이 모두 성인을 배웠고 전은 경을 서술한 것이니 경은 글이 은미하고 뜻이 심원하다. 세 사람은 경을 따라서 밝힌 것이다. 따라서 경에 말하지 않은 것을 전에서 상세히 하였을 뿐이니 두 가지 설이 아니다."라고 하였다.

내가 말하기를 "경에 써있지 않은 것은 세 사람이 무엇을 따라 그러

36 허나라……시해하였다 : 이 일은 『춘추』 소공昭公 19년 경문經文에 "여름 5월 무진에 허許나라의 세자世子 지止가 자기 임금 매買를 시해하였다[夏五月戊辰, 許世子止弑其君買.]."라고 하였다. 당시 허許나라 도공悼公은 병중에 약에 중독되어 죽었는데 세자가 시해하였다고 기록한 것은 세자가 아버지가 먹을 약을 먼저 맛보지 않았기 때문에 시해한 것이라고 한 것이다.

한 것을 알았겠는가?"라고 하니, 말하기를, "그 전후 사정을 미루어 알았고 또 전하는 바가 있어서 아는 것이다. 임금은 반드시 즉위하였다고 하는데 은공은 즉위라고 기록하지 않았으니, 이에 전에서 그가 섭정한 것임을 알았던 것이다. 임금을 시해한 자는 다시 경에서 찾아볼 수 없는데 조돈은 다시 경에서 찾아볼 수 있으니, 이에 전에서 임금을 시해한 자가 조돈이 아님을 알았던 것이다. 임금이 시해당했을 때 적을 토벌하지 않았으면 장사지냈다고 기록하지 않았는데 허나라 도공은 장사지냈다고 기록하였으니, 이에 전에서 세자 지가 실제로 시해하지 않았음을 알았던 것이다. 경은 글이 은미한데 전은 곡진하고 명쾌하니 배우는 이들이 세 사람의 설이 성인의 깊은 뜻이라고 여기는 것이다. 이 때문에 배우는 이들이 따랐을 뿐이고 공자를 버리고 세 사람을 믿은 것이 아닌 것이다."라고 하였다.

내가 말하였다. "그렇다면 함부로 성인을 짐작하여 배우는 이를 미혹되게 한 것이니 세 사람의 잘못일 뿐이다. 배우는 이들이 반드시 세 사람을 믿게 하려 한다면 내가 어쩔 수 없지만 오직 옳은 것을 구하게 하려 한다면 나는 변론을 하지 않을 수 없다."

春秋論 上

(茅坤) 辨.

事有不幸出於久遠而傳乎二說則奚從? 曰從其一之可信者. 然則安知可信者而從之? 曰從其人而信之, 可也. 衆人之說, 如彼, 君子之說, 如此, 則捨衆人而從君子. 君子博學而多聞矣, 然其傳不能無失也. 君子之說, 如彼, 聖人之說, 如此, 則捨君子而從聖人. 此擧世之人皆知其然, 而學春秋者獨異乎是.

孔子, 聖人也, 萬世取信一人而已, 若公羊高穀梁赤左丘明三子者, 博學而多聞矣, 其傳不能無失者也. 孔子之於經, 三子之於傳, 有所不同, 則學者寧捨經而從傳, 不信孔子而信三子, 甚哉其惑也.

經於魯隱公之事, 書曰, "公及邾儀父, 盟于蔑." 其卒也, 書曰, "公薨." 孔子始終謂之公, 三子者, 曰, "非公也, 是攝也." 學者不從孔子謂之公, 而從三子謂之攝. 其於晉靈公之事, 孔子書曰, "趙盾弑其君夷皐." 三子者曰, "非趙盾也, 是趙穿也." 學者不從孔子, 信爲趙盾, 而從三子, 信爲趙穿. 其於許悼公之事, 孔子書曰, "許世子止弑其君買." 三子者曰, "非弑之也, 買病死而止不嘗藥耳." 學者不從孔子, 信爲弑君 而從三子, 信爲不嘗藥, 其捨經而從傳者, 何哉?

經簡而直, 傳新而奇. 簡直, 無悅耳之言, 新奇, 多可喜之論, 是以學者樂聞而易惑也. 予非敢曰不惑, 然信於孔子而篤者也, 經之所書, 予所信也. 經所不言, 予不知也. 難者曰, "子之言, 有激而云爾. 夫三子者, 皆學乎聖人, 而傳所以述經也, 經文隱而意深, 三子者從而發之. 故經有不言, 傳得而詳爾, 非爲二說也."

予曰, "經所不書, 三子者何從而知其然也?" 曰, "推其前後而知之, 且其有所傳而得也. 國君必卽位, 而隱不書卽位, 此傳得知其攝也. 弑君者, 不復見經, 而盾復見經, 此傳得知弑君非盾也. 君弑, 賊不討, 則不書葬, 而許悼公書葬, 此傳得知世子止之非實弑也. 經文隱矣, 傳曲而暢之, 學者以謂三子之說, 聖人之深意也. 是以從之耳, 非謂捨孔子而信三子也."

予曰, "然則妄意聖人而惑學者, 三子之過而已. 使學者必信乎三子, 予不能奪, 使其惟是之求, 則予不得不爲之辨."

『춘추』에 대한 논설 중中

(모곤) 첫 번째 편에서 다 드러내지 않은 부분을 드러냈으니 더욱 분명하게 꿰뚫고 있다.

공자께서는 무엇 때문에 『춘추』를 엮으셨는가? 명분을 바로잡아 분수를 정하고 실정을 찾아 사실에 부합되게 하셨으며 시비是非를 구분하고 선악善惡을 밝히려 하신 것이 바로 『춘추』를 지으신 이유이다. 주周나라가 쇠락해진 이후로 신하가 임금을 시해하고 자식이 부모를 죽이며 제후국끼리 서로를 죽여 황제 자리를 다툰 것은 천하의 똑같은 상황이었다. 당시 어떤 한 사람이 있어 염치를 좋아하고 겸손을 알아서 한 나라를 두고 다투는 난세에 일어나 나라를 사양하는 높은 절개를 가지고 있었다면 공자께서 이를 알아보셨을 것이다. 그리하여 경문에 응당 어떻게 분변해서 밝혔으며 어떻게 표창했겠는가? 어찌 왕위를 섭정한 실상을 빠트려 여러 다른 임금들과 차이를 두지 않고 속여서 공公이라고 하셨겠는가?

섭정攝政이라는 것은 신하가 임금의 일을 행하는 명칭이다. 이윤伊尹[37]이나 주공周公,[38] 공화共和[39]와 같은 신하들이 예전에 섭정을 하였

37 이윤伊尹 : ?~?. 상商나라 때의 재상으로 탕湯 임금을 도와 하夏나라의 걸왕桀王을 멸망시키고 선정을 베풀었다.

38 주공周公 : ?~?. 주周나라 문왕文王의 아들이고 이름은 단旦이다. 형 무왕武王을 도

는데, 상商나라와 주周나라의 백성들이 왕이라고 일컬었다는 것을 들은 적이 없다. 만약 식고息姑[40]가 실제로 섭정을 했더라도 칭호가 정식 임금과 차이가 없다면 명분이 바르지 않고 시비가 구별되지 않은 것이다. 섭정이라는 것은 심정은 임금이 되고자 하지 않지만 몸은 임금의 정사를 임시로 행하는 것이다. 그러므로 비록 임금의 정사를 행하지만 그 실상은 임금이 아닌 것이다. 지금 『춘추』에 '공公'이라고 하였으니 그렇다면 식고가 심정으로는 임금이 되기 싫었고 실제로 임금이 되지도 않았는데 공자께서 공이라는 명칭을 덧붙여 그의 본심을 오인하고 헛된 이름으로 속인 것이니 실제의 선행을 없애버린 것이 된다.

그 사실을 찾지 않으며 사실에 부합되게 하지 않아 이와 같이 선악이 명확해지지 않는다면 공자의 의도는 소홀해지고 『춘추』는 어그러지는 것이다. 『춘추』는 말에 차이가 있어서 더욱 근엄하면서도 간략하니 이 때문에 혐의스러운 것을 변별하고 은미한 것을 밝혀서 신중하게 하여 신뢰를 얻었으니 시비와 선악에 있어서 밝히기 어려운 때에 성인께서 마음을 다 쏟으셨다. 식고가 섭정함에 회맹과 정벌, 형벌과 제사가 모두 자신에게서 나와 온 노나라 사람들이 모두 자신의 명

와 상나라를 이기고 천하를 평정하는 데 지대한 공이 있었다. 무왕 사후에는 조카인 어린 성왕成王을 도와 국가의 문물제도를 완비하여 태평성대를 이루는 데 지대한 공이 있었다.

39 공화共和 : ?~?. 주나라 려왕厲王 때의 제후로 공共 땅에 봉해졌기 때문에 공화라고 불린다. 혹은 백伯을 지냈기 때문에 공백 화共伯和라고도 한다. 인의仁義를 행하여 제후들이 높였다. 폭정을 견디지 못한 백성들이 들고 일어서자 려왕은 체彘 땅으로 달아났는데 공화가 4년간 천자의 일을 섭정하다가 선왕宣王에게 정권을 넘겼다고 한다.

40 식고息姑 : 춘추 시대 노魯나라의 임금인 은공隱公(?~기원전 712)의 이름으로 식息이라고도 한다. 은공은 묘호이다.

령을 들었으니 그가 정식 임금이 되지 못하는 기간은 얼마였겠는가? 다만 명분이 있지 않았을 뿐이니 만약 그의 명칭과 실상이 모두 자신에게 있었다면 무슨 이유로 그의 섭정을 알 수 있겠는가? 그러므로 식고가 섭정을 했고 안 했고는 오직 공으로 불렸느냐 아니었느냐에 달려있으니 혐의스러운 것을 변별하고 은미함을 밝히는 것은 여기에 달려 있는 것이다.

게다가 환공桓公에게 양보하려는 뜻을 미처 행하기도 전에 죽임을 당했으니[41] 그의 생전에 뜻을 펼칠 수 없었고 그의 사후에 허명을 입고 본의는 어그러졌다. 그러하니 식고의 한을 후대에 어떻게 풀어줄 수 있겠는가? 그의 매우 높은 절의와 밝히기 어려운 선행을 또한 『춘추』에 어떻게 바라겠는가? 지금 『춘추』를 해설하는 사람들은 모두 이름과 자, 씨족이 기록되어 있는지 아닌지로 경중을 삼기 때문에 "한 글자가 포폄이 된다."[42]고 하는 것이다. 하지만 또한 공이라는 글자가 어찌 이름과 자, 씨족보다 중요하지 않은가? 공자께서는 이름과 자, 씨족에 있어 사람에게 함부로 덧붙이지 않으셨으니 어찌 공을 사람에게 함부로 덧붙여 그 실상을 숨기셨겠는가?

이를 가지고 말하자면, 은공이 실제로 섭정했다면 공자께서 결코 공이라고 쓰지 않으셨을 것이다. 공자께서 공이라고 쓰셨으니 은공은

---

41 환공桓公에게……당했으니 : 노나라 혜공惠公이 죽은 뒤에 그의 적자인 환공이 너무 어렸던 탓에 서자인 은공이 즉위하고 은공은 환공을 태자로 삼아 환공이 장성하면 왕위를 물려주려고 하였다. 은공 11년 공자 휘公子翬가 은공에게 환공을 죽이고 자신을 태재太宰로 삼아달라고 하였으나 은공이 이를 거부하니 휘가 환공에게 참언을 하여 은공을 살해한 일을 말한다. 『春秋左氏傳』 隱公11年.

42 한……된다 : 『춘추』의 필법이 매우 근엄하여 글자 하나 하나마다 포폄의 뜻을 붙였다는 데서 온 말이다. 두예杜預의 「춘추경전집해서春秋經傳集解序」에, "『춘추』는 비록 한 글자가 포폄이 되지만, 모두 몇 글자씩을 연결하여 말을 이루었다[春秋雖以一字爲褒貶, 然皆須數字以成言.]."라고 하였다.

결코 섭정한 것이 아니다. 힐난하는 자들이 "그렇다면 어째서 즉위한 사실은 적지 않으셨는가?"라고 한다면, 나는 "혜공惠公[43]의 죽음은 그 역사에 보이지 않으니 은공이 처음 즉위한 때 역시 알 수 없다. 공자께서 200년 뒤에 세상에 태어나 남은 역사서를 얻어 『춘추』를 엮으면서 자신이 알지 못하는 사실을 빼놓은 것은 믿을 만한 것만을 전하기 위해서였다."라고 할 것이다. 힐난하는 자가 또 다시 "섭정했다고 하는 것은 좌구명左丘明[44]뿐이고 공양고公羊高[45]과 곡량적穀梁赤[46]은 모두 임시로 왕위에 올라서 환공을 기다렸다고 하였다. 그러므로 임시로 공이라고 할 수 있었던 것이다."라고 한다면, 나는 "노나라의 모든 정사가 자신에게서 나왔고 노나라의 모든 사람들이 자신의 말을 들었으며 살아서는 공이라고 불렸고 죽어서는 훙薨이라고 썼는데 어떻게 그것이 임시인 줄 알 수 있는가?"라고 말할 것이다.

---

43 혜공惠公 : ?~기원전 723. 노나라 13대 왕이다. 효공孝公의 아들로 은공隱公의 부친이며 이름은 불황弗湟이다. 그가 죽었을 때 태자 궤軌의 나이가 너무 어려 식고息姑가 섭정을 하였다.

44 좌구명左丘明 : ?~?. 노나라의 태사太史로서 공자孔子와 동시대의 인물이다. 『사기』 「십이제후연표十二諸侯年表」에 공자가 『춘추』를 지은 뒤에 공자의 제자들이 그 진의를 후세에 정하지 못할 것을 염려하여 좌구명이 『좌씨춘추左氏春秋』를 지었다고 하였다.

45 공양고公羊高 : ?~?. 공자의 문인인 자하子夏의 제자이다. 전국 시대 제齊나라 학자로 한대漢代 고문경학今文經學의 선구자이다. 『춘추』를 연구하여 이름이 났으며 그가 전한 『춘추』는 처음에 구두로 전해지다가 한漢나라 경제景帝 때 현손 공양수公羊壽와 그의 제자 호무생胡毋生에 이르러 『춘추공양전春秋公羊傳』이라는 책으로 완성되었다. 그가 전한 『춘추공양전』은 『춘추좌씨전』·『춘추곡량전』과 함께 춘추삼전春秋三傳이 되었다.

46 곡량적穀梁赤 : ?~?. 노나라 사람으로, 이명은 숙俶이고, 자는 원시元始이다. 자하에게 『춘추』를 배우고 전傳을 지었는데 이것이 구전되었다가 한나라 때 『춘추곡량전春秋穀梁傳』이란 책으로 완성되었다.

春秋論 中

(茅坤) 發首篇所未盡, 更明透.

孔子何爲而修春秋? 正名以定分, 求情而責實, 別是非明善惡, 此春秋之所以作也. 自周衰以來, 臣弑君, 子弑父, 諸侯之國, 相屠戮而爭爲君者, 天下皆是也. 當是之時, 有一人焉, 能好廉而知讓, 立乎爭國之亂世, 而懷讓國之高節, 孔子得之. 於經, 宜如何而別白之, 宜如何而褒顯之? 其肯沒其攝位之實, 而雷同衆君, 誣以爲公乎?

所謂攝者, 臣行君事之名也. 伊尹周公共和之臣, 嘗攝矣, 不聞商周之人, 謂之王也. 使息姑實攝, 而稱號無異於正君, 則名分不正, 而是非不別. 夫攝者, 心不欲爲君而身假行君事, 雖行君事, 而其實非君也. 今書曰公, 則是息姑心不欲之, 實不爲之, 而孔子加之, 失其本心, 誣以虛名, 而沒其實善.

夫不求其情, 不責其實, 而善惡不明如此, 則孔子之意疎, 而春秋繆矣. 春秋辭有同異, 尤謹嚴而簡約, 所以別嫌明微, 愼重而取信, 其於是非善惡難明之際, 聖人所盡心也. 息姑之攝也, 會盟征伐賞刑祭祀, 皆出於己, 擧魯之人, 皆聽命於己, 其不爲正君者幾何? 惟不有其名耳, 使其名實皆在己, 則何從而知其攝也? 故息姑之攝與不攝, 惟在爲公與不爲公, 別嫌明微, 繫此而已.

且其有讓桓之志, 未及行而見殺, 其生也, 志不克伸, 其死也, 被虛名而違本意. 則息姑之恨, 何申於後世乎? 其甚高之節, 難明之善, 亦何望於春秋乎? 今說春秋者, 皆以名字氏族予奪爲輕重, 故曰一字爲褒貶. 且公之爲字, 豈不重於名字氏族乎? 孔子於名字氏族, 不妄以加人, 其肯以公妄加於人而沒其實乎?

以此而言, 隱實爲攝, 則孔子決不書曰公. 孔子書爲公, 則隱決非攝. 難者曰, "然則何爲不書卽位?" 曰, "惠公之終, 不見其事, 則隱之始立, 亦不可知. 孔子從二百年後, 得其遺書而修之, 闕其所不知, 所以傳信也." 難者又曰, "謂爲攝者, 左氏耳, 公羊穀梁, 皆以爲假立以待桓也, 故得以假稱公." 予曰, "凡魯之事, 出於己, 擧魯之人, 聽於己, 生稱曰公, 死書曰薨, 何從而知其假."

『춘추』에 대한 논설 하下

(모곤) 또 둘째 편에서 다 말하지 못한 바를 드러냈으니, 더욱 시원스럽고 잘 분변했다.

시역弑逆은 대악大惡이니, 그 죄는 속량할 수 없고 죄를 저지른 사람은 용납할 수 없으며 법에 있어서는 사면할 수 없다. 사람에게 법을 시행할 때에는 비록 작은 것이어도 신중히 해야 하는데, 하물며 대법大法을 들어서 대악에 가하는 데 있어서겠는가? 이미 번번이 법을 가해놓고 또 번번이 용서해준다면 스스로 그 법을 업신여기고 남은 두려워하지 않을 것이니, 『춘추春秋』에서 법을 씀이 이처럼 경솔하지는 않다.

삼자三子가 『춘추』를 해설하면서 "조돈趙盾[47]이 역적逆賊을 토벌하

---

47 조돈趙盾 : 기원전 654~기원전 601. 조선자趙宣子 또는 선맹宣孟으로도 불렸다. 춘추 시대 진晉나라 사람이다. 양공襄公 7년에 중군원수中軍元帥가 되어 국정을 장악했다. 양공이 죽자 선멸先蔑과 사회士會를 시켜 공자옹公子雍을 진秦나라에서 맞으려 했는데 양공의 부인 목영穆嬴과 다투다 영공靈公을 세우고, 진나라 군대를 방어했다. 진 영공이 즉위한 후 영공은 폭압을 일삼았고, 이에 조돈이 심하게 간했기에 영공은 역사力士 서예鉏麑를 시켜 조돈을 죽이라고 했다. 서예가 조돈을 죽이려 그의 집에 갔더니 아직 새벽인데도 관복을 벗지 않은 채 앉아 밤을 새고 조회에 나갈 채비를 하고 있었다. 이를 본 서예는 그 충성심에 감동하여 감히 죽이지 못하고, 자기 몸을 홰나무에 부딪쳐 자살했다. 이 고사를 '촉괴觸槐'라고 한다. 후에 영공과 뜻이 맞지 않아 도망하였는데 조돈이 아직 국경을 넘지 않았을 때 족제族弟 조천趙穿이 영공을 살해했다.

지 않았으므로 대악을 가하였다."[48]라고 기록하고, 이윽고 조돈이 실제로 시해한 것이 아니라고 하고서는 다시 경經에 드러내어서[49] 조돈의 무죄를 밝혔으니, 이는 번번이 법을 가해놓고 번번이 용서해준 것이다. 결국 조돈이 시해할 마음이 없었다고 한다면 경솔하게 대악을 가할 수 있겠는가?

조돈이 역적을 토벌하지 않은 것이 실정實情을 책망할 만하여 대악을 가해야 하였다면, 그 후에 조돈은 완고하게 역적을 토벌하지도 않았고 이미 허물을 고쳐 스스로 속량하지도 않았는데 어찌 갑자기 용서해주어 죄 없는 사람과 같게 하였단 말인가? 어느 쪽이든 모두 옳지 않으니, 이는 『춘추』의 뜻이 아니다. 조천趙穿이 군주를 시해한 것은 대악인데도 조돈은 역적을 토벌하지도 못하고 군주를 위해 복수하지도 못하고서 아래에서 형정刑政을 잘못했으니, 두 사람의 경중은 비교하지 않아도 알 수 있다. 가령 조돈의 경우는 책망하는 정도로 할 수

48 조돈趙盾이……가하였다 : 좌구명, 공양고, 곡량적이 『춘추春秋』 해설을 다르게 한 부분이다. 『좌씨전』 선공宣公 2년에서는 "태사太史가 '조돈이 군주를 시해하였다.'"라고 기록하여 조정에 보이자, 조돈이 "그렇지 않다."라고 하였다. 태사가 대답하기를 '그대가 정경正卿이 되어, 도망하면서는 국경을 넘지 않았고 돌아와서는 역적을 토벌하지 않았으니, 임금을 시해한 것이 그대가 아니면 누구란 말인가.'라고 하였다."라고 말했다. 『곡량전』 선공 2년에서는 "사관 동호董狐가 역적을 기록하기를 '조돈이 군주를 시해하였다.'라고 하였다. 그러자 조돈은 '하늘이여! 하늘이여! 나는 죄가 없도다. 누가 내가 임금을 죽인 자라 생각하는가?'라고 하였다. 이에 동호는 '그대가 정경이 되어, 조정에 들어와 간함에 받아들여지지 않았고 나가서 도망하면서는 멀리 가지 않았소. 또 군주가 시해되었는데도 돌아와서 역적을 토벌하지 않았으니, 이는 조천과 뜻을 함께한 것이오. 뜻을 함께하였다면 무거운 죄명을 쓰는 것이니, 그대가 아니면 누구겠소?'라고 하였다."라고 하였다. 『공양전』 선공 2년에 "직접 군주를 시해한 자는 조천인데 어찌하여 조돈이 시해하였다고 하였는가? 역적을 토벌하지 않았기 때문이다."라고 하였다.

49 다시 경經에 드러내어서 : 조돈이 실제로 군주를 시해한 자가 아니라고 여겨서 조돈의 이름을 다시 『춘추』 속에 드러낸 것으로, 『춘추』 선공 6년에 "봄에 진나라 조돈과 위나라 손면孫免이 진나라를 침공하였다."라고 한 기사이다.

있으나, 조천의 경우 어찌 죄를 면할 수 있겠는가? 지금 수죄首罪를 면하여 선인善人으로 만들고 무고한 자에게는 대악을 받게 하니, 이는 결단코 그럴 수 없다는 것을 알 수 있다.

『춘추』의 법에 악을 행한 자는 요행으로라도 죄를 면할 수 없게 하고, 의심이 가는 자는 분별하여 명확하게 하는 것이 있으니, 이른바 시비是非의 공정함이다. 삼자의 설에 의거해 본다면, 애초에 영공靈公이 조돈을 죽이려고 하였는데 조돈은 도망하여 죽음을 면하였다. 조천은 조돈과 친족이라 마침내 영공을 시해하였다. 그런데 조돈이 그를 토벌하지 않았으니, 그 행적은 시해에 참여한 것과 관련이 있는 것이다.

이는 의심이 가서 밝히기 어려운 일이니 성인聖人이 사실관계를 따져서 명백하게 하셨을 것이다. 만일 조돈에게 정말 시해하려는 마음이 있었다면 자연히 죄가 조돈에게 있는 것이니 '법을 위하여 악명惡名을 받았다.'[50]고 하여 그 현명함을 칭찬하지 못했을 것이고, 만일 정말 시해하려는 마음이 없었다면 당연히 그를 위하여 분별하여 밝히되, 반드시 먼저 조천의 죄악을 바로잡아 죄가 귀착될 곳이 있게 한 후에 조돈이 역적을 풀어준 것을 책망한다면 조천의 대악은 요행으로 면할 수 없게 될 것이고 조돈의 의심 가는 행적은 분변될 수 있을 것이다. 그러면서도 조돈이 역적을 토벌하지 않은 책임 역시 피할 수 없게 될 것이다.

이처럼 한다면 시비와 선악이 명백해질 텐데, 이제 악을 행한 자는

---

50 법을……받았다 : 『춘추좌씨전』 선공 2년(기원전 607년) 조에 "조선자趙宣子는 옛날에 어진 대부였기에 사관의 서법書法을 위하여 군주를 시해했다는 악명을 받아들였다. 애석하다. 선자가 만약 국경을 넘었다면 이런 악명을 면할 수 있었을 것이다[趙宣子, 古之良大夫也. 爲法受惡. 惜也, 越竟乃免.]."에서 나온 말이다.

면죄를 얻고 의심이 가는 사람은 대악의 오명에 빠졌으니 이는 결코 그렇지 않다는 것을 알 수 있다. 만일 "조돈이 역적을 토벌하지 않은 것은 군주가 시해되기를 바라는 마음이 있었던 것이니 스스로 시해한 것과 마찬가지이다. 그러므로 차라리 조천을 제외하더라도 조돈을 죄 준 것이다."라고 한다면, 이는 바로 남이 나를 속일까 미리 생각하여 자신의 감정대로 행동하는 관리의 고집스럽고 편벽한 처사일 뿐이지, 공자가 충서忠恕의 태도로 서술한 『춘추』의 왕도王道로 치인治人하던 법이 아니다.

공자가 '구사舊史'의 시비가 혼란스럽고 선악이 분명하지 않은 것을 근심하였다. 이 때문에 『춘추』를 편수한 것이니, 가령 '구사'가 이와 같다면 공자가 수긍하여 바로잡지 않았다는 말인가? 수긍하여 아름다움을 칭찬하고, 또 사람들에게 국경을 넘으면 죄악을 면할 수 있다고 가르친 것인가? 이는 와전된 것임을 알 수 있다. 혹자가 묻기를 "그렇다면 이고夷皐는 누가 시해한 것인가?"라고 하기에, 내가 대답하기를 "공자가 기록한 것이 옳으니, 조돈이 군주를 시해한 것이다. 지금 어떤 사람이 자신의 아버지가 병들었는데 몸소 약을 올리며 미리 맛보지 않은 경우가 하나 있고, 또 어떤 사람은 자신의 아버지가 병들었는데 몸소 약을 올리지 못한 경우가 하나 있는데, 두 사람의 아비가 모두 죽었고 또 어떤 사람은 칼을 쥐고 자신의 아버지를 살해한 경우가 있다고 하자. 관리에게 죄를 다스리게 한다면 이 세 사람은 그 죄가 같겠는가?"라고 하고, 이어서 말하기를 "비록 용렬한 관리라 하더라도 그 죄가 같지 않음은 알 것이다. 몸소 약을 올리면서 미리 맛볼 줄 모른 사람은 아버지를 사랑하는 효심은 있지만 예는 익히지 못한 것이니, 이는 안타까워할 만한 일이지만 죄는 없는 사람이다. 몸소 약을 올리지 않은 사람은 참으로 불효한 것이니, 비록 아버지를 사랑하는 마음은 없었다고 하나 아비를 살해하려는 뜻이 있었던 것은 아니다. 만일 옥사를 잘 다스리는 사람이라면 오히려 응당 칼을 쥐고 아비를 죽인 자와는 다르게 죄를 다스릴 텐데, 하물며 몸소 약을 올린 효자를 도리어 칼을 쥐고 아비를 살해한 자와 같은 죄로 처리해서야 되겠는가? 이는 용렬한 관리도 하지 않을 짓이다.

그렇다면 허許나라 세자 지止가 실제로 약을 맛보지 않았다면 공자가 결코 "임금을 시해하였다"라고 기록하지 않았을 텐데 공자가 "임금을 시해하였다"라고 기록하였으니, "지는 결코 약을 맛보지 않은 것이 아니다."라고 하였다. 변론하는 자가 말하기를 "성인이 지의 경우를 빌려 가르쳤을 뿐이다."라고 하기에, 내가 대답하기를 "그렇지 않다. 이른바 '지의 경우를 빌려 가르쳤을 뿐이다'라는 것은 사람들이 약을 맛볼 줄 알게 하고자 한 것에 지나지 않는다. 성인이 한마디 말로 밝게 사람에게 고하면 만세萬世의 법이 되는데, 어찌 굳이 효자에게 대악의 오명汚名을 더하였겠는가? 약을 맛본 일은 끝내 글에 보이지 않으니, 가령 후세 사람들이 단지 지가 군주를 시해한 것만 알고 약을 맛보아야 한다는 것을 알지 못한다면, 가르침을 전하지도 못하고 애꿎은 사람만 대악에 빠뜨리는 것이니, 성인이 가르침을 전하는 것이 이처럼 우활하지는 않을 것이고, 정말로 지를 책망한다 하더라도 이처럼 각박하게 하지는 않았을 것이다."라고 하였다.

힐난하는 자가 말하기를 "그렇다면 조돈을 어찌 다시 경에 드러냈으며, 허나라 도공悼公이 죽었을 때 어찌 '장葬'이라고 기록한 것인가?"라고 하기에, 내가 말하기를 "군주를 시해한 신하를 경에 드러내지 않는다는 것은 삼자의 설에서 나온 것일 뿐이니, 과연 성인의 법이겠는가. 도공의 징계를 기록한 것은 역적을 토벌하지 않았는데도 '장'이라고 기록한 것인지 또 어찌 알겠는가? 지가 시해한 것을 가지고 경에 드러낼 때로부터 4년 뒤에 오吳나라가 허나라 군사를 패퇴시켰고,[51] 또 18년 뒤인 정공定公 4년에 허남許男이 비로소 경에 보였지만 이름은 밝히지 않았다.[52] 이상이 경에 기록된 허의 대략이다. 지의 사적은 알 수 없다."라고 하였다.

힐난하는 자가 말하기를 "삼자의 설은 억측에서 나온 것이 아니라 전수받은 것이 이와 같은 것이다. 그렇다면 전수받은 것을 모두 믿을 수 없다는 말인가?"라고 하기에, 내가 대답하기를 "전해 들은 것을 어찌 다 믿을 수 있겠는가? 공양公羊과 곡량穀梁은 윤씨尹氏가 죽은 것을 정경正卿이라 하였고, 좌씨左氏는 윤씨가 죽은 것을 은공隱公의 어머니라 하였으니, 한쪽은 남자로 생각하였고 한쪽은 부인으로 생각하였다.[53] 전수받은 것이 대개 이와 같으니, 어찌 다 믿을 수 있겠는가."라고 하였다.

---

51 지가……패퇴시켰고 : 『춘추』 소공昭公 23년에 "무진戊辰에 오군吳軍이 계부雞父에서 돈頓·호胡·심沈·채蔡·진陳·허許의 군대를 패배시켰다[戊辰, 吳敗頓胡沈蔡陳許之師于雞父.]."라 하였다.

52 또 18년……않았다 : 『춘추』 정공定公 4년에 "삼월三月에 정공이 유자劉子, 진후晉侯, 송공宋公, 채후蔡侯, 위후衛侯, 진자陳子, 정백鄭伯, 허남許男, 조백曹伯, 거자莒子, 주자邾子, 돈자頓子, 호자胡子, 등자등자滕子, 설백薛伯, 기백杞伯, 소주자小邾子, 제齊나라 국하國夏와 소릉召陵에서 회합會合하고서 초楚나라에 침입侵入하였다[三月, 公會劉子晉侯宋公蔡侯衛侯陳子鄭伯許男曹伯莒子邾子頓子胡子滕子薛伯杞伯小邾子齊國夏于召陵, 侵楚.]."라는 말이 있다.

53 공양公羊과……생각하였다 : 『공양전公羊傳』과 『곡량전穀梁傳』, 『좌씨전左氏傳』에서 윤씨尹氏를 다르게 본 것을 말한다. 『공양전』과 『곡량전』에서는 윤씨를 주周나라 왕의 대부로 보았지만 『좌씨전』에서는 노魯나라 은공隱公의 모친 성자聲子로 보았다.

春秋論 下

(茅坤) 又發次篇所未盡, 更洗發辨析.

弑逆大惡也, 其爲罪也莫贖, 其爲人也不容, 其在法也無赦. 法施於人, 雖小必愼, 況擧大法而加大惡乎? 旣輒加之, 又輒赦之, 則自侮其法而人不畏, 春秋用法不如是之輕易也.

三子說春秋, 書, "趙盾以不討賊, 故加之大惡." 旣而以盾非實弑, 則又復見於經, 以明盾之無罪, 是輒加之而輒赦之爾. 以盾爲無弑心乎, 其可輕以大惡加之?

以盾不討賊, 情可責而宜加之乎, 則其後頑然未嘗討賊, 旣不改過以自贖, 何爲遽赦, 使同無罪之人? 其於進退皆不可, 此非春秋意也. 趙穿弑君, 大惡也, 盾不討賊, 不能爲君復讐而失刑於下, 二者輕重, 不較可知. 就使盾爲可責, 然穿焉得免也? 今免首罪爲善人, 使無辜者受大惡, 此決知其不然也.

春秋之法, 使爲惡者不得幸免, 疑似者有所辨明, 所謂是非之公也. 據三子之說, 初靈公欲殺盾, 盾走而免. 穿盾族也, 遂弑. 而盾不討, 其迹涉於與弑矣.

此疑似難明之事, 聖人尤當求情責實, 以明白之. 使盾果有弑心乎, 則自然罪在盾矣, 不得曰, "爲法受惡" 而稱其賢也, 使果無弑心乎, 則當爲之辯明, 必先正穿之惡, 使罪有所歸然後, 責盾縱賊, 則穿之大惡, 不可幸而免, 盾之疑似之迹獲辯. 而不討之責, 亦不得辭.

如此則是非善惡明矣, 今爲惡者, 獲免, 而疑似之人, 陷于大惡,此決知其不然也. 若曰, 盾不討賊, 有幸弑之心, 與自弑同. 故寧舍穿而罪盾, 此乃逆詐用情之吏矯激之爲爾, 非孔子忠恕春秋, 以王道治人之法也.

孔子患舊史是非錯亂而善惡不明. 所以修春秋, 就令舊史如此, 其肯從而不正之乎? 其肯從而稱美, 又教人以越境逃惡乎? 此可知其繆傳也. 問者曰, "然則夷皐, 孰弑之?" 曰, "孔子所書是矣, 趙盾弑其君也. 今有一人焉父病躬進藥而不嘗, 又有一人焉父病而不躬進藥而二父皆死, 又有一人焉操刃而殺其父. 使吏治之, 是三人者, 其罪同乎?" 曰, "雖庸吏, 猶知其不可同也. 躬藥而不知嘗者, 有愛父之孝心而不習於禮, 是可哀也, 無罪之人爾. 不躬藥者, 誠不孝矣, 雖無愛親之心, 然未有殺父之意. 使善治獄者, 猶當與操刃殊科, 況以躬藥之孝, 反與操刃同其罪乎? 此庸吏之不爲也.

然則許世子止實不嘗藥, 則孔子決不書曰, "弑君", 孔子書, "爲弑君", 則止決, "非不嘗藥." 難者曰, "聖人借止以垂教爾." 對曰, "不然. 夫所謂 '借止以垂教'者, 不過欲人之知嘗藥耳. 聖人一言, 明以告人, 則萬世法也, 何必加孝子以大惡之名? 而嘗藥之事, 卒不見於文, 使後世但知止爲弑君而莫知藥之當嘗也, 教未可垂而已陷人於大惡也, 聖人垂教, 不如是之迂也, 果曰責止, 不如是之刻也."

難者曰, "然則盾曷爲復見於經, 許悼公曷爲書葬?" 曰, "弑君之臣不見經, 此自三子說爾, 果聖人法乎? 悼公之葬, 且安知其不討賊而書葬也? 自止以弑見經, 後四年, 吳敗許師, 又十有八年, 當定公之四年, 許男始見于經而不名. 許之書于經者略矣. 止之事迹, 不可得而知也."

難者曰, "三子之說, 非其臆出也, 其得於所傳如此. 然則所傳者, 皆不可信乎?" 曰, "傳聞, 何可盡信? 公羊穀梁以尹氏卒爲正卿, 左氏以尹氏卒爲隱母, 一以爲男子, 一以爲婦人. 得於所傳者, 蓋如是, 是可盡信乎?"

【비평자료】

1 「춘추론」에서 은공의 섭정과 조돈과 지가 군주를 시해했다는 것은 마땅히 공자孔子의 경문에 의거해 전傳에서 없애야 한다. 춘추삼전春秋三傳에 의거해 해석하지 않는 것이 성인의 뜻을 독실히 믿는 것이 된다고 하였다. 그러나 내가 보기에 공양과 곡량은 늦게 태어나 옛것을 전해 들어 놓친 사실이 많으니, 배우는 자들은 단장취의하는 것이 좋다. 좌씨左氏와 같은 경우에는 눈과 귀가 미친 곳은 근거 없는 것이 없었다. 또 그 사람이 비록 공자께서 "나 또한 부끄럽다 여긴 것이다"[54]라 칭한 자가 아니지만 그 이름을 이름으로 삼았다면 좌구명을 숭상하고 사모한 것을 또한 알 수 있으니, 터무니없고 허황된 말로 경문의 가르침을 어지럽히지 않았음이 분명하다.

은공의 섭정을 경문에서는 비록 말하고 있지 않다. 그러나 섭정이란 것은 은공이 자처한 것이요, 공公이란 것은 모든 나라의 공론이었다. 섭정한 마음은 죽은 뒤에 조명받지 못했으나 공에 걸맞은 행적이 생전에 오래 드러났다.【동파東坡가 군주를 섭정했다고 증명한 것이 이와 비슷하다.】 그러므로 노나라 사서가 이것을 따라 공이라고 한 것이다. 공자는 노나라 사람이니 어찌 오래되고 조명받지 못했던 심사心事를 고집해서 옛 역사서의 호칭을 멋대로 산삭하였겠는가? 비록 그러하나 즉위한 일을 기록하지 않은 데에는 반드시 그 까닭이 있으니, 이는 전을 폐기할 수 없는 이유이다.

진晉나라 영공靈公은 비록 모질어 민심을 잃었으나 그 실제는 임금이었고 조돈은 비록 어질어서 민심을 얻었으나 그 실제는 신하였다. 조천趙穿이 누구를 믿고 그 임금을 시해하였겠는가. 어찌 민심을 얻은 조돈

---

54 나……것이다 : 공자가 "교묘한 말, 얼굴빛을 좋게 꾸미고 지나치게 공손함을 좌구명左丘明이 부끄러워하였는데, 나 또한 부끄러워하는 것이다[巧言令色足恭, 左丘明恥之, 丘亦恥之.]."라 하였다. 『論語』 「公冶長」.

때문이 아니었겠는가. 지금 조돈을 버리고 조천을 쓴다면 이는 사마소司馬昭를 사면하고 성제成濟를 주살하는 것[55]과 같다. 그렇다면 아주 흉악한 사람이 직접 죽이지 않은 경우는 모두 요행히 면할 수 있다면 괜찮겠는가. 그러므로 조돈으로 기록한 것이다. 그러나 조돈은 어진 자이니 오명을 쓴 것은 시해하려는 마음이 아니었다. 만일 전으로 이어가지 않았다면 이는 최저崔杼,[56] 요치淖齒[57]와 변별할 수 없었을 것이니, 이것이 전을 폐기할 수 없는 이유이다.

아버지가 병들어 약을 미리 맛보는 것은 자식이 늘 해야 할 일이다. 그러나 그 할 일을 소홀히 하고 행하지 않은 경우는 세상에 많은데 허나라 세자 지만이 임금을 살해했다는 이름을 얻게 된 것은 어째서인가? 생각건대 허나라 임금이 죽은 것은 약에 중독되어서였는데, 세자는 마땅히 그것을 맛봐야 했는데도 맛보지 않았으니 모든 나라가 그의 탓으로 돌린 것이다. 그러므로 그 죄는 매우 무겁다. 그렇지 않다면 혹 그를 의심하여 맛보지 않은 것인지, 그것을 알았기에 일부러 맛보지 않은 것인지 모두 알 수 없다.

명明나라 광종光宗 시대에 재상 방종철方從哲이 최문승崔文昇과 이가작李可灼의 잘못된 약을 진헌한 일이 있었는데, 조정이 크게 시끄러워져 방종철이 실제로 시역弑逆했다고 뒤집어쓰게 되었다.[58] 이로 말미암아 보

---

55 사마소司馬昭를……것 : 사마소司馬昭(211~265)는 위魏나라 사람으로 정권을 마음대로 휘둘렀으며, 권력을 찬탈하려 하였다. 이에 위나라 왕 조모曹髦가 사마소를 죽이려 하였다. 사마소의 부하인 가충賈充은 성제成濟를 설득해 조모를 찔러 죽이게 하였다. 사마소는 이에 임금을 죽인 죄로 성제를 주살하였다. 『三國志』 卷4 「魏書」.

56 최저崔杼 : ?~?. 제齊나라 대부. 자신의 아내와 간통한 제나라 장공莊公을 시해하고 경공景公을 옹립했다.

57 요치淖齒 : ?~기원전 284. 제나라 민왕湣王을 죽였다. 『史記』 卷46 「田敬仲完世家」.

58 명明나라……되었다 : 홍환안紅丸案을 말한다. 1620년 8월 1일 광종光宗이 즉위하여 8월 10일 병으로 쓰러졌다. 태감 최문승崔文昇이 약을 올렸는데, 복용 후 병이

건대 지가 이러한 이름을 얻은 것은 지나치지 않다. 비록 그러하나 그 죄는 약을 맛보지 않은 데에 그칠 뿐이고 다른 증거는 없었다. 만일 전으로 이어가지 않았다면 이는 채반蔡般,[59] 유소劉劭[60]와 변별할 수 없었을 것이니 이것이 전을 폐기할 수 없는 이유이다.

경문은 자명하지 않으니, 반드시 전이 있어야 상세해진다. 하물며 그 말이 세상의 교훈이 되기에 족하다면 어찌 그것을 없애겠는가.

春秋論以隱攝盾止之弑, 謂當據經廢傳, 按此不解爲篤信聖人之義. 然愚謂公穀生晩, 傳聞固多失實, 學者斷取其義可也. 若左氏則耳目所及, 不爲無據. 且其人雖非夫子所稱丘亦恥之者, 然以其名名之, 其人之所尙慕亦可知也, 其非架空做荒以亂經訓審矣.

隱公之攝, 經雖不言, 然攝者隱公之所自處也, 公者擧國之公論也. 蓋攝之心, 未明於沒後, 而公之跡, 久著於生前.【東坡攝主之證似是.】故魯史從以實之. 夫子魯人也, 安得執久遠未明之心事, 擅削舊史之名號也哉? 雖然其不書卽位, 必有其故, 此傳之不可廢者也.

晉靈雖虐而失衆, 其實君也, 趙盾雖賢而得衆, 其實臣也. 夫趙穿何所恃而敢弑其君? 豈非得衆之盾故耶? 今若捨盾而書穿, 是猶赦司馬昭而誅成濟. 然則元惡大憝, 不自手刃者, 皆可幸免, 其可乎哉. 故書之以盾. 然盾賢者也, 其犯惡名, 非其本心. 若無傳以係之, 是與崔杼

더 심해지자 그러자 방종철方從哲이 이가작李可灼이 만든 붉은 환약을 올려 조금의 차도가 있었다. 그러나 얼마 후 9월 1일 갑작스레 황제가 사망하였다. 『明季北略』 卷1.

59 채반蔡般 : ?~?. 채蔡나라 세자로, 아버지이자 임금인 고固를 시해하였다. 『春秋左氏傳』 昭公 9年.

60 유소劉劭 : 424~453. 자는 휴원休遠. 송나라 문제文帝의 첫째 아들이다. 그가 아버지인 문제를 해치려 하자 문제는 태자를 폐하고 그를 죽이고자 하였다. 이에 유소는 문제를 시해하고 바로 즉위하였으나, 장질臧質의 군대에게 죽임을 당하였다. 『宋書』 卷5 本紀.

淖齒無辨, 此傳之不可廢者也.

父病嘗藥, 人子之常也. 然忽其常而不行者, 世多有之, 許世子獨得弑君之名何哉? 意者許君之死, 由於中藥, 世子宜嘗之而不嘗, 擧國之所歸咎也. 故其罪忒重. 不然則或疑之而不嘗, 或知之而故不嘗, 皆不可知也.

有明光宗時, 輔臣方從哲進崔李誤藥, 廷議大譁, 至冒從哲以弑逆之實. 由是觀之, 許止之得此名, 不爲過矣. 雖然其罪止於不嘗藥, 不見他驗. 若無傳以繼之, 則是與蔡般劉劭無辨, 此傳之不可廢者也.

夫經不自明, 必待傳而後詳. 況其言足爲世戒, 烏可廢之哉?

金允植(1835~1922),「八家涉筆上」,『雲養集』卷14.

붕당에 대한 논설[61]

(모곤) 오랫동안 임금들이 품었던 의심을 깨뜨렸다.

신이 듣기에 붕당의 논의는 예로부터 있었으니 오직 임금께서는 군자와 소인을 분별하시기를 바랄 뿐입니다. 대개 군자는 군자와 도를 함께하여 붕당을 만들고, 소인은 소인과 이익을 함께하여 붕당을 만드니 이는 자연스러운 이치입니다. 그러나 신이 생각하기에 소인에게는 붕당이 없고, 군자에게만 있으니 그 이유는 어째서이겠습니까? 소인은 좋아하는 것이 이록利祿이고 탐하는 것이 재화입니다. 이익을 함께할 때에는 잠시 서로 당黨에 끌어다가 벗으로 삼으니 거짓이고, 그 이익을 보고 앞을 다투거나 이익이 다하여 사귐이 소원해짐에 미쳐서는 도리어 서로 해를 끼쳐 비록 형제와 친척이라 하더라도 지킬 수 없습니다. 따라서 신은 소인에게는 붕당이 없고 잠시 붕당을 만들었다 하더라도 거짓이라고 생각합니다.

군자는 그렇지 않아서 지키는 것은 도의道義이고, 행하는 것은 충신忠信이고, 아끼는 것은 명예와 절개입니다. 이것으로 스스로를 닦으면

61 붕당에 대한 논설 : 구양수歐陽脩가 경력慶曆 4년(1044년)에 지은 글이다. 그 당시 송宋나라 인종仁宗이 두연杜衍, 부필富弼, 한기韓琦, 범중엄范仲淹 등을 등용해서 개혁할 마음을 품었는데, 구양수 등 간관諫官의 대대적인 지지를 얻었다. 그러나 여이간呂夷簡·하송夏竦 등이 여론을 크게 조성하여 부필, 범중엄, 구양수 등을 무함하여 붕당朋黨이라고 하였다.

도를 함께하여 서로 이익이 되고, 이것으로 나라를 섬기면 마음을 함께하여 서로 도와서 처음부터 끝까지 한결같으니, 이것이 군자의 붕당입니다. 따라서 임금은 소인의 거짓 붕당을 물리치고, 군자의 진짜 붕당을 써야 하니 그래야 천하가 다스려집니다.

요堯 임금 때에 소인 공공共工,[62] 환두驩兜[63] 등 4명이 하나의 붕당을 만들고, 군자 팔원八元,[64] 팔개八凱[65] 16명이 하나의 붕당을 만들었는데, 순舜 임금이 요 임금을 도와 사흉四凶인 소인의 붕당을 물리치고 팔원과 팔개인 군자의 붕당을 등용하여 요 임금의 천하가 크게 다스려졌고, 순 임금이 스스로 천자가 되어서는 고요皐陶,[66] 기夔,[67] 후직后稷,[68] 설契[69] 등 22명을 조정에 나란히 벌여 서서 서로 칭찬하고 서로 사양하며 22명의 사람이 하나의 붕당이 되어 순 임금이 이들을 모두 등용하니 천하가 또 크게 다스려졌습니다.

『서경書經』에 이르기를 "주왕紂王에게 신하가 억만 명이 있었는데

---

62 공공共工 : 요 임금 때의 인물로, 환두驩兜, 삼묘三苗, 곤鯀 등과 함께 사흉四凶으로 불렸다. 순 임금이 유주幽州로 유배를 보냈다.

63 환두驩兜 : 요 임금 때의 인물로, 공공共工, 삼묘三苗, 곤鯀 등과 함께 사흉四凶으로 불렸다. 순 임금이 숭산崇山으로 유배를 보냈다.

64 팔원八元 : 요순 시대 때의 신하로 고신씨高辛氏의 여덟 명의 아들 백분伯奮·중감仲堪·숙헌叔獻·계중季仲·백호伯虎·중웅仲熊·숙표叔豹·계리季貍를 가리킨다.

65 팔개八凱 : 요순 시대 때의 신하로 고양씨高陽氏의 여덟 명의 아들 창서蒼舒·퇴기隤敳·도인檮戭·대림大臨·방강尨降·정견庭堅·중용仲容·숙달叔達을 가리킨다.

66 고요皐陶 : 성은 언偃이고, 구도咎陶, 구요咎繇 혹은 고요皐繇라 불리기도 한다. 중국 요순 시대의 신하로 형법刑法을 관장하였다.

67 기夔 : 요순 시대 때의 신하로 요 임금 때 기용되어 악정樂正을 맡았고, 순 임금 때는 전악典樂이 되었다.

68 후직后稷 : 성姓은 희姬이고 이름은 기棄이다. 요순 시대 때의 신하로 요 임금 때 농사農師가 되고 순 임금 때 후직이 되어 후직이라 칭하게 되었다.

69 설契 : 설偰 또는 설卨이라고도 한다. 요순 시대 때의 신하로 순 임금 때 사도司徒가 되어 백성을 다스렸다.

억만 개의 마음이었고, 주周나라에는 신하가 삼천 명이 있었는데 하나의 마음이었다."[70]라고 하였습니다. 주왕의 때는 억만 명의 사람이 각기 마음이 달랐으니 붕당을 만들지 못했다고 할 만합니다. 그러나 주왕이 이로써 나라를 망하게 하고 주나라의 무왕의 신하는 삼천 명이 하나의 큰 붕당을 만들었고 주나라에서 이들을 등용하여 흥하였습니다. 후한後漢 헌제獻帝[71] 때는 천하의 명사들을 모두 모아서 그들을 가두고 당인黨人이라고 지목하였는데,[72] 황건적黃巾賊[73]이 일어남에 미쳐 한漢나라 왕실이 크게 어지러워지자 뒤늦게 후회하고 깨달아 당인들을 모두 풀어주어 석방하였으나 이미 구제할 수 없었습니다. 당唐나라 말년에 붕당에 대한 논의가 차츰 일어났는데[74] 소종昭宗[75] 때에 조정의 명사들을 모조리 죽여 황하에 모두 던져버리고 "이들 무리는 청

70 주왕紂王에게……마음이었다 : 『서경書經』 「태서泰誓」에 "주왕 수에게는 신하 억만 명이 있었는데 억만 개의 마음이었고, 나에게는 삼천 명의 신하가 있는데 하나의 마음이다[受有臣億萬, 惟億萬心, 予有臣三千, 惟一心]"라고 하였다.

71 헌제獻帝 : 헌제가 아니라 환제桓帝와 영제靈帝가 되어야 한다.

72 후한後漢……지목하였는데 : 당고지화黨錮之禍로 한漢나라 때 두 번에 걸쳐 일어난 당고의 옥사를 이르는데, 당고는 붕당朋黨의 무리를 금고禁錮시킨다는 의미이다. 한나라 말엽에 환관宦官이 전권專權하였는데, 환제 때에 진번陳蕃 이응李膺 등이 이를 증오하여 공박하니, 환관들이 당인黨人이라 지목하여 종신금고형終身禁錮刑을 받게 하였고, 영제 때 이응 등이 다시 기용되어 대장군 두무竇武와 모의하여 환관을 주벌하려 하였으나, 일이 사전에 발각되어 실패하는 바람에 이응 등 100여 명이 피살되고 말았다.

73 황건적黃巾賊 : 한나라 영제 때 장각張角이 황노黃老의 학설을 받들어 만든 도교 집단으로 10여 년간 수십만의 교도를 모아 여러 지역에서 동시에 반란을 일으켰다. 머리에 황색 두건을 둘렀기 때문에 황건적이라고 불렸다.

74 당唐나라……일어났는데 : 우이지당牛李之黨을 말한다. 당나라 목종穆宗에서 무종武宗 때까지 우승유牛僧孺와 이덕유李德裕 서로 뜻이 맞지 않아 알력이 심했는데, 그로 인해 결국 우승유·이종민李宗閔을 우두머리로 하는 당과 이길보李吉甫·이덕유 부자父子를 우두머리로 하는 당으로 갈라져서 40년간 대립하였다.

75 소종昭宗 : 소종이 아니라 당나라의 마지막 황제인 소선제昭宣帝가 되어야 한다.

류清流이니 탁류濁流에 던질 만하다"[76]라고 하더니, 당나라가 끝내 망하였습니다.

이전 시대의 임금들 가운데 사람마다 마음을 다르게 하여 붕당을 만들지 못하게 한 것은 주왕만 한 이가 없고, 선한 사람들이 붕당을 만드는 것을 금지시킨 것은 한나라 헌제만 한 이가 없고, 청류의 붕당을 다 죽인 것은 당나라 소종의 시대만 한 것이 없습니다. 그러나 모두 그 나라를 어지럽히고 망하게 했습니다. 서로 칭찬하고 사양하여 스스로 의심하지 않은 것은 순 임금의 22명의 신하만 한 것이 없으니 순 임금이 또 의심하지 않고 모두 등용하였습니다. 그러나 후대에 순 임금이 22명의 붕당에 속았다고 책망하지 않고, 순 임금이 총명한 성인이라고 칭찬하는 것은 군자와 소인을 분별할 수 있었기 때문입니다. 주나라 무왕 시대에 온 나라의 신하 삼천 명이 모두 하나의 붕당을 만들었으니 예로부터 붕당을 만든 것이 많고 큰 것은 주나라 만한 것이 없었습니다. 그러나 주나라가 이들을 등용하여 흥한 것은 선한 사람들은 많더라도 싫지 않아서입니다. 무릇 흥망興亡과 치란治亂의 자취는 임금된 자가 거울로 삼아야 합니다.

76 이들……만하다 : 주전충朱全忠의 좌리佐吏인 이진李振이 수십 년 전 자신이 누차 과거에 합격하지 못했던 일로 앙심을 품고는 주전충에게 "이들은 스스로 청류라고 하니, 황하에 던져서 영원히 탁류가 되게 하소서[此輩自謂淸流, 宜投於黃河, 永爲濁流.]."라고 하자, 주전충이 웃으면서 그렇게 하라고 허락한 일을 말한다.

朋黨論

(茅坤) 破千古人君之疑.

臣聞朋黨之說, 自古有之, 惟幸人君辨其君子小人而已. 大凡君子, 與君子, 以同道爲朋, 小人, 與小人, 以同利爲朋, 此自然之理也. 然臣謂小人無朋, 惟君子則有之, 其故何哉? 小人, 所好者祿利也, 所貪者財貨也. 當其同利之時, 暫相黨引以爲朋者, 僞也, 及其見利而爭先, 或利盡而交疎, 則反相賊害, 雖其兄弟親戚, 不能相保. 故臣謂小人無朋, 其暫爲朋者, 僞也.

君子則不然, 所守者道義, 所行者忠信, 所惜者名節. 以之修身, 則同道而相益, 以之事國, 則同心而共濟, 終始如一, 此君子之朋也. 故爲人君者, 但當退小人之僞朋, 用君子之眞朋, 則天下治矣.

堯之時, 小人共工驩兜等四人, 爲一朋, 君子八元八凱十六人, 爲一朋, 舜佐堯, 退四凶小人之朋, 而進元凱君子之朋, 堯之天下大治, 及舜自爲天子, 而皐夔稷契等二十二人, 竝列于朝, 更相稱美, 更相推讓, 凡二十二人, 爲一朋, 而舜皆用之, 天下亦大治.

書曰, "紂有臣億萬, 惟億萬心, 周有臣三千, 惟一心." 紂之時, 億萬人, 各異心, 可謂不爲朋矣. 然紂以亡國, 周武王之臣, 三千人爲一大朋, 而周用以興. 後漢獻帝時, 盡取天下名士, 囚禁之 目爲黨人, 及黃巾賊起, 漢室大亂, 後方悔悟, 盡解黨人而釋之, 然已無救矣. 唐之晩年, 漸起朋黨之論, 及昭宗時, 盡殺朝之名士, 咸投之黃河曰, "此輩淸流, 可投濁流." 而唐遂亡矣.

夫前世之主, 能使人人異心不爲朋, 莫如紂, 能禁絶善人爲朋, 莫如漢獻帝, 能誅戮清流之朋, 莫如唐昭宗之世. 然皆亂亡其國. 更相稱美推讓而不自疑, 莫如舜之二十二臣, 舜亦不疑而皆用之. 然而後世不誚舜爲二十二人朋黨所欺, 而稱舜爲聰明之聖者, 以能辯君子與小人也. 周武之世, 擧其國之臣三千人共爲一朋, 自古爲朋之多且大莫如周. 然周用此以興者, 善人雖多而不厭也. 夫興亡治亂之迹, 爲人君者可以鑑矣.

【비평자료】

1 구양수歐陽脩[歐陽子]가 "임금은 소인의 거짓 붕당을 물리치고 군자의 진짜 붕당을 쓴다면 천하가 잘 다스려집니다."라고 하였는데, 내가 이것을 읽어보니 그 말에 잘못이 있어 아쉽다. 임금이 사람을 쓰는 도는 공정함일 뿐이니 붕당을 쓰고자 한다면 문호를 이루고 표방을 세워서 그 나라가 끝내 당인들에 의해 망해버린다. 천하에 없어지지 않는 자는 소인이니 임금이 그 선악을 살펴서 등용하고 물리쳐서 군자들로 하여금 소인들에게 과격하게 하지 않게 하고 소인으로 하여 군자들을 원망하게 하지 않는다면 나라가 다스려질 수 있다. 천지의 음양陰陽이 저것이 줄어들면 이것이 자라나는 것은 자연의 이치이니 음陰을 다 없애버리고 양陽만 있게 하고자 한다면 너무 높이 날아오른 용이 후회할 일이 있어서[77] 천지의 도가 이루어지지 않을 것이다.

소옹邵雍[邵子][78]이 "치세에는 군자가 6분六分이고, 소인이 4분四分이다"[79]라고 하였는데, 임금이 음양을 도와주고 억제하는 사이에 4분의 소인으로 하여금 6분의 군자와 다투지 않게 하여 선善을 좋아하고 악惡을 미워하여 한 사람의 사사로움이 섞이지 않게 한다면 군자와 소인이 각

---

77 높이……있어서 : 『주역周易』 「건괘(乾卦) 상구(上九)」의 효사(爻辭)인데, 이는 진퇴에 중정中正한 도를 잃고 너무 지나치면 좋지 않다는 뜻이다. 존귀한 지위에 있는 자가 조심하고 겸양하지 않을 경우에는 반드시 패가망신敗家亡身하게 된다는 뜻으로 쓰인다.

78 소옹邵雍[邵子] : 1011~1077. 자는 요부堯夫, 호는 안락선생安樂先生·이천옹伊川翁, 시호는 강절康節이다. 송宋나라의 학자로 젊어서부터 뜻을 품어 소문산蘇門山에서 독서했으며, 이지재李之才에게 하도낙서河圖洛書와 천문, 역수易數를 배웠다. 스스로 깨우쳐 자득한 것이 많았고, 일생을 낙양洛陽에 숨어살았다.

79 치세에는……4분四分이다 : 소옹邵雍의 「어초문대漁樵問對」에 "치세에는 군자가 6분이고, 군자가 6분이면 소인은 4분이니 소인이 진실로 군자를 이길 수 없는데, 난세에는 이와 반대이다[治世則君子六分, 君子六分則小人四分, 小人固不勝君子矣, 亂世則反是.]."라고 한 데서 온 말이다.

각 제자리를 얻어 음양으로 구분하는 일이 사사로운 일이 될 것이다. 그렇다면 소인의 붕당을 물리치지 않아도 절로 물러나고 군자의 붕당을 등용하지 않아도 절로 등용될 것이다. 임금이 이 도를 버리고 구양수의 말을 따르면 반드시 그 붕당을 씀에 군자와 소인이 무기를 손에 쥐고[80] 서로 다투게 되어 음양이 피 흘리며 싸워 망함이 따를 것이니 두려워하지 않을 수 있겠는가.

비록 그렇기는 하지만 위에 있는 사람이 붕당의 이름을 의심하여 삿됨과 바름을 분별하지 않고 아래에 있는 사람이 붕당의 이름을 피하여 시비를 다투지 않는다면 상하가 모두 구차해서 붕당이 없어졌다는 이름을 이룰 것이다. 이름이 있는 붕당은 비록 사라지더라도 이름이 없는 붕당은 다시 생겨날 것이다. 예전 붕당이 변해서 새 붕당이 되고 그 이름을 혼돈混沌이라고 할 것인데, 혼돈이 붕당을 이루니 어찌 붕당이 없다고 할 수 있겠는가. 공자孔子가 "군자는 엄숙하면서 다투지 않고, 어울리면서 편당 짓지 않는다."[81]라고 했다. 처신함에 엄숙하면서 다투는 데는 이르지 않아서 남을 대함에 온화하면서 편당 짓는 데는 이르지 않는다는 것이니, 칭찬하고 헐뜯고 얻고 잃는 사이에 우뚝하게 홀로 서서 과격하지 않고 따르지 않으며 나의 공정함을 지킨다면 붕당이 나와 무슨 상관이 있겠는가?

歐陽子曰, "爲人君者, 退小人之僞朋, 用君子之眞朋, 則天下治." 余讀此而惜其言之有失也. 人君用人之道, 公而已, 必欲用朋則門戶成

---

80 반박하며 : 원문의 조과操戈는 창술槍術을 익힌다는 말이지만 상대의 이론을 이용하여 상대를 공격하는 경우를 비유하는 말로 쓰이는데, 선비들이 당쟁을 일삼는 것을 비유한 것이다.

81 군자는……않는다 : 『논어論語』 「위령공衛靈公」에 공자孔子가 "군자는 엄숙하면서 다투지 않고, 어울리면서 편당 짓지 않는다[君子, 矜而不爭, 群而不黨.]."라고 한 것을 말한다.

而標榜立, 其國終亡於黨人也. 天下不可絶者小人, 人主察其善惡而進退之, 使君子毋激於小人, 小人毋怨於君子, 則國可以治矣. 天地陰陽, 彼消而此長, 自然之理, 若欲陰盡滅而陽獨存, 亢龍有悔而天地之道不成.

邵子曰, "治世則君子六分, 小人四分." 人主於陰陽扶抑之際, 毋使四分小人爭衡於六分君子, 善善惡惡, 不雜一己之私, 君子小人, 各安其位, 而陰陽私矣. 然則小人之朋, 不退而自退, 君子之朋, 不用而自用. 人主捨此道而從歐陽子之言, 必用其朋, 君子小人, 操戈相爭, 陰陽血戰而亂亡隨之, 可不懼哉.

雖然, 在上者疑朋黨之名, 而不辨邪正, 在下者避朋黨之名, 而不爭是非, 上下苟且, 以成無黨之名. 有名之黨雖消, 而無名之黨復生. 夫舊黨變爲新黨, 其名曰混沌, 混沌成黨, 豈可謂無黨乎. 孔子曰, "君子矜而不爭, 羣而不黨." 處己也嚴而不至於爭, 待物也和而不至於黨, 屹然特立於毁譽得失之間, 不激不隨, 守吾之公, 朋黨何有於我哉?

元景夏(1698~1761), 「反歐陽子朋黨論」, 『蒼霞集』 卷9.

2 「붕당론」. 처음부터 "天下治矣"까지는 위 단락이 되고, 그 아래는 아래 단락이 된다. 위 단락은 붕당의 일을 전반적으로 논한 듯하지만 실제로는 당시의 사정을 밝힌 것이고, 아래 단락은 옛일을 끌어다가 등용하고 물리치는 도를 밝힌 것이다. 위 단락의 "臣聞朋黨之說"에서 "辨君子小人而已"[82]까지의 한 절은 총괄하여 말한 것이다. "大凡君子"에서 "自然之理也"까지의 한 마디는 도를 함께하거나, 이익을 함께하여 붕당을 만듦을 두 가지로 말한 것이다. "臣謂小人"에서 "其故何哉"까지의 한 절은 두 붕당의 진위眞僞를 분석하여 말한 것이다. "小人"에서 "朋者僞

---

82 辨君子小人而已 : 「붕당론朋黨論」 원문에는 '辨其君子小人而已'라고 되어있다.

也"까지의 한 절은 소인에게는 붕당이 없음을 거듭 말한 것이다. "君子則不然"에서 "君子之朋也"까지의 한 절은 군자에게는 붕당이 있음을 거듭 말한 것이다. "故爲人君者"에서 "天下治矣"까지의 한 절은 총괄하여 맺은 것이다.

아래 단락의 요堯 임금·순舜 임금·주왕紂王·주周나라·한漢나라·당唐나라의 여섯 절은 미리 벌여놓은 것이고 "夫前世之主"에서 끝까지 하나의 대절은 총괄하여 맺은 것이다. "能使人人異心"에서 "皆亂亡其國"까지 하나의 소절은 주왕과 한나라, 당나라의 일을 나누어 맺은 것이고, "更相稱美"에서 "不厭也"까지 하나의 소절은 순 임금과 주나라의 일을 나누어 맺은 것이다. "夫興亡治亂之迹"의 한 절은 총괄하여 맺은 것을 거듭하여 다시 맺은 것이다. 이 편의 주된 뜻은 군자의 붕당을 써야 한다는 데에 있으니 이때 소인들이 한기韓琦, 범중엄范仲淹 등 여러 현인들을 붕당을 만들었다고 참소하여 천자를 미혹되게 하였기 때문에 공이 그것을 근심하여 이와 같이 말을 올린 것이다. 편을 붕당론이라 하고 편 안에서는 당黨이라는 글자를 사용하지 않았으니 당은 소인들만 가지는 것이고 군자의 일이 아니기 때문이다.

朋黨論. 自首至"天下治矣"爲上段, 其下爲下段. 上段似泛論朋黨之事, 而實明當世之情, 下段引古事而明其用舍之道. 上段"臣聞朋黨之說"至"辨君子小人而已"一節, 摠言之也. "大凡君子"至"自然之理也"一節, 兩言同道同利之爲朋也. "臣謂小人"至"其故何哉"一節, 析言兩朋之眞僞也. "小人"至"朋者僞也"一節, 申言小人之無朋也. "君子則不然"至"君子之朋也"一節, 申言君子之有朋也. "故爲人君者"至"天下治矣"一節, 摠結之也.

下段堯舜紂周漢唐六節, 旣布而, "夫前世之主"至末一大節摠結也. 而"能使人人異心"至"皆亂亡其國"一小節, 分結紂與漢唐之事, "更相稱美"至"不厭也"一小節, 分結舜與周之事也. "夫興亡治亂之迹"

一節, 摠結申之更結者也. 此篇主意在於用君子之朋, 盖是時小人譖韓范諸賢爲朋黨而熒惑天子, 故公憂之而進言如此耳, 篇曰朋黨之論而篇中絶不用黨字, 盖黨則惟小人有之非君子之事故也.

安錫儆(1718~1774), 「歐陽文摘解」, 『雪橋藝學錄』 卷3.

3 구양수歐陽脩[歐公]가 지은 논설은 하송夏竦, 왕공신王拱辰의 무리를 공격하고자 붕당설을 빌린 것은 한기 · 범중엄 · 두연杜衍 · 부필富弼에게 힘을 실어주고자 한 때문이니 어찌 진실로 붕당을 취할 만하다고 생각한 것이겠는가? 공자가 화동비주和同比周[83]의 부류에 대해 상세하게 분별하였으니 대개 군자와 소인이 다른 부류인 것은 음양의 구분과 같은 것이니, 음을 부려서 양을 따르게 할 수 있다면 또한 남을 이루어주는[84] 공이 되기에 충한 것이니 군자가 소인이 교화시키는 것 또한 이와 같다. 만약에 군자가 권력을 잡고 다스린다면 할 수 있을 것이니 무릇 치세가 어찌 꼭 다 군자만 있다고 되는 것이겠는가?

요순의 시대에 팔원八元과 팔개八凱가 으뜸이었고 그 나머지는 팔원과 팔개처럼 재주가 있고 어진 이가 있다는 것은 들어보지 못했다. 다만 팔원과 팔개가 권력을 잡았기 때문에 모두가 그들을 따라 어질다고 한 것이니 주나라의 십란十亂[85] 또한 그러하다. 내려와 한漢 · 당唐의 시대에

83 화동비주和同比周 : 화동和同은 『논어』 「자로子路」에, "군자는 남과 화합하며 뇌동하지 않고, 소인은 남과 뇌동하며 화합하지 않는다[君子和而不同, 小人同而不和.]."라고 한 데서 온 말이며, 비주比周는 『논어』 「위정爲政」에, "군자는 두루 사귀며 편당 짓지 않고, 소인은 편당 지으며 두루 사귀지 않는다[君子周而不比, 小人比而不周.]."라고 한 데서 온 말이다.

84 남을 이루어주는 : 원문의 성물成物은 남을 이루어줌을 말한다. 『중용장구中庸章句』 제25장에 "성誠은 스스로 자기만을 이룰 뿐이 아니고 남을 이루어 주니, 자기를 이룸은 인仁이고, 남을 이루어 줌은 지智이다[誠者, 非自成己而已也, 所以成物也, 成己, 仁也, 成物, 知也.]."라고 한 데서 온 말이다.

85 십란十亂 : 주周나라 무왕武王의 열 사람의 신하를 말하는데, 주공 단周公旦 · 소공

이르러서도 다 그렇지 않음이 없었으니 저들이 어찌 서로 붕당을 만들고 아첨하는 것을 옳다고 여긴 것이겠는가? 요컨대 공평함을 마음으로 삼는다면 지극히 잘 다스려진 시대가 되는 데에도 6, 7명에 지나지 않더라도 충분할 것이다. 다만 임금이 소인들이 진달한 붕당설에 미혹되지 않고, 군자들의 계책을 해치려고 하지 않는다면 괜찮을 것이다.

歐公著論, 欲破夏竦王拱辰輩, 假朋黨之說, 欲傾韓范杜富故也, 豈眞以朋黨爲可取哉? 孔子於和同比周之類, 辨之詳矣, 蓋君子小人殊類, 如陰陽之分, 而若使陰得從陽, 則亦足爲成物之功, 君子之化小人亦如是. 苟使君子操柄而治, 卽能之耳, 夫治世豈必皆君子哉?

堯舜之時, 八元八凱爲最, 而其餘則未聞如八元八凱之才且賢者也. 特元凱操柄, 故衆皆從之爲賢, 周之十亂亦然. 下至漢·唐之世, 莫不皆然, 彼豈以相黨比阿好爲得哉? 要以公平爲心, 則雖極治之世, 不過六七人者足矣, 但人主不惑於小人所進朋黨說, 欲害君子者之計, 則斯可也.

成海應(1760~1839), 「題歐陽公朋黨論後」, 『研經齋全集』 冊17.

석召公奭·태공 망太公望·필공畢公·영공榮公·태전太顚·굉요閎夭·산의생散宜生·남궁괄南宮适·문모文母이다. 『서경書經』 「태서泰誓」에, "나는 나라를 잘 다스리는 신하 10명을 두었다[予有亂臣十人.]."라고 하였다.

죄수를 풀어주는 것에 대한 논설[86]

(모곤) 인지상정을 곡진하게 드러냈다.

신의信義는 군자에게 행하고 형륙刑戮은 소인에게 사용한다. 형벌이 사형에 이르는 자는 죄악이 극심한 경우이니 이 또한 소인 중에 매우 심한 경우이고, 차라리 의롭게 죽을지언정 구차히 요행으로 살지 않아서 죽음 보기를 돌아갈 곳처럼 여기는 것은 또한 군자에게도 매우 어려운 일이다.

당唐나라 태종太宗 6년(632년)에 사형수 300여 인을 풀어주었는데, 풀어주어 집에 돌아가게 하였다가 스스로 돌아와 사형당하기를 약속하였다.[87] 이는 군자도 하기 어려운 것으로 소인 중에도 극심한 자들이 반드시 해내기를 기대한 것이다. 그 죄수들이 기한에 맞춰 마침내

---

86 죄수를……논설 : 정관貞觀 6년(632년) 당나라 태종이 사형수들에게 고향에 갔다가 기한에 맞춰 돌아와 사형을 받도록 약조한 뒤 풀어주었는데, 죄수들이 모두 기한에 맞춰 돌아오자 가상히 여겨 사면시켰다. 이 일에 대해 "당나라 태종이 은덕을 베풀자 죄수들이 신의로 보답했다."라는 평이 있었는데, 이에 대하여 구양수歐陽脩가 반박하고자 지은 글이다.

87 당唐나라……약속하였다 : 정관貞觀 6년(632년) 12월에 태종이 직접 죄수의 명부를 보다가 사형에 해당하는 자들을 불쌍히 여겨서 사형수 390명을 모두 풀어주며 "귀가했다가 이듬해 가을에 다시 돌아와 형刑을 받으라."라고 하였는데, 다음 해 9월이 되자 모두 돌아오자 이들을 가상히 여겨 사면하였다. 『資治通鑑』 卷194 「唐太宗紀」.

각자 돌아와 늦은 자가 없었으니, 이는 군자가 하기 어려운 것인데 소인이 쉽게 해냈으니 이것이 어찌하여 인정에 가까운 것이겠는가?

누군가 말하기를, "죄악이 극심한 것은 진실로 소인이지만 은덕을 베풀어 그들을 대한다면 변화시켜 군자가 되게 할 수 있으니 은덕이 사람에게 깊이 스며들어 사람들 빠르게 변화시키는 것은 이와 같은 경우이다."라고 하였다. 내가 말하였다. "태종이 이를 행한 것은 이러한 명성을 얻고자 해서였다. 그렇지만 풀어서 보내줄 때에 죄수들이 반드시 돌아와 사면을 바랄 것을 생각하여 이 때문에 풀어준 건 아닐지 어떻게 알겠으며, 또한 풀려나 고향에 갈 때에 스스로 돌아가 반드시 사면될 것을 생각하여 이 때문에 다시 돌아온 건 아닐지 어떻게 알겠는가? 죄수들이 반드시 돌아올 것이라고 여겨 풀어주었다면 이는 윗사람이 아랫사람의 마음을 떠본 것이고, 태종이 반드시 사면해 줄 것이라 여겨 되돌아왔다면 이는 아랫사람이 윗사람의 마음을 엿본 것이다. 내가 보기에 위아래 사람이 서로를 엿보아 이러한 명성을 이루었으니 어디에 은덕을 베풀고 신의를 알았다는 것이 있는가? 그렇지 않다면 태종이 천하에 덕을 베푼 것이 당시 6년이 되었다. 그런데도 소인이 극심한 죄악을 행하지 않게 만들지 못했는데 하루아침의 은혜로 죽음 보기를 집으로 돌아가는 것처럼 하여 신의를 보존하게 한다는 것은 또한 말도 안 되는 논의이다."

"그렇다면 어떻게 해야 옳습니까?" 내가 말하였다. "풀어준 뒤 되돌아왔을 때 사형시켜 사면하지 않고, 다시 풀어주었는데도 다시 돌아오면 은덕이 지극해졌음을 알 수 있다. 그렇지만 이는 결코 있어서는 안 될 일이고, 만약 풀어준 뒤 되돌아왔다고 하여 사면하는 일은 우연히 한 번 하는 것이어야 한다. 만약 자주 그렇게 한다면 살인자들이 모두 죽지 않을 것이니 이것이 천하의 일정한 법이 될 수 있겠는가?

일정하지 못한 것이 성인의 법이겠는가? 그러므로 요순堯舜과 삼왕三王[88]이 다스리던 때에는 반드시 인정에 바탕을 두었으니 이상한 것을 세워 높이지 않았으며 인정을 거슬러서 명예를 구하지도 않았다."

88 삼왕三王 : 천하를 태평하게 다스렸던 하나라의 우왕禹王, 은나라의 탕왕湯王, 주나라의 문왕을 말한다.

縱囚論

(茅坤) 曲盡人情.

信義, 行於君子, 而刑戮, 施於小人. 刑入于死者, 乃罪大惡極, 此又小人之尤甚者也, 寧以義死, 不苟幸生, 而視死如歸, 此又君子之尤難者也.

方唐太宗之六年, 錄大辟囚三百餘人, 縱使還家, 約其自歸以就死. 是以君子之難能, 期小人之尤者以必能也. 其囚及期而卒自歸, 無後者, 是君子之所難, 而小人之所易也, 此豈近於人情?

或曰, "罪大惡極, 誠小人矣, 及施恩德以臨之, 可使變而爲君子, 蓋恩德入人之深而移人之速, 有如是者矣." 曰, "太宗之爲此, 所以求此名也. 然安知夫縱之去也, 不意其必來以冀免, 所以縱之乎, 又安知夫被縱而去也, 不意其自歸而必獲免, 所以復來乎? 夫意其必來而縱之, 是上賊下之情也, 意其必免而復來, 是下賊上之心也. 吾見上下交相賊, 以成此名也, 烏有所謂施恩德與夫知信義者哉? 不然, 太宗施德於天下, 於茲六年矣. 不能使小人不爲極惡大罪, 而一日之恩, 能使視死如歸而存信義, 此又不通之論也."

"然則何爲而可?" 曰, "縱而來歸, 殺之無赦, 而又縱之而又來, 則可知爲恩德之致爾. 然此必無之事也, 若夫縱而來歸而赦之, 可偶一爲之爾. 若屢爲之, 則殺人者皆不死, 是可爲天下之常法乎? 不可爲常者, 其聖人之法乎? 是以堯舜三王之治, 必本於人情, 不立異以爲高, 不逆情以干譽."

【비평자료】

1 「종수론」 "君子之難能"【묻기를, "'하기 어렵다'는 것은 인정을 가지고 말한 것입니까?"라 하니, "인정으로 하기 어려움을 말한 것이 아니다. 단지 차라리 의롭게 죽을지언정 구차하게 살지 않아서 죽음 보기를 집으로 되가는 것처럼 함은 군자에게 해당하는 일이지만 또한 쉬운 일이 아니라는 것이다."라고 답하였다.】 "烏有【止】信義"【"어디에 은덕을 베푼 것인가"는 태종을 가리킨 것이고, "어디 신의를 안다는 것이 있겠는가"는 여러 죄수들을 가리킨 것이다.】

縱囚論. "君子之難能"【問, "所謂難能者, 以人情言乎?" 曰, "非謂人情之難能, 但謂寧義死不苟生, 而視死如歸, 在君子, 亦非易事云."】 "烏有止信義."【"烏施恩德" 指太宗, "烏知信義" 指諸囚.】

李德弘(1541~1596), 「古文後集質疑」, 『艮齋先生續集』 卷4.

2 「종수론」 신의와 은덕은 두 가지 핵심이 된다. 반드시 돌아올 것이라고 여겨 죄수들을 풀어주었다면 윗사람이 은덕을 베푼 것이 아니고 반드시 사면될 것이고 여겨 다시 돌아왔다면 아랫사람이 신의를 아는 것이 아니다. 그러므로 끝맺기를 "어디에 은덕을 베풀고 신의를 안다는 것이 있겠는가?"라고 하였다. 또 "6년 동안 덕을 베풀었으나 소인들이 극악대죄를 저지르지 못하게 하지 못했다"는 부분은 앞의 "죄가 크고 악이 극심한 소인 중 더욱 심한 자"와 호응하고, "하루아침의 은혜로 죽음 보기를 집에 돌아가는 것처럼 여겨서 신의를 보존했다"는 부분은 앞의 "죽음 보기를 집에 돌아가는 것처럼 하는 것은 군자가 더욱 하기 어려운 것"과 호응하고, 신의와 덕의의 두 가지 핵심이 되는 뜻으로 관련하여 마쳤으니 또한 치밀하다.

글의 끝에 "요순과 삼왕이 다스리던 때에는 반드시 인정에 근본하였다"는 부분은 앞의 "이 어찌 인정에 가까운 것이겠는가?"라는 한 구와 호응하니 총괄함이 묘하다.

"우연히 한 번 해주는 것"이라는 한 구가 태종의 허물을 벗겨준다고 말하는 것이라면 괜찮지만, 입론의 주제라고 한다면 안 된다. 입론의 주제는 "요순과 삼왕이 다스리던 때에는 반드시 인정에 근본하였다"라는 한 구일 것이다.

縱囚論. 信義恩德爲兩柱. 意其必來而縱之, 非上之施恩德也, 意其必免而復來, 非下之知信義也. 故結之曰, "烏有所謂施恩德與夫知信義哉?" 且其所謂 "六年施德, 不能使小人不爲極惡大罪"應上"罪大惡極, 小人之尤甚者" 所謂 "一日之恩, 能使視死如歸, 而存信義"應上"視死如歸, 君子之尤難者, 而其結關信義恩德兩柱之意, 亦密矣.

篇末 "堯舜三王之治, 必本於人情"應上"此豈近於人情"一句, 結案之妙也.

"偶一爲之"一句, 謂之出脫太宗則可, 謂之立論之主則未可也. 所謂立論之主, 其在"堯舜三王之治, 必本於人情"一句乎.

姜奎煥(1697~1731), 「廬陵文籤錄」, 『賁需齋集』 卷8.

3 제2조. "구양수의 「종수론」은 혹독한 관리의 엄정한 글에 가까운 듯합니다."

반드시 돌아올 것을 생각하여 풀어주었고 반드시 사면해줄 것을 생각하여 다시 돌아왔다고 했으니 당시 군민의 마음에 모두 이러한 마음을 가지고 있었겠는가? 감히 확실히 말은 못하겠지만 대체로 구양수의 이 논의는 법도[經]를 지키는 것뿐이다. 일정해야 하고 일시적이어서는 안 되는 것이 법인데, 풀어주었다가 돌아오자 사면한다면 이것이 어떻게 일정한 법이 되겠는가? 이렇게 일정하게 한다면 사람을 죽인 자가 분명 죽지 않아 「순전舜典[虞典]」의 오형五刑을 쓸 수가 없게 될 것이다. 이것으로 나라를 다스린다면 그 흐름의 폐단이 과연 윗사람이 아랫사람을 해치고 아랫사람이 윗사람을 해치는 지경에 이르지 않겠는가? 역사가가 입론하는 본질은 한 사람, 한 시대를 가지고서 그 의의를 결정하지 않고 반드시 고금의 만세를 통하게 한다. 요컨대 고금과 만세에 행할 만한 뒤에야 비로소 그 좋음과 아름다움을 인정할 수 있다. 하물며 적賊이라는 말은 의義를 해친다는 뜻으로, 모든 예측하고 속이는 부류는 가는 데마다 해치지 않는 것이 없으니, 이 일로 상하가 서로 해친다고 하는 것이 오히려 혹독한 관리의 엄정한 글과 무슨 관련이 있겠는가?

第二條. "歐陽公縱囚論, 恐近酷吏深文."

意其必來而縱之, 意其必免而復來, 當時君民之心, 儘有此情與否? 雖未敢質言, 而大抵歐公此論, 則守經而已. 可常而不可暫之謂法, 縱而來歸而赦, 此豈可常之法哉? 此而可常, 則殺人者不必死, 而虞典五刑, 爲無所施矣. 以此爲國, 其流之弊, 果不至於上賊下下賊上乎? 史氏立論之體, 不可以一人一世斷其議, 而必通古今萬世. 要之可行, 然後始許其良且美焉. 況賊之爲言, 害於義之謂也, 凡臆逆紿罔之屬, 無往而非賊, 則以是爲賊, 尙何有於酷吏深文也?

徐瀅修(1749~1824), 「答李進士」, 『明皐全集』 卷5.

『오대사五代史』「환자전宦者傳」에 대한 논설[89]

(모곤) 모든 내용이 마치 땅에 수은水銀을 기울여 부어서 수백 수천 개의 구멍마다 들어가지 않는 곳이 없는 것과 같으니, 그 구조가 원활하고 그 감정은 풍부하다.

예로부터 환관宦官이 남의 나라를 혼란스럽게 하는 것은 그 근원이 여자의 화禍보다 깊으니, 여자는 색色뿐이지만 환관의 해는 한둘이 아니다. 그 일하는 곳이 임금과 가깝고 익숙한 곳이며 그 마음 됨됨이가 전일하고 인내심이 있으니, 작은 선善으로 남의 뜻에 영합하고 작은 믿음으로 남의 마음을 굳게 할 수 있어서 임금이 반드시 믿고 친애親愛하게 하여 이미 자신을 믿기를 기다린 후에 화와 복福으로 위협하여 장악한다. 비록 충성스러운 신하와 고상한 선비가 조정에 나열해 있어도 임금은 자신과 소원疎遠한 사람이니 기거하고 식사할 때 사방에 있는 측근들보다 믿을만 하다고 여기지 않는다.

그러므로 사방에 있는 자들과 날마다 더욱 친밀해지면 충성스러운 신하와 고상한 선비들은 날마다 더욱 소원해지니, 임금의 형세는 날

89 오대사五代史……논설 : 이 글은 『신오대사新五代史』「양태조기梁太祖紀」의 끝에 총괄하는 성격의 의론문이며, 전론傳論·전찬傳贊에 해당하는 글이다. 『신오대사』에 수록된 「환자전宦者傳」은 후당後唐 장종莊宗 때의 환관宦官 인 장승업張承業·장거한張居翰·마소굉馬紹宏과 명종明宗 때의 환관 맹한경孟漢瓊의 행적을 기록한 글인데, 이 글은 환관 장승업·장거한의 전傳 뒷부분에 있는 의론議論 부분을 발췌한 것이다.

마다 더욱 외로워진다. 형세가 외로워지면 화를 두려워하는 마음이 날마다 더욱 절박해져서 장악하는 것이 날마다 더욱 견고해진다. 안위가 그들의 희노喜怒에서 나오고 화환禍患이 궁중 안에 숨어있으니, 앞서 말한 믿을만하다는 것이 바로 환란이 되는 것이다.

환란이 이미 깊어져서야 자각하여 소원한 신하들과 함께 주변의 친애하는 환관들을 도모하고자 하면, 늦출 때는 화를 길러서 화가 더욱 깊어지고 서두를 때는 임금을 끼고 볼모로 삼으니, 비록 지혜가 뛰어난 사람이더라도 함께 도모할 수 없다. 도모한다고 해도 될 수 없으며, 되게 한다고 해도 이뤄낼 수 없고, 심한 경우에 이른다면 모두 상처를 입고 양쪽이 다 패한다. 그러므로 크게는 나라를 잃고 그다음은 자기 몸을 잃어, 간사하고 기세등등한 자들이 이를 빌미로 삼아 일어나 그 환관의 종족들을 축출하여 전부 죽여서 천하 사람들의 마음을 후련히 하고야 말게 한다. 이는 전대의 역사에서 환관의 화를 기록한 것이 항상 이와 같으니, 한 시대만의 일이 아니다.

임금 된 사람은 안에선 화를 기르고 밖에선 충신과 충실한 선비를 소원히 하고자 하지는 않으니, 점차 쌓여서 형세가 그렇게 되게 한 것이다. 여색에 미혹된 것은 불행히도 깨닫지 못하면 그제야 화가 닥쳐오니, 만약 한번 깨닫기만 한다면 뽑아 제거할 수 있다. 하지만 환관의 화는 비록 뉘우치고 깨닫더라도 그 형세 상 제거할 수 없으니, 당唐나라 소종昭宗의 일[90]이 이것이다. 그러므로 "여자의 화보다 깊다"고 한 것이 이를 말한 것이니, 경계하지 않을 수 있겠는가?

---

90 당唐나라 소종昭宗의 일 : 당唐나라 소종昭宗은 당나라의 실권을 장악하고 있던 환관 양복공楊復恭에 의해 889년 제22대 황제로 옹립되었다. 그러나 900년 11월 일부 환관 세력이 반란을 일으켜 소종을 퇴위시키고 황태자 이유李裕를 즉위시켰다. 그리고 바로 다음 해 901년 1월 별도의 환관 세력이 봉기하여 소종이 복위되었다. 당나라 소종의 일은 소종의 폐위와 복위가 환관에 의해 좌지우지되는 상황을 뜻한다.

五代史宦者傳論

(茅坤) 通篇如傾水銀於地, 而百孔千竅, 無所不入, 其機員而其情鬯.

自古宦者亂人之國, 其源深於女禍, 女色而已, 宦者之害, 非一端也. 蓋其用事也近而, 其爲心也專而忍, 能以小善, 中人之意, 小信, 固人之心, 使人主, 必信而親之, 待其已信然後, 懼以禍福而把持之. 雖有忠臣碩士, 列於朝廷, 而人主以爲去己疎遠, 不若起居飮食前後左右之親爲可恃也.

故前後左右者日益親, 則忠臣碩士日益疎, 而人主之勢日益孤. 勢孤則懼禍之心日益切, 而把持者日益牢. 安危出其喜怒, 禍患伏於帷闥, 則嚮之所謂可恃者, 乃所以爲患也.

患已深而覺之, 欲與疎遠之臣, 圖左右之親近, 緩之則養禍而益深, 急之則挾人主以爲質, 雖有聖智, 不能與謀. 謀之而不可爲, 爲之而不可成, 至其甚則俱傷而兩敗. 故其大者亡國, 其次亡身, 而使姦豪得借以爲資而起, 至抉其種類, 盡殺以快天下之心而後已. 此前史所載宦者之禍常如此者, 非一世也.

夫爲人主者, 非欲養禍於內而疎忠臣碩士於外, 蓋其漸積而勢使之然也. 夫女色之惑, 不幸而不悟, 則禍斯及矣, 使其一悟, 捽而去之, 可也, 宦者之爲害, 雖欲悔悟, 而勢有不得而去也, 唐昭宗之事是已. 故曰, "深於女禍"者, 謂此也, 可不戒哉?

【비평자료】

1 임금의 덕이 무너짐은 대체로 환관과 궁첩宮妾에서 기인한다. 이뿐만 이 아니라 환관은 양기陽氣만 있고 궁첩은 음기陰氣만 있으니, 이것만 있으면 만물의 화육이 펴지고 통하는 이치가 있겠는가? 국가의 말엽은 반드시 후사가 적어져 나라가 망하는데, 이는 대개 이 무리들이 점점 많아져서다. 송나라 인종仁宗 때에 손변孫抃[91]이 올린 상소에 "한나라 영평永平 무렵에는 상시常侍 4명, 소황문小黃門이 10명뿐이었고, 당나라 태종太宗이 정한 제도에도 백 명이 넘지 않았습니다. 신臣이 감히 먼 한·당의 제도를 끌어와서 이 시대에 반드시 취하자고 하는 것은 아닙니다. 폐하께서 보시기에 이전 조정에 환관이 모두 몇 사람이었으며 지금은 모두 얼마나 됩니까? 많고 적음의 차이는 신의 말이 아니라도 아실 수 있을 것입니다. 환관이 극성이므로 계통을 이을 자가 자랄 수 없는 것입니다."라고 했다. 한나라 순제順帝 때에, 낭의郎顗[92]가 편의便宜를 논하기를, "지금 임금을 모시는 궁인宮人의 수는 천 명이나 되는데, 이들은 어릴 때부터 격리된 생활을 하여 인도人道가 통하지 못하였으므로 울적鬱積한 기운이 쌓여서 위로 하늘을 감응시킨 것이니, 후사를 번성시킬 수 있는 방법은 궁녀들을 내보내어 자유롭게 시집가도록 한다면 하늘이 자연히 복을 내려서 자손도 많아질 것입니다."라고 하였습니다. 이 두 사람의 말을 마땅히 채택하여 임금이 거울로 삼아야 한다. 요사이 들으니, 내시內侍와 나인[內人]이 날마다 더 많아지는데, 조정에서는 관계할 것이 아니

91 손변孫抃 : 자는 몽득夢得. 송나라 인종 때에 참지정사參知政事를 지냈다.

92 낭의郎顗 : ?~?. 한나라의 종자宗子, 자는 아광雅光이다. 풍각風角과 성산星算을 잘하였고 경전經典에도 밝았다. 순제 때 재이災異가 자주 나므로 낭의를 불렀다. 낭의가 일곱 가지의 편의便宜를 진술하는 상소를 올리자, 순제는 그를 낭중郎中에 임명하였으나 낭의는 사절했다. 그의 동향에 사는 흉악한 손례孫禮가 그를 사모하여 가까이하려 하였으나, 낭의는 본 체도 하지 않았다. 이 때문에 끝내 낭의는 손례에게 피살되었다.

라 하여 셀 수 없이 많은 국비가 쓰이는데도 감히 한 마디 말도 입 밖에 내지 못한다고 한다.

君德之敗, 多由於宦官宮妾. 不獨此也, 宦官獨陽也, 宮妾獨陰也, 獨陽獨陰其有宣通化育之理乎? 國之季葉必緣寡嗣而覆絶, 蓋由此屬之漸繁也. 宋仁宗時, 孫抃上疏曰, "漢永平之際常侍四員小黃門十人爾, 唐太宗定制無逾百員. 臣不敢遠引漢唐取必於當世. 陛下試觀祖宗時宦官凡幾何人, 今幾何人? 衆寡之差, 不待臣言而可見. 宦官盛而繼嗣未育."云云. 漢順帝時, 郎顗論便宜云, "今宮人侍御動以千計, 生而幽隔, 人道不通, 鬱積之氣上感皇天, 廣嗣之術, 宜簡出宮女恣其姻嫁, 則天自降福, 子孫千億." 此兩條宜採爲君監. 蓋聞今之內侍及內人日益增多, 非外朝所預知而廩費無筭, 不敢開口出一言矣.

李瀷(1681~1763), 「人事門 · 宦官宮妾」, 『星湖僿說』 卷10.

현산정峴山亭에 쓴 기문[93]

(모곤) 풍류가 있고 감개하니 이것이야말로 현산정峴山亭에 대한 글이다. 맹호연孟浩然의 현산시峴山詩[94]와 함께 고금에 뛰어나다.

현산峴山은 한강 가에서 바라보면 희미하여 여러 산 중에 작은 것 같지만, 그 이름이 특히 형주荊州에서 두드러진 것은 어찌 사람 때문이 아니겠는가. 그 사람이 누구인가하면, 숙자叔子 양호羊祜[95]와 원개元凱 두예杜預[96]가 바로 이들이다. 진晉나라와 오吳나라가 전쟁할 때에

93 현산정峴山亭에 쓴 기문 : 1070년 창작된 것으로, 중국 양양襄陽 현산峴山에 있는 정자에 쓴 기문이다.

94 맹호연孟浩然의 현산시峴山詩 : 맹호연孟浩然(689~740)은 자는 호연浩然, 호는 맹산인孟山人이고, 양양 출신이다. 737년 장구령張九齡의 밑에서 잠시 일하다가 곧 그만두고 귀향하여 은거하다 생을 마감하였다. 현산은 그의 고향에 있던 산으로 그는 〈여러 사람들과 현산에 오르다與諸子登峴山〉 등의 시를 지었는데, 모곤이 말하는 작품이 정확히 어떤 것인지는 알 수 없다.

95 숙자叔子 양호羊祜 : 진晉나라 양호羊祜(221~278)를 말한다. 숙자叔子는 그의 자이다. 진나라에서 도독형주제군사都督荊州諸軍事를 맡아 식량을 비축하며 오吳나라를 정복하려 하였다. 평일에는 가벼운 갖옷에다 허리띠를 느슨히 맨 차림으로 오나라 사람의 마음을 수습하였다. 그가 죽은 뒤에 남주南州의 사람들이 통곡하였으며 그가 평생 노닐던 형주荊州의 현산峴山에 비를 세우고 사당을 건립하였다고 한다. 『晉書』 卷34 「羊祜列傳」

96 원개元凱 두예杜預 : 진晉나라 두예杜預(222~285)로, 원개元凱는 그의 자이다. 양호의 후임으로 와 도독형주제군사를 지냈다. 태강太康 1년(280년)에는 군대를 이끌고 오나라를 평정하였다. 양호처럼 항상 가벼운 옷을 입고 허리띠를 느슨히 하고 있었으나 군사들은 정제整齊되었다고 한다. 『晉書』 「杜預列傳」

늘 형주를 차지하는 것을 중요하게 여겼는데, 두 사람이 서로 이어서 이곳을 맡아 마침내 오나라를 평정하고 진나라의 대업을 완성하였으니, 그 공렬이 이미 당세의 으뜸이었다. 풍류의 여운이 장강과 한수 사이에 성대히 남은 것에 이르러서는, 오늘날 사람들이 그들을 생각하되 숙자를 생각함이 더욱 깊으니, 원개는 공功으로써 했고, 숙자는 인仁으로써 했기 때문이다. 두 사람이 한 것이 비록 다르지만 모두 영원히 전하기에 충분한데 도리어 스스로 후세에 이름을 남기기에 급급했다고 자못 의심하는 것은 어째서인가.

전하는 말에 숙자가 일찍이 이 산에 올라 개연히 그 무리들에게 말하길, "이 산은 늘 있지만 이전 세대의 선비는 모두 알려지지 못하고 사라졌다."라 하고, 이 때문에 스스로 돌아보며 슬퍼하였다고 했다. 그러나 유독 이 산이 자신을 기다려 이름이 드러날 것은 알지 못하였다. 원개는 두 돌에 자신의 공을 새겨 하나는 이 산의 정상에 두고, 하나는 한수의 깊은 곳에 던졌으니 이는 구릉과 골짜기가 변한다는 것만 알고 돌도 때가 되면 갈리어 없어짐을 알지 못한 것이다. 어쩌면 모두 스스로 그 이름이 나는 것을 매우 기뻐하여 무궁할 것을 지나치게 생각한 것인가, 아니면 자신을 대한 것이 후하고 생각한 것이 원대하여 그런 것인가.

산에는 옛날부터 정자가 있었는데, 세상에 전하기를 숙자가 머물며 노닌 곳이라 하였다. 그러므로 여러 번 사라졌다 다시 세워진 것은 후세에 그 이름을 사모하고 그 사람을 생각한 자가 많았기 때문이다. 희녕熙寧 원년에 나의 벗 사중휘史中煇가 광록경光祿卿으로 와서 양양襄陽 수령이 되었는데, 다음 해에 정자가 있던 옛터를 확장하고 새로이 하여 웅장한 회랑回廊을 두르고 또 후헌後軒을 크게 하여 정자와 걸맞게 하였다.

군은 당세에 이름이 났으며 이른 곳마다 명성이 있었으니 양양 사람들이 그의 정사를 편안히 여기고 그를 따라 노니는 것을 즐겨 군의 관명으로 후헌의 이름을 광록당光祿堂이라 짓고, 또 그 일을 돌에 기록하여 숙자와 원개의 이름과 함께 나란히 오래도록 전하게 하고자 했으니 군은 모두 만류할 수 없었다. 이에 나에게 와서 기문을 부탁하니, 나는 말한다.

군은 숙자의 유풍을 사모하고 그 자취를 이을 줄 알았으니, 그 사람됨과 가지고 있는 뜻을 알 수 있고, 양양 사람들이 군을 아끼고 편안히 여기며 즐거워함이 이와 같았으니 군이 양양에 정사를 행한 것을 또한 알 수 있다. 이것이 양양 사람들이 비석에 기록을 남기고자 하는 까닭이다. 그 주변 산천의 승경과 초목과 구름의 무성하고 자욱함은 광활하며 크고 작은 데에서 출몰하여 시인이 언덕 오르는 것에 대비하고, 〈이소離騷〉와 같은 경치를 묘사한 자들은[97] 마땅히 보는 자들이 스스로 얻는 것이고, 정자가 여러 번 흥하고 폐하는 데 있어서는 혹 본래 기문이 있을 것이며 혹 자세한 내용을 궁구할 필요가 없는 부분은 모두 다시 말하지 않는다.

당순지唐順之[唐荊川]가 말하길, "이 편은 「이수재동원정기李秀才東園亭記」[98]와 같은 체이니 모두 고사를 가져와 대략 자신의 말로 글을 새롭게 하였다."라 하였다.

97 이소離騷와……자들은 : 〈이소離騷〉는 초楚나라 굴원屈原이 왕에게 신임을 잃고 쫓겨난 뒤에 자신의 울분과 우국지정을 담아 창작한 글이다. 여기서는 굴원과 같이 울분을 가진 사람이 산에 올라 멀리까지 풍경을 바라보고 자신의 울분을 씻어낸다는 의미를 담고 있는 것으로 보인다.

98 「이수재동원정기李秀才東園亭記」 : 1033년에 창작된 것으로, 이공좌李公佐가 지은 수주隨州소재 정자에 쓴 기문이다. 건물 주인인 이공좌는 구양수의 벗인데, 자세한 사항은 미상이다.

峴山亭記

(茅坤) 風流感慨, 正是峴山亭文字. 與孟浩然峴山詩, 並絶今古.

峴山臨漢上, 望之隱然, 蓋諸山之小者, 而其名特著於荊州者, 豈非以其人哉? 其人謂誰, 羊祜叔子, 杜預元凱, 是已. 方晉與吳以兵爭, 常倚荊州以爲重, 而二子相繼於此, 遂以平吳而成晉業, 其功烈已蓋於當世矣. 至於風流餘韻, 藹然被於江漢之間者, 至今人猶思之, 而於思叔子也尤深, 蓋元凱, 以其功, 而叔子, 以其仁. 二子所爲, 雖不同, 然皆足以垂於不朽, 而頗疑其反自汲汲於後世之名者, 何哉?

傳言叔子嘗登玆山, 慨然語其屬, 以謂"此山常在, 而前世之士, 皆已湮滅於無聞." 因自顧而悲傷. 然獨不知玆山待己而名著也. 元凱銘功於二石, 一置玆山之上, 一投漢水之淵, 是知陵谷有變, 而不知石有時而磨滅也. 豈皆自喜其名之甚, 而過爲無窮之慮歟? 將自待者厚, 而所思者遠歟?

山故有亭, 世傳以爲叔子之所遊止也. 故其屢廢而復興者, 由後世慕其名而思其人者多也. 熙寧元年, 余友人史君中煇, 以光祿卿來, 守襄陽, 明年, 因亭之舊, 廣而新之, 旣周以回廊之壯, 又大其後軒, 使與亭相稱.

君知名當世, 所至有聲, 襄人安其政而樂從其遊也, 因以君之官, 名其後軒爲光祿堂, 又欲紀其事于石, 以與叔子元凱之名, 並傳于久遠, 君皆不能止也. 乃來以記屬於予, 余謂.

君知慕叔子之風而襲其遺迹, 則其爲人與其志之所存者, 可知矣,襄人愛君而安樂之如此, 則君之爲政於襄者, 又可知矣, 此襄人之所欲書也. 若其左右山川之勝勢, 與夫草木雲煙之杳藹, 出沒于空曠有無之間, 而可以備詩人之登高, 寫離騷之極目者, 宜其覽者自得之, 至於亭屢廢興, 或自有記, 或不必究其詳者, 皆不復道也.

荊川云, "此篇與東園記同體, 皆引故事, 略用自語點化."

【비평자료】

1 〈국풍國風〉과 〈이소離騷〉의 뜻으로 문장을 삼은 것은 오직 구양수만이 그러하였다. 혹자가 말하길, "「풍락정기豐樂亭記」[99]와 「현산정기」 같은 것이 이것입니까?"라 하였다. 답하기를 "비슷하다. 그러나 이것들만은 아니다. 다른 문장도 대부분 그러하니, 반복하여 마음을 길게 읊조리는 부분을 살펴보면 곧 이것이다."라 하였다.

현산정은 본래 숙자를 위해 지은 것인데, 구양수가 지은 기記에는 원개와 동등하게 말하였으며, 그 사이에 숙자에게 중점을 둔 부분은 한두 구절에 불과하다. 그러나 한 터럭으로 천 균을 이끄는 힘을 내며, 기세가 빠르고 활달하여 마치 잠자리가 물에 점을 찍으며 날아 절대 구속됨이 없는 것과 같다. 대부분 한 편 안에 열거나 닫기도 하며 한편으로 잡기도 하거나 놓기도 하는 것이 모두 의도가 있지만 그 흔적을 볼 수 없으니, 절묘한 경지에 이른 노련한 문장가가 아니라면 미칠 수 없다.

以國風離騷之旨爲文章, 唯歐公爲然. 或曰, "如豐樂亭峴山亭記之類, 是否?" 曰, "近之. 然不獨此也. 他文大抵皆然, 觀其反復詠歎處, 卽是."

峴山亭, 本爲叔子作, 而歐公作記, 却並元凱一滾說去, 其間歸重叔子處, 不過一兩句. 便有一髮引千勻之力, 而筆勢便捷活動, 如蜻蜓點水, 絶不粘滯. 大都一篇之內, 或開或合, 一拈一放, 皆有意思, 而不見痕跡, 非老筆入化, 無以及此.

金昌協(1651~1708), 「雜識」, 『農巖集』 卷34.

---

99 풍락정기豐樂亭記 : 구양수가 1046년 저주滁州 소재 풍산豐山에 위치한 정자에 쓴 기문으로, 그가 저주지사滁州知事로 좌천되었던 시기에 쓴 글이다.

2 한유韓愈[昌黎]의 「당고사도겸시중중서령증태위허국공신도비명唐故司徒兼侍中中書令贈太尉許國公神道碑銘」에 "其人爲誰"라는 말은 명이나 시에 쓰는 것이 적절한데, 구양수의 「현산정기」와 「충무군절도사동중서문하평장사무공왕공신도비명忠武軍節度使同中書門下平章事武恭王公神道碑銘」[100] 에도 그러한 것이 있으나, 전아함에 크게 어긋나 속설과 연의演義 가운데 나오는 글자와 흡사하다. 겉으로는 비록 한유의 말을 습득한 듯하나 실제는 한유가 한 것이 아니다.

昌黎韓弘碑銘, 有"其人爲誰"之語, 施之銘詩宜耳. 歐公峴山亭記·王德用碑有之, 殊乖典雅, 似俗說演義中字. 面雖襲韓語, 實韓所不爲也.

南克寬(1689~1714), 「謝施子」, 『夢囈集』 坤.

3 「현산정기」. 첫 부분부터 '思其人多也'까지는 모두 아홉 번 말의 기세를 전환하였으며 모두 한 단락이 된다. "其名特著者豈非以其人哉", "頗疑其反自汲汲於名者何哉", "豈自喜其名而過爲無窮之慮歟", "由後世慕名思人之多云者"는 모두 맥락이 이어진다. "熙寧元年"부터 "襄人之所欲書也"까지는 세 번 말의 기세가 전환되었고 한 단락이 된다. "그 돌에 새겨 양우羊祜와 두예杜預와 이름을 나란히 하고자 하였다[欲記石而與羊杜之名並傳]"는 그 의미가 집약된 것이다. "若其左右山川以下" 한 절과 "並亭之廢興" 한 마디 말은 모두 완성된 글 아래에 엮어놓은 것이다.

---

100 「충무군절도사동중서문하평장사무공왕공신도비명忠武軍節度使同中書門下平章事武恭王公神道碑銘」: 무공武恭 왕공王公에 대한 글이다. 자는 원보元輔이고 조주趙州사람이다. 많은 공을 세워 인종仁宗때 첨서추밀원사簽書樞密院事가 되었다. 당시 모습이 신하의 상이 아니라는 소문이 돌자 탄핵을 받고 무령군 절도사武寧軍節度使로 좌천되었으나 뒤에 다시 추밀사가 되고 노국공魯國公에 봉해졌다.

이 편의 종지는 명성에 연연하는 것을 기록한 것이니 숙자와 원개는 공덕을 앞세우고 이름이 나는 것을 뒤로 하였고, 사중휘는 이름이 나기를 먼저 구하고 정사를 행함을 뒤로 하였다. 뜻은 심미하고 표현은 감개하고 변화가 있어 풍류는 성대해서 풍자의 자취를 찾을 수 없다. 서사와 의론이 착종되어 끊어지는 것 같기도 하고 이어지는 것 같기도 하여 마치 잠자리가 물에 점을 찍는 것과 같은 것은 노련한 문장가가 아니라면 할 수 없는 것이다.

峴山亭記. 自首至"思其人多也" 凡九轉其語勢而摠爲一段. "其名特著者豈非以其人哉", "頗疑其反自汲汲於名者何哉", "豈自喜其名而過爲無窮之慮歟", "由後世慕名思人之多云者" 皆其意脈所注也. "熙寧元年"至"襄人之所欲書也", 凡三轉其語勢而爲一段. 欲記石而與羊杜之名並傳者, 乃其意脈所會也. "若其左右山川以下"一節, "並亭之廢興"一語, 皆綴之於成文之下者也.

此篇宗旨在於譏名, 而敍子元凱則先功德而後名稱, 史中輝則先其求名而後其爲政, 蓋其用意也深微. 而設語也感慨宛轉, 風流藹然, 而諷刺之迹無可尋者, 敍事議論參錯, 而若斷若續, 如蜻蜓點水, 非老筆不能.

安錫儆(1718~1774), 「歐陽文摘解」, 『雪橋藝學錄』 卷3.

풍락정豐樂亭에 대한 기문[101]

(모곤) 태수의 문장이다.

내가 저주滁州를 다스린 이듬해 여름에 처음 저주의 물을 마시고 달아서 저주 사람에게 묻자, 고을 남쪽으로 백 보 정도 되는 가까운 곳에서 얻었다고 하였다. 그 위로는 풍산豐山이 우뚝 남다르게 서 있고, 그 아래는 깊은 골짜기가 아득히 깊게 숨어있으며, 그 가운데 맑은 샘물이 뿜어져 솟아나오니 상하좌우를 살펴봄에 좋은 땅이었다. 이에 샘을 터주고 바위를 깎아 땅을 일구어 정자를 만들어 저주 사람들과 그곳에 가서 노닐었다.

저주는 오대五代가 전쟁 중일 때 전투를 했던 곳이다. 옛날 태조 황제가 후주後周의 군대로 이경李景[102]의 군대 15만을 청류산淸流山 아래서 격파하고 그 장수 황보휘皇甫暉[103]와 요봉姚鳳[104]을 저주 동쪽 문

101 풍락정豐樂亭에 대한 기문 : 이 글은 경력慶曆 6년(1046년)에 지은 것이다. 당시에 구양수는 범중엄范仲淹의 신정新政을 지지하다가 죄를 얻어 저주 지사滁州知事로 좌천되어 있었다.

102 이경李景 : 916~961. 오대五代 남당南唐의 2대 황제이다. 955년 후주後周의 세종世宗은 직접 군사를 거느리고 남당을 침공해 정양正陽에서 남당군을 크게 격파하고 수주성壽州城을 포위했다. 거기에 조광윤趙匡胤에게 명하여 저주滁州를 점령하게 했다. 956년 호주濠州, 사주泗州, 양주揚州, 태주泰州가 후주에게로 넘어갔고, 남당의 군대는 전의를 크게 잃고 말았다.

103 황보휘皇甫暉 : ?~956. 오대 남당의 봉화 절도사奉化節度使 동평장사同平章事였다.

밖에서 사로잡아 마침내 저주를 평정하였다. 내가 그 산천을 둘러보고 지도와 기록을 살펴보고서 높은 곳에 올라 청류산의 관문을 바라보고 황보휘와 요봉을 사로잡은 곳을 찾아보려 하였는데 노인들이 모두 생존해 있지 않으니, 천하가 평정된 것이 오래된 것이다. 당唐나라가 실정한 뒤로 해내海內가 분열되어 호걸들이 난립하여 다투어 그들이 있는 곳마다 적국이 되는 경우를 어찌 이루 다 셀 수 있겠는가? 송宋나라가 천명을 받아 성인이 나타나 사해가 통일됨에 미쳐서는 지난날 험한 땅을 믿고 의지하던 이들이 사라지고 없어져 백 년 사이에 아득하게 한갓 산이 높고 물이 맑은 것만 보일 뿐이니, 그 일을 묻고자 해도 남은 노인들이 없다.

저주는 장강과 회수 사이에 끼어 있어 배와 수레, 상인들과 사방의 나그네가 이르지 못해 백성들은 고을 밖의 일을 알지 못하고 농사지으면 입고 먹음을 편하게 여겨 삶을 즐기고 죽은 이를 장사지내니 쉬게 하고 길러 주며 백 년 동안 무젖어 따뜻하게 하는 임금의 깊은 공덕을 누가 알겠는가? 내가 여기에 와서 땅이 외지고 일이 간략함을 즐거워하며 그 풍속의 편안하고 한가함을 아꼈다. 산골짜기 사이에 이 샘을 얻고서는 곧 날마다 저주 사람들과 함께 위로는 산을 바라보고 아래로는 샘소리를 들으며 깊은 곳의 풀을 따고 큰 나무에서 해를 피하고, 바람 서리, 얼음과 눈이 오면 맑고 빼어난 모습이 다 드러나 사계절의 경치가 아낄 만하지 않은 것이 없었다. 또 다행히 저주의 백성

후주 현덕顯德 3년 봄 조광윤이 남당 회남지역을 공격했을 때, 황보휘와 요봉이 청류산에 15만 명의 군대를 모으고 주둔하였다가 초주楚州로 퇴각하였다.

104 요봉姚鳳 : ?~?. 오대 남당의 상주 단련사常州團鍊使였다. 후주 현덕 3년 봄 조광윤이 남당 회남지역을 공격했을 때, 황보휘와 요봉이 청류산에 15만 명의 군대를 모으고 주둔하였다가 초주楚州로 퇴각하였다.

들은 그 곡식의 풍성함을 즐거워 하면서 나와 함께 노니는 것을 기뻐하였다. 이에 그 산천을 근본으로 하여 그 풍속의 아름다움을 말하는 것은 백성들이 이 풍년의 즐거움을 편안하게 여기는 것이 태평한 때에 태어났기 때문임을 알게 하고자 함이다. 임금의 은덕을 펼쳐 백성들과 함께 즐기는 것이 자사의 일이니, 마침내 이 글을 써서 정자를 명명한다.

豐樂亭記

(茅坤) 太守之文.

脩旣治滁之明年夏, 始飮滁水而甘, 問諸滁人, 得於州南百步之近. 其上豐山聳然而特立, 下則幽谷窈然而深藏, 中有清泉滃然而仰出, 俯仰左右, 顧而樂之. 於是疏泉鑿石, 闢地以爲亭, 而與滁人往遊其間.

滁於五代干戈之際, 用武之地也. 昔太祖皇帝, 嘗以周師破李景兵十五萬於清流山下, 生擒其將皇甫暉姚鳳於滁東門之外, 遂以平滁. 脩嘗考其山川, 按其圖記, 升高以望清流之關, 欲求暉鳳就擒之所, 而故老皆無在者, 蓋天下之平久矣. 自唐失其政, 海內分裂, 豪傑竝起而爭, 所在爲敵國者, 何可勝數? 及宋受天命, 聖人出而四海一, 向之憑恃險阻, 剗削消磨, 百年之間, 漠然徒見山高而水清, 欲問其事, 而遺老盡矣.

滁介於江淮之間, 舟車商賈四方賓客之所不至, 民生不見外事而安於畎畝衣食, 以樂生送死, 而孰知上之功德, 休養生息涵煦百年之深也? 脩之來此, 樂其地僻而事簡, 又愛其俗之安閑. 旣得斯泉于山谷之間, 乃日與滁人仰而望山, 俯而聽泉, 掇幽芳而蔭喬木, 風霜氷雪, 刻露清秀, 四時之景, 無不可愛. 又幸其民樂其歲物之豐成而喜與予遊也. 因爲本其山川, 道其風俗之美, 使民知所以安此豐年之樂者, 幸生無事之時也. 夫宣上恩德, 以與民共樂, 刺史之事也, 遂書以名其亭焉.

【비평자료】

1 선배들의 문집은 진실로 추리고 덜어내어 오로지 간약함을 위주로 하였으니 오래도록 전하는 방법이라고 할 만하지만 다만 추리고 덜어내는 것 또한 매우 어렵다. 예전에 『주자어류朱子語類』를 보았는데 선생께서 범준范浚[105]의 「심잠心箴」을 논하면서 스스로의 식견이 이와 같이 좋다고 여겼는데 이전에 여조겸呂祖謙[呂伯恭][106]이 이것을 소홀히 여겼다. 또 말하기를 "유종원柳宗元[柳]의 「진문공문수원의晉文公問守原議」는 견식이 매우 좁아 좋지 않은데, 여조겸은 이를 알지 못하고 얼마나 좋아하였던가."라고 하였다. 『주자어류』에 또 말하기를 "구양수歐陽脩[六一]의 문장 중에 선생이 좋아하는 것은 「풍락정기」였다. 진량陳亮[陳同甫][107]이 구양수의 문장 읽기를 좋아하여 일찍이 110편을 엮어 간행하였는데, 「풍락정기」는 구양수의 문장 중에 가장 좋은 것이지만 습유拾遺에 엮여 있다."라고 하였다. 여조겸과 진량이 그들이 옛 글을 토론하면서 견식이 어찌 사람들 가운데 뛰어나지 않았겠느냐마는 주자의 큰 안목에 비하면 득실이 이와 같이 매우 달랐으니 그렇다면 글을 뽑는 것이 어찌 어렵지 않겠는가. 하물며 지금 세상에는 또 여조겸과 진량도 없는데 추리고 덜어내

---

105 범준范浚 : 1102~1151. 자는 무명茂明, 호는 향계香溪이다. 송宋나라의 학자로 고종高宗 소흥紹興 원년(1131년) 현량방정賢良方正으로 천거되었지만 나가지 않고, 강학講學에 힘써 제자가 수백 명에 이르렀다. 심학心學을 중시하였으며, 그의 「심잠心箴」은 주희朱熹가 높게 평가하였다.

106 여조겸呂祖謙[呂伯恭] : 1137~1181. 자는 백공伯恭, 호는 동래東萊이다. 송나라의 학자로 상서우승尙書右丞 여호문呂好問의 손자로 일찍이 책을 접하였으며, 주희·장식張栻·육구연陸九淵 등과 더불어 강학講學에 힘썼다. 송나라 도학자의 어록語錄을 편집하여 『근사록近思錄』을 찬하였다.

107 진량陳亮[陳同甫] : 1143~1194. 자는 동보同甫, 호는 용천龍川이다. 송나라의 문학가로 소희紹熙 4년(1193년)에 진사進士가 되었다. 주희와 교유하며 이학理學에 반대하고 실질적인 효용을 중시한 사공학事功學에 힘썼다. 구양수의 문장을 좋아하여 『구양문수歐陽文粹』를 저술하였다.

는 일에 안목을 갖춘 사람을 가리지 않고 부탁한다면 진주는 버리고 쇠붙이만 캐는 문제가 있을 것이다.

先輩文集, 固宜抄刪, 一以簡約爲主, 可爲久傳之道, 而第抄刪亦甚難. 嘗見朱子語類, 先生嘗論范浚心箴以爲他自見得如此好, 而向見呂伯恭甚忽之. 又曰, "柳守原議, 極局促不好, 東萊不知如何喜之." 語類又云, "六一文, 先生所好者豐樂亭記, 而陳同甫好讀六一文, 嘗編百十篇刊行, 而豐樂亭記, 是六一文之最佳者, 而編在拾遺云." 夫東萊·同甫其討論古文, 見識豈不高人一等, 而比之朱夫子大眼目, 得失如是懸殊, 則抄書豈不難矣哉? 况今世又無東萊·同甫, 而抄刪之役, 若不擇具眼者而屬託, 宜其有遺珠採鐵之患也.

金柱臣(1661~1721), 「散言」, 『壽谷集』 卷11.

2 「풍락정기」. 처음부터 "往遊其間"까지 한 단락이 된다. "滁於五代"부터 "天下之平久矣"까지 한 절이 되고, "自唐失其政"부터 "百年之深也"까지 한 절이 되니 위 절의 뜻을 실제로 거듭 말하고 아래 단락의 말을 이어준다. "修之來此"이하로 한 단락이 된다. 글 전체의 의미 맥락이 분명하여 다른 말이 필요하지 않다.

豐樂亭記. 自首至"往遊其間"爲一段. "滁於五代"至"天下之平久矣"爲一節, 自"唐失其政"至"百年之深也"爲一節, 實申上節之意而間下段之語. "脩之來此"以下爲一段. 通篇意脈分明不待言.

安錫儆(1718~1774), 「歐陽文摘解」, 『雪橋藝學錄』 卷3.

3 내가 서경의 유수가 된 이듬해 봄에 못가에 놀러 나갔다. 못은 관문 남쪽으로 수십 보 되는 곳에 있는데 오래도록 자취가 감춰져 손봐지지 않아 돌아보고 "이곳은 선인들이 노닐던 곳인데, 이어서 부인한 사람들

이 손보지 않았으니 앞으로 누구를 믿겠는가?"라고 탄식하였다. 이에 공인들을 부르고 장정들을 고용하여 기울어진 곳을 높게 하고 진흙을 터서 부 서쪽의 옛 성 주변에 벽돌이 떨어진 것을 얻어다 다시 쌓았다. 또 가운데 하나의 작은 산을 만들고 그 위에 작은 정자를 짓고 연꽃과 버들을 많이 심었다. 달 밝은 밤이면 동남쪽의 여러 산은 파도와 함께 넘실대고 물이 파랗고 하늘이 푸르러 온갖 형상이 맑다. 못은 겨우 수십 묘가 되지만 전당의 호수와 산의 기세가 있다. 삼월 계유일에 경력과 여러 장좌들과 정자에 올라 술을 마시고 철금을 연주하면서 완공하였다.

서경은 고려의 도읍이었는데 오백 년의 오랜 시간이 지나 기강이 무너지고 영토가 나뉘어 호걸들이 난립하여 다투었는데 성인이 명을 받아 전쟁이 그침에 미쳐서는 선비들이 농사지으며 편안하게 지내고 백성들이 배와 수레를 가지고 장사를 업으로 삼으니 번화하고 아름다워 편안하게 바깥 일이 없어 지금 내가 여러 사람들과 한 잔 술을 주고 받는 것은 이는 임금의 공덕이 아님이 없다. 내가 이것을 객에게 말하니 객이 말하기를 "유수의 이 말은 저주의 「풍락정기」와 뜻이 대략 같다."라고 하였다.

이때 내가 정자의 편액을 생각하다가 떠오르지 않았는데 이때가 청명과 삼짇날의 사이라 단비가 마침 내리고 또 곡식의 풍성함을 점치니 이에 소풍락小豐樂으로 정자를 이름하고 유한지兪漢芝에게 예서를 부탁하여 걸었다. 정자에는 여섯 개의 기둥이 있고 담장이 스무 아름이며 장단위로 쓰인 나무가 스무 그루이고 자로 세면 71이며 벽돌은 조각 단위로 헤아리면 1,070이고 회토와 백토는은 근수로 헤아리면 160이고 별도로 공작석으로 아교 물감을 만든 것이 다섯 말이었으며 장인과 흙손질하는 사람이 다섯이었다.

余留守西京之明年春, 出遊池上. 池在官門南數十武, 久湮廢不治, 顧而嘆曰, "此前人遊宴處也, 繼至者不修, 則將奚恃歟?" 於是召工雇

丁, 崇傾疏淤, 於府西古城傍, 得磚石墜者復築之. 又中作一嶼, 構小亭於其上, 多植芙蓉楊柳. 方夜月明, 東南諸山, 與波溶漾, 水碧天靑, 萬象澄澈. 池僅數十畝, 而有錢塘湖山之勢. 三月癸酉, 與經歷及諸將佐, 登亭飮酒, 鼓鐵琴而落之.

西京在高麗爲國都, 至五百年之久, 紀綱頹隳, 土地分裂, 豪傑幷起而爭, 及聖人受命而干戈息, 士安於畎畝, 而小民以舟車商賈爲業, 繁華盛麗, 晏然無外事, 而今余與諸人, 擧一觴相屬, 此莫非上之功德也. 余以此語客, 客曰, "留守此言, 與滁州豐樂亭記, 意思略同."

方余思亭扁而未得, 時淸明上巳之間, 甘雨適至, 又卜其歲物之豐成, 仍以小豐樂名亭, 乞兪生漢芝隷書以揭焉. 亭凡六楹, 周垣二十圍, 用木以丈計者二十, 以尺計者七十一, 磚甓以片計者一千七十, 灰堊以斤計者一百六十, 他石綠膠煤爲五斗, 匠人圬人五.

南公轍(1760~1840), 「小豐樂亭記」, 『金陵集』 卷12.

남양현군南陽縣君 사씨謝氏의 묘지명墓誌銘[108]

(모곤) 법도에 딱 들어맞는다.

나의 벗 완릉宛陵 매요신梅堯臣[梅聖兪][109]이 오흥吳興에서 찾아와 자신의 아내를 곡한 시를 꺼내고서 구슬피 말하기를, "내 아내 사씨가 세상을 떠났네."라 하고 나에게 명銘을 받고서 장례를 지내겠다고 하였다. 나는 승낙했으나 글을 쓸 겨를이 없었다. 한 해 동안 서신이 일고여덟 차례 와서 한 번도 사씨의 묘지명에 대해서는 언급하지 않은 적이 없었다. 말하기를, "나의 아내는 돌아가신 태자빈객太子賓客 사도謝濤[110]의 여식이고 사강謝絳[希深][111]의 누이이니 사강 부자는 당시 사

108 남양현군南陽縣君 사씨謝氏의 묘지명墓誌銘 : 구양수가 매요신梅堯臣의 아내인 사씨를 위해 지은 묘지명이다. 1044년에 사씨가 세상을 떠났고 구양수는 1045년에 이 묘지명을 지었다.

109 매요신梅堯臣[梅聖兪] : 1002~1060. 송宋나라의 문장가로 성유聖兪는 그의 자이며 호는 원릉宛陵이다. 지방관을 전전하다가 구양수의 추천으로 국자감 직강國子監直講으로 중앙직을 수행하게 되었다. 소순흠蘇舜欽·구양수 등과 같이 성당盛唐 시를 모범으로 삼아 당시 유행하던 서곤체西崑體의 유약하고 수식 위주의 풍조를 타파하고자 하였다.

110 사도謝濤 : 960~1034. 자는 제자濟子이고 부양富陽 사람이다. 병부상서 원외랑兵部尙書員外郞, 시어사侍御史, 태자빈객太子賓客 등의 관직을 지냈다. 그의 첫째 딸이 매요신에게 시집을 갔다.

111 사강謝絳[希深] : 995?~1039. 송나라 때의 관리로 희심希深은 사강의 자이며 출신은 진류陳留이다. 열다섯에 진사 시험에 급제하였다. 지제고知制誥, 하남부 통판河南府通判, 등주 지주鄧州知州 등의 관직을 지냈다.

람들에게 명성을 떨쳤고 세상에서 영화로웠네. 아내는 부귀한 가문에서 태어나 20세에 나에게 시집을 와서 17년을 살고 세상을 떠났네. 세상을 떠난 날 밤에 시집왔을 때 입었던 옷으로 염을 하였으니 내가 몹시 가난함을 잘 알 만하네. 하지만 아내는 즐겁게 지내며 우리 집안을 잘 다스릴 때 늘 법도가 있었으니, 음식과 그릇은 풍요롭거나 사치스럽지 않았으나 꼭 정성을 들여 맛좋은 음식을 마련했고, 옷은 새것이든 헌것이든 빨고 바느질하여 꼭 깨끗하게 다듬어 두었으며, 부임하는 곳에 관사가 누추하더라도 뜰과 건물을 청소하여 꼭 가지런하게 정숙히 하였고, 평소 언행에 있어서는 꼭 조용히 온화하였다네.

내가 세상에서 가난하게 산 지 오래되었으나 집을 나가서는 다행히 훌륭한 사대부들과 함께 노닐며 즐길 수 있었고, 집에 들어와서는 내 아내의 온화한 모습을 보며 근심을 잊었으니, 내가 부귀와 빈천에 마음이 얽매이지 않을 수 있었던 것은 내 아내의 도움이라네. 내가 일찍이 사대부들과 이야기할 때 아내가 자주 문과 병풍 틈새로 몰래 듣고는 간간이 그 사람의 재능이 뛰어난지와 시사時事의 득실을 모두 헤아린 것이 모두 조리가 있었다네. 내가 오흥을 다스릴 적에 간혹 바깥에서 취해 돌아오면 꼭 '오늘은 누구와 술을 드시고 즐거우셨나요?'라고 물어 훌륭한 사람이었다고 대답하면 기뻐하였고 그렇지 않으면 탄식하며, '당신이 사귀는 사람들은 모두 한때의 준재들인데 어찌하여 자신을 굽혀 그들에게 낮추셨습니까? 오로지 도덕으로 사귀기 때문에 마음 맞는 자가 더욱 적었는데 지금 이런 사람과 술을 마시고 즐거워하신 것입니까?'라고 하였다네.

그해에 남쪽 지방에 가뭄이 들었는데[112] 날아다니는 메뚜기떼를 바

112 그해에……들었는데 : 경력慶曆 4년(1044년)에 절강浙江 · 회남 · 강남에 큰 가뭄

라보며 탄식하기를, '지금 서쪽 병란[113]은 끝나지 않아 천하는 계속해서 곤경에 빠져있으며 도적들이 강회江淮[114] 지역에서 마구 일어나는데 가뭄에다가 이처럼 메뚜기떼가 있습니다. 저는 부인의 몸이니 죽어서 당신이 장례를 치러주실 수만 있다면 저는 다행일 것입니다.'라고 하였네. 가난하게 사는 것도 편히 여기며 괴로워하지 않았던 이유는 그 성품과 마음이 밝았고 도리를 안 것이 대부분 이와 같았기 때문이라네. 아, 살아서는 나의 가난함에 시달렸고 죽어서는 후하게 장사지내지 못하니 오직 문자로 그 불후함을 드러내 줄 수 있다고 생각했다네. 또한 평소 문장이 귀하다는 것을 더욱 잘 알았으니 죽어서 이 명을 얻는다면 그 넋을 위로할 수 있을 것이고, 게다가 나의 슬픔을 달랠 수 있을 것이네. 이것이 내가 그대에게 간절히 명을 부탁하는 이유라네."라고 하였다. 이와 같으니 내가 차마 명을 짓지 않을 수 있겠는가?

부인은 향년 37세로 부은夫恩으로 남양현군南陽縣君에 봉해졌다. 2남 1녀를 낳았으며, 7월 7일에 고우에서 세상을 떠났다. 매씨 가문은 대대로 완릉宛陵에 장사를 지내지만 가난하여 완릉으로 가지 못하였기에 모년 모월 모일에 윤주潤州의 모현 모언덕에 장사 지냈다. 명銘은 다음과 같다.

드높은 언덕 깊은 골짜기	高崖斷谷兮
경구의 언덕이구나	京口之原

이 들었다.

113 서쪽 병란 : 당시 서하西夏의 병란이 아직 해소되지 않았던 것을 가리킨다.

114 강회江淮 : 장강長江과 회하淮河 유역을 지칭하는 말이다.

산은 푸르고 물은 깊으며 山蒼水深兮
땅은 두텁고 단단하구나 土厚而堅
여기에 묻히면 즐겁겠는가 居之可樂兮
터 잡는 이 그렇다고 말하네 卜者曰然
육신은 땅으로 돌아가고 骨肉歸土兮
넋은 하늘로 올라가네 魂氣升天
굳이 꼭 고향으로 가 何必故鄕兮
그런 뒤에야 편안할 수 있겠는가 然後爲安

당순지唐順之[唐荊川]가 말하였다. "부인의 덕을 서술한 것은 간결하고, 편지의 내용을 서술한 것은 자세하다."

南陽縣君謝氏墓誌銘

(茅坤) 法度恰好.

予友宛陵梅聖兪來自吳興, 出其哭內之詩而悲曰, "吾妻謝氏亡矣." 丐我以銘而葬焉. 予諾之, 未暇作. 居一歲中, 書七八至, 未嘗不以謝氏銘爲言. 且曰, "吾妻, 故太子賓客諱濤之女, 希深之妹也, 希深父子爲時聞人而世顯榮. 謝氏生於盛族, 年二十以歸吾, 凡十七年而卒. 卒之夕, 斂以嫁時之衣, 甚矣吾貧可知也. 然謝氏怡然處之, 治其家, 有常法, 其飮食器皿, 雖不及豐侈, 而必精以旨, 其衣無故新而澣濯縫紉, 必潔以完, 所至, 官舍雖卑陋, 而庭宇灑掃, 必肅以嚴, 其平居, 語言容止, 必從容以和.

吾窮於世久矣, 其出而幸與賢士大夫遊而樂, 入則見吾妻之怡怡而忘其憂, 使吾不以富貴貧賤累其心者, 抑吾妻之助也. 吾嘗與士大夫語, 謝氏多從戶屛竊聽之, 間則盡能商榷其人才能賢否及時事之得失, 皆有條理. 吾官吳興, 或自外醉而歸, 必問曰, '今日孰與飮而樂乎?' 聞其賢者也則悅, 否則歎曰, '君所交皆一時賢儁, 豈其屈己下之邪? 惟以道德焉, 故合者尤寡, 今與是人飮而歡邪?'

是歲, 南方旱, 仰見飛蝗而歎曰, '今西兵未解, 天下重困, 盜賊暴起於江淮, 而天旱且蝗如此. 我爲婦人, 死而得君葬, 我幸矣.' 其所以能安居貧而不困者, 其性識明而知道理, 多此類. 嗚呼! 其生也迫吾之貧, 而沒也又無以厚焉, 謂惟文字可以著其不朽. 且其平生, 尤知文章爲可貴, 歿而得此, 庶幾以慰其魂, 且塞予悲. 此吾所以請銘於子之勤也." 若此, 予忍不銘?

夫人, 享年三十七, 用夫恩封南陽縣君. 二男一女, 以其年七月七日, 卒于高郵. 梅氏世葬宛陵, 以貧不能歸也, 某年某月某日, 葬于潤州之某縣某原. 銘曰,

高崖斷谷兮, 京口之原. 山蒼水深兮, 土厚而堅. 居之可樂兮, 卜者曰然. 骨肉歸土兮, 魂氣升天. 何必故鄉兮, 然後爲安.

唐荊川曰, "敍女德簡, 敍書詞纖悉."

【비평자료】

1 왕세정[王弇州]은 스스로 반고班固와 사마천司馬遷을 배웠다고 했으며 그가 지은 비지문의 서사敍事는 모의에 매우 힘을 써서 옛 문인의 발자취를 좇고자 한 듯했지만 실제로는 송宋나라의 구양수歐陽修나 왕안석王安石에게서도 매우 멀어지게 되었다. 이번에 구양수의 여러 비지문을 읽어보았는데 그 중심을 잡고 핵심을 종합하여 글마다 법도가 있었으니, 간략하면서도 잘 갖춰져 있고 상세하면서도 번잡하지 않아 의도는 한가롭고 사정은 곡진하였으며, 풍신風神의 생동감이 있는 곳은 또한 자주 그림 같았으니 모곤[茅鹿門]의 '사마천의 정수를 얻었다.'는 말이 이것이다.…중략…

비지문과 사서史書의 전기傳記는 문체가 대략 비슷하지만, 사서의 전기는 내용의 풍부함을 위주로 하고 비지문은 오로지 간략하고 엄중함을 위주로 한다. 그러므로 한유韓愈의 비문에서 사실을 서술한 것이 『사기史記』·『한서漢書』와 대체로 다르니, 문장이 절로 다를 뿐만 아니라 그 체제도 다르다. 구양수가 사마천을 익혔어도 비지문을 짓는 데에는 오히려 사서의 전기 체제를 전혀 쓰지 않은 것도 이 때문이다.…중략…

한유의 비문은 대체로 곧장 써 내려간 것이고 구양수의 비문은 대체로 뒤섞여 종합되어 있다. 한유의 비문은 체제가 근엄하니 그 기이함은 자구의 단련에 있고, 구양수의 비문은 말이 전아하니 그 기이함은 편장의 변화에 있다.

王弇州自謂學班·馬, 其爲碑誌敍事, 極力摹畫, 若將以追踵古人, 而其實遠不及宋之歐·王. 今讀歐公諸碑誌, 其提挈綱領, 錯綜關節, 種種有法, 簡而能該, 詳而不繁, 意度閒暇而情事曲盡. 風神生色處, 又往往如畫, 茅鹿門以爲得太史公之髓者此也.…중략…

碑誌與史傳, 文體略同, 而史傳猶以該贍爲主, 至於碑誌, 則一主於

簡嚴. 故韓碑敍事, 與史漢大不同, 不獨文章自別, 亦其體當然也. 歐陽公雖學司馬遷, 而其爲碑誌猶不盡用史傳體, 亦以此耳.…중략…

韓碑多直敍, 歐碑多錯綜. 韓體謹嚴, 其奇在於句字陶鑄, 歐語雅馴, 其奇在於篇章變化.

金昌協(1651~1708), 「雜識·外篇」, 『農巖集』 卷34.

2 구양수의 문장 중 「상강천표瀧岡阡表」·「남양현군사씨묘지명[南陽縣君墓誌]」·「풍락정기[豐樂亭]」·「취옹정기醉翁亭記」·「종수론縱囚論」 등의 글은 정신이 맑을 때 읊거나 숙독하면, 온종일 읽더라도 소리와 기력이 다하기 전이라면 읽을수록 더욱 좋아 물릴 줄을 모르니, 비유하자면 맛 좋은 술과 음식은 취하거나 배부르기 전이라면 먹을수록 더욱 맛있는 것과 같다. 그러하니 어떻게 수십 번을 읽지 않을 수 있겠는가?

歐文中如瀧岡阡表·南陽縣君墓誌·豐樂亭·醉翁亭記·縱囚論等篇, 神志淸明之時, 浪吟疾讀, 則雖窮日夜諷誦, 聲盡氣餒之前, 愈讀愈好, 不覺其厭, 比如旨酒粱肉, 不醉不飽之前, 食之愈好. 奈何不耐數十讀耶?

金柱臣(1661~1721), 「散言·下篇」, 『壽谷集』 卷11.

3 한광위韓光瑋는 그의 아내 유인 정씨鄭氏를 잃고 슬픔이 깊어 아내를 애도하는 시 수십 편을 지었으니, 그 말은 몹시 슬프고 애달파 뼈를 찔러 읽는 사람들이 눈물을 흘렸다. 나는 유독 한광위가 시에 심취한 것을 이상하게 여겼으니, 시라는 것은 성정의 바름을 얻고자 하는 것인데 한광위의 슬픔이 너무 지나치지 않은가.

내가 한광위의 아버지 안음공安陰公 한사억韓師億[115]을 만나서 이를 물었는데, 공께서 한숨 쉬고 슬퍼하며 말씀하시기를 "우리 아들이 지나친 것은 우리 며느리의 어짊을 진실로 잊지 못해서입니다."라고 하였다. 또 한광위의 형제와 자질子姪들이 부인을 애도하는 것을 보았는데, 형수를 곡하는 것이 마치 자신의 누이를 곡하는 것처럼 하였으며, 숙모를 곡하기를 자신의 어머니를 곡하는 것처럼 했으니 이미 효성스러웠고 이미 우애가 있었으며 또 이미 자애로웠다. 부인의 덕은 더할 것이 없으니 내가 이에 한광위의 슬픔에 이유가 있음을 알게 되었다.

한광위는 또 말하길, "내 성품이 시를 좋아하여 밤낮으로 여러 사우士友들을 모아서 글짓기와 술 마시는 모임을 했는데, 아내가 편치 않은 듯한 기색을 보이며 '사군자士君子는 마땅히 행할 일이 있으니, 시가 어찌 할만한 것이겠습니까?'라고 말하였습니다. 때로 문과 병풍 틈으로 모인 사람들을 보고 그들의 장단점과 어진지 어리석은지 여부를 평가하고 말하기를, '벗을 얻어 화목하게 지내는 것이 혼자 사는 것만 못합니다.'라고 하였습니다. 그러나 술과 음식을 잘 대접하고 갖추어서 제 마음을 맞춰주었습니다. 집안을 다스릴 때는 엄격하게 법도가 있어서 살림살이 역시 모자람이 없었습니다. 제가 집안을 돌아보는 걱정이 없이 힘을 다해 시를 지을 수 있었던 것은 모두 아내 덕분입니다. 언제나 아내와 산림에서 은거하기를 약속했으니 아내가 그때마다 기뻐하며 '허름한 옷가지를 지어 입는 것만으로도 제 마음에 좋게 여깁니다.'라고 하였으니 아내의 맑은 식견과 우아한 운치가 또한 이와 같았습니다."라고 하였다. 이에 행장을 갖추고서 내게 묘지명을 써달라 하며 다음과 같이 부탁하였다. "제가 일찍이 구양수의 사씨 부인 묘지명을 읽었습니다. 제 아내의 현명함은 비록 사씨 부인에는 미치지 못하더라도 나이, 세상을 떠난 날짜와 두 아들을 양육한 일은 서로 유사한 부분이 있으니 어르신의 한 마디 말을 얻으면 옛사람과 함께 그 불우함을 함께할 것이고 죽은 부인

115 안음공安陰公 한사억韓師億 : ?~?. 본관은 청주淸州이다. 1728년(영조 4년)에 안음현감安陰縣監에 제수되었기 때문에 조현명이 안음공이라고 부른 것이다.

에 대한 위로도 영원할 것입니다."라고 하였다. 내가 사양하며 말하길, "내가 어찌 구양수이겠는가? 그러나 부인의 현명함이 사라져선 안 되니 차마 명을 짓지 않을 수 있겠는가?"라고 하였다.

유인의 본관은 동래東萊로, 영의정領議政 충헌공忠憲公 정태화鄭太和의 증손녀이고 통덕랑通德郎 정석봉鄭錫鳳의 딸이며, 참봉參奉 한산韓山 이형원李亨源의 외손녀이다. 한광위 역시 청주淸州 대족大族이며, 현감縣監 한사억韓師億의 아들이고 관찰사觀察使 한배주韓配周의 손자이다. 부인은 임진년 3월 29일에 태어나 무진년 윤7월 7일에 세상을 떠났다. 홍주洪州 용지동龍池洞 유좌酉坐 언덕에 안장되었으니 관찰공觀察公의 묘역의 밖이다. 2남 2녀를 낳았으며 모두 어리다. 명은 다음과 같다.

한씨의 아들은	韓氏之子
맑고 깨끗한 선비로	淸脩吉士
현명한 아내는	賢媛配之
간직한 덕 매우 아름다우니	秉德孔美
금슬도 고요하고 사이좋아[116]	琴瑟靜好
제비도 축하한 집[117] 같았고	燕賀之堂
지아비가 시 읊으면	夫子吟詩
술은 술잔에 가득하였네	有酒盈觴

116 금슬도 고요하고 사이좋아 : 원문의 금슬琴瑟은 거문고와 비파라는 말로 부부간의 화목을 비유한다. 『시경』 「주남周南」 〈관저關雎〉에 "요조숙녀를 거문고와 비파로 친애하네[窈窕淑女, 琴瑟友之.]."라고 한 데서 유래하였다.

117 제비도……집 : 원문의 연하燕賀는 『회남자淮南子』에 "큰 집이 이루어지면 제비와 참새들이 서로 축하한다[大厦成而燕雀相賀.]."라고 한 데서 온 말로, 본디 제비와 참새가 사람의 집을 자기들의 둥지로 삼아 서로 축하한다는 뜻에서 남이 새로 집을 지은 것을 축하하는 말인데, 여기에서는 한광위와 그의 아내가 산 집을 가리키는 것으로 보인다.

남편 말하길, 마누라여	士曰女兮
산림에서 살길 내 생각한다네	山林我思
아내 말하길, 당신을 따라	女曰從君
형포[118]로 지내겠습니다	荊布以之
녹거 함께 끌지 못했으니[119]	未挽鹿車
어진 은자의 집 텅 비었네	賢鵠巢空
가을 삿자리에서 눈물 흘리고	秋簟有淚
회나무 낙엽은 바람에 휩쓸리네	槐葉掃風
장수와 요절은 같은 이치이니	彭殤一理
생사는 밤낮과 같다네	死生夜晝
청컨대 이 뜻을	請質斯義
고분[120]의 장자에게 묻고자 한다네	叩盆之叟

韓生光瑋喪其配鄭孺人, 哀甚, 爲悼亡詩屢十篇, 其言悽愴刺骨, 讀者流涕. 余獨恠夫生深於詩, 詩者, 欲得性情之正者也, 生之哀不已傷乎?

余遇生之大人安陰公, 問之, 公唏噓曰, "吾兒則過矣, 吾婦之賢, 誠不可忘也." 旣又得見生兄弟子姪之誄孺人者, 其哭嫂如哭娣妹也, 哭

118 형포荊布 : 가시나무로 만든 비녀를 꽂고 베로 만든 치마를 입는 것으로 검소한 것을 말한다.

119 녹거……못했으니 : 원문의 녹거鹿車는 사슴이 끄는 좁고 작은 수레를 가리키는데, 부인과 함께 집안을 돌보지 못했다는 말이다. 한漢나라의 포선鮑宣이 자기 스승의 딸인 환소군桓少君에게 장가들었는데, 부잣집에서 자라난 그의 처가 혼수품을 많이 장만한 것을 보고는, "나는 가난하여 그런 예를 감당할 수가 없소."라고 하니, 환소군이 그 말에 따라 혼수를 모두 친정에 돌려보낸 뒤에 짧은 베옷으로 갈아입고서 남편과 함께 녹거를 끌며 향리로 돌아갔다고 한다. 『後漢書』 卷84 「列女列傳 · 鮑宣妻」.

120 고분 : 원문의 '고분叩盆'은 동이를 두드린다는 뜻으로, 아내의 죽음을 뜻한다. 장자莊子의 아내가 죽었을 때 혜자惠子가 조문을 가서 보니, 장자가 두 다리를 뻗치고 동이를 두드리며 노래를 부르고 있었다는 데서 온 말이다. 『莊子』 「至樂」.

猶母如哭己母也, 旣孝矣, 旣友矣, 又旣慈矣. 婦人之德, 莫尙焉, 余於是, 知生之哀有以也.

生又自言, "性喜爲詩, 日夜與諸士友爲文酒會, 孺人若有不豫色曰, '士君子有當行之事, 詩何足爲也?' 時從戶屛間窺見所會客, 能論評其長短賢否, 曰, '取友和, 不如介也.' 然善供具酒食, 以順適吾意. 理家整勑有度, 能轉運不匱. 我無內顧憂, 而得肆力爲詩者, 皆孺人之助也. 常與孺人約偕隱山林, 孺人輒欣然曰, '短衣操作, 吾所甘心.' 其淸識雅韻, 亦如此." 仍具狀. 謁余爲銘曰, "光瑋嘗讀歐陽子謝夫人誌矣. 吾妻之賢. 雖不及謝夫人, 然其得年與死之月日, 與二男之育, 略有相似者, 得長者一言, 與古人同其不朽, 亦長逝者之慰也." 余謝曰, "我豈歐陽子哉? 然孺人之賢, 有不可沒者忍不銘?"

孺人籍東萊, 領議政忠憲公太和之玄孫, 通德郞錫鳳之女, 參奉韓山李亨源之外孫. 韓生亦淸州大族. 縣監師億之子, 觀察使配周之孫也. 孺人生於壬辰三月二十九日, 沒於戊辰閏七月七日. 葬於洪州龍池洞酉坐原, 觀察公塋域之外. 生二男二女, 皆幼. 銘曰,

韓氏之子, 淸脩吉士. 賢媛配之, 秉德孔美. 琴瑟靜好, 燕賀之堂. 夫子吟詩, 有酒盈觴. 士曰女兮, 山林我思. 女曰從君, 荊布以之. 未挽鹿車, 賢鵲巢空. 秋簟有淚, 槐葉掃風. 彭殤一理, 死生夜晝. 請質斯義, 叩盆之叟.

趙顯命(1691~1752), 「孺人鄭氏誌銘」, 『歸鹿集』 卷15.

상강천표121

(모곤) 어려서부터 부친을 잃어 부친의 덕을 드러내고자 하면서 그 모친의 말에 근거하였으므로 새로운 체제를 얻었다.

아아! 우리 황고皇考 숭국공崇國公을 좋은 날을 가려 받아 상강瀧岡에 장사 지낸 지 60년 만에 아들인 내가 비로소 그 묘도墓道에 묘표를 세울 수 있게 되었으니, 감히 늦추려 해서가 아니고 때를 기다린 것이다. 내가 불행하게도 태어난 지 4년 만에 부친을 여의었는데 태부인太夫人은 정절을 지키기로 스스로 맹세했으니 가난하게 살아도 의복과 음식을 자신의 힘으로 마련해서 나를 기르고 가르쳐주셔서 어른이 되게 하셨다.

태부인이 다음과 같이 말씀하셨다.

"너희 선친은 관직에 계실 때 청렴하시고 남에게 베풂을 좋아하시어 빈객들 접대하기를 즐거워하였고 그의 봉록은 비록 적었으나 늘 남는 것이 없게 하며 말씀하시길, '이것 때문에 나에게 누를 끼치지 마시오.'라고 하셨다. 그러므로 돌아가셨을 때 생계를 꾸리기 위한 집

121 상강천표 : 구양수는 4살에 아버지 구양관歐陽觀을 잃고 다음 해에 길주吉州 상강瀧岡에 부장사 지냈다. 이전에 지은 「선군묘표先君墓表」를 수정하여 이 글을 완성하였다. 상강은 강서성江西省 봉황산鳳凰山에 있는 언덕의 이름이다. 천표阡表에서 천阡은 묘도墓道의 뜻으로 천표는 묘표와 같은 뜻이다.

덮을 기와 한 장이나 곡식 심을 밭 한 이랑도 없었으니, 내가 어떻게 정절을 지킬 수 있었겠느냐? 내가 너의 선친에 대해 한두 가지를 알아서 네게 기대함이 있었던 것이다. 내가 너희 가문의 며느리가 된 후부터 시어머니를 모시기까지는 이르지 못했으나, 너희 선친께서 시어머니를 잘 봉양하였음은 알고 있었다. 네가 어릴 적에 부친을 잃어서 나는 네가 반드시 입신할지는 모르겠으나 너희 선친께 반드시 훌륭한 후사가 있을 것은 알고 있었다. 내가 처음 시집왔을 때는 너희 선친께서 모친상을 마친 지 막 한 해가 넘었었다. 세시 제삿날이 되면 반드시 눈물을 흘리면서 말씀하시기를, '제사를 성대하게 올리는 것은 박하게 봉양함만 못하다.'라고 하시고, 간간이 술과 음식을 먹게 되면 또 눈물을 흘리면서 말씀하시기를 '옛날에는 항상 부족했는데 지금은 남는 것이 있어도 어떻게 모친에게 드릴 수 있겠는가.'라고 하셨다.

나는 처음 한두 번 보고는 막 상례를 치른 지 얼마 안 되었기에 당연하다고 여겼었는데, 그러다가 후에도 항상 그렇게 하시면서 돌아가실 때까지 그렇지 않은 적이 없으셨다. 내가 비록 미처 시어머니를 모시기까지는 이르지 못했으나 이로 인해 너희 선친께서 모친을 잘 봉양하였음은 알았다. 너희 선친께서 관직에 계실 때 한번은 밤에 촛불을 켜고 공문서를 처리하시다가 누차 덮으시면서 탄식하셨다. 내가 이유를 물어보면 말씀하시기를, '이것은 사형수의 옥사 문서인데 내가 죄인의 목숨을 구하고 싶으나 불가능하오.'라고 하셨다. 내가 '살릴 방법을 구할 수 있습니까?'라고 하니 말씀하시기를, '목숨을 구하는 방법을 찾다가 찾지 못하면 죽을 자와 나는 모두 한이 없겠지만, 하물며 찾을 수 있다면 어떻겠소? 살릴 방법을 찾을 수 있다면 방법을 안 찾아 죽는 자가 한이 있을 것임을 알 수 있소. 항상 목숨을 구할 방법을 찾는데도 오히려 잘못해서 죽이는데, 세상은 항상 죄인을 죽일 방법만 구하는구려.'라고 하셨다. 그리고는 젖 물리는 사람이 너를 안고 곁에 서 있는 것을 돌아보시면서 손가락으로 가리키고 탄식하며 말하시기를, '점쟁이가 말하길, 내가 술戌이 있는 해가 오면 죽을 것이라고 했는데 만일 그 말이 그렇다면 아이가 자라는 것을 볼 수 없을 테니 후일 내 말을 아이에게 알려줘야 하오.'라고 하셨다. 평소 남의 자제子弟를 가르치실 때도 항상 이 말씀을 하셔서 내 귀에 익숙하므로 자세히 말할 수 있는 것이다. 바깥일에서 어떻게 베푸셨는지는 내가 알 수 없지만, 집에 계실 땐 꾸미는 것 없이 이같이 하셨으니 이는 진실로 마음에서 발한 것이다.

아아! 그 마음이 인에 두터운 것이다. 이는 내가 너희 선친께 반드시 훌륭한 후사가 있을 것임을 알고 있다는 것이니 너는 힘쓰도록 하여라. 봉양은 굳이 넉넉하게 하지 않아도 되니 효도하는 것이 중요하고 이익을 비록 백성들에게 널리 할 수 없더라도 그 마음이 인에 두터운 것이 중요하다. 내가 널 가르칠 순 없고, 이것이 너희 선친의 뜻이다."라고 하시니, 나는 울며 마음에 새기고 감히 잊을 수 없었다.

선공先公은 어릴 때 부친을 잃고 학문에 힘써 함평咸平 3년(1000년)에 진사에 급제하여 도주판관道州判官, 사주泗州・면주綿州 2주의 추관推官이 되었고 다시 태주판관泰州判官이 되었으니, 향년 59세였으며 사계沙溪의 상강에 장사 지냈다.

태부인의 성은 정씨鄭氏로, 선고의 휘諱가 덕의德儀이고 대대로 강남江南의 명문가였다. 태부인께서는 공손하고 검소하며 어질고 자애로우며 예가 있으셨다. 처음 복창현태군福昌縣太君에 봉해지시고 낙안樂安・안강安康・팽성彭城 세 군郡의 태군太君에 봉작이 더해졌다. 집이 가난할 때부터 검약으로 집안을 다스리셨는데, 그 후 항상 과하지 않게 하며 말씀하시기를, "우리 아이는 세상에 구차히 영합하지 못하니 검소함은 환난에 대처하는 방법이다."라고 하셨다. 그 후 내가 이릉夷陵으로 좌천되었는데도[122] 태부인께서는 태연하게 웃으며 말씀하시면서 "너희 집안은 예부터 빈천했으니, 나는 가난하게 사는 데 익숙하다. 네가 편안할 수 있다면 나 또한 편안할 것이다."라고 하셨다.

선공께서 돌아가신 후부터 20년째에 내가 비로소 봉록을 얻어 봉양하고[123] 또 12년이 지나서 조정의 반열에 들어 비로소 부친이 추증될 수 있었다. 또 10년이 지나서 나는 용도각직학사龍圖閣直學士 상서이부랑중尙書吏部郎中 남경南京의 유수留守가 되었는데, 태부인께서 관사에서 병으로 돌아가시니 향년 72세였다. 또 8년이 지나 나는 재주도 없는데 부추밀副樞密이 되어 드디어 참지정사參知政事가 되었고 또 7년이 지나 파직되었다. 중서성 추밀원 두 부에 오르고 나서부터 천자가 추은推恩하여 3대의 조상을 포창하시니, 가우嘉祐 이래로 나라가 큰 경사를 만나면 반드시 영애로운 하사품을 더하셨다.

황증조부군皇曾祖府君은 여러 번 추증되어 금자광록대부金紫光祿大夫 태사중서령太師中書令이 되시고 증조비曾祖妣는 여러 차례 봉해져 초국태부인楚國太夫人이 되셨고, 황조부군皇祖府君은 여러 차례 추증되어 금자광록대부 태사중서령 겸상서령兼尙書令이 되시고 조비祖妣는 여러 번 봉해져 오국태부인吳國太夫人이 되셨고, 황고숭공皇考崇公은 여러

122 이릉夷陵으로 좌천되었는데도 : 구양수는 경우景祐 3년(1036년) 5월에 간관 고약눌高若訥에게 천장각天章閣 대제待制 범중엄范仲淹이 국사를 함부로 논했다는 벌을 받고 목주睦州로 좌천되어 갈 때, 범중엄이 쫓겨난 것을 간하지 않았다고 책망하는 서찰을 보냈다. 이에 고약눌은 화가나서 그 편지를 인종에게 보이며 구양수를 탄핵하여 이릉현령夷陵縣令으로 좌천시켰다.

123 내가……봉양하고 : 구양수는 송나라 인종 천성天聖 8년(1030년)에 진사進士에 급제하여 장사랑將仕郎이 되었다. 곧 비서성교서랑祕書省校書郎을 거쳐 서경유수추관西京留守推官이 되었는데, 이때가 부친 구양관의 사후 20년이 되던 해였다.

번 추증되어 금자광록대부 태사중서령 겸상서령이 되시고 황비皇妣는 여러 번 봉해져 월국태부인越國太夫人이 되셨다. 지금 황제 즉위 초에 교사제郊祀祭 때 황고는 숭국공의 작위를 하사받고 태부인은 위국태부인魏國太夫人으로 봉작이 더해졌다.

이에 소자小子인 내가 울면서 말한다. "아아! 선을 함에 보답받지 못함은 없지만 때의 늦고 빠름은 있으니 이는 일정한 이치이다. 우리 선조께서는 선을 쌓고 덕을 이루셨으니 후하게 누려 마땅하다. 비록 직접 보상받진 못하셨지만 후에 작위爵位와 봉호封號를 하사받아 영화로움이 크게 포상되어 진실로 세 조정으로부터 추증의 명을 받으셨으니, 이는 후세에 드러내서 그 자손들이 보호받고 의지하게 하기에 충분하다. 이에 그 세보世譜를 나열하여 모두 비석에 새기고, 또 황고 숭국공의 유훈과 태부인께서 가르치며 내게 기대했던 말씀을 실어 모두 무덤 앞에 드러내서, 덕이 적고 재능이 부족한 내가 좋은 때를 만나 벼슬살이를 해서 다행히 큰 절조를 온전히 하여 선조를 욕되게 하지 않은 것이 유래가 있음을 알게 하노라."

희녕熙寧 3년(1070년) 세차歲次 경술년庚戌年 초하루가 신유일辛酉日인 4월 15일 을해乙亥에 아들 추성보덕숭인익대공신推誠保德崇仁翊戴功臣 관문전학사觀文殿學士 특진행병부상서特進行兵部尙書 지청주군주사知靑州軍州事 겸관내권농사兼管內勸農使 충경동동로안무사充京東東路安撫使 상주국上柱國 낙안군개국공樂安郡開國公 식읍食邑 4,300호, 실제 봉해진 식읍 1,200호인 수가 묘표를 쓴다.

瀧岡阡表

(茅坤) 幼孤而欲表父之德也, 於其母之言, 故爲得體.

嗚呼! 惟我皇考崇公卜吉于瀧岡之六十年, 其子脩始克表於其阡, 非敢緩也, 蓋有待也. 脩不幸生四歲而孤, 太夫人守節自誓, 居貧, 自力於衣食, 以長以敎, 俾至於成人.

太夫人告之曰, "汝父爲吏廉而好施與, 喜賓客, 其俸祿雖薄, 常不使有餘曰, '毋以是爲我累.' 故其亡也, 無一瓦之覆一壟之植以庇而爲生, 吾何恃而能自守耶? 吾於汝父知其一二, 以有待於汝也. 自吾爲汝家婦, 不及事吾姑, 然知汝父之能養也. 汝孤而幼, 吾不能知汝之必有立, 然知汝父之必將有後也. 吾之始歸也, 汝父免於母喪. 方逾年. 歲時祭祀, 則必涕泣曰, '祭而豐, 不如養之薄也.' 間御酒食, 則又涕泣曰, '昔常不足, 而今有餘, 其何及也.'

吾始一二見之, 以爲新免於喪適然耳, 旣而其後常然, 至其終身, 未嘗不然. 吾雖不及事姑, 而以此知汝父之能養也. 汝父爲吏, 嘗夜燭治官書, 屢廢而歎. 吾問之則曰, '此死獄也, 我求其生不得爾.' 吾曰, '生可求乎?' 曰, '求其生而不得, 則死者與我, 皆無恨也, 矧求而有得邪? 以其有得, 則知不求而死者有恨也. 夫常求其生, 猶失之死, 而世常求其死也.' 回顧乳者抱汝而立于旁, 因指而歎曰, '術者謂我歲行在戌, 將死, 使其言然, 吾不及見兒之立也, 後當以我語告之.' 其平居敎他子弟, 常用此語, 吾耳熟焉, 故能詳也. 其施於外事, 吾不能知, 其居於家, 無所矜飾而所爲如此, 是眞發於中者邪.

嗚呼! 其心厚於仁者邪. 此吾知汝父之必將有後也, 汝其勉之. 夫養不必豐, 要於孝, 利雖不得博於物, 要其心之厚於仁. 吾不能敎汝, 此汝父之志也." 脩泣而志之, 不敢忘.

先公少孤力學, 咸平三年進士及第, 爲道州判官 · 泗綿二州推官, 又爲泰州判官, 享年五十有九, 葬沙溪之瀧岡.

太夫人姓鄭氏, 考諱德儀, 世爲江南名族. 太夫人, 恭儉仁愛而有禮. 初封福昌縣太君, 進封樂安 · 安康 · 彭城三郡太君. 自其家少微時, 治其家以儉約, 其後常不使過之曰, "吾兒不能苟合於世, 儉薄所以居患難也."其後脩貶夷陵, 太夫人言笑自若曰, "汝家故貧賤也, 吾處之有素矣. 汝能安之, 吾亦安矣."

自先公之亡二十年, 脩始得祿而養, 又十有二年, 列官于朝, 始得贈封其親, 又十年, 脩爲龍圖閣直學士, 尙書吏部郎中, 留守南京, 太夫人以疾終于官舍, 享年七十有二. 又八年, 脩以非才入副樞密, 遂參政事, 又七年而罷. 自登二府, 天子推恩, 褒其三世, 蓋自嘉祐以來, 逢國大慶, 必加寵錫.

皇曾祖府君, 累贈金紫光祿大夫, 太師中書令, 曾祖妣, 累封楚國太夫人, 皇祖府君, 累贈金紫光祿大夫, 太師中書令, 兼尙書令, 祖妣, 累封吳國太夫人, 皇考崇公, 累贈金紫光祿大夫, 太師中書令 兼尙書令, 皇妣, 累封越國太夫人. 今上初郊, 皇考, 賜爵爲崇國公, 太夫人, 進號魏國.

於是, 小子脩泣而言曰, "嗚呼! 爲善無不報而遲速有時, 此理之常也. 惟我祖考積善成德, 宜享其隆. 雖不克有於其躬, 而賜爵受封, 顯榮褒大, 實有三朝之錫命, 是足以表見於後世而庇賴其子孫矣. 乃列其世譜, 具刻于碑, 旣又載我皇考崇公之遺訓太夫人之所以敎而有待於脩者, 竝揭于阡, 俾知夫小子脩之德薄能鮮, 遭時竊位, 而幸全大節, 不辱其先者, 其來有自."

熙寧三年歲次庚戌四月辛酉朔十有五日乙亥, 男推誠保德崇仁翊戴功臣, 觀文殿學士, 特進行兵部尚書, 知靑州軍州事, 兼管內勸農使, 充京東東路安撫使, 上柱國, 樂安郡開國公, 食邑四千三百戶, 食實封一千二百戶脩表.

【비평자료】

1 예로부터 전해 내려온 금석문자 중에는 결코 그와 대적할 만한 것이 다시는 없으니, 한유의 「평회서비平淮西碑」, 구양수歐陽脩의 「상강천표」가 그런 경우이다.

古來金石文字, 決不容復有對者, 韓之平淮西碑, 歐之瀧岡阡表是也.

金昌協(1651~1708), 「雜識」, 『農巖集』 卷34.

2 「상강천표」. 구양수가 반드시 심력을 다했는데, 돌아보면 혼연하고 자연스럽게 이루어져서 용필用筆의 흔적이 보이지 않으니 대개 신묘하게 드러내었다. 글의 의미는 함축이 깊어 읽어도 끝이 없어 계속해서 나타나고 겹겹이 드러나는 것은 진실로 산 응달진 길에 산천이 제각각 모습을 드러내어 사람들이 감상할 겨를이 없게 하는 것과 같다. 이것이 이른바 필력이 노련하여 조물주의 힘이 작용한 것이구나.

모든 편의 구성을 살펴보면 첫 단락의 30여 글자가 큰 뼈대가 되고 "脩不幸"부터 "志之, 不敢忘"까지 한 단락이 되고, "汝孤而幼, 不知其有立而, 知汝父之必有後也." 위의 한 절이 이 단락에 있으니 총론이 되고 "吾於汝父知其一二, 以有待於汝" 한 구가 명맥이 된다. "吾之始歸"부터 "以此知汝父之能養也"가 한 절이 되고 "汝父爲吏, 夜燭治官書"부터 "吾知汝父之有後也"가 한 절이 되니 곧 이 두 절을 조목을 나눠 거듭 말했고 "汝其勉之, 夫養不必豊" 이하 한 절을 종합하여 맺은 것이다.

"先公少孤力學"부터 끝까지 한 단락이 되고, "進號魏國" 이상의 한 절은 서사가 되며 "於是, 小子" 이하 한 절은 의론이니, 모든 편의 뜻을 거두어 맺고 있다. 모든 편의 요지는 한결같이 황고皇考의 뛰어난 덕행과 유훈과 대부인이 어질어서 아들에게 입신양명하도록 잘 가르친 것을 드러냈다. 또한 한결같이 선조들이 선을 쌓고 대부인이 공을 쌓아서 후인을 현달하게 하고 작록을 받는 보답을 드러낸 것이다.

모든 편의 체제는 어릴 적 부친을 잃어 이미 부친의 덕을 몰랐고 또한 어른들도 없어서 부친의 말에 대해 근거가 될 만한 것은 모친의 말을 통해서 거듭 믿을 수밖에 없었다. 평소에 자잘한 말까지 크게 드러낸 것은 부인과 아들의 입장에 있어 과시하거나 속이는 혐의가 없었고 식자들로 하여금 순수한 덕과 체용體用의 온전함을 절로 알 수 있게 한 것이다.

인은 4덕의 으뜸이고 부모님을 섬김에 효도하고 남을 대함에 충성하는 것이 인을 행하는 본말이 갖춰진 것이니, 이에 모친의 몇 마디의 말로 다 말한 것이다. 관리로서 청렴하며 남에게 베푸는 것을 좋아하고 손님을 기쁘게 하는 것은 또한 사대부의 고상한 행실이니 모친의 몇 마디 말씀으로 드러낸 것이다. 게다가 부친의 선한 마음가짐을 통해서 모친의 곧은 절개를 드러내고 부친의 인과 효를 말한 것을 통해서 모친의 명철한 식견이 저절로 드러났다.

이 묘표는 부모의 덕을 모두 기록한 것이다. 부친에 대해서는 부친을 여의어서 실제로 자세히 말할 게 없었지만, 모친에 대해서는 50년 동안 모시면서 다만 "공손하고 검소하며 어질고 자애로우며 예가 있으셨다"라고만 말하였다. 만약 자세하게 서술하고자 했다면 그 번다함을 이루 다 말할 수 없었을 것이나 검소하게 집안을 다스리는 것으로 벼슬살이에 나가 녹봉으로 봉양하는 아들에게 마음을 해치거나 명예와 예절을 훼손시키지 않게 하였다. 하나만 기록하고 나머지는 감히 모두 기록하지 않고서 아버지에 관한 일만 많이 기록하였다. 그러나 남편이 살아 있는 동안 남편이 남을 돕는 일을 도와서 그의 청렴함에 누가 되지 않도록 하였으며 남편이 세상을 떠난 후에도 가난을 견디고 수절하며 남겨진 자식을 가르치고 남편의 깊고 순수한 덕을 기억해서 아들에게 아버지의 명을 전수해 남겨진 자식으로 하여금 자립해 조정에서 벼슬하도록 하였으며, 명예와 정절을 온전하게 하여 한 사람의 아내로서, 어머니로서 각각 그 도를 이와 같이 다하였으니 부인의 덕에 있어서 또한 지극하다.

전체 글에 기록된 것은 숭국공이 많고 부인이 그다음이니 중요성의 순서는 확고하다. 전체 글의 어조는 구슬프고 흐느낄 만하며 종종 숨이 끊어질 듯하지만 맑고 깊으며 온후한 기운을 해치지는 않는다. 자세하고 소상하며 반복하여 속마음을 전부 펼쳐내는데도 빛나고 깔끔하며 우아한 말에 해가 되지 않으니 조물주의 붓놀림이 아니면 무엇이겠는가?

이 편은 문집 가운데서 「영관전서론伶官傳敍論」[124]에 미치지 못하고, 「취옹정기」의 풍채에도 미치지 못하였으며, 「유미당기有美堂記」에도 미치지 못하지만 홀로 체제의 마땅함과 정리情理의 지극함에 이르렀으며 뛰어넘었다. 저 여러 편이 체제에 대해서 부족하다는 말은 아니고 다만 이 글은 체제를 갖추기 어려운데도 이같이 잘 갖추었기 때문에 이렇게 언급할 뿐이다.

농암이 일찍이 말씀하기를, "예로부터 전해 내려온 금석문자 중에는 국가 차원에서는 오직 「평회서비」, 가문 차원에서는 오직 「상강천표」만이 천고의 걸작이니 이것과 비견될만한 것이 없다."라고 하였으니 믿을 만하다.

瀧岡阡表. 歐陽子, 必極其心力, 而顧渾然天成, 不見用筆之迹, 而蓋神而化之也. 篇中之意, 兼包兩含, 讀不可盡, 其迭出而疊見者, 真似山陰之道, 山川自相映發, 使人應接不暇. 此所謂筆老疑有物者耶.

考其通篇法度, 則首段三十餘字爲大綱, "脩不幸" 至 "志之, 不敢忘"爲一段, 而"汝孤而幼, 不知其有立而, 知汝父之必有後也."以上一節, 在此段爲摠腦, 而"吾於汝父知其一二, 以有待於汝"一句爲命脉.

124 영관전서론伶官傳敍論 : 구양수가 지은 「영관전서론」으로, 장종莊宗의 멸망 원인을 악공의 등용으로 서술한 글이다.

"吾之始歸" 至 "以此知汝父之能養也" 爲一節, "汝父爲吏, 夜燭治官書"至 "吾知汝父之有後也"爲一節, 卽分條申言之, 而以 "汝其勉之, 夫養不必豊"以下一節摠結.

"先公少孤力學"至末爲一段, 而"進號魏國"以上爲一節, 叙事也, "於是, 小子"以下爲一節, 議論也, 且以收結通篇之意也. 通篇意指, 則一以見皇考之懿德遺訓, 大夫之賢而善教所以使後人得以立身而揚名也. 一以見祖考之積善大夫人之累功, 所以昌顯後人而受爵祿之報也.

通篇體貌, 則幼而孤, 既不知先德, 且無尊黨, 父之言可據者, 不免以母言傳, 信之重顧. 以閑處微事發明大者, 在妻子既無誇誣之嫌, 而使識, 自見其純德體用之全.

盖仁爲四德之首, 而孝於事親, 忠於及人, 則行仁之本末備矣, 乃以母氏數語盡之, 爲吏廉而好施與喜賓客, 亦士大夫高行, 而乃以母氏餘語彰之. 且於父之廉善, 而母氏之貞節自見, 言父之仁孝, 而母氏之哲識自著.

此表乃並記父母之德. 而父則稚孤實無以備悉, 母則事之五十年矣, 所謂"恭儉仁愛而有禮"者. 苟欲詳載則將不勝其繁矣, 顧以儉以治家, 使仕宦綠養之子不得以失累心而虧損名節. 一載之, 其餘不敢盡載, 以多于父之事. 然夫子在而佐其及人, 無累於其廉, 夫子亡而耐貧守節, 教養遺稚, 能記夫子深純之德, 而提命乎後承, 旣使孤稚有立而位乎. 天朝, 又能使之完名全節, 無有所累. 爲人之婦, 爲人之母, 各盡其道如此, 在婦人之德亦可至矣.

盖通篇所記, 崇公爲多, 而夫人次之, 輕重之序固然耳. 通篇辭氣則悽愴嗚咽, 往往欲絶而無傷於淳深温厚之氣, 委曲反覆, 展盡衷情而不害乎光潔高雅之辭, 非造化之筆而何哉?

盖此篇在集中, 氣不及伶官論, 辭不及醉翁記風彩不及有美堂記, 而獨以體貌之得宜情理之至到而過之. 非謂彼數篇者不足於體貌也. 顧此篇難於得體, 而乃得之如此, 故云然耳.

農巖嘗曰, "古来金石之文, 在國惟淮西碑, 在家惟瀧岡表, 篇千古絶作, 無可與爲偶者."信矣.

安錫儆(1718~1774), 「歐陽文摘解」, 『雪橋藝學錄』 卷3.

팔대가문십선

권4 소순

추밀樞密 한기韓琦[1]께 드리는 편지

(모곤) 소순蘇洵[老泉]은 당시 군정이 지나치게 약한 것을 싫어하였기에 한기韓琦[韓魏公]으로 하여금 병졸들을 엄히 벌하도록 하였다. 또 그 문장이 서한西漢의 것과 비슷하고 트여있으며 호탕한 웅변이 볼 만하다.

태위 집사께.

저는 글을 짓는 데에 다른 장점은 없지만, 군사와 관련된 일을 말하고 고금의 형세를 논할 때에는 스스로 가의賈誼[2]에 비교할 정도입니다. 바친 『권서權書』[3]는 비록 옛사람들의 지난 성패의 자취를 논하고 있지만 만일 그 의미를 깊이 밝혀보면 지금 행해지더라도 불가한 것이 없습니다. 지난번 뵙기를 청하고 하찮은 논의를 바치기를 구하였는데, 태위께서 허락하시어 삼가 그 설을 짓습니다. 언어가 소박하여

---

1 추밀樞密 한기韓琦 : 1008~1075. 그의 자는 치규稚圭. 호는 간수贛叟이다. 범중엄范仲淹과 함께 병사兵事를 맡아 서하西夏를 방어하면서 '한범韓范'으로 칭해지기도 하였으며, 문·무관으로서 명성을 떨쳤다. 1056년 추밀사樞密使가 되었다.

2 가의賈誼 : 기원전 200~기원전 168. 글을 잘 지었으며, 문제文帝 때 박사博士가 되어 정삭正朔을 고치고 복색服色을 바꾸었으며, 법도法度를 제정하고 예악禮樂을 일으켰다.

3 권서權書 : 소순蘇洵이 지은 병법서이다. 심술心術·법제法制·강약强弱·공수攻守·명문明問·손무孫武·자공子貢·육국六國·항적項籍·고조高祖 등 10편으로 구성되어 있다.

세상을 놀라게 할 뛰어난 말이나 매우 고원하여 행하기 어려운 논의가 있는 것은 아닙니다. 태위께서는 대강의 내용을 취하시고 상세한 것은 책망하지 말아 주십시오.

옛날에는 군사를 써서 이기기를 어렵게 생각하지 않았고 군대를 양성하고도 쓰지 않는 것을 두렵게 여겼습니다. 지금 물을 산에 부딪히게 하고 바다로 풀어놓으며 트이게 하여 도랑을 만들고, 막아서 못을 만듦은 천하의 사람들이 할 수 있는 것입니다. 장강長江과 황하黃河를 흐르게 하고 회수淮水와 사수泗水에 물을 대며, 물을 모아 큰 파도가 되게 하고 물을 괴어 큰 호수가 되게 하여 오래도록 넘치지 않게 하는 것은 우禹 임금 이후로 아직 본 적이 없습니다.

전쟁은 천하의 의롭지 않은 무리를 모으고 어질지 않은 도구를 주어 사람을 죽이는 일을 가르치는 것입니다. 오직 천하가 안정되지 않고 도적들이 사라지지 않은 뒤에야 의롭지 않은 마음을 펼치고 어질지 않은 도구를 써서 사람을 죽이는 일을 한번 할 수 있을 뿐입니다. 이때에 용맹한 자는 남은 힘이 없고, 지혜로운 자는 남은 계책이 없으며 공교로운 자는 남은 재주가 없으므로 의롭지 않은 마음을 바꾸어 충성하고, 어질지 않은 도구를 어질지 않은 데에 써서 사람을 죽이는 일을 죽여야 할 자에게 행하게 되는 것입니다. 천하가 평안해지고 도적이 사라졌는데도 의롭지 않은 무리를 모으고 해산시키지 않는다면, 용맹한 자들은 남은 힘이 있다면 난을 일으키기를 생각하고, 지혜로운 자들은 계책이 있다면 간사한 짓을 하기를 생각하며, 공교로운 자들은 남은 재주가 있다면 속이기를 생각하니, 이에 천하의 근심이 섞여 나오게 되는 것입니다. 범과 표범은 종일토록 죽이지 않으면 날뛰고 크게 울부짖어 그 분노를 드러내고, 독사와 전갈은 종일토록 독을 쏘지 않으면 초목을 씹어서 그 독이 퍼지게 합니다. 그 이치가 실로 그러하니 괴이하게 여길 만한 것이 없습니다.

옛날에 유방劉邦과 항우項羽가 초개에서 일어나 싸웠는데 진秦나라와 초楚나라의 무뢰한 자제들 수천 수백 명이 무리를 지어 다투며 일어났으니 호응한 자들이 이루 다 셀 수 없었습니다. 싸운 지 5, 6년이 되자 천하는 전쟁을 싫어하게 되었고 항우는 죽었으며, 고조 또한 이미 나이가 들었습니다. 당시에 여러 장수들을 왕으로 분봉하고 율령을 고쳐 천하와 휴식하였습니다. 그런데 한신韓信과 경포의 무리가 서로 이어 일어난 것이 일곱 개 나라[4]인데, 고조는 전쟁터에서 사망하여 막을 수 없었고, 이어서 여씨呂氏의 화[5]까지 미쳐 효문제孝文帝에 이른 뒤에야 안정되었습니다. 이 어찌 일어나기는 쉬우나 거두기는 어려운 것이 아니겠습니까. 유방과 항우의 형세는 처음에는 마치 황하의 강물을 터트려 흐름을 따라 내려간 듯하였으니 실로 기뻐할 만하였으나, 붕괴되어 사방으로 나가 수백 리로 튀어 나갔으니 손을 맞잡아도 구제할 수가 없었습니다.

아아. 성인이 없으면 어찌 그 이후를 잘 수습할 수 있겠습니까. 송나라 태조와 태종께서 몸소 갑옷을 입고 험한 곳을 지나 사방의 쑥대를 베셨습니다. 군사를 부린 지 수십 년 만에 지략 있는 신하들과 굳센 장수들이 천하에 가득 차자 하루아침에 갑옷을 벗고 쉬게 하여 4대 동안 천하에 변고가 없었으니, 이것은 어떤 비결이겠습니까. 형초荊楚와 구강九江의 땅[6]을 여러 장수에게 나누어주지 않아 한신과 경포같은

4 일곱 개 나라 : 한나라 고조 5년 연왕燕王 장도臧荼, 초楚나라 왕 한신韓信, 한왕韓王 신信, 대代의 상국相國이었던 진희陳豨, 진음후淮陰侯 한신, 양왕梁王 팽월彭越, 회남왕淮南王 영포英布가 차례로 난을 일으킨 것을 가리킨다. 『漢書』「高帝紀」

5 여씨呂氏의 화 : 한나라 고조의 황후였던 여후呂后가 고조가 사망한 뒤 어린 아들을 황제로 세우고 실권을 장악하여 자신의 친족을 고위직에 등용시키고 나아가 여씨 일가를 후왕으로 책봉했던 여씨의 난을 가리킨다.

무리가 그 마음을 펼칠 수 없었기 때문입니다. 비록 그러하나, 천하에 변고가 없어 군사들을 오랫동안 쓰지 않으면 의롭지 않은 마음이 자라나도 드러낼 곳이 없어 밥을 먹고 유유자적하며 선량한 백성들에게 마음을 풀려고 합니다. 평상시에 무사함을 보면 원망하는 말을 내뱉어 윗사람에게 요구하여, 어느 날 위급한 일이 생겼는데 사람이 천금을 얻지 못한다면 부릴 수가 없습니다.

지난번 조칙으로 천하 사람들이 성의 못을 보완하게 하였는데, 서천西川의 일은 제가 실제로 직접 보았습니다. 군현의 부유한 백성들은 천거되어 그 이름을 올리고, 수백만 전의 돈을 얻어 술과 음식, 접대 비용으로 썼습니다. 공사 소리가 멈추지 않았는데도 성이 문득 잇달아 무너졌고, 이와 같이 몇 년을 한 후에야 안정되었습니다. 일을 마침에 관리들이 서로 축하하고 부하들이 서로 응원하여 마치 전쟁에서 이기고 돌아와 상을 기다리는 자들 같았습니다.

제가 수도로 와서 길을 다니며 비교해 보니, 서천의 사람들은 왕왕 서로 말함에 피하거나 거리끼는 것이 없었습니다. 서천 사람에게 들으니, 봄날의 일에 대해서는 더욱 차마 들을 수 없는 것이었습니다. 대개 오뉴월이 되면, 수도에서 홍수가 날 것을 근심하여 호미와 곰방메, 삼태기를 양쪽 강가에 쌓아 벌여두고, 현의 관리가 날마다 천만 전을 써가며 명령하고 위로하는 소리가 수천 리까지 끊기지 않는데도 오히려 또 눈을 흘겨보고 기회를 엿보며 노력을 기꺼이 하지 않는다고 하였습니다. 또한 안은 도성에서 들은 것과 같고, 밖은 서천에서 직접 본 것과 같으니 천하의 형세가 지금 어떠합니까.

---

6 형초荊楚와 구강九江의 땅 : 초나라가 형초 지역에 있었고, 경포는 구강왕九江王에 봉해진 바 있다.

장수를 거느리는 것은 천자의 일이고, 병사를 거느리는 것은 장수의 직분입니다. 천자는 지위가 높고 생활이 여유로우며 은혜를 세우고 명성을 거두며 천하와 즐거움을 함께하는 자입니다. 그러므로 그 도는 병사를 거느릴 수 없습니다. 신하는 법을 지키고 정을 구하지 않으며 마음을 다하고, 명성을 구하지 않으며 사력을 내어 사직을 지켜 천하의 마음을 한 사람에게 쏟게 하지만 자신은 함께하지 않습니다. 그러므로 병사를 거느리는 것은 신하의 일이요, 천자와 관련된 것이 아닙니다. 지금 걱정하는 것은 대신들이 명성을 좋아하고 비방은 두려워하는 것이니, 명성을 좋아하면 사사로운 은혜를 많이 세우고, 비방을 두려워하면 법을 지킴이 굳건하지 않습니다. 이 때문에 천하의 병사들의 방종함이 이 지경에 이르러도 제어하지 못하는 때가 있습니다.

지난번 적청狄青[7]이 추부樞府에 계실 때에 소문으로는 너그럽고 사람들을 좋아하며 사졸들을 가까이하여 그들의 마음을 얻었다고 하였는데, 태위께서 마침 그 뒤를 이으셨습니다. 저 적청이란 자는 바깥을 다스리는 방법은 알았으나 안을 다스리는 방법은 알지 못하였으니 이는 변방 장수의 재목입니다. 옛날에 군사가 밖에 있으면 장군을 사모하고 천자를 잊었으며, 안에 있으면 천자를 사모하고 장군을 잊었습니다. 장군을 사모함은 전쟁하기 위해서이고, 천자를 사모함은 지키기 위해서입니다. 적청은 밖을 다스리는 마음을 안에 행하였는데 태위는 그 도를 되돌리지 않고 있으니 어떻게 잘 다스릴 수 있었겠습니까.

어떤 사람은 병사가 오랫동안 교만하여 다스려지지 않다가 하루아침에 법으로써 구속한다면 이 때문에 난이 생길까 염려된다고 생각합

7 적청狄青 : 1008~1057. 자는 한신漢臣. 분주汾州 하서河西 사람이다. 1052년 추밀부사에 임명되었고 이듬해에 추밀사樞密使가 되어 약 4년간 있었는데, 나올 때마다 선비들이 서로 눈짓을 하며 자랑스러워했다고 한다. 『宋史』「狄青傳」.

니다. 옛날에 곽자의郭子儀가 강남을 떠나자 이광필李光弼이 실제로 그를 대신하였는데, 도착하려는 날에 장용제가 원문에서 참수를 당하니[8] 삼군이 매우 두려워하였습니다. 저 이광필의 사나움으로 곽자의 인자함을 대신하니, 삼군의 병사들이 두려워함이 어린아이가 어미의 품을 떠나는 것과 같이하여 엄격한 장수의 곁에 섰는데, 무슨 난이 감히 일어나겠습니까.

천자는 천하의 부모이고, 장수와 재상은 천하의 스승입니다. 스승이 엄격하더라도 어린아이는 감히 그 부모를 원망하지 않으며, 장수와 재상이 엄중하더라도 천하는 감히 그 임금을 미워하지 않으니 그 형세가 그러한 것입니다. 천자는 사람을 살릴 수도, 죽일 수도 있으므로 천하는 그 목숨을 살려주기를 바라며, 그가 죽었을 때에 천하는 "이는 천자가 죽인 것이다."라 하니 이 때문에 천자는 많이 죽일 수 없습니다. 신하가 천자의 법을 받들면 비록 많이 죽이더라도 천하는 원망을 돌릴 곳이 없으니, 이것이 선왕이 천하를 굴복시키고 품어주었던 방법입니다.

삼가 생각건대, 태위께서는 천하가 오래 갈 수 있는 방법을 생각하시고 한때의 명성만을 바라지 말며 지극히 공정한 마음을 다하여 삼군을 가엾게 여기는 말을 많이 하지 마십시오. 천자께서는 깊은 어짊을 미루어 그 마음을 다잡게 하시고, 태위께서는 위세와 무력을 엄중히 하시어 그들의 게으름을 없애게 하십시오. 저들이 천자의 깊은 어짊을 생각하면 두려워하면서도 원망에 이르지 않을 것이고, 태위의 위세와 무력을 생각하면 사모하면서도 교만함에 이르지 않을 것입니

8 곽자의가……당하니 : 당唐나라 숙종肅宗 때에 이광필李光弼이 곽자의를 대신하여 삭방 절도사가 되었다. 그런데 여기에 불만을 품은 장용제張用濟가 이광필의 부름에 곧바로 응하지 않다가 군문에서 참수되었다. 『舊唐書』 卷110 「李光弼列傳」.

다. 군신의 체통이 순조로워지고, 두려워하면서도 사모하는 도가 세워지는 것을 태위가 아니면 제가 누구에게 바라겠습니까.

당순지唐順之[唐荊川]가 말하였다. "앞의 한 단락은 병사가 교만한 폐해를 논하였고, 뒤의 한 단락은 교만한 병사를 처리하는 방책으로 당시의 유용한 글이었다."

上韓樞密書

(茅坤) 老泉厭當時兵政之過弱, 故勸韓魏公以誅戮. 而其行文似西漢, 疎宕雄辨可觀.

太尉執事.

洵著書無他長, 及言兵事論古今形勢, 至自比賈誼. 所獻權書, 雖古人已往成敗之迹, 苟深曉其義, 施之於今, 無所不可. 昨因請見, 求進末議, 太尉許諾, 謹撰其說. 言語朴直, 非有驚世絶俗之談, 甚高難行之論. 太尉取其大綱, 而無責其纖悉.

蓋古者非用兵決勝之爲難, 而養兵不用之可畏. 今夫水激之山, 放之海, 決之爲溝塍, 壅之爲沼沚, 是天下之人能之. 委江河, 注淮泗, 匯爲洪波, 瀦爲大湖, 萬世而不溢者, 自禹之後, 未之見也.

夫兵者聚天下不義之徒, 授之以不仁之器, 而教之以殺人之事. 夫惟天下之未安, 盜賊之未殄然後, 有以施其不義之心, 用其不仁之器而試其殺人之事. 當是之時, 勇者無餘力, 智者無餘謀, 巧者無餘技, 故其不義之心變而爲忠, 不仁之器加之於不仁, 而殺人之事施之於當殺.

及夫天下旣平, 盜賊旣殄, 不義之徒聚而不散, 勇者有餘力則思以爲亂, 智者有餘謀則思以爲奸, 巧者有餘技則思以爲詐, 於是, 天下之患雜然出矣. 蓋虎豹終日而不殺, 則跳踉大叫以發其怒, 蝮蝎終日而不螫, 則噬齧草木以致其毒. 其理固然, 無足怪者.

昔者劉項奮臂於草莽之間, 秦楚無賴子弟千百爲輩爭起, 而應者不可勝數. 轉鬪五六年, 天下厭兵, 項籍死, 而高祖亦已老矣. 方是時, 分王諸將, 改定律令, 與天下休息. 而韓信黥布之徒相繼而起者七國, 高祖死於介冑之間而莫能止也, 連延及於呂氏之禍, 訖孝文而後定. 是何起之易, 而收之難也. 劉項之勢, 初若決河, 順流而下, 誠有可喜, 及其崩潰四出, 放乎數百里之間, 拱手而莫能救也.

嗚呼! 不有聖人, 何以善其後. 太祖太宗躬擐甲冑, 跋涉險阻, 以斬刈四方之蓬蒿. 用兵數十年, 謀臣猛將滿天下, 一旦卷甲而休之, 傳四世而天下無變, 此何術也. 荊楚九江之地, 不分於諸將, 而韓信黥布之徒無以啓其心也. 雖然, 天下無變, 而兵久不用, 則其不義之心蓄而無所發, 飽食優游, 求逞於良民. 觀其平居無事, 出怨言以邀其上, 一日有急, 是非人得千金, 不可使也.

往年, 詔天下繕完城池, 西川之事, 洵實親見. 凡郡縣之富民, 擧而籍其名, 得錢數百萬, 以爲酒食饋餉之費. 杵聲未絶, 城輒隨壞, 如此者數年而後定. 卒事, 官吏相賀, 卒徒相矜, 若戰勝凱旋而待賞者.

比來京師, 遊阡陌間, 其曹往往偶語, 無所諱忌. 聞之土人, 方春時, 尤不忍聞. 蓋時五六月矣, 會京師憂大水, 鋤耰畚築列於兩河之壖, 縣官日費千萬, 傳呼勞問之聲, 不絶者數十里, 猶且睊睊狼顧, 莫肯效用. 且夫內之如京師之所聞, 外之如西川之所親見, 天下之勢今何如也.

御將者, 天子之事也, 御兵者, 將之職也. 天子者, 養尊而處優, 樹恩而收名, 與天下爲喜樂者也. 故其道不可以御兵. 人臣執法而不求情, 盡心而不求名, 出死力以捍社稷, 使天下之心繫於一人, 而己不與焉. 故御兵者, 人臣之事, 不可以累天子也. 今之所患, 大臣好名而懼謗, 好名則多樹私恩, 懼謗則執法不堅. 是以, 天下之兵, 豪縱至此, 而莫之或制也.

頃者狄公在樞府, 號爲寬厚愛人, 狎昵士卒, 得其歡心, 而太尉適承其後. 彼狄公者, 知御外之術, 而不知治內之道, 此邊將材也. 古者兵在外, 愛將軍而忘天子, 在內, 愛天子而忘將軍. 愛將軍所以戰, 愛天子所以守. 狄公以其御外之心, 而施諸其內, 太尉不反其道, 而何以爲治.

或者以爲兵久驕不治, 一旦繩以法, 恐因以生亂. 昔者郭子儀去河南, 李光弼實代之.

將至之日, 張用濟斬於轅門, 三軍股慄. 夫以臨淮之悍, 而代汾陽之長者, 三軍之士, 竦然如赤子之脫慈母之懷, 而立乎嚴師之側, 何亂之敢生.

或者以爲兵久驕不治, 一旦繩以法, 恐因以生亂. 昔者郭子儀去河南, 李光弼實代之.

且夫天子者, 天下之父母也, 將相者, 天下之師也. 師雖嚴, 赤子不敢以怨其父母, 將相雖厲, 天下不敢以咎其君, 其勢然也. 天子者, 可以生人, 可以殺人, 故天下望其生, 及其殺之也, 天下曰, "是天子殺之." 故天子不可以多殺. 人臣奉天子之法, 雖多殺, 天下無所歸怨, 此先王所以威懷天下之術也.

伏惟太尉思天下所以長久之道, 而無幸一時之名, 盡至公之心, 而無恤三軍之多言. 夫天子推深仁以結其心, 太尉厲威武以振其惰. 彼其思天子之深仁, 則畏而不至於怨, 思太尉之威武, 則愛而不至於驕. 君臣之體順, 而畏愛之道立, 非太尉, 吾誰望耶?

荊川曰, "前一段, 論兵驕之弊, 後一段, 處驕兵之策, 當是有用文字."

【비평자료】

1 당송 이래로 고문을 회복하자고 이야기하여, 도를 논하고 일을 서술할 때는 경서經書와 사서史書를 모방하였다. 그러나 당송 시대 수준이 급격하게 떨어져 기력이 미치지 못한 것이 있었다. 소순은 뛰어난 전국 시대 인물처럼 종횡으로 말하며 거리낌이 없었고, 하고자 한 말을 다한 뒤에야 그쳤다. 그러므로 그 문장이 전국 시대보다 순정하여 그 시대의 수준은 말할 것이 없었고, 오곡에 비유하자면 마치 피가 잘 익은 것과 같았다. 그러므로 그가 도술을 논한 것은 입을 열면 망언이지만, 그 천하의 형세와 군정과 용법을 쓰는 사이의 법을 논한 것은 기발하고 신속하며 글자마다 날아올라 춤을 추는 것 같다. 『권서權書』와 「형론衡論」이라는 것은 소순이 일생에 마음과 힘을 쓴 곳이니 나라를 다스리는 요체가 모두 여기에 있다. 다만 "성인의 도는 본래 이와 같다."라고 운운한 말은 없었으니 매우 다행이다.

장욱張旭은 공손대랑公孫大娘의 검무를 보고 초서草書의 법에 통달하였다고 하는데,[9] 소순이 군정을 논한 것 또한 그 병법을 빌려 문장을 신묘하게 하고자 한 것이구나! 그렇지 않다면 송나라에 두 오랑캐의 우환[10]이 있었는데, 한기와 구양수를 비롯한 여러 공들이 어찌 이러한 유형의 사람을 천거하여 시험해 보지 않았겠는가.

노소의 문장은 마치 바람이 천 척의 물속에서 물결을 쳐서 올려 물고기, 도롱뇽과 교룡이 모두 이 때문에 요동치고 불안정한 것과 같다. 그 기세는 한나라와 당나라를 오만하게 보는 것 같으니 비록 한유韓愈[昌黎]의 웅건함이라도 갑자기 만나면 또한 잠시 물러날 것이다. 두 아들에 이

9 장욱張旭은……하는데 : 당나라 현종 때에 검무로 유명한 공손대랑公孫大娘이라는 여인이 있었는데, 그녀가 혼탈무渾脫舞를 출 때 장욱張旭이 그 춤을 보고 초서의 묘妙를 터득하였다고 한다.

10 두……우환 : 송나라를 공격하였던 서하西夏와 거란契丹을 가리킨다.

르러서는 기세가 조금 약해졌다.

唐宋以來, 號復古文, 其論道叙事, 摹擬經史. 然世級懸遠, 氣力蓋有未至者焉. 老蘇傑然是戰國人物也, 縱言無忌, 盡其欲而後止. 故其文醇乎戰國, 無世級之可言, 譬諸五穀, 猶稊稗之熟耳. 故其論道術也, 開口妄發, 其論天下形勢用兵行間之法, 則奇邁奮迅, 字字飛舞. 所謂權書衡論, 是老蘇一生用心力處, 本領經濟, 盡在於此. 惟無曰, "聖人之道, 本如是云." 則幸甚.

張旭見公孫大娘舞劒, 而通草書之法, 老蘇談兵, 亦欲借其勢, 以神其文而已歟! 不然宋方有二虜之憂, 韓歐諸公何不薦此等人以試之.

老蘇之文, 如風從千尺淵底, 掀起波浪, 魚蚖蛟龍皆爲之動盪不安. 其勢傲視漢唐, 雖昌黎之雄, 卒然相遻, 亦當權爲斂避. 至於二子, 氣少衰矣.

金允植(1835~1922),「八家涉筆下」,『雲養集』卷15.

추밀樞密 전황田況[11]께 드리는 편지

(모곤) 이 문장의 골자는 한유의 「여우양양서與于襄陽書」[12]에서 유래하였으니 기운이 우뚝하다.

하늘이 나에게 부여해 준 것이 어찌 우연이겠습니까? 요堯 임금이 단주丹朱[13]에게 부여할 수 없었고 순舜 임금이 상균商均[14]에게 부여할 수 없었으며, 고수瞽瞍는 순 임금에게서 빼앗을 수 없었으니 그 마음에서 나오고 그 말에서 드러나고 그 일에서 나타나는 것이 확연하여 바꿀 수 없었던 것입니다. 성인도 남에게 부여할 수 없었고 아버지도 그 아들에게서 빼앗을 수 없었으니 여기에서 하늘이 나에게 부여한 것이 우연이 아님을 알 수 있습니다.

나에게 부여한 것은 반드시 나를 쓰려고 해서이니 내가 그것을 알면서 그것을 행하지 못하고 남에게 말해주지 못하면 하늘이 진실로

11 추밀樞密 전황田況 : 1005~1063. 송宋나라의 관리이자 학자로 당시 추밀원부사樞密院副使를 지내고 있었으므로 전추밀田樞密이라 하였으며 자는 원균元均이다.

12 여우양양서與于襄陽書 : 한유韓愈가 벼슬이 낮고 생활이 어려울 때 우적于頔에게 도움을 청하기 위해 쓴 편지이다. 당시 우적이 양양襄陽에 머물고 있었기 때문에 우양양于襄陽이라고 한 것이다.

13 단주丹朱 : 요堯 임금의 아들이다. 단주는 오만하고 포악하였기에 요 임금은 그에게 자신의 자리를 물려주지 않고 순舜 임금에게 황위를 잇도록 하였다.

14 상균商均 : 순 임금의 아들이다. 순 임금은 자신의 아들인 상균의 사람됨이 모자라 우禹 임금에게 황위를 잇도록 하였다.

나를 쓰려고 하지만 내가 사실은 그것을 내버려두는 것입니다. 이것을 일러 '하늘을 버린다'고 합니다. 스스로 낮추면서 그 말을 좋아하기를 바라고 스스로 작다 하면서 그 도道가 쓰이기를 구한다면 하늘이 나에게 부여해 준 이유가 무엇인데 내가 이와 같이 하는 것입니까? 이것을 일러 '하늘을 더럽힌다'고 합니다. 하늘을 버리는 것도 나의 죄이고 하늘을 더럽히는 것 또한 나의 죄이지만 버리지 않고 더럽히지 않는데 사람들이 나를 쓰지 않는다면 나를 쓰지 않는 죄이니 그것을 일러 '하늘을 어긴다'고 합니다.

그렇다면 하늘을 버리고 하늘을 더럽히는 것은 그 책임이 나에게 있고 하늘을 어기는 것은 그 책임이 남에게 있으니 나에게 있는 것은 내 힘으로 할 수 있는 것을 다하여 하늘이 나에게 부여한 뜻에 보답하여 천하와 후세 사람들의 비웃음을 면하기를 구할 수 있지만 남에게 있는 것은 내가 어떻게 알겠습니까? 내가 내 한 몸의 책임을 면하기를 구할 겨를도 없는데 남을 걱정할 겨를이 있겠습니까? 공자와 맹자께서 불우하여 길에서 늙어갔지만 게으르지 않고 성내지 않고 부끄러워하지 않고 그치지 않았으니 진실로 책임의 소재를 알았던 것입니다. 위衛나라 영공靈公과 노魯나라 애공哀公, 제齊나라 선왕宣王과 양梁나라 혜왕惠王의 무리가 함께 큰일을 하기에 부족하다는 것을 자신 또한 알고 있었지만 자신의 마음을 다할 따름인 것입니다. 자신의 마음을 다하지 않으면 자신이 천하와 후세에 위나라 영공과 노나라 애공, 제나라 선왕과 양나라 혜왕의 무리를 탓하지 못할까 염려할 것이고, 저들도 스스로의 책임을 변명할 수 있을 것입니다. 그렇게 되었다면 공자와 맹자는 지하에서도 눈을 감지 못했을 것입니다.

무릇 성인과 현인의 마음씀은 진실로 이와 같으니 이와 같이 하면서 살고 이와 같이 하면서 죽고 이와 같이 하면서 빈천하고 이와 같이

하면서 부귀하여 올라가서는 하늘처럼 되고 가라앉아서는 못처럼 되며 흘러서는 내처럼 되고 멈추어서는 산처럼 되는데 저들이 자신의 일에 간섭하지 않으면 자신의 일은 끝이 납니다. 제가 괴이하게 여기는 것은 후대의 현명한 사람들이 스스로 처신하지 못하여 굶주림과 추위와 곤궁함을 이기지 못하고 남들에게 소리치는 것입니다. 아아! 내가 진실로 굶주림과 추위와 곤궁함으로 죽게 된다면 천하와 후세 사람들이 책임을 물을 대상이 반드시 있을 것이니 저들이 그들의 책임을 스스로 근심하게 하지 않고 내가 그 책임을 취하여 나에게 더한다면 또한 잘못이지 않겠습니까?

지금 제가 불초하니 어찌 감히 또한 스스로 성현의 반열에 들겠습니까? 그러나 그 마음이 또한 심히 스스로를 가벼이 하지 않는 바가 있습니다. 왜 그렇겠습니까? 천하의 배우는 사람들이 누가 한 걸음에 성인의 경지에 나아가고자 하지 않겠습니까? 그러나 그 이루지 못함에 미쳐서는 도에 가까운 한마디를 구하려고 하지만 얻을 수 없습니다. 천금 부잣집의 자식은 남을 가난하게 할 수도 있고 남을 부유하게 할 수도 있지만 하늘이 부여한 것이 아니라면 비록 남을 가난하게 하고 부유하게 할 수 있는 권세를 가지고도 도에 가까운 한마디를 구하려고 하지만 얻을 수 없습니다. 천자의 재상은 남을 살릴 수도 있고 남을 죽일 수도 있지만 하늘이 부여한 것이 아니라면 비록 남을 살리고 죽일 수 있는 권세를 가지고도 도에 가까운 한마디를 구하려고 하지만 얻을 수 없습니다.

지금 제가 성인과 현인의 학술에 힘을 쓴 것이 또한 오래되었습니다. 그 말과 그 문장이 비록 과연 지금에 쓰여져서 후세에 전할 수 있는지 아닌지는 모르겠습니다. 다만 괴이하게 여기는 것은 그것을 얻는 것이 수고롭지 않아도 마음으로 생각하면 마치 누군가 일깨워주는 듯하고 마음으로 얻어서 종이에 쓰면 마치 누군가 도와주는 듯하니 어찌 도에 가까운 한마디가 없겠습니까? 천금 부잣집의 자식과 천자의 재상은 도에 가까운 한 마디를 구하여도 얻지 못하는 것인데 하루 아침에 제게 있으니 마음속으로 얻은 것을 자부하니 어쩌면 하늘이 또한 제게 부여해 준 까닭이 있을 것입니다.

이전에 익주益州에서 집사를 뵈었는데[15] 당시의 문장이 얕고 좁아서 가소로웠습니다. 굶주림과 추위, 곤궁함이 그 마음을 어지럽히고 성률과 견문이 또 따라서 그 몸을 파괴하였으니 볼 만한 것이 없었습니다. 수년 사이 산야에 물러나 살며 영영 버려짐을 스스로 분수로 여겨 속세와 날로 소원해졌습니다. 문장에 힘을 크게 쓸 수 있게 되어 『시경詩經』의 작자의 너그럽고 여유로움, 『초사楚辭』의 작자의 맑고 깊음, 맹자孟子와 한유韓愈의 온화함과 순수함, 사마천司馬遷[遷]과 반고班固[固][16]의 웅건함과 굳셈, 『손자孫子』[17]와 『오자吳子』[18]의 간결함과 절실함을 지향하는 대로 쓰기만 하면 뜻대로 되지 않음이 없게 되었습니

15 익주益州에서 집사를 뵈었는데 : 익주는 중국 사천성 일대의 지역이다. 소순은 익주 사람이고, 전황은 경력慶曆 8년(1048년)에 익주 지사益州知事가 되었기에 이때 소순이 전황을 만난 것으로 추정할 수 있다.

16 반고班固[固] : 32~92. 한後나라의 역사가로 자는 맹견孟堅이다. 아버지가 사망한 뒤 그의 뜻을 이어받아 『한서漢書』의 저술에 착수하였다. 『한서』는 한나라 고조高祖부터 왕망王莽의 난까지 12대 230년간의 일을 기록하고 있다.

17 손자孫子 : 『오자吳子』와 병칭되는 병법서이다. 저자는 춘추 시대 오吳나라의 손무孫武이다. 국책國策의 결정, 장군의 선임을 비롯하여 작전·전투 전반에 걸쳐 격조 높은 문장으로 간결하게 요점을 설명하고 있다. 그 뜻하는 바는 항상 주동적 위치를 점하여 싸우지 않고 승리하는 것을 주로 하고, 또 사상적인 뒷받침도 설하고 있어 비호전적非好戰的인 것이 특징이다.

18 오자吳子 : 『손자』와 병칭되는 병법서이다. 저자는 정확하지 않으나 춘추 시대 위衛나라의 오기吳起와 그 문인들에 의하여 이루어졌다고 간주된다. 『손자』에 비하여 그 정채精彩가 뒤진다고 하나 지론持論이 곧고, 예의를 존숭하여 교훈을 밝힌 점은 유교儒敎를 곁들인 병법서라 할 수 있다.

다. 예전부터 생각해보면 동중서董仲舒[董生][19]는 성인의 경전을 얻었지만 그 잘못은 현실과 멀어지는 데로 흘러가 버렸고 조조晁錯[20]는 성인의 권도를 얻었지만 그 잘못은 속이는 데로 흘러가 버렸습니다. 두 사람의 재주가 있으면서 잘못한 데로 흘러가 버리지 않은 자는 가의賈誼[賈生][21]일 것입니다. 애석하게도 지금 세상에서 저는 그런 사람을 본 적이 없습니다. 두 편의 책문을 지어 「심세審勢」,[22] 「심적審敵」[23]이라 하였고 열 편의 글을 지어 『권서權書』[24]라고 하였습니다.

저에게 산속 밭 한 이랑이 있는데 흉년이 아니라면 굶지 않을 수 있고 힘써 밭을 갈아 아껴 쓰면 또한 홀로 노년까지 살기에는 충분합니다. 불초한 이 몸은 아쉬울 것이 없으나 하늘이 부여한 것을 차마 버릴 수 없고 또 감히 더럽힐 수 없습니다. 집사의 명성은 천하에 가득하니

---

19 동중서董仲舒[董生] : 기원전 170?~기원전 120?. 한나라의 학자로, 무제武帝가 즉위하여 인재를 구할 때 현량대책賢良對策을 올려 인정을 받고, 한나라의 새로운 문교정책에 참여하였다. 한나라가 유가儒家로 통일된 것은 동중서의 영향이 크다.

20 조조晁錯 : ?~기원전 154. 한나라의 정치가로, 흉노에 대한 정책으로서 북변방비를 위한 둔전책屯田策을 올렸고, 그 재정적 뒷받침으로 곡물납입자에게는 벼슬을 주는 매작령賣爵令을 주장하여 채용되었다. 또, 제후에 대한 정책으로는 영지의 삭감을 주장하였는데 이는 이후 경제景帝에 의하여 채택되었다. 그러나 그로 인해 오초칠국吳楚七國의 난이 일어나게 되었다.

21 가의賈誼[賈生] : 기원전 200~기원전 168. 한나라의 문인으로, 시문에 뛰어나고 제자백가에 정통하여 문제의 총애를 받아 약관에 최연소 박사가 되었다. 자신의 불우한 운명을 굴원屈原에 비유하여 〈복조부鵩鳥賦〉와 〈조굴원부弔屈原賦〉를 지었으며, 진秦나라의 멸망 원인을 추구한 「과진론過秦論」이 널리 알려져 있다.

22 심세審勢 : 「심세론審勢論」을 말한다. 천하天下의 형세形勢나 시국時局을 잘 알고 나서 거기에 맞는 국가의 방침을 정해야 한다는 것을 논한 글이다.

23 심적審敵 : 「심적론審敵論」을 말한다. 적敵의 상황을 분석하여 논하는 글로 흉노匈奴가 중국을 압제하는 행태를 논한 글이다.

24 권서權書 : 송나라의 군사 문제를 다룬 책으로 심술心術 · 법제法制 · 강약强弱 · 공수攻守 · 명문明問 · 손무孫武 · 자공子貢 · 육국六國 · 항적項籍 · 고조高祖 등 10편으로 구성되어 있다.

천하의 선비를 쓰고 쓰지 않음은 집사께 달려 있습니다. 그러니 감히 말씀드린 책문 두 편과 『권서』 열 편을 바칩니다. 평소에 지은 글은 멀어서 많이 보낼 수 없는데 「홍범론洪範論」[25]과 「사론史論」[26]을 비롯한 열 편은 최근에 내한內翰 구양수歐陽脩[歐陽] 공께 드렸습니다. 생각건대 집사께서 그분과 아침저녁으로 어울리시며 천하의 일을 의논하실 것이니 그렇다면 이 글들 또한 앞에 펼쳐질 수 있을 것입니다. 그 말이 쓸 만한 것인지와 몸을 귀하게 여길 만한지 아닌지 같은 것들은 집사의 일이며 집사의 책임이니 제가 어찌 관여하겠습니까?

당순지唐順之[唐荊川]가 말하였다. "이 글은 본래 알아주기를 구하고자 하지만 선비가 스스로 중히 여기면 곧 시령을 뒤엎지는 않음을 말한 것이다. 문자가 높고 기발하며 호방하고 시원스러워 얽매임이 없다."

25 홍범론洪範論 : 홍범洪範에 대한 해설을 제시하고 있는 글이다.

26 사론史論 : 좌구명左丘明 · 사마천司馬遷 · 반고班固 · 범엽范曄 · 진수陳壽 등이 지은 사서史書에 대해 평한 글이다.

上田樞密書

(茅坤) 此文骨子, 原自于襄陽書中來, 而氣特雄.

天之所以與我者, 夫豈偶然哉? 堯不得以與丹朱, 舜不得以與商均, 而瞽瞍不得奪諸舜, 發於其心, 出於其言, 見於其事, 確乎其不可易也. 聖人不得以與人, 父不得奪諸其子, 於此見天之所以與我者, 不偶然也.

夫其所以與我者, 必有以用我也, 我知之, 不得行之, 不以告人, 天固用之, 我實置之. 其名曰'棄天'. 自卑以求幸其言, 自小以求用其道, 天之所以與我者何如, 而我如此也? 其名曰'褻天'. 棄天, 我之罪也, 褻天, 亦我之罪也, 不棄不褻而人不我用, 不我用之罪也, 其名曰'逆天'.

然則棄天褻天者, 其責在我, 逆天者, 其責在人, 在我者, 吾將盡吾力之所能爲者, 以塞夫天之所以與我之意, 而求免夫天下後世之譏, 在人者, 吾何知焉? 吾求免夫一身之責之不暇, 而暇爲人憂乎哉? 孔子孟軻之不遇, 老於道途, 而不倦不慍不怍不沮者, 夫固知夫責之所在也. 衛靈魯哀齊宣梁惠之徒, 不足相與以有爲也, 我亦知之矣, 抑將盡吾心焉耳. 吾心之不盡, 吾恐天下後世無以責夫衛靈魯哀齊宣梁惠之徒, 而彼亦將有以辭其責也. 然則孔子孟軻之目, 將不瞑於地下矣.

夫聖人賢人之用心也, 固如此, 如此而生, 如此而死, 如此而貧賤, 如此而富貴, 升而爲天, 沈而爲淵, 流而爲川, 止而爲山, 彼不預吾事, 吾事畢矣. 切怪夫後之賢者, 不能自處其身也, 饑寒困窮之不勝而號于人. 嗚呼! 使吾誠死於饑寒困窮耶, 則天下後世之責, 將必有在, 彼其身之責, 不自任以爲憂, 而吾取而加之吾身, 不亦過乎?

今洵之不肖, 何敢亦自列于聖賢? 然其心, 亦有所甚不自輕者. 何則? 天下之學者, 孰不欲一蹴而造聖人之域? 然及其不成也, 求一言之幾乎道, 而不可得也. 千金之子, 可以貧人, 可以富人, 非天之所與, 雖以貧人富人之權, 求一言之幾乎道, 不可得也. 天子之宰相, 可以生人, 可以殺人, 非天之所與, 雖以生人殺人之權, 求一言之幾乎道, 不可得也.

今洵用力于聖人賢人之術, 亦已久矣. 其言語其文章, 雖不識其果可以有用于今而傳於後與否. 獨怪夫得之之不勞, 方其致思于心也, 若或啓之, 得之心而書之紙也, 若或相之, 夫豈無一言之幾于道者乎? 千金之子, 天子之宰相, 求而不得者, 一旦在己, 故其心得以自負, 或者天其亦有以與我也.

曩者, 見執事于益州, 當時之文, 淺狹可笑. 饑寒困窮, 亂其心, 而聲律記問, 又從而破壞其體, 不足觀也已. 數年來, 退居山野, 自分永棄, 與世俗日疏闊. 得以大肆其力于文章, 詩人之優柔, 騷人之清深, 孟韓之溫醇, 遷固之雄剛, 孫吳之簡切, 投之所向, 無不如意. 嘗試以爲董生, 得聖人之經, 其失也流而爲迂, 晁錯, 聖人之權, 其失也流而爲詐. 有二子之才而不流者, 其惟賈生乎. 惜乎, 今之世, 愚未見其人也. 作策二道曰審勢審敵, 作書十篇曰權書.

洵有山田一頃, 非凶歲, 可以無饑, 力耕而節用, 亦足以自老. 不肖之身, 不足惜, 而天之所與者, 不忍棄, 且不敢褻也. 執事之名, 滿天下, 天下之士, 用與不用, 在執事. 故敢以所謂策二道權書十篇爲獻. 平生之文, 遠不可多致, 有洪範論史論十篇, 近以獻內翰歐陽公.

度執事與之朝夕相從, 議天下之事, 則斯文也其亦庶乎得陳於前矣. 若夫言之可用, 與其夫身之可貴與否者, 執事事也, 執事責也, 於洵何有哉?

荊川曰, "此書, 本欲求知, 却說士當自重, 便不放倒架子. 而文字峻絶, 豪邁不羈."

【비평자료】

1 「상전추밀서」. "求幸其言"【'행幸'은 바란다는 것이니 자신의 높고 큰 도를 스스로 낮추어 남에게 구하고 바란다는 말과 같다.】 "天", "淵", "川", "山"【곤궁하고 영달하고 나아가고 그침을 가리킨다.】 "聲律"【문사의 음운이 잘 어울리는 것이다.】 "董生"【"동중서董仲舒와 조조晁錯, 가의賈誼 세 사람만을 거론하고 다른 여러 사람을 언급하지 않은 것은 어째서인가?"라고 묻기에, "세 사람보다 뛰어난 사람은 감히 거론할 수 없고, 세 사람보다 못한 사람은 거론하기에 부족하다. 따라서 세 사람을 내세우고 가의로 자처하였으니 이것이 소순蘇洵[老泉]의 뜻이지만, 소순은 권모술수와 방종한 습성을 면하지는 못하였다."라고 대답하였다.】

上田樞密書. "求幸其言"【'幸', 望也, 猶言自卑其高大之道, 以求望於人也.】 "天". "淵". "川", 山"【指窮達行止.】 "聲律"【文辭之音韻諧和也.】 "董生"【問, "但擧董鼂賈三子, 而不言其他諸子, 何也." 曰, "上於三子者, 不敢論, 下於三子者, 不足論, 故就三子, 欲以賈生自處, 此老泉之志也, 老泉未免權謀術數縱橫氣習."】

李德弘(1541~1596), 「古文後集質疑」, 『艮齋集』 卷4.

2 「상전추밀서」. 처음부터 "加之吾身不亦過乎"까지 위 단락이 되고, "今洵以下"부터 끝까지 아래 단락이 된다. 위 단락의 "天之所以與我者豈偶然哉"는 이 글의 요점이 되고 "堯不得以與丹朱"이하로 "不偶然也"까지는 이 구절을 자세히 말한 것이다. "夫其所以與我者"에서 "名曰棄天"까지 한 조목이 되고 "自卑以求幸其言"에서 "名曰褻天"까지 한 조목이 되고 "棄天我之罪也"에서 "名曰逆天"까지 한 조목이 된다. "然則棄天褻天我之罪也"에서 "暇爲人憂乎哉"까지는 어세를 세 번 전환하여 하늘의 조목 세 가지를 총결한 것이다. "孔子孟子之不遇"에서 "吾事畢矣"까지는 어세를 네 번 전환하여 하늘을 버리지 않고 하늘을 더럽히지 않은 일을 밝혀 제후들에게 하늘을 어긴 허물을 돌린 것이다.

"切怪夫後之賢者"에서 "不亦過乎"까지는 어세를 세 번 전환하여 공자와 맹자에 대한 말을 반대로 돌린 것이다.

아래 단락의 "今洵"이하로 "天其亦有以與我也"까지는 어세를 다섯 번 전환하여 그 대체를 스스로 말한 것이다. "曩者見執事于益州"이하로 "十篇曰權書"까지는 어세를 네 번 전환하여 앞서 스스로 한 말을 실증한 것이니 모두 하늘이 부여한 것이 부여한 것이 우연이 아님을 말한 것이다. "洵有山田一頃"부터 "不忍棄且不敢褻"까지는 하늘을 버리고 하늘을 더럽힌다는 조목에 조응하니 공자와 맹자의 도와는 같고 후대에 곤궁하여 남에게 소리치는 것과 같지 않음을 말한 것이다. "執事之名滿天下"에서 끝까지는 하늘을 어긴다는 조목에 조응하여 춘추 전국 시대 제후들의 책임을 그들에게 돌린 것이다.

上田樞密書. 自首至"加之吾身不亦過乎", 爲上段, "今洵以下"至末, 爲下段. 上段"天之所以與我者豈偶然哉" 爲綱要, 而"堯不得以與丹朱"以下至"不偶然也", 所以申說乎此句者也. "夫其所以與我者"至"名曰棄天", 爲一條, "自卑以求幸其言"至"名曰褻天", 爲一條, "棄天我之罪也"至"名曰逆天", 爲一條. "然則棄天褻天我之罪也"至"暇爲人憂乎哉", 三轉其語勢, 總結三天條. "孔子孟子之不遇"至"吾事畢矣", 四轉其語勢, 而明不棄天褻天之事, 歸諸侯以逆天之咎. "切怪夫後之賢者"至"不亦過乎", 三轉其語勢, 而反摺乎孔孟之說者也.

下段"今洵"以下至"天其亦有以與我也", 五轉其語勢, 而自道其大槩. "曩者見執事于益州"以下至"十篇曰權書", 四轉其語勢, 而實前自道之言, 皆謂天與之不偶然者. "洵有山田一頃"至"不忍棄且不敢褻", 應棄天褻天之條, 而謂與孔孟不異道而與後之困窮號人者不同也. "執事之名滿天下"至末, 應逆天條, 而以春秋戰國諸侯之責歸之也.

安錫儆(1718~1774), 「老蘇文摘解」, 『雪橋藝學錄』 卷3.

2 옛날에 공급孔伋[子思][27]과 맹자孟子는 도를 가지고 스스로를 중히 여겨 왕공이 공경을 다하고 예를 다하지 않으면 만나 보지 않았다. 후세의 한유韓愈와 소순蘇洵은 그 풍모를 듣고 그들을 사모하였지만 문장을 가지고 공경公卿의 문에서 기다리면서 속으로 포의의 미천한 신분으로 경시당할까 걱정하였다. 떠들썩하게 예로 보답하는 중요함에 대해 책망하고 머리를 치켜들고 눈썹을 치켜세우고 남에게 달라보이기를 구하니 또한 수고롭지 않겠는가? 그러나 애처롭게 외치며 애걸함이 또 지극한데 도를 위한 것인가, 자신을 위한 것인가? 나는 모르겠다. 다만 그 문장을 지음에 기뻐할 만한 것과 성낼 만한 것, 슬퍼할 만한 것과 미워할 만한 것을 말로 나타내어 남을 감동시키기에 충분하다. 온화한 것이 봄과 같고 처량한 것이 가을과 같으니[28] 저들이 스스로를 자부하여 의지하여 중요하게 여긴 까닭이 바로 여기에 있는 것이다.

古者有子思孟子者, 以道自重, 王公不致敬盡禮則不得見. 後世韓愈蘇洵聞其風而慕之, 操文以候於公卿之門, 竊竊然惟恐其以布衣之微而見輕也. 聒聒然責其報禮之重, 翹首伸眉, 以求其見異於人, 不亦勞乎? 然其哀號乞憐亦至矣, 抑爲道乎爲身乎? 吾未可知也. 第其爲文, 於可喜可怒可哀可惡, 言之有形, 足以動人, 哆兮其似春, 凄兮其似秋, 彼其所以自挾爲重者, 政在此歟.

金允植(1835~1922), 「八家涉筆下」, 『雲養集』 卷15.

---

27 공급孔伋[子思] : 기원전 483~기원전 402. 자는 자사子思이다. 전국 시대의 유학자로 공자孔子의 손자이다. 공자의 제자인 증자曾子에게 공자의 학문을 전수받아 맹자孟子에게 전하였다고 한다. 사서四書 가운데 하나인 『중용中庸』의 저자로 알려져 있다.

28 온화한……같으니 : 구양수歐陽脩의 「서매성유고후書梅聖俞藁後」에서 구양수가 매성유 시의 뛰어남을 칭찬한 구절이다. 여기에서는 한유와 소순의 문장의 뛰어남을 말하기 위해 인용한 것이다.

시독학사侍讀學士 구양수歐陽脩께[29] 드리는 편지

(모곤) 이 편지는 전체 세 단락이다. 첫 번째 단락에서는 여러 군자들의 모이고 흩어짐을 차례로 서술하여 자신의 절실한 흠모를 드러냈다. 두 번째 단락에서는 구양수의 문장을 칭송하여 자신이 구양수를 잘 알고 있음을 드러냈다. 세 번째 단락에서는 평생의 경력을 자술하여 구양수가 알아주기를 바랐다. 그래서 사정事情이 완곡하고 곡절이 많으니 얼마나 대단한 의기意氣이며 풍격風格인가.

저는 포의로 곤궁히 살며 늘 속으로 홀로 탄식하면서 세상의 사람들이 모두 어질지도 모두 못나지도 못하기 때문에 현인과 군자들이 세상을 살며 모였다가 반드시 흩어지고, 흩어졌다가 반드시 모인다고 여겼습니다. 예전에 천자께서 다스림에 마음을 두시어 범중엄范仲淹 공을 상부相府에 두시고,[30] 부필富弼 공을 추밀 부사樞密副使로 삼으셨으며,[31] 집사와 여정余靖 공[32]·채양蔡襄 공[33]을 간관으로 삼으시고, 윤

29 시독학사侍讀學士……편지 : 원문의 '구양내양歐陽內翰'은 구양수歐陽脩(1007~1072)이다. 내한內翰은 한림翰林의 별칭으로 소순이 이 편지를 썼을 때 구양수는 한림원의 시독학사侍讀學士로 있었기 때문에 이렇게 말한 것이다.

30 범중엄……두시고 : 범중엄范仲淹(989~1052)은 송宋나라 인종仁宗 때의 명신으로 자는 희문希文, 시호는 문정文正이다. 문장에 뛰어났으며 한기韓琦, 부필富弼 등과 함께 인종 경력慶曆 연간의 신정新政을 주도하였으며, 서하西夏의 침략을 물리쳐 1043년 추밀 부사가 되었다가 이어 당시 부재상에 해당하는 참지 정사參知政事에 발탁됐다. 『宋史』 卷314 「范仲淹列傳」.

수尹洙 공[34]은 이리저리 다니며 전쟁터에서 힘을 쓰셨습니다. 그리하여 당시에 천하의 사람들 중에 작고 보잘것없는 재주를 지닌 자라도 떠들썩하게 일어나 모여 하나가 되었습니다. 하지만 저는 스스로 우둔하고 쓸모없는 사람이니 그 사람들 사이에서 분발하기에 부족하다고 여겼기 때문에 숨어서 제 마음을 수양하며 저의 도를 이루어서 지금의 현인과 군자들을 다시 볼 수 있기를 바랐습니다. 그런데 불행히 도를 미처 이룩하기 전에 범공은 서쪽으로, 부필 공은 북쪽으로, 집사와 여정 공 · 채양 공은 흩어져 사방으로 내쫓기고 윤수 공도 세력을 잃고 낮은 관직에서 힘을 쓰게 되었습니다.[35]

---

31 부필富弼……삼으셨으며 : 부필富弼(1004~1083)은 송나라 인종 때의 명재상으로 자는 언국彦國, 시호는 문충文忠이다. 거란과의 외교에서 성과를 이루어 1043년 추밀 부사가 되어 범중엄과 함께 경력 연간의 신정을 추진하였다. 『宋史』 卷313 「富弼列傳」.

32 여정余靖 공 : 1000~1064. 송나라 인종 때의 명신으로 자는 안도安道, 호는 무계武溪이다. 1043년 우정언右正言이 되어 간관의 직임을 맡았으며, 구양수와 함께 직간을 잘하기로 유명하였다. 저서에 『무계집武溪集』이 있다. 『宋史』 卷320 「余靖列傳」.

33 채양蔡襄 공 : 1012~1067. 송나라 인종 때의 명신으로 자는 군모君謨, 시호는 충혜忠惠이다. 1043년 지간원知諫院, 직사관直史館 등의 벼슬을 맡아 간관이 되었다. 인종 연간에 범중엄 · 구양수 · 여정 · 윤수尹洙 등이 조정의 부패를 의논하다 파면되자 〈사현일불초시四賢一不肖詩〉를 지어서 이들을 지지했다. 시문에 뛰어나고 역사에 밝았으며 글씨를 잘 썼다. 저서에 『채충혜집蔡忠惠集』 등이 있다. 『宋史』 卷320 「蔡襄列傳」.

34 윤수尹洙 공 : 1001~1047. 송나라 인종 때의 명신으로, 자는 사로師魯이다. 1043년에 우사간右司諫이 되어 서하의 침략을 막았다. 구양수와 함께 고문古文을 창도했으며 하남선생河南先生으로 불렸다. 저서에 『하남선생문집河南先生文集』이 있다.

35 불행히……되었습니다 : 1044년 6월에 범중엄은 섬서 · 하동 선무사陝西 · 河東宣撫使로 나갔고, 1045년 7월에 부필은 하북 선무사河北宣撫使로 나갔으며, 그 해 9월에는 구양수가 하북 도전운사河北都轉運使가 되었다. 여정은 거란에 사신으로 나갔다가 번어蕃語로 시를 지었다는 이유로 탄핵되어 1045년 5월 지길주知吉州로 나갔고, 채양은 1044년 10월에 지복주知福州로 나갔다. 윤수는 변방의 신하와 의견이 맞지 않아 지경주知慶州, 진주晉州, 노주潞州로 옮겼다가 감균주 주세監均州酒稅로 옮겼다가 오래지 않아 병사했다.

제가 당시 서울에 있으면서 그 사건을 목도하고 문득 하늘을 향해 탄식하며 이 분들이 쫓겨남에 도가 이루어지더라도 다시 영화로워질 수 없을 거라고 여겼습니다. 곧 다시 생각하기를 '예전에 여러 군자들이 조정에 나아갔을 때 그 처음에는 분명 훌륭한 사람들이 그들을 추천했겠지만 지금은 분명 소인들이 이간질했을 것이다. 지금 세상에 다시 훌륭한 사람이 없다면 다 끝이지만 만약 그렇지 않다면 내가 무엇을 걱정하겠는가? 우선 내 마음을 수양하여 나의 도를 크게 이룩하고서 기다린다면 무엇이 나쁘겠는가?'라고 여겼습니다.

그리하여 물러나 지낸 10년간 감히 도가 이루어졌다고 스스로 말할 수는 없었지만 가슴속이 장대해져서 이전과는 다른 듯하였고, 여정 공은 마침 남방에서 공을 이룩하셨으며,[36] 집사와 채양 공은 다시 조정에 차례로 등용되셨고,[37] 부필 공은 외직에서 내직으로 되돌아와 재상이 되셨으니 그 형세는 다시 하나가 된 듯하였습니다. 그리하여 기뻐 자축하며 도가 대강이나마 이루어져서 과연 드러나게 될 것이라고 생각했습니다. 이윽고 다시 돌이켜 생각해보니 예전에 우러러 흠모하였으나 만나보지 못한 분이 여섯 분이셨습니다. 그런데 지금 가서 만나보더라도 여섯 분 중 이미 범중엄 공과 윤수 공 두 분은 세상을 떠났으니,[38] 그 때문에 줄줄 눈물을 흘리며 슬퍼하였습니다.

아, 두 분은 다시 만날 수 없지만 믿고 제 마음을 위로할 수 있는 분이 아직 네 분이 계시니 스스로 마음을 풀었고, 생각이 네 분께 미

36 여정……이룩하셨으며 : 여정이 1052년 광서로안무사廣西路按撫使가 되어 농지고儂智高의 반란을 평정한 것을 말한다.

37 집사와……등용되셨고 : 구양수는 1054년 9월 한림학사가 되어 내직으로 들어왔으며, 채양은 1052년에 기거사인起居舍人으로 옮겼다가 지개봉부知開封府가 된 것을 말한다.

38 범중엄……떠났으니 : 범중엄은 1052년에, 윤수는 1046에 세상을 떠났다.

쳤으니 빨리 그분들을 한번 만나 제 마음에 하고 싶은 말을 꺼내고 싶었습니다. 그러나 부필 공은 다시 천자의 재상이 되셨으니 먼 지방의 한미한 선비가 대번에 말로 그의 앞에 이를 수가 없고, 여정 공과 채양 공은 멀리 만 리 너머에 계시며, 오직 집사만이 조정에 계시고 그 관직도 매우 높지는 않으시니 외치고 붙잡아 말을 전할 수는 있지만 춥고 주리며 노쇠한 병이 고질로 남아 집사께 직접 찾아갈 수 없습니다. 그분들을 우러러 흠모하는 마음을 지녔으나 10년간 만나지 못하고 그분들 중 범중엄 공과 윤수 공 두 분은 세상을 떠나셨으니, 네 분 중에 형세 상 대번에 대화를 나눌 수 없는 경우가 아니라면 어찌 직접 찾아갈 수 없다고 하여 곧장 그만둘 수 있겠습니까?

집사의 문장은 세상 사람들 모두 알고 있습니다. 그렇지만 삼가 스스로 세상 사람들보다 제가 특히 잘 안다고 여기니 어째서이겠습니까? 맹자孟子의 문장은 말이 간략하지만 뜻이 극진하여 날카롭거나 기발한 말은 아니라도 그 날카로움을 이길 수 없습니다. 한유[韓子]의 문장은 마치 장강과 황하가 드넓고 끝없이 몰아쳐서 몹시 특이하고 기이한 물고기와 자라, 교룡을 억누르고 감추어 스스로를 드러내지 못하게 하여 사람들이 그윽하고 아득한 빛깔을 바라보고 저절로 두려워 피하여 감히 바라보지 못하는 것과 같습니다. 집사의 문장은 완곡하면서도 곡절이 많아서 계속해서 수없이 꺾이면서도 조리가 있고 탁 트여 있어 조금의 끊김도 없으며, 기세와 말이 극진하여 할 말을 다 하면서도 여유롭고 편안하여 괴로워하거나 고심한 모습이 없습니다. 그러므로 이 세 분은 모두 확실히 절로 일가의 문장이 됩니다. 이고李翱[39]의 문장은 그 맛이 은근하여 오래가고, 빛깔은 여유로워 그윽하며

39 이고李翱 : 772~841. 당나라 때 문인이자 관료로 자는 습지習之, 호는 문공文公이다.

공손한 문세에 집사의 모습이 있고, 육지陸贄[40]의 문장은 말을 하고 뜻을 드러낸 것이 간절하고 적절하여 집사의 본질이 있지만, 집사의 재능만큼은 절로 남들보다 뛰어난 점이 있습니다. 그러니 집사의 문장은 맹자·한유의 문장이 아닌 구양수의 문장입니다.

남의 장점을 말하길 좋아하지만 아첨이 되지 않는 것은 그 사람에게 진실로 합당하기 때문입니다. 저 잘 모르는 자들은 남을 칭찬하여 자신을 좋아하게 해주길 바란다고 여깁니다. 남을 칭찬하여 그가 나를 좋아해주길 바라는 짓은 저도 하지 않는 짓입니다. 그런데 집사의 밝게 빛나는 성대한 덕을 말하면서도 스스로 멈출 줄 모르는 것은 또한 그들이 집사를 안다는 것을 집사께서 알기를 바라기 때문입니다. 그렇지만 집사의 명성은 세상에 가득하여 집사의 문장을 보지 않았더라도 진실로 이미 구양수라는 사람이 있음을 알 수 있습니다. 그렇지만 저는 불행히도 초야의 진흙탕 속에 묻혀 있어 도를 아는 마음이 근래에야 성글게 이루어져 그저 손수 편지를 써 올려서 집사께 스스로를 청탁하고자 하니 집사께서 무엇으로 알며 무엇으로 믿게 할 수 있겠습니까?

저는 어렸을 때 배우지 않고 25세에야 겨우 글을 읽을 줄 알게 되었지만 사군자士君子를 따라 어울리다가 나이만 많이 먹어 버렸습니다. 게다가 끝내 뜻을 세우고 행실을 단속하여 옛사람처럼 되기를 스스로 바라지 않고 저와 수준이 비슷한 자가 저보다 못난 것을 보면 마침내

국자 박사國子博士와 사관 수찬史館修撰을 지냈으며, 한유의 친한 벗이자 질서姪壻로 그의 학문을 계승 발전시켜 한리韓李라 불렸다. 저서로 『이문공집李文公集』이 있다.

40 육지陸贄 : 754~805. 당나라 덕종德宗 때의 명신으로, 자는 경여敬輿, 시호는 선宣이다. 문장을 잘 지었으며 그의 주의奏議는 임금에게 간하는 말이 적절하여 후세의 전범이 되었다. 저서로 『한원집翰苑集』이 있다.

괜찮다고 여겼습니다. 그 후로 곤궁함이 더욱 심해진 뒤에 옛사람의 글을 가져다 읽고서야 비로소 그들이 한 말과 드러낸 뜻이 저와 아주 다르다는 것을 깨닫게 되었습니다. 이때 다시 내면을 돌아보고 스스로 제 재능을 따져보니 역시 끝내 여기에 그쳐서는 안 될 것 같았습니다. 그래서 이로부터 지난날에 지었던 수백 편의 글을 전부 불태우고 『논어』·『맹자』, 한유와 다른 성인과 현인들의 글을 가져다 똑바로 단정히 앉아 종일토록 읽은 것이 7~8년이었습니다. 처음 그 중심에 들어가서는 당황하였고 그 너머를 널리 보고서는 깜짝 놀랐는데, 오래되자 독서가 더욱 정밀해져 가슴속이 밝게 탁 트여서 그들이 말이 진실로 옳다고 여겨졌지만 여전히 감히 스스로 제 말을 내뱉을 수는 없었습니다. 시간이 더 지나자 가슴속의 말이 날로 더욱 불어나 스스로 제어할 수 없게 되었습니다. 그래서 한번 꺼내어 글로 쓰고는 이윽고 두세 차례 읽어보니 글이 쉽게 쓰여진다는 것을 명확히 깨달았습니다만 여전히 감히 옳다고 여길 수는 없었습니다. 평생토록 고생함이 이와 같은 후에야 그의 거처에 나아갈 수 있으니, 이에 문장을 짓는 것이 쉽지 않음을 알 수 있다.[41] 근래 지은 「홍범론洪範論」과 「사론史論」 7편을 집사께서 보시면 어떠실지요.

아, 구구하게 스스로 말을 하니 잘 모르는 자들은 또다시 직접 칭찬하여 남이 나를 알아주길 바란다고 여길 것입니다. 부디 집사께서는 제 10년간의 마음이 이처럼 우연한 것이 아님을 생각하여 살펴주십시오.

---

41 평생토록……있다 : 이 부분은 김창협이 비평한 내용으로, 『팔대가문십선』에서는 소주小註로 처리되어 있다.

上歐陽內翰書

(茅坤) 此書, 凡三段. 一段, 歷敍諸君子之離合, 見己慕望之切. 二段, 稱歐陽公之文, 見己知公之深. 三段, 自敍平生經歷, 欲歐陽公之知之也. 而情事婉曲周折, 何等意氣, 何等風神?

洵布衣窮居, 常竊自歎, 以爲天下之人, 不能皆賢, 不能皆不肖, 故賢人君子之處於世, 合必離離必合. 往者, 天子方有意於治, 而范公在相府, 富公爲樞密副使, 執事與余公蔡公爲諫官, 尹公馳騁上下, 用力於兵革之地. 方是之時, 天下之人, 毛髮絲粟之才紛紛然而起, 合而爲一. 而洵也自度其愚魯無用之身, 不足以自奮於其間, 退而養其心, 幸其道之將成, 而可以復見于當世之賢人君子. 不幸道未成, 而范公西, 富公北, 執事與余公蔡公, 分散四出, 而尹公亦失勢奔走於小官.

洵時在京師, 親見其事, 忽忽仰天歎息, 以爲斯人之去, 而道雖成, 不復足以爲榮也. 旣復自思念, '往者, 衆君子之進於朝, 其始也, 必有善人焉推之, 今也亦必有小人焉間之. 今之世, 無復有善人也則已矣, 如其不然也, 吾何憂焉? 姑養其心, 使其道大有成而待之, 何傷?'

退而處十年, 雖未敢自謂其道有成矣, 然浩浩乎其胸中, 若與曩者異, 而余公適亦有成功於南方, 執事與蔡公, 復相繼登於朝, 富公復自外入爲宰相, 其勢將復合爲一. 喜且自賀, 以爲道旣已粗成, 而果將有以發之也. 旣又反而思, 其向之所慕望愛悅之而不得見之者, 蓋有六人焉. 今將往見之矣, 而六人者, 已有范公尹公二人亡焉, 則又爲之潸然出涕以悲.

嗚呼! 二人者, 不可復見矣, 而所恃以慰此心者, 猶有四人也, 則又以自解, 思其止于四人也, 則又汲汲欲一識其面, 以發其心之所欲言. 而富公, 又爲天子之宰相, 遠方寒士, 未可遽以言通於其前, 而余公蔡公, 遠者又在萬里外, 獨執事在朝廷間, 而其位差不甚貴, 可以叫呼扳援而聞之以言, 而饑寒衰老之病, 又痼而留之, 使不克自至於執事之庭. 夫以慕望愛悅其人之心, 十年而不得見, 而其人已死如范公尹公二人者, 則四人者之中, 非其勢不可遽以言通者, 何可以不能自往而遽已也?

執事之文章, 天下之人, 莫不知之. 然竊自以爲洵之知之特深, 愈於天下之人, 何者? 孟子之文, 語約而意盡, 不爲巉刻斬絶之言, 而其鋒不可犯. 韓子之文, 如長江大河, 渾浩流轉, 魚黿蛟龍, 萬怪惶惑, 而抑遏蔽掩, 不使自露, 而人望見其淵然之光蒼然之色, 亦自畏避, 不敢迫視. 執事之文, 紆餘委備, 往復百折, 而條達疏暢, 無所間斷, 氣盡語極, 急言竭論, 而容與閑易, 無艱難勞苦之態. 此三者, 皆斷然自爲一家之文也. 惟李翺之文, 其味黯然而長, 其光油然而幽, 俯仰揖讓, 有執事之態, 陸贄之文, 遣言措意, 切近的當, 有執事之實, 而執事之才, 又自有過人者. 蓋執事之文, 非孟子·韓子之文, 而歐陽子之文也.

夫樂道人之善而不爲諂者, 以其人誠足以當之也. 彼不知者, 則以爲譽人以求其悅己也. 夫譽人以求其悅己, 洵亦不爲也. 而其所以道執事光明盛大之德而不自知止者, 亦欲執事之知其知我也. 雖然執事之名, 滿於天下, 雖不見其文, 而固已知有歐陽子矣. 而洵也不幸, 墮在草野泥塗之中, 而其知道之心, 又近而粗成, 欲徒手奉咫尺之書, 自托於執事, 將使執事, 何從而知之, 何從而信之哉?

洵少年不學, 生二十五歲, 始知讀書, 從士君子遊, 年旣已晩. 而又不遂刻意厲行, 以古人自期, 而視與己同列者, 皆不勝己, 則遂以爲可矣. 其後困益甚, 然後取古人之文而讀之, 始覺其出言用意與己大異. 時復內顧, 自思其才, 則又似夫不遂止於是而已者. 由是盡燒其曩時所爲文數百篇, 取論語·孟子·韓子及其他聖人賢人之文, 而兀然端坐, 終日以讀之者, 七八年矣. 方其始也, 入其中而惶然, 博觀於其外而駭然以驚, 及其久也, 讀之益精, 而其胸中, 豁然以明, 若人之言, 固當然者, 然猶未敢自出其言也. 時旣久, 胸中之言, 日益多, 不能自制. 試出而書之, 已而再三讀之, 渾渾乎覺其來之易矣, 然猶未敢以爲是也. 生平辛若如此, 然後得造其室, 乃知爲文之不易易也.[42] 近所爲洪範論·史論凡七篇, 執事觀其如何?

噫嘻! 區區而自言, 不知者, 又將以爲自譽以求人之知己也. 惟執事, 思其十年之心, 如是之不偶然也而察之.

42 生平辛若如此……乃知爲文之不易易也 : 이 부분은 김창협이 비평한 내용으로, 『팔대가문십선』에서는 소주小註로 처리되어 있다.

【비평자료】

1 「상구양내한서」. "俯仰揖遜"【'읍손揖遜'은 손님과 주인 간에 예를 차릴 때 예절의 가장 소상하고 훌륭한 부분으로 문체가 이와 비슷하니 훌륭하다는 것을 알 수 있기 때문에 그 뒤에 '태態' 자를 써서 말하였다.】 "遣言"【『고금운회거요古今韻會擧要』에서 '더한다'라고 하였으니 말을 배치함과 같다.】 "知其知我"【앞의 '지知' 자는 구양수가 아는 것이고, 뒤의 '지知' 자는 소식이 구양수를 아는 것이며, '아我'는 구양수를 가리켜서 말한 것이다.】 "入其中"【글의 중심에 들어감이다.】 "博觀於其外"【문장에는 내면과 외면, 정밀함과 거침이 있기 때문에 말한 것이다.】 "若人之言固當然者"【'약若' 자는 '인人' 자와 이어서 읽어서는 안 된다. '인人'은 맹자와 한유 및 여러 옛사람들을 가리키는 것이다. 내 가슴 속이 훤히 밝아진 뒤에야 옛사람들의 말을 알 수 있음이 진실로 이와 같다는 것이다.】

「歐陽內翰書」 "俯仰揖遜"【'揖遜', 賓主禮際, 節文之最委曲華美處, 文體似之, 美可知矣, 故其下以'態'字言之.】 "遣言"【韻會云, 加也, 亦猶措辭也.】 "知其知我"【上'知'字, 歐陽知也, 下'知'字, 蘇公知歐陽公也, '我'指歐陽公而言.】 "入其中"【入其文詞之中.】 "博觀於其外"【文章有表裏精粗故云耳.】 "若人之言, 固當然者"【'若'字, 不可連'人'字讀, '人'指孟韓諸古人, 蓋吾胸中豁然以明之後, 方知古人之言, 眞箇是如此者.】

李德弘(1541~1596), 「古文後集質疑」, 『艮齋先生續集』 卷4.

2 「상구양내한서」. 모곤이 글을 세 단락이라고 한 것은 옳다. 하지만 그 말을 넘어선 의미는 모곤이 말하지 못하였다. 첫 번째 단락에 대해 "군자들의 모이고 흩어짐을 차례로 서술하여 자신의 절실한 흠모를 드러냈다"라고 한 것은 그 말이 진실로 옳다. 그렇지만 그 함의는 자신도 범중엄과 부필의 무리에 참여하고 싶다는 것이다. 두 번째, 세 번째 단락은 첫 번째 단락에서 자신과 구양수가 견줄만하다는 것을 뽑아서 말한 것이니 자신이 구양수와 상대할만하다고 생각해서이다.

上歐陽書. 茅氏謂爲三段者是矣. 而其言外之旨, 則茅氏不能言也. 第一段所謂“歷叙諸君子之離合見己慕望之切”者, 其言固云然. 而其意則以己叅乎范富之間也. 二段三段, 就第一段中, 抽說己與歐陽也, 蓋以己對歐陽也.

安錫儆(1718~1774), 「老蘇文摘解」, 『雪橋藝學錄』 卷3.

3 송나라의 문장 중 웅장하고 노련한 것으로는 소순蘇洵을 일컫는다. 소순은 27세에야 글을 읽기 시작했으니 매우 늦었다. 하지만 평소 왕래하던 자들을 물리치고 집에 틀어박혀 6~7년간 단정히 앉아 『맹자』와 한유의 글에 온 힘을 쏟았다. 10세[43]가 되어 『맹자』와 한유의 글을 읽은 자들이 예나 지금이나 무수히 많은데 그들의 문장이 소순의 발끝에도 미치지 못하는 것은 어째서인가? 주자朱子께서 말씀하시길 “소순의 「상구양내한서[上歐陽公書]」는 공부한 것을 직접 서술한 것인데, 그의 공부는 매우 어려웠으니 애석하다. 만약 마음과 힘을 학문에 옮겨 쏟았다면 대단히 두려워졌을 것이다.[44]”라고 하셨다. 그렇다면 나이가 많건 아니건 그 공을 이루는 것은 똑같다. 걱정할 것은 마음을 몹시 애쓰는 것과 공

---

43 10세 : 원문의 ‘취부就傅’는 스승을 찾아가 공부할 나이라는 뜻으로 보통 10살을 가리킨다. 『예기禮記』 「내칙內則」에 “남자가 10살이 되면 외부의 스승을 찾아가 바깥채에서 머물러 지내며 육서六書와 계수計數를 배운다[十年, 出就外傅, 居宿於外, 學書計.].”라고 한 데서 온 말이다.

44 소순의……것이다 : 『주자어류朱子語類』 권104에서 “한유의 「이익에게 답한 편지」와 소순의 「구양공에게 보낸 편지」의 경우 이러한 것이 공부이겠는가? 구차하게 이루어서는 안 되니 구양공은 글짓기로부터 고쳐나가 오직 단련하였고 상황에 따라 밀고 나아가 오래 되자 점차 단련이 빛을 발하였다. 소순은 마음에 익숙히 하여 글에 쏟아낼 뿐이었다. 그의 공부를 보면 더욱 어려웠으니 애석하다. 만약 여기(학문)로 옮겼다면 대단히 두려워졌을 것이다[如韓文公答李翊一書, 與老蘇上歐陽公書, 他直如此用工夫. 未有苟然而成者, 歐陽公則就作文上改換, 只管揩磨, 逐旋捱將去, 久之, 漸漸揩磨得光. 老蘇則直是心中都透熟了, 方出之於書. 看他們用工夫更難, 可惜. 若移之於此, 大段可畏.].”라고 하였는데 이 부분을 인용한 것으로 보인다.

부를 독실히 함이 소순과 같느냐에 있을 뿐이니, 몹시 애쓰고 독실히 할 수 있다면 문장이 쉽겠는가 학문이 쉽겠는가? 『주역周易』에서 "처음에는 어렵다가 뒤에는 쉬워진다.[45]"라고 한 것은 두 가지 모두 그러하다. 그러나 어떻게 주자께서 애석하게 여긴 문장을 취하고 주자께서 두려워하신 학문을 버릴 수 있겠는가.

집안의 손자인 용태鏞台가 나를 찾아와서는 "올해부터 글을 읽기로 마음을 먹어 『소학小學』부터 시작하려 하는데 가르쳐 주실 만한 말씀이 있으면 가르쳐 주십시오."라고 하였다. 내가 물으니 그의 나이는 23살이었는데 23살은 늦은 감이 있다. 그래도 오히려 소순이 글을 처음 읽을 때보다 4살이 어리고, 『소학』은 사람을 만드는 본보기가 되는 책이니 학문을 시작하는 길이고 문장에 뜻을 두는 것과는 비교할 수 없다. 노재魯齋 허형許衡은 『소학』을 신명처럼 공경하고 부모처럼 존중하였으며[46], 우리나라의 김굉필金宏弼[寒暄堂]은 나이 50에 자칭 "소학동자"라고 하였으니[47], 네가 이보다 더 몹시 애쓰고 독실히 하면 집안의 좋은 소식이 될 것이기 때문에 들은 것을 말해주고 글로 써서 주노라.

宋之文章, 雄壯老辣稱老蘇. 老蘇二十七歲始讀書, 晚且晚矣. 而謝素

---

45 처음에는……쉬워지는 : 『주역周易』 「계사 하전繫辭下傳」의 "손괘는 처음에는 어렵다가 뒤에 쉬워진다[損先難而後易]."라고 한 데서 인용한 말이다.

46 노재魯齋……존중하였으며 : 허형許衡(1209~1281)은 송나라 말 원나라 초의 학자로 『노재유서魯齋遺書』 권13 「국학사적國學事蹟」의 『소학』을 신봉하여 아들에게 보낸 편지에서 "『소학』과 사서는 내가 공경하고 믿기를 신명처럼 한다[小學四書, 吾敬信如神明.]."라고 하였다 한다. 하지만 조성가는 "허노재가 '소학 책은 내가 신명처럼 공경하고 부모처럼 아낀다.'라고 하였다[許魯齋云小學一書, 余敬之如神明, 愛之如父母.]."라는 『소학집주』의 서문을 본 듯하다. 魏裔介, 「小學集註序」 『兼濟堂文集』 卷3.

47 김굉필金宏弼[寒暄堂]은……하였으니 : 한훤당寒暄堂은 김굉필(1454~1504)의 호이며, 자는 대유大猷, 시호는 문경文敬이고, 본관은 서흥瑞興이다. 김종직金宗直의 문인으로 평생 『소학』에 심취하여 스스로 '소학동자'라고 하였다.

所往來, 閉戶端坐六七年, enc力於孟子韓子之文. 夫自就傅以後, 讀孟韓文者, 古今何限, 而其文章不能闖老蘇藩籬者何? 朱子曰, "老蘇上歐陽公書, 自敍用工夫處, 而其用工夫甚難, 可惜. 以若心力, 移之於學問則大段可畏." 然則晩與不晩, 及其成功一也. 所可憂者, 心志之刻苦, 工夫之篤實, 不及老蘇耳, 若能刻苦篤實則文章易歟, 學問易歟? 曰, "先難後易." 兩皆然矣. 而豈有取朱子所可惜之文章而舍朱子所可畏之學問者乎?

族孫鏞台來言曰, "自今年有讀書意, 欲自小學始, 有可教之言則教之." 問其年二十三, 二十三非不晩矣. 尙少四歲於老蘇, 而小學做人樣子之書, 學問初入之門路, 非直志於文章之比也. 許魯齋敬之如神明, 尊之如父母, 吾東寒暄堂五十自稱以小學童子, 汝能刻苦篤實乎此, 是門內好消息, 故爲誦所聞而書贈之.

趙性家(1824~1904), 「晩學說贈族孫鏞台」, 『月皐集』 卷12.

간언에 대한 논설 하下

(모곤) 간언하기를 권하였으니 문장의 구사가 또한 통쾌하다.

신하가 간언을 잘하되 임금이 반드시 간언을 받아들이지 못하게 한다면 진정으로 간언을 잘하는 신하가 아니다. 임금이 간언을 잘 받아들이지만 신하가 반드시 간언하도록 하지 않는다면 진정으로 간언을 잘 받아들이는 임금이 아니다. 임금이 반드시 받아들이게 하고자 하는 것은 지난번 논한 것에 갖추어져 있고, 신하가 반드시 간언하게 하려는 것에 대해서는 내가 말하겠다.

임금의 크기는 하늘과 같고, 그 존귀함은 신과 같으며, 그 위엄은 우레와 같다. 사람이 하늘에 맞서고 신에 저촉되며 우레에 거스를 수 없는 것은 또한 분명하다. 성인은 그러한 것을 알았기에 상을 세워 권한 것이니, 전傳에서 말한 "흥왕興王은 간언하는 신하에게 상을 준다."[48]는 것이 이것이다. 그런데 여전히 겁을 먹고 나아가지 못하며 아첨하여 하루라도 그 잘못을 듣지 못하게 하는 것을 염려하였으므로 제도와 형벌로써 위엄을 보였으니 『서경書經』에서 "신하가 바로잡지 않으면 묵형을 내렸다."[49]라 한 것이 이것이다.

---

48 전傳에서……준다 : 진晉나라 대부 범문자范文子는 "흥왕興王은 간신諫臣에게 상을 주지만, 일왕逸王은 그에게 벌을 내린다[興王賞諫臣, 逸王罰之.]."라고 하였다. 『國語』「晉語」

사람의 정은 실성하여 마음을 잃지 않았다면 상을 피하고 형벌로 나아간 자가 아직 없었으니 어찌 괴로워하면서도 간언하지 않겠는가? 상과 형벌이 없었다면 사람의 정이 또한 어찌 괴로워하면서도 하늘에 맞서고 신에 저촉되며 우레를 거스르겠는가? 스스로 성품이 충성스럽고 의로우며 상을 기뻐하고 죄를 두려워하지 않는 경우가 아니라면 누군들 죽음을 쉽게 말하려 하겠는가? 임금이 또한 어찌 성품이 충성스럽고 의로운 자를 모두 얻어 벼슬을 맡길 수 있겠는가?

지금 세 사람이 있는데 한 사람은 용맹하고 한 사람은 용맹과 겁이 반반이며 한 사람은 겁이 많다. 어떤 사람이 그들과 깊은 골짜기에 서 있다가 그들에게 말하기를 "뛰어서 넘을 수 있으면 이는 용맹하다 할 것이고 그렇지 않으면 겁이 많은 것이다."라고 한다면 저 용맹한 자는 겁 많은 것을 부끄럽게 여겨 반드시 뛰어넘을 것이고, 용맹과 겁이 반반인 자와 겁 많은 자는 하지 못할 것이다. 또 이르기를 "뛰어서 넘는 자에게는 천금을 주고, 그렇지 못하면 주지 않겠다."라고 하면 저 용맹과 겁이 반반인 자는 이익을 위해 반드시 뛰어넘을 것이며, 겁이 많은 자는 그래도 하지 못할 것이다. 잠깐 사이에 맹렬한 범이 사납게 자신을 향해 가까이 오는 것을 보면 겁 많은 자는 말해주기를 기다리지 않아도 뛰어서 넘기를 큰길과 같이할 것이다. 그렇다면 사람들은 어째서 용맹하거나 겁이 있는가. 핵심은 형세로 그를 모는 데에 있을 뿐이다. 임금을 범하기 어려운 것은 깊은 골짜기를 넘기 어려운 것과

49 『서경書經』……내렸다 : 『서경書經』 「이훈伊訓」에 나오는 말로, 해당 원문에는 '正'이 '匡'으로 되어 있다. 원문은 다음과 같다. "세 가지 풍조와 열 가지 잘못 중에 경사가 몸에 한 가지가 있으면 집안이 반드시 망하고, 나라의 임금이 몸에 한 가지가 있으면 나라가 반드시 망하니, 신하가 바로잡지 않으면 그 형벌이 묵형이다[惟玆三風十愆, 卿士有一于身, 家必喪, 邦君有一于身, 國必亡, 臣下不匡, 其刑墨.]."

같다. 이른바 성품이 충성스럽고 의로우며 상을 기뻐하지 않고 죄를 두려워하지 않는 자는 용맹한 자이므로 간언하지 않음이 없고, 상을 좋아하는 자는 용맹과 겁이 반반인 자이므로 상을 받은 뒤에 간언하며, 죄를 두려워하는 자는 겁이 많은 자이므로 형벌을 받은 뒤에 간언한다. 선왕은 용맹한 자를 항상 얻을 수 없음을 알았으므로 천금을 상으로 삼고 형벌을 맹렬한 범으로 삼아 앞으로는 달려가게 하고 뒤로는 피하게 하여 그 형세가 극언極言하여 잘못을 바로잡지 않을 수 없게 하였으니 이는 삼대가 흥한 까닭이다.

말세에는 그렇지 않아 거꾸로 간언하지 않은 자에게 상을 주고 거꾸로 간언한 자에게 형벌을 내렸으니 당연히 신하들이 입을 다물고 혀를 말아서 나라가 어지러워지고 혼란해짐이 뒤따랐다. 아아, 맹렬한 범이 없으면 저 겁 많은 자들이 깊은 골짜기를 기꺼이 넘겠는가. 이는 다른 것이 아니라 묵형이 사라졌기 때문이다. 삼대 이후로 곽광霍光이 간언하지 않은 창읍왕昌邑王의 신하들을 죽인 것과 같은 일[50]은 또한 드물지 않은가.

지금 간언하면 상을 주는 일은 때로 간혹 있었지만 간언하지 않아서 형벌을 내리는 일은 결코 없다. 만일 그가 가진 것을 더해주고 그가 없는 것을 가지게 만들어 준다면 아첨하는 자들은 올바르게 되고 간사한 자들은 충성스러워질 것이니 하물며 충직한 자에 있어서겠는가. 실로 이와 같으니 바르고 좋은 말을 듣고자 하여도 얻지 못했다는 것을 나는 믿지 않는다.

50 곽광霍光이……일 : 곽광霍光은 한나라 대 인물로 소제昭帝가 사망한 뒤 창읍왕昌邑王을 세웠다. 그러나 이후 그가 무도無道하다는 이유로 폐위시키고 선제宣帝를 세웠다. 이때 창읍왕의 신하였던 사람들 200명을 왕을 제대로 보필하지 못했다는 이유로 죽였다. 『漢書』「霍光傳」.

諫論 下

(茅坤) 勸諫, 行文亦痛快.

夫臣能諫, 不能使君必納諫, 非眞能諫之臣, 君能納諫, 不能使臣必諫, 非眞能納諫之君. 欲君必納乎, 嚮之論, 備矣, 欲臣必諫乎, 吾其言之.

夫君之大, 天也, 其尊, 神也, 其威, 雷霆也. 人之不能抗天觸神忤雷霆, 亦明矣. 聖人知其然. 故立賞以勸之, 傳曰"興王賞諫臣." 是也. 猶懼其選耎阿諛, 使一日不得聞其過, 故制刑以威之, 書曰"臣下不正, 其刑墨."是也.

人之情, 非病風喪心, 未有避賞而就刑者, 何苦而不諫哉? 賞與刑不設, 則人之情, 又何苦而抗天觸神忤雷霆哉? 自非性忠義不悅賞不畏罪, 誰欲以言博死者? 人君又安能盡得性忠義者而任之?

今有三人焉, 一人勇, 一人勇怯半, 一人怯. 有與之臨乎淵谷者, 且告之曰, "能跳而越, 此謂之勇, 不然爲怯." 彼勇者恥怯, 必跳而越焉, 其勇怯半者與怯者則不能也. 又告之曰, "跳而越者與千金, 不然則否." 彼勇怯半者奔利, 必跳而越焉, 其怯者猶未能也. 須臾, 顧見猛虎暴然向逼, 則怯者不待告, 跳而越之如康莊矣. 然則人豈有勇怯哉? 要在以勢驅之耳. 君之難犯, 猶淵谷之難越也. 所謂性忠義不悅賞不畏罪者, 勇者也. 故無不諫焉, 悅賞者, 勇怯半者也. 故賞而後諫焉, 畏罪者, 怯者也. 故刑而後諫焉. 先王知勇者不可常得. 故以賞爲千金, 以刑爲猛虎, 使其前有所趨, 後有所避, 其勢不得不極言規失,此三代所以興也.

末世不然, 遷其賞於不諫, 遷其刑於諫, 宜乎臣之喋口卷舌, 而亂亡隨之也. 間或賢君欲聞其過, 亦不過賞之而已. 嗚呼! 不有猛虎, 彼怯者肯越淵谷乎? 此無他, 墨刑之廢耳. 三代之後, 如霍光誅昌邑不諫之臣者, 不亦鮮哉?

今之諫賞, 時或有之, 不諫之刑, 缺然無矣. 苟增其所有, 有其所無, 則諛者直, 佞者忠, 況忠直者乎? 誠如是, 欲聞讜言而不獲, 吾不信也.

【비평자료】

1 다만 자방咨訪의 도는 널리 듣는 것이 중요하니 반드시 위아래의 마음이 서로 맞는 것이 있게 하고, 멀리 있는 사람이라도 또한 스스로 진달하게 하여야 합니다. 한 개의 사물이라도 제자리를 얻지 못하고, 한 가지 일이라도 그 실제를 얻을 수 없다면 선한 자를 가려내어 따르게 한 후에야 비로소 남에게서 취해 선을 행하는 방도[51]를 쓸 수 있습니다. 그 핵심은 또한 간쟁을 허용하고 널리 청납聽納하는 데에 있는 것입니다. 자방하였는데 간쟁하는 말이 없다면 자방의 본래 의미가 아닙니다. 간쟁을 하였는데 청납의 조치가 없다면 간쟁의 본래 의미가 아닙니다. 그렇다면 세 가지 중에 더욱 청납이 중요한 것이니, 이는 이른바 알기 어려운 것이 아니라 행하기가 어려운 것[52]입니다. 지금 조종祖宗의 어렵고 중대한 업을 잇고 천지 영장의 운명을 대하여 백성들을 풍족하게 하고 사방을 편안하게 만들고자 한다면 모두 다스리는 도구와 관련된 것이어서 그 수가 많지만, 가장 급하고 가장 중요한 것을 취하고, 느슨히 할 수 없는 것은 신의 미천한 식견으로 생각해 보건대 자방, 간쟁, 청납보다 앞선 것은 없습니다. 임금의 한마음은 모든 변화의 근본이 되니 만일 근본을 바르게 하고 극을 세우고자 한다면 치지致知가 아니면 그 선을 밝힐 수 없고,[53] 잘못을 바로잡지 않으면[54] 그 덕을 새롭게 할 수 없

---

51 남에게서……방도 : 『맹자孟子』 「공손추 상公孫丑上」에서 "대순大舜은 이보다 더 위대함이 있었으니 선을 남과 함께 하여 자신을 버리고 다른 사람을 따르셨고, 남에게서 취하여 선을 행하는 것을 좋아하셨다[大舜有大焉, 善與人同, 舍己從人, 樂取於人以爲善.]."라 하였다.

52 알기………것 : 『서경書經』 「열명 중說命中」에서 "아는 것이 어려운 게 아니라 행하는 것이 어렵다[非知之艱, 行之惟艱.]."라 하였다.

53 그……없고 : 『논어』 「학이學而」에서 주희의 주에 "학學이란 것은 본받는다는 말이다. 사람의 본성은 모두 선하지만 이것을 깨닫는 데에는 선후가 있으니 후에 깨닫는 자들은 반드시 먼저 깨달은 자들이 한 것을 본받아야 선을 밝히고 그 시초를 회복할 수 있다[學之爲言效也, 人性皆善, 而覺有先後, 後覺者必效先覺之所爲, 乃可以明

으니[55] 치지는 자방에 있고 잘못을 바로잡는 것은 간쟁하는 데에 있습니다. 두루 받아들이고 합하여 시행[56]하는 아름다움은 또한 오로지 청납에 있으니 반드시 정성스럽게 해야 합니다. 그렇게 한다면 종욕從欲의 공[57]과 혜지徯志의 응함[58]이 저절로 기약하지 않아도 그렇게 될 것이니, 전하께서는 힘쓰십시오.

전하께서 신을 하찮게 여기지 않으시어 제가 강독의 연석에 참여할 수 있도록 해주시고, 훌륭한 계책을 내는 반열에 출입하게 해주신 것이 또한 이미 몇 년이 되었습니다. 신이 삼가 살펴보건대, 전하의 슬기로운 모습은 일찍이 어릴 때부터 드러나셨고, 명달한 식견은 여러 왕보다 뛰어나셨는데 한 해 두 해 지남에 두려워하며 머뭇거리시어 성인의 뜻이

善而復其初也.].”라고 하였는데, 그 소주에 “‘학’이란 글자는 실제로 ‘치지致知’와 ‘역행力行’을 겸하여 말한 것이다[學之一字, 實兼致知力行而言.].”는 말이 있다.

54 잘못을……않으면 : 원문의 ‘格非’는 임금의 잘못을 바로잡는다는 것으로 『맹자』 「이루 상離婁上」에서 “오직 대인만이 임금 마음의 잘못된 것을 바로잡을 수 있으니, 임금이 인하면 인하지 않은 것이 없고, 임금이 의로우면 의롭지 않은 것이 없고, 임금이 바르면 바르지 않은 것이 없으니 한 번 임금을 바르게 하면 나라가 안정된다[惟大人爲能格君心之非, 君仁莫不仁, 君義莫不義, 君正莫不正, 一正君而國定矣.].”라 하였다.

55 그……없으니 : 『주역周易』 「대축괘大畜卦 단사彖辭」에서 “강건하고 독실하고 빛나서 날로 그 덕을 새롭게 한다[剛健篤實輝光, 日新其德.].”라 하였다.

56 합하여 시행 : 『서경』 「고요모皐陶謨」에서 “합하여 받아들여 쓰면 구덕九德의 인재가 모두 일을 하여 준걸들이 지위에 있다[翕受敷施, 九德咸事, 俊乂在位.].”라 하였다.

57 종욕從欲의 공 : 『서경』 「대우모大禹謨」에서 순舜 임금이 말하길, “나로 하여금 바라는 대로 다스려져서 교화가 사방에 도달하여 바람이 풀 위에 불어 쏠리게 하는 것과 같으니, 이는 바로 너의 아름다운 공이다[俾予, 從欲以治, 四方風動, 惟乃之休.].”라고 하였다.

58 혜지徯志의 응함 : 『서경』 「익직益稷」에서 우禹가 순 임금에게 “당신의 마음이 머무는 바를 편안히 여겨 일의 기미를 생각하고 그 일을 편안히 할 것을 생각하며 보필하는 신하가 정직하다면, 군왕의 움직임에 천하가 크게 호응하여 그의 뜻을 기다릴 것입니다[安汝止, 惟幾惟康, 其弼直, 惟動, 丕應徯志.].”라고 하였다. 여기서는 신하들이 임금의 명이 내려지기를 기다렸다가 이에 응하는 것을 가리킨다.

확충되지 못하고 성인의 학문이 더 나아가지 못한 것은 바로 전하의 슬기로움으로 인해 아랫사람들을 업신여기며 자방하지 않는다는 탄식이 있고, 전하의 명달함으로 인해 스스로의 뜻대로 결단하여 간쟁하지 않는다는 걱정이 있어서, 비록 잘 다스려지기를 바라는 마음이 있었더라도 잘 다스려지기를 구하는 실제가 없었기 때문입니다. 옛날에 현명한 왕은 듣고 있지 않아도 법도에 맞으며 간언하지 않아도 선에 들어가는[59] 도가 이와 같지 않았습니다. 옛사람이 말하기를, "임금이 간언을 잘 받아들이지만 신하가 반드시 간언하도록 하지 않는다면 진정으로 간언을 잘 받아들이는 임금이 아니다. 신하가 간언을 잘하되 임금이 반드시 간언을 받아들이지 못하게 한다면 진정으로 간언을 잘하는 신하가 아니다."[60]라 하였습니다. 임금의 잘못을 바로잡는 말은 귀에 거슬리기 쉽고, 신하의 간언을 쉽게 받아들이는 것[61]은 허심탄회하게 받아들이기가 어렵습니다. 아, 전하께서 계신 지위는 그 중함이 어떻습니까. 이어받은 업은 그 어려움이 어떻습니까. 하지만 임금이 되신 지 7년이 된 때에 자애로운 하늘이 위에서 크게 덮어주신 데에 힘입어 손을 마주 잡고 이루어지기를 바라고 덕이 천하에 윤택하게 되었습니다. 그러니 지금 우리 조정은 발을 치우

59 듣고……들어가는 : 원문의 '亦式亦入'은 『시경』 「사제思齊」에 나온 말로, "듣지 않아도 법도에 합치되었고, 간언을 올리지 않아도 선의 경지에 들었다[不聞亦式, 不諫亦入.]."라 한 데서 인용한 것이다.

60 임금이……아니다 : 이 부분은 소순의 「간론諫論 하下」에 나오는 말을 인용한 것이다. 해당 부분의 원문은 다음과 같다. "신하가 간언을 잘하되 임금이 반드시 간언을 받아들이지 못하게 한다면 진정으로 간언을 잘하는 신하가 아니다. 임금이 간언을 잘 받아들이지만 신하가 반드시 간언하도록 하지 않는다면 진정으로 간언을 잘 받아들이는 임금이 아니다[夫臣能諫, 不能使君必納諫, 非眞能諫之臣, 君能納諫, 不能使臣必諫, 非眞能納諫之君.]."

61 신하의……것 : 원문의 '轉圜'은 신하들의 간언을 순순히 받아들인다는 말이다. 『한서漢書』 「매복전梅福傳」에서 "한漢나라 고조高祖는 선한 말을 받아들일 때는 미치지 못하듯이 했고, 간언을 받아들일 때는 전환轉圜하듯 하였다[高祖納善若不及, 從諫若轉圜.]."라 하였다.

고[62] 임금의 자리가 바르게 되었습니다. 전하께서 맡은 책임은 지난날과 비교해 이보다 만 배 더한 것이 있으니 전하의 명성明聖으로 어찌 척연惕然히 우려하고 두려워하며 근심하지 않겠습니까. 신은 이에 대해 아침저녁으로 간절한 마음을 이길 수 없어 감히 이 세 조목을 가지고 아뢰어 권면하는 정성을 바칩니다.

第其咨訪之道, 貴在兼聽, 必使上下之情, 有所相孚, 疎逖之蹤, 亦得自達. 無一物不得其所, 無一事不得其實, 而擇其善者而從之, 然後始爲取人爲善之方也. 其要又在於容諫諍而恢聽納. 夫咨訪而無諫諍之言, 則非咨訪之本意也. 諫諍而無聽納之擧, 則非諫諍之本意也. 然則三者之中, 尤以聽納爲重, 此所謂非知之艱, 行之爲艱者也. 今欲承祖宗艱大之業, 迓天地靈長之運, 以阜兆民, 以靖四方, 則凡係爲治之具, 更僕難數, 而撮其最急最要而不可緩者, 則臣愚淺見以爲莫有先於咨訪也, 諫諍也, 聽納也. 夫人主一心, 爲萬化之本, 苟欲端本而立極, 則非致知, 無以明其善, 非格非, 無以新其德, 而致知在於咨訪, 格非在於諫諍. 翕受敷施之美, 又專在於聽納之, 必以誠也. 然則從欲之效, 徯志之應, 自有不期然而然者, 惟殿下懋哉!

殿下不以臣菲薄, 使之周旋乎講讀之綴, 出入乎訏謨之列, 亦旣年所. 臣伏覩殿下英睿之姿, 夙著冲年, 明達之識, 邁于百王, 而一年二年, 伈伈泄泄, 聖志未能擴充, 聖學未能加進者, 正以其英睿也, 故有藐視羣下而咨訪不及之歎, 以其明達也, 故有斷自宸衷而諫諍不徠之患, 雖有願治之心, 而無求治之實故也. 古昔明王亦式亦入之道, 不如是矣. 古人云, "君能納諫, 不能使臣必諫, 非眞納諫之君. 臣能諫, 不能使君必納諫, 非眞能諫之臣." 槃以繩糾, 易於逆耳, 轉圜難於虛心

62 발을 치우고 : 순조의 비인 순원왕후純元王后가 헌종이 즉위한 후부터 약 7년간 수렴청정하였던 일을 가리킨다. 순원왕후는 1840년(헌종6)에 철렴撤簾을 명한 바 있다. 『憲宗實錄』 卷7, 헌종 6년 12월 25일 기사 참조.

也. 於戲, 殿下所踐之位, 其重何如? 所纘之業, 其艱何如? 而臨宁七年之間, 賴有慈天丕覆於上, 垂拱仰成, 德洽寰宇. 而今則東朝之簾撤矣, 北宸之位正矣. 殿下負荷之責, 視諸前日, 尤有所萬倍焉, 則以我殿下之明聖, 亦豈不惕然而憂, 懔然而懼哉? 臣於是不勝夙宵惓惓, 敢以此三條, 妄效陳勉之誠.

趙寅永(1782~1850), 「袖箚」, 『雲石遺稿』 卷6.

관중管仲[63]에 대한 논설

(모곤) 전편은 다만 관중이 죽음을 앞두고 현자를 천거하지 않았음을 탓하고 있는데 일으키고 가라앉히는 그 모습이 끝이 없다.

관중은 위공威公[64]의 재상이 되어 제후의 패자가 되게 하고 융적戎狄을 물리쳐 그가 죽을 때까지 제齊나라가 부유하고 강성하여 제후들이 감히 배반하지 못하였다. 관중이 죽고 수조竪刁[65]·역아易牙[66]·개방開方[67]이 등용되고 위공이 난리에 죽자 다섯 공자가 왕위를 다투어 그

63 관중管仲 : ?~기원전 645. 이름은 이오夷吾고, 자는 중仲이다. 춘추 시대 제齊나라 환공桓公의 재상으로 제도를 개혁하고, 군사력을 강화하여 부국강병을 꾀했으며, 대외적으로 제후들과 아홉 번 회맹會盟하여 환공이 제후들의 신뢰를 얻게 하였다. 환공은 관중의 도움으로 춘추오패春秋五覇의 한 사람이 되었다. 저서에 『관자管子』가 있다.

64 위공威公 : 제나라 환공(?~기원전 643)을 말한다. 송宋나라 흠종欽宗의 이름인 조환趙桓을 휘하여 위공威公이라 하였다

65 수조竪刁 : ?~?. '조刁'는 '도刀' 또는 '초貂'로도 쓴다. 춘추 시대 제나라 사람이다. 환관宦官으로 시인寺人을 지냈으며, 환공의 총애를 받았다. 관중이 마땅히 멀리하고 배척해야 한다고 말했지만 환공이 듣지 않았다. 관중이 죽자 역아易牙, 개방開方 등과 함께 권력을 독차지했다.

66 역아易牙 : ?~?. 춘추 시대 제나라 사람이다. 환공의 음식을 만들던 요리사로, 당대 제일가는 요리 솜씨를 지녀 환공의 총애를 받았다. 환공이 늘 새롭고 기이한 음식을 맛보기를 원하자 나중에는 자기 자식을 죽여서 음식을 만들어 바쳤다고 한다. 관중이 죽자 개방, 수조 등과 함께 권력을 전횡하여 나라를 어지럽혔다.

67 개방開方 : ?~?. 춘추 시대 위衛나라의 공자公子이다. 제나라에 벼슬할 때 관중의

화가 만연하니 간공에 이르기까지 제나라가 편안하지 못하였다. 공이 이루어짐은 이루어진 그날 이루어진 것이 아니라 반드시 일어난 이유가 있는 것이고 화가 일어남은 일어난 그날 일어난 것이 아니라 또한 반드시 조짐이 있었던 것이다. 그렇다면 제나라가 다스려진 것을 나는 관중 때문이 아니라 포숙아鮑叔牙[68] 때문이라 할 것이며, 난이 일어난 것을 나는 수조·역아·개방 때문이 아니라 관중 때문이라 할 것이니, 어째서인가? 수조·역아·개방 세 사람은 저들이 진실로 나라에 난을 일으킬 사람이었음에도 다만 그들을 등용한 것이 위공이었기 때문이다.

무릇 순舜 임금이 있은 뒤에 사흉四凶[69]을 내칠 줄을 알았고, 중니仲尼가 있은 뒤에 소정묘少正卯[70]를 제거할 줄을 알았으니 저 위공은 어떤 사람인가? 생각건대 위공이 세 사람을 등용할 수 있게 한 사람이 관중이다. 관중이 병에 걸렸을 때 공이 그에게 재상에 대해 물었는데, 그때 나는 관중이 천하의 어진 이를 천거하여 대답할 것이라고 생각했는데, 그의 말이 곧 "수조·역아·개방 세 사람은 인정이 없으니 가까이해서는 안 됩니다."라고 하는 데 지나지 않았다. 아아! 관중은 위

배척을 받았으나, 관중이 죽은 뒤 환공에게 중용되었으며, 수조, 역아와 함께 국정을 전횡하였다.

68 포숙아鮑叔牙 : 춘추 시대 제나라 사람이다. 젊어서 관중과 친하게 사귀었다. 제나라 양공襄公 때 공자公子 소백小白의 사부가 되었다. 소백이 왕위에 오르니, 그가 환공이다. 환공이 그를 재상으로 삼으려고 하자 사양하고 투옥된 관중을 석방해 그를 재상의 자리에 앉히라고 권했다. 환공이 그 말을 따라 관중을 재상에 임명했다.

69 사흉四凶 : 요堯 임금 때 네 사람의 악인으로, 공공共工·환도驩兜·삼묘三苗·곤鯀을 말한다. 순舜 임금이 네 사람을 처벌하자 천하가 모두 복종하였다.

70 소정묘少正卯 : 춘추 시대 노魯나라의 정사를 어지럽힌 대부이다. 공자孔子가 정승이 되어 정사를 대리할 때 "세상에는 큰 죄악 다섯 가지가 있는데, 소정묘는 다섯 가지를 모두 저질렀으니 제거하지 않을 수 없다."라고 하고 주살하였다.

공이 과연 세 사람을 등용하지 않을 수 있다고 생각한 것인가? 관중이 위공과 함께한 것이 몇 년인데 또한 위공의 사람됨을 알았을 것이다. 위공은 귀에 음악 소리가 끊이지를 않았고 눈에 여색이 끊이지를 않았으니 세 사람이 아니었다면 그 욕심을 이룰 수 없었을 것인데 그가 애초에 등용하지 않았던 이유는 다만 관중이 있었기 때문이다. 하루라도 관중이 없었다면 세 사람은 벼슬자리에 나아갈 준비를 하며 서로 축하했을 것이니 관중이 죽음을 앞두고 한 말로 위공의 손발을 묶어둘 수 있었겠는가?

저 제나라는 세 사람이 있는 것을 걱정하지 않고 관중이 없음을 걱정했으니 관중이 있었다면 세 사람은 세 명의 필부였을 것이다. 그렇지 않다면 천하에 어찌 세 사람의 무리가 적겠는가? 비록 위공이 다행히 관중의 말을 듣고 이 세 사람을 주벌했다 하더라도 그 남은 사람들을 관중이 모조리 헤아려 그들을 제거할 수 있었겠는가? 아아! 관중은 근본을 모르는 자라고 할 수 있다. 위공의 물음에 천하의 어진 이를 천거하여 자신을 대신하게 하였다면 관중이 죽더라도 제나라에 관중이 없는 것이 아니었을 것이니 어찌 세 사람을 걱정했겠는가? 말하지 않아도 되는 것이다.

오패五霸 가운데 제나라 위공과 진晉나라 문공文公[71]보다 강성한 이가 없었으니, 문공의 재주는 위공을 넘지 못했으며 그 신하도 모두 관중에 미치지 못했고 진나라 영공靈公[72]의 포학함이 제나라 효공孝公[73]

---

71 진晉나라 문공文公 : 기원전 635~기원전 628. 이름은 중이重耳이다. 문공은 오랜 방랑 생활에 따라다니던 호언狐偃・조쇠趙衰・가타賈橢・선진先軫 등의 현사賢士들을 중용하여, 제나라의 환공에 이어서 춘추 시대 제2의 패자霸者가 되었다. 문공의 치세는 8년이었지만 신하에 현인이 많았기 때문에 그가 죽은 후에도 오랫동안 그의 패업이 계속되었다.

72 진나라 영공靈公 : ?~기원전 607. 춘추 시대 진나라의 국군國君으로, 이름은 이고夷

의 너그러움만 못했으나 문공이 죽어도 제후들이 감히 진나라를 배반하지 않았고 진나라가 문공의 남은 위엄을 이어 제후의 맹주가 될 수 있었던 것이 백여 년이었다. 어째서인가? 그 임금이 비록 현명하지 못하였으나 그래도 노련한 사람들이 있었기 때문이다. 위공이 죽음에 한 번의 난을 수습하지 못했던 것을 의심할 것이 없었으니 저들이 오로지 관중 한 사람만을 믿었다가 관중이 죽어서이다. 천하에 어진 이가 없었던 적이 없었으니 어진 신하는 있지만 어진 군주가 없었던 적이 있다. 위공이 살아 있을 때 천하에 다시 관중 같은 사람이 없다고 한 것을 나는 믿지 않는다.

관중의 책에 죽음을 앞두고 포숙아와 빈서무賓胥無[74]의 사람됨을 논하고 또 그들의 단점을 각각 진술하였으니 이는 그의 마음이 이 몇 사람들이 모두 나라를 맡기기에 부족하다고 여겼던 것이고 그가 곧 죽을 것도 미리 알았던 것이니 그렇다면 그의 책은 거짓되어 믿을 수 없다. 내가 보건대 사어史魚[史鰌][75]는 거원蘧瑗[蘧伯玉][76]을 등용하고 미

皐이고, 양공襄公의 아들이다. 어린 나이로 즉위하여 장성하자 사치하고 난폭해져 마구 사람을 죽여 조천趙穿에게 살해당했다. 14년 동안 재위했다.

73 제나라 효공孝公 : ?~기원전 633. 춘추 시대 제나라의 국군國君으로, 이름은 소昭이고, 환공의 아들이다. 환공이 죽자 다섯 공자公子가 왕위를 다투었는데, 역아와 수조가 공자 무궤無詭를 세우자 소는 송宋나라로 달아났다. 다음 해 송나라 양공襄公이 제나라를 공격하자 제나라 사람들이 무궤를 죽였다. 송나라가 네 공자의 군대를 패퇴시키고 소를 세웠다. 10년 동안 재위했다.

74 빈서무賓胥無 : 춘추 시대 제나라 환공 때의 현신賢臣이다. 무고한 사람을 죽이지 않고, 죄 없는 사람을 무함하지 않았다 한다. 빈수무賓須無로도 쓴다.

75 사어史魚[史鰌] : ?~?. 자는 자어子魚고, 사추史라고도 불린다. 춘추 시대 위나라의 대부大夫로 사관史官을 지냈다. 영공靈公이 미자하彌子瑕를 총애하자 여러 번 충고했지만 듣지 않았다. 죽음을 앞두고 아들에게 시체를 창문 밖에 내놓고 염을 하지 말라고 하였는데, 영공이 문상問喪을 와서 보고 물었다. 아들이 "살아서 임금을 바르게 이끌지 못했으니 죽어서도 예를 갖출 필요가 없다."라고 유언을 전하자, 영공이 깨닫고 이에 거원蘧瑗을 등용하고 미자하를 내쫓았다. 이를 시간屍諫이라

자하彌子瑕[77]를 물리칠 수 없었다. 따라서 죽은 뒤에 시신으로 간하였고 소하蕭何[78]는 죽음을 앞두고 조참曹參[79]을 천거하여 자신을 대신하게 하였으니 대신이 마음을 쓰는 것이 진실로 이와 같아야 한다. 한 나라가 한 사람으로 흥하고 한 사람으로 망하니 어진 이는 자신이 죽는 것을 슬퍼하지 않고 그 나라가 쇠망함을 근심한다. 따라서 반드시 다시 어진 이가 있도록 한 뒤에 죽을 수 있으니 저 관중은 어찌 그렇게 죽었는가?

한다.

76 거원蘧瑗[蘧伯玉] : ?~?. 춘추 시대 위나라 사람으로 자가 백옥이다. 영공 때 대부大夫를 지냈다. 겉은 관대하지만 속은 강직한 성품으로, 자신은 바르게 했지만 남을 바르게 하지는 못했다. 잘못을 고치는 데 늑장을 부리지 않았다. 오吳나라의 계찰季札이 위나라 찬허贊許를 지나가면서 군자君子라 여겼다. 공자孔子가 그의 행실을 칭찬하여 위나라에 이르렀을 때 그의 집에 머물렀다.

77 미자하彌子瑕 : ?~?. 춘추 시대 위나라 사람으로, 영공 때 대부大夫를 지냈다. 영공의 남다른 총애를 받았으나 충신 사어史魚가 죽어서도 시체로서 간하자 감동한 영공이 미자하를 물리쳤다고 한다.

78 소하蕭何 : ?~기원전 193. 한漢나라 고조高祖 유방劉邦의 재상으로, 한신韓信·장량張良·조참曹參과 함께 고조의 개국공신이다. 유방이 진나라 토벌의 군사를 일으키자 종족 수십 명을 거느리고 객원으로서 따르며 모신謀臣으로 활약하였다. 뒤에 한신 등의 반란을 평정하고 상국相國에 제수되었다. 그가 병이 들었을 때 혜제惠帝가 직접 왕림하여 문병하고 후임자를 묻자, 소하는 조참을 추천하였다.

79 조참曹參 : ?~기원전 190. 한나라의 공신으로, 고조가 군사를 일으키자 그를 따라 한신韓信과 더불어 주로 군사 면에서 활약하였다. 고조가 죽은 뒤에는 공을 다투던 소하의 추천으로 그 대신 상국相國이 되어 혜제를 보필하였다.

管仲論

(茅坤) 通篇只罪管仲不能臨沒薦, 起起伏伏, 光景不窮.

管仲相威公, 霸諸侯, 攘戎狄, 終其身, 齊國富强, 諸侯不敢叛. 管仲死, 豎刁·易牙開·方用, 威公薨於亂, 五公子爭立, 其禍蔓延, 訖簡公, 齊無寧歲. 夫功之成, 非成於成之日, 蓋必有所由起, 禍之作, 不作於作之日, 亦必有所由兆. 則齊之治也, 吾不曰管仲而曰鮑叔, 及其亂也, 吾不曰豎刁易牙開方而曰管仲, 何則? 豎刁·易牙·開方三子, 彼固亂人國者, 顧其用之者威公也.

夫有舜而後, 知放四凶, 有仲尼而後, 知去少正卯, 彼威公, 何人也? 顧其使威公, 得用三子者, 管仲也. 仲之疾也, 公問之相, 當是時也, 吾以仲且擧天下之賢者以對, 而其言乃不過曰, "豎刁·易牙·開方三子, 非人情, 不可近而已." 嗚呼! 仲以爲威公果能不用三子矣乎? 仲與威公處幾年矣, 亦知威公之爲人矣乎. 威公聲不絶乎耳, 色不絶乎目, 而非三子者, 則無以遂其欲, 彼其初之所以不用者, 徒以有仲焉耳. 一日無仲, 則三子者, 可以彈冠而相慶矣, 仲以爲將死之言, 可以縶威公之手足耶?

夫齊國, 不患有三子, 而患無仲, 有仲則三子者, 三匹夫耳. 不然, 天下豈少三子之徒? 雖威公幸而聽仲, 誅此三人, 而其餘者, 仲能悉數而去之耶? 嗚呼! 仲可謂不知本者矣. 因威公之問, 擧天下之賢者, 以自代, 則仲雖死, 而齊國未爲無仲也, 夫何患三子者? 不言可也.

五霸莫盛於威文, 文公之才, 不過威公, 其臣又皆不及仲, 靈公之虐, 不如孝公之寬厚, 文公死, 諸侯不敢叛晉, 晉襲文公之餘威, 得爲諸侯之盟主者百有餘年. 何者? 其君雖不肖, 而尙有老成人焉. 威公之薨也, 一亂塗地, 無惑也, 彼獨恃一管仲, 而仲則死矣. 夫天下, 未嘗無賢者, 蓋有有臣而無君者矣. 威公在焉, 而曰天下不復有管仲者, 吾不信也.

仲之書, 有記其將死, 論鮑叔賓胥無之爲人, 且各疏其短, 是其心, 以爲是數子者, 皆不足以託國, 而又逆知其將死, 則其書誕謾, 不足信也. 吾觀史鰌以不能進蘧伯玉而退彌子瑕. 故有身後之諫, 蕭何且死, 擧曹參以自代, 大臣之用心, 固宜如此也. 一國以一人興, 以一人亡. 賢者, 不悲其身之死, 而憂其國之衰. 故必復有賢者而後, 有以死, 彼管仲者, 何以死哉?

【비평자료】

1 「관중론」. "威公"【환공桓公이다. 송나라에서 흠종欽宗의 휘인 '환桓'을 피휘하여 '위威'라고 고친 것이다.】 "必有"【그침이다.】 "以死"【군자가 죽음에 나라를 잊지 않아 반드시 나라를 위해 어진 이를 천거하여 반드시 자기를 대신하게 한 뒤에 죽어야 제대로 된 죽음을 얻었다고 말할 수 있음을 말한 것이다. 지금 관중이 그렇게 하지 못하였으니 따라서 "저 관중은 어찌 그렇게 죽었는가?"라고 하여 제대로 된 죽음을 얻었다고 할 수 없음을 말하였다.】

管仲論. "威公"【卽桓公. 宋避欽宗'桓', 改爲'威'.】 "必有"【止.】 "以死"【言君子死不忘國, 必爲國薦賢必代己, 而後死, 方可謂得其死矣. 今管仲不能然, 故曰, "彼管仲, 何以死哉?" 言不可謂得其死也.】

李德弘(1541~1596), 「古文後集質疑」, 『艮齋集』 卷4.

2 소순蘇洵[老泉]의 「관중론」은 잘못된 것이다. 「관중론」에 "관중이 병에 걸렸을 때 환공이 그에게 재상에 대해 물었는데, 그때 나는 관중이 천하의 어진 이를 천거하여 대답할 것이라고 생각했는데 그의 말이 곧 '수조·역아·개방 세 사람은 인정이 없으니 가까이해서는 안됩니다.'라고 하는 데 지나지 않았다."라고 하였고, 또 "관중이 위공과 함께한 것이 몇 년인데 또한 위공의 사람됨을 알았을 것이다."라고 하였으며, 또 "관중은 근본을 모르는 자라고 할 수 있다."라고 하였으니, 이 말이 어찌 어긋난 것이 아니겠는가?

나는 다음과 같이 말한다. "관중이 어진 이를 천거하지 않은 것은, 이는 진실로 환공을 알았던 것이다. 무릇 임금이 사특한 자를 물러나게 하는 것이 오히려 어진 이를 나아오게 하는 것보다 쉬운 것은 어째서인가? 임금이 신하를 봄에 한 가지 일만 부족하더라도 의심을 하기 쉬워 하루아침에 그를 배척하고 모든 선이 구비되어 있더라도 위로 진달하기 어려워 종신토록 등용하지 않는다. 그렇다면 관중은 가장 쉬운 일로 임금에게 경계하였으나 시행되지 않았는데 하물며 가장 어려운 일로 그에게 요구하는 것을 어떻게 바랄 수 있겠는가? 만약 환공이 장차 관중이 천거하는 말을 들을 줄 알았다면 이보다 쉬운 관중이 남을 물리치는 말은 듣지 않았겠는가? 따라서 관중이 어진 이를 천거하지 않은 것은, 이는 환공을 알았던 것이다."

비판하는 자가 말하였다. "그렇다면 가까이 해서는 안 된다고 대답한 것은 또한 그가 쓰지 못할 것을 알았던 것이니 어찌 굳이 번거롭게 대답했는가?" 내가 말하였다. "그렇지 않다. 묻지 않으면 그뿐이지 임금이 누구를 거론하여 물었으니 어찌 등용하지 않을 줄 미리 알고서 그 시비와 포폄이라도 하지 않을 수 있었겠는가? 관중은 그들이 맞다고 여기지 않은 것이다." 그가 말하였다. "그렇다면 어진 이를 천거하는 것은 또한 그가 등용하지 않을 것을 미리 예측하여 천거하지 않을 수 있겠는가? 하물며 관씨를 작은 아버지처럼 가까이하여 상국에 자리하게 함에 있어서이겠는가?" 내가 말하였다. "심하구나. 요구함이 각박하다. 만약 환공이 어진 이의 이름을 거론하고 누가 괜찮은지 물었다면 관중은 또한 반드시 기뻐하여 그 덕을 칭양하였을 것이고 끝내 등용할 것인지 등용하지 않을 것인지를 따지지 않고 힘써 천거했을 것이다. 이미 임금의 마음을 알았고 또 임금의 물음이 없었으니 어찌 구구한 말로 보탤 수 있었겠는가? 따라서 관중이 죽음을 앞두고 어진 이를 천거하지 않았다고 말하는 것은 맞지만, 그가 살아있을 때 임금의 마음을 바로잡지 못했다고 말하는 것은 틀렸으니, 공자께서 '관중이 아니었다면 우리는 머리를 풀고 옷깃을 왼편으로 했을 것이다.'[80]라고 말씀하신 것이다."

80 관중이……것이다 : 『논어論語』「헌문憲問」에 자공子貢이 관중이 어질지 못하다고 비판하자, 공자가 "관중이 아니었으면, 나는 머리를 풀어 헤치고 옷깃을 왼쪽으로 여미게 되었을 것이다[微管仲, 吾其被髮左衽矣.]."라고 한 말을 인용한 것이다.

老泉管仲論, 非也. 論曰, "仲之疾, 公問之相, 當是時, 吾意以仲且擧天下之賢者以對, 而其言乃不過曰, '豎刀·易牙·開方三子, 非人情, 不可近而已.'" 且曰, "仲與桓公處幾年矣, 亦知桓公之爲人矣." 又曰, "仲可謂不知本者矣." 此言豈不悖哉?

吾則曰, "管仲之不擧賢, 是誠知桓公者矣. 夫君人之退邪, 猶易於進賢, 何者? 君之視臣, 雖一事不足而易生疑, 一朝焉斥之, 萬善俱備而難上達, 終身而莫擧也. 然則仲以最易之事, 規於君而莫之用, 況以最難之事責之, 豈可望乎? 若使桓公將聽仲之進, 則豈不聽仲之退哉? 故仲之不擧賢, 是知桓公者也."

難者曰, "然則不可近之對, 亦知其不用, 而何必煩也?" 曰, "不然, 不問則已, 君旣擧某某而詢之, 豈可豫度其不用, 不直其是非褒貶哉? 而管仲不爲是也." 曰, "然則擧賢人, 亦可豫度其不用而不爲哉? 況管氏親仲父而位相國者乎?" 曰, "甚哉, 責之刻也. 若使桓公亦擧賢者名, 問某某孰可, 則仲亦必喜而揚其德, 必不計用不用而力薦之矣. 旣知君心, 又無君問, 奚可區區言語補哉? 故曰仲之臨死不擧賢, 是矣, 不得格君心於其生時, 非也, 孔子曰, '靡管仲, 吾披髮左衽.'"

李明煥(1718~1764), 「老泉管仲論」, 『海嶽集』 卷4.

3 「관중론」. 처음부터 "齊無寧歲"까지 두 문장의 말은 머리 단락이 된다. "夫功之成"에서 "吾不信也"까지는 그 어세를 십여 번 전환하였으니 중간 단락이 된다. "仲之書" 이하는 아래 단락으로 두 개의 절로 이루어져 있으니, "吾觀史鰌" 이하는 곧 마지막 절이다. 전편이 용이 헤엄치고 범이 할퀴는 듯 변화하니 진실로 문장가들이 법으로 취해야 하는 것이다. 그러나 그가 관중을 논한 글은 간략하게 습붕隰朋[81]의 말을 거론하여 그것으로 자신의 말을 편 것이니 이것이 문장가들의 병통이다.

81 습붕隰朋 : 춘추 시대 제나라 환공 때 관중을 도왔던 인물이다.

管仲論. 自首至"齊無寧歲"兩說語, 首爲段矣. "夫功之成"至"吾不信也", 十餘轉其語勢, 爲中段. "仲之書"以下, 爲下段而兩節, "吾觀史鰌"以下, 乃其末節也. 通篇變化如龍游虎攫, 固文家之所取法者也. 然其論仲之書, 略其擧濕朋之言者, 將以伸己之說也, 此文家病也.

安錫儆(1718~1774), 「老蘇文摘解」, 『雪橋藝學錄』 卷3.

적을 살피는 것에 대한 논설

(모곤) 흉노匈奴가 중국을 위협하고 억제하는 상황을 헤아려서 사리를 다 말했으니, 당시에 면밀히 보고 계획한 것이 아니라면 어찌 이렇게 말할 수 있겠는가?

중국은 내부이고 사방의 오랑캐는 외부이니 우환이 내부에 있는 것이 근본이고, 우환이 외부에 있는 것은 지엽이다. 세상에서 내부의 우환이 없으면 반드시 외부의 우환이 있기 마련이다. 근본이 굳건하면 어찌 지엽을 내버려 두고 쉴 수 있지 않겠는가? 답하자면 "아직 아니다."이다. 옛날에 오랑캐를 근심하는 것은 외부에 있었지만 지금 오랑캐를 근심하는 것은 내부에 있다. 그 지엽을 내버려 두는 것은 괜찮으나 나는 지금 오랑캐[82]를 근심하는 것을 지엽이라 생각하지 않는다. 옛날 오랑캐의 세력이 크게 약했을 땐 그들은 신하로서 행동했었고 조금 약했을 땐 숨어있었으며, 크게 성했을 땐 침략했고 조금 성했을 땐 노략질했다. 우리의 군대가 뛰어나고 식량이 충분하며 장수가 현명하고 군사가 용맹스러우면 환난은 중원中原에 이르지 않으니 이와 같아야 외부의 우환이라고 할만하다.

지금의 만이蠻夷[83]에게는 잠깐이라도 그들이 신하로서 행동하거나

---

82 지금 오랑캐 : 북방 요遼나라의 거란족과 서부 서하西夏 지역에 살고 있는 선비鮮卑의 한 부족 중 탁발拓跋을 말한다.

숨어있기를 바라기는커녕 그들의 뜻이 침략하여 노략질에 그치기를 바라도 이뤄질 수 없다. 흉노[契丹]가 교만驕慢하고 방자放恣한지는 오래되었으니, 해마다 금과 비단을 요구하는 것이 수십만으로 셀 수 있다. 지난날 우리에게 있었던 서쪽 오랑캐의 변[84]을 다행으로 여겨서 불손한 말을 내뱉으며 중국을 뒤흔들었다. 천자께서는 차마 변방 백성들을 다시 전쟁에 괴롭게 할 수 없으셨고 이 때문에 오랑캐들이 날마다 교만해져 요구하는 폐물 또한 날로 늘어나, 지금은 수백만 정도 되는데도 오히려 불만이 가득하여 그들의 욕심을 아직 채우지 못한 듯하며 중국을 마치 외부 창고처럼 보고 있다. 그 기세라면 또 어찌 수백만에서 그치겠는가? 폐물이 많아지면 백성들한테 거두는 세금이 무겁지 않을 수 없고, 무거워지면 백성들이 해를 입지 않을 수 없다. 그러므로 비록 명분은 백성들을 쉬게 한다지만, 그 실상은 백성들의 죽음을 아끼려다가 그들의 삶을 해치는 것이니, 명분은 외부의 우환이라고 하지만 그 실상은 근심이 내부에 있는 것이다. 외부의 우환을 없애지 못한 것조차 성인聖人은 오히려 부끄러워했는데, 내부의 우환이 생겼는데도 계책을 마련하지 않으니, 나는 과연 천하가 오랫동안 편안하고 변란이 없을지 감당하지 못하겠다.

옛날 흉노의 강성함은 묵특[冒頓][85]을 능가한 적이 없었다. 당시에 포악한 진秦나라가 각박하게 대하여 유방劉邦과 항우項羽가 쟁탈전을

83 만이蠻夷 : 오랑캐를 말한다. 중국 남쪽에 있는 종족과 동쪽에 있는 종족을 일컫던 말이다.

84 서쪽 오랑캐의 변 : 인종仁宗 경력慶歷 2년(1042년)에 서하가 송나라를 침입해서 벌어진 변란을 말하는 것이다.

85 묵특[冒頓] : 진한秦漢 시기 흉노匈奴 추장酋長의 이름이며, '용맹한 자'라는 뜻이라고 한다. 아버지인 두만頭曼을 죽이고 자립하여 동호東胡와 월지月氏를 격파하고 내외 몽고를 중심으로 한 일대 제국을 건설하여 흉노의 전성기를 이루었다.

벌인 뒤에 중국은 극도로 쇠약해졌으니, 지금 입장에서 헤아려 보면 저 흉노가 과연 중원을 쳐들어왔다면 큰 강물이 터져 개미집을 허무는 것과 같았을 것이다. 그러나 결국 그들은 국경을 넘어서 한 치도 우리 강토를 차지할 수 없었는데, 어째서인가? 중원의 강성함이 본래 전부 흉노의 백 배였기 때문이다. 비록 쇠함이 쌓이고 국가가 새롭게 세워졌지만, 그래도 충분히 제어할 수 있었던 것이다.

오대五代 때에는 중원에 주인이 없었는데 후진後晉의 석경당石敬瑭[86]이 잠깐의 이익을 탐내 흉노를 어버이로 섬기며, 유연幽燕[87]의 땅을 나눠주어 그들이 강대해지는 것을 도와주었다. 뒤이어 아들이 왕위를 이었지만 대신은 밖에서 배신하였으니, 흉노가 국경에 군사들을 총동원하여도 병사들은 칼에 피도 안 묻히려 하고 수도는 지키지도 않아 온 세상이 그 화를 입었다. 흉노는 이때부터 중원을 경시하는 마음을 품기 시작하여 중원을 차지할 수 있다고 여긴 것이다.

우리 송宋나라 경덕景德 때에 대거 침입해 왔는데 장성황제[眞宗]께서 한바탕 싸워서 물리치시고 마침내 그들과 맹약盟約하여 강화强化하였다. 인간의 마음이란, 이기면 교만해지고 교만해지면 패배하고 패배하면 경계하고 경계하면 승리한다. 흉노가 후진後晉과의 승리에 교만해져서 경덕 때의 패배가 있었기에 경덕 때의 패배를 경계할 것이니 나는 그들이 승리할지는 모르지만 몹시 두렵다. 비록 그런데도 몇십 년 동안 큰 변이 없었던 것은 왜인가? 흉노가 도모하며 반드시 "우

86 석경당石敬瑭 : 892~942. 진晉나라의 고조高祖이다. 하동河東에서 군대를 일으키면서 상유한桑維翰의 계책에 따라 거란에게 신자臣子라고 아첨하며 지원을 요청하여 마침내 후진을 세웠다. 나중에 거란과의 화친을 배반하여 거란에 망하였다.

87 유연幽燕 : 지금의 하북河北와 요령遼寧 일대로, 북방의 오랑캐들이 살던 곳이다. 안녹산安祿山이 이 지역에서 난을 일으켜 현종이 서쪽으로 몽진蒙塵하였던 사건이 있다.

리가 백 번 싸워 상대를 이겨서 상대가 비록 굴복한대도 우리 또한 고생할 것이다. 사절 한 명을 중국에 들여 형세를 가지고 업신여기고 세력을 가지고 요구하면 해마다 얻는 금전이 수십 수백만일 것이다. 이같이 수십 년을 한다면 우리에겐 수백 수천만의 이익이 있을 것이지만 중국은 수백 수천만의 손해가 있을 것이다. 우리는 날마다 부유해지지만, 중국은 날마다 빈곤해질 것이니 그 후라면 충분히 도모할 수 있을 것이다."라 할 것이기 때문이다.

북적北狄의 천성을 견융犬戎이라 하니, 땅에 뼈를 던지면 으르렁거리며 다투는 것이 개의 일상인데 지금은 그렇지 않으니 변경邊境에서 어찌 틈을 엿보지 않을 수 있겠는가? 만일 그들이 침입한다면 크게는 한 군郡 정도는 충분히 뺏을 수 있고 작게는 충분히 수천 명을 죽이거나 약탈할 수 있지만, 저들이 마음을 움직이지 않는 것은 그 뜻이 작지 않기 때문이다. 그 예리한 마음을 품고 우리의 결점을 노려서 그들의 큰 야심을 펼치려 하는 것이므로 사소한 이득을 참아서 그들의 원대한 계획을 무너뜨리지 않으려는 것이다.

옛사람들의 말에 "새끼 뱀 때 죽이지 않으면 큰 뱀이 되었을 땐 어떻게 하겠는가?"[88]라는 말이 있다. 거란의 세력은 날마다 끓어오르고 있는데 지금 유순한 방법으로 힘을 길러주고 끝까지 큰 변이 없길 바라니, 그 또한 의혹스럽다. 게다가 지금 중국이 백성의 힘을 다해 그들이 바라는 것을 받들되, 오히려 벌벌 떨며 사물 하나라도 그 뜻에

---

88 새끼……하겠는가 : 『국어國語』에 "월越나라 왕 구천句踐이 오나라에 화의和議를 청하자 오왕吳王 부차夫差가 허락하려 하였다. 오자서伍子胥가 간諫하여 말하기를 '허락해서는 안 됩니다. 월越나라는 진실되고 충성스런 마음으로 오나라를 좋아하는 것이 아니며, 또 우리 군대의 강함을 두려워하는 것도 아닙니다.……새끼 뱀 때 죽이지 않으면 큰 뱀이 되었을 땐 어떻게 하겠습니까?'라고 하였다."라는 내용이 있다.

부합하지 않을까 두려워하는 것은 중국의 힘이 그들의 성냄을 버틸 수 없을 것이라 여긴 것이 아니겠는가? 그러나 내가 생각해 보면 지금 중국은 비록 후진의 석경당처럼 틈을 엿볼 수 있는 형세가 절대 없고 흉노의 힘이 변방을 비록 침범하기에 충분하다 할지라도 지금부터 십수 년 동안 우리는 변방 침입을 근심할 일이 절대 없을 것이다. 왜인가? 우리를 두려워해서가 아니라 그들의 뜻이 변방 침입에 그치지 않기 때문이다. 그들의 뜻이 변방 침입에 그치지 않고 그들의 힘도 그들이 하고자 하는 것을 아직 이루기 부족하다면 그들의 마음은 오직 우리가 단번에 친선을 끊어서 우리의 많은 폐물을 잃을까 염려할 것이다. 그러나 교묘하고 건방져서 조금도 굽히려 하지 않는 것은 어째서인가? 그들의 의도는 요구한 후에야 관계가 굳건해진다고 생각하는 것이다.

매서운 날짐승은 공격하려 할 때 반드시 그 공격하려는 모습을 감춘다. 이전에 묵특이 한漢나라를 공격하려 할 때, 한나라 사신이 도착하면 매번 튼튼한 병사와 말을 숨겼다.[89] 그러므로 병법兵法에 이르기를 "말이 비루하면 나아가려는 것이고, 말이 거세면 물러가려는 것이다."라고 하였다. 지금 흉노의 임금과 신하들은 형세를 과장해서 우리에게 과시하지 않음이 없으니, 이것은 그들의 뜻이 싸우고 싶지 않다는 것이 명백하다. 오왕 합려闔閭는 초楚나라를 침입할 때에 당唐나라와 채蔡나라에 의지했고,[90] 월왕 구천句踐은 오吳나라를 침입할 때에

89 묵특이……숨겼다 : 한漢나라 고제高帝가 평성平城에서 흉노 묵특과 부딪쳤을 때, 사자使者를 보내어 적병을 정탐하였더니, 흉노가 정병精兵은 숨기고 파리하고 약한 군사만을 보였으므로 고제가 사자의 말을 듣고 전진하다가 곤경에 빠진 일이 있었다.

90 오왕……의지했고 : 『사기史記』 「오태백세가吳太伯世家」에 "오왕吳王 합려闔閭가 초楚나라를 치기 위해 오자서伍子胥와 손무孫武에게 묻기를 '처음에 그대들은 초

제齊나라와 진晉나라에 의지했는데[91] 거란이 진정 우리와 싸우겠는가? 지난번에 섬서陝西 지역에서는 원호元昊의 반란[92]이 있었고, 하삭河朔에서는 왕칙王則의 변[93]이 있었으며, 영남嶺南에서는 농지고儂智高의 난[94]이 있었는데, 이 또한 틈을 엿볼만한 형세인 것이다. 그러나 끝내 움직이지 않았으니, 그렇다면 그 뜻은 전쟁을 하고 싶지 않다는 것이 또한 명백하다.

아! 저들이 싸우려 하지 않는데 우리도 따라 그들과 싸우지 않으면 저들은 이미 그 뜻을 얻은 것이다. 병법에 이르길, "하고자 하는 바를 쓰고 할 수 있는 것을 행하되 할 수 없는 것은 내버려 두지만, 적에 있어서는 이와 반대로 해야 한다."라고 하였으니, 지금도 어찌 이와

나라를 공격해서는 안 된다고 하였는데, 지금은 과연 어떤가?' 하니, 두 사람이 대답하기를 '초나라 대장 자상子常이 탐욕스러워 당唐나라·채蔡나라가 다 그를 원망합니다. 왕께서는 꼭 크게 치고자 하시면, 반드시 당나라·채나라와 맹약을 맺고 치시면 가능할 것입니다.'라 하였다. 이에 합려가 크게 군대를 일으켜 당나라·채나라와 약속하고 서쪽으로 초나라를 쳤다."라는 내용이 있다.

91 월왕……의지했는데 : 『사기』「월왕구천세가越王句踐世家」에 "월나라가 다시 오나라를 치니, 오나라 사민士民들은 피폐하였고, 정예병들은 제나라와 진나라에서 다 죽었으니, 월나라가 크게 오나라를 깨뜨렸다."라는 내용이 있다.

92 원호元昊의 반란 : '원호'는 서하의 임금인 경종 이낭소李曩霄를 가리킨다. 원호가 칭제稱帝하여 반란을 일으켰을 때 송나라 범중엄范仲淹이 정벌에 나섰는데, 원호의 반란군들이 범중엄을 두고 "뱃속에 수만의 갑병이 들어 있다[腹中自有數萬甲兵.]."라고 하면서 무서워했다고 하는 고사를 말한다.

93 왕칙王則의 변 : 왕칙은 송나라 사람으로 『오룡적루경五龍滴淚經』을 익히고, 석가釋迦가 쇠퇴하면 미륵불彌勒佛이 세상에 나올 것이라고 하면서 스스로 동평군왕東平郡王이라고 칭하고 패주성貝州城에 웅거하여 반란을 일으켰으나 문언박文彦博에 의하여 평정되었고 왕칙은 서울로 압송되어 처형되었다.

94 농지고儂智高의 난 : 농지고는 송나라 광원주廣源州의 야만족이다. 농지고의 난은 농지고가 황우皇祐 연간에 광원주를 거점으로 반란을 일으켜 국호를 남천국南天國이라 하고 인혜황제仁惠皇帝라 참칭僭稱하면서 연주沿州·강주江州 등 9주를 함락한 일을 말한 것이다. 이후 송나라 인종이 적청狄青을 시켜 토벌하게 하여 옹주邕州에서 대패大敗하였다.

다르겠는가? 더구나 흉노의 힘은 본래 그들의 큰 야심을 펼치기 부족하고 한 군郡을 빼앗거나 수천 사람을 죽이고 약탈해서 생기는 이익에는 저들 또한 그 마음을 움직이지 않으니 그렇다면 우리는 폐물을 주지 않으면 될 뿐이다. 폐물을 주지 않아서 저들이 핑곗거리로 삼으면 대답하기를 "너희들이 우리에게 어떤 공이 있기에 해마다 우리에게 폐물을 요구하는가? 우리에겐 전쟁만 있을 뿐이지 폐물은 얻을 수 없을 것이다."라고 하면 된다.

그렇지만 세상 사람들은 틀림없이 "그것은 어리석은 사람의 계책이다. 세상에 누가 폐물을 주는 폐해를 모르고 폐물을 주지 않는 이득을 모르겠는가? 다만 형세가 부득이해서 그렇게 할 뿐이다."라고 할 것이다. 나는 그렇게 생각하지 않는다. 지금 오랑캐의 형세는 한나라 칠국七國[95]의 형세와 같으니, 이전에 한나라 고조는 항우項羽를 공격하기에 급급했으므로 수천 리의 땅을 차지하여 여러 장수를 왕으로 삼았다. 항우가 죽자 천하는 안정되었지만 여러 장수의 땅은 끝까지 삭감할 수 없었다.

이때에 유씨劉氏가 아닌데도 왕이 된 경우가 여덟 나라였는데, 한 고조는 그들이 장차 변을 일으킬까 두려워 오·초·제·조 등 동성의 제후국을 크게 봉해줌으로써 억제하였다. 이윽고 한신韓信[96]·팽월彭越[97]·영포英布[98]·노관盧綰[99]은 모두 형벌 받아 죽었지만 오·초·제·

95 한나라 칠국七國 : 한나라 경제 시대에 연합하여 반란을 일으킨 일곱 나라를 말한다. 즉 오·초·조·교서膠西·교동膠東·치천·제남이다.

96 한신韓信 : 기원전 230~기원전 196. 한나라 고조의 장수로, 호를 병선兵仙이라 하였다. 고조의 대장이 되어 조·연·제 등을 차례로 공략攻略하여 천하 통일의 기초를 확립했다. 한나라가 확립되자 차차 권력에서 밀려나 회음후淮陰侯로 격하되었다가, 기원전 196년 진희陳豨의 난에 연루되어 여후呂后와 소하蕭何의 모계謀計로 잡혀 모반죄로 삼족이 멸족되었다.

조나라가 강해져 오히려 그들을 억제할 수 없었다. 이때 제후 왕들은 비록 이름은 신하라 해도 그 실상은 황제가 되고 싶은 마음이 없을 수 없었다. 교동膠東·교서膠西·제남濟南의 왕들도 또한 따라서 이들에 호응하여 이에 마음대로 사람들에게 작위를 내리거나 사형수를 사면하거나 황옥黃屋[100]을 두르거나 자객刺客을 버젓이 보내어 비수匕首가 수도에서 난무하니, 그 죄가 뚜렷이 드러나고 형세도 매우 급박하였다. 그러나 당시 사람들은 오히려 여유롭게 거닐면서 걱정할 것 없는 모습을 보였다.

한 달에 한 해를 도모할 수 없고 아침에 저녁을 계획할 수 없는 상황에서도 부지런히 보살피고 따뜻하게 베풀었기에 다행히도 큰 변은 없었다. 경제景帝 시대時代가 되어 모략이 뛰어난 신하 조조晁錯[101]가

---

97 팽월彭越 : ?~기원전 196. 한나라 개국공신으로, 진승陳勝과 항우가 군사를 일으키자 산동山東에서 거병하였다. 초·한 전쟁 때 군사 3만여 명을 이끌고 한나라에 귀순하여 유방을 도와 해하垓下에서 항우를 물리치고 양왕梁王에 봉해졌다. 나중에 항우가 죽고 천하가 평정된 다음에 진희의 난을 토벌하는 데에 적극적이지 않아 고조의 미움을 받았다가 반역으로 몰려 죽었다.

98 영포英布 : ?~기원전 195. 한나라 사람으로 법을 어겨 경형黥刑을 당해 경포黥布라고도 불렸다. 진秦나라 말에 무리를 이끌고 번군番君에 붙었다가 나중에 항량項梁에게 의탁하였으며 항량이 죽자 항우에게 속하였다. 초·한 전쟁 중에 한나라로 귀순하여 회남왕淮南王에 봉해졌고, 유방을 따라 해하垓下 전투에서 항우를 격파했다. 한신과 팽월 등 개국 공신들이 하나하나 피살되자 반란을 일으켰다가 고조에게 주살되었다.

99 노관盧綰 : 기원전 256~기원전 194. 패군沛郡 풍읍豐邑 사람으로, 한나라 고조인 유방과 같은 마을의 절친한 벗이다. 한나라 건립 뒤에 연왕燕王에 봉해졌다. 한나라 고조 11년에 진희와 함께 반란을 일으켰다가 토벌을 받고 흉노로 달아났다. 한나라 혜제 원년에 63세의 나이로 흉노에서 죽었다.

100 황옥黃屋 : 황색 비단으로 만든 천자의 수레 덮개를 말한다.

101 조조晁錯 : 기원전 200~기원전 154. 한나라의 정치가로서 문제 시대에 태자太子사인舍人 등을 역임하였고, 경제 시대에 더욱 총애를 받아 어사대부御史大夫로 승진하였으나, 제후들의 세력을 억제하기 위해 봉지를 삭감하려 하다가 오초칠국吳

있었으니, 처음으로 제후 왕들의 땅을 삭감해서 그들의 권력을 약화하기를 주장하였다. 그러자 세상 사람들 모두가 말하기를 "제후들이 반드시 반란을 일으킬 것이다."라고 하였다. 조조가 말하기를, "확실하다. 하지만 땅을 삭감해도 반란을 일으킬 것이고 삭감하지 않아도 반란을 일으킬 것이다. 삭감하면 반란은 빨라지나 화는 작을 것이고 삭감하지 않으면 반란은 더뎌지나 화는 클 것이다. 내가 두려운 것은 그들이 당장 반란하지 않는 것이다."라고 하였다. 세상 사람들은 "조조가 어리석다."라고 하였다.

아아! 칠국의 화[102]를 피할 수는 없다. 반란이 늦게 일어나 화가 커지는 것보다 먼저 일어나 화가 작아지는 것이 나으니 작은 화를 가지고 큰 화를 바꾸는 것은 비록 삼척동자라도 모두 마땅히 그렇게 해야 함을 알 것이다. 그러나 그들이 조조에게 협조하지 않았던 까닭은 저들 모두가 그 형세상 먼 훗날의 화가 있을 줄 몰랐기 때문이다. 그들이 형세상 먼 훗날의 화가 있을 줄 알았더라도 자신은 그 화를 겪지 않을 것이라 여겨, 후세에게 전가하고 자신의 몸만 구차히 면할 수 있다고 생각했을 것이다. 그렇다면 조조는 자기 한 몸만을 위한 계책이라면 어리석었지만 천하를 위한 계책이라면 지혜로웠던 것이다. 임금이 되어서 또한 어찌 천하를 위한 계책을 버리고 한 몸만을 위한 계책을 시행할 수 있는가!

지금 흉노의 강성함은 칠국보다 덜하지 않지만 세상 사람들은 또

楚七國의 난이 일어나자 참형斬刑되었다.

102 칠국의 화 : 한나라 경제 때에 오·초·조·교서·제남·치천·교동 일곱 개 나라가 일으킨 반란을 말한다. 조조晁錯가 제후왕諸侯王들의 봉지를 삭감하려 하였는데, 그를 반란의 원인 제공자라는 이유로 참형하였으나 반란은 그치지 않자 주아부周亞夫 등 장군을 보내 난을 진압하고 오나라 왕을 참수하자, 다른 제후왕들이 모두 자살하였다.

당시의 의논을 사용하여 따르고 유지해오며 지금이 되기까지 모두 또한 무사하기를 생각했다. 하지만 내가 생각건대 천하의 가장 좋은 계책은 폐물을 주지 않는 것이다. 폐물을 주지 않으면 변은 빨라지지만 화는 작을 것이고 폐물을 주면 변은 더뎌지지만 화는 클 것이다. 변이 빨라짐을 두려워하는 것보다 변이 커짐을 두려워하는 것이 더 나을 것이고 변이 늦어짐을 좋아하기보다 그 변이 작아짐을 좋아하는 것이 나을 것이다. 천하의 형세가 마치 구멍 난 배 가운데 앉아있어 점점 깊은 물 속으로 가라앉는 것과 같으니 얕은 곳에 있을 때 배를 버리고 스스로 사는 방법을 구함이 낫다. 그러나 발이 젖는 정도로 이해해버리면 이는 진실로 배가 전복되어 물에 빠지는 길이 될 것이니, 성인은 문제가 생기기 전에 우환憂患을 제거한 후 화를 돌려 복으로 만들 수 있는 사람이다. 지금은 불행히도 그들을 길러서 이 상황이 되었는데도 가깝고 작은 우환을 또 꺼려서 결단하지 않으니, 그렇다면 먼 근심과 큰 우환은 결국 제거할 수 없을 것이다.

적벽赤壁에서 일어난 전쟁에서 오직 주유周瑜와 여몽呂蒙만 승리할 것을 알았고,[103] 오나라를 정벌하는 전쟁에서는 오직 양호羊祜[104]와 장

103 적벽赤壁에서……알았고 : 한나라 헌제獻帝 시대에 조조曹操가 형주荊州를 점령하고 강릉江陵에 머물 때 손권의 군사들이 매우 두려워하여 손권에게 조조를 투항하기를 권했으나 오직 주유周瑜 · 노숙魯肅만이 반대하여 손권의 뜻과 같았다. 이에 손권은 칼을 뽑아 앞에 놓인 책상을 치며 말하기를, "조조를 맞이해야 한다고 말하는 사람이 있으면 이 책상처럼 할 것이다."라고 하여 유비劉備와 연맹하여 적벽에서 조조의 군대를 대패시켰다. 이후 여몽呂蒙은 주유周瑜를 따라 오림烏林에서 조조의 군대를 깨뜨렸다.

104 양호羊祜 : 221~278. 진나라 장군이다. 자는 숙자叔子이며 남성南城 사람이다. 진남대장군鎭南大將軍이 되어 오나라를 멸망시킬 계책을 올렸고 무제가 이를 받아들였다. 그런데 마침 병이 위독해지자, 두예杜預를 천거해 자신의 직임을 대신하도록 하고서 죽었다. 그가 죽자 변경을 지키던 오나라 군사들까지 그의 덕을 사모하여 눈물을 흘렸으며, 양양襄陽 사람들이 양호가 즐겨 노닐던 현산峴山에 비석을

화張華[105]만 옳다고 하였다.[106] 그렇다면 원대하고 깊은 계책은 원래 보통 사람들의 뜻과는 맞지 않을 수 있으니, 이것이 조조를 어리석다고 여긴 이유이다. 비록 그렇지만 조조의 계책에 그래도 아쉬운 부분이 있으니 무엇인가? 조조는 칠국이 반드시 반란을 일으킬 것을 알았지만 반란에 대비할 계획은 세우지 않았다. 산동山東[107]에서 변이 일어나면 관내關內[108]는 술렁거리고 요동치는데, 지금 흉노의 화는 또 칠국을 억제하기 어려운 것과는 다르다. 칠국의 반란은 중원의 절반이 적국이 되는 것이고 흉노의 배반은 중국이 완전하게 그 뒤에서 억제하면 되니 이 또한 쉽게 도모할 수 있다. 그렇다면 도모하길 어떻게 해야 하는가?

말하자면, "흉노의 계책은 세 가지를 넘지 않으니, 첫째는 성聲이요, 둘째는 형形이며, 셋째는 실實이다. 흉노는 중국이 오랫동안 겁을 먹어서 우리가 끝까지 그들에게 감히 대적하지 못할 것이라 생각하고

세웠는데, 그 비석을 보고는 눈물을 흘리지 않는 사람이 없어서 '타루비墮淚碑'라고 불렀다고 한다.

105 장화張華 : 231~299. 진나라 사람이다. 범양範陽 방성方城 사람으로 자는 무선茂先이다. 서적을 좋아하여 이사할 때는 서적만 30대의 수레에 실었으며, 죽었을 때는 집에 남은 재산은 아무것도 없고 문사文史 서적만 궤협几篋에 넘쳐났다고 한다. 혜제 때에 태자소부太子少傅로 임명되었으나, 팔왕八王의 난 때 조왕趙王 윤倫에게 살해되었다.

106 오나라를……하였다 : 진나라 무제 시대에 양호가 상소하여 오나라를 칠 계책을 올리자 많은 사람들이 반대하였지만, 오직 두예와 장화만이 찬성하였다. 1년 뒤, 무제는 군대를 일으켜 오나라를 쳤던 일을 말한다.

107 산동山東 : 전국 시대와 진한 시대에 효산이나 화산 동쪽을 지칭하는 말이었다. 예로부터 이곳에서는 장수가 많이 났다고 한다.

108 관내關內 : 옛날에는 함곡관函谷關 서쪽을 관내라고 하였다. 함곡관은 진나라의 관문關門으로 난공불락의 관문으로 유명하다. 원래는 하남성河南省 영보현靈寶縣의 서남쪽에 있었던 것인데, 한나라 무제 시대 하남성 신안현新安縣의 동북東北으로 옮겨서 홍농현弘農縣이라 일컬었다.

또 그들의 마음은 항상 예전의 우호를 공고히 해서 후한 폐물을 얻어 그들의 힘을 기르려 한다. 그런데 지금 급히 그 우호를 끊어버리면 저들은 반드시 말하기를 '싸워서 이기는 것보다 앉아서 후한 폐물을 얻는 이익이 더 낫다. 중화 사람들은 겁쟁이니, 우리가 우선 성을 가지고 그들을 위협하면 저들은 다시 우리에게 폐물을 바칠 것이다.'라고 하였다. 이에 멀고 가까운 곳에 선포하길 우리는 장차 어떤 날 어떤 곳을 포위하고 어떤 날 어떤 곳을 공격할 것이라 하니 이 같은 것을 성이라고 말한다. 이렇다면 변방 군에 명령해서 병사들을 쉬게 하고 깃발을 눕혀두고 북소리를 멈추고서 조용하게 그 소리가 들리지 않는 것같이 한다. 성으로 이미 흔들 수 없으면 저들의 계책은 곧 형에서 나올 것이다. 길을 치우고 가시를 제거하여 거짓 군사를 많이 만들어서 우리 성에 접근할 것이니 이 같은 것을 형이라 한다. 이렇다면 깊게 도랑을 파고 견고하게 보루를 지어 들판을 깨끗이 하고 기다리면서 조용하게 그들의 형태를 보지 않는 것같이 한다. 형으로도 우리를 흔들 수 없으면 계략은 여기에서 멈출 것이다. 마침내 병사를 훈련시키고 말을 먹이면서 실에서 나올 것이니 실제로 그들과 싸우면 격파하기는 쉬울 뿐이다. 저들의 계획은 반드시 먼저 성과 형에서 나온 후에야 실에서 나오는 것이다. 성과 형에서 나올 때는 우리가 두려워 후한 폐물로 화친을 청할 것을 대한 것이고, 실제에서 나올 때는 부득이하게 우리와 싸우는 것이니 한 번의 승리마저 운으로 생각할 것이다. 용맹한 사람은 겁 많은 자에게 그 힘을 쓸 수 있지만 지혜로운 자에게는 쓸 수 없다. 지금 기세만 앞세워 울부짖으며 날뛰기만 하는 사람은 세상에서 소위 싸움만 잘하는 사람이다. 비록 그렇다고 해도 온 힘을 축적하여 대적한다면 본래 이기지 못한다고도 할 수 없다. 저들이 울부짖는 것은 성이고 날뛰는 것은 형이니, 대적할 수 없으면 성과 형으로도 또한 충분히 한순간에도 남의 틈을 엿볼 수 있지만, 그렇지 않으면 한갓 스스로 쓸모없는 곳에 그 힘을 소모하게 되어, 이 때문에 이길 수 없게 된다."

한홍韓弘[109]이 선무군절도사宣武軍節度使로 있을 때, 이사고李師古[110]가 한홍의 엄정嚴整함을 질투하여 사람을 보내 알리길 "내가 길을 빌려 활주滑州를 칠 것이다."라고 하였으니 한홍이 말하길, "그대가 우리 경계를 넘어 도둑질을 할 수 있겠는가? 대비할 방법이 있으니, 쓸데없는 소리 마시게나."라고 하였다. 활주의 장수가 이 급박함을 알리니, 한홍이 사람을 보내 말하길, "내가 여기 있으니 공은 편안하게 있으며 두려워하지 마시오."라고 하였다. 어떤 사람이 이사고가 길을 치우고 가시를 제거하니 군대가 도달할 것이라 알렸는데, 한홍이 말하길, "군대가 오려고 길을 치우는 것이 아니다."라고 하였고, 이사고는 그 속임수가 궁색해지자 시간을 끌다가 달아났다. 내가 그렇기에 "저들의 계책이 성과 형에서 나왔대도 우리를 흔들 순 없으니 그 수법은 여기에 그쳤다. 그와 싸웠다면 격파쯤은 쉬울 뿐이다."라고 말한 것이다.

지금 흉노의 임금은 내부의 혼란이 있고 막 즉위했으니 생각해 보면 반드시 그들을 대적하기가 쉬울 것이다. 이웃 나라의 환난이 우리가 패왕이 될 바탕이 되는 것이다. 더구나 하늘이 준 기회를 취하지 않는다면 그 폐해를 입게 될 것이다. 가의賈誼[111]가 말하길, "큰 나라

109 한홍韓弘 : 765~822. 당나라 헌종 때의 무신武臣이다. 헌종이 회서淮西에 용병用兵할 때 한홍을 제군 행영도통사行營都統使로 삼았고, 오원제吳元濟의 난亂이 평정되자 겸시중兼侍中을 더하고 허국공許國公에 봉하였다.

110 이사고李師古 : ?~806. 음서蔭敍로 청주자사靑州刺史가 되었다가 아버지 이납李納의 뒤를 이어 평로절도사平盧節度使가 되었다.

111 가의賈誼 : 한나라 문제 때의 사람으로, 시문에 뛰어나고 제자백가에 정통하여 문제의 총애를 받았으며 약관에 최연소 박사가 되었다. 1년 만에 태중대부가 되어

의 제후왕들은 유약하고 아직 장성하지 않아서 한나라에서 둔 태부와 승상이 지금 그 정사를 꽉 쥐고 있습니다. 몇 년 후에 대략 모두가 성인이 되어 혈기 왕성하게 되면 한나라 태부와 승상들을 병을 빌미로 파면할 것이니, 이땐 나라를 편안히 하고 싶어도 아무리 요·순이라도 할 수 없을 것입니다."라고 하였으니 아! 이것은 칠국의 형세이다. 이와 같은 마무리는 극도로 냉담하여 맛이 있으니, 마침내 주객이 전도된 것이다.[112]

(모곤) 소씨蘇氏 부자父子가 오랑캐의 정세를 논한 것이 대략 이 글에 근거하였다.

진秦나라 때부터 내려온 율령·관제·예악 등의 제도를 개정하고 전한의 관제를 정비하기 위해 많은 의견을 상주했다. 그러나 주발周勃 등 당시 고관들의 시기로 장사왕의 태부로 좌천되었다. 뒤에 회왕懷王의 태부가 되었으나 33세에 요절했다.

112 이와……것이다 : 이 부분은 김창협이 비평한 내용으로, 『팔대가문십선』에서는 소주小註로 처리되어 있다.

審敵論

(茅坤) 揣料匈奴脅制中國之狀, 盡事理, 非當時熟覩而經算者, 安能道此.

中國內也, 四夷外也, 憂在內者本也, 憂在外者末也. 夫天下無內憂, 必有外懼. 本旣固矣, 盍釋其末以息肩乎, 曰, “未也.” 古者夷狄憂在外, 今者夷狄憂在內. 釋其末可也, 而愚不識方今夷狄之憂爲末也. 古者夷狄之勢, 大弱則臣, 小弱則遁, 大盛則侵, 小盛則掠. 吾兵良, 以食足, 將賢而士勇, 則患不在中原, 如是而曰外憂可也.

今之蠻夷, 姑無望其臣與遁, 求其志止於侵掠, 而不可得也. 北胡驕恣, 爲日久矣, 歲邀金繒, 以數十萬計. 曩者幸吾有西羌之變, 出不遜語, 以撼中國. 天子不忍使邊民, 重困於鋒鏑, 是以虜日益驕, 而賄日益增, 迨今凡數十百萬, 而猶慊然未滿其欲, 視中國如外府. 然則其勢, 又何止數百萬也. 夫賄益多則賦斂不得不重, 賦斂重則民不得不殘. 故雖名爲息民, 而其實愛其死而殘其生也, 名爲外憂而其實憂在內也. 外憂之不去, 聖人猶且恥之, 內憂而不爲之計, 愚不知天下之所以久安而無變也.

古者匈奴之彊, 不過冒頓. 當暴秦刻剝, 劉項戰奪之後, 中國溘然矣, 以今度之, 彼宜遂入踐中原, 如決大河潰蟻壤. 然卒不能越其疆, 以有吾尺寸之地, 何則? 中原之彊, 固皆百倍於匈奴. 雖積衰新造, 而猶足以制之也.

五代之際, 中原無君, 晉瑭苟一時之利, 以子行事匈奴, 割幽燕之地, 以資其强大. 孺子繼立, 大臣外叛, 匈奴掃境來寇, 兵不血刃而京師不守, 天下被其禍. 匈奴自是始有輕中原之心, 以爲可得而取矣.

及吾宋景德中, 大擧來寇, 章聖皇帝, 一戰而却之, 遂與之盟以和. 夫人之情, 勝則狃, 狃則敗, 敗則懲, 懲則勝. 匈奴狃石晉之勝, 而有景德之敗, 懲景德之敗, 而愚未知其所勝, 甚可懼也. 雖然數十年之間, 能以無大變者何也? 匈奴之謀必曰, "我百戰而勝人, 人雖屈, 而我亦勞. 馳一介入中國, 以形凌之, 以勢邀之, 歲得金錢, 數十百萬. 如此數十歲, 我益數百千萬, 而中國損數百千萬. 吾日以富, 中國日以貧, 然後足以有爲也."

天生北狄, 謂之犬戎, 投骨於地, 狺然而爭者, 犬之常也, 今則不然, 邊境之上, 豈無可乘之釁? 使之來寇, 大足以奪一郡, 小亦足以殺掠數千人, 而彼不以動其心者, 此其志非小也. 將以蓄其銳, 而伺吾隙以伸其所大欲, 故不忍以小利而敗其遠謀.

古人有言曰, "爲虺弗摧, 爲蛇奈何?" 匈奴之勢, 日長炎炎, 今也柔以養之, 以冀其卒無大變, 其亦惑矣. 且今中國之所以竭生民之力, 以奉其所欲, 而猶恐恐焉, 懼一物之不稱其意者, 非謂中國之力, 不足以支其怒也. 然以愚度之, 當今中國, 雖萬無有如石晉可乘之勢者, 匈奴之力, 雖足以犯邊, 然今十數年間, 吾可以必無犯邊之憂. 何也? 非畏吾也, 其志不止犯邊也. 其志不止犯邊, 而力又未足以成其所欲爲, 則其心惟恐吾之一旦絶其好, 以失吾之厚賂也. 然而驕傲, 不肯少屈者何也? 其意曰邀之而後固也.

鷙鳥將擊, 必匿其形. 昔者冒頓欲以攻漢, 漢使至輒匿其壯士健馬. 故兵法曰, "辭卑者進也, 辭彊者退也." 今匈奴之君臣, 莫不張形勢以夸我, 此其志不欲戰明矣. 闔閭之入楚也, 因唐蔡, 句踐之入吳也, 因齊晉, 匈奴誠欲與吾戰耶? 曩者陝西有元昊之叛, 河朔有王則之變, 嶺南有智高之亂, 此亦可乘之勢矣. 然終以不動, 則其志之不欲戰又明矣.

吁! 彼不欲戰, 而我遂不與戰, 則彼旣得其志矣. 兵法曰, "用其所欲, 行其所能, 廢其所不能, 於敵反是." 今無乃與此異乎? 且匈奴之力, 旣未足以伸其所大欲, 而奪一郡, 殺掠數千人之利, 彼又不以動其心, 則我匄賂而已. 匄賂而彼以爲辭, 則對曰, "爾何功於吾, 歲欲吾賂? 吾有戰而已, 賂不可得也?

雖然天下之人, 必曰, "此愚人之計也. 天下孰不知賂之爲害, 而匄賂之爲利? 顧勢不可耳." 愚以爲不然. 當今夷狄之勢, 如漢七國之勢, 昔者高祖急於滅項籍, 故擧數千里之地 以王諸將. 項籍死天下定, 而諸將之地, 因遂不可削.

當是時, 非劉氏而王者八國, 高祖懼其且爲變, 故大封吳楚齊趙同姓之國以制之. 旣而信越布綰皆誅死, 而吳楚齊趙之强, 反無以制. 當是時諸侯王, 雖名爲臣, 而其實莫不有帝制之心. 膠東膠西濟南, 又從而和之, 於是擅爵人, 赦死罪, 戴黃屋, 刺客公行, 匕首交於京師, 罪至彰也, 勢至逼也. 然當時之人, 猶且徜徉容與若不足慮.

月不圖歲, 朝不計夕, 循循而摩之, 煦煦而吹之, 幸而無大變. 以及於孝景之世, 有謀臣曰晁錯, 始議削諸侯地, 以損其權. 天下皆曰, "諸侯必且反." 錯曰, "固也. 削亦反, 不削亦反. 削之則反疾而禍小, 不削則反遲而禍大. 吾懼其不及今反也." 天下皆曰, "晁錯愚."

吁! 七國之禍, 期於不免. 與其發於遠而禍大, 不若發於近而禍小, 以小禍易大禍, 雖三尺童子, 皆知其當然. 而其所以不與錯者, 彼皆不知其勢將有遠禍. 與知其勢將有遠禍, 而度己不及見, 謂可以寄之後人, 以苟免吾身者也. 然則錯爲一身謀則愚, 而爲天下謀則智. 人君又安可捨天下之謀, 而用一身之謀哉!

今者匈奴之彊, 不減於七國, 而天下之人又用當時之議, 因循維持, 以至於今方且以爲無事. 而愚以爲天下之大計不如勿賂. 勿賂則變疾而禍小, 賂之則變遲而禍大. 畏其疾也, 不若畏其大, 樂其遲也, 不若樂其小. 天下之勢, 如坐弊船之中, 駸駸乎將入於深淵, 不及其尙淺也舍之, 而求所以自生之道. 而以濡足爲解者, 是固夫覆溺之道也, 聖人除患於未萌, 然後能轉禍而爲福. 今也不幸養之, 以至此, 而近憂小患, 又憚而不決, 則是遠憂大患終不可去也.

赤壁之戰, 惟周瑜呂蒙知其勝, 伐吳之役, 惟羊祜張華以爲是. 然則宏遠深切之謀, 固不能合庸人之意, 此晁錯所以爲愚也. 雖然, 錯之謀, 猶有遺憾. 何者? 錯知七國必反, 而不爲備反之計. 山東變起, 而關內騷動, 今者匈奴之禍, 又不若七國之難制. 七國反, 中原半爲敵國, 匈奴叛, 中國以全制其後, 此又易爲謀也. 然則謀之奈何?

曰, "匈奴之計, 不過三, 一曰聲, 二曰形, 三曰實. 匈奴謂中國怯久矣, 以吾爲終不敢與之抗 且其心嘗欲固前好, 而得厚賂以養其力. 今也遽絶之, 彼必曰, '戰而勝, 不如坐而得賂之爲利也. 華人怯, 吾可以先聲脅之, 彼將復賂我.' 於是宣言於遠近, 我將以某日圍某所, 以某日攻某所, 如此謂之聲. 命邊郡, 休士卒, 偃旗鼓, 寂然若不聞其聲. 聲旣不能動, 則彼之計, 將出於形. 除道翦棘, 多爲疑兵以臨吾城, 如此謂之形. 深溝固壘, 淸野以待, 寂然若不見其形. 形又不能動, 則技止此矣. 將遂練兵秣馬, 以出於實, 實而與之戰, 破之易耳. 彼之計必先出於聲與形而後, 出於實者. 出於聲與形, 期我懼而以重賂請和也, 出於實, 不得已而與我戰, 以幸一時之勝也. 夫勇者可以施之於怯, 不可以施之於智. 今夫叫呼跳踉以氣先者, 世之所謂善鬪者也. 雖然, 蓄全力以待之, 則未始不勝. 彼叫呼者聲也, 跳踉者形也, 無以待之, 則聲與形者亦足以乘人於卒, 不然徒自弊其力於無用之地, 是以不能勝也."

韓許公節度宣武軍, 李師古忌公嚴整, 使來告曰, "吾將假道伐滑." 公曰, "爾能越吾界爲盜耶? 有以相待, 無爲虛言." 滑帥告急, 公使謂曰, "吾在此, 公安無恐."或告除道翦棘, 兵且至矣, 公曰, "兵來不除道也."師古詐窮, 遷延以遁. 愚故曰, "彼計出於聲與形, 而不能動, 則技止此矣. 與之戰破之易耳."

方今匈奴之君, 有內難新立, 意其必易與! 隣國之難, 霸王之資也. 且天與不取, 將受其弊. 賈誼曰, "大國之王, 幼弱未壯, 漢之所置傅相, 方握其事. 數年之後, 大抵皆冠, 血氣方剛, 漢之傅相, 以病而賜罷, 當是之時而欲爲安, 雖堯舜不能."嗚呼! 是七國之勢也. 如此結極冷淡有味, 竟以客爲主矣.[113]

(茅坤) 蘇氏父子之論虜情, 大略本此.

113 如此結極冷淡有味竟以客爲主矣 : 이 부분은 김창협이 비평한 내용으로, 『팔대가문십선』에서는 소주小註로 처리되어 있다.

【비평자료】

1 북방 오랑캐가 중국에 들어와 주인 노릇을 한 지 수십 년이다. 우리나라는 참으로 먼저 치욕을 참고 대의를 잊으며 그들의 하인 노릇을 하였으며 황조皇朝의 남은 백성들 또한 모두 머리를 풀고 왼쪽 깃을 여며 모두 오랑캐가 되었다. 저들은 근엄하게 수많은 백성 위에 군림하며 천하를 원래부터 자기 것인양 여기고 있다. 그러나 바다 안팎의 영웅호걸 중에서 아직 일어나 그들을 토벌하려는 사람이 없으니 뜻 있는 선비들의 통한은 오래되었다.

최근에 듣기로는 옛 서평왕西平王 오삼계吳三桂[114]가 운남雲南과 귀주貴州 두 성省을 점거하고 병사를 일으켜 오랑캐를 토벌하자 오랑캐 또한 전후로 수만 명의 병사를 보내 그를 공격했지만 승패의 형세는 아직 확정되지 않아서 천하가 이미 어지럽다고 한다. 나는 일찍이 전해 듣고 그 형세를 미뤄 헤아려 보고 경솔하게 계책을 세워보고, '오삼계의 성공과 실패는 아직 알 수 없으나 오랑캐는 마땅히 멸망할 것이다.'라고 생각했다. …중략…

혹자가 말하기를, "그대가 오삼계의 성공과 실패를 확신할 수 없으면서 오랑캐가 멸망할 것이라 말하는 이유는 무엇인가?"라고 하기에, 나는 다음과 같이 대답한다. "내가 오랑캐가 멸망할 것이라고 말한 것은 오삼계가 멸망시킨다는 것이 아니라 그들이 자멸한다는 말이니. 자멸하는 것은 천하가 함께 멸망시키는 것이니 반드시 오삼계가 멸망시키는 것은

114 오삼계吳三桂 : 1612~1678. 명말 청초의 무장으로 자는 장백長白이다. 산해관의 진장鎭將으로 청나라 군대를 방어하다가 1644년 틈왕闖王 이자성李自成이 북경으로 쳐들어와 성이 함락되고 숭정제崇禎帝가 자살하자, 산해관을 열고 청군과 결탁하여 틈왕을 격퇴하였다. 이후 청나라의 중원 정벌에 혁혁한 공을 세워 1662년 운남雲南을 봉지로 평서친왕平西親王에 봉해져 광동廣東의 상가희尙可喜, 복주福州의 경정충耿精忠과 함께 삼번三藩으로 불리며 거의 독립국가의 체제를 유지하였다.

아니다. 내가 진秦나라의 일을 가지고 비유해 보겠다.

옛날 진시황秦始皇은 여섯 나라를 병합하고 천하에 위세를 떨치며 날카로운 무기를 녹여 동상을 주조하고, 유명한 성을 허물고 호걸들을 죽여 백성들을 약하게 하여 대대손손 왕업을 이루려 하였다. 그러나 누추한 집 자식인 진승陳勝과 오광吳廣이 대택향大澤鄕에서 일어나 팔을 휘두르며 한번 외치자, 천하가 이에 호응하였고 호걸들이 모두 일어나 마침내 진나라를 멸망시켰다.[115] 진나라의 강성함에 천하가 두려워하여 복종하였으나 결국 필부의 손에 멸망한 것은 왜인가? 이는 진정 백성에게 미친 덕택이 없고 오로지 위력으로 복종시켰기 때문이다. 그렇다면 진나라의 멸망은 진승과 오광이 멸망시킨 것이 아니라 천하가 함께 멸망시킨 것이고, 천하가 멸망시킨 것이 아니라 진나라가 스스로 멸망한 것이다.

그래도 진나라가 천하를 소유할 수 있었던 것은 또 일찍이 자국을 경영하고 타국을 공격하여 뺏는 등 여러 세대에 걸쳐 힘써 노력하여 얻은 것이었다. 하지만 그 멸망은 이같이 급작스러웠다. 하물며 오랑캐는 본래 융적戎狄의 보잘것없는 무리로, 자국을 경영하고 타국을 공격하여 뺏는 노력도 없이 하루아침에 중국의 빈틈을 타 갑자기 관문에 들어와 천하를 차지하였다. 이는 바로 뒷구멍으로 들어오는 좀도둑이 어두운 밤에 남의 집에 들어와 재화를 훔쳐 자기 것으로 삼는 격이다.

거대한 천하를 얻는 데 조금의 공도 들지 않았고 또한 승냥이와 이리

115 진승陳勝과……멸망시켰다 : 진승은 진나라 양성陽城 사람인데, 자字는 섭涉이다. 진나라 이세二世 원년 7월에 오광과 함께 수졸戍卒 9백 명을 거느리고 기현蘄縣의 대택향大澤鄕에서 장대에 깃발을 달고 일어나, 자기들이 공자公子 부소扶蘇와 초장楚將 항연項燕이라고 사칭하니, 그때 여러 군현이 진나라의 가혹한 법에 시달려서 구름처럼 모여서 호응하였다. 진현陳縣을 점령한 뒤에 진승이 스스로 왕이 되어 나라 이름을 장초張楚로 정하였다. 진나라 장수 장감章邯과 교전하다가 패배하여 하성부下城父로 돌아와 그의 마부 장가莊賈에게 살해되었던 일을 말한다.

같은 포악함을 백성에게 자행하여 백성들이 원한의 눈길로 흘겨보며 반란을 생각하게 하는 날이 더욱 심해졌다. 이와 같은 상황이라면 비록 우禹나 탕湯, 문왕文王이나 무왕武王의 자손이라 할지라도 스스로를 보전하지 못할 것인데 도리어 저들은 무엇을 믿고 지속할 수 있겠는가? 오늘의 형세는 바로 진나라 말기 운수와 같아서 한 사람이 호소하면 천하가 함께 일어나 그들을 주벌할 것이다. 그러므로 '나는 오랑캐가 멸망할 것이다.'라고 말하는 것이다."…중략…

혹자가 말하기를, "그렇다면 오늘의 급선무는 이것으로 끝나는 것인가?"라고 하기에 나는 다음과 같이 대답한다. "이는 오히려 말단이고 근본적으로는 오직 군주가 확고히 큰 뜻을 먼저 세우고 한 털끝이라도 구차하거나 당장 편해지려고 생각하지 않으며 현명한 인재를 불러 모아서 진작시키며 관리들을 타이르고 격려하여 일에 몰두하고 공을 세우도록 하되, 아침저녁으로 생각하길 백성들의 마음에 무엇이 편안한지 아닌지를 살펴 그만두거나 실행해서 백성들의 마음이 자신과 굳게 결속되게 하여 모두 윗사람을 친애하고 상관에게 목숨을 바칠 마음을 가지게 한 후에야 가능하다. 그 외에도 장수를 선발하고 상벌을 명확히 하며 저축을 늘리고 군적軍籍을 고치는 것 같은 일은 또 조정에서 자세히 논의하여 실행할 일이니 이는 초야에서 감히 논할 것이 아니다."

지난 갑인년甲寅年(1674년, 현종15)에 선군자先君子[116]께서 연경燕京 사신에서 돌아오시면서 오삼계가 일을 일으켜 오랑캐가 매우 놀라고 있다는 소식을 들려주었다. 이에 은밀히 이 편을 지어 상자에 감추어 두고

---

116 선군자先君子 : 김수항金壽恒(1629~1689)으로, 본관은 안동安東, 자는 구지久之, 호는 문곡文谷, 시호는 문충文忠이다. 청음淸陰 김상헌金尙憲의 손자이다. 1651년 알성 문과에 장원급제하고 1656년 문과 중시에 급제하였으며, 벼슬은 청요직을 두루 거쳐 영의정에 이르렀다. 송시열宋時烈과 함께 노론을 이끌었으며 1680년 경신환국庚申換局 이후 영의정으로 정국을 주도하다가, 1689년에 기사환국己巳換局으로 남인이 재집권하자 진도珍島에 유배된 뒤 사사되었다.

사람들에게 보이지 않았는데 그 후 오삼계는 마침내 패하여 죽었고 오랑캐는 지금까지 무탈하다. 이는 나의 근거 없는 짐작이 맞기도 하고 틀리기도 한 것이니 천하의 일이 그토록 예측하기 어려운 것이다. 그러나 이른바 당시 내가 말한 두 가지 걱정은 지금도 여전히 끝나지 않았는데 근본적인 계획을 생각해 보면 그때보다 더욱 미흡하니, 상자를 열어 이 글을 읽고는 원통하고 분함을 이기지 못해 이에 기록하여 남겨 구구한 내 뜻을 보인다.

北虜入主中國數十年. 我國固先忍恥辱忘大義, 爲之僕役, 而皇朝遺黎, 亦皆被髮左衽, 胥而爲夷. 彼方儼然處於億兆之上, 視天下若固有, 而海內之英雄豪傑, 汔未有奮起致討者, 志士之痛恨久矣.

近者, 竊聞故西平王吳三桂據雲貴兩省, 起兵討虜, 虜亦前後發累萬兵往擊之, 勝敗之勢, 未有所定, 而天下亦已亂矣. 余嘗以得之傳聞者, 揣摩其勢而妄策之, 以爲三桂之成敗, 雖未可知, 而虜則宜可亡也.…중략…

或謂, "子旣不能必三桂之成敗, 而謂虜可亡者何也?" 曰, "余謂虜可亡者, 非三桂亡之也, 謂其自亡也, 自亡者, 天下共亡之, 非必三桂亡之耳. 愚請以秦事喩之. 昔秦始皇, 幷呑六國, 威振天下, 銷鋒鏑鑄金人, 隳名城殺豪俊, 以弱黔首, 以爲子孫萬世之業, 而陳勝吳廣, 以甕牖繩樞之子, 起於大澤之中, 奮臂一呼, 而天下響應, 豪傑並起, 遂以亡秦. 夫以秦之强, 天下讋服, 而卒亡於匹夫之手者何也? 彼誠無德澤之及民, 而徒以威力服之也. 然則秦之亡也, 非勝廣亡之也, 天下共亡之也, 非天下亡之也, 秦自亡也.

然秦之有天下也, 亦嘗經營攻取, 累世勤勞而得之矣. 其亡也, 猶若是息焉. 況虜本以戎狄小醜, 非有經營攻取之勞, 而一朝乘中國空虛, 闖然入關, 遂有天下. 此正穿窬小盜, 昏夜入人之家, 竊其貨而爲己有者耳.

夫以天下之大, 得之非有尺寸之功, 而又以豺狼之暴, 肆於人上, 使生民盻盻, 思亂日甚. 若是者, 雖禹湯文武之子孫, 尙不能以自存, 顧彼何恃而能長久乎? 今日之勢, 正如秦之末運, 一夫有呼者, 天下將幷起而誅之矣. 余故曰, '虜可亡也.'"…중략…

或曰, "然則今日急務, 止於此而已乎?" 曰, "此猶末也, 其本則惟在君上, 卓然先立大志, 無一毫苟且姑息之念, 而收召賢才, 振擧紀綱, 飭勵羣工, 趨事赴功, 夙夜以思, 察民心之所便否, 而亟罷行之, 使民志固結於我, 皆有親上死長之心然後可也. 其他如選將帥明賞罰, 廣儲蓄改軍籍者, 則又在廟堂熟講而行之耳, 非草野之所敢論也."

往在甲寅, 先君子自使燕還, 聞吳三桂起事, 虜中大警, 私竊爲此篇, 藏之篋笥而不以示人也, 其後三桂竟敗死, 而虜至今無恙. 蓋愚臆料, 或中或不中, 天下事其難隃度如此. 然其所謂二可憂者, 今尙未艾, 而顧念根本之計, 不及彼時又遠甚, 發篋讀此, 不勝慨然, 輒錄以存之, 以見區區之志云.

金昌協(1651~1708), 「審敵篇」, 『農巖集』 卷25.

멀리 앞을 생각하다117

(모곤) 문장이 마치 성난 말이 마음껏 내달려 속세를 벗어나 제어할 수 없는 것과 같으니, 대체로 소순의 문장은 이 한 글의 기발하고 내달리는 기운이 있기 때문에 그의 글을 읽으면 자주 사람의 마음을 요동치게 한다.

성인의 도에는 상도常道[經]와 권도權道[權], 기략機略[機] 있으니, 이 때문에 백성과 여러 신하가 있고 또 심복의 신하가 있다. 상도라는 것은 천하의 백성들이 모두 알아야 하고, 권도라는 것은 백성들은 알아서는 안 되지만 여러 신하들은 알아야 하며, 기략이라는 것은 여러 신하들은 알아서는 안 되지만 심복의 신하들은 알아야 하는 것이다. 만약 성인聖人이 되어서 권도가 없다면 천하의 일을 이룰 수 없게 되고, 기략이 없다면 만세의 공을 이룰 수 없게 된다. 그러나 모두 천하의 백성들이 꼭 알아야 하는 것은 아닌데 기략은 또한 여러 신하들이 들을 수 없는 것이니, 여러 신하들이 들을 수 없다면 누구와 의논하겠는가? 의논하지 못하면 다스리지 못하니 그렇다면 심복의 신하는 하루라도 없어서는 안 된다.

117 멀리 앞을 생각하다 : 『논어』 「위령공衛靈公」에서 "사람이 멀리 앞을 생각하지 않으면 반드시 가까운 근심이 있게 된다[人無遠慮, 必有近憂.]."라고 한 데서 온 말로, 나라를 경영하는 군주에게는 국정을 믿고 맡길 수 있는 심복이 되는 신하가 있어야 함을 피력한 글이다.

후대의 사람들은 하夏·상商·주周 삼대가 인의仁義로써 천하를 소유하고 예악禮樂으로 수성한 것을 보고는 성인에게는 기략이 없다고 여긴다. 하지만 천하를 소유함과 천하를 수성함은 기략 없이 할 수 없다. 단지 삼대의 성인께서 활용한 기략은 후대의 속임수와 다르므로 후대 사람들이 알지 못할 뿐이다. 기략이 있기 때문에 심복의 신하가 있는 것이니, 우禹에게는 익益[118]이, 탕湯에게는 이윤伊尹[119]이, 무왕武王에게는 태공망太公望이 있었다. 이 세 신하는 천하 사람들이 못 듣는 것을 들었고, 여러 신하들이 모르는 것을 알았다. 우와 탕, 무가 윗자리에서 기를 펼치자 세 신하가 아랫자리에서 함께 화합하여 만세의 공을 이룩하였다. 내려와 제齊나라 환공桓公과 진晉나라 문공文公에 이르러서는 관중과 호언이 모사謨士가 되었고, 합려闔閭에게는 오원伍員[120]이, 구천句踐에게는 범려范蠡와 대부 종大夫種[121]이 있었다. 한漢나라 고조高祖가 흥기했을 때에는 한신韓信·경포黥布·팽월彭越을 대장에 임명했고 조참曹參·번쾌樊噲·등공滕公·관영灌嬰을 비장裨將에 임명했으며, 역이기酈食其[酈生][122]·육가陸賈·종공樅公[123]을 제후에게 유세가로

---

118 익益 : ?~?. 순舜 임금과 우 임금 때의 신하로 백익伯益 혹은 백예柏翳라고도 한다. 순 임금 때 우의 치수사업을 돕고 새와 짐승들을 길들인 공로로 영씨嬴氏 성을 하사받아 진秦나라의 시조始祖가 되었다. 『史記』 卷5 「秦本紀」.

119 이윤伊尹 : ?~?. 탕 임금의 재상으로 탕이 하夏나라의 걸왕桀王을 죽이고 선정을 베푸는 것을 도왔다. 『書經』 「伊訓」.

120 오원伍員 : 기원전 559~기원전 484. 춘추 시대 초楚나라 사람으로, 자는 자서子胥이다. 그의 아버지 오사伍奢와 형인 오상伍尙이 초楚나라 평왕平王에게 죽임을 당하자, 오원은 오吳나라로 달아나 행인行人 벼슬을 하면서 오吳나라 왕 합려를 도와 초나라를 쳐서 복수하였다. 『史記』 卷66 「伍子胥列傳」

121 대부 종大夫種 : ?~?. 춘추 시대 월나라의 대부로 문종文種이라고도 한다. 월越나라 왕 구천을 도와 오나라 왕 부차를 멸망시키는 데 공을 세웠다. 『史記』 卷41 「越王句踐世家」.

122 역이기酈食其[酈生] : ?~기원전 204. 진秦나라 말기의 인물로 유방劉邦의 참모이자

임명하였으니, 기이하고 은밀한 기교와 계책에 있어 여러 신하 중 참여하지 못한 자는 유후留侯와 찬후酇侯[124] 두 사람 뿐이었다. 당唐나라 태종에게는 뛰어난 재주를 지닌 신하가 많았지만 몰래 일을 맡길 만한 자는 방현령房玄齡과 두여회杜如晦[125]에 불과했다.

군자가 선을 행하는 마음과 소인이 악을 행하는 마음은 똑같으니, 군자는 기략을 가지고서 자신의 선을 이루고, 소인은 기략을 가지고서 자신의 악을 이룬다. 기략이 있으면 악해도 바로잡을 수 있지만 기략을 없으면 선해도 극복할 수 없기 때문에 심복의 신하가 하루도 없어서는 안 되는 것이다. 사마씨司馬氏는 위魏나라의 역적인데 가충賈充[126]의 무리가 사마씨를 위해 심복의 신하가 되어서 성취했던 것이다. 진승陳勝과 오광吳廣[127]은 진나라 백성들의 탕왕이고 무왕이었는데 심복의 신하가 없어 성취하지 못한 것이다. 어째서인가? 심복의 신하가 없다는 것은 기략이 없는 것이거나 기략이 있더라도 새어나간

세객說客으로서 한漢나라가 중국를 통일하는 데 크게 기여하였다.

123 종공樅公 : 유방이 한왕漢王이 되었을 때 어사대부御史大夫가 되었고, 초나라와 한나라의 전쟁 중에 한나라을 위하여 형양滎陽을 지키다가, 항우의 공격으로 죽었다.

124 유후留侯와 찬후酇侯 : 유후는 한나라 개국공신인 장량張良의 봉호封號이며, 찬후는 한나라의 개국공신인 소하蕭何의 봉호이다.

125 방현령房玄齡과 두여회杜如晦 : 당나라 태종太宗 때의 명재상으로, 방현령(578~648)은 작전을 세우는 데에 뛰어났고 두여회(585~630)는 결단을 내리는 데에 뛰어났다고 한다. 『舊唐書』 卷96 「房玄齡杜如晦列傳」

126 가충賈充 : 217~282. 진晉나라 때의 재상으로 위나라에서 상서랑尙書郎을 지냈는데, 당시의 실권자인 사마소司馬昭의 심복이 되어 황제인 조모曹髦를 시해하고 사마염司馬炎이 제위를 선양받는 데 공을 세워 노군공魯郡公에 봉해졌다. 『晉書』 卷40 「賈充列傳」

127 진승陳勝과 오광吳廣 : 진秦나라 때 최초로 농민반란을 일으킨 인물들이다. 이들의 반란은 실패하였으나 이를 계기로 각지에서 반란이 일어나 결국 진나라가 망하게 되었다. 『史記』 卷48 「陳涉世家」

것이다. 기략이 없는 것과 기략이 있더라도 새어나간 것은 비유하자면 호랑이와 표범이 사람을 잡아먹는데도 함정을 팔 줄 모르는 것이고 함정을 파더라도 가리개로 그 위를 덮을 줄 모르는 것이다.

누군가가 "기략이란 창업한 군주가 거짓으로 성취한 것이니, 수성의 시대에는 어떻게 기략을 일삼고 어떻게 심복의 신하를 쓸 수 있겠는가?"라고 하였다. 아, 수성의 시대에 태곳적처럼 성대함을 이룩할 수 있겠는가? 그렇지 않으니, 나는 기략이 없었던 것을 본 적이 없다. 게다가 천하의 변란은 늘 편안함 속에 숨어 있으니 전문田文[128]이 말한 "임금이 어리고 나라가 위태로우면 대신들이 따르지 않는다."와 같은 일이 어느 시대인들 없겠는가. 그때를 맞닥뜨려 심복의 신하가 없다면 한심해질 것이다.

예전 한나라 고조 말년에 천하가 평정된 뒤였는데도 주발周勃[129]에게 효혜제孝惠帝와 효문제孝文帝를 맡겼고, 한나라 무제武帝 말년에 천하가 잘 다스려졌으나 곽광霍光에게 효소제孝昭帝와 효선제孝宣帝를 맡겼다.[130] 천하에 태산의 기세가 있더라도 성인은 늘 누란지위累卵之危로 마음을 삼기 때문에 수성의 시대라도 심복의 신하가 없어서는 안 되는 것이다. 『논어論語』에서 "백관이 자신의 직책을 총괄하여 총재에게 정사를 듣는다.[131]"라고 하였는데, 저 총재가 심복의 신하가 아니라

---

128 전문田文 : ?~기원전 279. 전국 시대 제齊나라 정승이었던 맹상군孟嘗君이다.

129 주발周勃 : ?~?. 한나라의 창업 공신으로, 유방劉邦과 여후呂后가 죽은 뒤 여씨呂氏 일가에서 왕권을 장악하려고 하였는데, 이때 주발이 진평陳平과 모의하여 모든 여씨를 죽이고 문제文帝를 옹립하여 왕실을 안정시켰다. 『漢書』 卷40 「周勃傳」

130 곽광霍光에게……맡겼다 : 곽광(?~기원전 68)은 한漢나라 대장군으로서 무제武帝의 유지를 받들어 소제昭帝를 보필하였다. 소제가 세상을 떠난 뒤 창읍왕昌邑王을 왕으로 세웠으나 창읍왕이 정사를 돌보지 않자, 다시 중신들과 논의하여 창읍왕을 폐위하고 선제宣帝를 세웠다. 『漢書』 卷68 「霍光傳」

131 백관이……듣는다 : 『논어』 「헌문憲問」에 고종이 양암諒陰에서 3년 동안 말하지

면 천자가 어떻게 천하의 일을 그에게 맡기고서 삼 년 동안이나 그 사이를 의심하지 않을 수 있겠는가? 또 "5년에 한 번씩 순수巡狩한다."라고 하였는데, 저 복심의 신하가 없이 5년에 한 번 나가 천 리 기내를 버려두면 누가 지켜주겠는가? 지금 한 집안에도 반드시 집안 어른이 있고, 일개 선비에게도 반드시 친밀한 벗이 있어 흉금을 터놓고 위급한 일을 처리한다. 그러니 어찌 천자가 되어 심복의 신하가 없을 수 있겠는가.

오늘날의 군주는 윗자리에서 태평하게 있으면서 재상은 아랫자리에서 하찮게 만들었으니 위아래가 만나지 못하여 뜻이 통하지 못한다. 그리하여 신하가 군주를 아득한 하늘처럼 보아 가까워지지 못하고, 군주도 하늘이 사람을 보듯 하여 그저 그렇게 아끼는 마음이 없다. 그러므로 사직의 근심을 저들이 자신의 근심으로 여기지 않고 사직의 기쁨도 저들이 자신의 기쁨으로 여기지 않으며, 군주가 근심해도 욕되게 여기지 않고 군주가 욕을 당해도 죽지 않는다. 한 사람이라도 칭찬하면 등용하고 한 사람이라도 헐뜯으면 내치고 만다. 재상은 혐의를 피하고 비방을 걱정하기에도 겨를이 없으니 어느 겨를에 진심으로 사직을 걱정하겠는가. 자주 옮기고 수시로 바꿔서 승상부를 여관방처럼 만드니 백관들은 아랫자리에서 그저 그렇게 있지만 천자는 윗자리에서 근심하니 하루아침에 갑작스런 근심이 생기면 깜짝 놀라고 어쩔 줄 몰라 하지 않는 것을 나는 본 적이 없다.

성인은 심복의 신하에게 맡김에 부사父師처럼 높이고 형제처럼 아껴서 손을 잡고 내실로 들어가 함께 지내며 먹고 잠자니, 아는 것은 전부

않았다면서, 그 까닭에 대해 "임금이 세상을 떠났을 때에는 백관들이 자기의 직책을 총괄하여 3년 동안 총재의 명을 듣는다[君薨, 百官總己, 以聽於冢宰三年.]."라고 설명한 공자의 말이 있다.

다 말하고 말은 남김없이 다 하여 온 사람들이 그를 칭찬해도 친밀해질 것 없고, 온 사람들이 그를 비방해도 소원해지지 않아 작위를 높여주고 복록을 후하게 주며 권세를 무겁게 해준 뒤에 천하의 기략을 의논하고 천하의 변란을 생각할 수 있다. 그리하여 태조께서 조보趙普[趙中令][132]를 등용하고서 도를 얻으셨다. 근래에는 구준寇準[寇萊公][133]이 참으로 그러한 분이셨는데 그의 권력이 가벼웠기 때문에 끝내 쫓겨나셔서 천하가 예상치 못한 변란이 있게 되었다. 그렇다면 반드시 그가 사람을 살리고 죽일 수 있게 해 준 뒤에야 이룰 수 있을 것이다.

---

132 조보趙普[趙中令] : 922~992. 송宋나라의 개국 공신으로 중서령中書令을 지냈기 때문에 조중령趙中令이라고 한다.

133 구준寇準[寇萊公] : 962~1023. 송나라의 명재상으로 거란의 침입을 물리친 공으로 내국공萊國公에 봉해졌기 때문에 구래공으로 불렸다.

遠慮

(茅坤) 文如怒馬, 奔逸絶塵, 而不可羈制, 大略老蘇之文, 有此一段奇邁奮迅之氣, 故讀之, 往往令人心掉.

聖人之道, 有經, 有權, 有機, 是以有民, 有群臣, 而又有腹心之臣. 曰經者, 天下之民擧知之可也, 曰權者, 民不得而知矣, 群臣知之可也, 曰機者, 雖群臣亦不得而知矣, 腹心之臣知之可也. 夫使聖人而無權, 則無以成天下之務, 無機, 則無以濟萬世之功. 然皆非天下之民所宜知, 而機者, 又群臣所不得聞, 群臣不得聞, 誰與議? 不議不濟, 然則所謂腹心之臣者, 不可一日無也.

後世見三代取天下以仁義, 而守之以禮樂也, 則曰聖人無機. 夫取天下與守天下, 無機不能. 顧三代聖人之機, 不若後世之詐, 故後世不得見耳. 有機也, 是以有腹心之臣, 禹有益, 湯有伊尹, 武王有太公望. 是三臣者, 聞天下之所不聞, 知群臣之所不知. 禹與湯·武倡其機於上, 而三臣共和之於下, 以成萬世之功. 下而至於桓·文, 有管仲·狐偃爲之謀主, 闔廬有伍員, 句踐有范蠡·大夫種. 高祖之起也, 大將任韓信·黥布·彭越, 裨將任曹參·樊噲·滕公·灌嬰, 遊說諸侯任酈生·陸賈·樅公, 至於奇機密謀, 群臣所不與者, 惟留侯·酇侯二人. 唐太宗之臣多奇才, 而委之深任之密者, 亦不過曰房·杜.

夫君子爲善之心與小人爲惡之心, 一也, 君子有機以成其善, 小人有機以成其惡. 有機也, 雖惡亦或濟, 無機也, 雖善亦不克, 是故腹心之臣不可以一日無也. 司馬氏, 魏之賊也, 有賈充之徒爲之腹心之臣以濟. 陳勝·吳廣, 秦民之湯武也, 無腹心之臣以不克. 何則? 無腹心之臣者, 無機也, 有機而泄也. 夫無機與有機而泄者, 譬如虎豹食人而不知設陷井, 設陷井而不知以物覆其上者也.

或曰, "機者, 創業之君所假以濟耳, 守成之世, 其奚事機而安用夫腹心之臣?" 嗚呼! 守成之世, 能遂熙然如太古之世矣乎? 未也, 吾未見機之可去也. 且夫天下之變, 常伏於燕安, 田文所謂, "主少國危, 大臣未附." 如此等事, 何世無之? 當是之時, 而無腹心之臣, 可爲寒心哉.

昔者, 高祖之末, 天下既定矣, 而又以周勃遺孝惠·孝文. 武帝之末, 天下既治矣, 而又以霍光遺孝昭·孝宣. 蓋天下雖有泰山之勢, 而聖人常以累卵爲心, 故雖守成之世, 而腹心之臣不可去也. 傳曰, "百官總己, 以聽於冢宰." 彼冢宰者, 非腹心之臣, 天子安能擧天下之事委之, 三年而不置疑於其間耶? 又曰, "五載一巡狩." 彼無腹心之臣, 五載一出, 損千里之畿而誰與守耶? 今夫一家之中, 必有宗老, 一介之士, 必有密友, 以開心胸, 以濟緩急. 奈何天子而無腹心之臣乎?

近世之君宴然於上, 而使宰相眇然於下, 上下不接, 而其誌不通矣. 臣視君如天之遼然而不可親, 而君亦如天之視人, 泊然無愛之之心也. 是以社稷之憂, 彼不以爲憂, 社稷之喜, 彼不以爲喜, 君憂不辱, 君辱不死. 一人譽之則用之, 一人毁之則舍之. 宰相避嫌畏譏且不暇, 何暇盡心以憂社稷? 數遷數易, 視相府如傳舍, 百官泛泛於下, 而天子甇甇於上, 一旦有卒然之憂, 吾未見其不顚沛而殞越也.

聖人之任腹心之臣也, 尊之如父師, 愛之如兄弟, 握手入臥內, 同起居寢食, 知無不言, 言無不盡, 百人譽之不加密, 百人毁之不加疏, 尊其爵, 厚其祿, 重其權, 而後可以議天下之機, 慮天下之變. 太祖之用趙中令也, 得其道矣. 近者寇萊公亦誠其人, 然與之權輕, 故終以見逐, 而天下幾有不測之變. 然則必使之可以生人殺人而後可也.

【비평자료】

1 소순의 「형론衡論」[134]에서 "성인의 도에는 상도[經], 권도[權機], 기략[機]이 있다. 상도는 천하의 백성들이 전부 알아야 하고, 권도는 백성들이 알 수 없지만 여러 신하들은 알아야 하며, 기략은 여러 신하들도 알 수 없지만 심복의 신하는 알아야 하는 것이다."[135]라고 하였으니, 어찌 성인이 은밀히 하고 모르게 막는 것이 이리도 심한 정도에 이르겠는가? 소식[東坡]처럼 예禮를 천하를 다스리는 은밀한 술수[微權]로 여긴다면[136] 심복의 신하라도 말해주어서는 안 된다. 어째서인가? 한 사람이라도 알게 되면 모든 사람이 알게 되어 혼란해지니 분명 살피기 어려운 것에 힘써 행하기 어려워지기 때문이다. 그렇다면 성인은 혼자만 알면서 겉으로는 꾸밈없이 진정을 드러내는 듯이 하고, 안으로는 천하의 민심을 은밀히 제어하여 신하들이 죽을 때까지 자신(임금)의 술수에 분주하고 피로해지더라도 깨닫지 못하게 해야 한다. 아! 성인이 되어서 외려 이런 짓을 차마 행하면서도 홀로 양심에 부끄럽지 않단 말인가. 심복과 여러 신하들이 알지 못하는 것은 이와 같이 은밀하고 치밀해서이다. 그러나 소순이 천 년 뒤에 이를 알아채 파악하였으니, 그렇다면 소순은 과연 성인이란 말인가?

老蘇衡論曰, "聖人之道, 有經有權有機. 經者, 天下之民擧知之可也. 權者, 民不得而知矣, 羣臣知之可也, 機者, 雖羣臣亦不得而知矣, 腹心之臣知之可也." 何聖人之陰秘深阻至此甚乎? 至如東坡以禮爲御

---

134 형론衡論 : 소순이 지은 경세와 관련한 글이다. 「원려遠慮」·「어장禦將」·「임상任相」·「중원重遠」·「광사廣士」·「양재養才」·「신법申法」·「의법議法」·「병제兵制」·「전제田制」 등 10편으로 구성되어 있다.

135 성인의……것이다 : 「원려」의 글 첫 부분에 해당하는 내용이다.

136 소식처럼……여긴다면 : 성인이 예를 만든 이유에 대해 말한 소식의 「시황론始皇論」을 가리키는 것으로 보인다.

天下之微權者, 雖腹心之臣, 亦不可告. 何者? 一人知之, 萬夫瓦解, 必不勉行其所難審矣. 然則聖人獨自知之, 外若無所矯飾而出於眞情, 內則陰籠制天下之心, 使之終身奔走疲竭於吾術中而不覺. 嗚呼! 聖人而尚忍爲此, 獨不愧屋漏乎? 夫腹心羣臣之所不得知, 其秘且密如此. 蘇氏能識破於千載之後, 然則蘇氏果聖者歟?

金允植(1835~1922), 「八家涉筆下」, 『雲養集』 卷15.

장수를 부리다

(모곤) 소순은 재능 있는 장수를 기지機智로써 부려야 함을 논하면서 한나라 고조高祖가 한신韓信과 팽월彭越을 대한 것을 먼저 인용하였는데, 참으로 적절한 듯하다. 다만 송나라 태조太祖가 여러 장수를 부리는 데에 별도의 처분이 있었던 것은 생각하지 못했다. '지智'한 글자로는 결코 이치에 맞지 않을 것이다.

임금이 신하를 부림에 재상은 부리기 쉽고 장수는 어렵다. 장수에도 두 부류가 있으니 현명한 장수와 재능 있는 장수가 있지만, 재능 있는 장수를 부리는 것이 더욱 어렵다. 재상을 부리는 것을 예로써 하고, 장수를 부리는 것을 수단으로써 하되, 현명한 장수를 부리는 수단은 믿음으로써 하고, 재능 있는 장수를 부리는 수단은 기지로써 한다. 예로써 하지 않고 믿음으로써 하지 않으면 이는 일부러 하지 않는 것이요, 수단으로써 하지 않고 기지로써 하지 않으면 이는 하지 못하는 것이다. 그러므로 "장수를 부리는 것은 어렵고 재능 있는 장수를 부리는 것은 더욱 어렵다."라고 하는 것이다.

여섯 가축은 처음에는 모두 야생동물이었다. 저 호랑이와 표범은 덮치고 물어 뜯는 데 능하고, 말 또한 말발굽으로 발길질하는 데 능하며 소 또한 뿔로 들이박는 데 능하다. 선왕들은 덮치고 물어뜯는 데 능한 짐승들을 사람의 힘으로 제지할 수 없음을 알았다. 그러므로 그들을 죽였고 죽일 수 없다면 몰아낸 후에 멈췄다. 말발굽으로 발길질하는 짐승들은 굴레와 고삐로 부릴 수 있고, 뿔로 들이받는 짐승들은 뿔막이로 구속할 수 있었다. 그러므로 선왕들은 차마 그 재능을 포기하고 천하에 유용한 것을 내버릴 수 없었다.

만일 이 짐승들이 말발굽으로 발길질을 잘하고 뿔로 잘 들이박는다 하여 마땅히 호랑이와 표범과 함께 죽이거나 몰아내야 한다고 말한다면, 천하의 천리마는 없어져 끝내 아무것도 타고 다닐 수 없을 것이다. 선왕이 인재를 선발할 때, 아주 간사하고 악하여 호랑이나 표범처럼 덮치고 물어뜯는 것을 바꿀 수 없는 자가 아니라면 적절한 수단으로 통제하여 그 재능을 온전히 함으로써 쓰임에 적합하게끔 하지 않은 적이 없었다. 더구나 장수에 있어서는 또한 언행이 단정하거나 세심할 것을 요구하지 않고 그 재능이 어떠한지만 볼 뿐이었다.

한漢나라의 위청衛青[137] · 곽거병霍去病[138] · 조충국趙充國[139]과 당唐나라의 이정李靖[140] · 이적李勣[141]은 현명한 장수들이다. 한나라의 한신韓

---

137 위청衛青 : ?~기원전 106. 자는 중경仲卿. 하동河東 평양平陽에서 태어났다. 7차례에 걸친 흉노 정벌에서 공을 세워 기원전 124년 대장군大將軍이 되었다.

138 곽거병霍去病 : 기원전 140~117. 하동 평양 출신으로 한나라 무제武帝 때의 이름난 장수이다. 흉노를 토벌하는 데 큰 공을 세워 대사마표기장군大司馬驃騎將軍이 되었다.

139 조충국趙充國 : 기원전 137~기원전 52. 상규上邽 출신. 자는 옹손翁孫, 한족漢族. 한 무제 때 흉노를 정벌하는 데 큰 공을 세웠다. 선제宣帝를 옹립하고 영평후營平侯에 봉해졌고 기원전 61년에는 반란을 평정하였다.

140 이정李靖 : 571~649. 자는 약사藥師. 옹주雍州 출신이다. 수隋나라에서 벼슬을 하다 당나라에서 이세민李世民을 따라 그의 부장으로서 활약하였다. 동돌궐을 격파한 공으로 대국공代國公에 봉해졌고, 여러 병서를 저술하였다.

141 이적李勣 : 594~669. 자는 무공懋功. 조주曹州 사람으로 본래 이름은 서세적徐世勣이다. 당나라 고조高祖부터 고종高宗까지 3조를 모시며 큰 공을 세웠고, 당나라 초기의 명장으로 알려져 있다.

信[142] · 경포黥布[143] · 팽월彭越[144]과 당나라의 설만철薛萬徹[145] · 후군집侯君集[146] · 성언사盛彦師[147]는 재능 있는 장수들이다. 현명한 장수들은 많지 않으니 재능 있는 자를 얻어서 맡기면 된다. 또 이러한 사람은 부리기가 어렵다 하여도 이 사람은 부족한 자라고 여긴 후에 쓰면 될 것이다. 두터운 은혜로 맺어 진심을 보이고, 좋은 땅과 집, 풍부한 음식과 노래 부르는 아이와 무녀로 그들의 입과 배, 눈과 귀의 욕망을 지극히 채우되 위엄으로 그들을 굴복시켰으니 이것이 선왕이 재능 있는 장수들을 부리는 방법이다.

근세에 논하는 자들은 혹 말하기를 "장수가 뜻과 힘을 다해 서리와 이슬을 맞고 시퍼런 칼날을 밟으면서도 피하지 않는 것은 상을 바라기 때문이다. 국가를 위하는 자라면 상을 앞세우지 말고 성공을 추구하는 것이 더 낫다."라 하고 또 혹 말하기를 "상은 사람을 부리는 방법이니, 상을 앞세우지 않는다면 사람들은 나를 위해 쓰이지 않을 것이다."라 하니 이는 모두 한 쪽의 말이요, 사리에 통하는 말은 아니다.

---

142 한신韓信 : ?~기원전 196. 회음현淮陰縣 출생, 유방의 군사를 지휘하여 위魏, 조趙 등 여러 나라를 격파하였다. 이 공으로 제나라 왕에 임명되었다. 이후 반란을 일으켜 한나라 고조를 치려 하였으나 실패하고 죽임을 당했다.

143 경포黥布 : ?~기원전 195. 본래 이름은 영포英布였다. 한나라 초기의 명장으로 초나라를 배반하고 한나라에 귀의해 회남왕淮南王에 봉해졌다. 이후 반란을 일으켜 참살당했다.

144 팽월彭越 : ?~기원전 196. 본래 항우를 섬기다 한나라에 귀순하였다. 초楚나라를 멸망시키는 데에 공을 세워 양왕梁王에 봉해졌으나 모반죄로 몰려 참형을 당했다.

145 설만철薛萬徹 : ?~643. 삼수三水 사람으로 돌궐 정벌에 공을 세워 통군統軍에 봉해졌다. 이후 모반으로 피살되었다.

146 후군집侯君集 : ?~643. 삼수 출신, 능연각凌烟閣 24명 공신 중 한 명이다. 당 태종의 밑에서 여러 차례 정벌하며 큰 공을 세웠고, 교하도행군대총관交河道行軍大總管 등을 지냈다.

147 성언사盛彦師 : ?~622. 자는 언사彦師, 우성현虞城縣 출신, 갈국공葛國公에 임명되고 여러 관직을 역임했으나 이의만李義滿의 일로 죄를 얻어 죽임을 당했다.

장군의 재능은 분명 크고 작음이 있으니 용렬한 장수의 중간보다 뛰어난 자는 재능이 작은 것이고, 재능 있는 장수의 중간보다 뛰어난 자는 재능이 큰 것이다. 재능이 작으면 뜻 또한 작고, 재능이 크면 뜻 또한 크니 임금은 마땅히 그 재능의 크고 작음을 보고 부릴 수단을 만들어 그들의 뜻에 걸맞게 해야 할 것이요, 한쪽의 말만 써서는 안 된다.

천리마를 기르는 자는 풀과 사료를 배불리 주고 그 굴레를 깨끗하게 하며 새로운 마굿간에 머물게 하면서 맑은 물로 씻은 후에야 천 리를 달릴 것을 요구해야 한다. 저 천리마는 늘 뜻이 천 리를 달리는 데 있으니, 어찌 한 번 배부름으로 그 뜻을 버리겠는가? 매를 기르는 데 있어서는 꿩 한 마리를 잡으면 참새 한 마리를 먹이로 주고, 토끼 한 마리를 잡으면 쥐 한 마리를 먹이로 준다. 저 매는 사냥하는 데 힘을 다하지 않으면 그 형세상 먹을 것이 없음을 알고 있기 때문에 그런 뒤에야 나를 위해 쓰이게 된다.

재능이 큰 자는 천리마이니 상을 앞세우지 않으면 이는 천리마를 기르는 자가 그를 굶기고 천 리를 달리기를 바라는 것이므로 할 수 없는 것이다. 재능이 작은 자는 매이니 상을 앞세우면 이는 매를 기르는 자가 그를 배불리 먹이고 사냥하도록 요구하는 것이니 또한 할 수 없는 것이다. 이 때문에 상을 앞세워야 한다는 말은 재능이 큰 자에게 행해져야 하는 것이고, 상을 앞세우지 말아야 한다는 말은 재능이 작은 자들에게 행해져야 하는 것이니 함께 쓰는 것이 좋다.

옛날에 한나라 고제는 한신을 보자마자 상장군上將軍의 지위를 주고 자신의 옷을 벗어 그에게 입히고 임금의 것과 같은 음식을 주었으며,[148] 경포를 보자마자 회남왕淮南王으로 삼고 임금의 것과 같은 음식을 주었으며,[149] 팽월을 보자마자 상국相國으로 삼았다.[150] 당시에 세

명은 한나라에 공이 없었다. 그 후 항우[項籍]를 쫓아 해하垓下에 이르렀을 때, 한신과 팽월은 약속한 기한에 이르지 않았으나 수 천리의 땅을 포기하여 그들에게 주기를 마치 헌신짝 버리듯 하였다.[151]

항우[項氏]는 아직 없어지지 않았고 천하는 아직 안정되지 않았는데도 이 세 사람이 이미 지극히 부유해진 것은 어째서인가? 고제가 세 사람의 뜻이 커서 부귀하게 해주지 않았다면 나를 위해 쓰이지 않을 것이며, 비록 부귀하였더라도 항우를 없앨 수 없고 천하를 안정시키지 못했다면 그들의 뜻은 그치지 않았을 것임을 알았기 때문이다.

번쾌樊噲[152]·하후영夏侯嬰[153]·관영灌嬰[154]의 무리는 그렇지 않았으

---

148 한나라 고제는……주었으며 : 무섭武涉이 한신에게 한나라를 배반하고 천하를 세 등분으로 나누어 가지자고 제안하자 한신이 이에 대해 거절하며 한 말이다. 해당 부분 원문은 다음과 같다. "한왕은 나에게 상장군의 인수印綬를 주었으며, 나에게 수 만의 무리를 주었고, 옷을 벗어 나에게 입혀주었으며 음식을 주어 나에게 먹였으며 말을 들어주고 계책을 써주었습니다. 그러므로 나는 여기에 이를 수 있었으니, 남이 나를 깊이 믿고 친히 여기는데 내가 배반하는 것은 상서롭지 못합니다. 비록 죽더라도 바꿀 수 없으니 그대는 나를 위해 항왕에게 거절해주십시오. [漢王授我上將軍印, 予我數萬衆, 解衣衣我, 推食食我, 言聽計用. 故吾得以至於此, 夫人深親信我, 我倍之不祥. 雖死不易, 幸爲信謝項王!]."『史記』 卷92「淮陰侯列傳」

149 경포를……하였으며 : 한나라 고조가 경포를 설득해 초나라를 배반하고 한나라로 귀의하게 하였다. 이에 경포가 한나라에 이르러 한나라 고조를 만났는데, 그는 평상에서 발을 씻고 있었다. 경포가 분노하며 온 것을 후회했는데, 숙소로 가니 의복과 음식 등이 한나라 고조의 거처와 같았다고 한다. 史記卷91,「黥布列傳」

150 팽월을……삼았다 : 함곡관函谷關에서 항우가 제후들을 왕으로 봉하였으나 갈 곳이 없었던 팽월은 제왕齊王 전영田榮이 항우에게 반기를 들었을 때 한나라의 명을 받고 초나라를 공격하여 크게 이겼다. 이후 유방이 초나라를 공격하자 그는 외황外黃에서 한나라에 투항하였다. 그러자 한 고조가 그를 위상국魏相國에 임명하였다.『史記』 卷90「魏豹彭越列傳」

151 한신과……하였다 : 유방이 항우를 추격하다 양하陽夏 남쪽에서 군대를 멈추고 한신과 팽월彭越과 함께초나라를 치기로 하였다. 그러나 이 둘은 오지 않았고, 결국 유방이 장량張良의 계책을 따라 둘에게 봉지封地를 주자 그들이 군대를 이끌고 온 일을 가리킨다.『史記』 卷8「高祖本紀」

152 번쾌樊噲 : ?~기원전 189. 한나라 고조를 도와 여러 번 전장에서 공을 세웠다. 홍

니, 성 하나를 뺏고 진 하나를 무너뜨린 후에야 몇 등급의 작위를 더 해주었고, 그렇지 않으면 한 해가 다 가도록 승진시켜주지 않았다. 항우가 사라지고 천하가 안정된 후에야 번쾌·하후영·관영의 무리는 전쟁의 공을 계산한 후에 통후의 작위를 주었으니, 어찌 고제가 이처럼 인색하였는가? 그 재능이 작고 뜻이 작아서 비록 상을 앞세우지 않더라도 원망하지 않을 것이며, 상을 앞세우면 저들은 태연하게 스스로 만족하며 다시는 공을 세우는 것을 일로 삼지 않았을 것을 알았기 때문이다.

아! 한신이 제나라에서 막 자립했을 때는 괴통蒯通[155]·무섭武涉[156]이 아직 유세하러 가지 않았을 때였다. 당시에 그의 왕위를 빼앗았다면 한나라는 위험했을 것이다. 사람들이 어찌 천하를 삼분하여 자립하지 않는가 하니 한신은 "한왕은 나의 제나라를 뺏지 않을 것이다."

문연鴻門宴에서 한 고조를 구한 인물로도 잘 알려져 있다. 유방이 즉위한 뒤 좌승상左丞相, 상국相國 등을 지냈고, 이후로도 여러 반정을 평정했다. 무양후舞陽侯에 봉해졌다.

153 하후영夏侯嬰 : ?~기원전 172. 봉호는 등공滕公이다. 하후영은 패沛 땅 사람으로 본래 천한 일을 하였다. 유방과 친하였고 여러 차례 공을 세워 오대부五大夫, 등공 등에 책봉되었다.

154 관영灌嬰 : ?~기원전 176. 저양雎陽 출신, 항우를 죽이고 영음후潁陰侯에 봉해졌다. 여후呂后가 사망한 뒤 여씨 일족을 주살하는 데에도 참여하였다. 이후 태위太尉에 올랐다.

155 괴통蒯通 : 한신의 변사辯士로 한신에게 한나라를 배반하고 공격할 것을 청하였으나 한신이 듣지 않았다. 이에 한신은 죽음을 당하며 괴통의 계책을 쓰지 못한 것을 후회하였다.『史記』卷92「淮陰侯列傳」.

156 무섭武涉 : 한신이 여러 차례 전장에서 승리하여 제나라 왕에 봉해지자 항우가 이를 두려워하여 보낸 변사이다. 그는 한신에게 한 고조는 믿을 수 없는 자이기에 한나라를 배반하고 초나라와 연합해 천하를 셋으로 나누어 왕이 될 것을 제안하였다. 그러나 한신은 한나라를 배반할 수 없다 하며 거절하였다.『史記』卷92「淮陰侯列傳」.

라 하였다. 그러므로 한나라가 제나라를 포기하지 않았다면 한신은 한나라를 생각하지 않았을 것이고, 한신이 한나라를 생각하지 않았다면 천하는 한나라의 소유가 아니었을 것이다. 아아! 고제는 대계大計를 알았구나!

御將

(茅坤) 老蘇論御才將以智, 而引漢高祖待韓·彭一着, 似痛切矣. 獨不思宋祖御諸將, 更有處分. 智之一字, 決非至理.

人君御臣, 相易而將難. 將有二, 有賢將, 有才將, 而御才將尤難. 御相以禮, 御將以術, 御賢將之術, 以信, 御才將之術, 以智. 不以禮, 不以信, 是不爲也, 不以術, 不以智, 是不能也, 故曰, "御將難, 而御才將, 尤難."

六畜, 其初皆獸也. 彼虎豹能搏能噬, 而馬亦能蹄, 牛亦能觸. 先王知能搏能噬者, 不可以人力制. 故殺之, 殺之不能, 驅之而後, 已. 蹄者, 可馭以羈紲, 觸者, 可拘以楅衡. 故先王不忍棄其材, 而廢天下之用.

如曰, 是能蹄, 是能觸, 當與虎豹竝殺而同驅, 則是天下無騏驥, 終無以服乘耶! 先王之選才也, 自非大奸劇惡, 如虎豹之不可以變其搏噬者, 未有不欲制之以術, 而全其才, 以適于用. 況爲將者, 又不可責以廉隅細謹, 顧其才何如耳.

漢之衛·霍·趙充國, 唐之李靖·李勣, 賢將也. 漢之韓信·黥布·彭越, 唐之薛萬徹·侯君集·盛彦師, 才將也. 賢將旣不多有, 得才者而任之可也. 苟又曰是難御, 則是不肖者而後, 可也. 結以重恩示以赤心, 美田宅, 豐飮饌, 歌童舞女, 以極其口腹耳目之欲, 而折之以威, 此先王之所以御才將者也.

近之論者, 或曰, "將之所以畢志竭力, 犯霜露, 蹈白刃而不辭者,冀賞耳. 爲國家者, 不如勿先賞以邀其成功." 或曰, "賞所以使人, 不先賞, 人不爲我用." 是皆一隅之說, 非通論也.

將之才, 固有小大, 傑然於庸將之中者, 才小者也, 傑然于才將之中者, 才大者也. 才小, 志亦小, 才大, 志亦大, 人君當觀其才之小大, 而爲制御之術以稱其志, 一隅之說不可用也.

夫養騏驥者, 豐其芻粒, 潔其羈絡, 居之新閑, 浴之清泉而後, 責之千里. 彼騏驥者, 其志常在千里也, 夫豈以一飽而廢其志哉? 至於養鷹, 則不然, 獲一雉, 飼以一雀, 獲一兔, 飼以一鼠. 彼知不盡力於擊搏, 則其勢無所得食, 故然後, 爲我用.

才大者, 騏驥也, 不先賞之, 是養騏驥者, 饑之, 而責其千里, 不可得也. 才小者, 鷹也, 先賞之, 是養鷹者, 飽之, 而求其擊搏, 亦不可得也. 是故先賞之說, 可施之才大者, 不先賞之說, 可施之才小者, 兼而用之可也.

昔者, 漢高帝, 一見韓信而授以上將, 解衣衣之, 推食哺之, 一見黥布而以爲淮南王, 供具飲食如王者, 一見彭越而以爲相國. 當是時, 三人者, 未有功于漢也. 厥後, 追項籍垓下, 與信越期而不至, 損數千里之地, 以畀之, 如棄敝屣.

項氏未滅, 天下未定, 而三人者, 已極富貴矣, 何則? 高帝知三人者之志大, 不極於富貴, 則不爲我用, 雖極於富貴, 而不滅項氏, 不定天下, 則其志不已也.

至於樊噲 · 滕公 · 灌嬰之徒則不然, 拔一城陷一陣而後, 增數級之爵, 否則終歲不遷也. 項氏已滅, 天下已定, 樊噲 · 滕公 · 灌嬰之徒, 計百戰之功而後, 爵之通侯, 夫豈高帝至此而嗇哉? 知其才小而志小, 雖不先賞不怨, 而先賞之則彼將泰然自滿, 而不復以立功爲事故也.

噫! 方韓信之立於齊, 蒯通·武涉之說未去也. 當是之時, 而奪之王, 漢其殆哉! 夫人豈不欲三分天下, 而自立者, 而彼則曰, “漢王不奪我齊也.” 故齊不捐, 則韓信不懷, 韓信不懷, 則天下非漢之有. 嗚呼! 高帝可謂知大計矣!

【비평자료】

1 신은 다음과 같이 생각합니다. 군용을 떨치지 못하는 것은 장수를 부리는 방도가 없기 때문입니다. 적을 이기는 핵심은 적합한 장수를 얻는 데 있고, 장수를 부리는 방도는 그들을 장악하여 조종하는 데 있습니다. 장수가 적합하지 않은 사람이면 병사들이 많아도 믿을 수 없고, 조종함에 그들을 장악하지 못하면 장수가 재주가 많더라도 쓸 수 없습니다. 그러므로 절제하는 장수, 절충하는 장수, 현명한 장수와 재주 있는 장수가 있어야 하니 기미를 살피고 지략이 커서 그 운용에 끝이 없습니다. 기정奇正의 방도[157]에 밝으며 허실虛實의 계책에 통달하여 이해의 단서를 살필 수 있고, 전투와 방어를 제대로 쓸 줄 아는 자는 절제하는 장수입니다. 날래고 사나우며 매섭고, 상대함에 대적할 자가 없으며 움직임을 능히 떨치듯 하고 공격을 능히 성난 것처럼 하며 나아가되 물러나지 않고, 죽음을 알면서도 삶은 알지 못하는 자는 절충하는 장수입니다. 충성스러우며 임금이 있음을 알고, 의로우며 자신을 돌아보지 않으며 지사의 마음을 얻어 기꺼이 죽고 후회하지 않는 자는 현명한 장수입니다. 활시위가 단단하고 칼은 예리하며 움직임이 재빠르고 자신이 먼저 돌진하며 적장을 베고 적기를 빼앗는 자는 재주 있는 장수입니다. 이 네 가지 지위에 해당하는 장수가 없지는 않지만 지금 시대에 절제와 절충의 재주는 듣지 못하였고 만일 그 다음을 말하자면 도내의 여러 장군 중에 곽재우郭再祐[158]·이수일李守一[159] 무리와 같은 자를 현명한 장수라 이를 만

157 기정奇正의 방도 : 기奇는 엄습하거나 매복 작전을 벌이는 것을 가리키고, 정正은 정면으로 전투하는 것을 가리킨다.

158 곽재우郭再祐 : 1552~1617. 본관은 현풍玄風, 자는 계수季綏, 호는 망우당忘憂堂. 임진왜란이 일어나자 제일 먼저 의령에서 의병을 일으켰다. 왜적을 맞아 싸울 때마다 대승을 거두었으며, 이때 홍의를 입고 선두에서 왜적을 무찔렀으므로 홍의장군이라고도 불렸다.

159 이수일李守一 : 1554~1632. 조선 중기의 무신으로, 본관은 경주慶州, 자는 계순季

하고, 정기용鄭起龍[160] · 김응서金應瑞[161] 무리와 같은 자를 재주 있는 장수라 이를 만합니다.

현명한 장수들은 재주 있는 장수를 얻어 공을 이루고, 재주 있는 장수들은 지혜로운 장수에게 힘입어 그들을 운용하니, 만일 복심腹心[162]으로 맺고 권도로 제재한다면 모두 쓸 만한 재주가 있을 것입니다. 소순蘇洵이 말하였습니다. "현명한 장수를 부리는 수단은 믿음으로써 하고, 재주 있는 장수를 부리는 수단은 꾀로써 한다. 현명한 장수는 천리마와 비슷하니, 부림에 믿음이 없으면 이는 천리마를 키우는 자가 그를 굶기고 천리를 달릴 것을 요구하는 것이니 불가능하다. 재주 있는 장수는 매와 비슷하니 부림을 매우 후하게 하면 이는 매를 기르는 자가 그를 배불리 먹이고 사냥할 것을 구하는 것이니 불가능하다."[163] 지금 현명한 장수를

純, 호는 은암隱庵. 1592년 임진왜란이 일어나자 의병을 일으켜 분전하였다. 이후 경상좌도 수군절도사에 발탁되어 왜적을 격퇴한 공으로 가선대부에 올랐다. 1599년 북도 방어사가 되었고 이후 북도 병마절도사 · 남도 병마절도사 · 지중추부사 · 숭정대부 등을 역임하였다. 이괄李适의 난을 평정한 공으로 진무 공신振武功臣 2등에 책록되고 계림부원군鷄林府院君에 봉해졌다.

160 정기용鄭起龍 : 1562~1622. 초명은 무수茂壽, 본관은 곤양昆陽, 자는 경운景雲, 호는 매헌梅軒. 경상우도 병마절도사, 경상좌도 병마절도사, 김해 부사, 밀양 부사 등을 지냈다. 임진왜란 때 왜군의 호남 진출을 막는 등의 공을 세웠고, 정유재란 때에 고령에서 왜군을 대파하는 등 큰 전과戰果를 올렸다. 이후 절충장군으로 경상우도 병마절도사에 승진하였다.

161 김응서金應瑞 : 김경서金景瑞(1524~1624)로, 응서應瑞는 그의 초명이다. 본관은 김해金海, 자는 성보聖甫. 무과에 급제하고 성을 탈환하는 데 공을 세웠다. 1619년 명나라가 조선에 원병을 청하자 군사를 이끌고 갔으나 크게 패하고 후금군에 투항하였다. 이러한 사정을 본국에 전달하고자 하였으나 강홍립이 이를 고발해 살해당했다.

162 복심腹心 : 배와 심장처럼 중요하고 실력이 뛰어난 신하를 가리킨다. 『詩經』「兎罝」.

163 소순蘇洵이……불가능하다 : 이는 소순蘇洵의 「어장御將」 일부를 인용한 것으로, 해당 원문은 다음과 같다. "현명한 장수를 부리는 수단은 믿음으로써 하고, 재능 있는 장수를 부리는 수단은 기지로써 한다.…중략…재능이 큰 자는 천리마이니 상을 앞세우지 않으면 이는 천리마를 기르는 자가 그를 굶기고 천 리를 달리기를

부림에 믿음으로 하지 않고 항상 위태롭고 두려우며 핍박하고 못살게 구는 근심이 있게 하며, 재주 있는 장수를 부림을 꾀로써 하지 않고 항상 교만하고 나태한 기운이 있게 합니다. 위태롭고 두려우며 핍박하고 못살게 군다면 항상 지기志氣를 펼치지 못할까 근심하니 어찌 마음을 다하여 충절을 바치겠습니까? 교만하고 나태하다면 매번 스스로를 중히 여기는 뜻을 품을 것이니 어찌 감히 몸과 목숨을 가벼이 여기고 흰 칼날을 무릅쓰겠습니까? 장수는 나라를 보좌하는 자입니다. 임금이 장수를 제대로 고르지 못하면 자기 나라를 적에게 넘겨주는 꼴이니 아아! 신중히 하지 않으면 안 되는 것입니다.

신이 삼가 지금의 원수元帥들을 보니, 제 몸은 늘 취해있고 작전 계획이나 군사 율법은 보기를 무슨 일인가 하듯 합니다. 평소에는 절감분소折甘分少[164]의 은혜가 없고, 전쟁할 때에는 군령의 엄한 위엄이 없습니다. 한 번이라도 지방 군권을 장악한 후에는 분개한 마음으로 여러 사람들에게 맹세하여 적개와 순국의 뜻이 없고 이모창영二矛重英[165]하며 강가에서 편안히 지냅니다. 다만 계책을 얻고 고과를 보고하는 권한을 임금을 업신여기고 은혜를 거래하는 지위로 여깁니다. 상벌이 불명확하고 공과 죄는 뒤섞여 있어 크게는 사졸의 마음을 잃고 오래도록 지사志士들

바라는 것이므로 할 수 없는 것이다. 재능이 작은 자는 매이니 상을 앞세우면 이는 매를 기르는 자가 그를 배불리 먹이고 사냥하도록 요구하는 것이니 또한 할 수 없는 것이다[御賢將之術, 以信, 御才將之術, 以智.…중략…才大者, 騏驥也, 不先賞之, 是養騏驥者, 饑之而責其千里, 不可得也. 才小者, 鷹也, 先賞之, 是養鷹者, 飽之而求其擊搏, 亦不可得也.]."

164 절감분소折甘分少 : '絶甘分小'와 같은 말로 맛있는 음식을 사양하고 작은 음식이라도 군사들과 나누어먹는다는 것이다. 장수가 다른 군사들과 고통과 즐거움을 함께함을 이른다. 『漢書』 卷62 「司馬遷傳」.

165 이모창영二矛重英 : "두 자루의 창에 중첩된 창 꾸밈으로, 하수 가에서 장난하며 놀고 있네[二矛重英, 河上乎翱翔.]."라는 데서 비롯된 말로, 군사들이 모여있으면서 싸우지 않고 장난이나 하며 시간을 때우는 것을 가리킨다. 『詩經』 「淸人」

의 공분을 자아냅니다. 조정에서는 이 남방의 요새를 어떤 곳으로 여긴 것이기에 천리의 봉토를 가지고 그것을 감당할 수 없는 사람에게 맡겼단 말입니까.

지금 농사짓는 자는 금수가 곡식에 해를 가할까 두려워하여 허수아비를 세워두고 활을 당겨 그들을 쏠 것처럼 합니다. 금수들은 처음에는 그것을 의심하는 듯하지만, 끝내는 무시하고 희롱하며 마음대로 쪼아먹습니다. 지금 용렬하고 나약한 장수에게 군권[旄鉞]을 내려주시고[166] 강한 적들과 대진하게 한다면 농사짓는 자의 허수아비에 불과할 뿐입니다. 삼가 전하께 바라건대, 위의 공경에서 아래의 군대에 이르기까지 신분에 구애받지 않고 뛰어난 자를 뽑아[167] 나라의 장수를 가려 뽑으십시오. 그들의 방략을 듣고 그들의 전술을 시험한 후에 충심과 원대한 계략이 있고 난리를 평정할 만한 재능이 있는 자를 등용하여 절제사를 맡겨 삼군을 총괄하게 한다면 용맹한 사내들이 구름처럼 모여들 것이요, 사졸들은 목숨을 바쳐서 군용은 저절로 떨쳐질 것입니다.

臣以爲軍容之不振, 以御將之無方也. 夫克敵之要, 在乎將得其人, 御將之方, 在乎操得其柄. 將非其人者, 兵雖衆不足恃也, 操失其柄者, 將雖才不爲用也. 故有節制之將, 有折衝之將, 有賢將有才將, 蓋沈機宏略, 運用不窮. 明於奇正之道, 達於虛實之權, 能審利害之端, 能知戰守之宜者, 節制之將也. 勇悍剛鷙, 對無橫敵, 感之能奮, 激之能怒, 可進而不可退, 知死而不知生者, 折衝之將也. 忠知有君, 義不顧身,

166 군권[旄鉞]을 내려주시고 : 원문의 '旄鉞'은 모절旄節과 월부鉞斧를 가리키는 것으로, 장군이 군대를 지휘할 때 썼던 의장儀仗으로 사용되었으며 나아가 군권을 의미하는 용어로 활용되었다. 『書經』「牧誓」

167 귀천에……뽑으며 : 원문의 '明揚側陋'는 귀천과 관계없이 덕 있는 자를 기용하는 것을 가리킨다. "현위顯位에 있는 자를 드러내어 밝히고, 미천한 사람을 천거하라[明明, 揚側陋.]."라 한 데서 온 말이다. 『書經』「堯典」

能得士心, 樂死不悔者, 賢將也. 硬弓利劍, 往來飄忽, 身先衝突, 斬將搴旗者, 才將也. 無此四者, 不在將位, 當今之世, 蓋未聞節制折衝之才也, 若言其次, 則道內諸將, 如郭再祐 · 李守一輩, 可謂賢將也, 如鄭起龍 · 金應瑞輩, 可謂才將也.

賢將得才將而成功, 才將賴智將而爲用, 若結以腹心, 制以微權, 則皆可用之才也. 蘇洵曰, "御賢將之術以信, 御才將之術以權. 賢將比如騏驥, 御之無信, 則是養騏驥者, 飢之而責其千里, 不可得也. 才將比如鷹鸇, 御之太重, 則是養鷹鸇者, 飽之而求其搏擊, 不可得也." 今御賢將不以信, 而常有危懼迫蹙之患, 御才將不以權, 而常有驕滿怠惰之氣. 危懼迫蹙, 則常患志氣之不伸, 安能竭心膂而效忠節乎? 驕滿怠惰, 則每懷自重之意, 詎敢輕軀命而冒白刃乎? 夫將者國之輔也. 君不擇將, 以其國與敵, 嗚呼! 可不愼歟!

臣竊觀今之元帥, 付一身於醉鄕之中, 兵謀師律, 視爲何事. 居無折甘分少之恩, 動無約束嚴明之威. 一自專閫之後, 未嘗慨然誓衆, 有敵愾殉國之志, 而二矛重英, 等閑江湖之上. 徒持計獲奏課之柄, 以爲慢君市恩之地. 賞罰不明, 功罪混淆, 大失士卒之心, 久扼志士之腕. 朝廷視此南關爲何等地, 而擧千里之封疆, 委之不堪之人乎?

今夫田者, 懼鳥獸之害穀也, 設爲偶人, 彎弓若射焉. 鳥獸始似疑焉, 終則狎而玩之, 恣其啄喫. 今以庸懦之將, 授以旄鉞, 與勁敵對陣, 不過田夫之偶人耳. 伏願殿下, 上自公卿, 下及行伍, 明揚側陋, 爲國擇將. 聽其方略, 試其設施, 然後擧其有忠膽遠略, 才可戡亂者, 委以節制, 總統三軍, 則勇夫雲合, 士卒用命, 而軍容自振矣.

崔晛(1563~1640), 「陳時務九條疏」, 『訒齋集』 卷2.

2 왕은 장수에게 맡김은 있고 장수를 거느림은 없으니 장수를 거느리는 것은 패자霸者의 일이고, 이를 잘한다고 이르는 것은 더욱 패자의 죄이다. 제왕이 천하를 거느릴 때 병사들에게 부득이 해이하게 할 수 없는

것이 있으니, 이에 장수에게 맡겨 삼군의 명을 통제하게 하고 구벌九伐의 정치[168]를 행한다. 그러나 그 책임을 맡길 때 의로써 서로 결속하고 예로써 나아가거나 물러나며, 정성으로 베풀고 은혜로 위로한다. 그러므로 천하에서 불행히 병사를 쓰게 되면 장수된 신하는 제 몸을 잊고 목숨을 바칠 것만을 알고, 다른 것이 있음은 알지 못한다. 이겼을 때는 오직 감격하며 천자에게 공을 돌리고, 천자는 또한 한결같이 장수에게 아름다움을 양보한다. 군신 간에 윗사람은 아랫사람에게 다가가고, 아랫사람은 윗사람에게 공경하여 위아래가 서로 틈이 없이 화합하여 한 몸이 되는 것이 물고기가 강과 호수에서 서로를 잊는 것과 같으니, 이것이 〈강한江漢〉[169]과 〈상무常武〉[170]가 지어진 이유이다. 왕은 한 사람의 몸으로 천하의 위에 임하였으므로 군대를 절충하는 것은 자신이 해야할 것이 아니요, 오직 그 직분은 다른 사람에게 맡기는 것일 뿐인데 어찌 거느리는 것을 말할 수 있겠는가? 그러므로 말하기를 왕은 장수에게 맡김은 있고 장수를 거느림은 없다고 하는 것이다.

王者有任將而無將將, 將將乃霸者之事也. 謂之善者, 尤霸之罪也. 夫帝王之御天下也. 兵有不得已而不可弛者, 於是有將以任之, 以制三軍之命, 而行九伐之政. 然其任之也, 交結之以義, 進退之以禮, 布之以誠而勞之以恩. 故天下不幸用兵, 則將帥之臣, 惟知忘軀致命而不知有他. 及其捷勝也, 惟感激歸功于天子, 而天子亦翕然讓美于將帥. 其君臣之間, 上就于下, 下拱于上, 上下無間, 融爲一體, 猶魚之相忘

168 구벌九伐의 정치 : 천자가 제후의 죄를 징벌하는 아홉 가지 토벌이다. 『주례周禮』 「하관夏官 대사마大司馬」에서 "구벌의 법으로 방국을 바로잡는다[以九伐之法, 正邦國.]."라 하였다.

169 강한江漢 : 『시경』 「대아大雅」의 편명이다. 주 선왕周宣王이 소공召公에게 명해 회이淮夷를 평정하도록 한 업적을 윤길보尹吉甫가 찬미하여 부른 노래이다.

170 상무常武 : 『시경』 「대아」의 편명으로 선왕이 군대를 거느리고 회수 북쪽의 오랑캐를 정벌한 것을 소목공召穆公이 찬미하는 내용이다.

於江湖, 此江漢·常武之所以作也. 夫王者以一人之身, 臨於天下之上, 軍旅折衝, 非所自爲, 則惟以其職任諸其人而已, 何將之之可言哉? 故曰王者有任將而無將將也.

金澤榮(1850~1927), 「漢高祖善將將論」, 『韶濩堂集』 卷7.

익주 자사益州刺史 장방평張方平[171]의 화상에 쓴 기문

(모곤) 말의 기운이 엄중하고 매우 법도가 있다. 익주에서는 늘 소순蘇洵[老蘇]이 사마천司馬遷[司馬子長]과 비슷하다고 하였는데 이러한 기문은 사마천 이후로부터 아마 많지 않을 듯하다.

지화至和[172] 원년 가을에 촉 땅 사람들이 말을 전하기를 도적이 변방에 이르렀다고 하였다. 군사들이 밤에 소리를 지르고 들에는 사는 사람이 없고 요사한 소문이 떠도니 서울에서는 놀라 떨었다. 장수 선발을 명령하며 천자께서 말씀하셨다. "난을 키우지 말고 변란을 조장하지 말라. 많은 의견들이 일어나지만 짐의 뜻은 정해졌다. 바깥에서 난이 일어나지 않았으나 변란이 또 안에서 일어날 수 있으니 교화로 다스리기만 해도 안 되고 또 무력으로 다투기만 해도 안 된다. 짐의 몇몇 대신들 가운데 누가 이 문무의 사이에서 대처할 수 있겠는가? 그에게 가서 짐의 군사를 위무하도록 명령하겠다." 이에 대답하기를 "장방평張方平이 적임자입니다."라고 하니, 천자께서 "그렇다."라고 하셨다. 공은 부모님 때문에 사양하였으나 그렇게 하지 못했다.

---

171 익주 자사益州刺史 장방평張方平 : 1007~1091. 자는 안도安道, 호는 낙전거사樂全居士이다. 송宋나라 때의 문신으로 영종英宗 때 예부상서를 지냈으며 신종神宗 때는 신법의 폐해를 논의하였다. 장방평張邦平이 지화至和 원년元年(1054년)에 익주益州에 부임하여 선정을 베풀었기 때문에 이와 같이 말한 것이다.

172 지화至和 : 송宋나라 인종仁宗 때의 연호(1054~1056)이다.

마침내 떠나 겨울 11월에 촉 땅에 도착하였고 도착한 날에 주둔한 군대를 돌려보내고 수비를 물리며 사람을 시켜 군현에 이르기를 "도적이 와도 내가 있으니 그대들은 애쓰지 말라."라고 하였다. 다음 해 정월 초하루 아침에 촉 땅 사람들이 다른 날과 같이 서로 축하하며 마침내 아무 일도 없었다. 또 다음 해 정월에 공의 화상畫像을 정중사淨衆寺에 안치한다고 서로 알리니 공이 막을 수가 없었다. 미양眉陽의 소순이 사람들에게 말하였다. "난이 일어나기 전에는 다스리기 쉽고 난이 일어난 뒤에도 다스리기 쉽다. 난의 기미가 있지만 난의 형상이 없는 것을 난이 일어나려 한다고 하니 난이 일어나려 하는 것은 다스리기 어렵다. 난이 있는 것처럼 급하게 여겨서는 안 되지만 또한 난이 없는 것처럼 해이하게 여겨서도 안 된다.

원년 가을은 그릇이 기울어졌지만 땅에 떨어지지 않은 것과 같은 때였는데 그대들의 장공이 그 곁에 편히 앉아 안색도 변하지 않고 천천히 일어나 바로잡고 바로잡은 뒤에는 태연히 물러나 자랑하는 기색이 없었다. 천자를 위해 소민을 기르는데 게으르지 않은 것이 오직 그대들의 장공이다. 그대들이 이 사람 덕에 살게 되었으니 그대들의 부모이다. 또 공이 나를 위해 말씀하였다. '백성들은 일정한 성품이 없어 윗사람이 대하는 대로 한다. 사람들이 모두 말하기를 「촉 땅 사람들은 변고가 많다.」라고 하니 이에 도적을 대하는 마음으로 도적을 대하고 그들을 다루는 법으로 그들을 다루어 두 발을 포개고 숨죽이는 백성을 다듬잇돌과 도끼로 다스렸다. 이에 백성들이 비로소 차마 그들의 부모와 처자가 믿고 의지하는 몸을 도적에게 버리는 것이다. 그러므로 매번 크게 어지러웠던 것이다.

무릇 예로 그들을 단속하고 법으로 그들을 몰면 촉 땅 사람이라도 다스리기 쉬울 것이고 다그쳐서 변고가 생기는 것은 제齊나라나 노魯

나라라고 하더라도 또한 그러할 것이다. 내가 제나라와 노나라를 대하는 대로 촉 땅 사람들을 대하면 촉 땅 사람들도 절로 제나라와 노나라 사람처럼 그 자신을 대할 것이니 법률을 벗어나 마음대로 하여 위협으로 백성을 다스림은 내가 차마 하지 못하겠다.' 아아! 촉 땅 사람들을 몹시 아끼고 촉 땅 사람들을 후하게 대하는 것을 공 이전에는 내가 본 적이 없다." 모두가 재배하고 고개를 숙이며 "그렇습니다."라고 하였다.

소순이 또 말하였다. "공의 은혜는 그대들의 마음에 있으니 그대들이 죽더라도 그대들의 자손이 있을 것이고 그의 공과 업적은 사관이 있으니 화상을 만들 것이 없다. 또한 공의 뜻은 하지 않고자 하니 어떻게 하겠는가?" 모두가 말하였다. "공이 여기에 무슨 상관을 하시겠습니까? 비록 그렇지만 우리의 마음에 석연치 않은 것이 있습니다. 지금 평소에 한 가지 선행을 들으면 반드시 그 사람의 이름과 그가 사는 마을, 그의 키가 큰지 작은지 몸집이 큰지 작은지 모습이 잘생겼는지 못생겼는지를 묻고 심한 경우는 그가 평소에 좋아하는 것을 물어 그 사람됨이 어떤지 생각해 보며 사관들도 그의 전에 그것을 기록합니다. 이는 천하의 사람들에게 마음속에 그를 생각하면 눈앞에 그가 있는 듯이 하게 하려는 것이니 눈앞에 있기 때문에 마음속에 그를 생각함이 확고해지는 것입니다. 이로 보건대 화상 또한 도움이 없지는 않을 것입니다."

소순은 더 따질 수 없어 마침내 기문을 쓴다. 공은 남경南京 사람이니 사람됨이 강개하고 큰 절개가 있고 도량이 천하에 뛰어나니 천하에 큰 일이 있으면 공에게 맡길 만하다. 다음과 같이 시를 붙인다.

천자께서 제위에 오르시니 天子在祚

갑오년이었는데	歲在甲午
서쪽 지방 사람들이 말을 전하기를	西人傳言
도적이 담장까지 왔다 하였네	有寇在垣
조정에는 무신이 있고	庭有武臣
책사도 구름같이 많았는데	謀夫如雲
천자께서는 아! 하고	天子曰嘻
우리 장공에게 명령하셨네	命我張公
공이 동쪽에서 오심에	公來自東
깃발이 펄럭거리고	旗纛舒舒
서쪽 사람들이 모여서 봄에	西人聚觀
거리와 길에 가득했네	于巷于塗
공은 강직하기만 할 것이라 생각했는데	謂公暨暨
공이 오셔서는 느긋하셨고	公來于于
공이 서쪽 지방 사람들에게 말씀하시길	公謂西人
그대들 집안을 안정시키고	安爾室家
감히 혹시나 와전됨이 없게 하라	無敢或訛
와전된 말은 상서롭지 못하니	訛言不祥
가서 그대들의 일상대로 하라	往卽爾常
봄에는 그대들의 뽕나무 가지를 치고	春爾條桑
가을에는 그대들의 마당을 치우라 하시니	秋爾滌場
서쪽 지방 사람들은 고개를 숙이고	西人稽首
공은 우리 부형이시다 하였네	公我父兄
공이 서쪽 동산에 계시니	公在西囿
초목이 무성하고	草木駢駢
공이 관리들과 잔치하니	公宴其僚

북소리 둥둥 울렸네	伐鼓淵淵
서쪽 사람들이 와서 보고	西人來觀
공의 장수를 축원했네	祝公萬年
고운 딸들은	有女娟娟
규방에서 한가롭고	閨闥閑閑
옹알대던 아이들은	有童哇哇
말을 할 줄 알게 되었네	亦旣能言
이전에 공이 오시기 전엔	昔公未來
너희를 내다 버릴 뻔 했었지만	期汝棄捐
벼와 삼이 울창하고	禾麻芃芃
창고엔 물건 높게 쌓였네	倉庾崇崇
아 우리 처자식들이여	嗟我婦子
이 풍년을 즐기라	樂此歲豊
공이 조정에 있으면	公在朝廷
천자께서 팔다리처럼 여기시네	天子股肱
천자께서 돌아오라 하시니	天子曰歸
공이 감히 받들지 않겠는가	公敢不承
사당을 지으니 엄숙하고	作堂嚴嚴
곁채가 있고 뜰이 있는데	有廡有庭
공의 화상이 이 가운데 있으니	公像在中
조복을 입고 관을 썼네	朝服冠纓
서쪽 지방 사람들이 서로 말하기를	西人相告
감히 함부로 행동하지 말라	無敢逸荒
공이 서울로 돌아가셨지만	公歸京師
공의 화상이 사당에 있다 하네	公像在堂

당순지唐順之[唐荊川]가 말하였다. "이 글은 두 단락이니 한 단락의 두 항은 서사이고 나머지 한 단락의 두 항은 의론이다."

張益州畫像記

(茅坤) 詞氣嚴重, 極有法度. 益州常稱老蘇似司馬子長, 此記自子長之後, 殆不多得.

至和元年秋, 蜀人傳言, 有寇至邊. 軍夜呼, 野無居人, 妖言流聞, 京師震驚. 方命擇帥, 天子曰, "毋養亂, 毋助變. 衆言朋興, 朕志自定. 外亂不作, 變且中起, 不可以文令, 又不可以武競. 惟朕一二大吏, 孰能爲處茲文武之間? 其命往撫朕師." 乃惟曰, "張公方平, 其人." 天子曰, "然." 公以親辭, 不可.

遂行, 冬十一月, 至蜀, 至之日, 歸屯軍, 撤守備, 使謂郡縣, "寇來在吾, 無爾勞苦." 明年正月朔旦, 蜀人相慶如他日, 遂以無事. 又明年正月, 相告留公像于淨衆寺, 公不能禁. 眉陽蘇洵, 言於衆曰, "未亂易治也, 旣亂易治也. 有亂之萌, 無亂之形, 是謂將亂, 將亂難治. 不可以有亂急, 亦不可以無亂弛.

是惟元年之秋, 如器之欹未墜於地, 惟爾張公, 安坐於其旁, 顏色不變, 徐起而正之, 旣正, 油然而退, 無矜容. 爲天子牧小民不倦, 惟爾張公. 爾繄以生, 惟爾父母. 且公嘗爲我言, '民無常性, 惟上所待. 人皆曰, 「蜀人多變.」 於是, 待之以待盜賊之意, 而繩之以繩盜賊之法, 重足屛息之民, 而以碪斧令. 於是, 民始忍以其父母妻子之所仰賴之身, 而棄之於盜賊. 故每每大亂.

夫約之以禮, 驅之以法, 惟蜀人, 爲易, 至於急之而生變, 雖齊魯, 亦然. 吾以齊魯, 待蜀人, 而蜀人亦自以齊魯之人, 待其身, 若夫肆意於法律之外, 以威劫齊民, 吾不忍爲也.' 嗚呼! 愛蜀人之深, 待蜀人之厚, 自公而前, 吾未始見也." 皆再拜稽首曰, "然."

蘇洵又曰, "公之恩, 在爾心, 爾死, 在爾子孫, 其功業, 在史官, 無以像爲也. 且公意不欲, 如何?" 皆曰, "公則何事於斯? 雖然, 於我心, 有不釋焉. 今夫平居, 聞一善, 必問其人之姓名, 與其鄕里之所在, 以至於其長短大小美惡之狀, 甚者, 或詰其平生所嗜好, 以想見其爲人. 而史官亦書之於其傳. 意使天下之人, 思之於心, 則存之於目, 存之於目. 故其思之於心也固. 由此觀之, 像亦不爲無助."

蘇洵無以詰, 遂爲之記. 公南京人, 爲人慷慨有大節, 以度量雄天下, 天下有大事, 公可屬. 系之以詩曰.

天子在祚, 歲在甲午, 西人傳言, 有寇在垣. 庭有武臣, 謀夫如雲, 天子曰嘻, 命我張公. 公來自東, 旗纛舒舒, 西人聚觀, 于巷于塗. 謂公暨暨, 公來于于. 公謂西人, 安爾室家, 無敢或訛. 訛言不祥, 往卽爾常. 春爾條桑, 秋爾滌場, 西人稽首, 公我父兄. 公在西囿, 草木騈騈, 公宴其僚. 伐鼓淵淵. 西人來觀, 祝公萬年. 有女娟娟, 閨闥閑閑, 有童哇哇, 亦旣能言. 昔公未來, 期汝棄捐, 禾麻芃芃, 倉庾崇崇. 嗟我婦子, 樂此歲豊. 公在朝廷, 天子股肱. 天子曰歸, 公敢不承? 作堂嚴嚴, 有廡有庭, 公像在中, 朝服冠纓. 西人相告, 無敢逸荒. 公歸京師, 公像在堂.

唐荊川曰, "此文二段, 二項敍事, 二項議論."

【비평자료】

1 「장익주화상기」. "齊民"【평민과 같다. 옛날에는 식구수를 헤아려 밭을 주어 빈부가 고르지 못한 근심이 없었다. 따라서 제민이라고 하였으니 백성들의 생업이 고름을 말한다.】 "民無常性"【이는 곧 기질氣質의 성품이다.】

張益州畫像記. "齊民"【猶平民也. 古者計口授田, 無貧富不均之患. 故曰齊民, 言民業均齊也.】 "民無常性"【此乃氣質之性.】

李德弘(1541~1596), 「古文後集質疑」, 『艮齋集』 卷4.

2 「장익주화상기」. "天下有大事公可屬"은 선대부[173]께서 일찍이 '公可屬'의 한 마디는 억지로 만들려다가 소홀히 지어버렸으니 '可屬於公'이라고 하는 것만 못하다고 하였다. 지금 보니 '公可屬'은 진실로 '可屬於公'이라고 한 것만 못하다. 그러나 이 글은 처음부터 그 뒤로 필세가 맑고 고매하여 끝까지 장중한 말로 끝내야 해서 '公可屬'이라고 쓰지 않을 수 없었다. 전편이 법도가 있음은 당순지가 이미 말한 것이다.

張益州畫像記. "天下有大事公可屬" 先大夫嘗以'公可屬'一語, 謂涉强造, 造而可少, 不如曰, '可屬於公'也. 今看'公可屬'固不如'可屬於公'也. 然此文自首以來用筆皎厲, 至末須有莊語以終之, 不得不以'公可屬'爲用. 通篇法度, 荊川已言之耳.

安錫儆(1718~1774), 「老蘇文摘解」, 『雪橋藝學錄』 卷3.

3 소순이 「장익주화상기」에서 "무릇 예로 그들을 단속하고 법으로 그들을 몰면 촉 땅 사람이라도 쉬울 것이고 다급한 데 미쳐서 변고가 생기

173 선대부 : 안석경의 아버지 안중관安重觀(1683~1752)를 말한다. 안중관은 삼연三淵 김창흡金昌翕에게 수학하였으며, 문학에 뜻을 두어 김창흡에게 문장을 인정받았다. 문장은 한유韓愈와 소식蘇軾을 모범으로 하여 과도한 수식이나 난삽하고 허황된 문장의 창작을 반대하였다.

는 것은 제나라나 노나라라고 하더라도 또한 그러할 것이다. 내가 제나라와 노나라를 대하는 대로 촉 땅 사람들을 대하면 촉 땅 사람들도 절로 제나라와 노나라 사람처럼 그 자신을 대할 것이다."라고 하였으니, 좋구나 그 말이여! 내가 감격하여 스스로 그만두지 못하게 하였다.

우리나라 패수浿水[174]의 서쪽과 철령鐵嶺[175]의 북쪽은 그 쉽게 다스림이 촉 땅과 무엇이 다르겠는가만 목민관이 되어 기호 지방의 사람을 대하듯이 서북 사람을 대하지 않으니 서북의 사람들 또한 어찌 기호의 사람들이 스스로를 대하는 듯이 자신을 대하겠는가? 아아! 지금 기호의 백성들이 또한 곤궁한데, 하물며 서북의 백성들이 겨우 살아가는 데 있어서이겠나?

예전에 십 년 전을 생각해보면 내가 마천령을 지나 길주와 명천에 이르러 부로父老들을 보고 근래의 감사監司와 수령守令 가운데 잘 다스린 사람이 누구인가를 물으니, 그들이 다음과 같이 대답하였다. "어려서 듣자니 세자께서 국정을 대리하실 때 수재水災를 몹시 염려하여 지방관을 뽑아 보내셨는데 한 명도 백성을 자식처럼 보지 않는 사람이 없었습니다. 이 이후로는 보지 못하였고 오직 법리法理를 벗어나 그들이 마음대로 탐욕스럽고 포학하게 구는 것을 보았습니다.

조적糶糴[176]은 꾀를 부려 농락하여 잉여량을 취하고 채포債逋[177]는 마을을 벌하고 집안을 벌하고 인삼과 녹용, 담비와 수달, 베와 가체 따위를 빼앗는데 그나마 심하지 않게 하는 사람이 있다면 잘 다스린다고 칭하니 어찌 진실로 잘 다스림이 있겠습니까? 저 사람이 이 사람보다 그나마

---

174 패수浿水 : 평안도 한태령에서 발원하여 황해도를 흐르는 대동강을 말한다.

175 철령鐵嶺 : 함경남도 안변군과 강원도 회양군 사이에 있는 고개를 말한다. 이 고개의 북쪽을 관북 지방, 동쪽을 관동 지방이라고 한다.

176 조적糶糴 : 환곡還穀을 말한다. 각 고을에서 흉년이나 춘궁기에 백성들에게 곡식을 빌려주었다가 추수기에 이를 환수하는 제도나 그 곡식을 말한다.

177 채포債逋 : 결손된 세금을 의미하는데, 여기에서는 세금을 결손한 백성을 말한다.

났기 때문에 억지로 칭찬하는 것입니다." 내가 듣고 슬퍼하며 잊지 못하였다. 아아! 이것이 어찌 도적과 금수를 대하듯이 먼 지방의 백성을 대하는 것이 아니겠는가? 지금 기호의 백성을 대하듯이 그들을 대해야 한다고 말한다면 열 고을의 무관 수령이 반드시 나를 지목하여 우활하다고 비웃을 것이다.

蘇老泉張益州畫像記云, "夫約之以禮, 驅之以法, 惟蜀人, 爲易, 至於急之而生變, 雖齊魯, 亦然. 吾以齊魯, 待蜀人, 而蜀人亦自以齊魯之人, 待其身." 善哉言乎! 使余感激而不能自已也.

夫我國之浿水以西鐵嶺以北, 其爲易治, 與蜀何異, 而爲守牧者, 不以畿湖待西北之人, 西北之人, 亦何能以畿湖之人自待其身也? 嗚呼! 今畿湖之民亦困矣, 而況西北之民, 其能聊生乎哉?

憶昔十年前, 余過摩天嶺, 至吉州·明川, 見父老問近來監司守令孰爲善治者, 對曰, "幼時聞世子代理國政, 深軫水災, 擇遣長吏, 無一不視民如子者. 自茲以後, 未之或見也, 惟見其恣意貪虐於法理之外.

糶糴則幻弄取剩而已, 債逋則徵里徵族而已, 蔘茸貂獺布髢之屬, 奪之而已, 有不甚者則稱爲善治, 豈眞善也哉? 彼善於此, 故强稱之也." 余聞而悲之不忘也. 嗚呼! 是豈非以盜賊禽獸待遐方之民? 今若曰可以畿湖之人待之云爾, 則十邑武倅必目我以迂而笑之矣.

金昌熙(1844~1890), 「書老蘇文張益州畫像記後」, 『石菱集』 卷3.

족보인族譜引

(모곤) 의론이 간결하고 엄정하며 정사情事에 곡절이 많으니 그 기세와 풍격이 대략 『춘추공양전春秋公羊傳』과 『춘추곡량전春秋穀梁傳』을 따랐다.

소씨족보는 소씨蘇氏 일족을 계통에 따라 적어놓은 것이다. 소씨는 고양高陽에서 나와 천하에 널리 뻗어나갔다. 당唐나라 고조[神堯] 초기에 장사長史 소미도蘇味道[178]가 미주 자사眉州刺史로 재임 중에 세상을 떠났는데, 한 아들이 미주에 남아 있었다. 미주에 소씨가 있게 되었음은 여기에서 시작되었으나 족보가 이루어지지 못한 것은 친족관계가 다하였기 때문이다. 친족관계가 다하면 어째서 이루어지지 않는 것인가? 족보는 친족을 위해 만들기 때문이다. 내 자식은 썼는데 내 손자를 쓰지 않은 것은 어째서인가? 세대를 나타내기 때문이다. 나의 아버지에서 나의 고조부에 이르기까지 벼슬을 지내고 지내지 않은 것, 아무 씨에게 장가든 것과 몇 세까지 사신 것, 아무 일에 돌아가셨다는 것 모두를 기록하고 다른 분들을 기록하지 않는 것은 어째서인가? 내가 나온 계보를 자세히 하기 위해서이다. 나의 아버지부터 나의 고조

178 소미도蘇味道 : 648~705. 어렸을 때부터 문학으로 이름이 나 이교李嶠와 함께 '소이蘇李'로 불리기도 하였다. 장역지張易之 형제에게 아부하다 미주 자사郿州刺史로 폄적된 뒤 그곳에서 생을 마감하였다.

부까지 모두 휘가 무엇이었다고 하면서 다른 분들에 대해서는 끝내 이름을 적는 것은 어째서인가? 내가 나온 계보를 높이기 위해서이다. 족보는 소씨를 위해 만든 것인데 유독 내가 나온 계보만을 자세히 하고 높이는 것은 어째서인가? 족보는 내가 만드는 것이기 때문이다.

아아! 나의 족보를 보는 사람들은 효성스럽고 우애하는 마음이 자연스럽게 생겨나게 될 것이다. 정은 친족관계에서 드러나고 친족관계는 상복에서 드러나며 상복은 참최斬衰에서 시작하여 시마緦麻에 이르고,[179] 상복을 입지 않는 데까지 이르니 상복을 입지 않으면 친족관계가 다한 것이고, 친족관계가 다하면 정이 다한 것이고, 정이 다하면 기쁜 일에도 기뻐하지 않고 근심스런 일에도 슬퍼하지 않으니 기쁜 일에도 기뻐하지 않고 근심스러운 일에도 슬퍼하지 않는다면 길거리의 남이다. 나와 서로 길거리의 남처럼 보는 사람도 처음에는 형제였고, 형제도 처음에는 한 사람의 몸이었다. 슬프구나. 한 사람의 몸이 나뉘어 길거리의 남에 이르니 내가 족보를 만드는 이유이다. 족보를 만든 뜻은 몸이 나뉘어 길거리의 남이 되는 것이 형세인데, 형세는 내가 어찌할 수 없으니 바라건대 길거리의 남에 이르기 전에 소홀히 하고 잊는 데에 이르지 않도록 해야 하겠다. 아아! 나의 족보를 보는 사람들은 효성스럽고 우애하는 마음이 자연스럽게 생겨날 것이다. 다음과 같은 시를 붙인다.

내 아버지의 아들이　　　　吾父之子
지금 나의 형이 되니　　　　今爲兄

---

179 참최斬衰에서……이르고 : 가족의 친소親疏에 따라 다섯 등급의 상복喪服으로 나뉘어지는데, 참최斬衰·자최齊衰·대공大功·소공小功·시마緦麻 순으로 가벼워진다.

내 몸에 병이 생기면	吾疾在身
형도 신음하며 편치 않네	兄呻不寧
수 세대 후에는	數世之後
어떤 사람인지도 몰라	不知何人
저가 죽고 태어남을	彼死而生
슬퍼하거나 기뻐하지 않네	不爲戚欣
형제의 정은	兄弟之情
수족과 같은데	如足與手
이렇게 할 수 있는 자가 몇이나 되겠나	其能幾何
저들이 서로 이렇게 하지 않음은	彼不相能
저들이 유독 어떤 마음을 지녀선가	彼獨何心

族譜引

(茅坤) 議論簡嚴, 情事曲折, 其氣格, 大略從公穀來.

蘇氏族譜, 譜蘇氏之族也. 蘇氏出於高陽, 而蔓延於天下. 唐神堯初, 長史味道, 刺眉州, 卒於官, 一子留于眉. 眉之有蘇氏, 自此始而譜不及者, 親盡也. 親盡則曷爲不及? 譜爲親作也. 凡子得書而孫不得書者, 何也? 以著代也. 自吾之父, 以至吾之高祖, 仕不仕, 娶某氏, 享年幾, 某日卒皆書, 而他不書者, 何也? 詳吾之所自出也. 自吾之父, 以至吾之高祖, 皆曰諱某, 而他則遂名之, 何也? 尊吾之所自出也. 譜爲蘇氏作, 而獨吾之所自出, 得詳與尊, 何也? 譜吾作也.

嗚呼! 觀吾之譜者, 孝悌之心, 可以油然而生矣. 情見於親, 親見於服, 服始于衰, 而至於緦麻, 而至於無服, 無服則親盡, 親盡則情盡, 情盡則喜不慶憂不弔, 喜不慶憂不弔, 則塗人也.

吾所與相視如塗人者, 其初兄弟也, 兄弟其初, 一人之身也. 悲夫! 一人之身, 分而至於塗人, 吾譜之所以作也. 其意曰, 分至於塗人者, 勢也. 勢吾無如之何也, 幸其未至於塗人也, 使其無至於忽忘焉, 可也. 嗚呼! 觀吾之譜者, 孝悌之心, 可以油然而生矣. 系之以詩曰.

吾父之子, 今爲兄, 吾疾在身, 兄呻不寧. 數世之後, 不知何人, 彼死而生, 不爲戚欣. 兄弟之情, 如足與手, 其能幾何. 彼不相能, 彼獨何心.

【비평자료】

1 보普란 무엇을 말하는가? 기록이 넓음을 말한다. 널리 그 종족을 기록한 것을 족보라 이름하니 이 책은 박씨朴氏의 종족을 널리 기록한 것인데, 또 족보라 하지 않고 세보世譜라 하는 것은 어째서인가? 세로써 그 종족을 이으면 세世라고 말하고 족族이라 말하지 않아도 괜찮기 때문이다.

박씨는 본래 신라에서 시작되어 자손들이 널리 뻗어나갔다. 여러 고을에 흩어져 살면서 낮게는 노비나 상민이 되고, 높게는 공경대부公卿大夫가 되기도 하였으니, 그 수를 다 헤아릴 수가 없다. 그러므로 각각 그 기록할 만한 세손世孫을 시조로 삼아 시조가 일어난 곳을 관적貫籍으로 나타냈으니, 반남潘南으로 관적을 나타내고 호장戶長 응주應珠[180]를 시조로 삼은 가문이 우리 종족이다. 우리 종족이 드러난 때는 고려 말인데, 본조에 와서 성대해지기 시작해 300년이 지난 지금에 와서는 더욱 번성하고 창대해져 다른 성씨들 중에 으뜸이 되었다. 옛말에 "뿌리가 깊으면 가지가 무성하고, 근원이 멀면 흐름이 장구하다."라 하였는데, 이 말이 어찌 관면冠冕과 문벌閥閱을 이르는 것이겠는가. 공덕이 전대에 쌓이면 복택이 후대에 넘친다는 것이니, 하늘이 장차 이것으로 세상을 권면하려는 징험을 삼은 것이다. 우리 종족이 번성하고 창대하게 된 것이 이와 같았으니, 세보를 만들 때 상세하지 않아서는 안 된다. 그런데 옛날의 족보는 소략한 문제가 있고, 또 수십 년 전에 만들어져 후대에 출생한 자손들이 함께 실리지 못하였으니 끊어진 가계를 잇고 누락된 내용을 보충하는 일이 장차 필요하다.

족제族弟 박세채朴世采 화숙和叔[181]이 처음 지금의 이 세보를 만들다가

180 호장戶長 응주應珠 : 박응주朴應珠(?~?)이다. 반남박씨의 시조로 고려 때 호장戶長을 지냈다.

181 족제族弟 박세채朴世采 화숙和叔 : 박세채朴世采(1631~1695)이다. 본관은 반남潘

중간에 박태징朴泰徵[182]에게 맡겨 17년 만에 완성하였으니 과거의 간략한 폐단을 상세히 하지 않음이 없었고, 늦게 태어난 후손도 모두 기록해 드러내었으며 널리 오류를 잡아낸 것 또한 한두 가지가 아니다. 그 체재는 분묘의 소재를 반드시 쓰고 어디에서 어디로 이주하였는지를 반드시 썼으니 먼 조상을 추념하고 종족을 구분하기 위함이다. 외손을 큰 글자로 쓴 줄에 넣지 않은 것은 풍속의 그릇됨을 바로잡고 다른 성을 구분하기 위함이다. 벼슬을 지내고 지내지 않은 것, 아무 씨에게 장가든 것, 몇 세까지 사신 것, 아무 일에 돌아가신 것을 반드시 갖추어 기록한 것은[183] 소씨의 족보에서 그 좋은 점을 가려 쓴 것이다. 나는 이로 인해 느끼는 점이 있으니, 부모를 친애하는 것에 대해 박하게 한 소순[明允]의 어질지 못함을 애석하게 여긴다. 그가 족보를 만든 것은 위로는 고조高祖에만 이르고 아래로는 자식까지만 실었으며 방계로는 시마緦麻까지만 실었다. 이와 같은데 "나의 족보를 보는 자들은 효성스럽고 우애하는 마음이 자연스럽게 생겨날 것이다."[184]라 하니 또한 심하지 않은가.

저 소순[蘇明允]은 천하의 사람들을 들어 자신의 조상을 조상으로 여기지 않고 자신의 자식을 자식으로 여기지 않아 기년복과 공복을 입는 가까운 사이여도 길거리의 남처럼 보게 만들었을 뿐이다. 그러면서 유독

南, 호는 현석玄石·남계南溪. 화숙和叔은 그의 자이다. 박세당과는 당내간의 친족 관계이므로 족제라 하였다.

182 박태징朴泰徵 : 1630~?. 본관은 반남潘南, 자는 징지徵之, 호는 돈재遯齋. 박동현朴東賢의 증손으로 박동현은 박세당의 조부인 박동선朴東善과 형제이다.

183 벼슬을……것은 : 이는 소순의 「족보인族譜引」의 일부를 인용한 것이다. 해당 부분의 원문은 다음과 같다. "나의 아버지에서 나의 고조부에 이르기까지 벼슬을 지내고 지내지 않은 것, 아무 씨에게 장가든 것과 몇 세까지 사신 것, 아무 일에 돌아가셨다는 것 모두를 기록하고 다른 분들을 기록하지 않는 것은 어째서인가? [自吾之父, 以至吾之高祖, 仕不仕, 娶某氏, 享年幾, 某日卒皆書, 而他不書者, 何也?]"

184 나의……것이다 : 이는 소순의 「족보인族譜引」의 일부를 인용한 것이다. 해당 부분의 원문은 다음과 같다. "나의 족보를 보는 사람들은 효성스럽고 우애하는 마음이 자연스럽게 생겨나게 될 것이다[觀吾之譜者, 孝悌之心, 可以油然而生矣.]."

종족에 대해 후하게 할 수 있겠는가. 족보에 기록한 것은 모르거나 잊지 않게 하기 위해서이다. 천하에 고조와 증조의 이름과 관직을 잊고 시마와 공복의 항렬을 잊은 자는 있지 않으니 또 소순처럼 족보를 만드는 것이 무슨 소용이 있겠는가. 이러한데도 말하길 "바라건대 길거리의 남에 이르기 전에 소홀히 하고 잊는 데에 이르지 않도록 해야 한다."[185]라 한다. 고조와 증조, 시마복과 공복도 오히려 또한 족보가 있어야 후대에 잊지 않는 것이라면 겨우 길거리의 남이 되는 것을 면할 뿐이니 그렇다면 소씨가 친친에 대해 너무 박하지 않은가. 옛날 사마천司馬遷이 『사기史記』를 지을 때에 황제 이래 씨와 성의 유래를 상세히 기록하지 않음이 없었고, 또 대부분 몇 대인지를 밝혔으니 만약 옛날부터 보첩이 없었고 또 보첩을 만드는 자들이 대체로 소씨와 같았다면 사마천이 어디에서 취할 수 있었겠는가.

지금 족보에 실은 것은 호장부터 우리 형제까지 15세가 되고, 우리 형제의 자손에 이르러서는 또 3세가 된다. 이 아래의 자손은 다만 증빙할 수 없어서 기록하지 않은 것뿐이다. 방계 중에 별도로 종통을 이룬 경우도 모두 수록하였는데, 이 밖의 사람들은 다만 징험할 수 없어 수록하지 않은 것뿐이다. 이와 같이 널리 실은 까닭은 친친의 의리를 넓혀 지극함을 다하지 않음이 없게 하기 위해서이다. 아아, 자식에서 아버지까지 거슬러 올라가고, 아버지에서 자식까지 아래로 내려오는 18대 사이에 부자의 친한 관계 아님이 없다. 내 몸에 있어 이미 그러한 것이니 나의 종족 또한 그러할 것이다. 이로 말미암아 만 갈래 물줄기가 한 근원임을 생각하고 천 가지가 한 뿌리에 있음을 살핀다면 반드시 장차 막을 수 없는 정이 생기고 차마 할 수 없는 의리가 생길 것이니 어찌 친족관계가 다하

---

185 바라건대……한다 : 이는 소순의 「족보인族譜引」의 일부를 인용한 것이다. 해당 부분의 원문은 다음과 같다. "바라건대 길거리의 남에 이르기 전에 소홀히 하고 잊는 데에 이르지 않도록 해야 하겠다[幸其未至於塗人也, 使其無至於忽忘焉, 可也.]."

고 상복을 입지 않는 관계라 하여 동족을 길거리의 남을 보는 것과 같은 데에 이르겠는가. 금상 9년 계해년(1683년, 숙종9) 5월 갑진일에 반남 박세당이 삼가 쓰다.

譜者奚謂? 謂所紀之普也. 普紀其族, 名曰族譜, 此譜朴氏之族, 又奚不曰族譜, 曰世譜? 世以係其族, 言世不言族, 可也.

朴氏, 本出新羅, 而枝散葉布. 分處州郡, 下而爲氓隷, 上而爲公卿大夫, 不可盡數. 各以其世之可紀而爲祖, 相之所興而著籍, 其著以潘南而以戶長應珠爲祖者, 吾族也. 吾族之見於時, 當高麗之末, 及本朝而始盛, 至今三百年, 益蕃且大, 冠于諸姓. 語云, "根深末茂, 源遠流長." 夫是言也, 豈冠冕閥閱之謂哉? 彼其功德積累於前, 而慶澤衍溢於後, 天將以是爲勸世之徵也. 以吾族之蕃衍昌大如此, 爲譜不可不詳. 而舊患疏略, 又爲之於數十年之前, 而後出者不與著焉, 接不承之緖, 補見缺之文, 將必有.

族弟世采和叔, 始爲今譜, 中屬之于族姪泰徵, 凡十七年而就, 夙病於略者無有不詳, 嗣晩而出者, 畢得以著, 旁釐舛訛, 亦非一二. 其例則墳墓所在必書, 徙居所始必書, 所以追遠而辨族也. 女之子不在大書之列者, 所以正俗謬而別異姓也. 仕不仕, 娶某氏, 享年幾, 某日卒必備書者, 擇於蘇氏之譜而用其善者也. 吾因是有感, 而惜明允之薄於親親, 爲未仁也. 彼其爲譜也, 上止高祖, 下止於子, 傍止緦麻. 如是而曰, "觀吾之譜者, 孝弟之心, 可以油然而出." 不亦甚乎?

彼將以擧天下之人, 而爲不祖其祖, 不子其子, 視期功以塗人而已. 顧獨厚耶? 夫譜以紀之, 欲無失忘也. 天下未有忘高曾之名爵而失緦功之行第, 則又焉用譜爲也? 乃曰, "幸其未至於塗人也, 使其無致忽忘焉." 高曾緦功, 猶且待譜而後不忘, 才免爲塗人而已乎, 蘇氏之於親親, 不已薄矣? 昔司馬遷爲史記, 黃帝以來氏姓所出, 無不詳記, 又多著其代, 若古無譜牒, 又其爲之者, 率如蘇氏, 彼焉取之哉?

今譜所著自戶長至吾兄弟爲十五世, 至吾兄弟之孫, 又三世. 下是者, 特以未見而無記焉耳. 其旁支別統自各爲宗者, 靡不畢收, 外是者, 特以無徵而未錄焉耳. 若是者, 所以廣親親之義, 無不用其極也. 嗚呼! 自子而父, 溯以上之, 自父而子, 沿以下之, 十八代之間, 莫非父子之親也. 在吾身旣然, 乃吾族亦然. 由是而念萬派之同源, 察千支之一根, 必將情有所不禁, 義有所不忍, 何至以親盡服疏, 而視之同於塗人乎哉? 今上九年癸亥五月甲辰, 潘南朴世堂謹書.

朴世堂(1629~1703), 「潘南朴氏世譜序」, 『西溪集』 卷7.

찾아보기

ㄴ

ㅂ

ㅅ

ㅇ

ㅊ

편찬자 김창협金昌協

김창협(金昌協, 1651~1708)은 조선 후기의 문인으로, 본관은 安東, 자는 仲和, 호는 農巖이다. 1682년 증광문과에 장원으로 급제하여 예조 참의, 대사간 등을 지냈으나 부친 金壽恒(1629~1689)이 기사환국으로 인해 사사된 이후 은거하며 학문에 전념하여 노론 洛論系의 宗匠이 되었다. 문학적으로는 韓歐正脈을 표방하여 당시 조선 문단의 의고주의적 문풍에 변화시킨 대표 문인이다. 그의 문집으로 『農巖集』이 전하며, 이외에 학습서인 『八大家門十選』 등을 편찬하였다.

옮긴이

박난아

한국고전문학텍스트연구소 연구원. 단국대학교 대학원 국어국문학과 박사 과정을 수료하였다. 논문으로 「謙齋 趙泰億의 시세계 일고찰-門外黜送 時期 詩作을 중심으로-」, 「損窩 崔錫恒의 한시에 나타난 전란 기억」이 있으며, 석사 논문인 「明谷 崔錫鼎의 詩文學 硏究」를 시작으로 소론계 문인들의 시문학을 연구하고 있다.

유명석

한국고전문학텍스트연구소 인문사회연구소지원사업 연구보조원. 단국대학교 국어국문학과 박사과정을 수료했으며, 한국고전번역원 부설 고전번역교육원 연수과정을 마쳤다. 현재 18세기 전반 농암 문인 시문학을 중심으로 박사학위 논문을 준비 중에 있다. 논문으로 「淸陰 金尙憲의 文學論 硏究」·「文谷 金壽恒의 文學論 硏究」·「農巖 門人의 詩文學論 연구」 등이 있다.

유진희

한국고전문학텍스트연구소 연구교수 겸 인문사회연구소지원사업 전임연구원. 단국대학교에서 「조선 초기 시풍 연구-唐·宋風의 實存 樣相을 중심으로」 박사학위를 취득하였다. 논문으로 「昆侖 崔昌大의 기행시 일고찰-『損窩遺稿』 소재 昆侖詩를 중심으로」·「損窩 崔錫恒의 유람에 대한 인식-'壯遊'와 '淸遊'를 중심으로」 등이 있다.

최수완

한국고전문학텍스트연구소 연구원. 단국대학교 국어국문학과를 졸업하고 같은 대학에서 석사학위를 취득하였다. 석사 학위 논문인 「晉菴 李天輔 散文 硏究」를 시작으로 논문으로 「西堂 李德壽 신도비명의 인물 형상화 양상 일고」가 있으며, 17~18세기 문인들의 산문을 연구하고 있다.

감수 권진옥

한국고전문학텍스트연구소 운영위원 겸 단국대학교 국어국문학과 조교수. 고려대학교에서 「귤산 이유원의 학문 성향과 유서·필기 편찬에 관한 연구」로 박사학위를 취득하였다. 한문 산문, 고전 비평, 문헌학, 번역학 분야의 연구에 주력하고 있으며, 『한문산문의 이론과 비평에서 창작의 지평으로』(단독)·『손와 최석항 문학세계에 대한 접근의 일단』(공저)·『도암 이재의 사상과 문학적 성과』(공동) 등의 저서와 『오천집』(단독)·『어우집』(공동)·『도암집』(공동)·『한비자집해』(공동)·『춘추좌전정의』(공동)·『고정일기』(공동) 등의 역서가 있다.

한국고전번역총서 4

팔대가문십선 및 비평 자료 역주

한유 · 유종원 · 구양수 · 소순 편

2024년 12월 31일 초판 1쇄 발행

지은이 : 김창협
옮긴이 : 박난아 · 유명석 · 유진희 · 최수완
감　수 : 권진옥
펴낸이 : 김병환
펴낸곳 : 학자원
주　소 : 서울시 강동구 천호대로 1121
전　화 : 02) 6403-1000
팩　스 : 02) 6338-1001
E-mail : hakjaone@daum.net
등　록 : 2011년 3월 24일 제2011-14호

ISBN 979-11-6247-341-2 94810
979-11-6247-306-1 (세트)

값 45,000원